"十四五"职业教育国家规划教材

 高等职业教育校企"双元"合作开发教材

ERP供应链管理系统实训教程

（第五版）（用友U8V10.1版）

新准则 新税率

主　编　牛永芹　曹方林　宋士显
副主编　杨　琴　弋兴飞　邹　萍
　　　　曹艳艳

ERP GONGYINGLIAN GUANLI
XITONG SHIXUN JIAOCHENG

本书另配：账　套
　　　　　录　屏
　　　　　课　件
　　　　　教　案
　　　　　课程标准

中国教育出版传媒集团
高等教育出版社·北京

内容提要

本书是"十四五"职业教育国家规划教材。

本书以突出实务为指导思想，以一个商业企业的经济业务为原型，重点介绍了在信息环境下供应链业务的处理方法和处理流程。书中为学习者量身定做了二十几个实训并提供了实训账套，每个实训既环环相扣，又可独立操作，适应了不同层次教学需求。

本书共分为八个项目，项目一至项目三介绍了用友 ERP U8 V10.1 管理软件的使用基础——账套创建与管理、基础信息设置、业务子系统初始设置；项目四至项目七分别介绍了采购管理、销售管理、库存管理和存货核算四个模块的业务处理；最后，项目八介绍了各子系统的期末业务处理及结账。

本书可作为高等职业院校会计等经济管理类相关专业的会计信息化教学用书，也可作为社会从业人员的辅导用书。

图书在版编目(CIP)数据

ERP 供应链管理系统实训教程：用友 U8 V10.1 版／牛永芹，曹方林，宋士显主编. —5 版. —北京：高等教育出版社，2023.8（2024.7重印）

ISBN 978-7-04-059853-7

Ⅰ.①E… Ⅱ.①牛… ②曹… ③宋… Ⅲ.①企业管理-供应链管理-计算机管理系统-高等职业教育-教材 Ⅳ.①F274-39

中国国家版本馆 CIP 数据核字（2023）第 021435 号

| 策划编辑 | 毕颖娟　蒋　芬 | 责任编辑 | 蒋　芬 | 封面设计 | 张文豪 | 责任印制 | 高忠富 |

出版发行	高等教育出版社	网　　址	http://www.hep.edu.cn
社　　址	北京市西城区德外大街 4 号		http://www.hep.com.cn
邮政编码	100120	网上订购	http://www.hepmall.com.cn
印　　刷	上海盛通时代印刷有限公司		http://www.hepmall.com
开　　本	787mm×1092mm　1/16		http://www.hepmall.cn
印　　张	22	版　　次	2015 年 2 月第 1 版
字　　数	560 千字		2023 年 8 月第 5 版
购书热线	010-58581118	印　　次	2024 年 7 月第 3 次印刷
咨询电话	400-810-0598	定　　价	49.00 元

本书如有缺页、倒页、脱页等质量问题，请到所购图书销售部门联系调换

版权所有　侵权必究

物　料　号　59853-00

第五版前言

本书是"十四五"职业教育国家规划教材。

本书有机融入文化自信、诚实守信、协同创新、工匠精神等课程思政内容,全面贯彻党的教育方针,落实立德树人根本任务,培养德智体美劳全面发展的中国式现代化的建设者和接班人。

《ERP供应链管理系统实训教程》(用友U8 V10.1版)自出版以来,承蒙读者厚爱,取得了较好的效果。应广大读者的要求,同时为体现最新财税政策的变化,我们对教材的内容进行了全面更新。本书是安徽省教育厅教研重点项目(2022jyxm499)和传统专业改造升级项目(2022zygzsj024)的阶段性成果。

本次修订主要在以下方面进行了改进:

(1) 涉及"增值税税率"下调的业务已全部更新。

(2) 全书案例提供了操作录屏,以二维码的形式呈现在书中。

本书具有以下特点:

(1) 实用性强。本书以某商业企业一个月的业务为主要素材进行编写,供应链业务类型丰富且业务描述以原始单据形式呈现,能够更好地培养学生的会计职业操作能力。

(2) 教学资源丰富。校企合作共同开发教材资源,资源包括教学课件、教案、操作录屏、账套等。丰富的资源为教师和学生提供了全面的教学支持。教师可按本书末页"教学资源服务指南"与高等教育出版社联系索取。

(3) 教学与竞赛相结合。在本书编写过程中,编者深入企业、财务咨询公司等单位进行调研,收集了大量素材和业务资料,进而使本书内容能与实践接轨。在部分业务编写中,以赛题链接形式展现历年会计技能大赛真题,体现以赛促教、教学与竞赛融合,满足不同层次教学需求。

本书由安徽商贸职业技术学院牛永芹和曹方林、浙江旅游职业学院宋士显担任主编,安徽商贸职业技术学院杨琴和弋兴飞、湖南大众传媒职业技术学院邹萍、新乡职业技术学院曹艳艳担任副主编,参加本书编写的还有钟鼎丞、林晶。本书具体编写分工如下:项目一、项目二、项目三和项目八由牛永芹、钟鼎丞编写,项目四由曹方林、弋兴飞、林晶编写,项目五、项目六和项目七由杨琴、宋士显、邹萍、曹艳艳编写。

由于编者水平有限,书中难免存在疏漏和不当之处,在此,我们期待使用本书的教师和学生不吝指正,以便今后不断完善。

编 者

2023年6月

目　录

001	**项目一**	**账套创建与管理**
001	实训一	企业背景资料
002	实训二	账套建立与管理
013	**项目二**	**基础信息设置**
013	实训一	基础档案设置
035	实训二	单据设置
041	**项目三**	**业务子系统初始设置**
041	实训一	采购管理与应付款管理
049	实训二	销售管理与应收款管理
058	实训三	库存管理与存货核算
066	实训四	总账
071	**项目四**	**采购管理系统业务处理**
071	实训一	普通采购业务处理
131	实训二	特殊采购业务处理
149	实训三	受托代销业务处理
174	实训四	采购暂估业务处理
181	实训五	采购退货业务处理
193	**项目五**	**销售管理系统业务处理**
193	实训一	普通销售业务处理
249	实训二	直运销售业务处理
260	实训三	零售日报业务处理
266	实训四	委托代销业务处理
282	实训五	特殊销售业务处理

| 305 | 实训六　销售退货业务处理 |

项目六　库存管理系统业务处理 — 313
| 313 | 实训一　盘点业务处理 |
| 322 | 实训二　其他业务处理 |

项目七　存货核算系统业务处理 — 325
| 325 | 实训一　存货价格及结算成本处理 |
| 327 | 实训二　单据记账处理 |

项目八　期末业务处理 — 330
330	实训一　业务部门期末处理
335	实训二　财务部门月末结账
340	实训三　账表查询

主要参考文献 — 342

资源导航

001	诚信是会计之魂
071	普通采购业务一
073	应付处理：言出必行
087	普通采购业务二
090	普通采购业务三
091	诚信经营之合作共赢——采购业务处理
102	普通采购业务四
103	平等协商之友好合作——有付款条件的采购业务处理
104	普通采购业务五
109	普通采购业务六
111	严谨工作之敬业态度——货物验收业务处理
115	普通采购业务七
128	普通采购业务八
128	一诺千金之团结合作——现金折扣付款业务处理
129	付款处理：诚实守信
131	童叟无欺之诚实守信——采购赠品业务处理
131	特殊采购业务一
139	特殊采购业务二
149	受托代销业务一
154	受托代销业务二
164	受托代销业务三
174	采购暂估业务一
180	采购暂估业务二
181	采购退货业务
193	普通销售业务一
193	法治中国之依法经营——销售业务处理
201	普通销售业务二

201	同舟共济之和协精神——有收款条件的销售业务处理
203	应收处理：信守承诺
207	普通销售业务三
207	后疫情时代之现金为王——销售定金业务处理
212	普通销售业务四
218	普通销售业务五
224	普通销售业务六
232	普通销售业务七
240	普通销售业务八
241	有容乃大之沟通理解——销售折让业务处理
246	普通销售业务九
249	直运销售业务一
250	直运销售业务二
253	直运销售业务三
255	直运销售业务四
260	零售日报业务
266	委托代销业务一
271	委托代销业务二
282	特殊销售业务一
289	特殊销售业务二
293	特殊销售业务三
301	和谐社会之员工关爱——发放职工福利业务处理
301	特殊销售业务四
305	销售退货业务

项目一 账套创建与管理

实训一 企业背景资料

一、企业概况

洪福商贸有限公司(简称洪福商贸),是专门从事乳制品、果蔬汁等饮料批发的商贸企业,公司法人代表李金泽。

公司开户银行及账号:

人民币:中国工商银行芜湖弋江路支行;账号:13070005267829987947。

美　元:中国工商银行芜湖弋江路支行;账号:13070005267829987616。

纳税人识别号:913402030987657688。

公司地址:芜湖市鸠江区弋江路48号。

电话:0553-5820888。

邮箱:hfsm@126.com。

二、操作要求

(一) 科目设置及辅助核算要求

日记账:库存现金、银行存款。

银行账:银行存款/工行存款(人民币)、银行存款/工行存款(美元)。

客户往来:应收票据/银行承兑汇票、应收票据/商业承兑汇票、应收账款/人民币、应收账款/美元、预收账款/人民币、预收账款/美元、预收账款/定金(其中,预收账款/定金设置为不受控于应收系统)。

供应商往来:在途物资、应付票据/商业承兑汇票、应付票据/银行承兑汇票、应付账款/一般应付款、应付账款/暂估应付款(其中,一般应付款设置为受控于应付系统,暂估应付款设置为不受控于应付系统)、预付账款/人民币、预付账款/美元、其他应付款/其他单位往来、受托代销商品款。

(二) 会计凭证的基本规定

录入或生成"记账凭证"均由指定的会计人员操作,含有库存现金和银行存款科目的记账凭证均需出纳签字。采用单一格式的复式记账凭证。对已记账的凭证修改,只采用红字冲销法。为保证财务与业务数据的一致性,能在业务系统生成的记账凭证不得在总账系统直接录入。根据原始单据生成记账凭证时,除特殊规定外采用合并制单。出库单与入库

诚信是会计之魂

单原始凭证以软件系统生成的为准；除指定业务外，收到发票同时支付款项的业务使用现付功能处理，开出发票同时收到款项的业务使用现结功能处理。

（三）结算方式

公司采用的结算方式包括现金、支票、托收承付、委托收款、银行汇票、商业汇票、电汇等。收、付款业务由财务部门根据有关凭证进行处理，在系统中没有对应结算方式时，其结算方式为"其他"。

（四）外币业务的处理

公司按固定汇率记账，按期末汇率按月计算汇兑损益。

（五）存货业务的处理

公司存货主要包括乳制品、果蔬汁、乳酸菌，按存货分类进行存放（代销商品除外）。各类存货按照实际成本核算，采用永续盘存制；对库存商品采用"数量进价金额核算法"，发出存货成本计价采用"先进先出法"，采购入库存货对方科目全部使用"在途物资"科目，委托代销商品成本使用"发出商品"科目核算，受托代销商品使用"受托代销商品"科目核算；存货按业务发生日期逐笔记账并制单，暂估业务除外。同一批出入库业务合并生成一张记账凭证；采购、销售业务必有订单（订单号与合同编号一致）、出入库业务必有发货单和到货单。

存货核算制单时不允许勾选"已结算采购入库单自动选择全部结算单上单据，包括入库单、发票、付款单，非本月采购入库按蓝字报销单制单"选项。

新增客户或供应商编码采用连续编号方式。

（六）财产清查的处理

公司每年年末对存货及固定资产进行清查，根据盘点结果编制"盘点表"，并与账面数据进行比较，由库存管理员审核后进行处理。

（七）坏账损失的处理

除应收账款外，其他的应收款项不计提坏账准备。期末，按应收账款余额百分比法计提坏账准备，提取比例为0.5%。

（八）损益类账户的结转

每月末将各损益类账户余额转入本年利润账户，结转时按收入和支出分别生成记账凭证。

实训二 账套建立与管理

一、账套信息

账套号：600。
账套名称：洪福商贸有限公司。
启用日期：2023年01月01日。
企业类型：商业企业。
行业性质：2007年新会计制度科目。
基础信息：存货、客户、供应商是否分类（是），是否有外币核算（是）。
编码方案：科目编码级次4-2-2-2，收发类别编码级次1-2，其他采用系统默认。

数据精度：采用系统默认。
启用系统：总账、应收、应付、采购、销售、库存、存货系统。

二、操作员及权限分工

操作员及权限分工如表 1-1 所示。

表 1-1 操作员及权限分工

操作员编号	操作员姓名	隶属部门	职务	操作分工
A01	李金泽	总经办	总经理	账套主管
W01	宋 清	财务部	财务主管	审核凭证、查询凭证、总账对账及结账、UFO 报表
W02	黄小明	财务部	会计	总账（凭证处理、查询凭证、账表、期末、记账），应收应付系统权限，存货核算
W03	李 卉	财务部	出纳	总账（出纳签字），应收应付系统的票据管理，收、付款单据处理（卡片编辑、卡片删除、卡片查询、列表查询）
G01	叶 敏	采购部	采购主管	采购管理的全部权限
X01	张 立	销售部	销售主管	销售管理的全部权限
C01	李 红	仓储部	仓库主管	库存管理的全部权限 公用目录设置和公共单据权限

〖操作指导〗

1. 登录系统管理

（1）执行【开始】|【所有程序】|【用友 ERPU8V10.1】|【系统服务】|【系统管理】命令，启动系统管理。

（2）执行【系统】|【注册】命令，打开【登录】窗口。

（3）在【登录】窗口中输入服务器，此处为默认；输入操作员名称【admin】；密码为空；选择系统默认账套【(default)】，单击【登录】按钮，如图 1-1 所示。

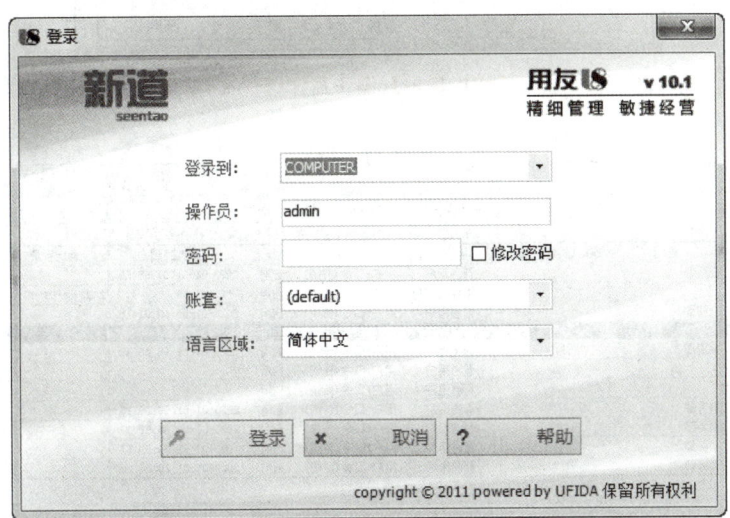

图 1-1 【登录】窗口

2. 增加用户

(1) 系统管理员选择【权限】|【用户】命令，打开【用户管理】窗口。

(2) 单击工具栏中的【增加】按钮，打开【增加用户】(操作员详细情况)对话框，按照表1-1中资料依次输入用户的编号、姓名、口令、所属部门等信息，勾选对应的角色编码及角色名称后，单击【增加】按钮完成添加用户的操作，如图1-2、图1-3所示。

图1-2 【增加用户】(操作员详细情况)对话框

用户编码	用户全名	部门	Email地址	手机号	用户类型	认证方式	状态	创建时间	最后登录时间	退出时间
A01	李金泽	总经办			普通用户	用户+口令(传统)	启用	2023-01-01 09:58:59		
admin	admin				管理员用户	用户+口令(传统)	启用		2023-01-01 10:01:10	2023-01-01 10:01:10
C01	李红	仓储部			普通用户	用户+口令(传统)	启用	2023-01-01 10:01:10		
demo	demo				普通用户	用户+口令(传统)	启用			
G01	叶敏	采购部			普通用户	用户+口令(传统)	启用	2023-01-01 10:00:48		
SYSTEM	SYSTEM				普通用户	用户+口令(传统)	启用			
UFSOFT	UFSOFT				普通用户	用户+口令(传统)	启用			
W01	宋清	财务部			普通用户	用户+口令(传统)	启用	2023-01-01 09:59:16		
W02	黄小明	财务部			普通用户	用户+口令(传统)	启用	2023-01-01 09:59:31		
W03	李卉	财务部			普通用户	用户+口令(传统)	启用	2023-01-01 09:59:57		
X01	张立	销售部			普通用户	用户+口令(传统)	启用	2023-01-01 10:00:25		

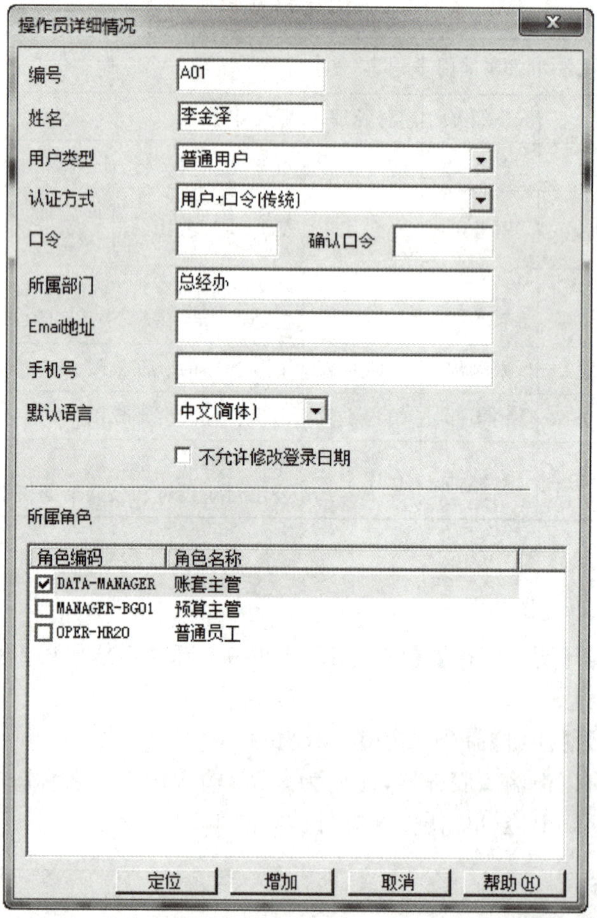

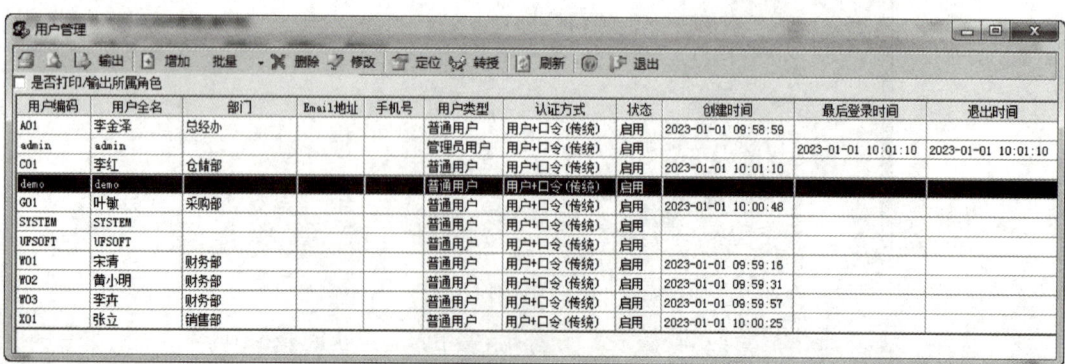

图1-3 【用户管理】窗口

3. 建立账套

（1）在【系统管理】窗口，选择【账套】|【建立】命令，打开【建账方式】对话框，选择【新建空白账套】，单击【下一步】按钮，如图 1-4 所示。

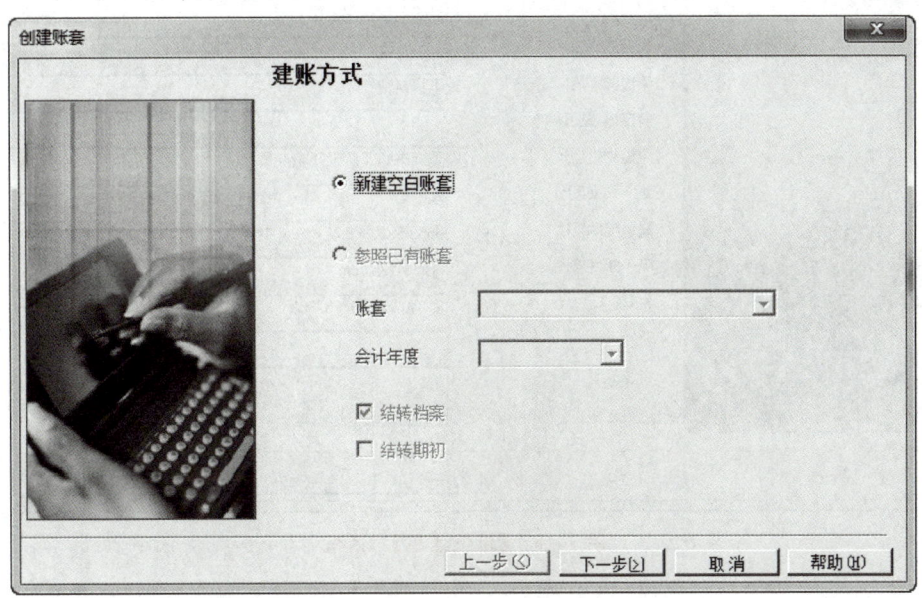

图 1-4 【建账方式】对话框

（2）在【账套信息】对话框中输入账套号【600】、账套名称【洪福商贸有限公司】及启用会计期【2023 年 1 月】，如图 1-5 所示。

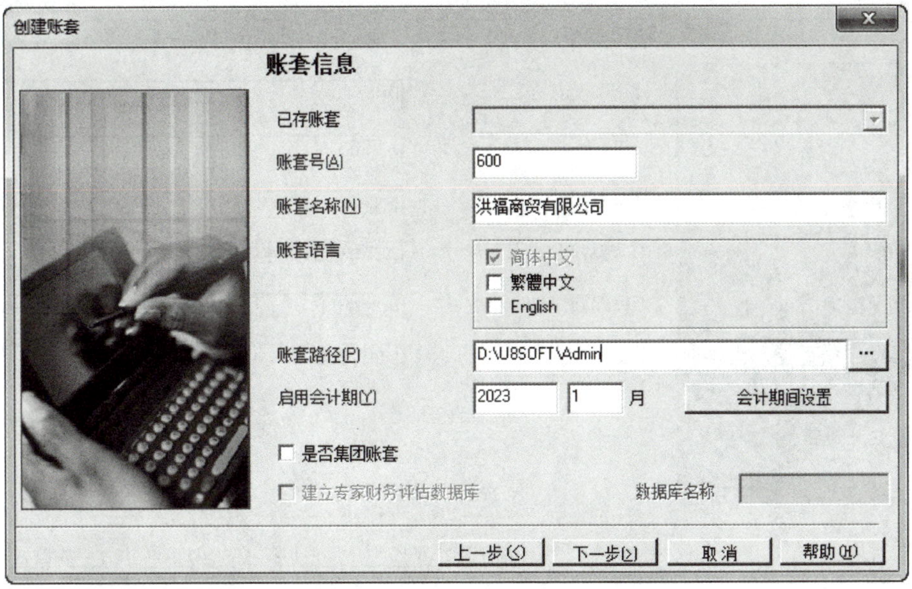

图 1-5 【账套信息】对话框

（3）单击【下一步】按钮，打开【单位信息】对话框，依次输入单位名称、单位简称、单位地址等信息，如图 1-6 所示。

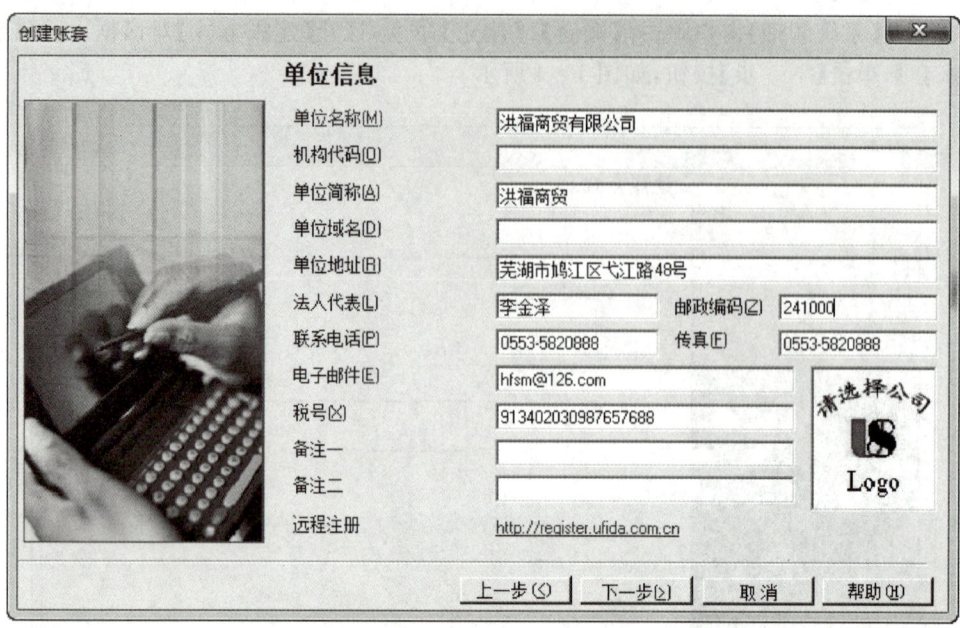

图1-6 【单位信息】对话框

（4）单击【下一步】按钮，打开【核算类型】对话框。企业类型选择【商业】，行业性质选择【2007年新会计制度科目】，科目预置语言选择【中文（简体）】，从【账套主管】下拉列表中选择【[A01]李金泽】，勾选【按行业性质预置科目】复选框，如图1-7所示。

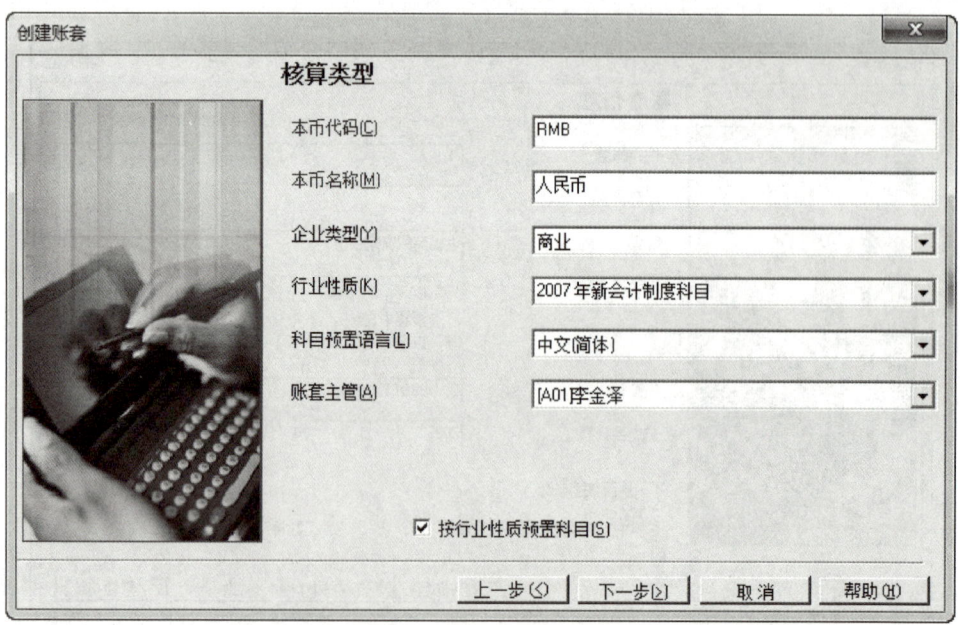

图1-7 【核算类型】对话框

（5）单击【下一步】按钮，打开【基础信息】对话框。分别勾选【存货是否分类】【客户是否分类】【供应商是否分类】【有无外币核算】复选框，如图1-8所示。

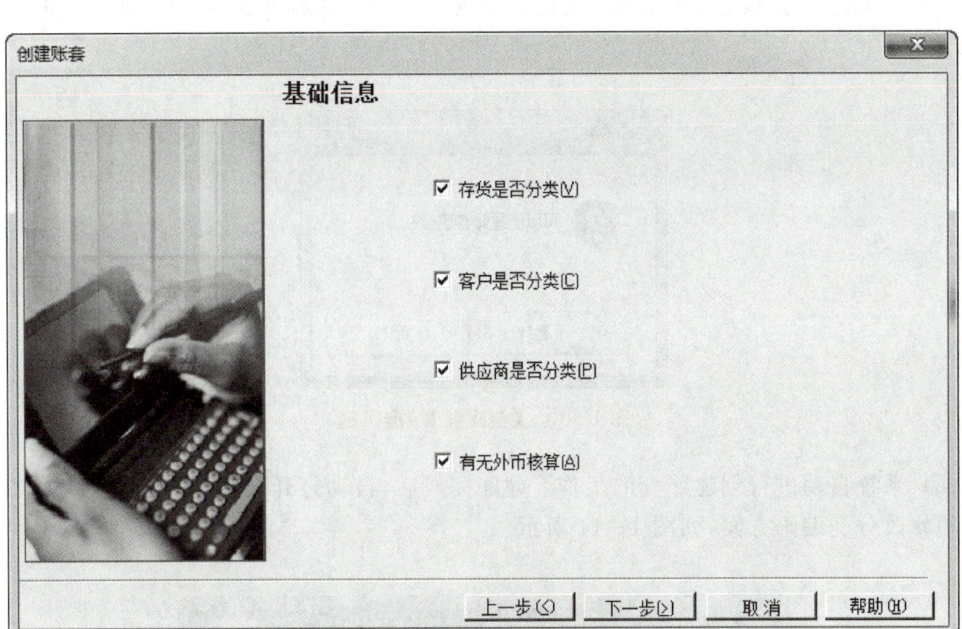

图1-8 【基础信息】对话框

重要提示

如果基础信息设置错误,可由账套主管在"修改账套功能"中进行修改。

(6) 单击【下一步】按钮,打开【创建账套——开始】对话框,如图1-9所示。

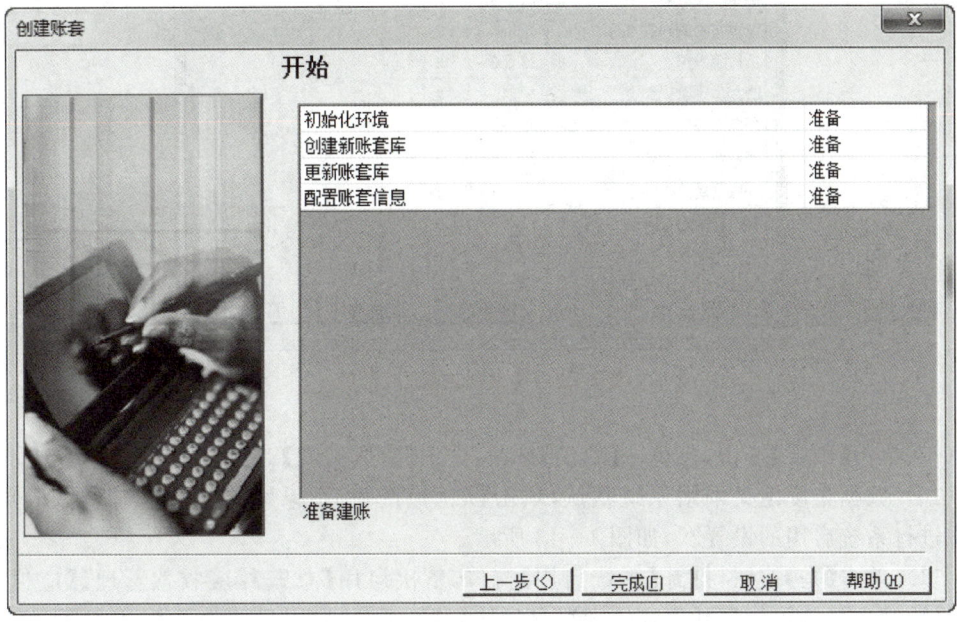

图1-9 【创建账套——开始】对话框

(7) 单击【完成】按钮,系统提示【可以创建账套了么?】,如图 1-10 所示,单击【是】按钮。

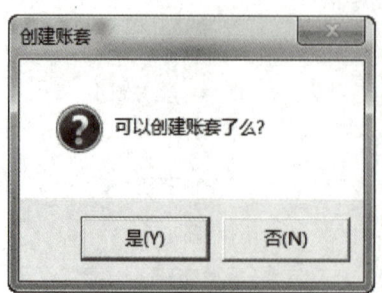

图 1-10 【创建账套】提示框

(8) 系统自动进行创建账套的工作。建账完成后,自动打开【编码方案】对话框,按照所给资料修改分类编码方案,如图 1-11 所示。

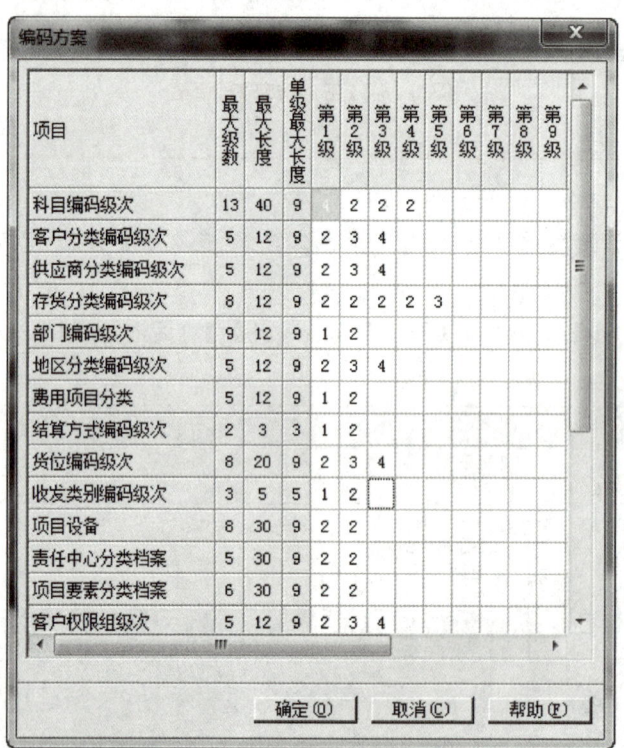

图 1-11 【编码方案】对话框

(9) 单击【确定】按钮,再单击【取消】按钮,进入【数据精度】对话框,如图 1-12 所示。

(10) 数据精度定义采用系统默认,单击【取消】按钮后,系统提示"【600】建账成功"和"现在进行系统启用的设置?",如图 1-13 所示。

(11) 单击【是】按钮,打开【系统启用】窗口,依次启用【总账】【应收款管理】【应付款管理】【采购管理】【销售管理】【库存管理】【存货核算】子系统,启用日期为 2023 年 1 月 1 日,如图 1-14 所示。

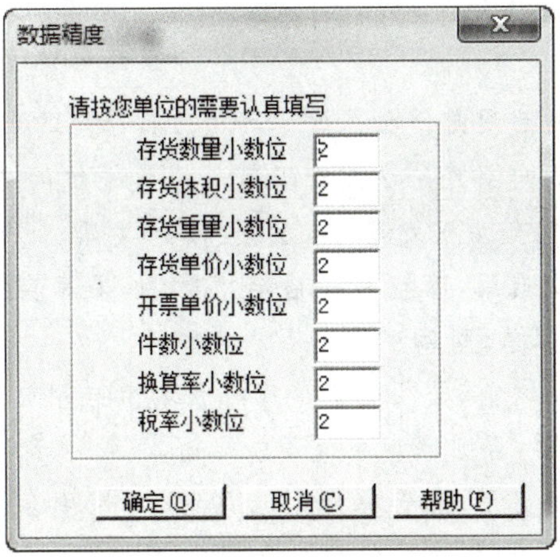

图1-12 【数据精度】对话框

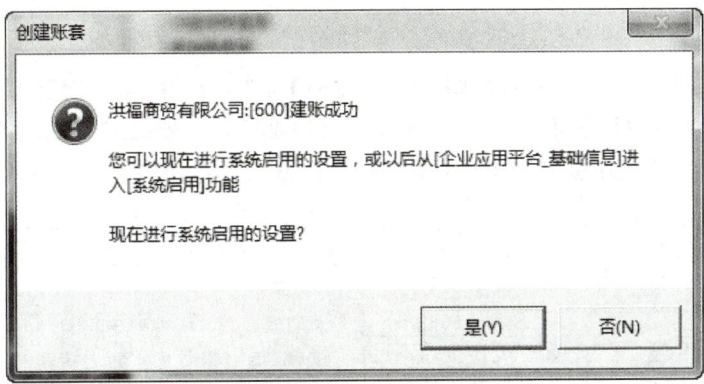

图1-13 【建账成功】提示框

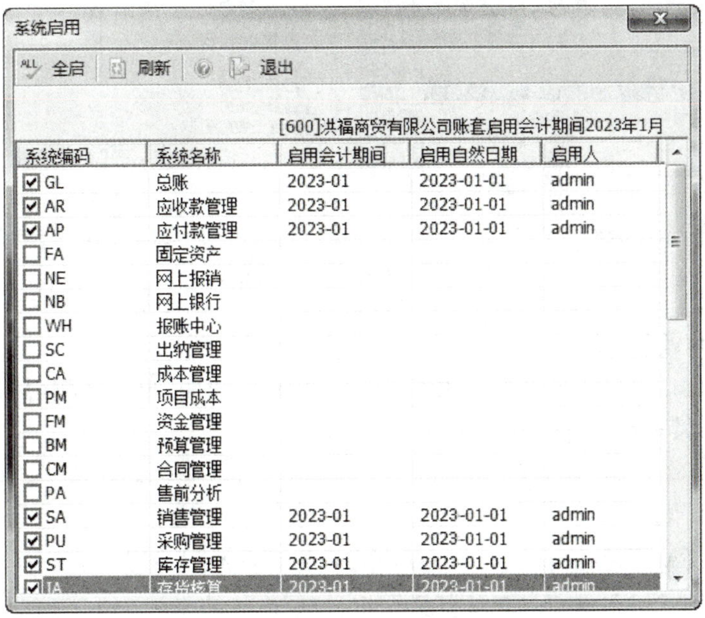

图1-14 【系统启用】窗口

> **重要提示**
>
> ● 采购管理系统的启用月份必须大于等于应付系统的未结账月。
>
> ● 销售管理系统的启用月份必须大于等于应收系统的未结账月,并且应收系统未录入当月发票。如果已经录入发票,则必须先删除发票。
>
> ● 采购管理系统先启用,库存系统后启用时,如果库存系统启用月份已有根据采购订单生成的采购入库单,则库存系统不能启用。
>
> ● 库存系统后启用之前,必须先审核库存系统后启用日期之前未审核的发货单和先开具但未审核的发票,否则库存系统不能启用。
>
> ● 销售管理系统先启用,库存系统后启用时,如果库存系统启用日期之前的发货单有对应的库存系统后启用日期之后的出库单,则必须先删除此类出库单,并在库存系统后启用日期之前生成这些出库单,然后才能启用库存系统。

4. 设置操作员权限

(1) 在【系统管理】窗口中,执行【权限】|【权限】命令,打开【操作员权限】窗口。

(2) 在【操作员权限】窗口中,选择【[600]洪福商贸有限公司】账套,时间为【2023—2023】年,从窗口左侧操作员列表中选择【W01 宋清】操作员,如图1-15所示。

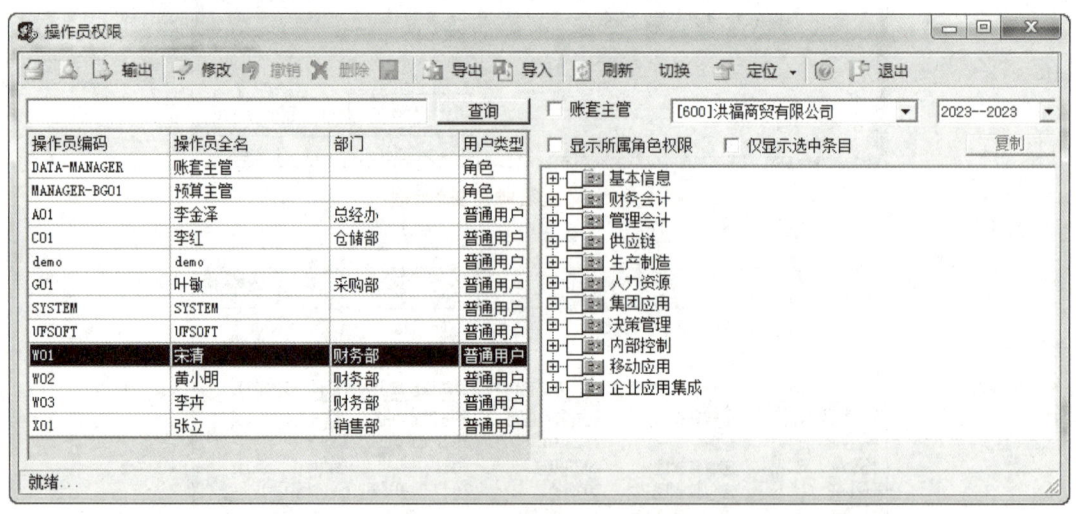

图1-15 【操作员权限】窗口

(3) 单击【修改】按钮。

(4) 在右侧窗口中,按照表1-1中资料设置操作员权限,单击【保存】按钮,如图1-16所示。依次设置其他操作员的权限。

> **重要提示**
>
> ● 请以【A01】登录企业应用平台,在【系统服务】|【权限】|【数据权限控制】设置中取消记录级"仓库""科目""工资权限"和"用户"的权限控制。

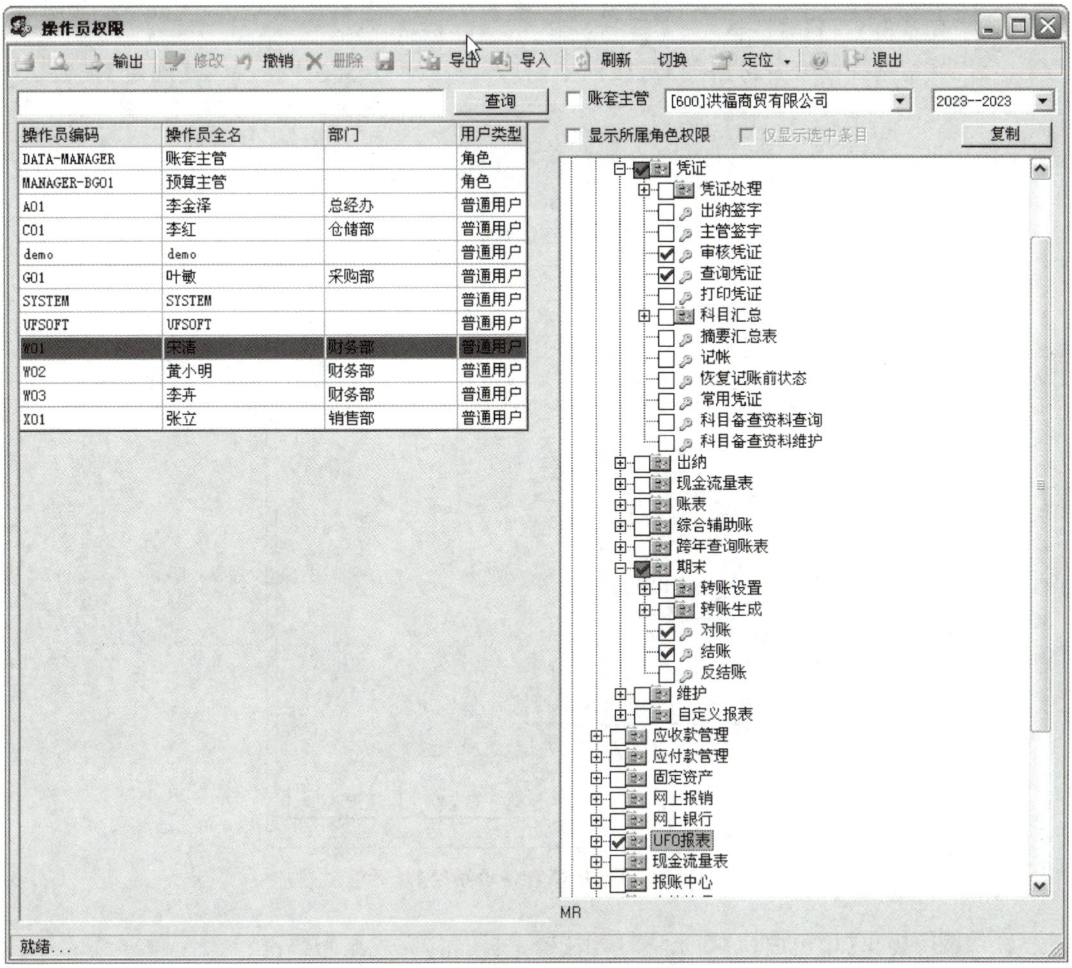

图 1-16 【操作员权限】窗口

5. 账套备份

(1) 在 D 盘中新建【1-1】文件夹。

(2) 在【系统管理】窗口,执行【账套】|【输出】命令,打开【账套输出】对话框,如图 1-17 所示。

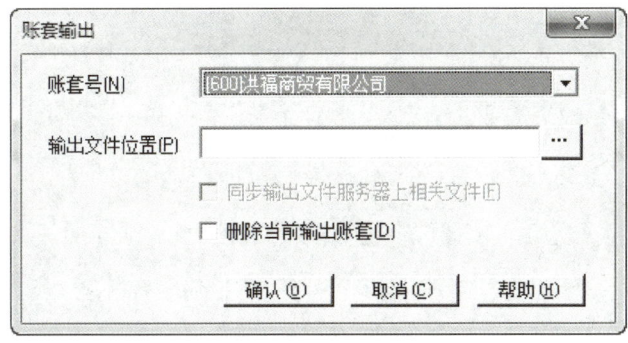

图 1-17 【账套输出】对话框

（3）在【账套号】文本框中选择【[600]洪福商贸有限公司】账套，单击【确定】按钮，打开【请选择账套备份路径】对话框。

（4）在【请选择账套备份路径】对话框中，打开【D:\1-1】文件夹，单击【确定】按钮，如图1-18所示。

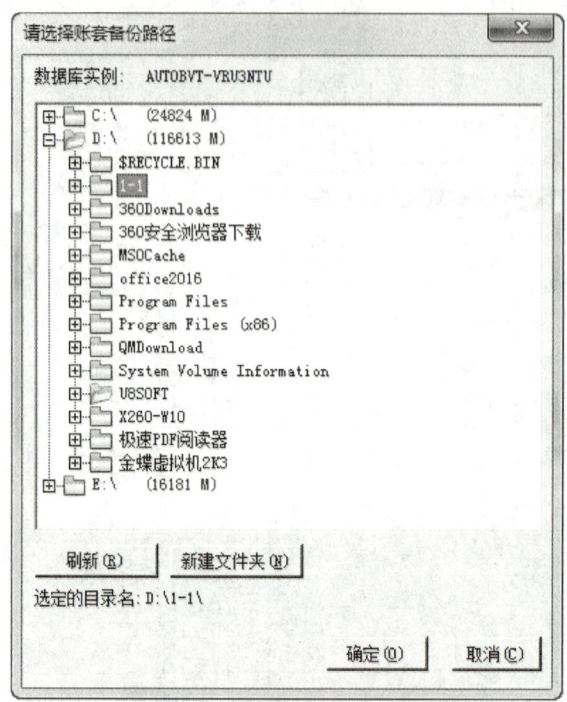

图1-18 【选择账套备份路径】对话框

（5）系统弹出【输出成功】提示框，单击【确定】按钮，完成账套备份。

项目二　基础信息设置

实训一　基础档案设置

一、机构人员设置

(一) 部门档案设置

洪福商贸有限公司的部门档案信息如表 2-1 所示。

表 2-1　部门档案信息

部门编码	部门名称
1	总经办
2	财务部
3	采购部
4	销售部
5	仓储部

(二) 人员类别设置

洪福商贸有限公司的人员类别信息如表 2-2 所示。

表 2-2　人员类别信息

一级档案编码	二级档案编码	档案名称
101	01	管理人员
101	02	采购人员
101	03	销售人员

(三) 人员档案设置

洪福商贸有限公司的人员档案信息如表 2-3 所示。

表 2-3　人员档案信息

人员编码	人员名称	所属部门	人员类别	性别	是否业务员	业务或费用部门
101	李金泽	总经办	管理人员	男	是	总经办
201	宋　清	财务部	管理人员	男	是	财务部
202	黄小明	财务部	管理人员	男	是	财务部
203	李　卉	财务部	管理人员	女	是	财务部
301	叶　敏	采购部	采购人员	女	是	采购部
302	王宏伟	采购部	采购人员	男	是	采购部
401	张　立	销售部	销售人员	男	是	销售部
402	李丽珊	销售部	销售人员	女	是	销售部
501	李　红	仓储部	管理人员	女	是	仓储部

〖操作指导〗

1. 设置部门档案

【A01】执行【基础设置】|【基础档案】|【机构人员】|【部门档案】命令,打开【部门档案】窗口。按表 2-1 的资料输入部门信息,操作结果如图 2-1 所示。

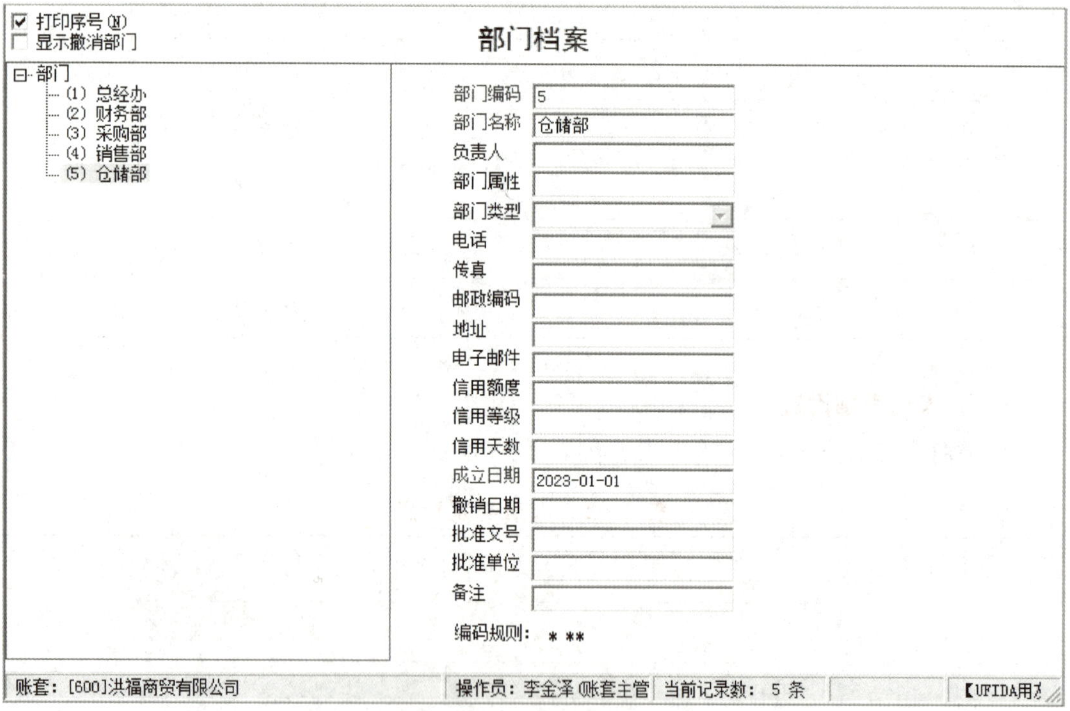

图 2-1　【部门档案】窗口

2. 设置人员类别

执行【基础设置】|【基础档案】|【机构人员】|【人员类别】命令,打开【人员类别】窗口。按表 2-2 的资料输入人员类别信息,操作结果如图 2-2 所示。

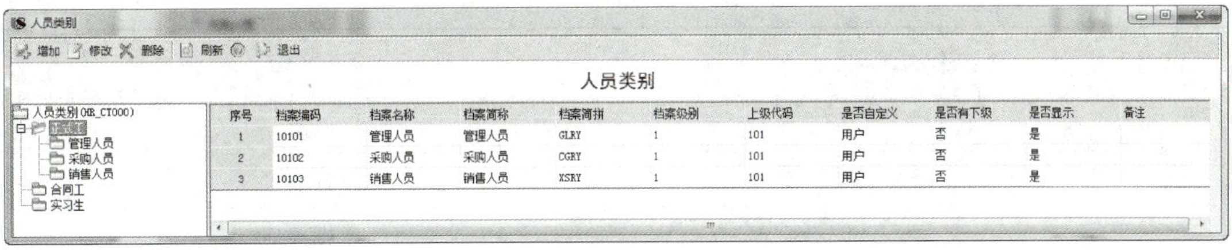

图 2-2 【人员类别】窗口

3. 设置人员档案

执行【基础设置】|【基础档案】|【机构人员】|【人员档案】命令,打开【人员列表】窗口。按表 2-3 的资料输入人员档案信息,操作结果如图 2-3 所示。

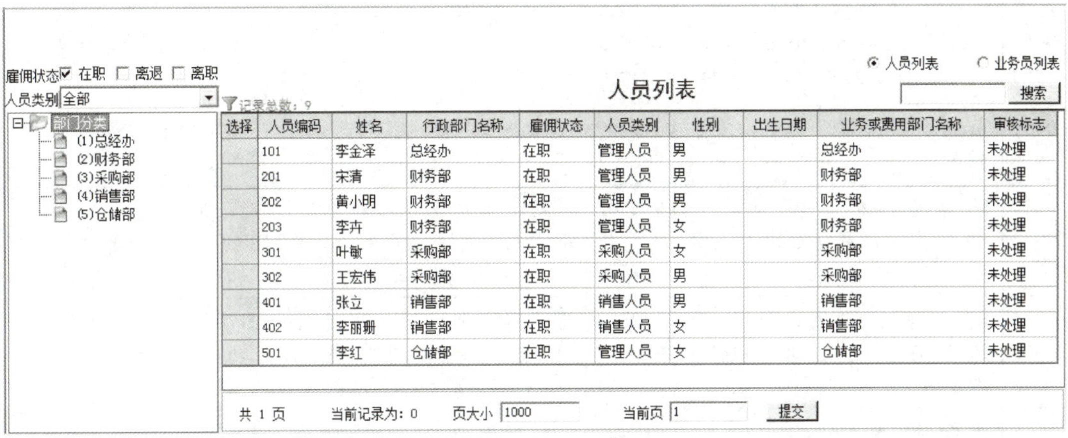

图 2-3 【人员列表】窗口

二、客商信息设置

(一) 地区分类设置

洪福商贸有限公司的地区分类信息如表 2-4 所示。

表 2-4 地区分类信息

地区分类编码	地区分类
01	安徽
02	河北
03	北京
04	浙江
05	广东

(二) 客户分类设置

洪福商贸有限公司的客户分类信息如表 2-5 所示。

表 2-5 客户分类信息

客户分类编码	客户分类
01	超市类
02	商贸类
03	零售商店

(三) 客户档案设置

洪福商贸有限公司的客户档案信息如表 2-6 所示。

表 2-6 客户档案信息

客户编码	客户名称	客户简称	所属分类	所属地区	纳税人识别号	地址电话	开户银行	账号	分管部门	分管业务员
0001	华联超市有限公司	华联	超市	安徽	913402017357608877	芜湖市镜湖区长江路46号 0553-3617288	中国工商银行芜湖长江路支行	1307310182600024932	销售部	张立
0002	欧尚超市有限公司	欧尚	超市	安徽	913402028747907576	芜湖市弋江区花津路20号 0553-4774219	中国银行芜湖花津路支行	6217620195600024346	销售部	张立
0003	沃尔玛超市有限公司	沃尔玛	超市	安徽	913402019652303334	芜湖市镜湖区中山路339号 0553-3137566	中国建设银行芜湖中山路支行	6217670188600024689	销售部	张立
0004	大润发超市有限公司	大润发	超市	安徽	913402013212603482	芜湖市镜湖区北京路9号 0553-3766169	中国农业银行芜湖北京路支行	6227680183600024178	销售部	张立
0005	兴旺商贸有限公司	兴旺	商贸	安徽	913402023212603548	芜湖市弋江区利民路308号 0553-4137562	中国工商银行芜湖利民路支行	1307310182600025688	销售部	李丽珊
0006	日新商贸有限公司	日新	商贸	安徽	913402023212603686	芜湖市弋江区利民路28号 0553-4774238	中国建设银行芜湖利民路支行	6217620195600022986	销售部	李丽珊
0007	聚鑫商贸有限公司	聚鑫	商贸	安徽	913402033212603766	芜湖市鸠江区万春西路8号 0553-5663275	中国农业银行芜湖万春路支行	6227670188600023688	销售部	李丽珊
0008	同福进出口有限公司	同福	商贸	安徽	913402033212604885	芜湖市鸠江区万春西路18号 0553-5617399	中国银行芜湖万春路支行	6217680183600022768	销售部	李丽珊
0009	佳和便利店	佳和	零售商店	安徽	913456789876654543	芜湖市镜湖区吉和北路21号 0553-3687526	交通银行芜湖北京路支行	6222657687664654555	销售部	李丽珊
0010	农夫山泉有限公司	农夫山泉	商贸	浙江	913301005457313478	杭州市曙光路148号,0571-87631808	招商银行杭州支行	2300600236934526237	销售部	李丽珊

(四) 供应商分类设置

洪福商贸有限公司的供应商分类信息如表 2-7 所示。

表 2-7　供应商分类信息

供应商分类编码	供应商分类
01	商品
01001	乳制品
01002	果蔬汁
01003	乳酸菌
09	其他

(五) 供应商档案设置

洪福商贸有限公司的供应商档案信息如表 2-8 所示。

表 2-8　供应商档案信息

供应商编码	供应商名称	供应商简称	所属分类	所属地区	纳税人识别号	地址电话	开户银行	账号	分管部门	分管业务员
0001	君乐宝乳业有限公司	君乐宝	01001	河北	911301857233544866	石家庄市石铜路68号,0311-83830123	中国工商银行石家庄石铜路支行	1307022029249363661	采购部	叶敏
0002	汇源果汁有限公司	汇源	01002	北京	911201157773216638	北京顺义区北小营16号,010-60483388	中国银行北京顺义东兴支行	6217600597934526278	采购部	叶敏
0003	农夫山泉有限公司	农夫山泉	01002	浙江	913301005457313478	杭州市曙光路148号,0571-87631808	招商银行杭州西溪支行	2300600236934526237	采购部	叶敏
0004	喜乐食品有限公司	喜乐	01003	广东	914403005887315556	广州市金华一街3号,020-82821822	中国工商银行广州经开区支行	1307005090026669884	采购部	王宏伟
0005	华联超市有限公司	华联	01002	安徽	913402017357608876	芜湖市镜湖区长江路46号,0553-3617288	中国工商银行芜湖长江路支行	1307310182600024932	采购部	王宏伟
0006	富光实业有限公司	富光	09	安徽	913401237139222326	合肥市肥西县三河镇北街169号,0551-68759028	中国农业银行肥西三河分理处	6227320104000012987	采购部	王宏伟

〖操作指导〗

1. 设置地区分类

执行【基础设置】|【基础档案】|【客商信息】|【地区分类】命令,打开【地区分类】窗口。按

表2-4中的资料输入地区分类信息,操作结果如图2-4所示。

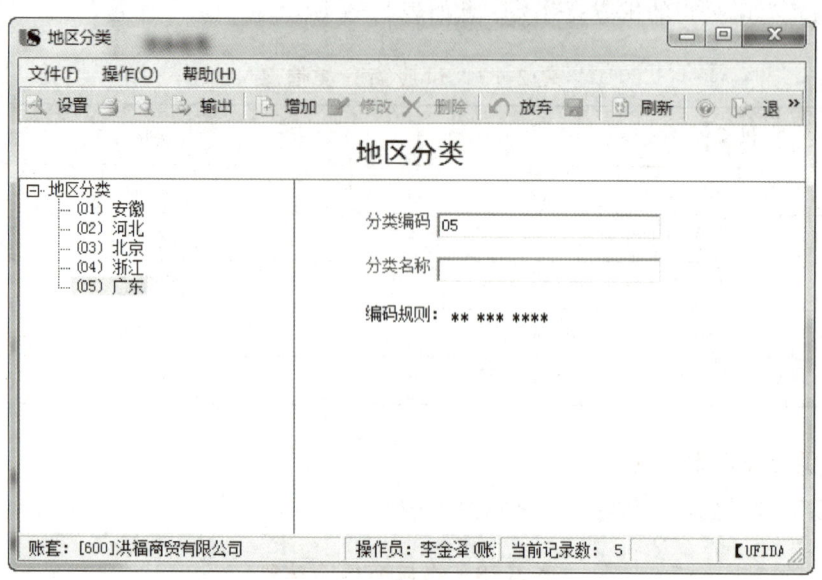

图2-4 【地区分类】窗口

2. 设置客户分类

执行【基础设置】|【基础档案】|【客商信息】|【客户分类】命令,打开【客户分类】窗口。按表2-5的资料输入客户分类信息,操作结果如图2-5所示。

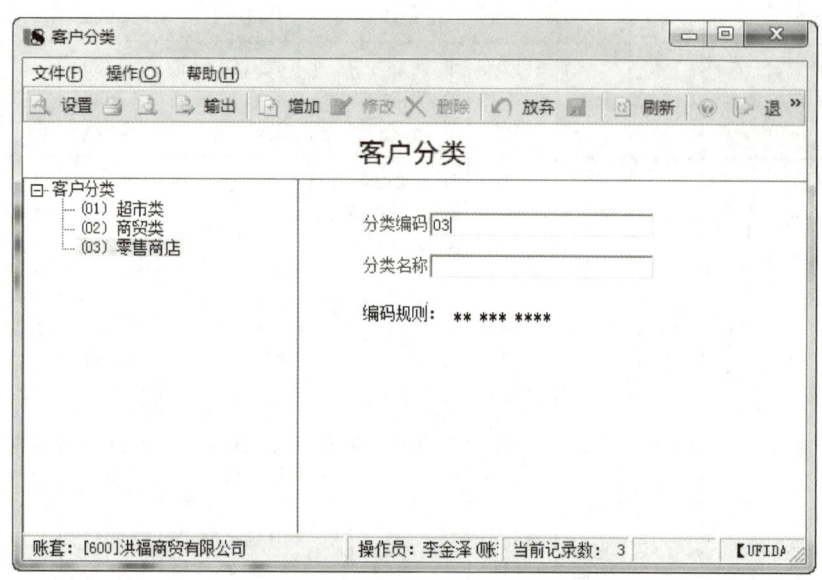

图2-5 【客户分类】窗口

3. 设置客户档案

(1)执行【基础设置】|【基础档案】|【客商信息】|【客户档案】命令,打开【客户档案】窗口。窗口分为左右两部分,左窗口显示已经设置的客户分类,选中某一客户分类,则在右窗口显示该分类下所有客户的列表。

(2) 单击【增加】按钮，打开【增加客户档案】窗口。窗口中共包括 4 个选项卡，即【基本】【联系】【信用】和【其他】，用于对客户不同的属性分别归类记录。

(3) 单击窗口中的【银行】按钮，系统弹出【客户银行档案】窗口。将表 2-6 资料中的开户银行及账号信息输入上述窗口中，其中【所属银行】和【默认值】是参照录入的。

(4) 按表 2-6 中的资料输入客户信息，操作结果如图 2-6 所示。

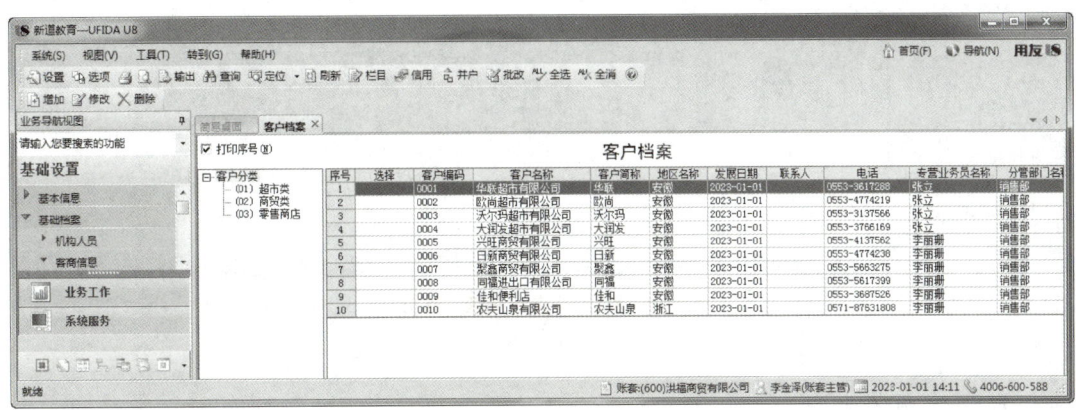

图 2-6 【客户档案】窗口

4. 设置供应商分类

执行【基础设置】|【基础档案】|【客商信息】|【供应商分类】命令，打开【供应商分类】窗口。按表 2-7 中的资料输入供应商分类信息，操作结果如图 2-7 所示。

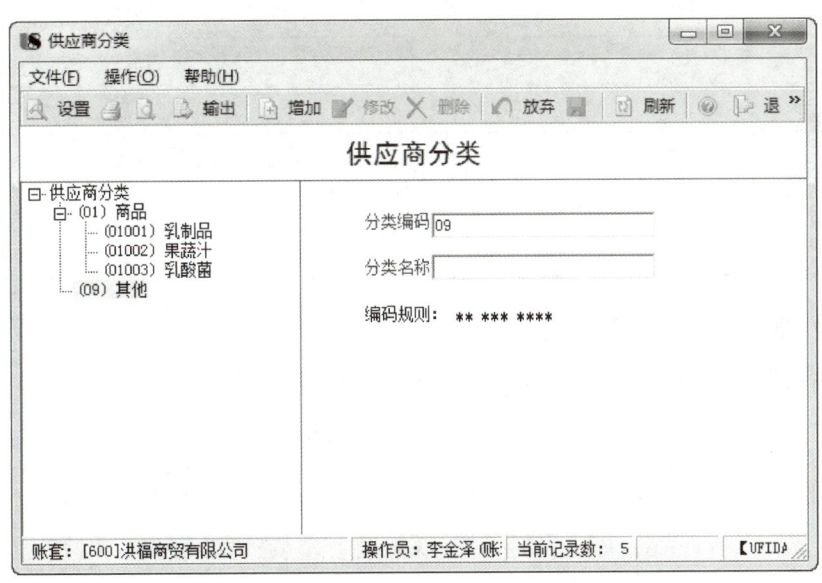

图 2-7 【供应商分类】窗口

5. 设置供应商档案

(1) 执行【基础设置】|【基础档案】|【客商信息】|【供应商档案】命令，打开【供应商档案】窗口。窗口分为左右两部分，左窗口显示已经设置的供应商分类，选中某一供应商分类，则在右窗口显示该分类下所有供应商的列表。

(2) 单击【增加】按钮，打开【供应商档案】窗口。

(3) 按表2-8中的资料输入供应商档案信息，操作结果如图2-8所示。

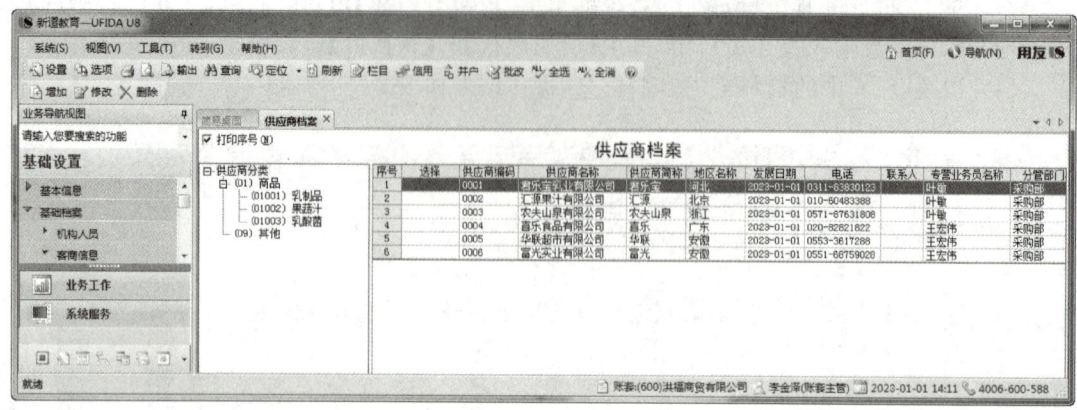

图2-8 【供应商档案】窗口

三、存货信息设置

（一）存货分类设置

洪福商贸有限公司的存货分类信息如表2-9所示。

表2-9 存货分类信息

分类编码	分类名称
01	商品
0101	乳制品
0102	果蔬汁
0103	乳酸菌
09	其他

（二）存货计量单位设置

洪福商贸有限公司的存货计量单位信息如表2-10所示。

表2-10 存货计量单位信息

计量单位组编码	计量单位组名称	计量单位组类别	计量单位编码	计量单位
01	自然单位	无换算	01	箱
01	自然单位	无换算	02	个
01	自然单位	无换算	03	公里*
01	自然单位	无换算	04	次

* 本书因配套软件中实际生成业务需要，以"公里"作为路程计量单位。

(三) 存货档案设置

洪福商贸有限公司的存货档案信息如表 2-11 所示。

表 2-11 存货档案信息

分类编码	所属类别	存货编码	存货名称	计量单位	税率	规格	存货属性
0101	乳制品	010101	君乐宝 200 mL 原味开啡尔酸奶	箱	13%	1×24	外购、内销
		010102	君乐宝 200 mL 优致牧场纯牛奶	箱	13%	1×24	外购、内销
		010103	君乐宝 200 mL 香蕉牛奶	箱	13%	1×24	外购、内销
0102	果蔬汁	010201	汇源 2.5 L 30% 山楂汁	箱	13%	1×6	外购、内销
		010202	汇源 2 L 100% 橙汁	箱	13%	1×6	外购、内销
		010203	汇源 1 L 100% 苹果汁	箱	13%	1×12	外购、内销
		010204	汇源 1 L 100% 葡萄汁	箱	13%	1×12	外购、内销
		010205	汇源 1 L 100% 橙+苹果礼盒装	箱	13%	1×6×6	外购、内销
		010206	汇源 1 L 100% 桃+葡萄礼盒装	箱	13%	1×6×6	外购、内销
		010207	汇源 450 mL 冰糖葫芦汁	箱	13%	1×15	外购、内销
		010208	农夫果园 380 mL 100% 番茄果蔬汁	箱	13%	1×24	外购、内销、受托代销
		010209	农夫果园 380 mL 100% 橙汁	箱	13%	1×24	外购、内销、受托代销
		010210	农夫果园 380 mL 30% 混合果蔬汁	箱	13%	1×24	外购、内销、受托代销
0103	乳酸菌	010301	喜乐 368 mL 蓝莓味	箱	13%	1×24	外购、内销
		010302	喜乐 368 mL 香橙味	箱	13%	1×24	外购、内销
		010303	喜乐 368 mL 原味	箱	13%	1×24	外购、内销
09	其他	0901	运输费	公里	9%		外购、内销、应税劳务
		0902	富光 500 mL 太空杯	个	13%		外购、内销
		0903	代销手续费	次	6%		外购、内销、应税劳务

〖操作指导〗

1. 设置存货分类

执行【基础设置】|【基础档案】|【存货】|【存货分类】命令,打开【存货分类】窗口。按表 2-9 中的资料输入存货分类信息,操作结果如图 2-9 所示。

2. 设置存货计量单位

(1) 执行【基础设置】|【基础档案】|【存货】|【计量单位】命令,打开【计量单位】窗口。

(2) 单击【分组】按钮,打开【计量单位组】窗口。

(3) 单击【增加】按钮,按表 2-10 的资料输入计量单位组的编码、名称和类别等信息,单击【保存】按钮,如图 2-10 所示。

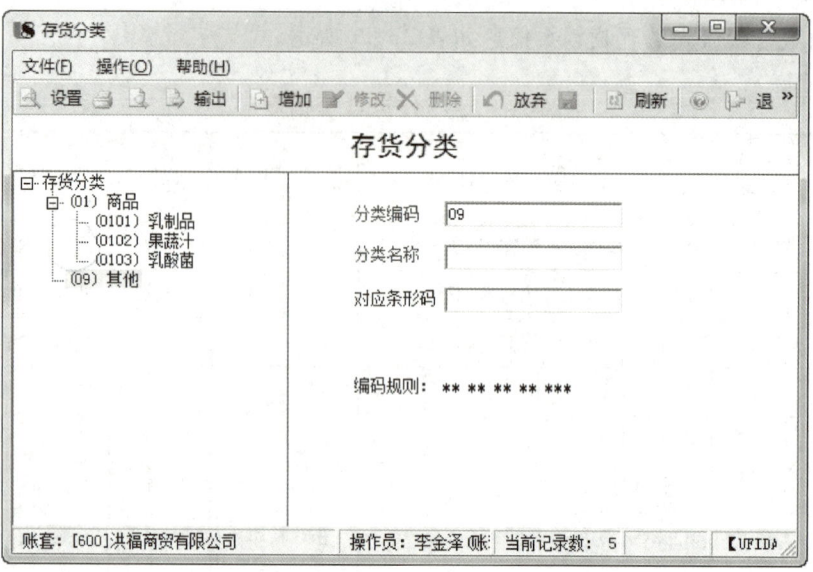

图 2-9 【存货分类】窗口

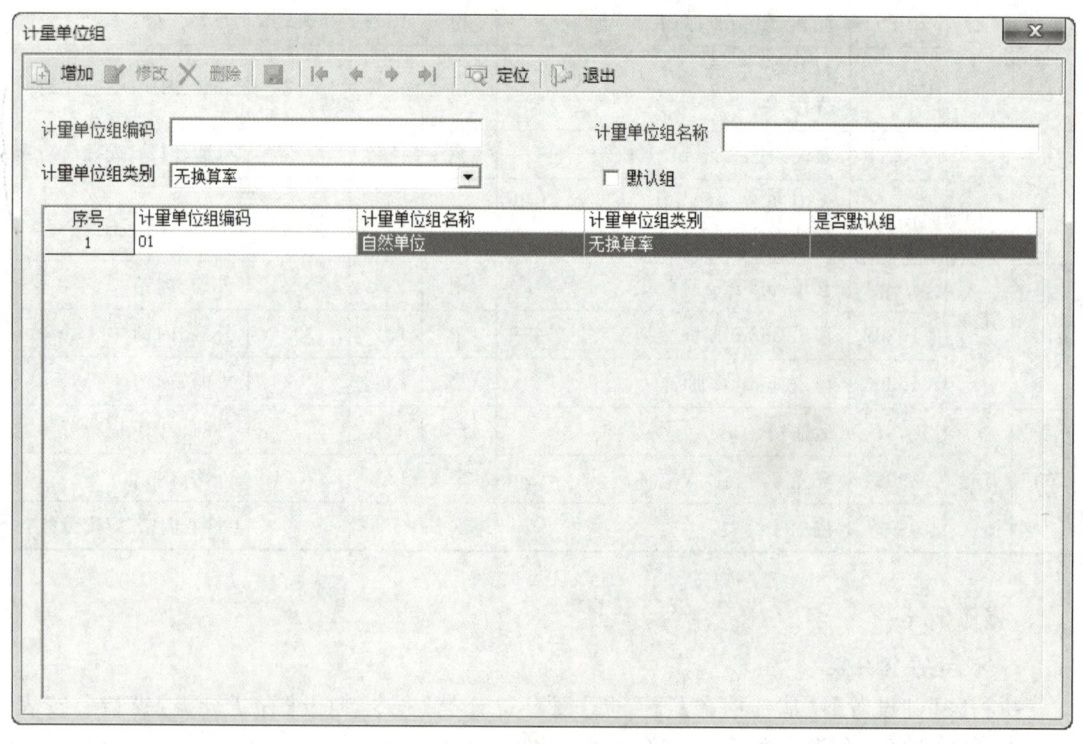

图 2-10 【计量单位组】窗口

(4) 单击【单位】按钮,打开【计量单位窗口】,再单击【增加】按钮,按表 2-10 的资料依次输入计量单位编码和计量单位名称,单击【保存】按钮,操作结果如图 2-11 所示。

3. 设置存货档案

(1) 执行【基础设置】|【基础档案】|【存货】|【存货档案】命令,打开【存货档案】窗口。

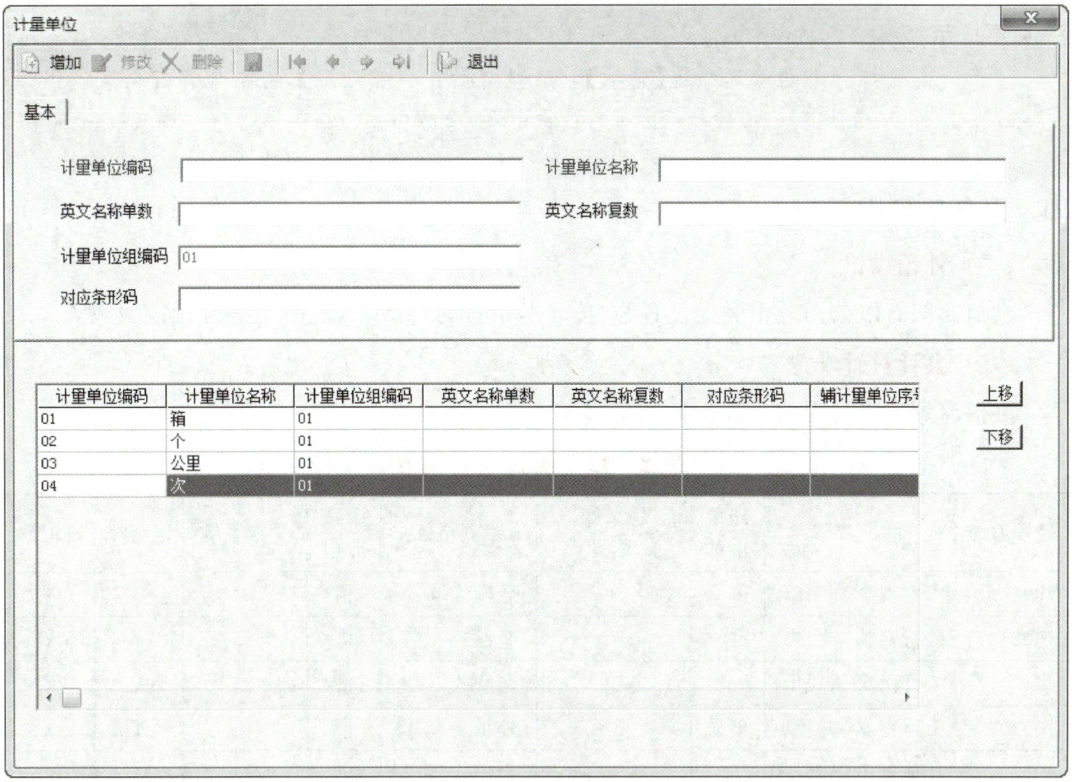

图 2-11 【计量单位】窗口

(2) 选中【(0101)乳制品】存货分类。
(3) 单击【增加】按钮，打开【增加存货档案】窗口。
(4) 根据表 2-11 资料填制【010101 君乐宝 200 mL 原味开啡尔酸奶】的存货档案【基本】选项卡。
(5) 单击【保存】按钮，保存存货档案信息。
(6) 依次按表 2-11 中的资料输入全部存货档案，操作结果如图 2-12 所示。

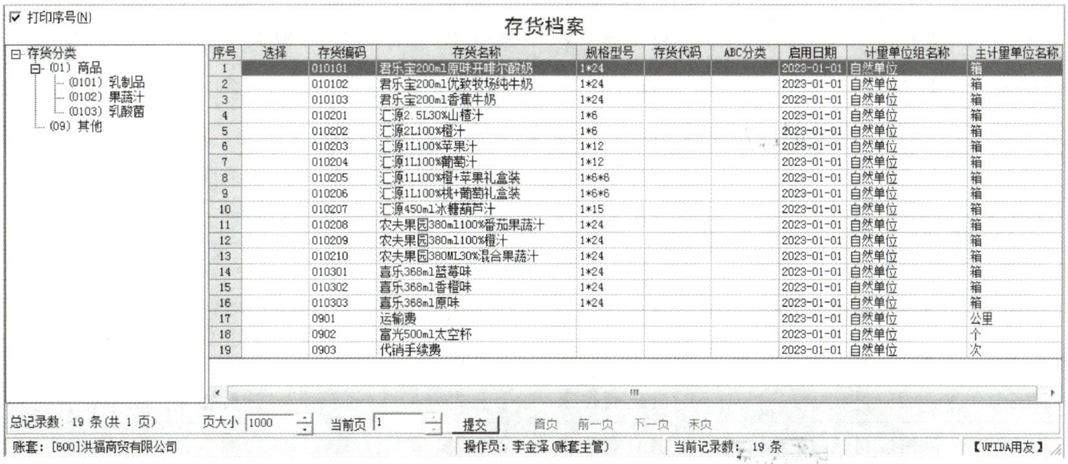

图 2-12 【存货档案】窗口

> **重要提示**
> 请先打开采购管理系统【选项】,勾选【有受托代销业务】,再增加存货档案。

四、财务信息设置

(一) 外币设置

洪福商贸有限公司外币类型设置为"美元",币符为"USD",汇率类型为"固定汇率"。

(二) 会计科目设置

洪福商贸有限公司的会计科目信息如表 2-12 所示。

表 2-12 会计科目信息

科目编码	科目名称	外币币种	辅助账类型	账页格式	余额方向	受控系统	银行账	日记账
1001	库存现金			金额式	借			Y
1002	银行存款			金额式	借		Y	Y
100201	工行存款(人民币)			金额式	借		Y	Y
100202	工行存款(美元)	美元		外币金额式	借		Y	Y
1012	其他货币资金			金额式	借			
101201	存出投资款			金额式	借			
1121	应收票据		客户往来	金额式	借	应收系统		
112101	银行承兑汇票		客户往来	金额式	借	应收系统		
112102	商业承兑汇票		客户往来	金额式	借	应收系统		
1122	应收账款		客户往来	金额式	借			
112201	人民币		客户往来	金额式	借	应收系统		
112202	美元	美元	客户往来	外币金额式	借	应收系统		
1123	预付账款		供应商往来	金额式	借			
112301	人民币		供应商往来	金额式	借	应付系统		
112302	美元	美元	供应商往来	外币金额式	借	应付系统		
1321	受托代销商品			金额式	借			
1481	合同资产		客户往来	金额式	借	应收系统		
2201	应付票据		供应商往来	金额式	贷	应付系统		
220101	银行承兑汇票		供应商往来	金额式	贷	应付系统		
220102	商业承兑汇票		供应商往来	金额式	贷	应付系统		
2202	应付账款			金额式	贷			
220201	一般应付款		供应商往来	金额式	贷	应付系统		
220202	暂估应付款		供应商往来	金额式	贷			
2203	预收账款			金额式	贷			

续 表

科目编码	科目名称	外币币种	辅助账类型	账页格式	余额方向	受控系统	银行账	日记账
220301	人民币		客户往来	金额式	贷	应收系统		
220302	美元	美元	客户往来	外币金额式	贷	应收系统		
220303	定金		客户往来	金额式	贷	应收系统		
2204	合同负债		客户往来	金额式	贷	应收系统		
2211	应付职工薪酬			金额式	贷			
221101	工资			金额式	贷			
221102	社会保险费			金额式	贷			
221103	设定提存计划			金额式	贷			
221104	住房公积金			金额式	贷			
221105	工会经费			金额式	贷			
221106	职工教育经费			金额式	贷			
221107	职工福利			金额式	贷			
221108	非货币性福利			金额式	贷			
221109	其他			金额式	贷			
2221	应交税费			金额式	贷			
222101	应交增值税			金额式	贷			
22210101	进项税额			金额式	借			
22210102	已交税金			金额式	借			
22210103	减免税款			金额式	借			
22210104	转出未交增值税			金额式	借			
22210106	销项税额			金额式	贷			
22210107	进项税额转出			金额式	贷			
22210108	转出多交增值税			金额式	贷			
222102	未交增值税			金额式	贷			
222103	应交城建税			金额式	贷			
222104	应交教育费附加			金额式	贷			
222105	应交企业所得税			金额式	贷			
222106	应交个人所得税			金额式	贷			
2314	受托代销商品款		供应商往来	金额式	贷			
4104	利润分配			金额式	贷			
410415	未分配利润			金额式	贷			
6601	销售费用			金额式	借			
660101	职工薪酬			金额式	借			
660102	广告费			金额式	借			

续 表

科目编码	科目名称	外币币种	辅助账类型	账页格式	余额方向	受控系统	银行账	日记账
660103	委托代销手续费			金额式	借			
660104	赠品费用			金额式	借			
660109	其他			金额式	借			
6602	管理费用			金额式	借			
660201	职工薪酬			金额式	借			
660202	办公费			金额式	借			
660209	其他			金额式	借			
6702	信用减值损失			金额式	借			

（三）指定科目设置

指定现金科目为"库存现金"、银行科目为"银行存款"。

（四）凭证类别设置

洪福商贸有限公司凭证类别设置为"记账凭证"。

【操作指导】

1. 设置外币

（1）执行【基础设置】|【基础档案】|【财务】|【外币设置】命令，打开【外币设置】对话框。

（2）单击【增加】按钮，选择【固定汇率】，输入币符为【USD】，币名为【美元】，单击【确认】按钮，如图 2-13 所示。

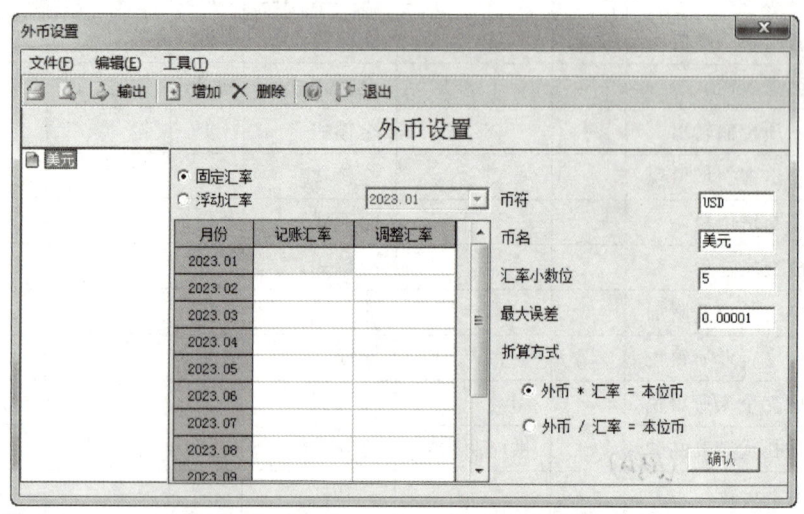

图 2-13 【外币设置】对话框

2. 设置会计科目

（1）执行【基础设置】|【基础档案】|【财务】|【会计科目】命令，打开【会计科目】窗口。

（2）在【会计科目】窗口中，单击【增加】按钮，打开【新增会计科目】对话框，输入科目编

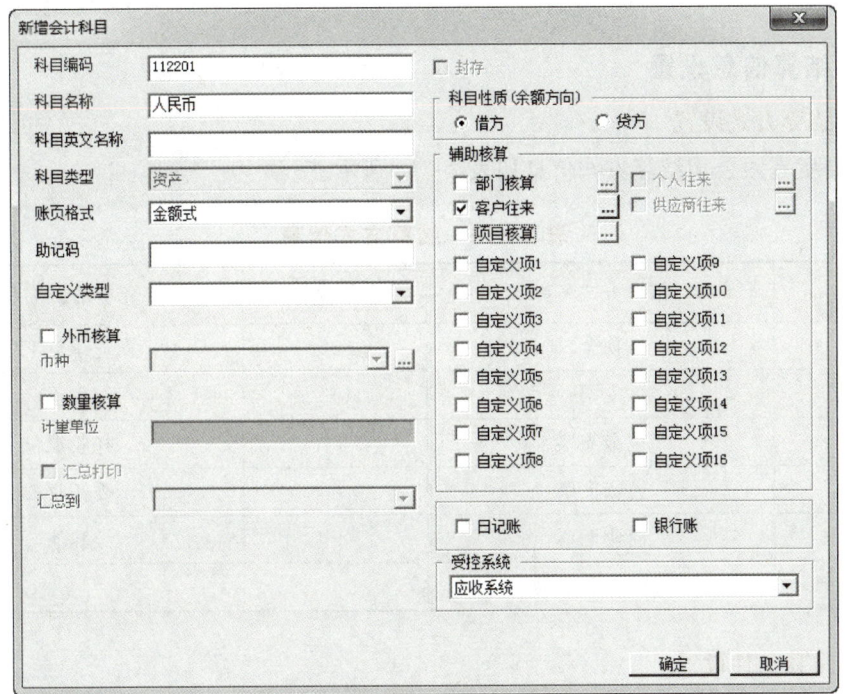

图 2-14 【新增会计科目】对话框

码和科目名称,勾选【客户往来】辅助项,选择受控系统为【应收系统】,如图 2-14 所示。

(3) 单击【确定】按钮。依次修改会计科目、增加会计科目。

3. 设置指定科目

(1) 执行【基础设置】|【基础档案】|【财务】|【会计科目】命令,打开【会计科目】窗口。

(2) 执行【编辑】|【指定科目】命令,打开【指定科目】窗口,选择现金科目为【1001】;银行科目为【1002】,单击【确定】按钮。

4. 设置凭证类别

(1) 执行【基础设置】|【基础档案】|【财务】|【凭证类别】命令,打开【凭证类别预置】对话框。

(2) 在【凭证类别预置】对话框中,选中【记账凭证】,单击【确定】按钮,如图 2-15 所示。

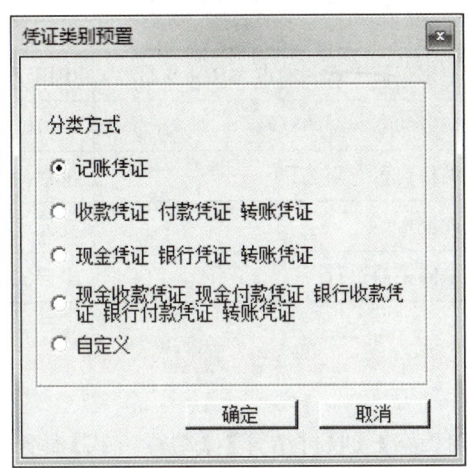

图 2-15 【凭证类别预置】对话框

五、收付结算信息设置

(一) 结算方式设置

洪福商贸有限公司结算方式信息如表2-13所示。

表2-13 结算方式信息

编号	结算方式名称	编号	结算方式名称
1	现金	302	商业承兑汇票
2	支票	4	电汇
201	现金支票	5	托收承付
202	转账支票	6	委托收款
3	商业汇票	9	其他
301	银行承兑汇票		

(二) 付款条件设置

洪福商贸有限公司付款条件信息如表2-14所示。

表2-14 付款条件信息

付款条件编码	信用天数	优惠天数1	优惠率1	优惠天数2	优惠率2
01	30	10	2	20	1

(三) 开户银行信息设置 *先做凭证重要提示*

洪福商贸有限公司开户银行信息如表2-15所示。

表2-15 开户银行信息

项目	内容	
企业开户银行编码	01	02
开户银行名称	中国工商银行芜湖市弋江路支行	中国工商银行芜湖市弋江路支行
账号	1307000526782987947	1307000526782987616
账户名	洪福商贸有限公司	洪福商贸有限公司
币种	人民币	美元
所属银行	中国工商银行	中国工商银行

【操作指导】

1. 设置结算方式

执行【基础设置】|【基础档案】|【收付结算】|【结算方式】命令,打开【结算方式】窗口,按表2-13中的资料输入结算方式,操作结果如图2-16所示。

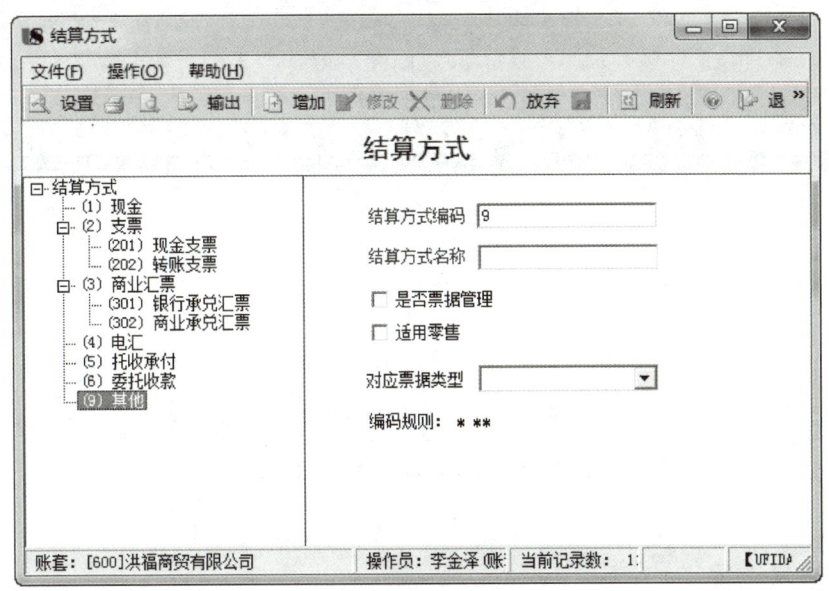

图2-16 【结算方式】窗口

2. 设置付款条件

执行【基础设置】|【基础档案】|【收付结算】|【付款条件】命令,打开【付款条件】窗口。按表2-14中的资料输入付款条件,操作结果如图2-17所示。

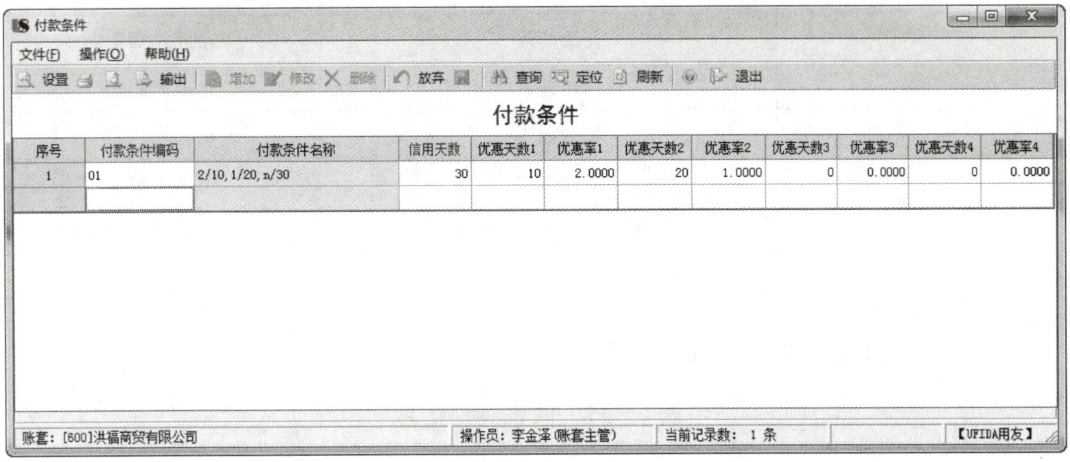

图2-17 【付款条件】窗口

3. 设置开户银行信息

执行【基础设置】|【基础档案】|【收付结算】|【本单位开户银行】命令,打开【本单位开户银行】窗口,按表2-15中的资料输入开户银行信息,操作结果如图2-18所示。

> **重要提示**
>
> 请先修改【银行档案】|【中国工商银行档案】,取消其企业账号【定长】选项。

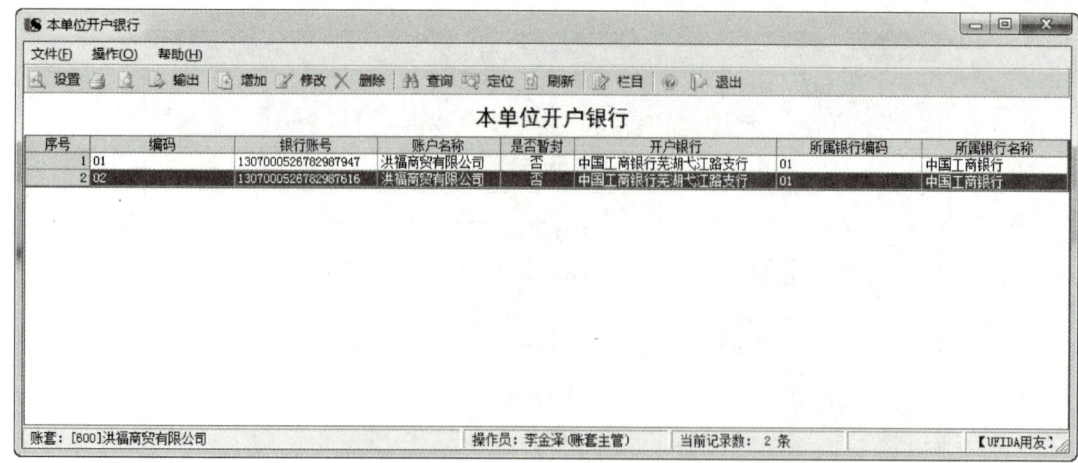

图 2-18 【本单位开户银行】窗口

六、业务信息设置

(一) 仓库档案设置

洪福商贸有限公司仓库档案信息如表 2-16 所示。

表 2-16 仓库档案信息

仓库编码	仓库名称	计价方式
01	乳制品库	先进先出法
02	果蔬汁库	先进先出法
03	乳酸菌库	先进先出法
04	受托代销库	先进先出法
05	赠品库(不勾选"计入成本")	先进先出法

(二) 收发类别设置

洪福商贸有限公司收发类别信息如表 2-17 所示。

表 2-17 收发类别信息

收发类别编码	收发类别名称	收发标志	收发类别编码	收发类别名称	收发标志
1	入库	收	2	出库	发
101	采购入库	收	201	销售出库	发
102	采购退货	收	202	销售退货	发
103	盘盈入库	收	203	盘亏出库	发
104	受托代销入库	收	204	委托代销出库	发
109	其他入库	收	205	赠品出库	发
			209	其他出库	发

(三) 采购和销售类型设置

洪福商贸有限公司采购和销售类型信息如表2-18所示。

表2-18　采购和销售类型信息

	名　称	出入库类别		名　称	出入库类别
采购类型	01 正常采购	采购入库	销售类型	01 正常销售	销售出库
	02 受托采购	受托代销入库		02 委托销售	委托代销出库
	03 采购退货	采购退货		03 销售退货	销售退货
				04 赠品销售	赠品出库

(四) 费用项目设置

洪福商贸有限公司费用项目信息如表2-19所示。

表2-19　费用项目信息

费用项目分类编码	费用项目分类名称	费用项目编码	费用项目名称
0	无分类	01	运输费
0	无分类	02	委托代销手续费

(五) 非合理损耗类型设置

洪福商贸有限公司非合理损耗类型信息如表2-20所示。

表2-20　非合理损耗类型信息

非合理损耗类型编码	非合理损耗类型名称
01	运输部门责任

〖操作指导〗

1. 设置仓库档案

执行【基础设置】|【基础档案】|【业务】|【仓库档案】命令，打开【仓库档案】窗口。按表2-16中的资料设置企业仓库档案信息，操作结果如图2-19所示。

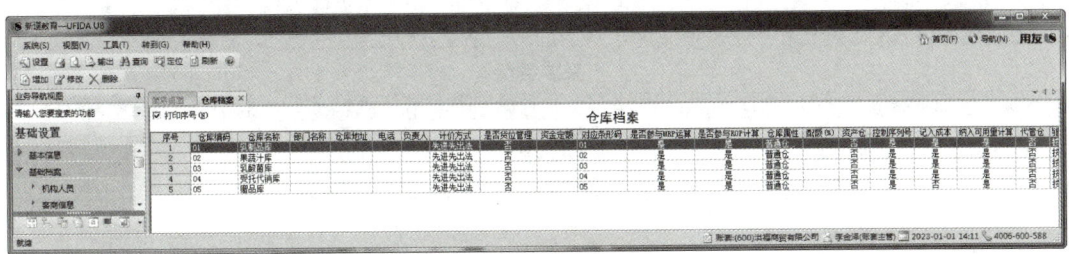

图2-19　【仓库档案】窗口

> **重要提示**
>
> 每个仓库必须选择一种计价方式。

> 系统提供六种计价方式，工业企业为计划价法、全月平均法、移动平均法、先进先出法和个别计价法；商业企业为销售价法、全月平均法、移动平均法、先进先出法和个别计价法。

2. 设置收发类别

执行【基础设置】|【基础档案】|【业务】|【收发类别】命令，打开【收发类别】窗口。按表 2-17 中的资料输入收发类别信息，操作结果如图 2-20 所示。

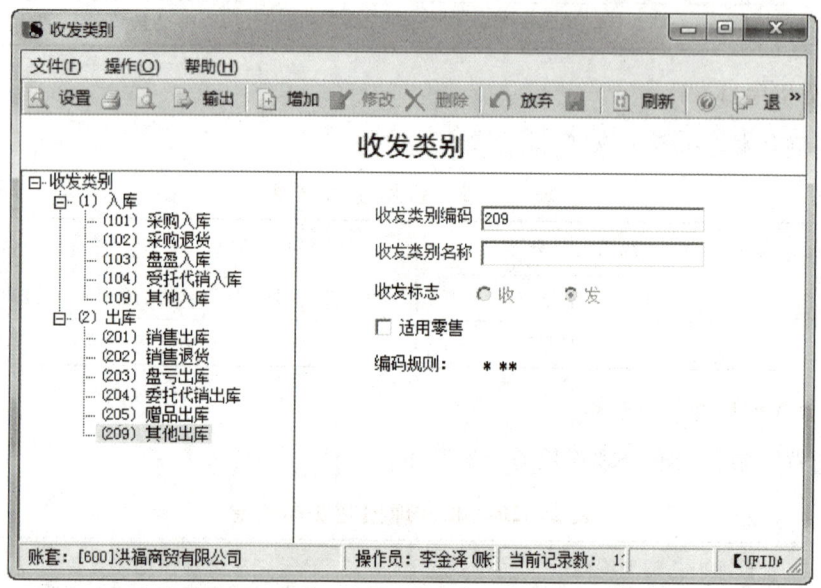

图 2-20 【收发类别】窗口

3. 设置采购和销售类型

（1）执行【基础设置】|【基础档案】|【业务】|【采购类型】命令，打开【采购类型】窗口。按表 2-18 中的资料输入采购类型信息，操作结果如图 2-21 所示。

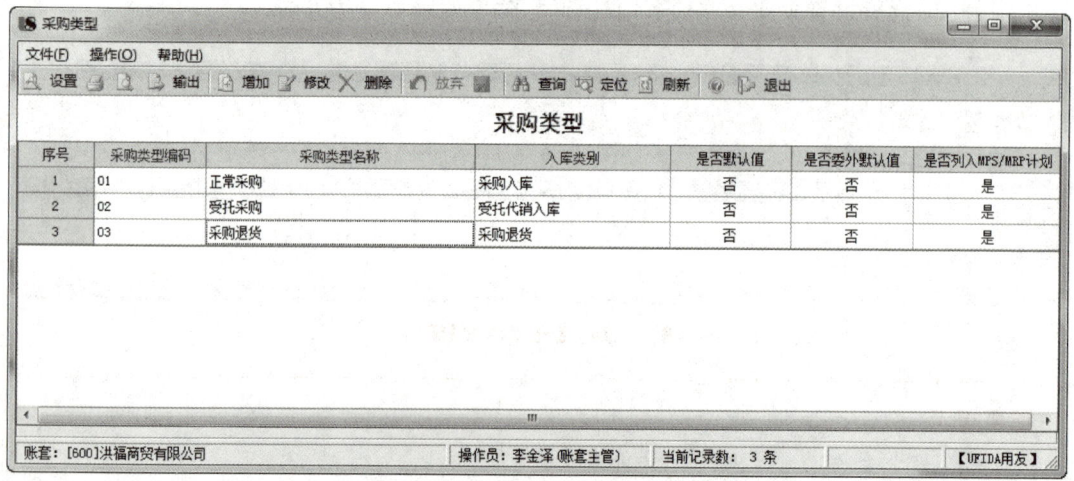

图 2-21 【采购类型】窗口

（2）执行【基础设置】|【基础档案】|【业务】|【销售类型】命令，打开【销售类型】窗口。按表 2-18 中的资料输入销售类型信息，操作结果如图 2-22 所示。

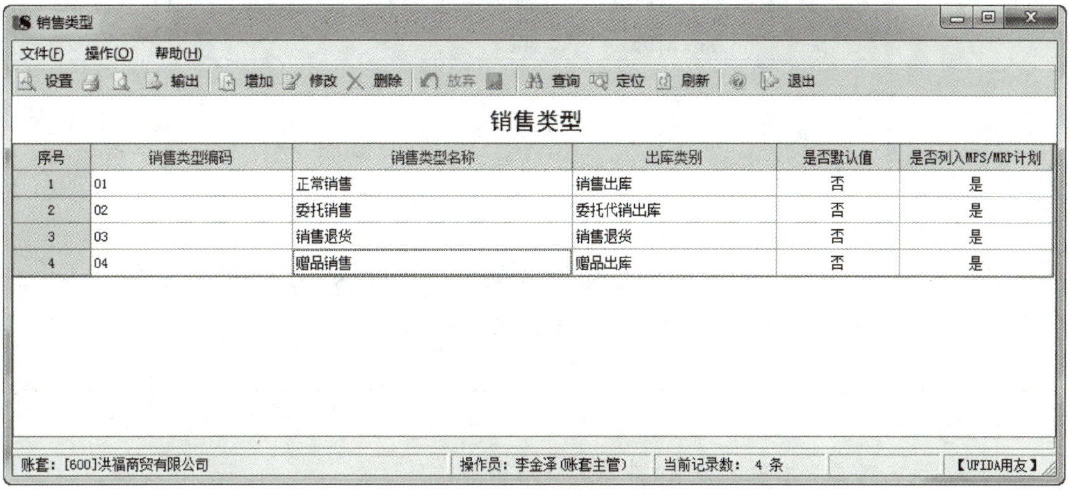

序号	销售类型编码	销售类型名称	出库类别	是否默认值	是否列入MPS/MRP计划
1	01	正常销售	销售出库	否	是
2	02	委托销售	委托代销出库	否	是
3	03	销售退货	销售退货	否	是
4	04	赠品销售	赠品出库	否	是

图 2-22 【销售类型】窗口

4. 设置费用项目

（1）执行【基础设置】|【基础档案】|【业务】|【费用项目分类】命令，打开【费用项目分类】窗口。设置编号为"0"的【无分类】项目，操作结果如图 2-23 所示。

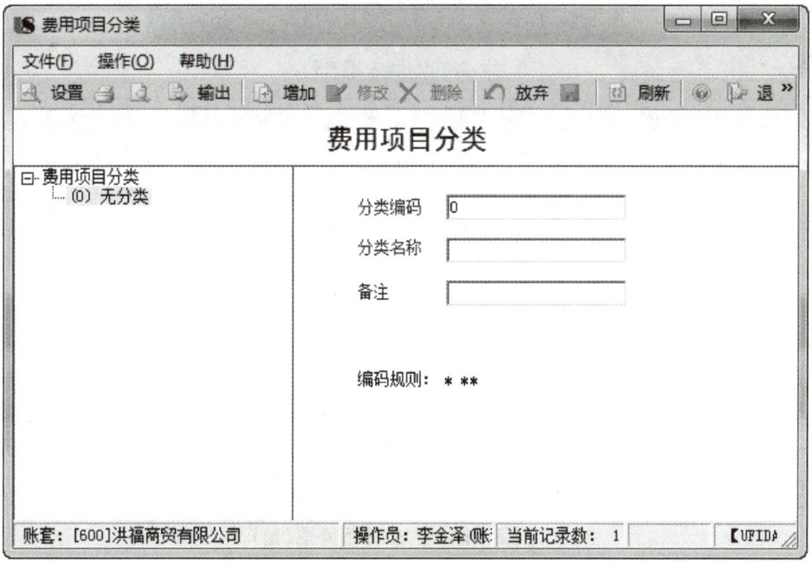

图 2-23 【费用项目分类】窗口

（2）执行【基础设置】|【基础档案】|【业务】|【费用项目】命令，打开【费用项目】窗口。按表 2-19 中的资料输入费用项目信息，操作结果如图 2-24 所示。

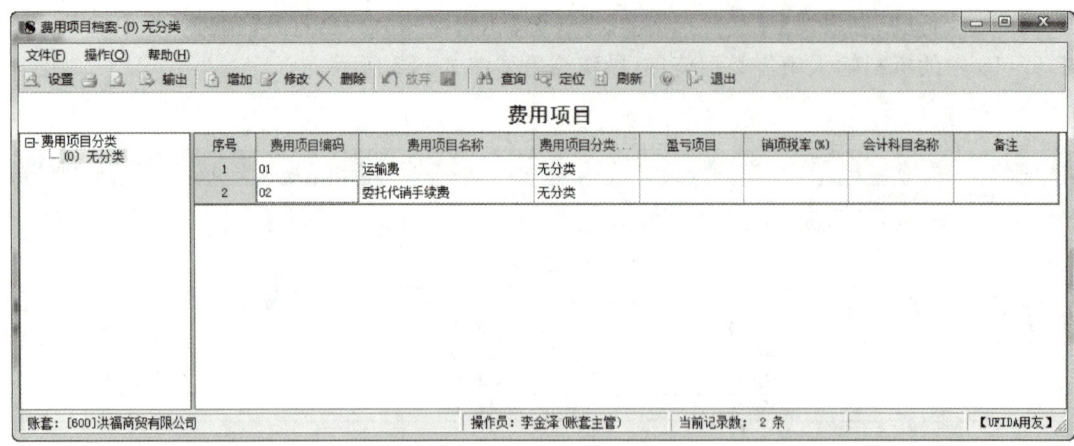

图 2-24 【费用项目】窗口

> **重要提示**
> 请先建立费用项目分类，再添加费用项目。

5. 设置非合理损耗类型

执行【基础设置】|【基础档案】|【业务】|【非合理损耗类型】命令，打开【非合理损耗类型】窗口。按表 2-20 中的资料输入非合理损耗类型，操作结果如图 2-25 所示。

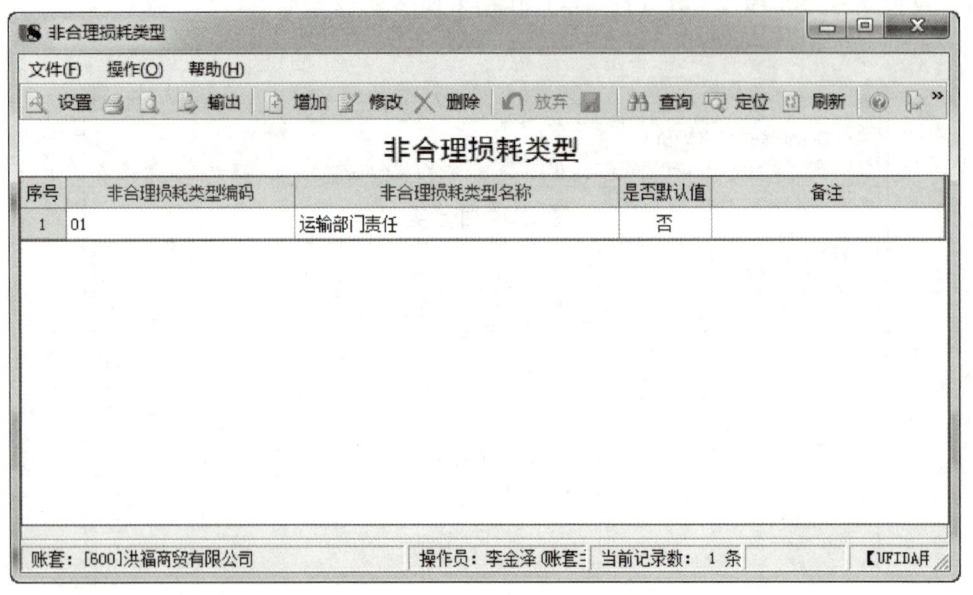

图 2-25 【非合理损耗类型】窗口

七、账套备份

【操作指导】

（1）在 D:\建立【2-1】文件夹

(2) 将账套输出至 D:\【2-1】文件夹中。

实训二　单据设置

一、单据格式设置

1. 修改销售订单、销售专用发票、发货单表头汇率可编辑

〖操作指导〗

(1) 执行【基础设置】|【单据设置】|【单据格式设置】命令,打开【单据格式设置】对话框,修改销售订单的表头项目【汇率】,取消其【禁止编辑】选项,单击【确定】按钮,单击【保存】按钮,如图 2-26 所示。

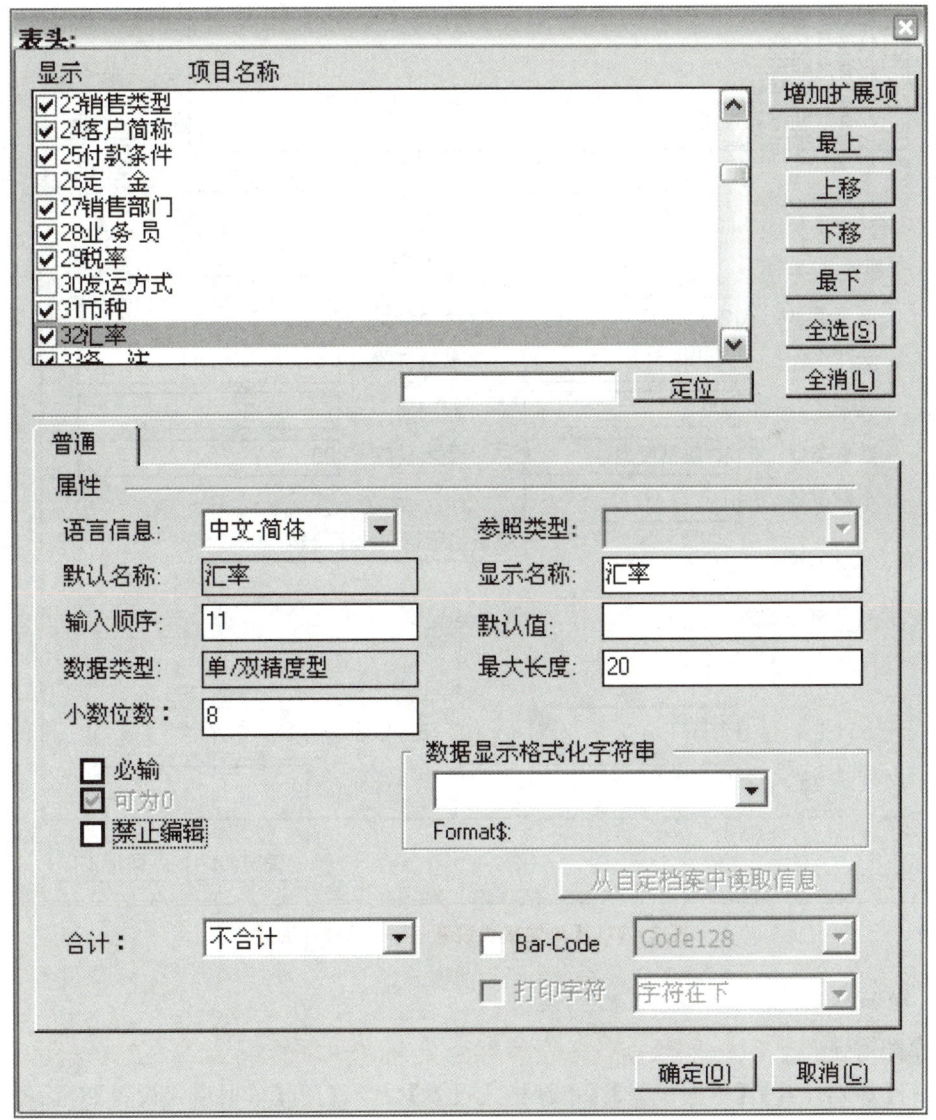

图 2-26 【单据格式设置——表头】对话框

（2）依次取消销售专用发票、发货单表头汇率的【禁止编辑】选项，单击【保存】按钮。

2．修改销售专用发票表体【退补标志】，数量删除【必输】项

〖操作指导〗

执行【基础设置】|【单据设置】|【单据格式设置】命令，打开【单据格式设置】对话框，修改销售专用发票的表体项目【数量】，取消其【必输】选项，增加【退补标志】表体项目，单击【确定】按钮，单击【保存】按钮，如图 2-27 所示。

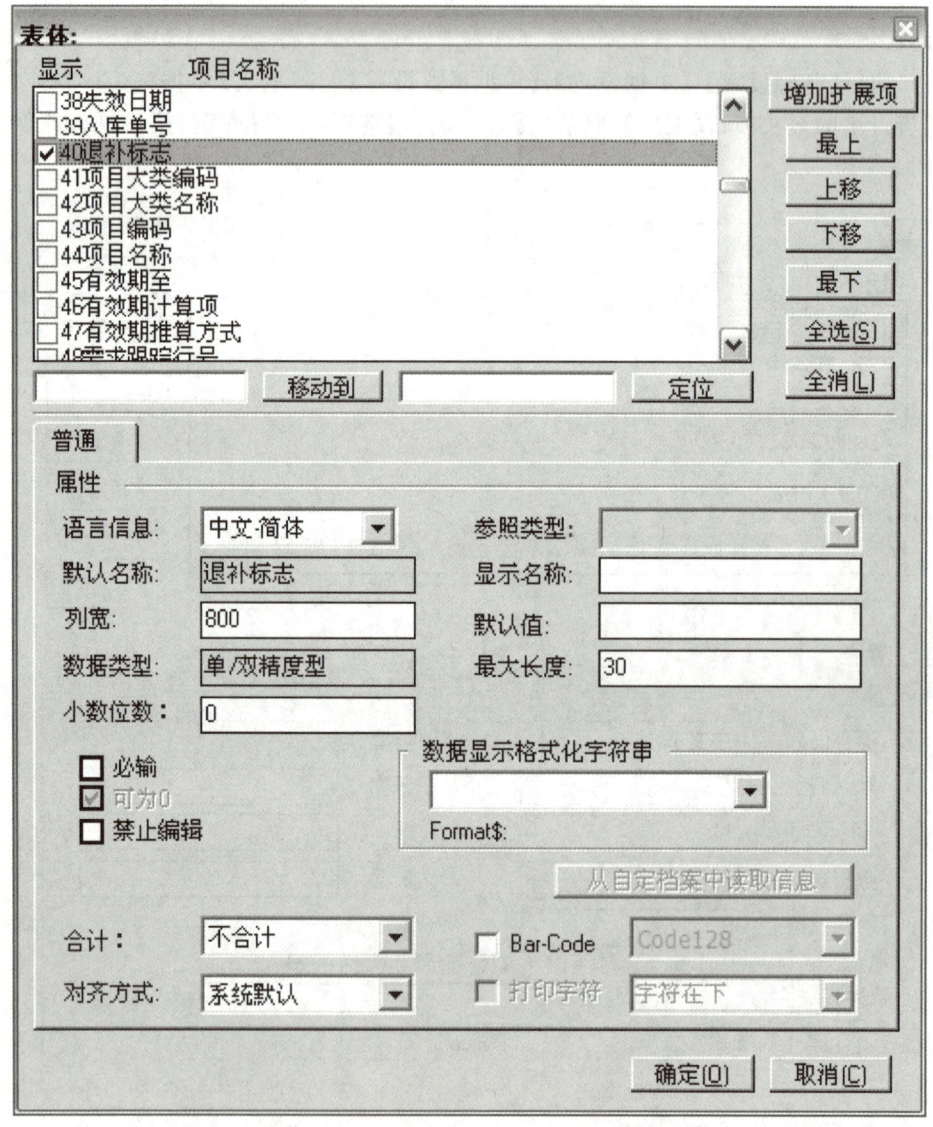

图 2-27 【单据格式设置——表体】对话框

3．增加委托代销结算单"发票号"表头

〖操作指导〗

执行【基础设置】|【单据设置】|【单据格式设置】命令，打开【单据格式设置】对话框，增加【发票号】表头项目，单击【确定】按钮，单击【保存】按钮，如图 2-28 所示。

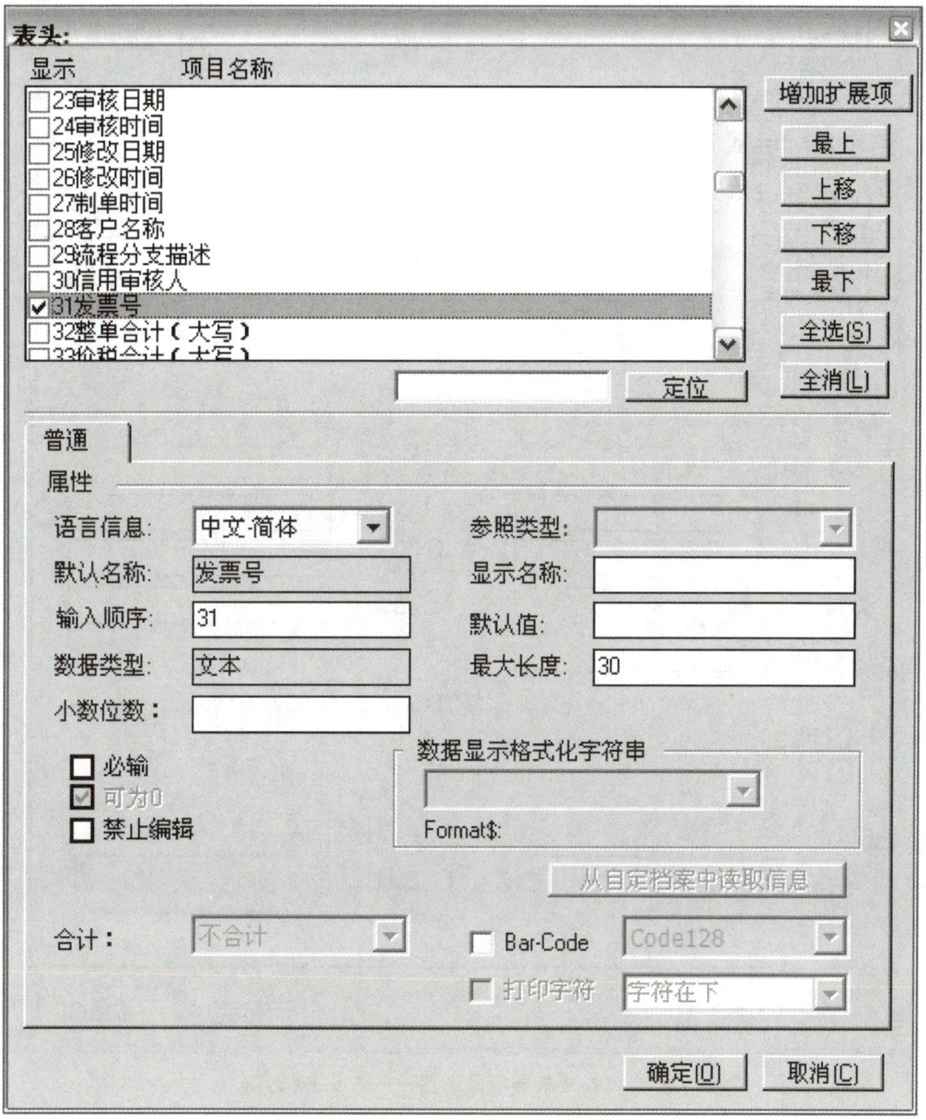

图2-28 【单据格式设置——表头】对话框

4. 增加销售订单"必有定金""定金原币金额""定金本币金额"表头

〖操作指导〗

执行【基础设置】|【单据设置】|【单据格式设置】命令,打开【单据格式设置】对话框,增加销售订单的表头项目【必有定金】【定金原币金额】【定金本币金额】,单击【确定】按钮,单击【保存】按钮,如图2-29所示。

5. 增加应收收款单"订单号"表头

〖操作指导〗

执行【基础设置】|【单据设置】|【单据格式设置】命令,打开【单据格式设置】对话

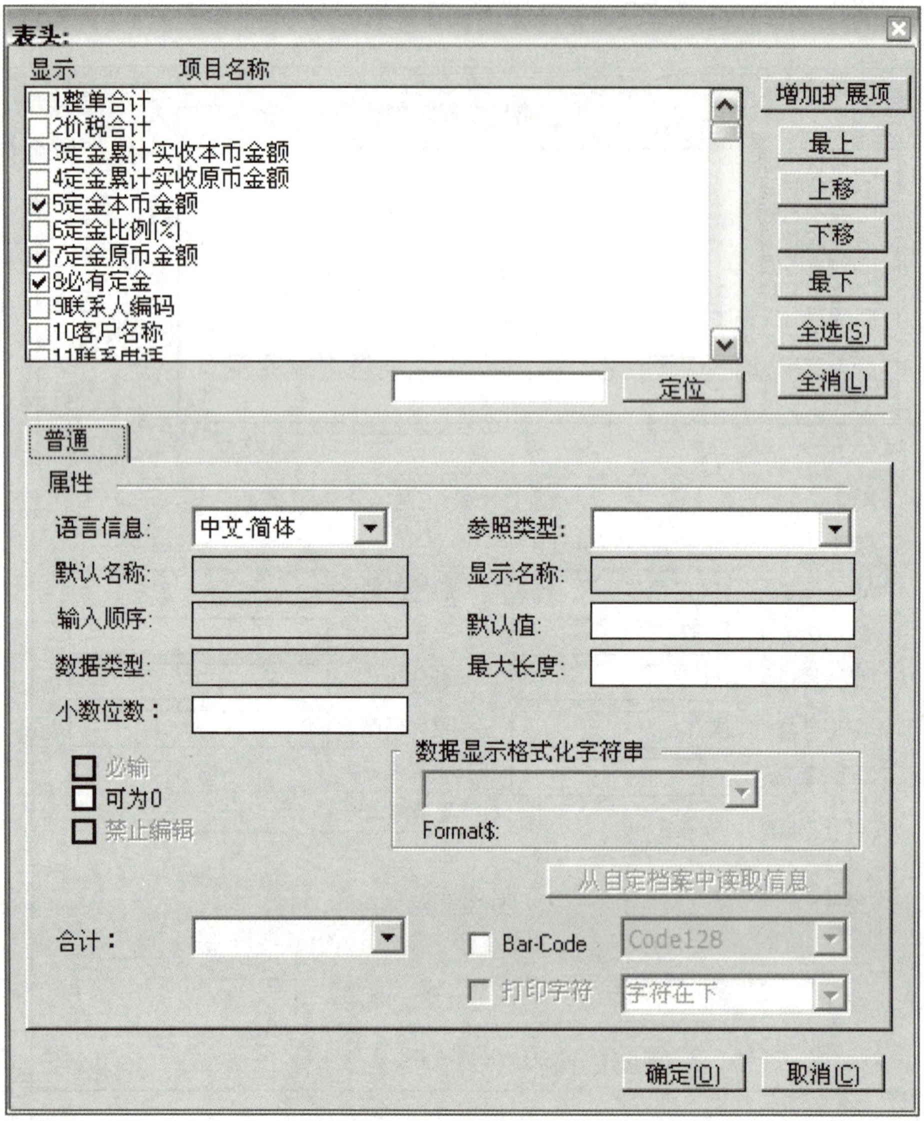

图 2-29 【单据格式设置——表头】对话框

框,增加应收收款单的表头项目【订单号】,单击【确定】按钮,单击【保存】按钮,如图 2-30 所示。

二、单据编号设置

1. 采购订单、采购(专用、普通)发票完全手工编号
2. 销售订单、销售(专用、普通)发票、零售日报完全手工编号

〖操作指导〗

(1) 执行【基础设置】|【单据设置】|【单据编号设置】命令,打开【单据编号设置】对话框。

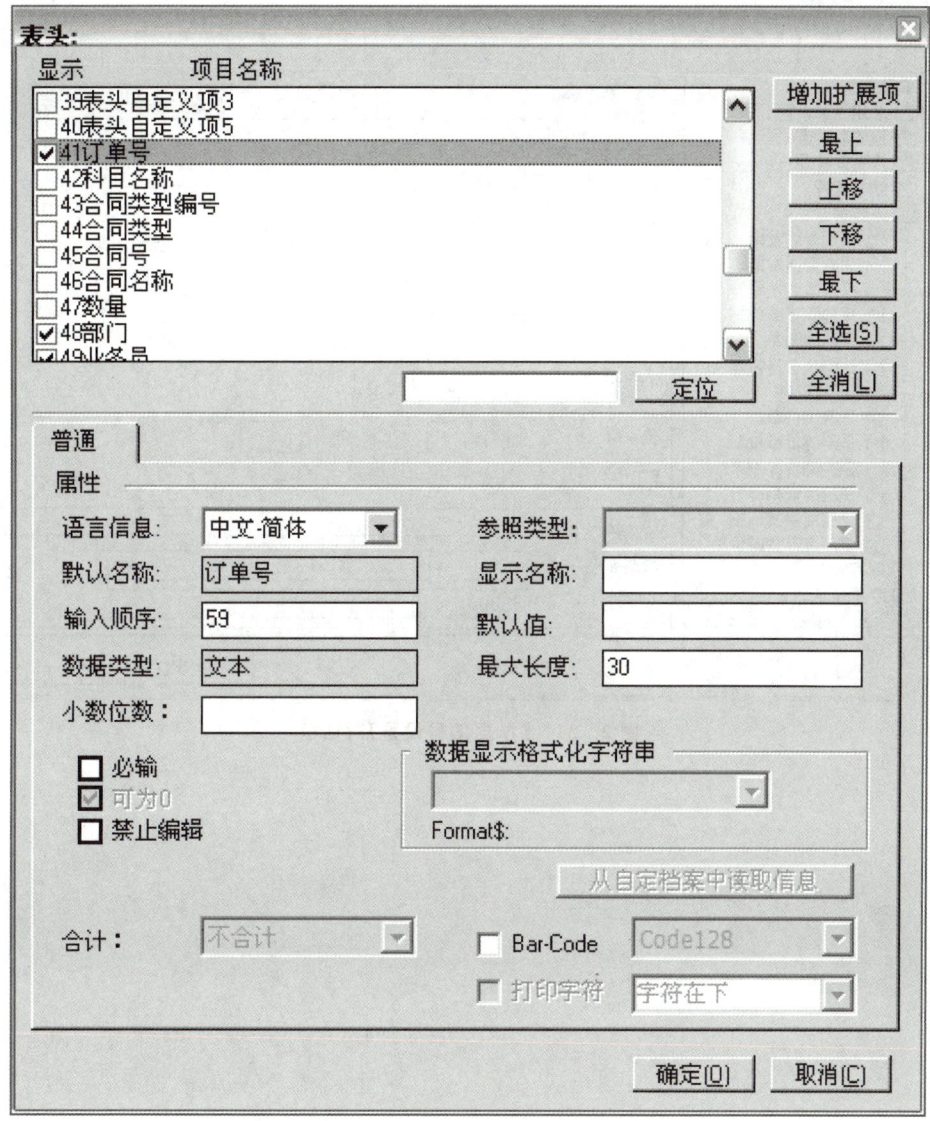

图 2-30 【单据格式设置——表头】对话框

(2) 选择【单据类型】|【采购管理】|【采购订单】选项，单击【修改】按钮，勾选【完全手工编号】复选框，如图 2-31 所示。

(3) 单击【保存】按钮，再单击【退出】按钮。

(4) 依次完成其他单据编号的设置，并保存修改设置。

三、账套备份

〖操作指导〗

(1) 在 D:\建立【2-2】文件夹。

(2) 将账套输出至 D:\【2-2】文件夹中。

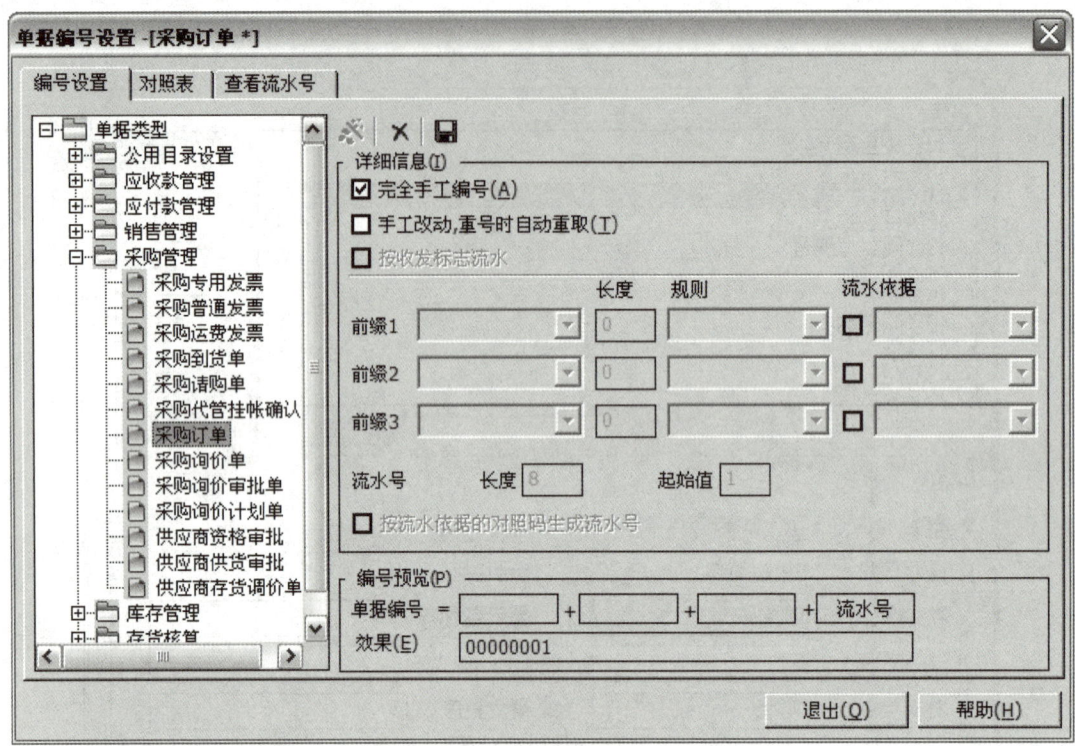

图 2-31 【单据编号设置】对话框

项目三　业务子系统初始设置

实训一　采购管理与应付款管理

一、采购管理初始设置

（一）采购选项设置
系统默认。

（二）期初采购入库单录入
2022年12月18日，采购部叶敏采购君乐宝200 mL香蕉牛奶200箱，不含税单价36元/箱，已入乳制品库，正常采购，入库类别为采购入库，购自君乐宝乳业有限公司，采购发票未到，款未付。

（三）采购期初记账

【操作指导】

1. 设置采购选项

（1）执行【业务工作】|【供应链】|【采购管理】|【设置】|【采购选项】命令，打开【采购系统选项设置—请按照贵单位的业务认真设置】对话框，如图3-1所示。

（2）打开【业务及权限控制】选项卡，对本单位需要的参数进行选择后，单击【确定】按钮，保存系统参数的设置。

2. 录入期初采购入库单

（1）执行【业务工作】|【供应链】|【采购管理】|【采购入库】|【入库单】命令，打开【期初采购入库单】窗口。

（2）单击【增加】按钮，按资料要求录入期初采购入库单信息，操作结果如图3-2所示。

（3）单击【保存】按钮，保存期初采购入库单信息。

> **重要提示**
>
> ● 在采购管理系统期初记账前，采购管理系统的采购入库，只能录入期初入库单。期初记账后，采购入库单需要在库存系统录入或生成。
>
> ● 如果采购货物尚未运达企业但发票已经收到，则可以录入期初采购发票，表示企业的在途物资，待货物运达后，再办理采购结算。

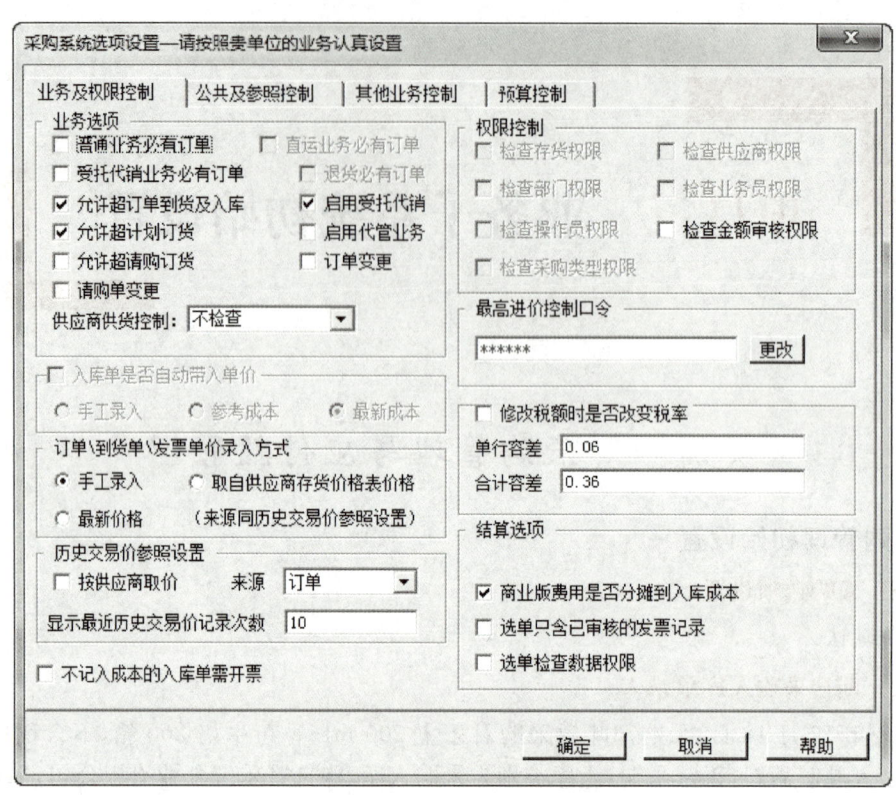

图 3-1 【采购系统选项设置】对话框

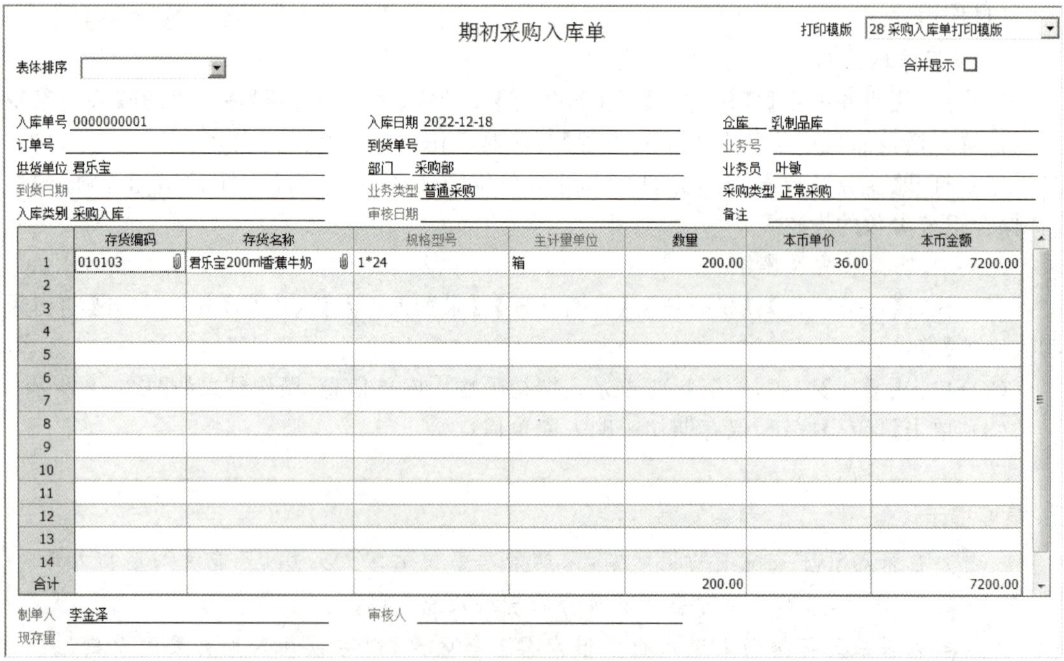

图 3-2 【期初采购入库单】窗口

3. 采购期初记账

（1）执行【业务工作】|【供应链】|【采购管理】|【设置】|【采购期初记账】命令，打开【期初记账】对话框，如图3-3所示。

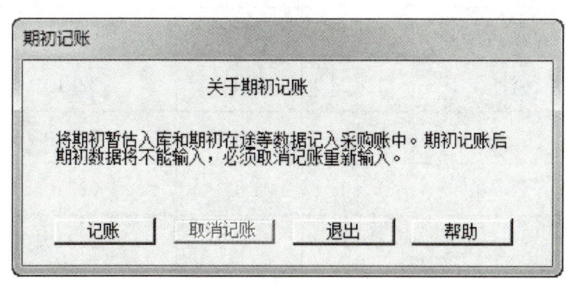

图3-3 【期初记账】对话框

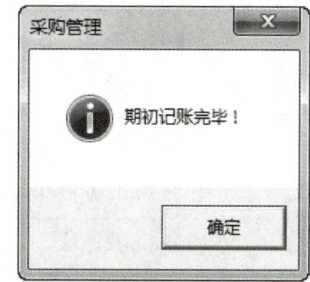

图3-4 【期初记账完毕！】提示框

（2）单击【记账】按钮，弹出【期初记账完毕！】提示框，如图3-4所示。
（3）单击【确定】按钮，完成采购管理系统期初记账。

二、应付款管理初始设置

（一）参数设置

应付款管理系统中单据审核日期依据单据日期，自动计算现金折扣，受控科目制单方式明细到单据，采购科目依据按存货；其他参数为系统默认。

（二）科目设置

（1）基本科目设置：应付科目为220201，预付科目为112301，税金科目为22210101；采购科目为1402；现金折扣科目为6603；银行承兑科目为220101；商业承兑科目为220102。
（2）控制科目设置：应付科目为220201；预付科目为112301。
（3）产品科目设置：产品科目信息如表3-1所示。

表3-1 产品科目信息

存货编码	存 货 名 称	规格	采购科目	产品采购税金科目
010101	君乐宝200 mL原味开啡尔酸奶	1×24	1402	22210101
010102	君乐宝200 mL优致牧场纯牛奶	1×24	1402	22210101
010103	君乐宝200 mL香蕉牛奶	1×24	1402	22210101
010201	汇源2.5 L 30%山楂汁	1×6	1402	22210101
010202	汇源2 L 100%橙汁	1×6	1402	22210101
010203	汇源1 L 100%苹果汁	1×12	1402	22210101
010204	汇源1 L 100%葡萄汁	1×12	1402	22210101
010205	汇源1 L 100%橙+苹果礼盒装	1×6×6	1402	22210101
010206	汇源1 L 100%桃+葡萄礼盒装	1×6×6	1402	22210101
010207	汇源450 mL冰糖葫芦汁	1×15	1402	22210101

续　表

存货编码	存货名称	规格	采购科目	产品采购税金科目
010208	农夫果园 380 mL 100％番茄果蔬汁	1×24	220202	22210101
010209	农夫果园 380 mL 100％橙汁	1×24	220202	22210101
010210	农夫果园 380 mL 30％混合果蔬汁	1×24	220202	22210101
010301	喜乐 368 mL 蓝莓味	1×24	1402	22210101
010302	喜乐 368 mL 香橙味	1×24	1402	22210101
010303	喜乐 368 mL 原味	1×24	1402	22210101
0901	运输费		1402	22210101
0902	富光 500 mL 太空杯		1402	22210101
0903	代销手续费		660103	22210101

（4）结算方式科目设置：现金对应 1001；现金支票、转账支票、电汇、托收承付、委托收款、其他对应 100201。

（三）期初余额录入

（1）应付账款——一般应付款科目的期初余额资料如表 3-2 所示。

表 3-2　应付账款——一般应付款（220201）期初余额

日期	供应商名称	摘要	方向	金额/元
2022-12-08	君乐宝乳业有限公司	业务员叶敏，购入君乐宝 200 mL 优致牧场纯牛奶 200 箱，不含税单价 52.8 元/箱，票号 55438098	贷	11 932.80
2022-12-21	汇源果汁有限公司	业务员叶敏，购入汇源 2 L 100％橙汁 300 箱，不含税单价 108 元/箱，票号 11238744	贷	36 612.00

（2）预付账款科目的期初余额资料如表 3-3 所示。

表 3-3　预付账款（112301）期初余额

日期	供应商名称	摘要	方向	金额/元	结算方式
2022-12-17	喜乐食品有限公司	预付喜乐食品货款，票据号 19782436	借	2 000.00	电汇

〖操作指导〗

1. 设置参数

（1）执行【业务工作】|【财务会计】|【应付款管理】|【设置】|【选项】命令，打开【账套参数设置】对话框。

（2）打开【常规】选项卡，单击【编辑】按钮，使所有参数处于可修改状态。【单据审核日期依据】选择【单据日期】,勾选【自动计算现金折扣】复选框,如图3-5所示。

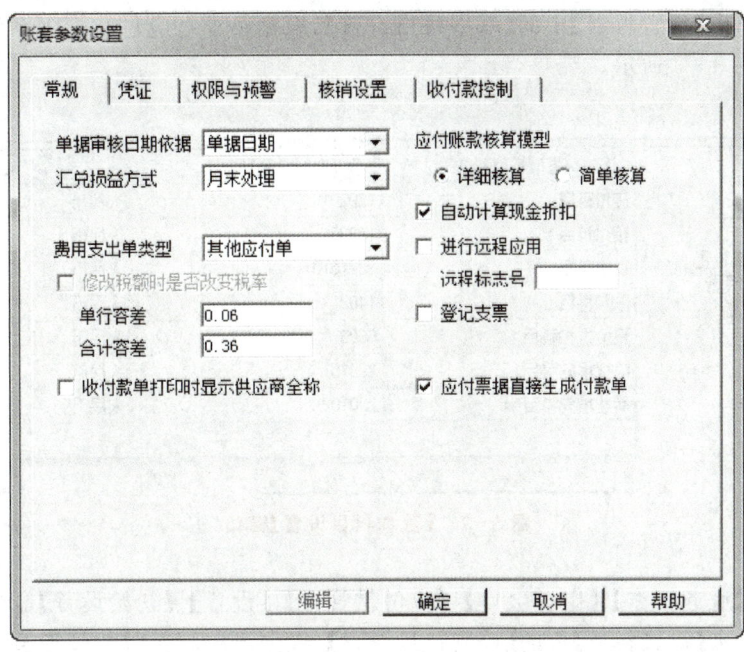

图3-5 【账套参数设置——常规】对话框

（3）打开【凭证】选项卡,【受控科目制单方式】选择【明细到单据】,【采购科目依据】选择【按存货】,如图3-6所示。

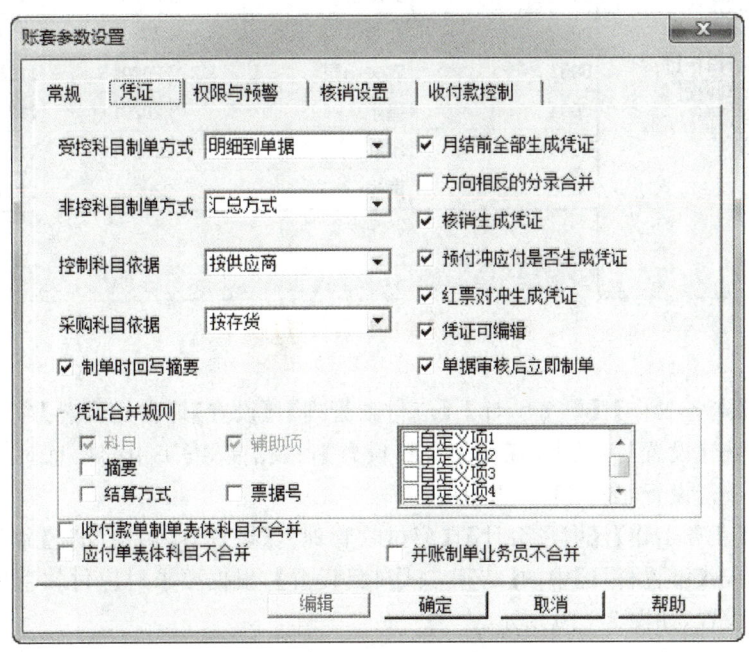

图3-6 【账套参数设置——凭证】窗口

（4）单击【确定】按钮,保存应付款管理系统参数的设置。

2. 设置科目

(1) 执行【业务工作】|【财务会计】|【应付款管理】|【设置】|【初始设置】命令，打开【初始设置】窗口。单击【设置科目】中的【基本科目设置】，根据要求对应付款管理系统的基本科目进行设置，如图 3-7 所示。

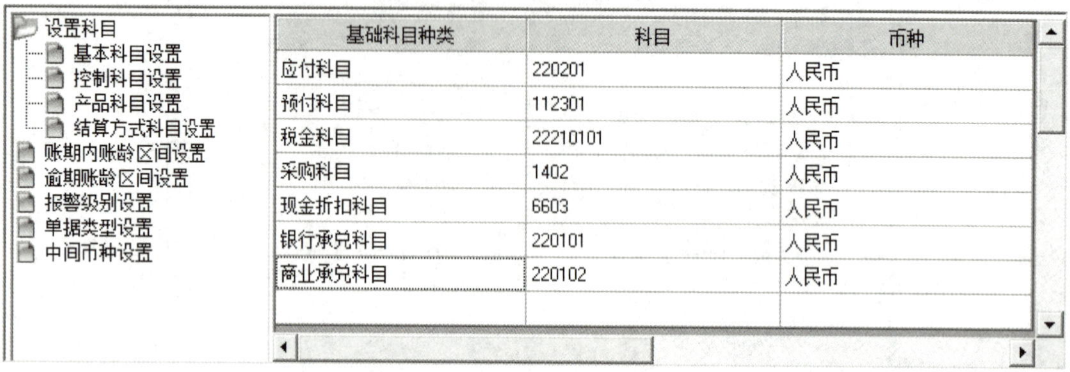

基础科目种类	科目	币种
应付科目	220201	人民币
预付科目	112301	人民币
税金科目	22210101	人民币
采购科目	1402	人民币
现金折扣科目	6603	人民币
银行承兑科目	220101	人民币
商业承兑科目	220102	人民币

图 3-7 【基本科目设置】窗口

(2) 执行【业务工作】|【财务会计】|【应付款管理】|【设置】|【初始设置】命令，打开【初始设置】窗口。单击【设置科目】中的【控制科目设置】，根据要求对应付款管理系统的控制科目进行设置，如图 3-8 所示。

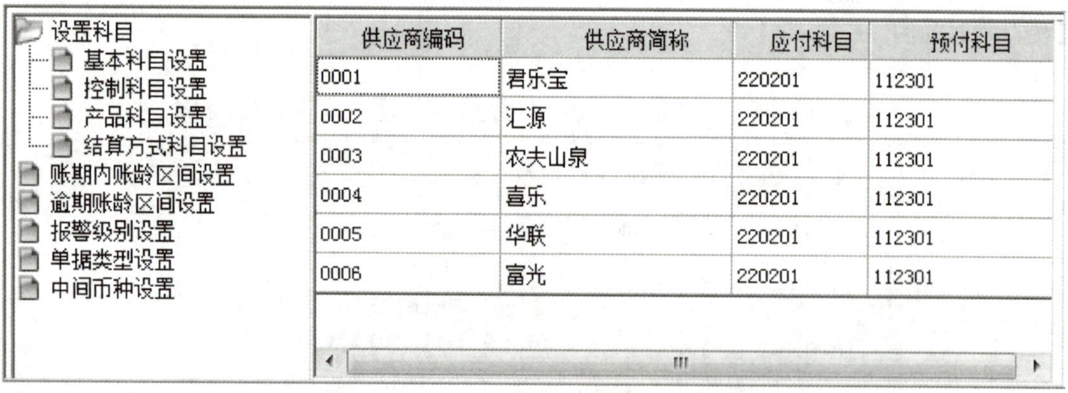

供应商编码	供应商简称	应付科目	预付科目
0001	君乐宝	220201	112301
0002	汇源	220201	112301
0003	农夫山泉	220201	112301
0004	喜乐	220201	112301
0005	华联	220201	112301
0006	富光	220201	112301

图 3-8 【控制科目设置】窗口

(3) 执行【业务工作】|【财务会计】|【应付款管理】|【设置】|【初始设置】命令，打开【初始设置】窗口。单击【设置科目】中的【产品科目设置】，根据表 3-1 中的信息对应付款管理系统的产品科目进行设置，如图 3-9 所示。

(4) 执行【业务工作】|【财务会计】|【应付款管理】|【设置】|【初始设置】命令，打开【初始设置】窗口。单击【设置科目】中的【结算方式科目设置】，根据要求对应付款管理系统的结算方式科目进行设置，如图 3-10 所示。

3. 录入期初余额

(1) 执行【业务工作】|【财务会计】|【应付款管理】|【设置】|【期初余额】命令，打开【期初余额-查询】窗口，单击【确定】按钮，系统打开【期初余额】窗口，单击【增加】按钮，打开【单据

存货编码	存货名称	存货规格	采购科目	产品采购税金科目
010101	君乐宝200ml原味开啡尔酸奶	1*24	1402	22210101
010102	君乐宝200ml优致牧场纯牛奶	1*24	1402	22210101
010103	君乐宝200ml香蕉牛奶	1*24	1402	22210101
010201	汇源2.5L30%山楂汁	1*6	1402	22210101
010202	汇源2L100%橙汁	1*6	1402	22210101
010203	汇源1L100%苹果汁	1*12	1402	22210101
010204	汇源1L100%葡萄汁	1*12	1402	22210101
010205	汇源1L100%橙+苹果礼盒装	1*6*6	1402	22210101
010206	汇源1L100%桃+葡萄礼盒装	1*6*6	1402	22210101
010207	汇源450ml冰糖葫芦汁	1*15	1402	22210101
010208	农夫果园380ml100%番茄果蔬汁	1*24	220202	22210101
010209	农夫果园380ml100%橙汁	1*24	220202	22210101
010210	农夫果园380ML30%混合果蔬汁	1*24	220202	22210101
010301	喜乐368ml蓝莓味	1*24	1402	22210101
010302	喜乐368ml香橙味	1*24	1402	22210101
010303	喜乐368ml原味	1*24	1402	22210101
0901	运输费		1402	22210101
0902	富光500ml太空杯		1402	22210101
0903	代销手续费		660103	22210101

图3-9 【产品科目设置】窗口

结算方式	币种	本单位账号	科目
1 现金	人民币	1307000526782987947	1001
201 现金支票	人民币	1307000526782987947	100201
202 转账支票	人民币	1307000526782987947	100201
4 电汇	人民币	1307000526782987947	100201
5 托收承付	人民币	1307000526782987947	100201
6 委托收款	人民币	1307000526782987947	100201
9 其他	人民币	1307000526782987947	100201

图3-10 【结算方式科目设置】窗口

类别】窗口,单据名称选择【采购发票】,单据类型选择【采购专用发票】,方向选择【正向】,如图3-11所示。

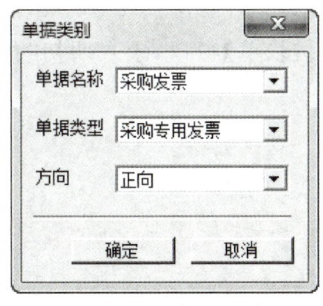

图3-11 【单据类别】窗口

（2）单击【确定】按钮，打开【采购专用发票】窗口，录入期初"应付账款——一般应付款"的信息，单击【保存】按钮，如图3-12所示。依次录入第二张采购专用发票，单击【保存】按钮。

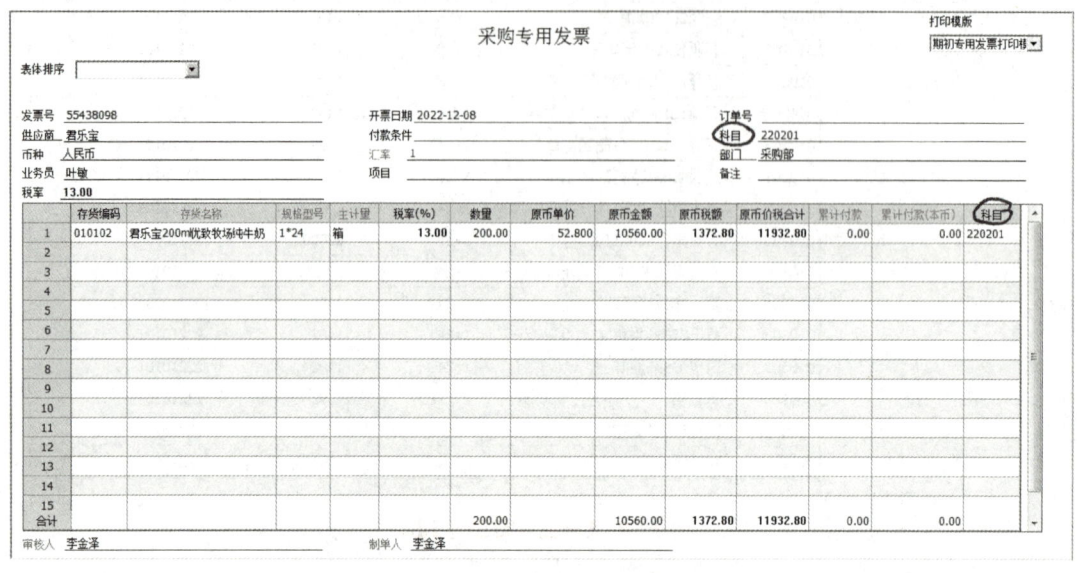

图3-12　【期初采购专用发票】窗口

（3）单击【增加】按钮，打开【单据类别】窗口，单据名称选择【预付款】，单据类型选择【付款单】，方向选择【正向】，如图3-13所示。

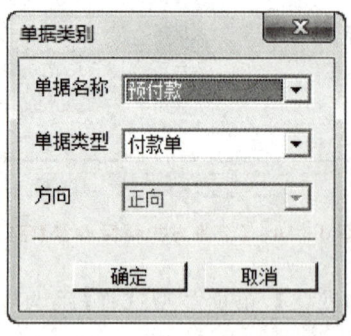

图3-13　【单据类别】窗口

（4）单击【确定】按钮，打开【付款单】窗口，录入期初"预付账款"的信息，单击【保存】按钮，如图3-14所示。

三、账套备份

[操作指导]

（1）在D:\建立【3-1】文件夹。

（2）将账套输出至D:\【3-1】文件夹中。

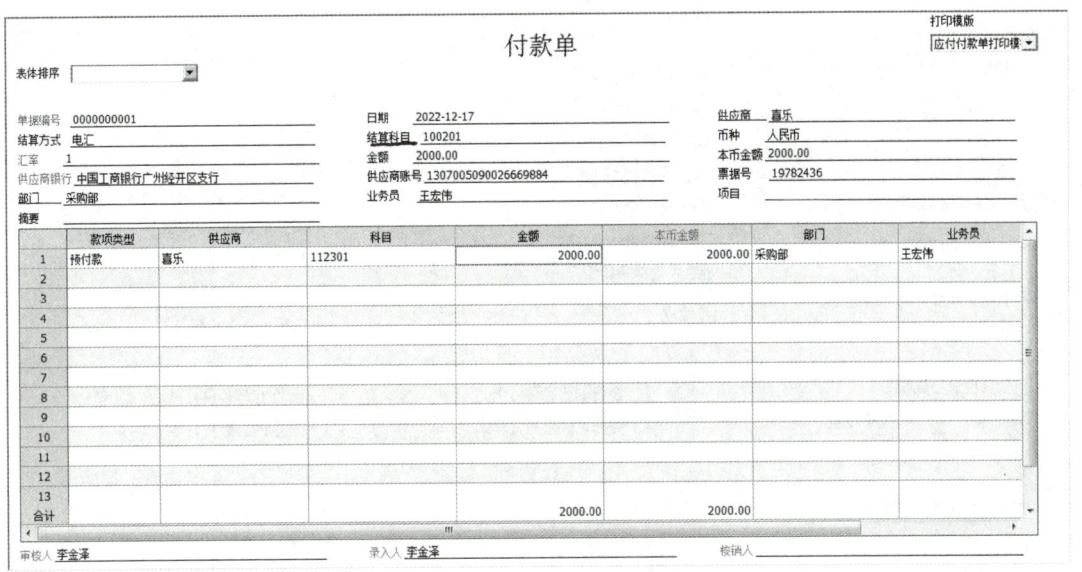

图 3-14 【期初付款单】窗口

实训二 销售管理与应收款管理

一、销售管理初始设置

销售管理子系统中启用有零售日报业务,有委托代销业务,直运销售;取消销售生成出库单;新增退货单参照发货单。

【操作指导】

(1) 执行【业务工作】|【供应链】|【销售管理】|【设置】|【销售选项】命令,打开【销售选项】窗口。

(2) 打开【业务控制】选项卡,取消勾选【销售生成出库单】复选框,勾选【有零售日报业务】【有委托代销业务】【有直运销售业务】复选框,如图 3-15 所示。

(3) 打开【其他控制】选项卡,【新增退货单默认】选择【参照发货】,其他的选项按照默认设置,如图 3-16 所示。

(4) 单击【确定】按钮。

二、应收款管理初始设置

(一) 参数设置

应收款管理子系统中单据审核日期依据单据日期,受控科目制单方式明细到单据,销售科目依据按存货,自动计算现金折扣,坏账处理方式为应收账款余额百分比,其他参数为系统默认。

(二) 科目设置

(1) 基本科目设置:应收科目为 112201,预收科目为 2204,税金科目为 22210106;销售收入科目为 6001;销售退回科目为 6001;现金折扣科目为 6603;坏账入账科目为 1231;银行

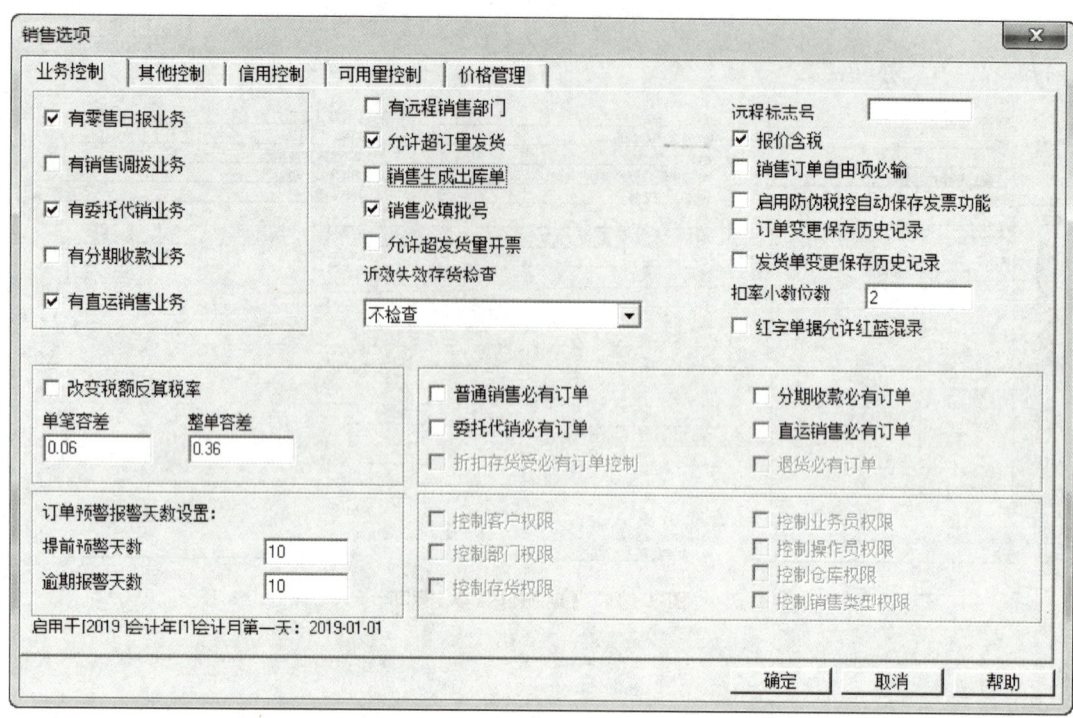

图3-15 【销售选项——业务控制】窗口

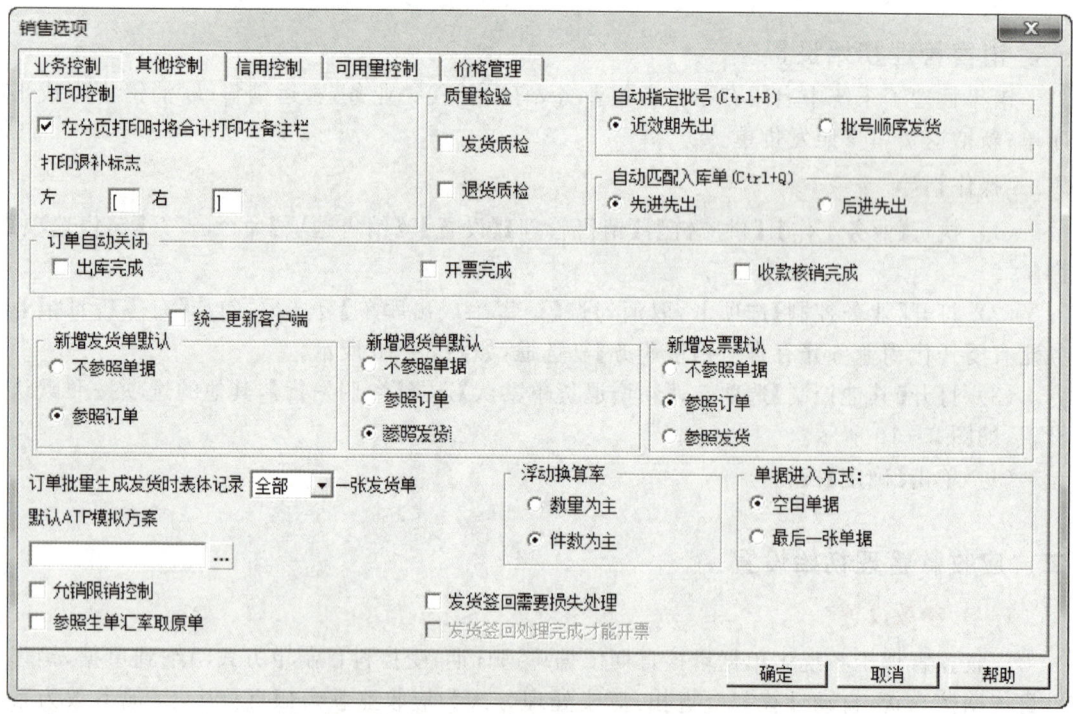

图3-16 【销售选项——其他控制】窗口

承兑科目为112101;商业承兑科目为112102;销售定金科目为220303。

(2)控制科目设置:同福进出口公司应收科目为112202,预收科目为2204;其余客户的应收科目为112201,预收科目为2204。

(3) 产品科目：产品科目信息如表3-4所示。

表3-4 产品科目信息

存货编码	存货名称	规格	销售收入科目	应交增值税科目	销售退回科目
010101	君乐宝200 mL原味开啡尔酸奶	1×24	6001	22210106	6001
010102	君乐宝200 mL优致牧场纯牛奶	1×24	6001	22210106	6001
010103	君乐宝200 mL香蕉牛奶	1×24	6001	22210106	6001
010201	汇源2.5 L 30%山楂汁	1×6	6001	22210106	6001
010202	汇源2 L 100%橙汁	1×6	6001	22210106	6001
010203	汇源1 L 100%苹果汁	1×12	6001	22210106	6001
010204	汇源1 L 100%葡萄汁	1×12	6001	22210106	6001
010205	汇源1 L 100%橙+苹果礼盒装	1×6×6	6001	22210106	6001
010206	汇源1 L 100%桃+葡萄礼盒装	1×6×6	6001	22210106	6001
010207	汇源450 mL冰糖葫芦汁	1×15	6001	22210106	6001
010208	农夫果园380 mL 100%番茄果蔬汁	1×24	220202	22210106	220202
010209	农夫果园380 mL 100%橙汁	1×24	220202	22210106	220202
010210	农夫果园380 mL 30%混合果蔬汁	1×24	220202	22210106	220202
010301	喜乐368 mL蓝莓味	1×24	6001	22210106	6001
010302	喜乐368 mL香橙味	1×24	6001	22210106	6001
010303	喜乐368 mL原味	1×24	6001	22210106	6001
0901	运输费		6051	22210106	6051
0902	富光500 mL太空杯		660104	22210106	660104
0903	代销手续费		6051	22210106	6051

(4) 结算方式科目设置：现金对应1001；现金支票、转账支票、电汇、托收承付、委托收款、其他均对应100201。

(5) 坏账准备设置：提取比例为0.5%，坏账准备期初余额为520元，坏账准备科目为1231，对方科目为6702。

（三）期初数据录入

(1) 应收账款科目的期初余额资料如表3-5所示。

表3-5 应收账款(112201)期初余额

日期	客户名称	摘要	方向	金额/元
2022-12-18	沃尔玛超市有限公司	销售君乐宝原味开啡尔酸奶300箱，不含税单价96元/箱，票号32567787	借	32 544.00
2022-12-30	兴旺商贸有限公司	销售汇源100%橙+苹果礼盒200箱，不含税单价468元/箱，票号21075648	借	105 768.00

(2) 预收账款科目的期初余额资料如表 3-6 所示。

表 3-6 合同负债(2204)期初余额

日 期	客户名称	摘 要	方向	金额/元	结算方式
2022-12-31	华联超市	收到华联超市预付的货款,票号 51894748	贷	5 000.00	转账支票

(3) 应收票据科目的期初余额资料如表 3-7 所示。

表 3-7 应收票据(112101)期初余额

日 期	客户名称	摘 要	方向	金额/元	结算方式
2022-11-08	欧尚超市	收到欧尚超市签发的银行承兑汇票,签发日期 2022-11-08,到期日 2023-02-08,票号 35678332	借	8 136.00	银行承兑汇票

〖操作指导〗

1. 设置参数

(1) 执行【业务工作】|【财务会计】|【应收款管理】|【设置】|【选项】命令,打开【账套参数设置】对话框。

(2) 打开【常规】选项卡,单击【编辑】按钮,使所有参数处于可修改状态。按照初始化要求进行设置,单据审核日期依据选择【单据日期】,坏账处理方式选择【应收余额百分比法】,勾选【自动计算现金折扣】复选框,如图 3-17 所示。

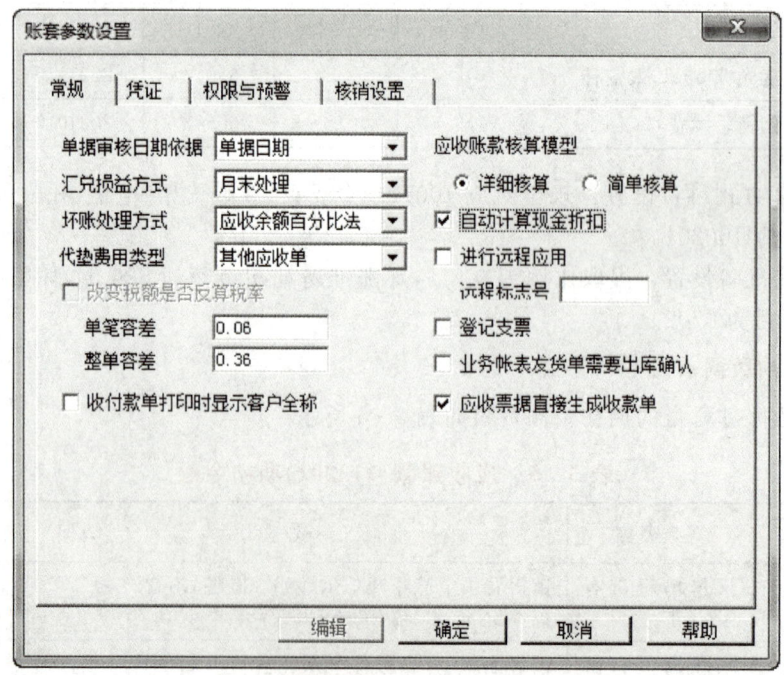

图 3-17 【账套参数设置——常规】对话框

(3) 打开【凭证】选项卡，受控科目制单方式选择【明细到单据】，销售科目依据选择【按存货】，如图 3-18 所示。

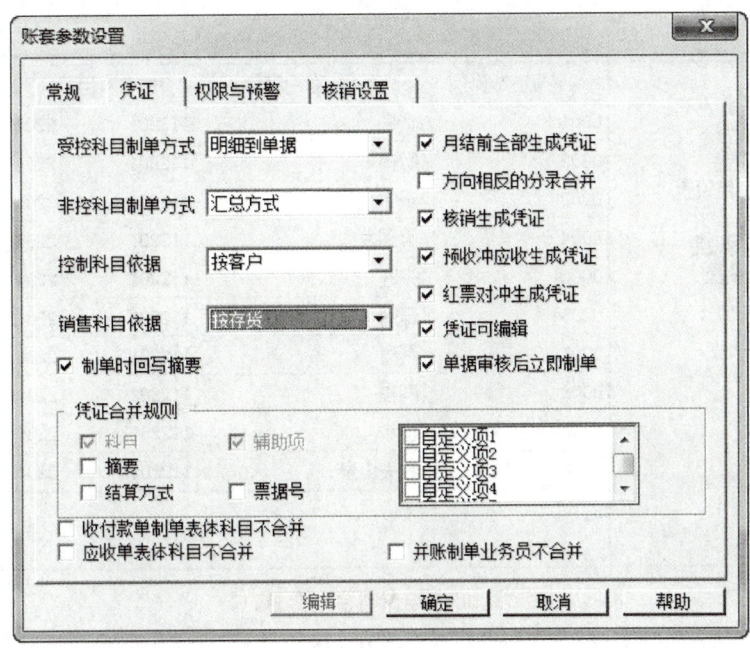

图 3-18 【账套参数设置——凭证】对话框

(4) 单击【确定】按钮。

2. 设置科目

(1) 执行【业务工作】|【财务会计】|【应收款管理】|【设置】|【初始设置】命令，打开【初始设置】窗口。单击【设置科目】中的【基本科目设置】，根据要求对应收款管理系统的基本科目进行设置，如图 3-19 所示。

基础科目种类	科目	币种
应收科目	112201	人民币
预收科目	2204	人民币
税金科目	22210106	人民币
销售收入科目	6001	人民币
销售退回科目	6001	人民币
现金折扣科目	6603	人民币
坏账入账科目	1231	人民币
银行承兑科目	112101	人民币
商业承兑科目	112102	人民币
销售定金科目	220303	人民币

图 3-19 【基本科目设置】窗口

（2）执行【业务工作】|【财务会计】|【应收款管理】|【设置】|【初始设置】命令，打开【初始设置】窗口。单击【设置科目】中的【控制科目设置】，根据要求对应收款管理系统的控制科目进行设置，如图 3－20 所示。

- 设置科目
  - 基本科目设置
  - 控制科目设置
  - 产品科目设置
  - 结算方式科目设置
- 坏账准备设置
- 账期内账龄区间设置
- 逾期账龄区间设置
- 报警级别设置
- 单据类型设置
- 中间币种设置

客户编码	客户简称	应收科目	预收科目
0001	华联	112201	2204
0002	欧尚	112201	2204
0003	沃尔玛	112201	2204
0004	大润发	112201	2204
0005	兴旺	112201	2204
0006	日新	112201	2204
0007	聚鑫	112201	2204
0008	同福	112202	2204
0009	佳和	112201	2204
0010	农夫山泉	112201	2204

图 3－20 【控制科目设置】窗口

（3）执行【业务工作】|【财务会计】|【应收款管理】|【设置】|【初始设置】命令，打开【初始设置】窗口。单击【设置科目】中的【产品科目设置】，根据表 3－4 中的信息对应收款管理系统的产品科目进行设置，如图 3－21 所示。

- 设置科目
  - 基本科目设置
  - 控制科目设置
  - 产品科目设置
  - 结算方式科目设置
- 坏账准备设置
- 账期内账龄区间设置
- 逾期账龄区间设置
- 报警级别设置
- 单据类型设置
- 中间币种设置

存货编码	存货名称	存货规格	销售收入科目	应交增值税科目	销售退回科目
010101	君乐宝200ml原味开啡尔酸奶	1*24	6001	22210106	6001
010102	君乐宝200ml优致牧场纯牛奶	1*24	6001	22210106	6001
010103	君乐宝200ml香蕉牛奶	1*24	6001	22210106	6001
010201	汇源2.5L30%山楂汁	1*6	6001	22210106	6001
010202	汇源2L100%橙汁	1*6	6001	22210106	6001
010203	汇源1L100%苹果汁	1*12	6001	22210106	6001
010204	汇源1L100%葡萄汁	1*12	6001	22210106	6001
010205	汇源1L100%橙+苹果礼盒装	1*6*6	6001	22210106	6001
010206	汇源1L100%桃+葡萄礼盒装	1*6*6	6001	22210106	6001
010207	汇源450ml冰糖葫芦汁	1*15	6001	22210106	6001
010208	农夫果园380ml100%番茄果蔬汁	1*24	220202	22210106	220202
010209	农夫果园380ml100%橙汁	1*24	220202	22210106	220202
010210	农夫果园380ML30%混合果蔬汁	1*24	220202	22210106	220202
010301	喜乐368ml蓝莓味	1*24	6001	22210106	6001
010302	喜乐368ml香橙味	1*24	6001	22210106	6001
010303	喜乐368ml原味	1*24	6001	22210106	6001
0901	运输费		6051	22210106	6051
0902	富光500ml太空杯		660104	22210106	660104
0903	代销手续费		6051	22210106	6051

图 3－21 【产品科目设置】窗口

(4) 执行【业务工作】|【财务会计】|【应收款管理】|【设置】|【初始设置】命令,打开【初始设置】窗口。单击【设置科目】中的【结算方式科目设置】,根据要求对应收款管理系统的结算方式科目进行设置,如图3-22所示。

结算方式	币　种	本单位账号	科　目
1 现金	人民币	1307000526782987947	1001
201 现金支票	人民币	1307000526782987947	100201
202 转账支票	人民币	1307000526782987947	100201
4 电汇	人民币	1307000526782987947	100201
5 托收承付	人民币	1307000526782987947	100201
6 委托收款	人民币	1307000526782987947	100201
9 其他	人民币	1307000526782987947	100201

图 3-22 【结算方式科目设置】窗口

(5) 执行【业务工作】|【财务会计】|【应收款管理】|【设置】|【初始设置】命令,打开【初始设置】窗口。单击【坏账准备设置】,分别录入【提取比率】【坏账准备期初余额】【坏账准备科目】和【对方科目】,单击【确定】按钮,如图3-23所示。

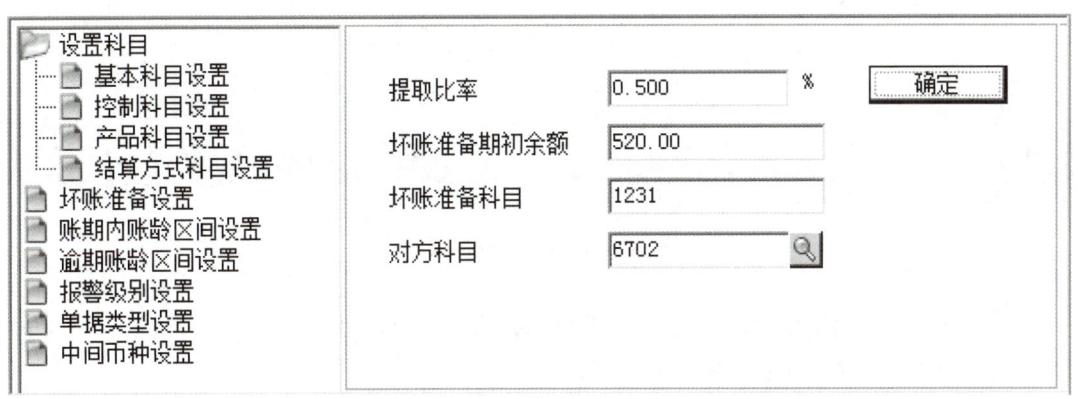

图 3-23 【坏账准备设置】窗口

3. 录入期初余额

(1) 执行【业务工作】|【财务会计】|【应收款管理】|【设置】|【期初余额】命令,打开【期初余额-查询】窗口,单击【确定】按钮,系统打开【期初余额】窗口,单击【增加】按钮,打开【单据类别】对话框,单据名称选择【销售发票】,单据类型选择【销售专用发票】,方向选择【正向】,如图3-24所示。

(2) 单击【确定】按钮,打开【销售专用发票】窗口,录入期初"应收账款——人民币"的信息,单击【保存】按钮,如图3-25所示。依次录入第二张销售专用发票,单击【保存】按钮。

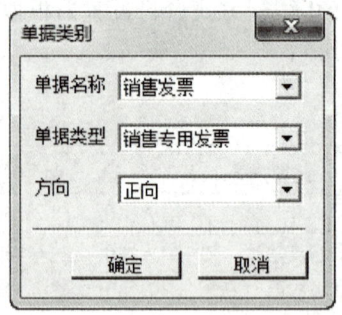

图 3-24 【单据类别】对话框

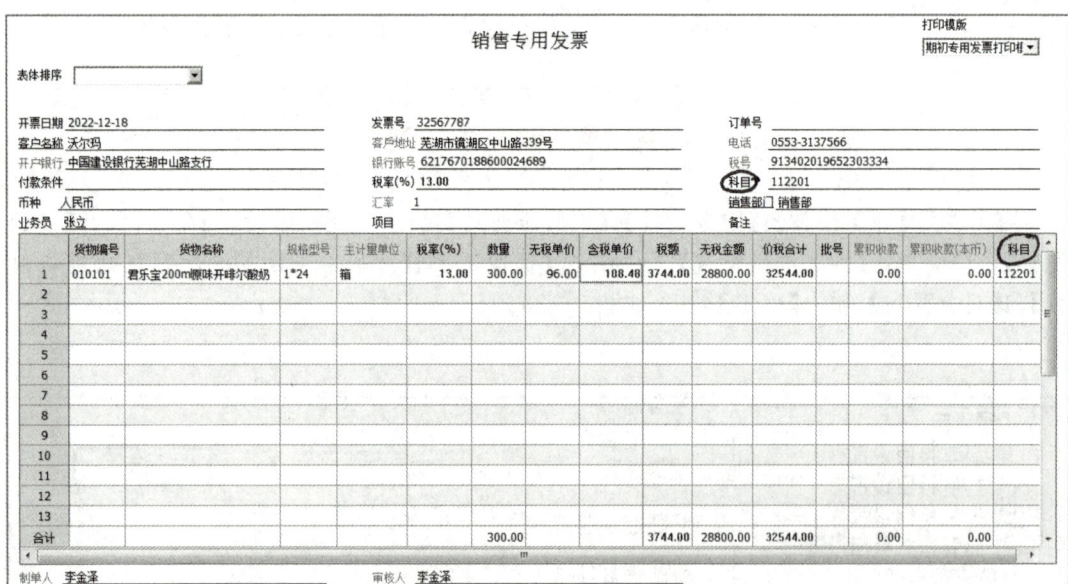

图 3-25 【销售专用发票】窗口

（3）单击【增加】按钮，打开【单据类别】对话框，单据名称选择【预收款】，单据类型选择【收款单】，方向选择【正向】，如图 3-26 所示。

图 3-26 【单据类别】对话框

（4）单击【确定】按钮，打开【收款单】窗口，录入期初"合同负债"的信息，单击【保存】按钮，如图3-27所示。

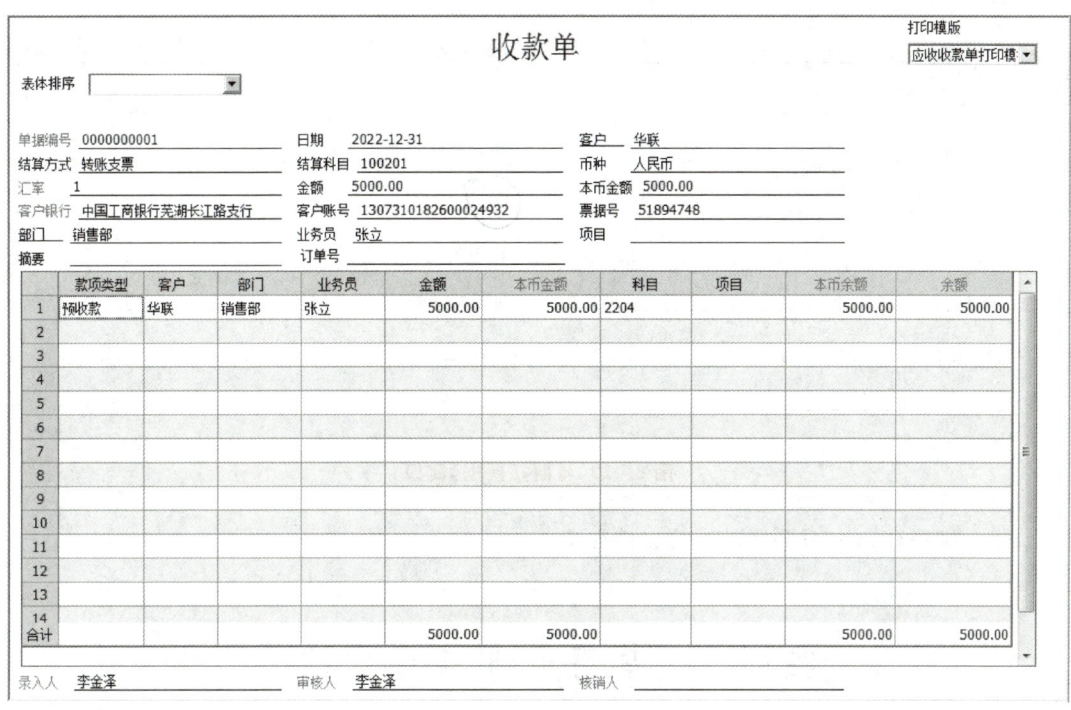

图3-27 【收款单】窗口

（5）单击【增加】按钮，打开【单据类别】窗口，单据名称选择【应收票据】，单据类型选择【银行承兑汇票】，方向选择【正向】，如图3-28所示。

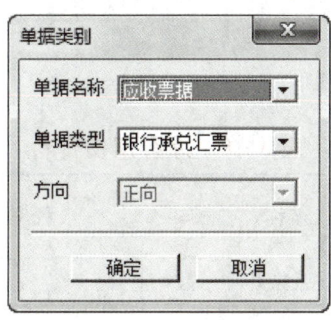

图3-28 【单据类别】窗口

（6）单击【确定】按钮，打开【期初票据】窗口，录入期初"应收票据——银行承兑汇票"的信息，单击【保存】按钮，如图3-29所示。

三、账套备份

〖操作指导〗

（1）在D:\建立【3-2】文件夹。

```
                              期初票据                        打印模版
                                                           期初应收票据打印模板 ▼
  汇率  _____

  票据编号  35678332                    开票单位  欧尚
  承兑银行  中国银行                     背书单位
  票据面值  8136.00                     票据余额  8136.00
  面值利率  0.00000000                  科目  112101
  签发日期  2022-11-08                  收到日期  2022-11-08
  到期日    2023-02-08                  部门  销售部
  业务员    张立                         项目
  摘要
```

图 3-29 【期初票据】窗口

(2) 将账套输出至 D:\【3-2】文件夹中。

实训三　库存管理与存货核算

一、库存管理初始设置

(一) 库存选项设置

库存管理子系统中修改现存量时点为采购入库审核、销售出库审核、其他出入库审核时。

(二) 库存期初数据录入

库存期初数据资料如表 3-8 所示。

表 3-8　库存期初资料　　　　　　　　　　　　　金额单位：元

分类编码	所属类别	存货编码	存货名称	计量单位	税率	规格	数量	单价	金额
0101	乳制品	010101	君乐宝 200 mL 原味开啡尔酸奶（入 01 库）	箱	13%	1×24	120	60.00	7 200.00
		010102	君乐宝 200 mL 优致牧场纯牛奶（入 01 库）	箱	13%	1×24	100	52.80	5 280.00
		010103	君乐宝 200 mL 香蕉牛奶（入 01 库）	箱	13%	1×24	280	36.00	10 080.00
0102	果蔬汁	010201	汇源 2.5 L 30% 山楂汁（入 02 库）	箱	13%	1×6	300	60.00	18 000.00
		010202	汇源 2 L 100% 橙汁（入 02 库）	箱	13%	1×6	100	108.00	10 800.00
		010203	汇源 1 L 100% 苹果汁（入 02 库）	箱	13%	1×12	200	120.00	24 000.00
		010204	汇源 1 L 100% 葡萄汁（入 02 库）	箱	13%	1×12	240	120.00	28 800.00

续表

分类编码	所属类别	存货编码	存货名称	计量单位	税率	规格	数量	单价	金额
0102	果蔬汁	010205	汇源 1 L 100％橙＋苹果礼盒装（入02库）	箱	13％	1×6×6	160	360.00	57 600.00
		010206	汇源 1 L 100％桃＋葡萄礼盒装（入02库）	箱	13％	1×6×6	180	360.00	64 800.00
		010207	汇源 450 mL 冰糖葫芦汁（入02库）	箱	13％	1×15	140	42.00	5 880.00
		010208	农夫果园 380 mL 100％番茄果蔬汁（入04库）	箱	13％	1×24	150	108.00	16 200.00
		010209	农夫果园 380 mL 100％橙汁（入04库）	箱	13％	1×24	200	108.00	21 600.00
		010210	农夫果园 380 mL 30％混合果蔬汁（入04库）	箱	13％	1×24	150	84.00	12 600.00
0103	乳酸菌饮料	010301	喜乐 368 mL 蓝莓味（入03库）	箱	13％	1×24	200	117.60	23 520.00
		010302	喜乐 368 mL 香橙味（入03库）	箱	13％	1×24	300	117.60	35 280.00
		010303	喜乐 368 mL 原味（入03库）	箱	13％	1×24	150	110.40	16 560.00
			合　　计				2 970		358 200.00

〖操作指导〗

1．设置库存选项

（1）执行【业务工作】|【供应链】|【库存管理】|【初始设置】|【选项】命令，打开【库存选项设置】对话框。

（2）在【通用设置】选项卡中，勾选【采购入库审核时改现存量】【销售出库审核时改现存量】【其它出入库审核时改现存量】复选框，如图 3－30 所示。

（3）单击【确定】按钮。

2．录入库存期初数据

（1）执行【业务工作】|【供应链】|【库存管理】|【初始设置】|【期初结存】命令，打开【库存期初数据录入】窗口。

（2）在【库存期初】窗口中将仓库选择为【（01）乳制品库】。

（3）单击【修改】按钮，单击存货编码栏中的参照按钮，选择存货名称为【君乐宝 200 mL 原味开啡尔酸奶】，在数量栏中输入【120.00】，在单价栏中输入【60.00】。

（4）依次输入乳制品库的其他期初结存数据（表 3－8）。单击【保存】按钮，保存录入存货信息，单击【批审】按钮，如图 3－31 所示。

（5）在【库存期初】窗口中将仓库选择为【（02）果蔬汁库】。单击【修改】按钮，依次输入【（02）果蔬汁库】的期初结存数据（表 3－8）并保存，单击【批审】按钮，如图 3－32 所示。

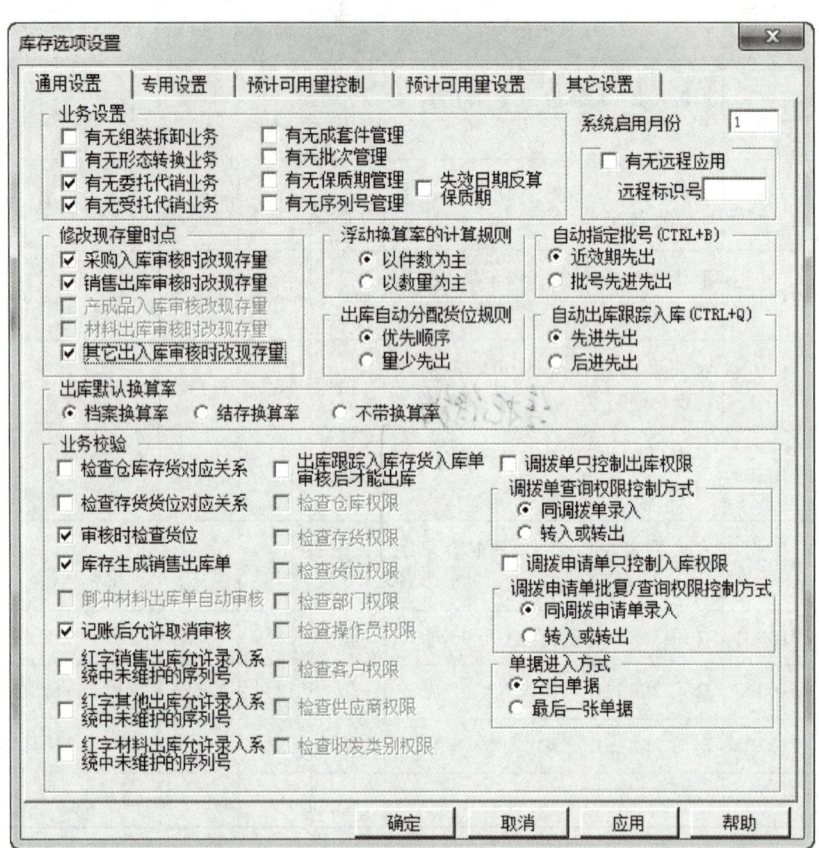

图 3-30 【库存选项设置——通用设置】对话框

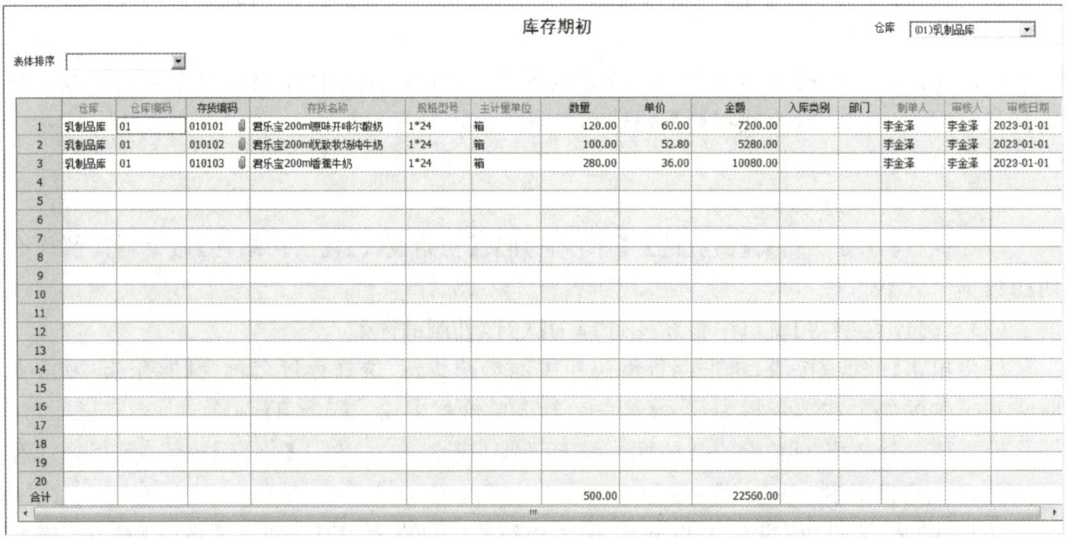

图 3-31 【库存期初数据录入——(01)乳制品库】窗口

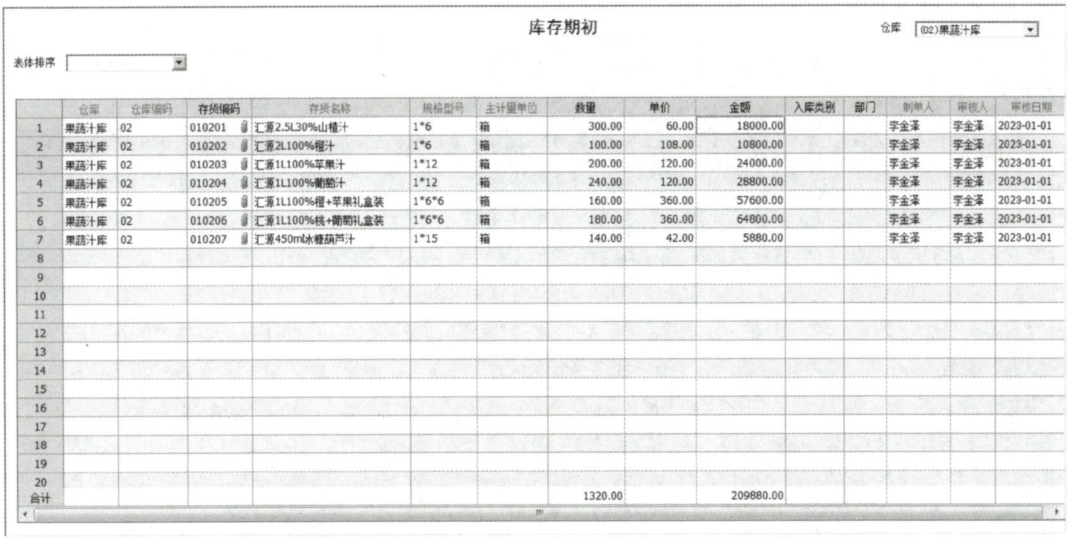

库存期初 仓库 (02)果蔬汁库

表体排序

	仓库	仓库编码	存货编码	存货名称	规格型号	主计量单位	数量	单价	金额	入库类别	部门	制单人	审核人	审核日期
1	果蔬汁库	02	010201	汇源2.5L30%山楂汁	1*6	箱	300.00	60.00	18000.00			李金泽	李金泽	2023-01-01
2	果蔬汁库	02	010202	汇源2L100%橙汁	1*6	箱	100.00	108.00	10800.00			李金泽	李金泽	2023-01-01
3	果蔬汁库	02	010203	汇源1L100%苹果汁	1*12	箱	200.00	120.00	24000.00			李金泽	李金泽	2023-01-01
4	果蔬汁库	02	010204	汇源1L100%葡萄汁	1*12	箱	240.00	120.00	28800.00			李金泽	李金泽	2023-01-01
5	果蔬汁库	02	010205	汇源1L100%橙+苹果礼盒装	1*6*6	箱	160.00	360.00	57600.00			李金泽	李金泽	2023-01-01
6	果蔬汁库	02	010206	汇源1L100%桃+葡萄礼盒装	1*6*6	箱	180.00	360.00	64800.00			李金泽	李金泽	2023-01-01
7	果蔬汁库	02	010207	汇源450ml冰糖葫芦汁	1*15	箱	140.00	42.00	5880.00			李金泽	李金泽	2023-01-01
8														
9														
10														
11														
12														
13														
14														
15														
16														
17														
18														
19														
20														
合计							1320.00		209880.00					

图 3－32 【库存期初数据录入——(02)果蔬汁库】窗口

(6) 在【库存期初】窗口中将仓库选择为【(04)受托代销库】。单击【修改】按钮，依次输入【(04)受托代销库】的期初结存数据(表 3－8)并保存，单击【批审】按钮，如图 3－33 所示。

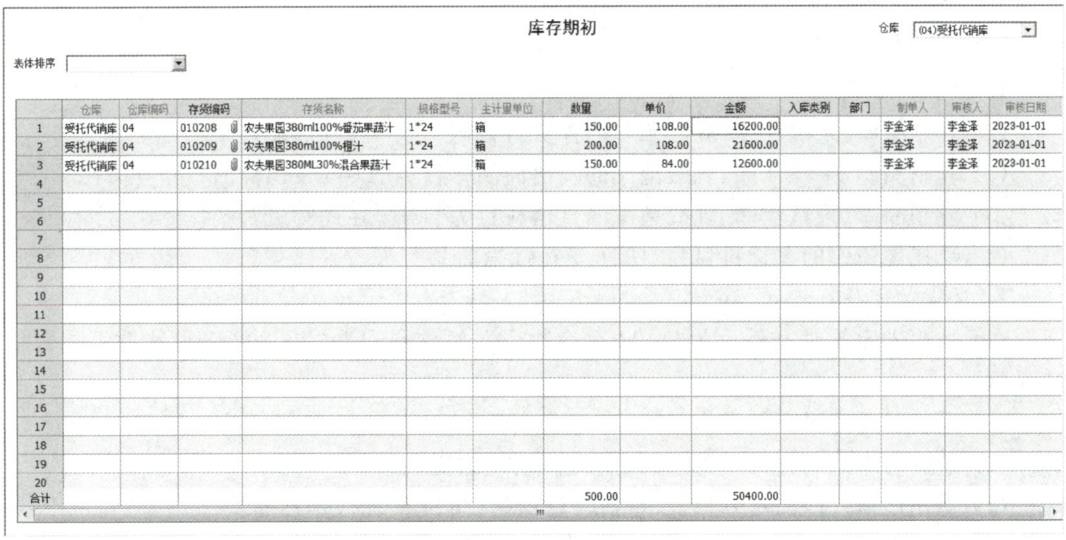

库存期初 仓库 (04)受托代销库

表体排序

	仓库	仓库编码	存货编码	存货名称	规格型号	主计量单位	数量	单价	金额	入库类别	部门	制单人	审核人	审核日期
1	受托代销库	04	010208	农夫果园380ml100%番茄果蔬汁	1*24	箱	150.00	108.00	16200.00			李金泽	李金泽	2023-01-01
2	受托代销库	04	010209	农夫果园380ml100%橙汁	1*24	箱	200.00	108.00	21600.00			李金泽	李金泽	2023-01-01
3	受托代销库	04	010210	农夫果园380ML30%混合果蔬汁	1*24	箱	150.00	84.00	12600.00			李金泽	李金泽	2023-01-01
4														
5														
6														
7														
8														
9														
10														
11														
12														
13														
14														
15														
16														
17														
18														
19														
20														
合计							500.00		50400.00					

图 3－33 【库存期初数据录入——(04)受托代销库】窗口

(7) 在【库存期初】窗口中将仓库选择为【(03)乳酸菌库】。单击【修改】按钮，依次输入【(03)乳酸菌库】的期初结存数据(表 3－8)并保存，单击【批审】按钮，如图 3－34 所示。

二、存货核算初始设置

(一) 参数设置

存货核算子系统中，暂估方式为单到回冲；委托代销按发出商品核算；其余默认系统提

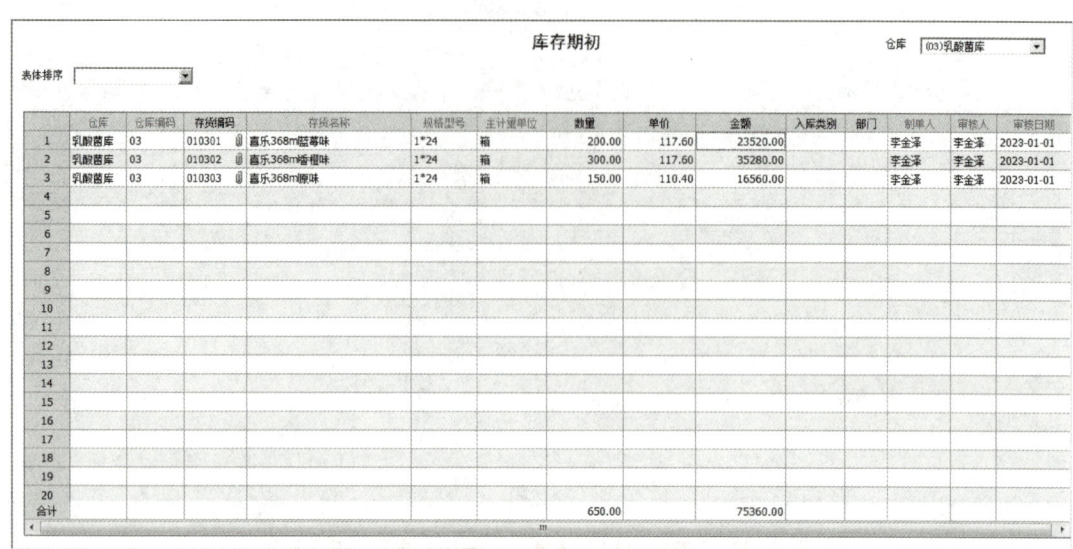

图 3-34 【库存期初数据录入——(03)乳酸菌库】窗口

供参数。

(二) 期初数据录入

从库存管理系统取数。

(三) 科目设置

1. 存货科目设置

(1) 乳制品库、果蔬汁库、乳酸菌库的存货科目为"1405 库存商品"。

(2) 乳制品库、果蔬汁库、乳酸菌库的发出商品科目为"1406 发出商品"。

(3) 乳制品库、果蔬汁库、乳酸菌库的直运科目为"1402 在途物资"。

(4) 受托代销库的存货科目为"1321 受托代销商品"。

2. 存货对方科目设置

(1) 采购入库的对方科目为"1402 在途物资",暂估科目为"220202 应付账款——暂估应付款"。

(2) 采购退货的对方科目为"1402 在途物资"。

(3) 盘盈入库的对方科目为"1901 待处理财产损溢"。

(4) 受托代销入库的对方科目、暂估科目均为"2314 受托代销商品款"。

(5) 销售出库、销售退货、委托代销出库的对方科目均为"6401 主营业务成本"。

(6) 盘亏出库的对方科目为"1901 待处理财产损溢"。

(7) 赠品出库的对方科目为"660104 赠品费用"。

(四) 存货期初记账

〔操作指导〕

1. 设置存货核算参数

(1) 执行【业务工作】|【供应链】|【存货核算】|【初始设置】|【选项】|【选项录入】命令,打开【选项录入】对话框。

（2）在【核算方式】选项卡中，暂估方式选择【单到回冲】，委托代销成本核算方式选择【按发出商品核算】，如图 3-35 所示。

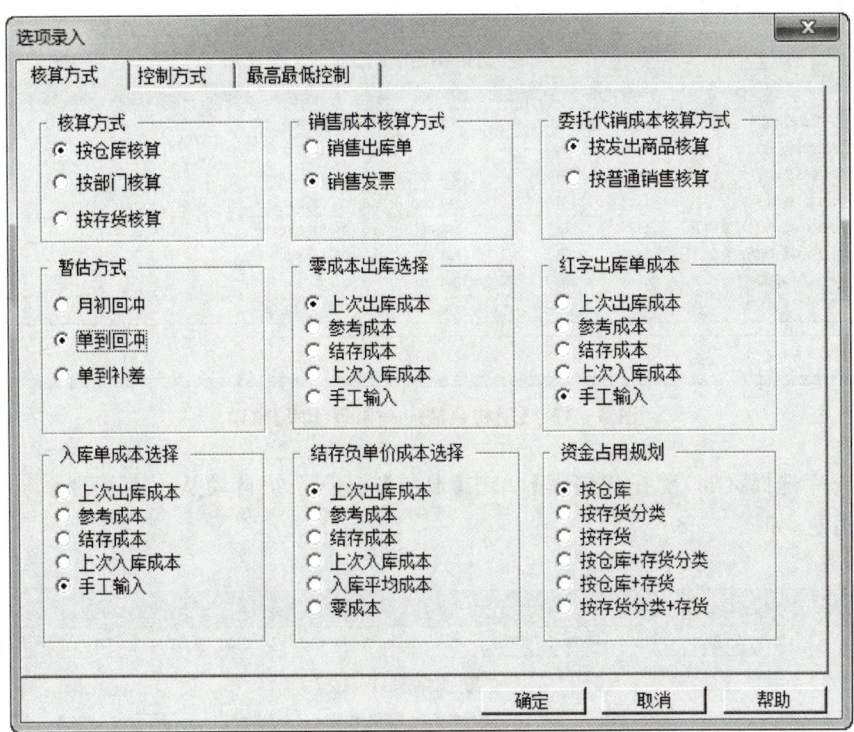

图 3-35 【选项录入——核算方式】对话框

（3）单击【确定】按钮。

2. 录入存货期初数据

（1）执行【业务工作】|【供应链】|【存货核算】|【初始设置】|【期初数据】|【期初余额】命令，打开【期初余额】窗口，仓库选择【(01)乳制品库】，单击【取数】按钮，系统自动从库存管理系统取出该仓库的存货信息，如图 3-36 所示。

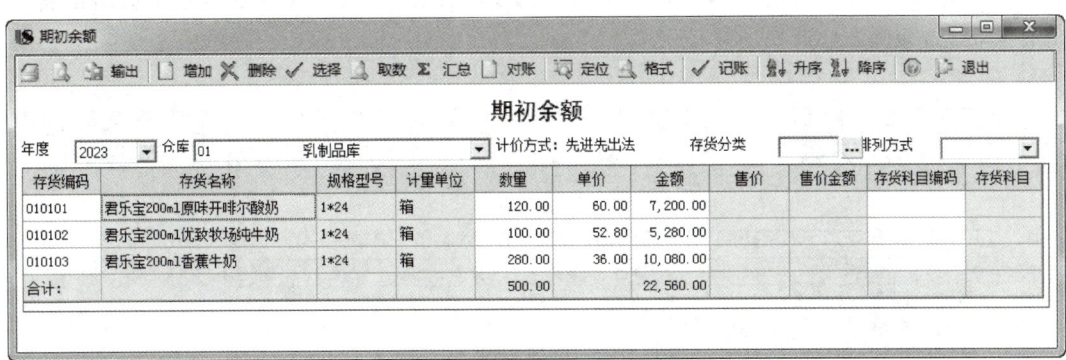

图 3-36 【期初余额——乳制品库】窗口

（2）仓库选择【(02)果蔬汁库】，单击【取数】按钮，系统自动从库存管理系统取出该仓库的存货信息，如图 3-37 所示。

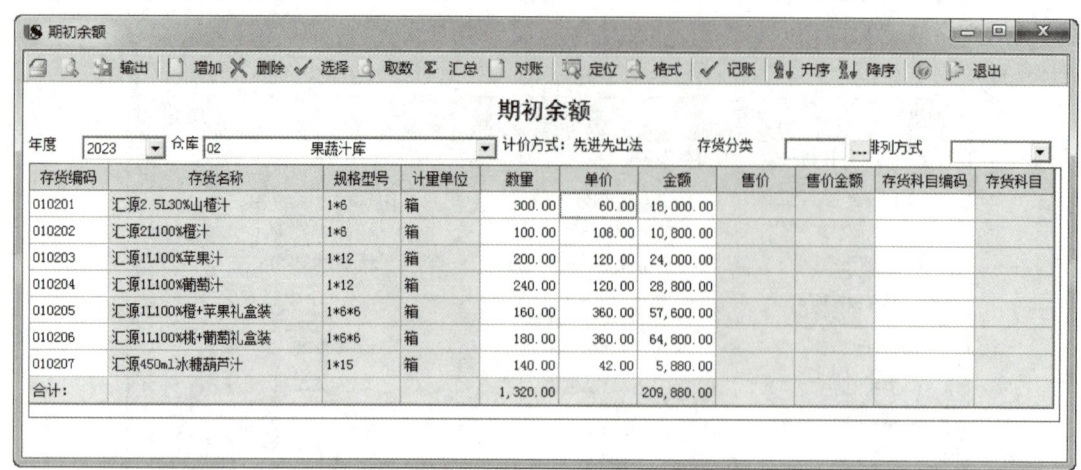

图 3-37 【期初余额——果蔬汁库】窗口

(3) 仓库选择【(04)受托代销库】，单击【取数】按钮，系统自动从库存管理系统取出该仓库的存货信息，如图 3-38 所示。

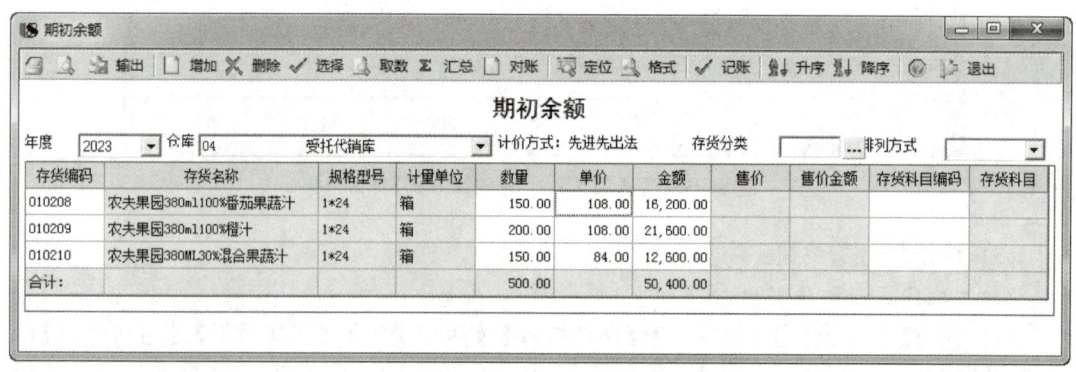

图 3-38 【期初余额——受托代销库】窗口

(4) 仓库选择【(03)乳酸菌库】，单击【取数】按钮，系统自动从库存管理系统取出该仓库的存货信息，如图 3-39 所示。

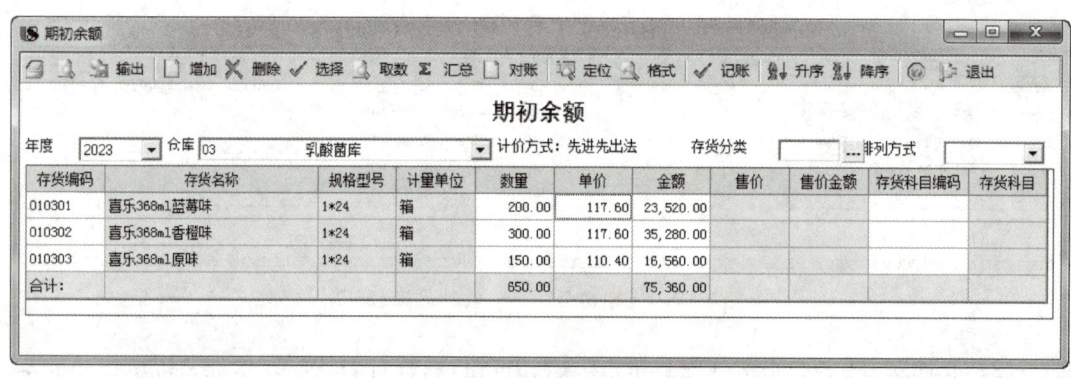

图 3-39 【期初余额——乳酸菌库】窗口

(5) 单击【对账】按钮,选择所有仓库,系统自动对存货核算与库存管理系统的存货数据进行核对,如果对账成功,系统弹出【对账成功】提示框,如图 3-40 所示,单击【确定】按钮。

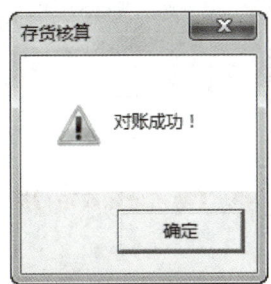

图 3-40 【库存与存货期初对账成功】提示框

3. 设置科目

(1) 执行【业务工作】|【供应链】|【存货核算】|【初始设置】|【科目设置】|【存货科目】命令,打开【存货科目】窗口,单击【增加】按钮,选择【01】仓库,存货科目选择【1405 库存商品】,委托代销发出商品科目选择【1406 发出商品】,直运科目选择【1402 在途物资】,依次设置其他仓库存货科目,单击【保存】按钮,如图 3-41 所示。

存货科目

仓库编码	仓库名称	存货分类编码	存货分类名称	存货编码	存货名称	存货科目编码	存货科目名称	差异科目编码	差异科目名称	分期收款发出商品科目编码	分期收款发出商品科目名称	委托代销发出商品科目编码	委托代销发出商品科目名称	直运科目编码	直运科目名称
01	乳制品库					1405	库存商品					1406	发出商品	1402	在途物资
02	果蔬汁库					1405	库存商品					1406	发出商品	1402	在途物资
03	乳酸菌库					1405	库存商品					1406	发出商品	1402	在途物资
04	受托代销库					1321	受托代销商品								

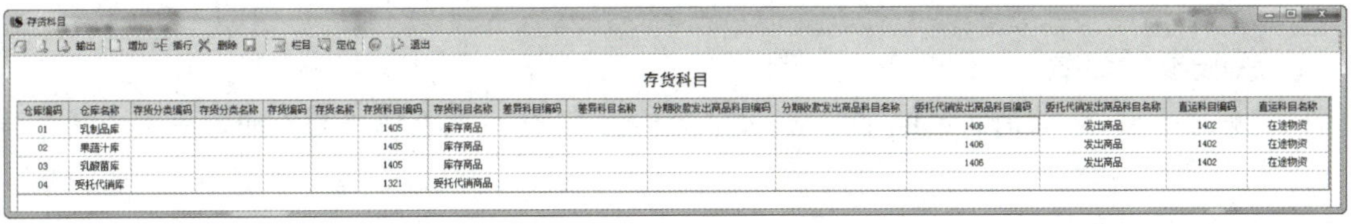

图 3-41 【存货科目】窗口

(2) 执行【业务工作】|【供应链】|【存货核算】|【初始设置】|【科目设置】|【对方科目】命令,打开【对方科目】窗口,单击【增加】按钮,选择【101】收发类别,对方科目选择【1402 在途商品】,暂估科目选择【220202 应付账款——暂估应付款】,依次设置其他收发类别的对方科目,单击【保存】按钮,如图 3-42 所示。

对方科目

收发类别编码	收发类别名称	存货分类编码	存货分类名称	存货编码	存货名称	部门编码	部门名称	项目大类编码	项目大类名称	项目编码	项目名称	对方科目编码	对方科目名称	暂估科目编码	暂估科目名称
101	采购入库											1402	在途物资	220202	暂估应付款
102	采购退货											1402	在途物资		
103	盘盈入库											1901	待处理财产损溢		
104	受托代销入库											2314	受托代销商品款	2314	受托代销商品款
201	销售出库											6401	主营业务成本		
202	销售退货											6401	主营业务成本		
203	盘亏出库											1901	待处理财产损溢		
204	委托代销出库											6401	主营业务成本		
205	赠品出库											660104	赠品费用		

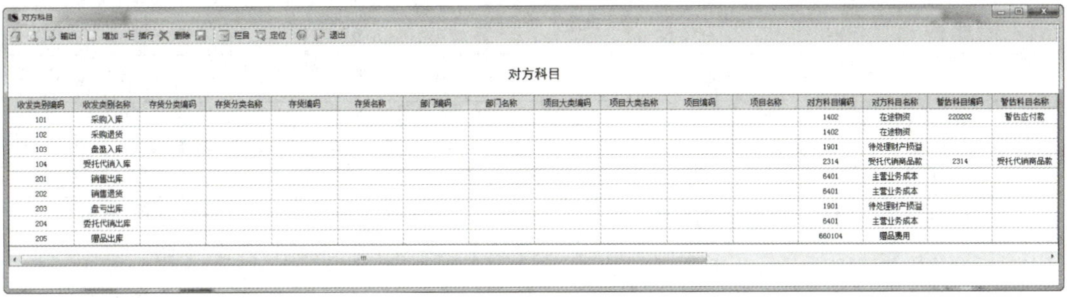

图 3-42 【对方科目】窗口

4. 期初记账

执行【业务工作】|【供应链】|【存货核算】|【初始设置】|【期初数据】|【期初余额】命令,打开【期初余额】窗口,单击【记账】按钮,系统弹出【期初记账成功!】提示框,单击【确定】按钮,完成期初记账工作,如图 3-43 所示。

图 3-43 【期初记账成功!】提示框

三、账套备份

〖操作指导〗

(1) 在 D:\建立【3-3】文件夹。
(2) 将账套输出至 D:\【3-3】文件夹中。

实训四 总 账

一、总账参数设置

总账子系统中,取消制单序时控制,取消允许修改、作废他人填制的凭证。

二、期初余额录入

(一) 总账账户期初余额(表 3-9)

表 3-9 期初余额表

科 目 名 称	方向	期初余额/元
库存现金(1001)	借	10 000.00
银行存款(1002)	借	
工行存款(人民币)(100201)	借	507 921.00
其他货币资金	借	
存出投资款	借	50 000.00
应收票据(112101)银行承兑汇票	借	8 136.00
应收账款(1122)	借	
人民币(112201)	借	138 312.00
坏账准备(1231)	贷	520.00
预付账款(112301)	借	2 000.00
库存商品(1405)	借	307 800.00
受托代销商品(1321)	借	50 400.00

续表

科 目 名 称	方向	期初余额/元
固定资产(1601)	借	847 000.00
累计折旧(1602)	贷	156 503.40
应付账款(2202)	贷	
一般应付款(220201)	贷	48 544.80
暂估应付款(220202)	贷	7 200.00
合同负债(2204)	贷	5 000.00
受托代销商品款(2314)	贷	50 400.00
实收资本(4001)	贷	1 600 000.00
利润分配(4104)	贷	
未分配利润(410415)	贷	53 400.80

(二) 辅助核算账户期初余额(表3-10～表3-16)

表3-10　应收账款(112201)期初余额

日 期	客户名称	摘 要	方向	金额/元
2022-12-18	沃尔玛超市有限公司	销售君乐宝原味开啡尔酸奶300箱,不含税单价96元/箱,票号32567787	借	32 544.00
2022-12-30	兴旺商贸有限公司	销售汇源100%橙+苹果礼盒200箱,不含税单价468元/箱,票号21075648	借	105 768.00

表3-11　合同负债(2204)期初余额

日 期	客户名称	摘 要	方向	金额/元	结算方式
2022-12-31	华联超市	收到华联超市预付的货款,票号518948	贷	5 000.00	转账支票

表3-12　应收票据(112101)期初余额

日 期	客户名称	摘 要	方向	金额/元	结算方式
2022-11-08	欧尚超市	收到欧尚超市签发的银行承兑汇票,签发日期2022-11-08,到期日2023-02-08,票号35678332	借	8 136.00	银行承兑汇票

表3-13　应付账款——一般应付款(220201)期初余额

日 期	供应商名称	摘 要	方向	金额/元
2022-12-08	君乐宝乳业有限公司	业务员叶敏,购入君乐宝200 mL优致牧场纯牛奶200箱,不含税单价52.8元/箱,票号55438098	贷	11 932.80
2022-12-21	汇源果汁有限公司	业务员叶敏,购入汇源2 L 100%橙汁300箱,108元/箱,票号11238744	贷	36 612.00

表 3-14　预付账款(112301)期初余额

日　期	供应商名称	摘　　要	方向	金额/元	结算方式
2022-12-17	喜乐食品有限公司	预付喜乐食品货款，票据号 19782436	借	2 000.00	电汇

表 3-15　应付账款——暂估应付款(220202)期初余额

日　期	供应商名称	摘　　要	方向	金额/元
2022-12-18	君乐宝乳业有限公司	购入君乐宝 200 mL 香蕉牛奶	贷	7 200.00

表 3-16　受托代销商品款(2314)期初余额

日　期	供应商名称	摘　　要	方向	金额/元
2022-12-31	农夫山泉有限公司	受托代销农夫山泉系列果蔬汁	贷	50 400.00

〖操作指导〗

1. 设置参数

(1) 执行【业务工作】|【财务会计】|【总账】|【选项】命令，打开【选项】对话框，选择【凭证】选项卡，取消【制单序时控制】选项，如图 3-44 所示。

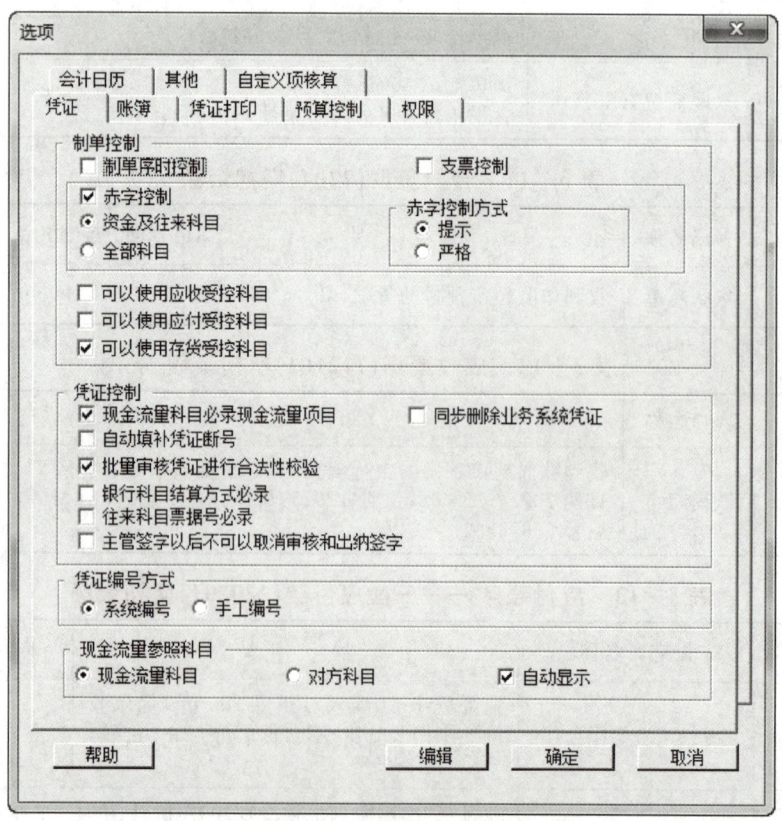

图 3-44　【选项——凭证】对话框

(2) 选择【权限】选项卡,取消【允许修改、作废他人填制的凭证】选项,如图 3-45 所示。

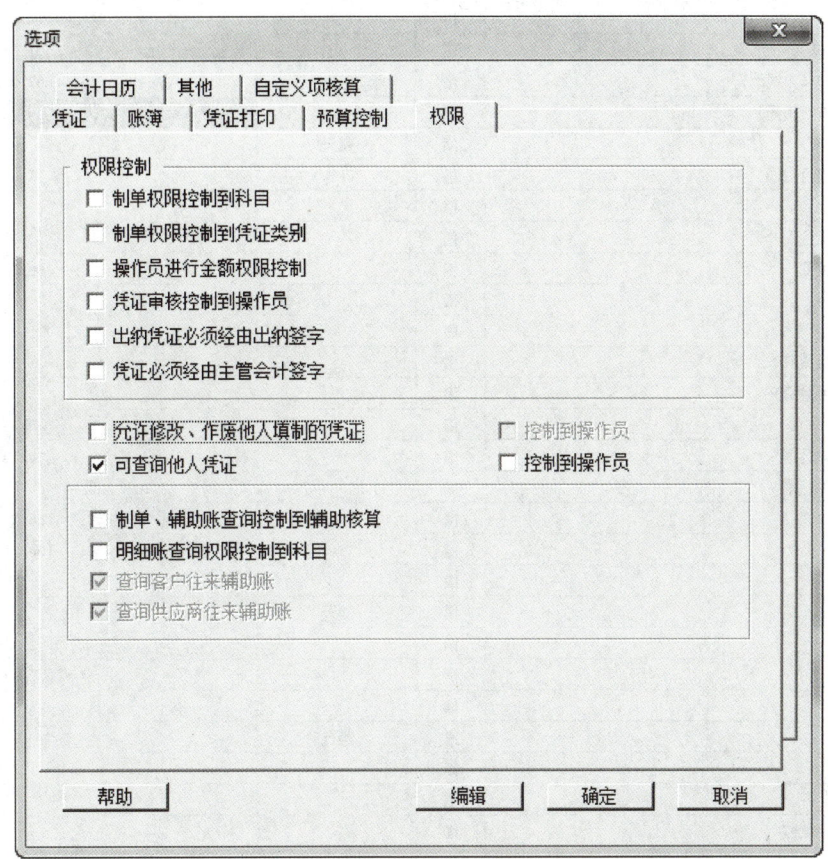

图 3-45 【选项——权限】对话框

2. 录入期初余额

(1) 执行【业务工作】|【财务会计】|【总账】|【设置】|【期初余额】命令,打开【期初余额录入】窗口。

(2) 在【期初余额录入】窗口中,依次录入每一个会计科目的期初余额,如图 3-46 所示。

(3) 单击【试算】按钮,生成【期初试算平衡表】,操作结果如图 3-47 所示。

三、账套备份

〖操作指导〗

(1) 在 D:\建立【3-4】文件夹。
(2) 将账套输出至 D:\【3-4】文件夹中。

3

期初余额录入

设置 输出 开账 结转 方向 刷新 试算 查找 对账 清零

期初余额

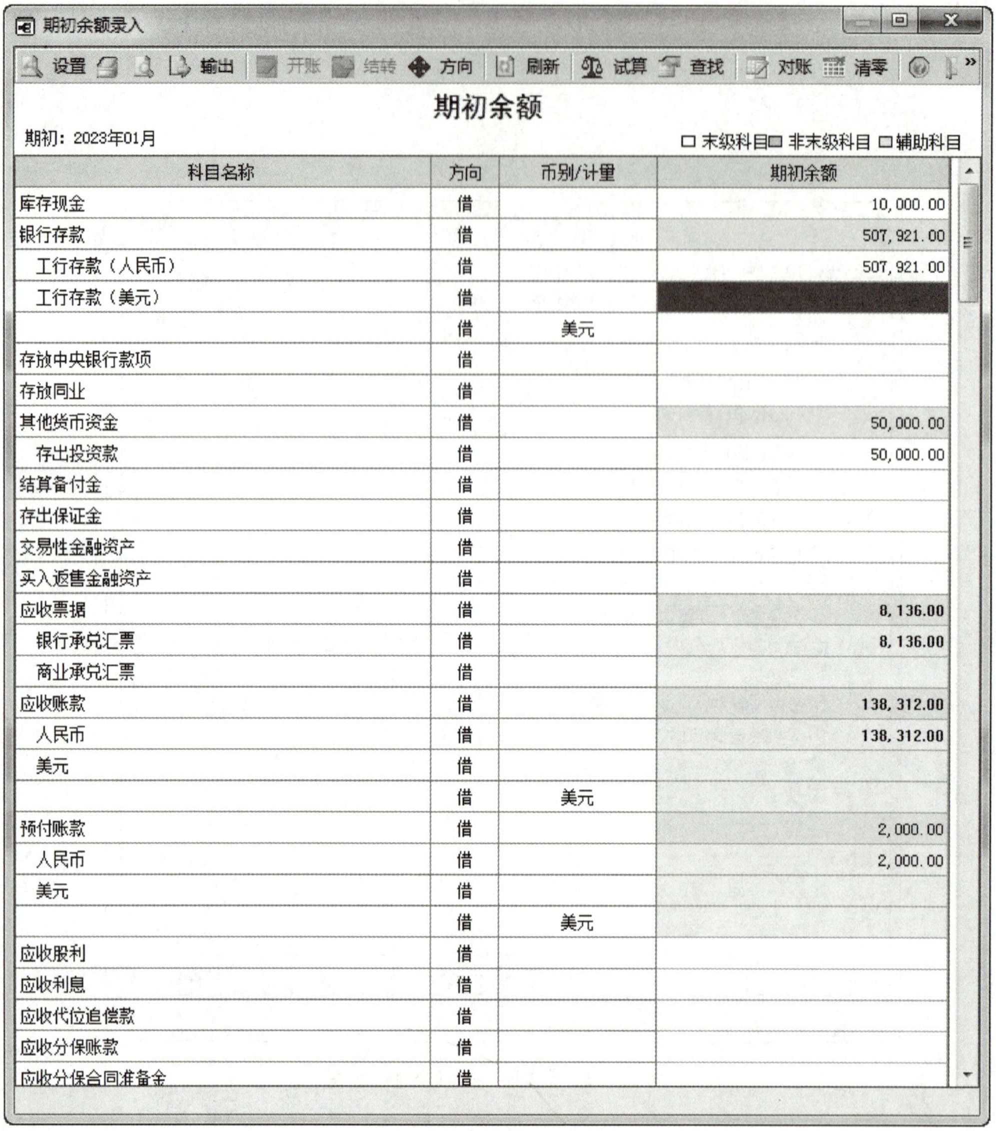

期初：2023年01月 □末级科目□非末级科目 □辅助科目

科目名称	方向	币别/计量	期初余额
库存现金	借		10,000.00
银行存款	借		507,921.00
工行存款（人民币）	借		507,921.00
工行存款（美元）	借		
	借	美元	
存放中央银行款项	借		
存放同业	借		
其他货币资金	借		50,000.00
存出投资款	借		50,000.00
结算备付金	借		
存出保证金	借		
交易性金融资产	借		
买入返售金融资产	借		
应收票据	借		8,136.00
银行承兑汇票	借		8,136.00
商业承兑汇票	借		
应收账款	借		138,312.00
人民币	借		138,312.00
美元	借		
	借	美元	
预付账款	借		2,000.00
人民币	借		2,000.00
美元	借		
	借	美元	
应收股利	借		
应收利息	借		
应收代位追偿款	借		
应收分保账款	借		
应收分保合同准备金	借		

图 3－46 【期初余额录入】窗口

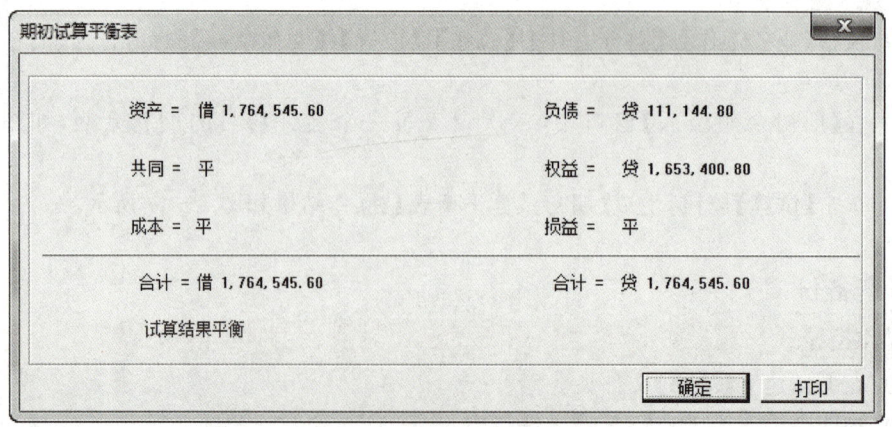

图 3－47 【期初试算平衡表】对话框

项目四 采购管理系统业务处理

实训一 普通采购业务处理

业 务 一

【业务描述】 2023年1月1日,采购部叶敏向汇源果汁有限公司采购汇源2L100%橙汁。取得与该业务相关的凭证如图4-1～图4-3所示。

普通采购业务一

图4-1 【业务一——购销合同】凭证

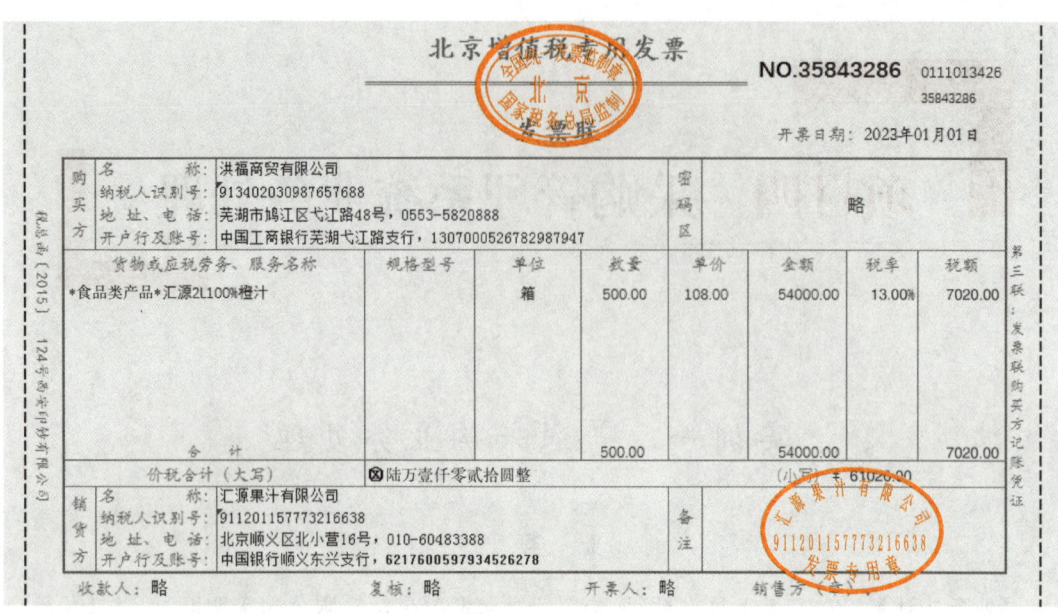

图4-2 【业务一——增值税专用发票】凭证

图4-3 【业务一——入库单】凭证

【业务解析】 本笔业务是签订采购合同,采购到货,收到采购专用发票的业务。

【岗位说明】 采购部叶敏填制采购订单(审核)、采购到货单(审核)、采购专用发票;仓储部李红填制采购入库单(审核);财务部黄小明审核发票、单据记账并制单。

【业务流程】 本笔业务流程如图4-4所示。

【操作指导】

1. 填制采购订单

(1) 2023年1月1日,采购部叶敏在企业应用平台中执行【业务工作】|【供应链】|【采购管理】|【采购订货】|【采购订单】命令,打开【采购订单】窗口。

(2) 单击【增加】按钮,修改订单编号为【cg0001】,采购类型选择【正常采购】,供应商选择【汇源】,税率修改为【13.00】;在表体中,存货编码选择【010202(汇源2L100%橙汁)】,输入数量为【500】,原币含税单价为【122.04】,修改计划到货日期为【2023-01-01】,其他信息由系统自动带出,单击【保存】按钮,如图4-5所示。

实训一　普通采购业务处理　073

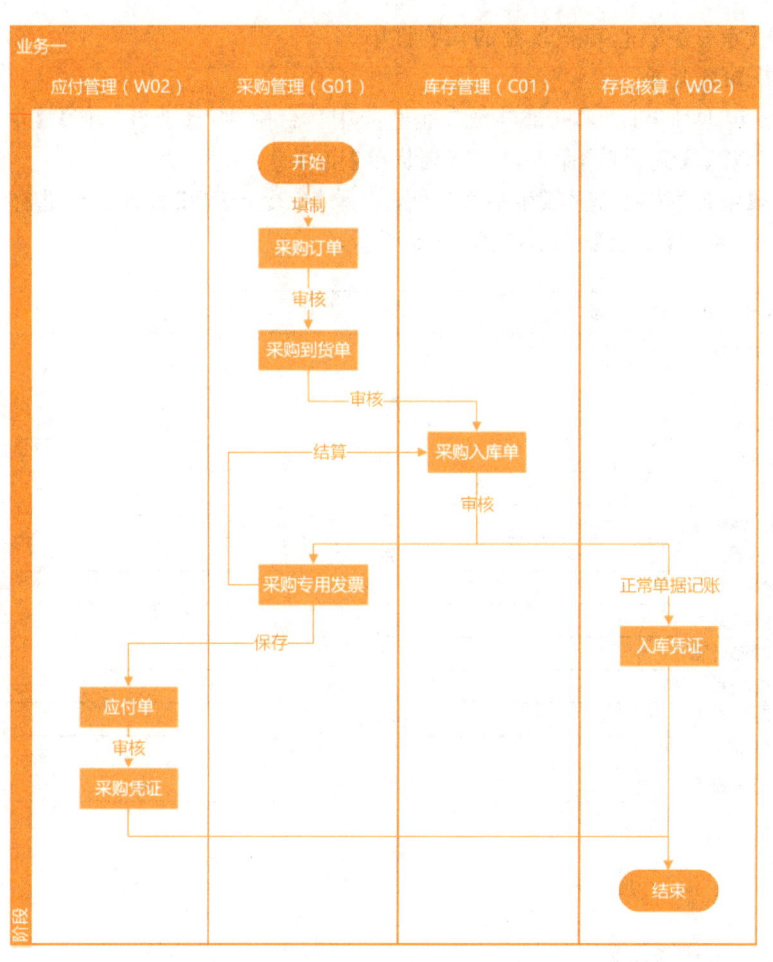

图4-4 【业务一】业务流程图

应付处理：
言出必行

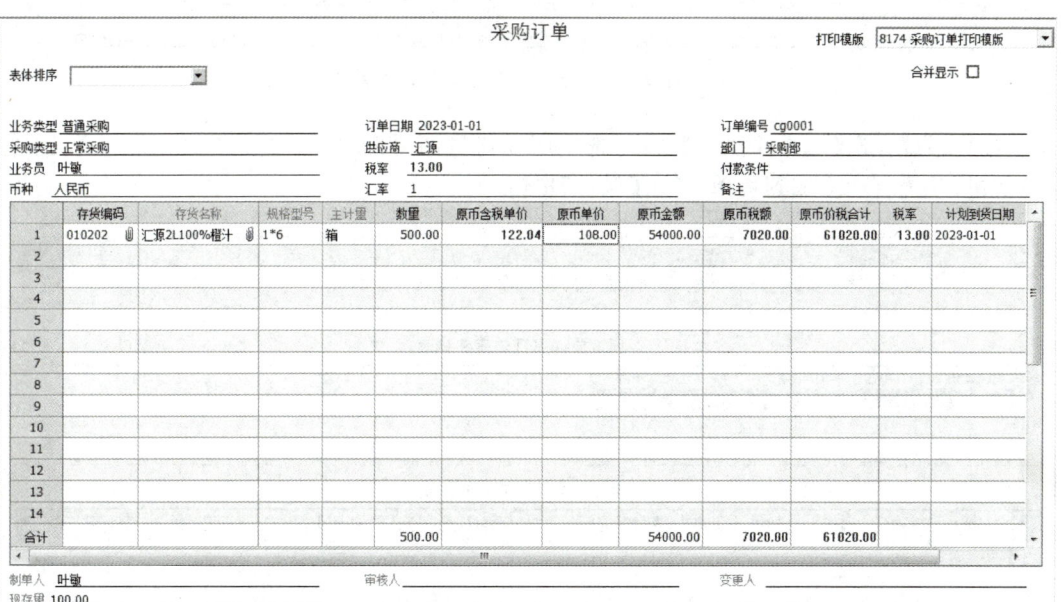

图4-5 【采购订单】窗口

(3)单击【审核】按钮,审核填制的采购订单。
2. 生成采购到货单

(1) 2023年1月1日,采购部叶敏在企业应用平台中执行【业务工作】|【供应链】|【采购管理】|【采购到货】|【到货单】命令,打开【到货单】窗口。

(2)单击【增加】按钮,选择【生单】|【采购订单】命令,打开【查询条件选择-采购订单列表过滤】对话框,单击【确定】按钮,如图4-6所示。

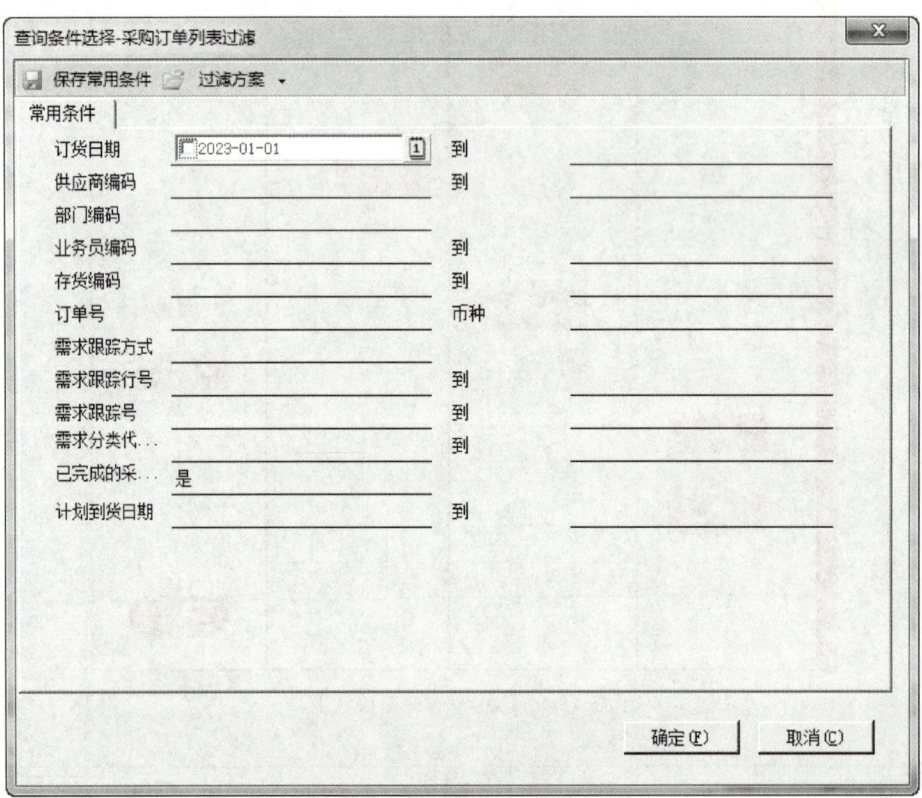

图4-6 【查询条件选择-采购订单列表过滤】对话框

(3)系统弹出【拷贝并执行】窗口,选中所要拷贝的采购订单,如图4-7所示,单击【确定】按钮,系统自动生成到货单,单击【保存】按钮。

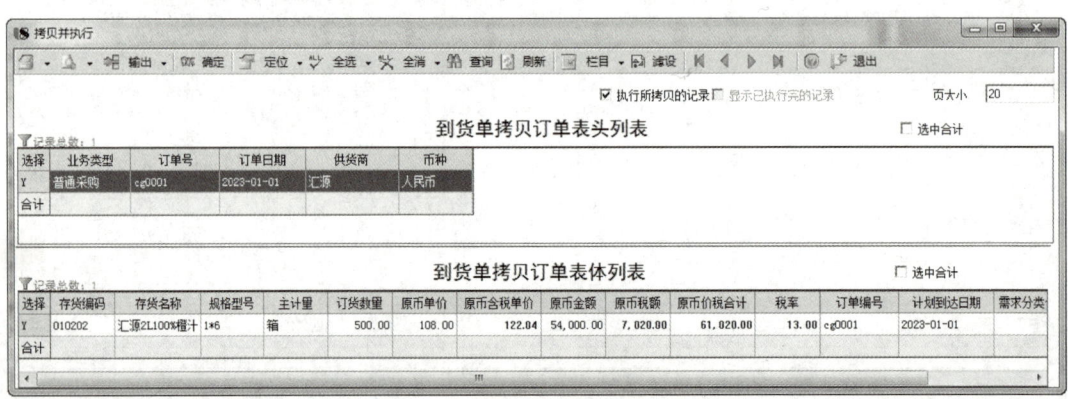

图4-7 【拷贝并执行】窗口

（4）单击【审核】按钮。根据采购订单生成的采购到货单，如图 4－8 所示。

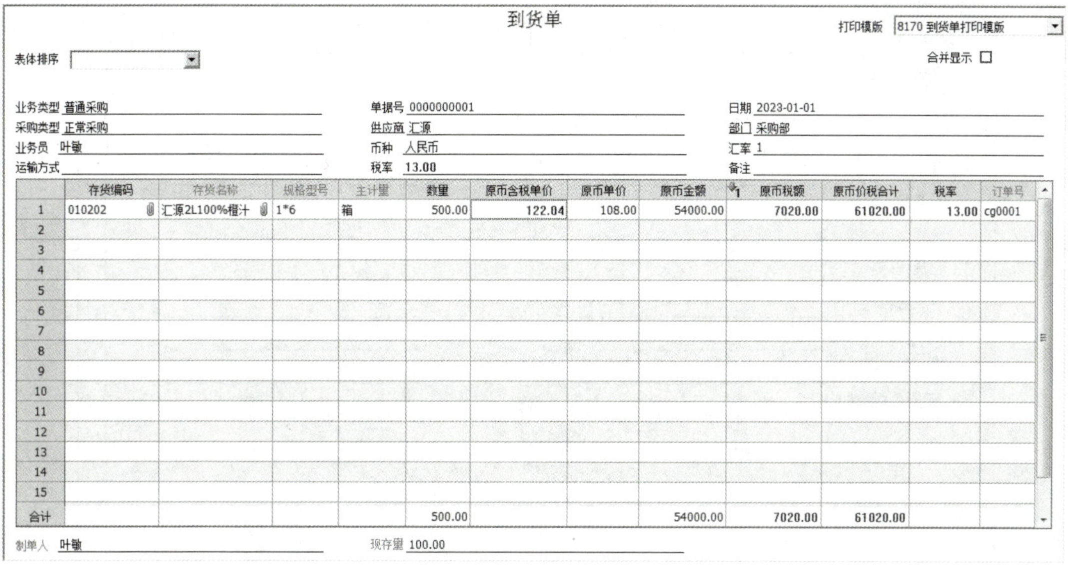

到货单

打印模版 8170 到货单打印模版

表体排序

合并显示 □

业务类型 普通采购　　单据号 0000000001　　日期 2023-01-01

采购类型 正常采购　　供应商 汇源　　部门 采购部

业务员 叶敏　　币种 人民币　　汇率 1

运输方式　　税率 13.00　　备注

	存货编码	存货名称	规格型号	主计量	数量	原币含税单价	原币单价	原币金额	原币税额	原币价税合计	税率	订单号
1	010202	汇源2L100%橙汁	1*6	箱	500.00	122.04	108.00	54000.00	7020.00	61020.00	13.00	cg0001
2												
3												
4												
5												
6												
7												
8												
9												
10												
11												
12												
13												
14												
15												
合计					500.00			54000.00	7020.00	61020.00		

制单人 叶敏　　现存量 100.00

图 4－8 【到货单】窗口

重要提示

- 采购到货单可以手工录入，也可以拷贝采购订单生成到货单。
- 如果采购到货单与采购订单信息有差别，可以直接据实录入到货单信息，或者直接修改生成的到货单信息，再单击【保存】按钮确认修改的到货单。
- 没有生成下游单据的采购到货单可以直接删除。
- 已经生成下游单据的采购到货单不能直接删除，需要先删除下游单据后，才能再删除采购到货单。

3. 生成采购入库单

（1）2023 年 1 月 1 日，仓储部李红在企业应用平台中执行【业务工作】|【供应链】|【库存管理】|【入库业务】|【采购入库单】命令，打开【采购入库单】窗口。

（2）选择【生单】|【采购到货单（蓝字）】命令，打开【查询条件选择-采购到货单列表】对话框，单击【确定】按钮，如图 4－9 所示。

（3）打开【到货单生单列表】，如图 4－10 所示。

（4）选择相应的【到货单生单表头】，单击【确定】按钮，系统自动生成采购入库单，选择仓库为【果蔬汁库】，单击【保存】按钮，如图 4－11 所示。

（5）单击【审核】按钮，系统提示【该单据审核成功】，单击【确定】按钮，如图 4－12 所示。

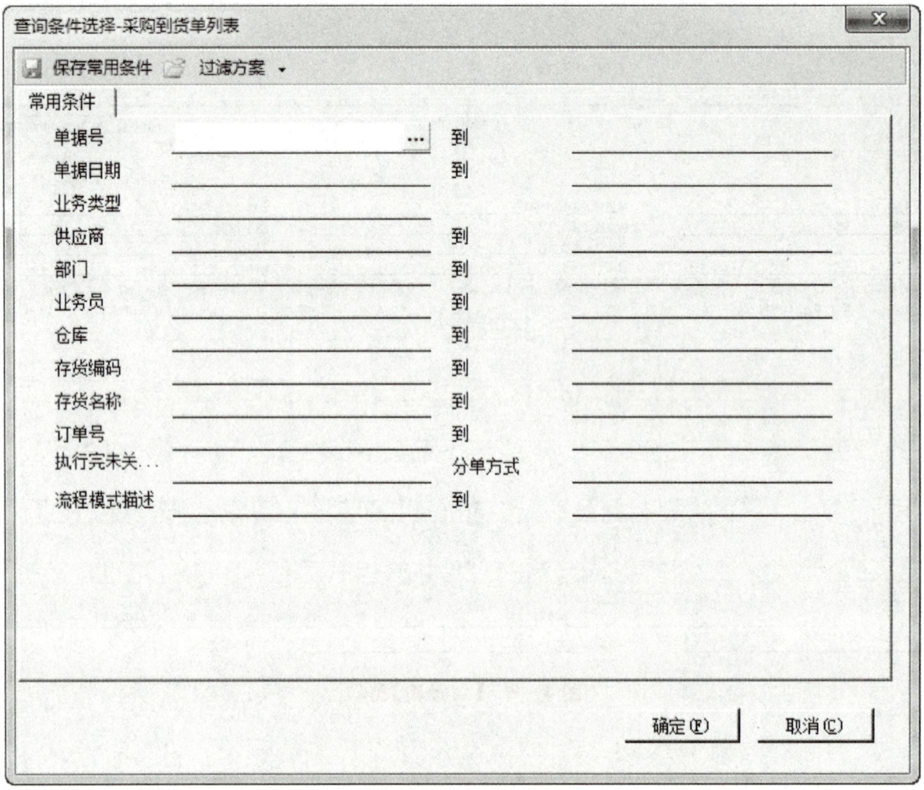

076　项目四　采购管理系统业务处理

图4-9 【查询条件选择-采购到货单列表】对话框

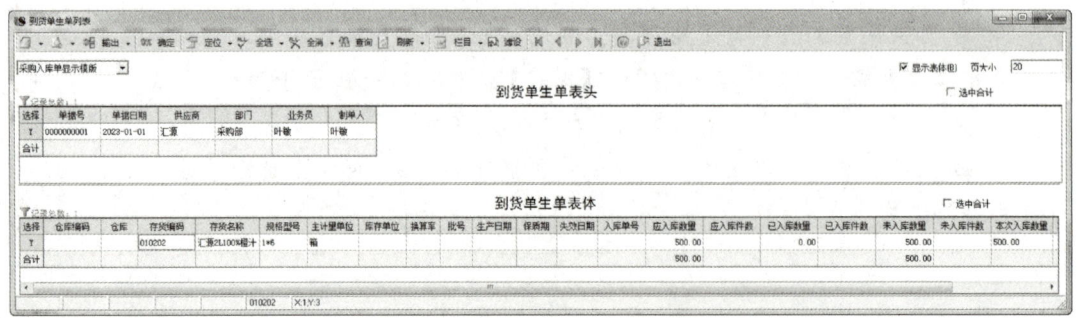

图4-10 【到货单生单列表】窗口

> **重要提示**
> 　　● 采购入库单必须在库存管理系统录入或生成。
> 　　● 在库存管理系统录入或生成的采购入库单,可以在采购管理系统查看,但不能修改或删除。
> 　　● 如果需要手工录入采购入库单,则在库存管理系统打开【采购入库单】窗口时,单击【增加】按钮,可以直接录入采购入库单信息。

● 如果在采购选项中设置了【普通业务必有订单】,则采购入库单不能手工录入,只能参照生成。如果需要手工录入采购入库单,则需要先取消【普通业务必有订单】选项。

● 采购入库单可以拷贝采购订单生成,也可以拷贝采购到货单生成。根据上游单据拷贝生成下游单据后,上游单据不能直接修改、弃审。删除下游单据后,其上游单据才能执行【弃审】操作,弃审后才能修改。

● 查询采购入库单,可以在采购管理系统查看"采购入库单列表"。

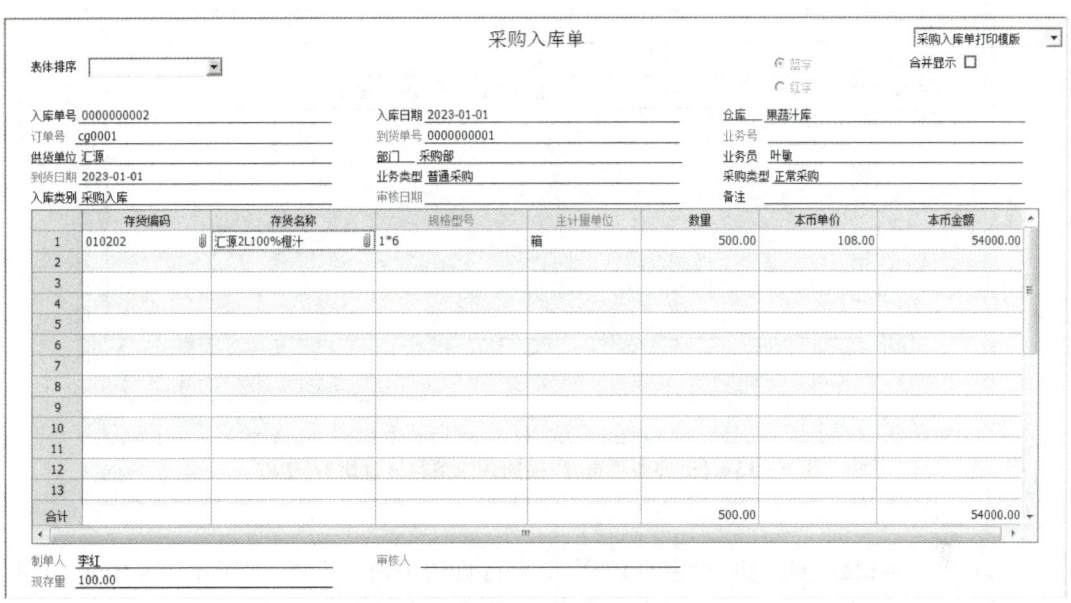

图 4-11 【采购入库单】窗口

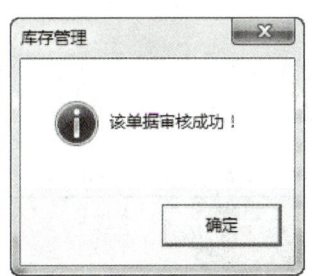

图 4-12 【单据审核成功】提示框

4. 填制采购专用发票

(1) 2023年1月1日,采购部叶敏在企业应用平台中执行【业务工作】|【供应链】|【采购管理】|【采购发票】|【采购专用发票】命令,打开【采购专用发票】窗口。

(2) 单击【增加】按钮,选择【生单】|【入库单】命令,打开【查询条件选择-采购入库单列表过滤】对话框,单击【确定】按钮,如图 4-13 所示。

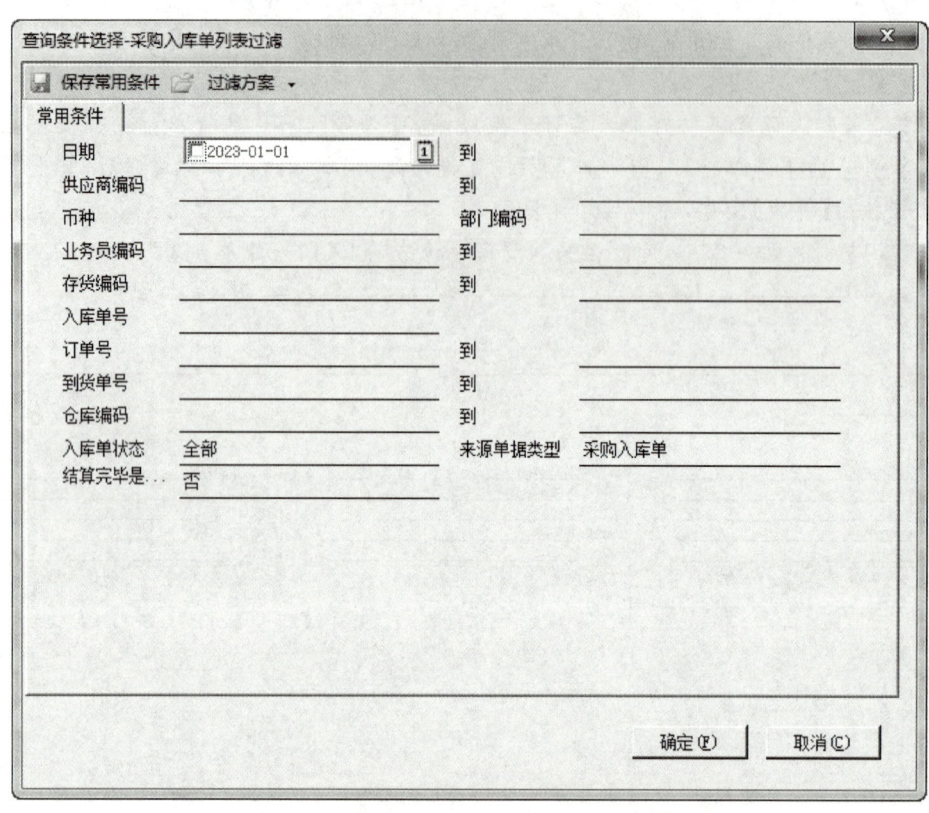

图 4-13 【查询条件选择-采购入库单列表过滤】对话框

（3）系统弹出【拷贝并执行】窗口，选中所要拷贝的采购入库单，如图 4-14 所示，单击【确定】按钮，系统自动生成采购专用发票，修改发票号为"35843286"，单击【保存】按钮，如图 4-15 所示。

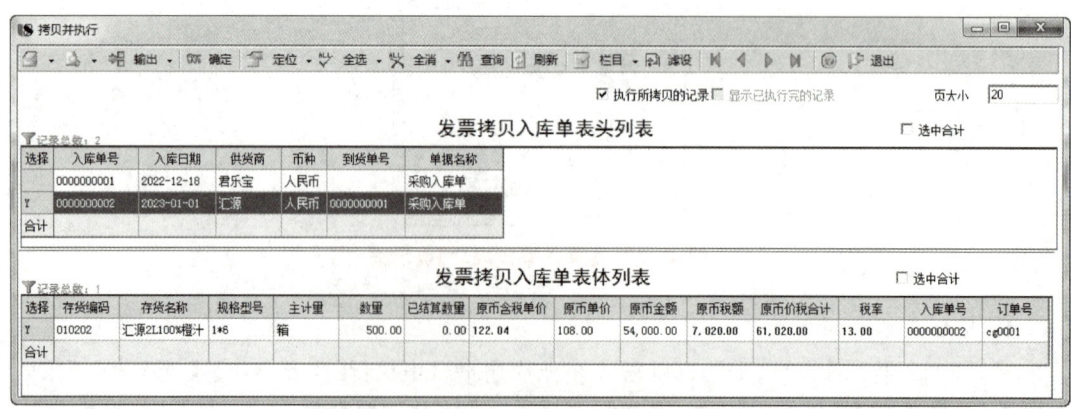

图 4-14 【拷贝并执行】窗口

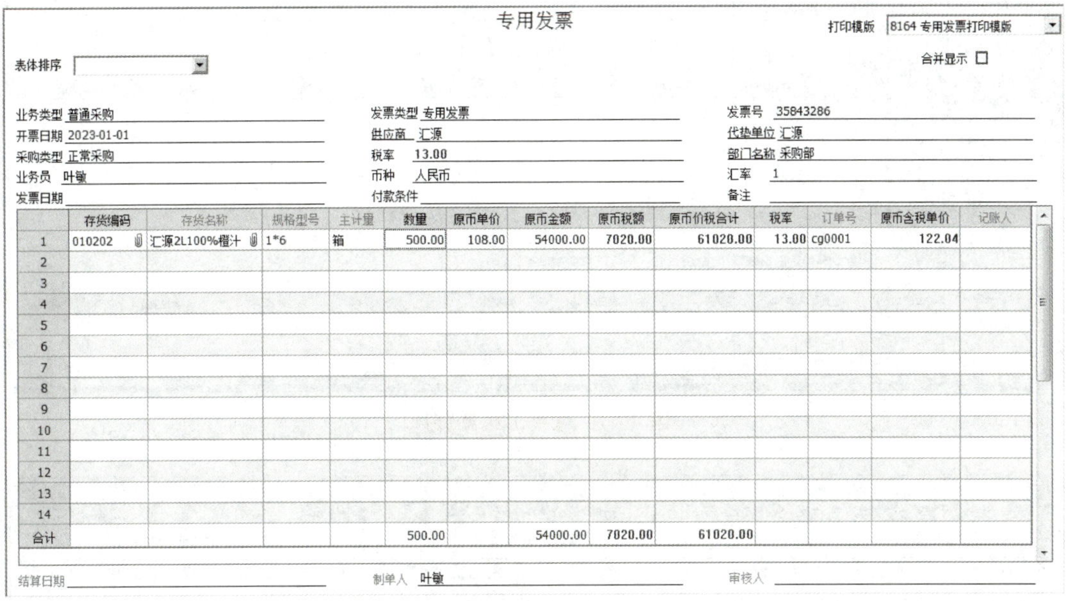

图 4-15 【采购专用发票】窗口

> **重要提示**
> ● 采购发票可以手工输入,也可以根据采购订单、采购入库单参照生成。
> ● 如果在采购选项中设置了【普通采购必有订单】,则不能手工录入采购发票,只能参照生成采购发票。如果需要手工录入,则需要先取消【普通业务必有订单】选项。
> ● 如果录入采购专用发票,需要先在基础档案中设置有关开户银行信息,否则,只能录入普通发票。
> ● 采购发票中的表头税率是根据专用发票默认税率带入的,可以修改。采购专用发票的单价为无税单价,金额为无税金额,税额等于无税金额与税率的乘积。
> ● 如果收到供应商开具的发票但没有收到货物,可以对发票压单处理,待货物运达后,再输入采购入库单并进行采购结算;也可以先将发票输入系统,以便实时统计在途物资。
> ● 在采购管理系统中可以查看"采购发票列表"查询采购发票。

5. 采购结算(手工结算)

(1) 2023 年 1 月 1 日,采购部叶敏在企业应用平台中执行【业务工作】|【供应链】|【采购管理】|【采购结算】|【手工结算】命令,打开【手工结算】窗口,如图 4-16 所示。

(2) 单击【选单】按钮,打开【结算选单】窗口,如图 4-17 所示。

(3) 单击【查询】按钮,打开【查询条件选择-采购手工结算】对话框,如图 4-18 所示。

(4) 单击【确定】按钮,选择相应的"采购发票"和"入库单",如图 4-19 所示。

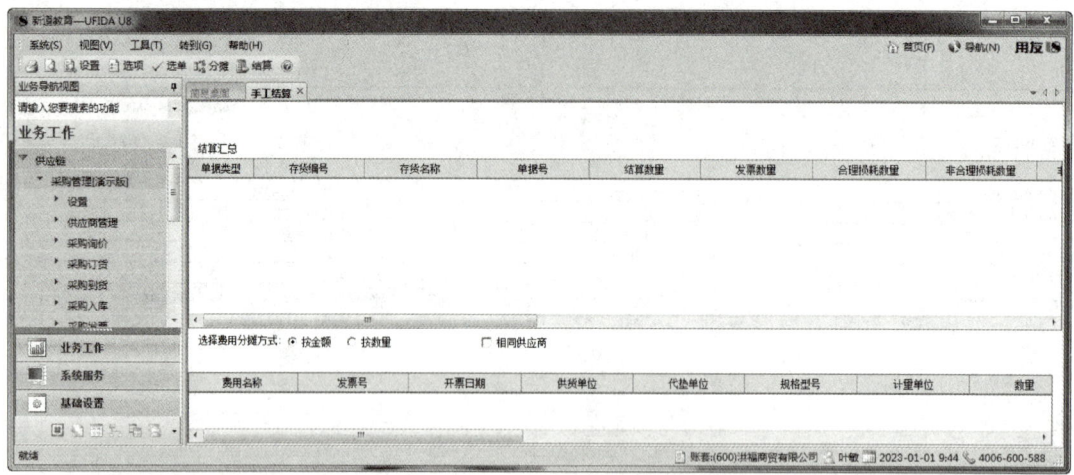

图 4-16 【手工结算】窗口

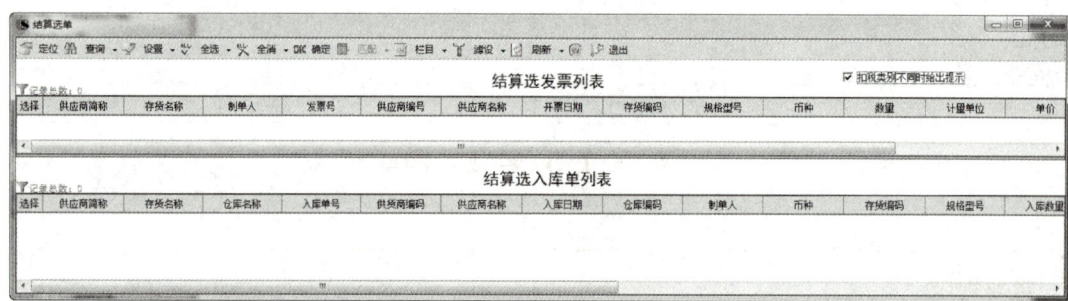

图 4-17 【结算选单】窗口

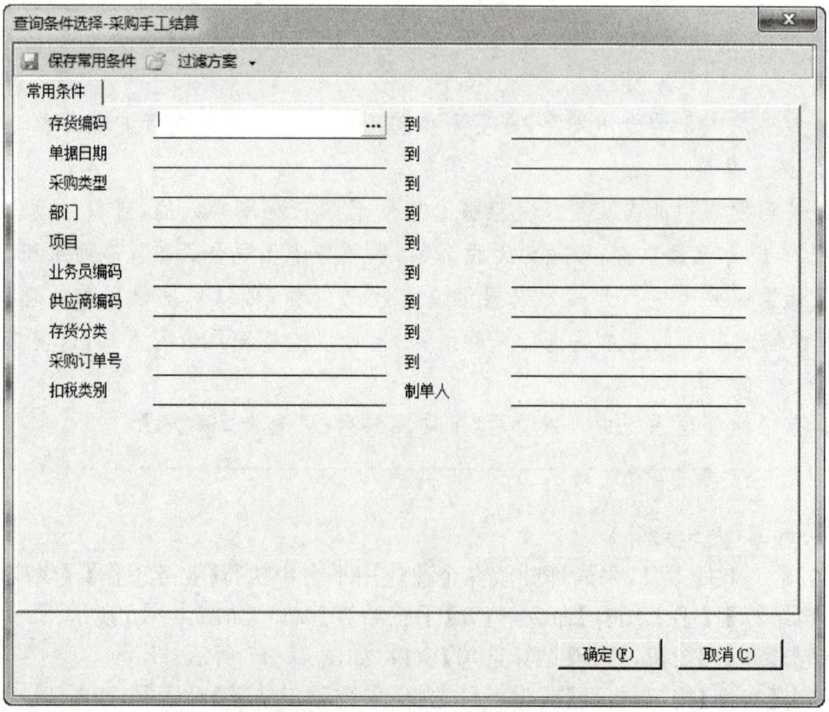

图 4-18 【查询条件选择-采购手工结算】对话框

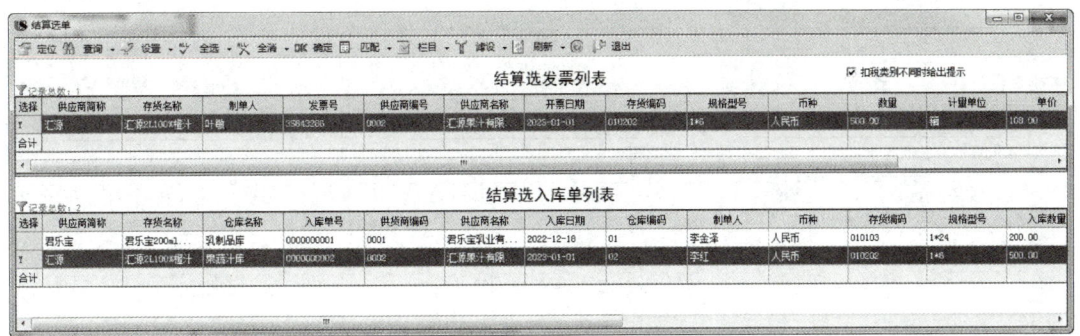

图 4-19 【结算选单】窗口

(5) 单击【确定】按钮，系统回到【手工结算】窗口，如图 4-20 所示，单击【结算】按钮，系统提示【完成结算!】，单击【确定】按钮，如图 4-21 所示。

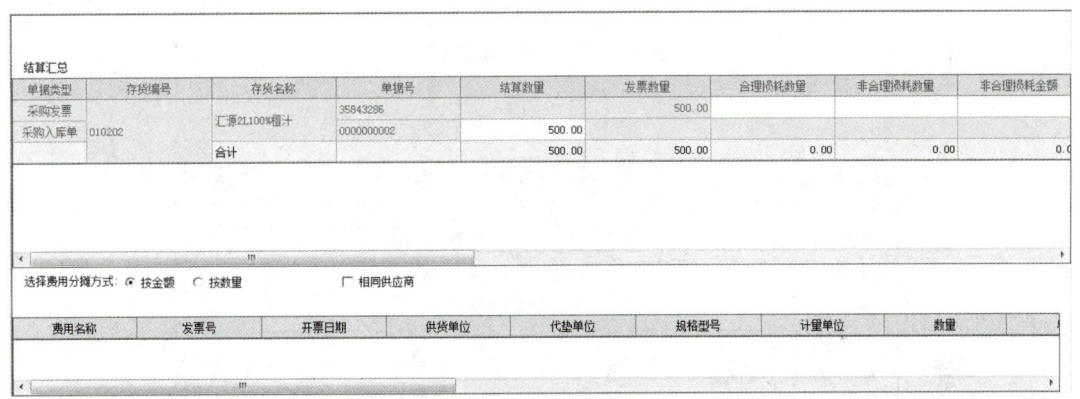

图 4-20 【手工结算】窗口

图 4-21 【完成结算!】提示框

(6) 执行【结算单列表】命令，双击需要查询的结算单，如图 4-22 所示。

6. 应付单据审核与制单

(1) 2023 年 1 月 1 日，财务部黄小明在企业应用平台中执行【业务工作】|【财务会计】|【应付款管理】|【应付单据处理】|【应付单据审核】命令，打开【应付单查询条件】对话框，如图 4-23 所示。

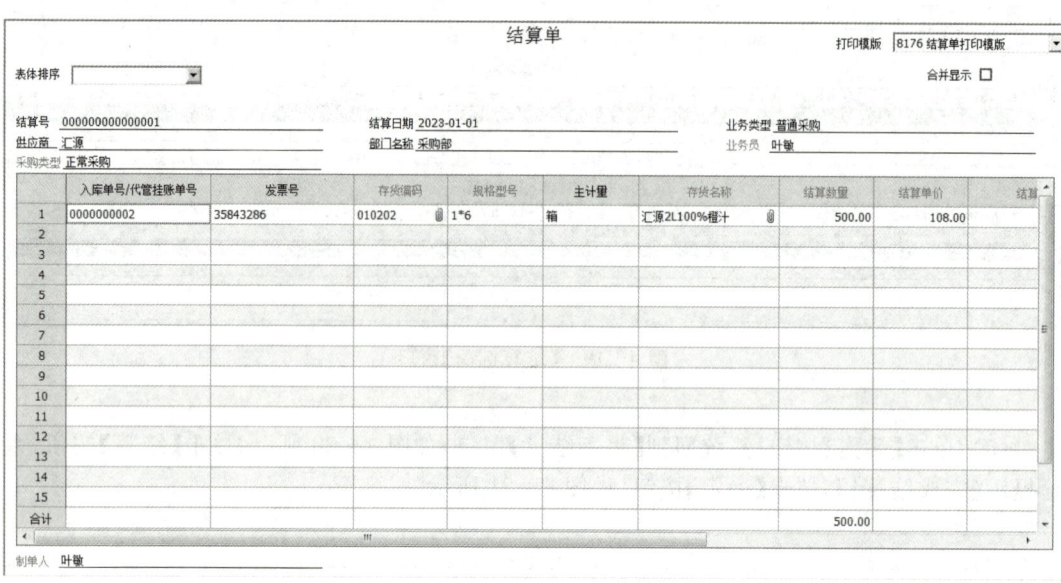

图 4-22 【结算单】窗口

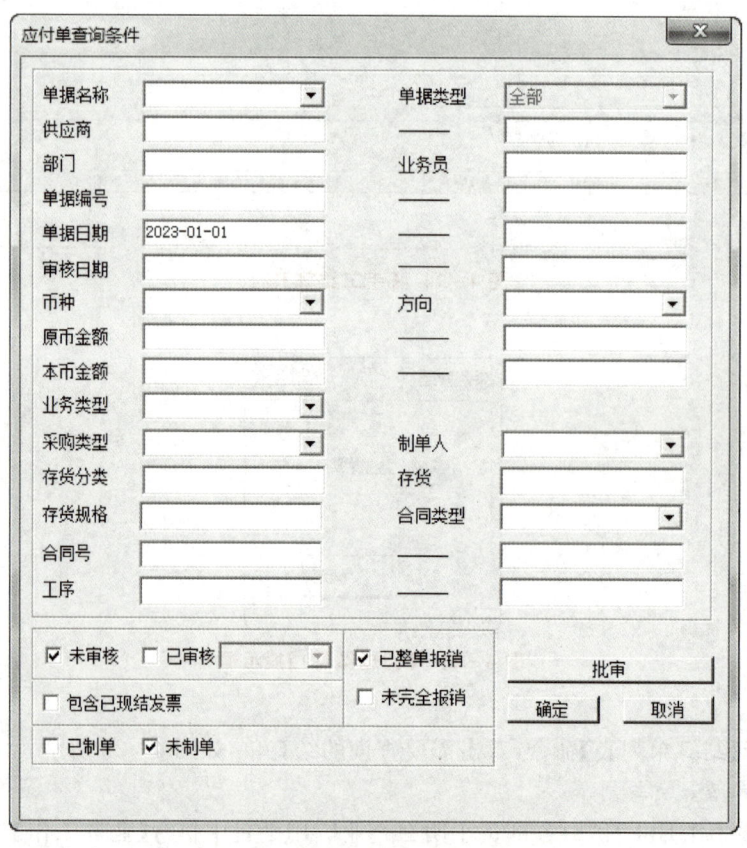

图 4-23 【应付单查询条件】对话框

（2）单击【确定】按钮，系统弹出【应付单据列表】窗口，如图 4－24 所示。

应付单据列表

记录总数：1

选择	审核人	单据日期	单据类型	单据号	供应商名称	部门	业务员	制单人	币种	汇率	原币金额	本币金额	备注
		2023-01-01	采购专用发票	35843286	汇源果汁有限公司	采购部	叶敏	叶敏	人民币	1.00000000	61,020.00	61,020.00	
合计											61,020.00	61,020.00	

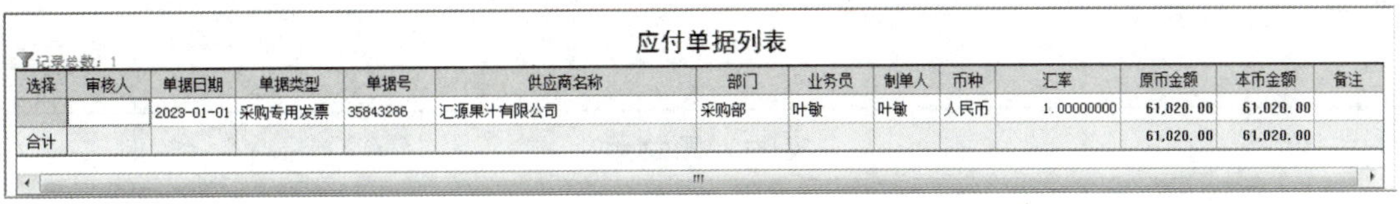

图 4－24　【应付单据列表】窗口

（3）双击【选择】栏，或单击【全选】按钮，单击【审核】按钮，系统完成审核并给出审核报告，如图 4－25 所示。

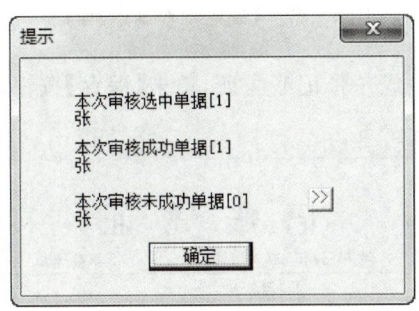

图 4－25　【应付单据审核】提示框

（4）单击【确定】按钮后退出。

（5）执行【制单处理】命令，打开【制单查询】对话框，选择【发票制单】，如图 4－26 所示。

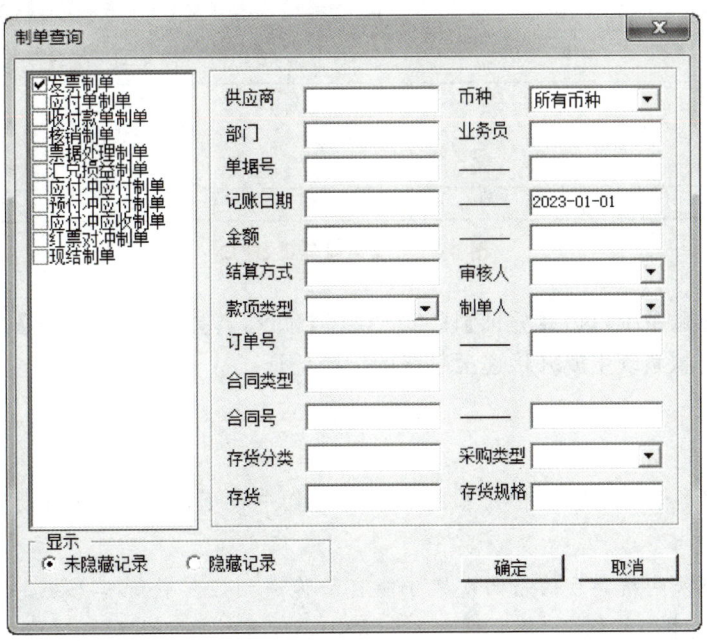

图 4－26　【制单查询】对话框

(6) 单击【确定】按钮,打开【采购发票制单】窗口。

(7) 选择【记账凭证】,再单击【全选】按钮,选中要制单的【采购专用发票】,如图 4-27 所示。

采购发票制单

凭证类别 记账凭证 制单日期 2023-01-01 共 1 条

选择标志	凭证类别	单据类型	单据号	日期	供应商编码	供应商名称	部门	业务员	金额
1	记账凭证	采购专用发票	35843286	2023-01-01	0002	汇源果汁有限公司	采购部	叶敏	61,020.00

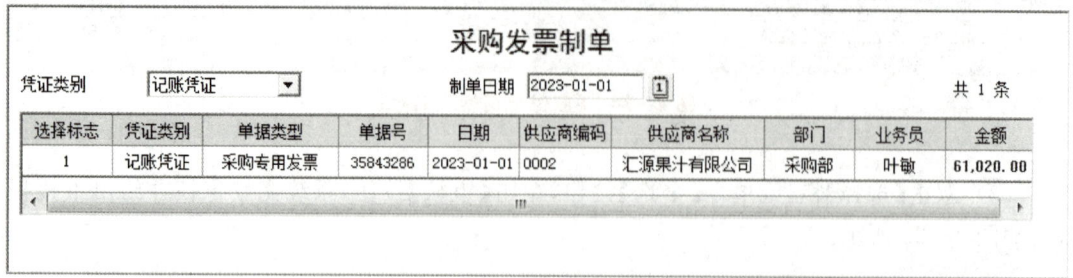

图 4-27 【采购发票制单】窗口

(8) 单击【制单】按钮,生成一张记账凭证,单击【保存】按钮,如图 4-28 所示。

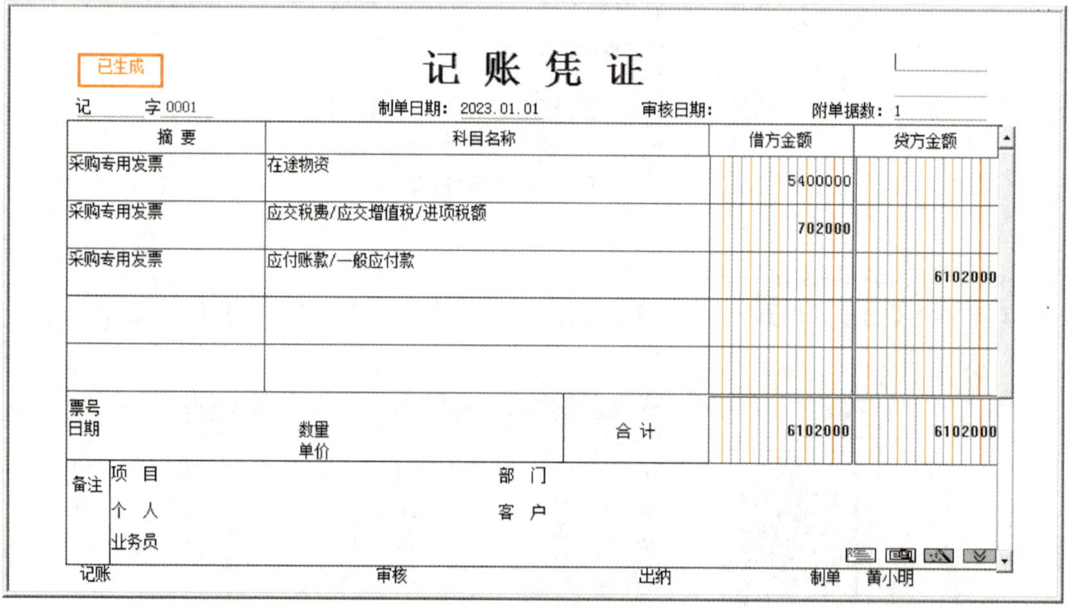

图 4-28 【记账凭证】窗口

(9) 打开总账系统,执行【凭证】|【查询凭证】命令,选择【未记账凭证】,打开所选凭证,可以查询在应付款系统生成并传递至总账的记账凭证。

重要提示

- 应付科目可以在应付款系统的初始设置中设置,如果账套未设置,可以在生成凭证后补充填入。
- 只有采购结算后的采购发票才能自动传递到应付款管理系统,并且需要在应付款管理系统中审核确认,才能形成应付账款。

> ● 在应付款管理系统中可以根据采购发票制单,也可以根据应付单或其他单据制单。
> ● 在应付款管理系统中可以根据一条记录制单,也可以根据多条记录合并制单,用户可以根据选择制单序号进行处理。
> ● 可以在采购结算后针对每笔业务立即制单,也可以月末一次制单。
> ● 采购发票需要在存货核算系统记账。但可以在采购发票记账前制单,也可以在采购发票记账后制单。

7. 核算采购成本

(1) 2023年1月1日,财务部黄小明在企业应用平台中执行【业务工作】|【供应链】|【存货核算】|【业务核算】|【正常单据记账】命令,打开【查询条件选择】对话框,如图4-29所示。

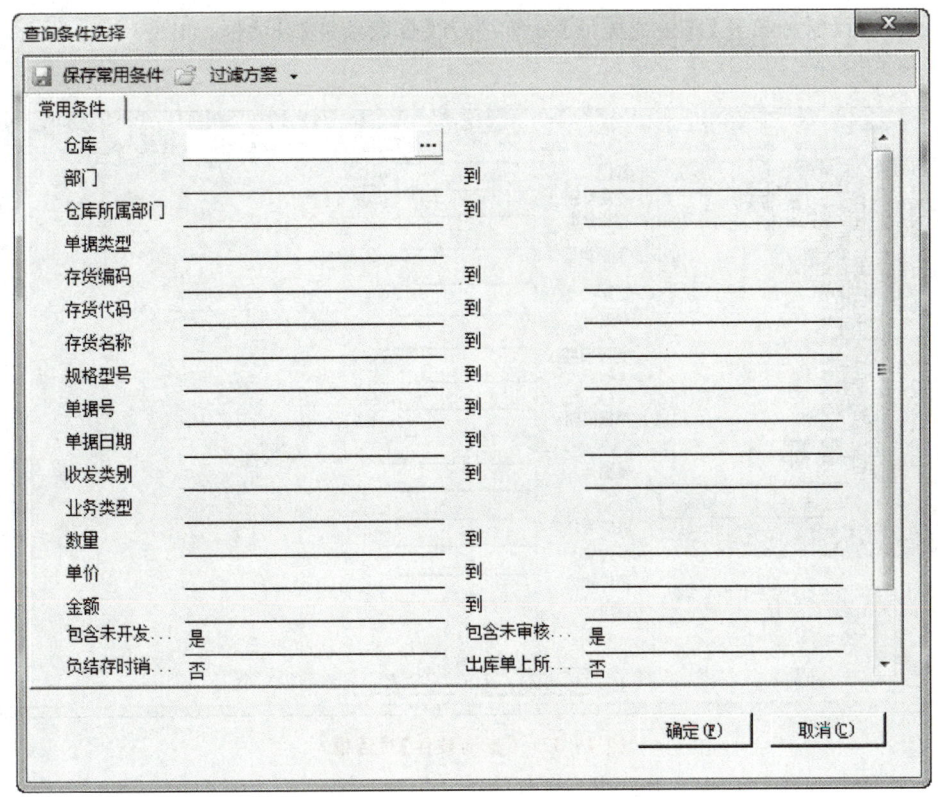

图4-29 【查询条件选择】对话框

(2) 单击【确定】按钮,打开【正常单据记账列表】窗口,如图4-30所示。
(3) 单击【全选】按钮。

图4-30 【正常单据记账列表】窗口

（4）单击【记账】按钮，将采购入库单记账，系统提示【记账成功】，如图4-31所示。

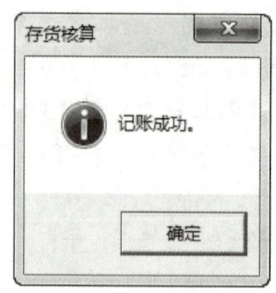

图4-31 【记账成功】提示框

（5）单击【确定】按钮。
（6）执行【财务核算】|【生成凭证】命令，打开【查询条件】对话框，如图4-32所示。

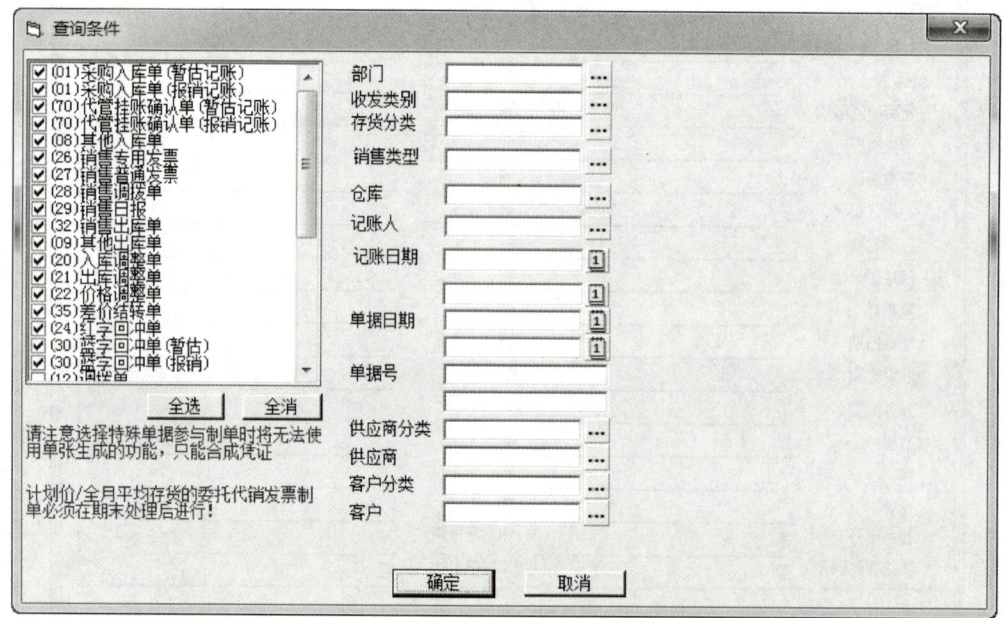

图4-32 【查询条件】对话框

（7）单击【确定】按钮，打开【未生成凭证单据一览表】窗口，如图4-33所示。

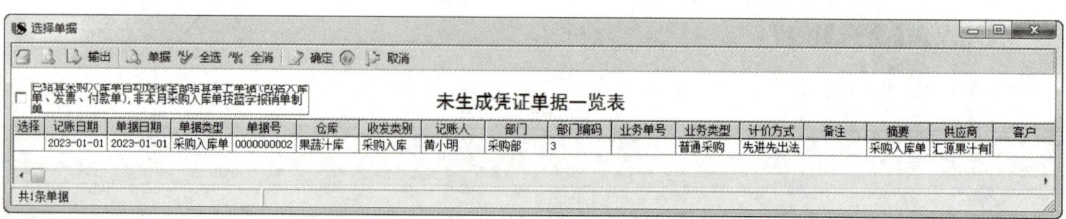

图4-33 【未生成凭证单据一览表】窗口

(8) 单击【选择】栏，或单击【全选】按钮，选中待生成凭证的单据，单击【确定】按钮。

(9) 凭证类别选择【记账凭证】，如图 4-34 所示。

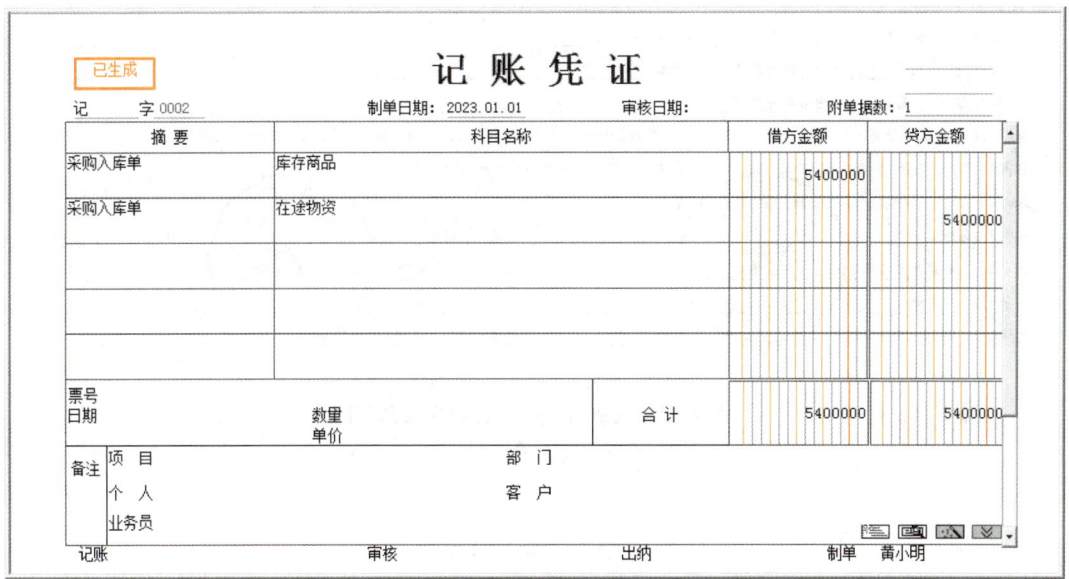

图 4-34 【生成凭证】窗口

(10) 单击【生成】按钮，生成一张记账凭证，单击【保存】按钮，如图 4-35 所示。

图 4-35 【记账凭证】窗口

业 务 二

【业务描述】 2023 年 1 月 2 日，采购部叶敏与君乐宝乳业签订采购合同，采购君乐宝 200 mL 优致牧场纯牛奶，货已验收入库，发票未收到。取得与该业务相关的凭证如图 4-36、图 4-37 所示。

【业务解析】 本笔业务是签订采购合同，采购到货的业务。

【赛题链接】 27 日，采购分部王晨与维达公司签订购销合同，货物已验收入库，增值税发票需 1 个月后才能到达。（原始单据：购销合同、商品验收入库单略）

【岗位说明】 采购部叶敏填制采购订单(审核)、采购到货单(审核)；仓储部李红填制采购入库单(审核)。

【业务流程】 本笔业务流程如图 4-38 所示。

普通采购
业务二

购销合同

供货方：君乐宝乳业有限公司　　　　合 同 号：cg0002

购买方：洪福商贸有限公司　　　　签订日期：2023年01月02日

经双方协议，订立本合同如下：

商品型号	名　称	数　量	单　价	总　额	其他要求
1*24	君乐宝200mL优致牧场纯牛奶	500.00	54.24	27120.00	
合　计		500.00		¥27120.00	
货款合计（大写）：人民币贰万柒仟壹佰贰拾元整					

质量验收标准：验收合格

交 货 日 期：2023年1月2日

交 货 地 点：芜湖市鸠江区弋江路48号，洪福商贸有限公司。

结 算 方 式：电汇，付款时间：收到发票时支付货款。

发 运 方 式：公路运输。运费由销售方承担。

违约条款：违约方需赔偿对方一切经济损失。但遇天灾人祸或其他不可抗力因素而导致延误交货，购买方不能要求供货方赔偿任何损失。

解决合同纠纷的方式：经双方有好协商解决，如协商不成的，可向当地仲裁委员会提出申诉解决。

本合同一式两份，供需双方各执一份，自签订之日起生效。

供货方（盖章）：君乐宝乳业有限公司 合同专用章　　　　购买方（盖章）：洪福商贸有限公司 合同专用章

地　　址：石家庄市石铜路68号　　　　地　　址：芜湖市鸠江区弋江路48号

法定代表：印天佑　　　　法定代表：李金泽

联系电话：0311-83830123　　　　联系电话：0553-5820888

图 4-36 【业务二——购销合同】凭证

入　库　单

2023年　01月　02日　　　　单号：0002

交货部门	采购部	发票号码		验收仓库	乳制品库	入库日期	2023-01-02
编号	名 称 及 规 格	单　位	数　量		实际价格		备　注
			应　收	实　收	单　价	金　额	
010102	君乐宝200mL优致牧场纯牛奶	箱	500.00	500.00			
合　计			500.00	500.00			

会计联

部门经理：略　　会计：略　　仓库：略　　经办人：略

图 4-37 【业务二——入库单】凭证

〖操作指导〗

1．填制采购订单

（1）2023 年 1 月 2 日，采购部叶敏在企业应用平台中执行【业务工作】|【供应链】|【采购管理】|【采购订货】|【采购订单】命令，打开【采购订单】窗口。

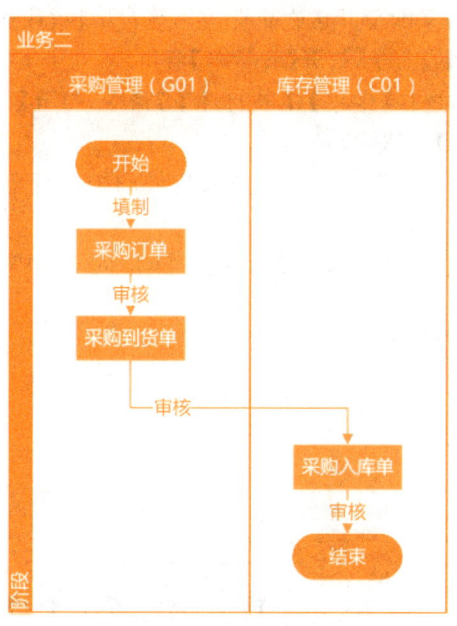

图4-38 【业务二】业务流程图

(2) 单击【增加】按钮,修改订单编号为【cg0002】,采购类型选择【正常采购】,供应商选择【君乐宝】,税率修改为【13.00】;在表体中,存货编码选择【010102(君乐宝 200 mL 优致牧场纯牛奶)】,输入数量为【500】,原币含税单价为【54.24】,修改计划到货日期为【2023-01-02】,其他信息由系统自动带出,单击【保存】按钮。

(3) 单击【审核】按钮,审核填制的采购订单,如图4-39所示。

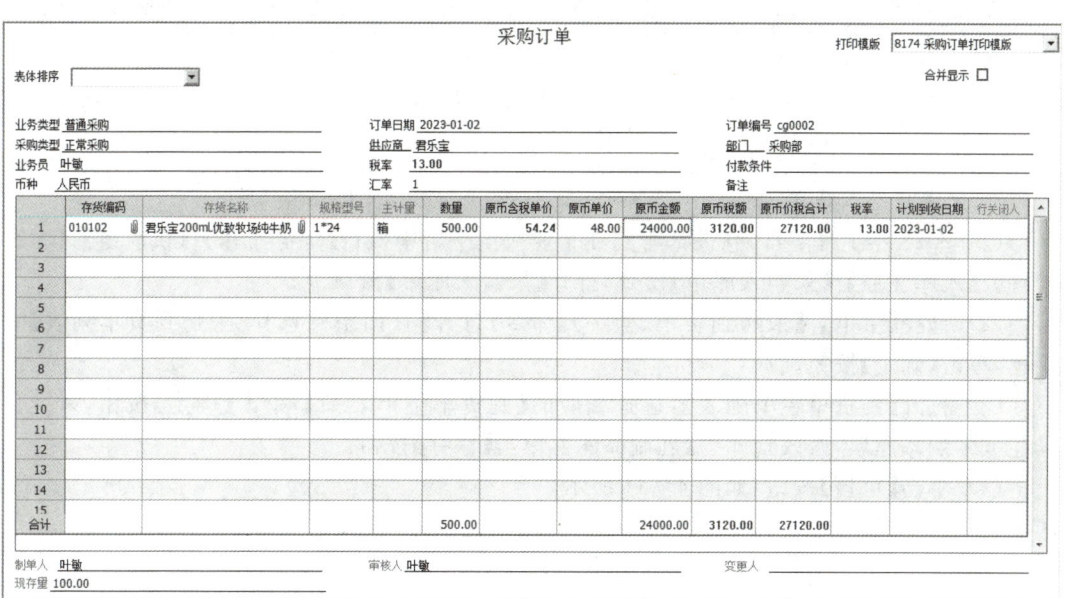

图4-39 【采购订单】窗口

2. 生成采购到货单

（1）2023年1月2日，采购部叶敏在企业应用平台中执行【业务工作】|【供应链】|【采购管理】|【采购到货】|【到货单】命令，打开【到货单】窗口。

（2）单击【增加】按钮，选择【生单】|【采购订单】命令，打开【查询条件选择-采购订单列表过滤】对话框，单击【确定】按钮。

（3）系统弹出【拷贝并执行】窗口，选中所要拷贝的采购订单，单击【确定】按钮，系统自动生成到货单，单击【保存】按钮。

（4）单击【审核】按钮。根据采购订单生成的采购到货单如图4-40所示。

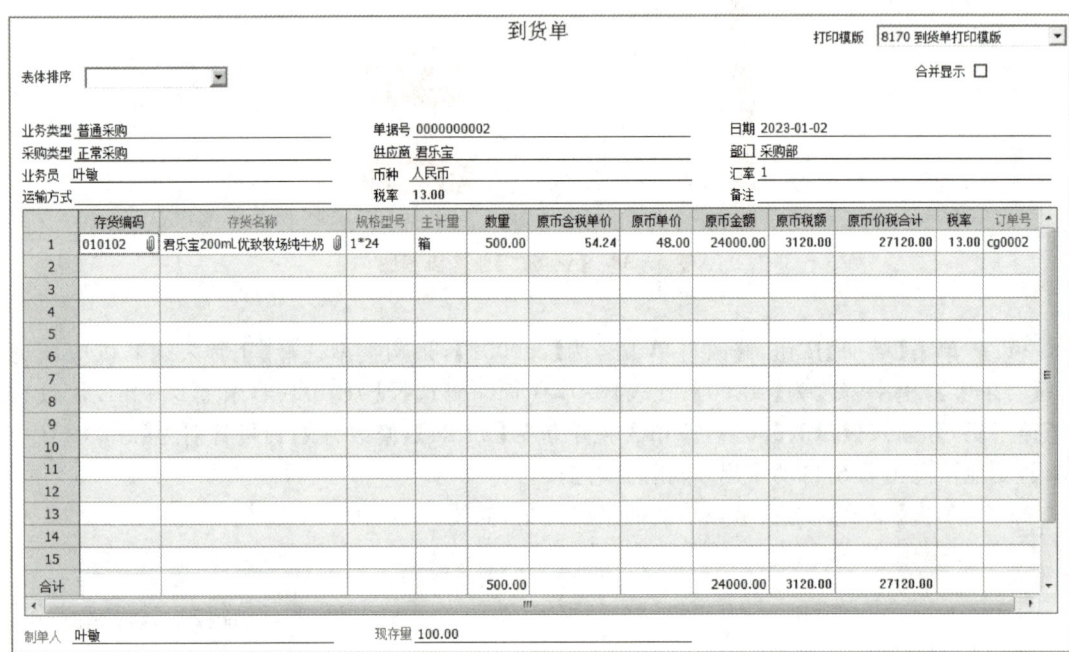

图4-40 【到货单】窗口

3. 生成采购入库单

（1）2023年1月2日，仓储部李红在企业应用平台中执行【业务工作】|【供应链】|【库存管理】|【入库业务】|【采购入库单】命令，打开【采购入库单】窗口。

（2）选择【生单】|【采购到货单（蓝字）】命令，打开【查询条件选择-采购到货单列表】对话框，单击【确定】按钮。

（3）打开【到货单生单列表】，选择相应的【到货单生单表头】，单击【确定】按钮，系统自动生成采购入库单，修改仓库为【乳制品库】，单击【保存】按钮。

（4）单击【审核】按钮，如图4-41所示。

业 务 三

【业务描述】 2023年1月3日，采购部王宏伟与喜乐食品签订采购合同，采购喜乐368 mL原味。取得与该业务相关的凭证如图4-42～图4-45所示。

普通采购业务三

图 4-41 【采购入库单】窗口

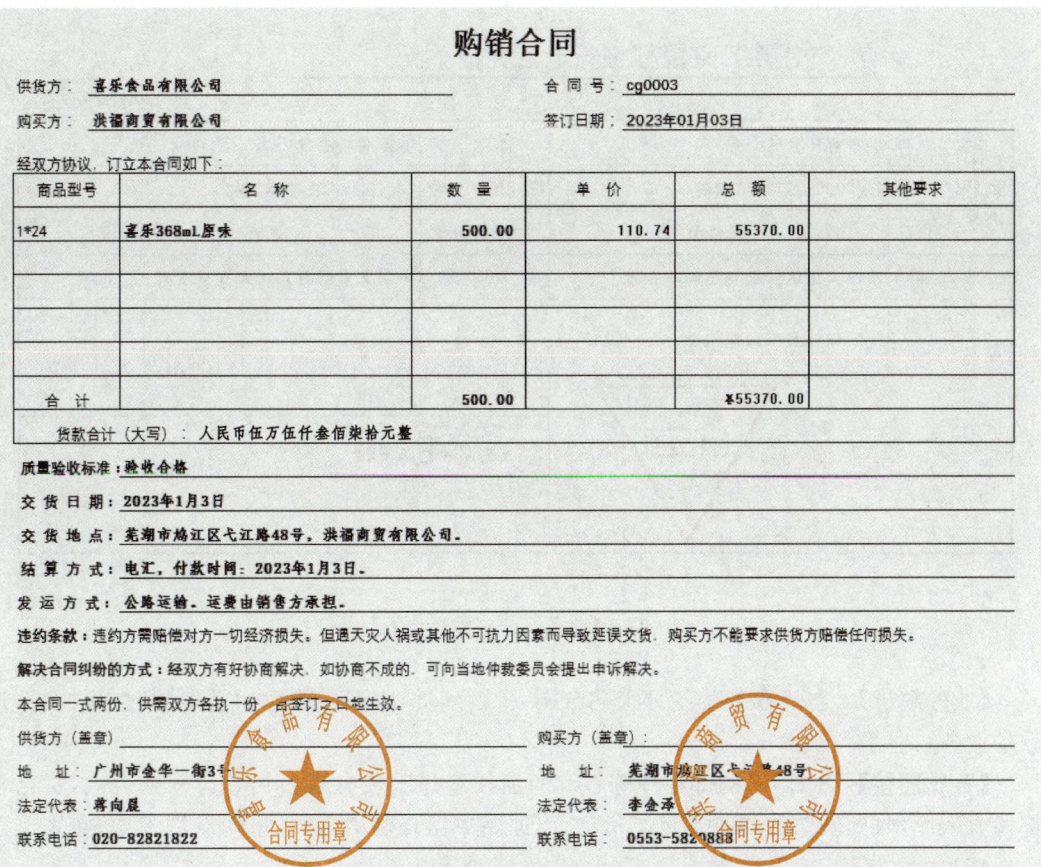

图 4-42 【业务三——购销合同】凭证

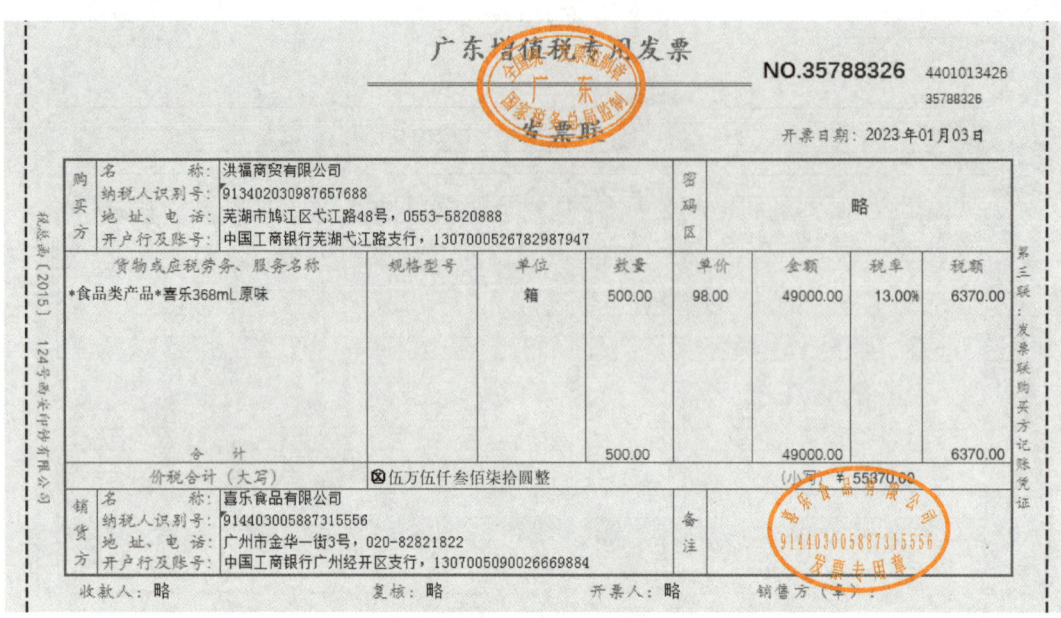

图4-43 【业务三——增值税专用发票】凭证

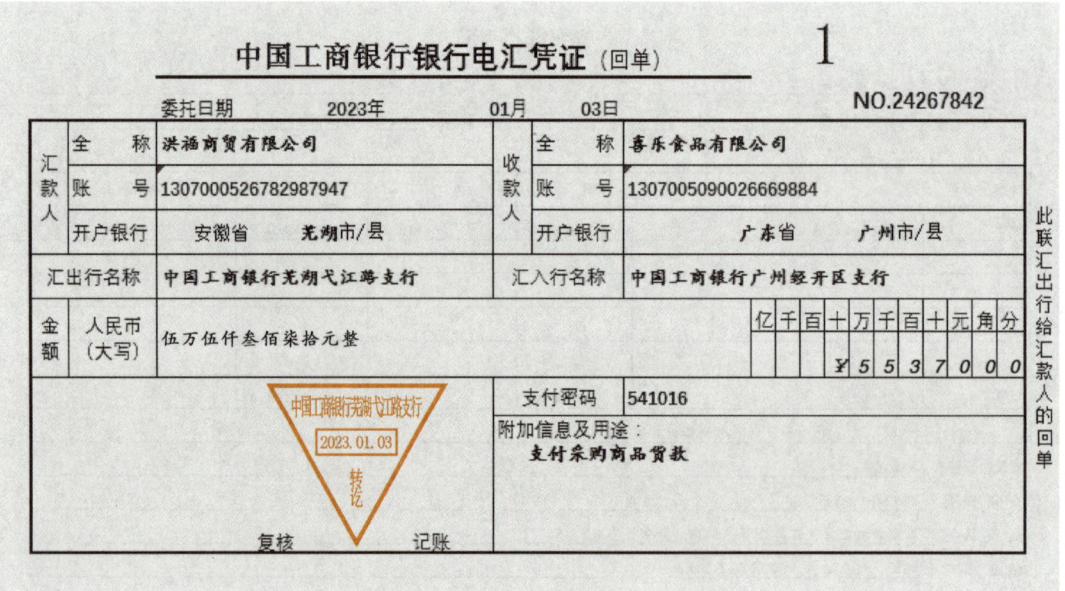

图4-44 【业务三——银行电汇】凭证

【业务解析】 本笔业务是签订采购合同,采购到货,收到采购专用发票同时支付全部货款的业务。

【赛题链接】 8日,采购部经理陈春和与浙江泰祥服装有限公司签订采购合同,货已全部验收入库,收到发票的同时支付了货款。(原始单据:购销合同、采购专用发票、转账支票存根略)

【岗位说明】 采购部叶敏填制采购订单(审核)、采购到货单(审核)、采购专用发票(现

入 库 单

2023年 01月 03日　　　　　单号：0003

交货部门	采购部	发票号码		验收仓库	乳酸菌库	入库日期	2023-01-03	
编号	名称及规格	单位	数量 应收	数量 实收	实际价格 单价	实际价格 金额	备注	会计联
010303	喜乐368mL原味	箱	500.00	500.00				
	合　计		500.00	500.00				
部门经理：略		会计：略		仓库：略		经办人：略		

图 4-45　【业务三——入库单】凭证

付）；仓储部李红填制采购入库单（审核）；财务部黄小明审核发票、单据记账并制单。

【业务流程】　本笔业务流程如图 4-46 所示。

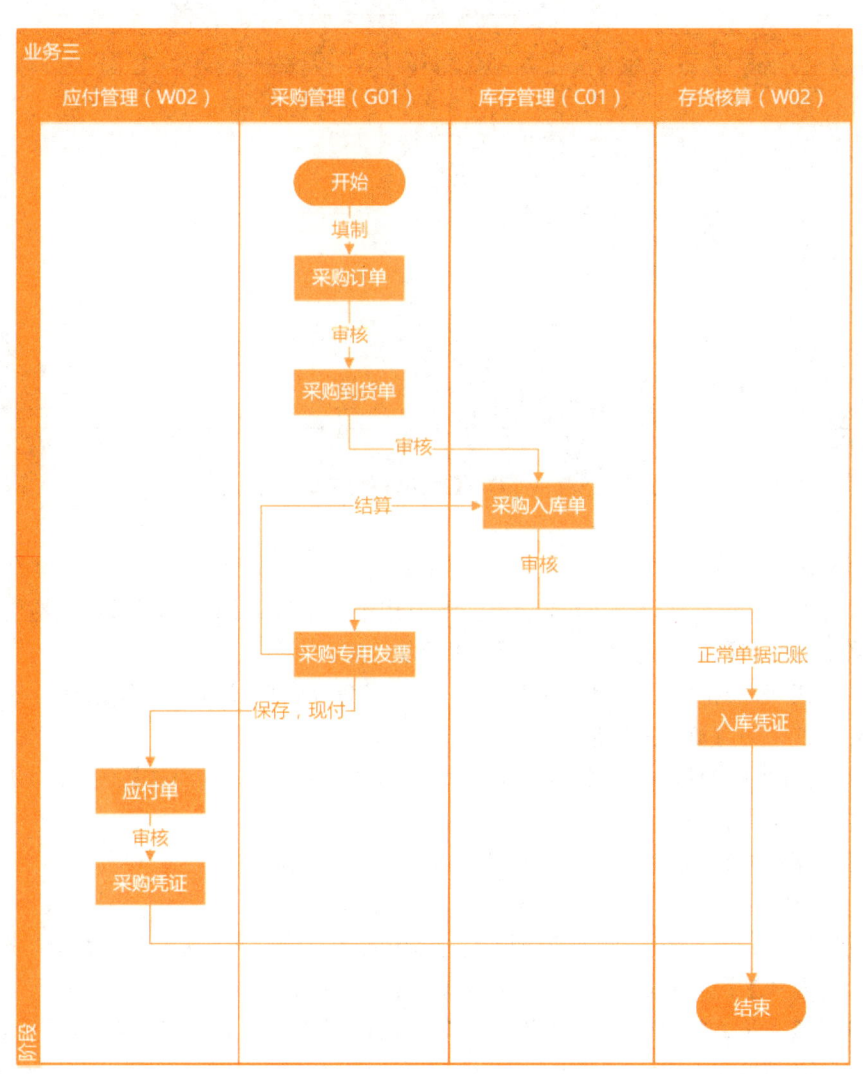

图 4-46　【业务三】业务流程图

【操作指导】

1. 填制采购订单

（1）2023年1月3日，采购部叶敏在企业应用平台中执行【业务工作】|【供应链】|【采购管理】|【采购订货】|【采购订单】命令，打开【采购订单】窗口。

（2）单击【增加】按钮，修改订单编号为【cg0003】，采购类型选择【正常采购】，供应商选择【喜乐】，税率修改为【13.00】；在表体中，存货编码修改【010303（喜乐368 mL 原味）】，输入数量为【500】，原币含税单价为【110.74】，修改计划到货日期为【2023-01-03】，其他信息由系统自动带出，单击【保存】按钮。

（3）单击【审核】按钮，审核填制的采购订单，如图4-47所示。

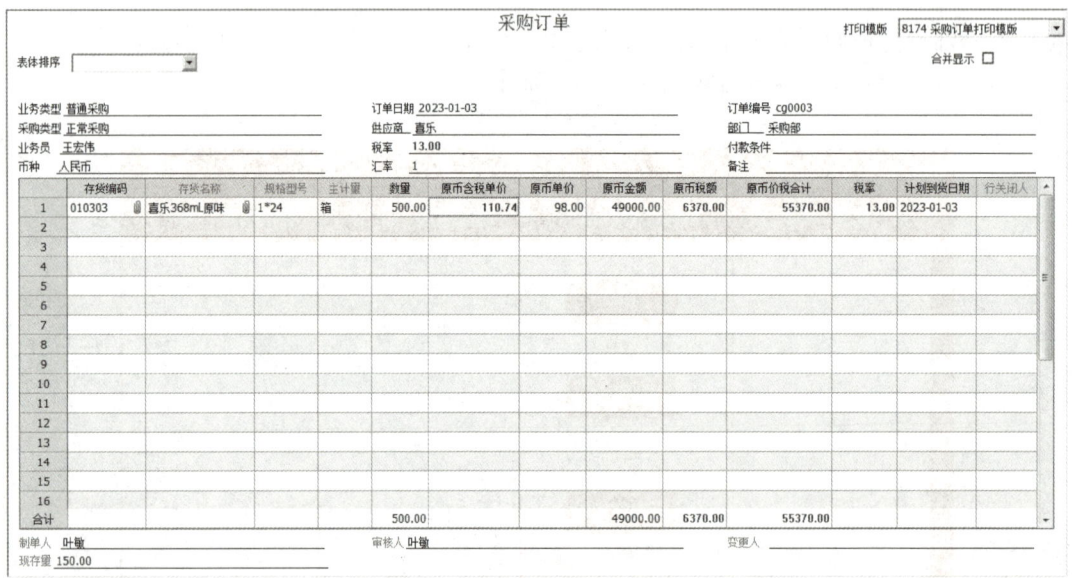

图4-47 【采购订单】窗口

2. 生成采购到货单

（1）2023年1月3日，采购部叶敏在企业应用平台中执行【业务工作】|【供应链】|【采购管理】|【采购到货】|【到货单】命令，打开【到货单】窗口。

（2）单击【增加】按钮，选择【生单】|【采购订单】命令，打开【查询条件选择-采购订单列表过滤】对话框，单击【确定】按钮。

（3）系统弹出【拷贝并执行】窗口，选中所要拷贝的采购订单，单击【确定】按钮，系统自动生成到货单，单击【保存】按钮。

（4）单击【审核】按钮。根据采购订单生成的采购到货单如图4-48所示。

3. 生成采购入库单

（1）2023年1月3日，仓储部李红在企业应用平台中执行【业务工作】|【供应链】|【库存管理】|【入库业务】|【采购入库单】命令，打开【采购入库单】窗口。

（2）选择【生单】|【采购到货单（蓝字）】命令，打开【查询条件选择-采购到货单列表】对话框，单击【确定】按钮。

（3）打开【到货单生单列表】，选择相应的【到货单生单表头】，单击【确定】按钮，系统自

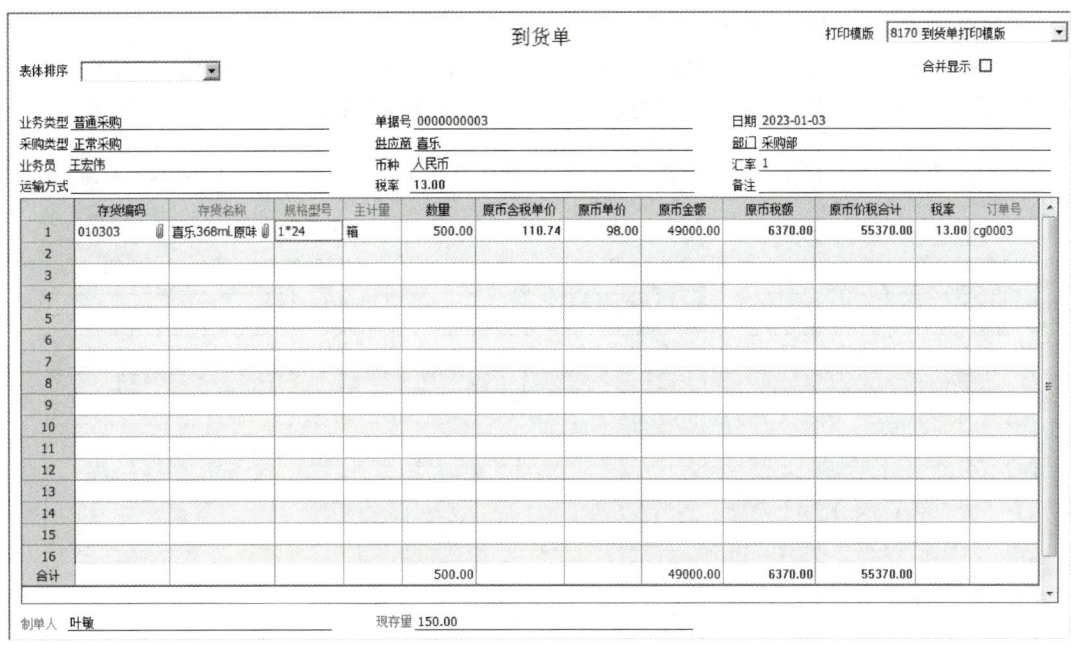

图 4-48 【到货单】窗口

动生成采购入库单，修改仓库为【乳酸菌库】，单击【保存】按钮。

(4) 单击【审核】按钮，如图 4-49 所示。

图 4-49 【采购入库单】窗口

4. 填制采购发票

(1) 2023 年 1 月 3 日，采购部叶敏在企业应用平台中执行【业务工作】|【供应链】|【采购管理】|【采购发票】|【采购专用发票】命令，打开【采购专用发票】窗口。

(2) 单击【增加】按钮，选择【生单】|【入库单】命令，打开【查询条件选择-采购入库单列

表过滤】对话框,单击【确定】按钮。

(3) 系统弹出【拷贝并执行】窗口,选中所要拷贝的采购入库单,单击【确定】按钮,系统自动生成采购专用发票,修改发票号为【35788326】,单击【保存】按钮,如图4-50所示。

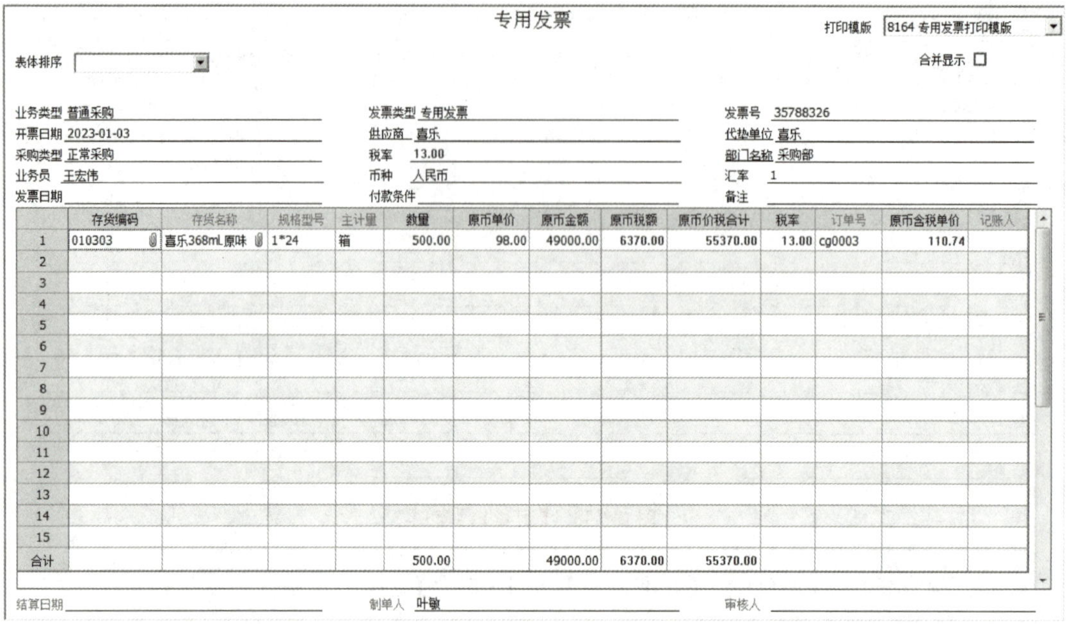

图4-50 【采购专用发票】窗口

(4) 单击【现付】按钮,打开【采购现付】对话框。输入结算方式为【电汇】,结算金额为【55 370.00】,票据号为【24267842】等信息,如图4-51所示。单击【确定】按钮,采购专用发票提示"已现付",如图4-52所示。

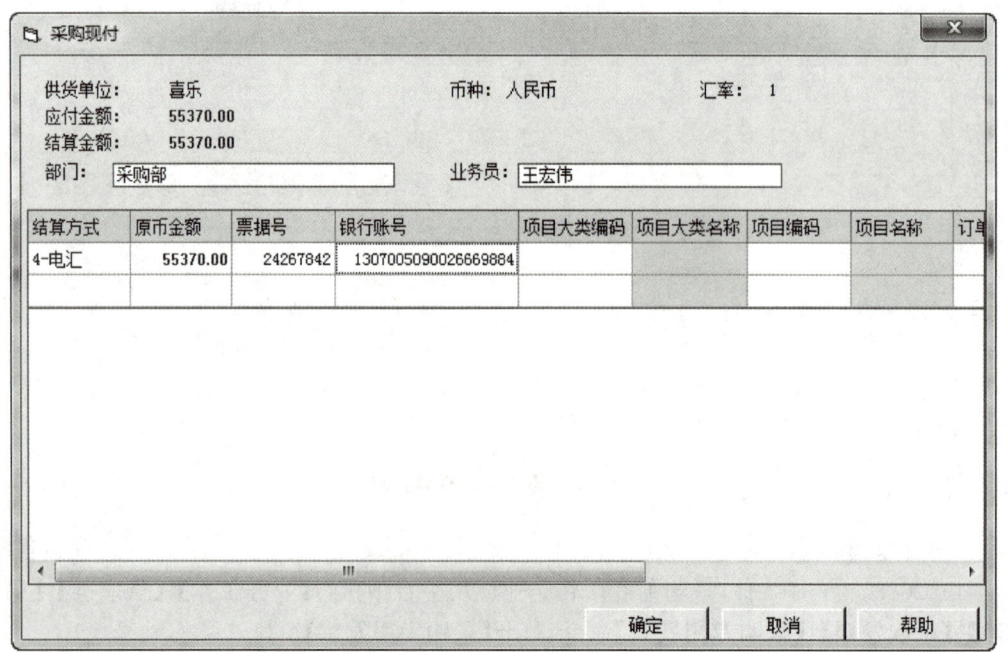

图4-51 【采购现付】对话框

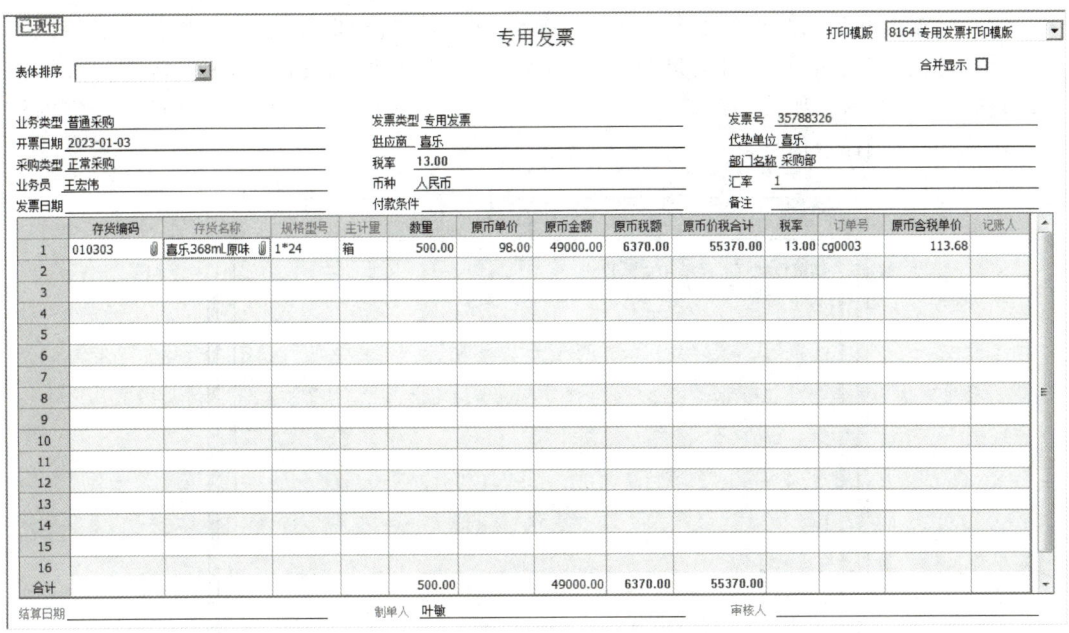

图 4-52 【专用发票已现付】窗口

5. 采购结算（自动结算）

（1）2023 年 1 月 3 日，采购部叶敏在企业应用平台中执行【业务工作】|【供应链】|【采购管理】|【采购结算】|【自动结算】命令，打开【查询条件选择-采购自动结算】对话框，如图 4-53 所示。

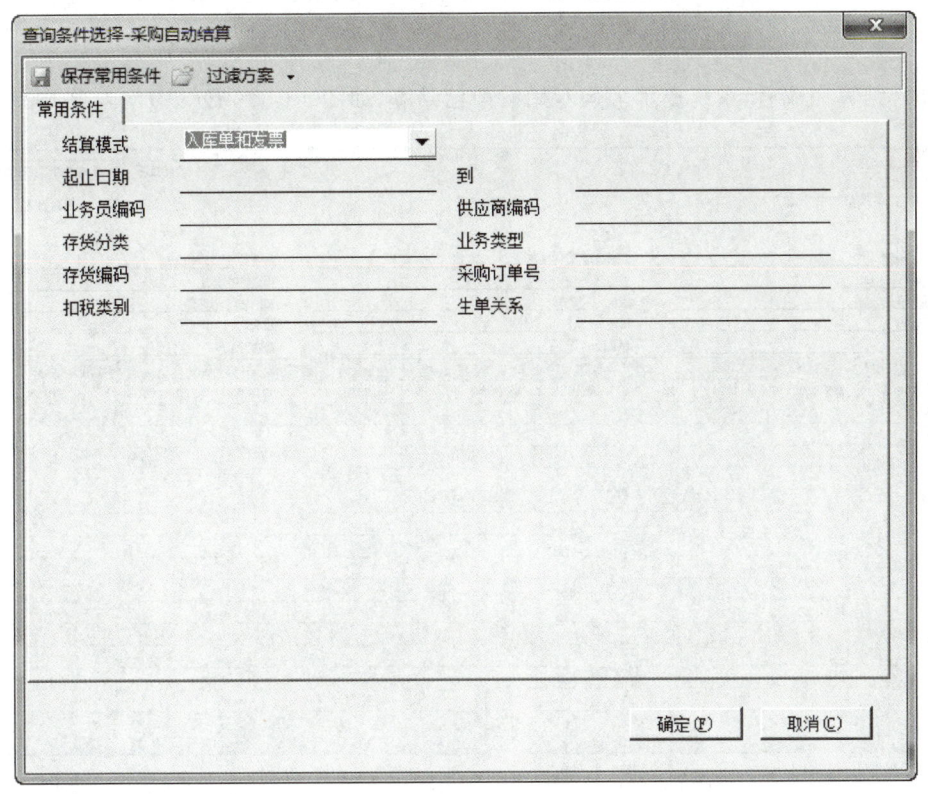

图 4-53 【查询条件选择-采购自动结算】窗口

（2）根据需要输入结算过滤条件和结算模式，如单据的起止日期、选择单据和发票结算模式，单击【确定】按钮，系统自动进行结算。如果存在完全匹配的记录，则系统弹出提示信息，如图4-54所示。如果不存在完全匹配的记录，则系统弹出【状态：没有符合条件的红蓝入库单和发票】提示信息。

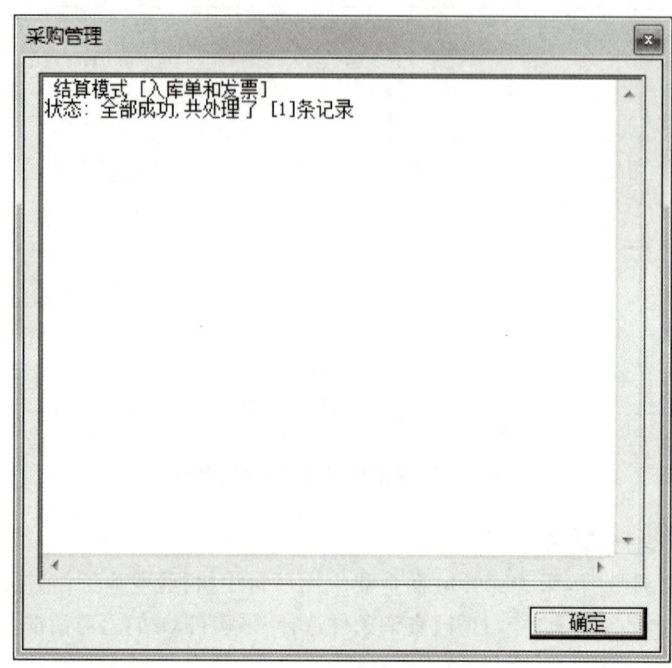

图4-54 【成功结算信息】提示框

（3）结算完成后，系统提示采购专用发票已结算，如图4-55所示。

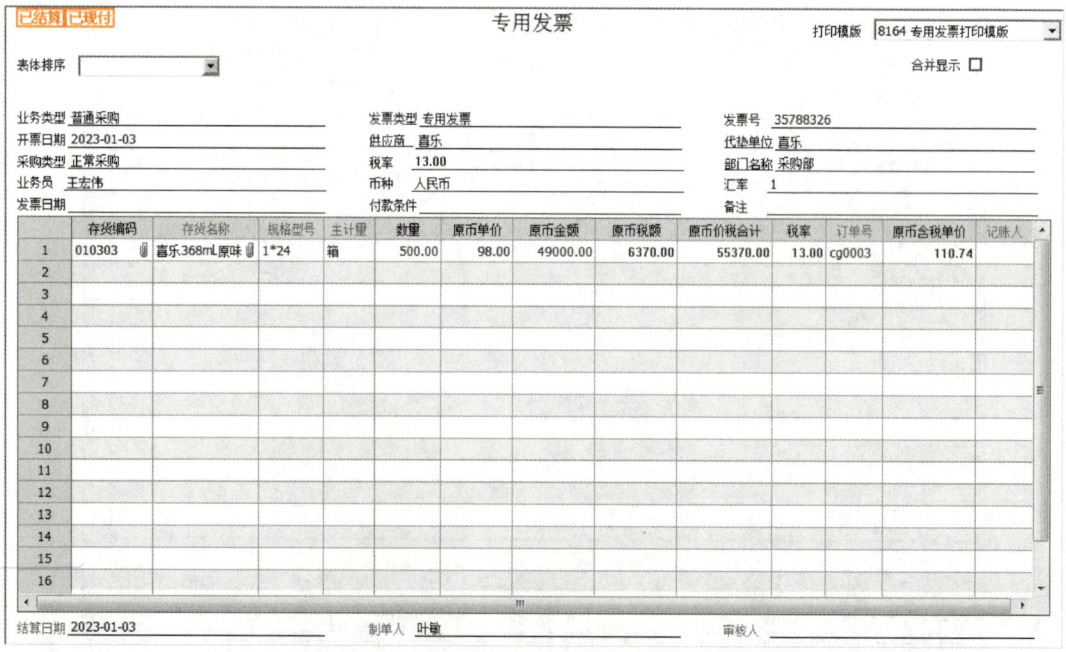

图4-55 【已结算采购专用发票】窗口

(4) 执行【结算单列表】命令。双击需要查询的结算单,如图4-56所示。

图4-56 【采购结算单】窗口

6. 现付单据审核与制单

(1) 2023年1月3日,财务部黄小明在企业应用平台中执行【业务工作】|【财务会计】|【应付款管理】|【应付单据处理】|【应付单据审核】命令,打开【应付单查询条件】对话框,勾选【包含已现结发票】复选框,如图4-57所示。

图4-57 【应付单查询条件】对话框

(2) 单击【确定】按钮，系统弹出【应付单据列表】窗口，如图 4-58 所示。

应付单据列表												
▼记录总数：1												
选择	审核人	单据日期	单据类型	单据号	供应商名称	部门	业务员	制单人	币种	汇率	原币金额	本币金额	备注
Y		2023-01-03	采购专用发票	35788326	喜乐食品有限公司	采购部	王宏伟	叶敏	人民币	1.00000000	55,370.00	55,370.00	
合计											55,370.00	55,370.00	

图 4-58 【应付单据列表】窗口

(3) 双击【选择】栏，或单击【全选】按钮，单击【审核】按钮，系统完成审核并给出审核报告，如图 4-59 所示。

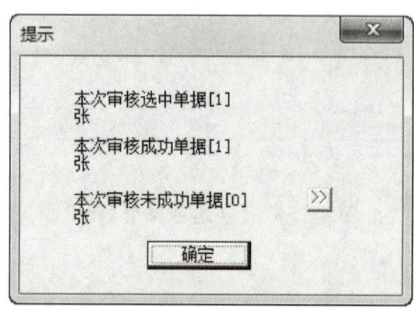

图 4-59 【应付单据审核】提示框

(4) 单击【确定】按钮后退出。
(5) 执行【制单处理】命令，打开【制单查询】对话框，选择【现结制单】，如图 4-60 所示。

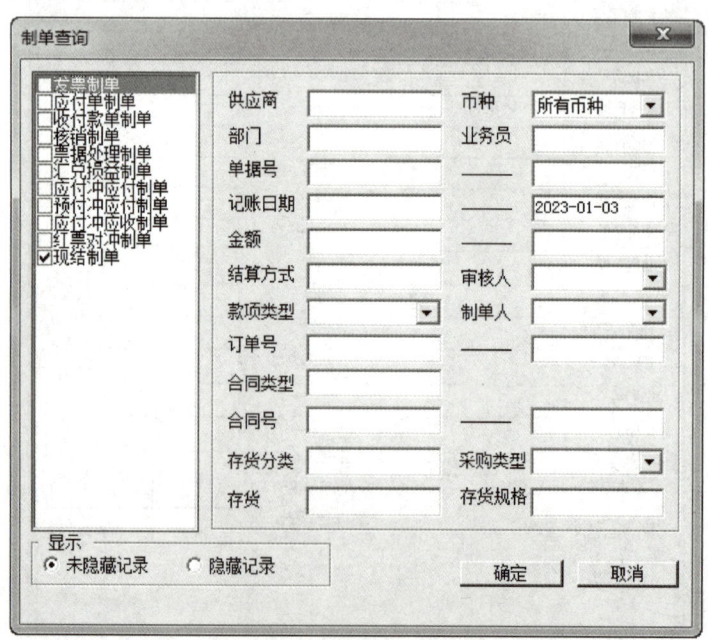

图 4-60 【制单查询】对话框

(6) 单击【确定】按钮,打开【采购发票制单】窗口。

(7) 凭证类别选择【记账凭证】,再单击【全选】按钮,选中要制单的【采购专用发票】,如图 4-61 所示。

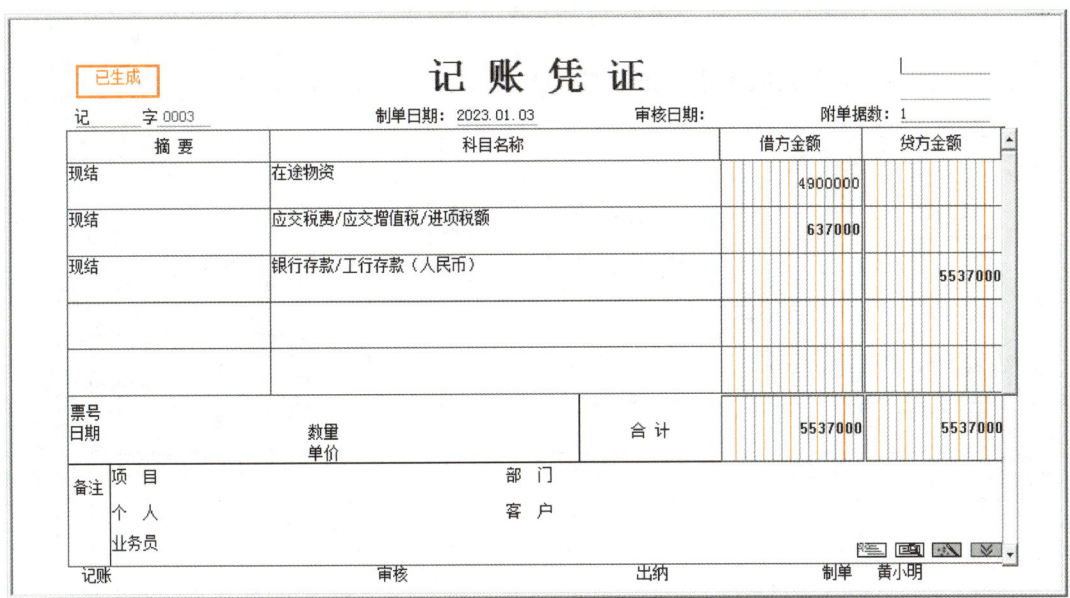

图 4-61 【现结制单】窗口

(8) 单击【制单】按钮,生成一张记账凭证,单击【保存】按钮,如图 4-62 所示。

图 4-62 【记账凭证】窗口

7. 核算采购成本

(1) 2023 年 1 月 3 日,财务部黄小明在企业应用平台中执行【业务工作】|【供应链】|【存货核算】|【业务核算】|【正常单据记账】命令,打开【查询条件选择】对话框。

(2) 单击【确定】按钮,打开【正常单据记账列表】窗口。

(3) 双击选择第 2 条记录,如图 4-63 所示。

图 4-63 【正常单据记账列表】窗口

(4) 单击【记账】按钮,将采购入库单记账,系统提示【记账成功】。

(5) 单击【确定】按钮。

(6) 执行【财务核算】|【生成凭证】命令,打开【查询条件】对话框。

(7) 单击【确定】按钮,打开【未生成凭证单据一览表】窗口。

(8) 单击【选择】栏,或单击【全选】按钮,选中待生成凭证的单据,单击【确定】按钮。

(9) 凭证类别选择【记账凭证】,如图 4-64 所示。

凭证类别	记账凭证											
选择	单据类型	单据号	摘要	科目类型	科目编码	科目名称	借方金额	贷方金额	借方数量	贷方数量	科目方向	存货编码	存货名称
1	采购入库单	0000000004	采购入库单	存货	1405	库存商品	49,000.00		500.00		1	010303	喜乐368mL原味
				对方	1402	在途物资		49,000.00		500.00	2	010303	喜乐368mL原味
合计							49,000.00	49,000.00					

图 4-64 【生成凭证】窗口

(10) 单击【生成】按钮,生成一张记账凭证,单击【保存】按钮,如图 4-65 所示。

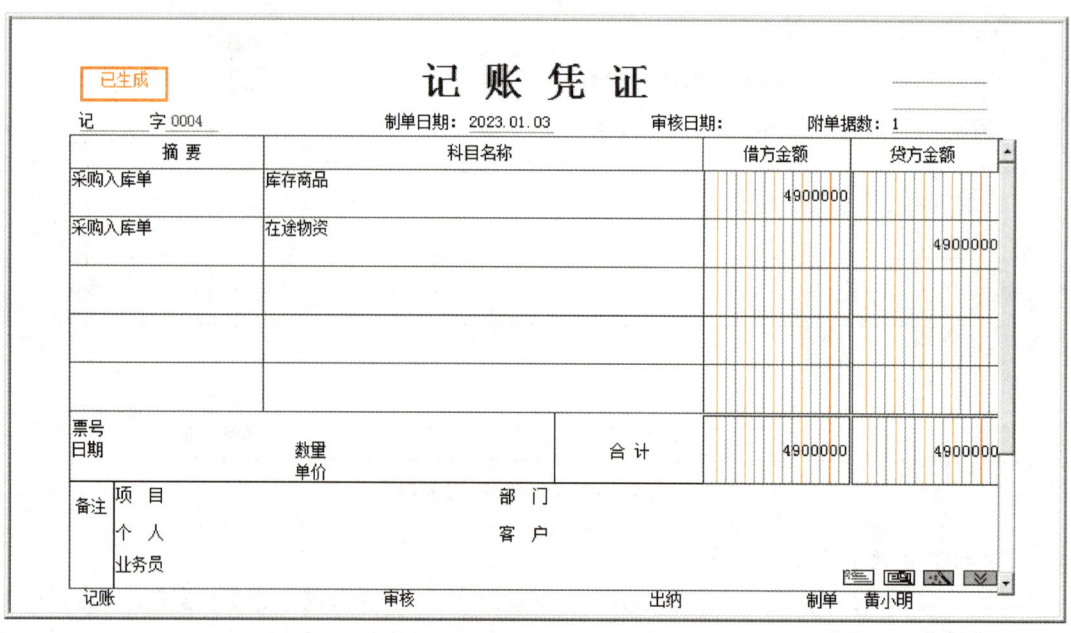

图 4-65 【记账凭证】窗口

业 务 四

普通采购业务四

【业务描述】 2023 年 1 月 4 日,采购部叶敏与汇源果汁有限公司签订采购合同,采购汇源 1 L 100% 苹果汁、汇源 1 L 100% 葡萄汁。取得与该业务相关的凭证如图 4-66 所示。

【业务解析】 本笔业务是签订采购合同,有付款条件的业务。

【岗位说明】 采购部叶敏填制采购订单(审核)。

【业务流程】 本笔业务流程如图 4-67 所示。

实训一　普通采购业务处理

平等协商之
友好合作
——有付款
条件的采购
业务处理

购销合同

供货方：	汇源果汁有限公司		合同号：	cg0004	
购买方：	洪福商贸有限公司		签订日期：	2023年01月04日	

经双方协议，订立本合同如下：

商品型号	名　称	数　量	单　价	总　额	其他要求
1*12	汇源1L100%苹果汁	500.00	135.60	67800.00	
1*12	汇源1L100%葡萄汁	500.00	135.60	67800.00	
	合　计	1000.00		¥135600.00	

货款合计（大写）：人民币壹拾叁万伍仟陆佰元整

质量验收标准：验收合格
交货日期：2023年1月6日
交货地点：芜湖市鸠江区弋江路48号，洪福商贸有限公司。
结算方式：电汇，付款条件：2/10, 1/20, N/30（现金折扣按货物的价款计算，不考虑增值税）。
发运方式：公路运输。运费由销售方承担。
违约条款：违约方需赔偿对方一切经济损失。但遇天灾人祸或其他不可抗力因素而导致延误交货，购买方不能要求供货方赔偿任何损失。
解决合同纠纷的方式：经双方友好协商解决，如协商不成的，可向当地仲裁委员会提出申诉解决。
本合同一式两份，供需双方各执一份，自签订之日起生效。

供货方（盖章）		购买方（盖章）	
地　址：北京顺义区北小营6号		地　址：芜湖市鸠江区弋江路48号	
法定代表：张胜广		法定代表：李金承	
联系电话：010-60483388		联系电话：0553-5820888	

图4-66　【业务四——购销合同】凭证

图4-67　【业务四】业务流程图

【操作指导】

1. 填制采购订单

（1）2023年1月4日，采购部叶敏在企业应用平台中执行【业务工作】|【供应链】|【采购

管理】|【采购订货】|【采购订单】命令,打开【采购订单】窗口。

(2) 单击【增加】按钮,修改订单编号为【cg0004】,采购类型选择【正常采购】,供应商选择【汇源】,税率修改为【13.00】,付款条件选择【2/10,1/20,n/30】;在表体中,存货编码选择【010203(汇源1L100%苹果汁)】和【010204(汇源1L100%葡萄汁)】,输入数量分别为【500】和【500】,原币含税单价分别为【135.60】和【135.60】,修改计划到货日期为【2023-01-06】,其他信息由系统自动带出,单击【保存】按钮。

(3) 单击【审核】按钮,审核填制的采购订单,如图4-68所示。

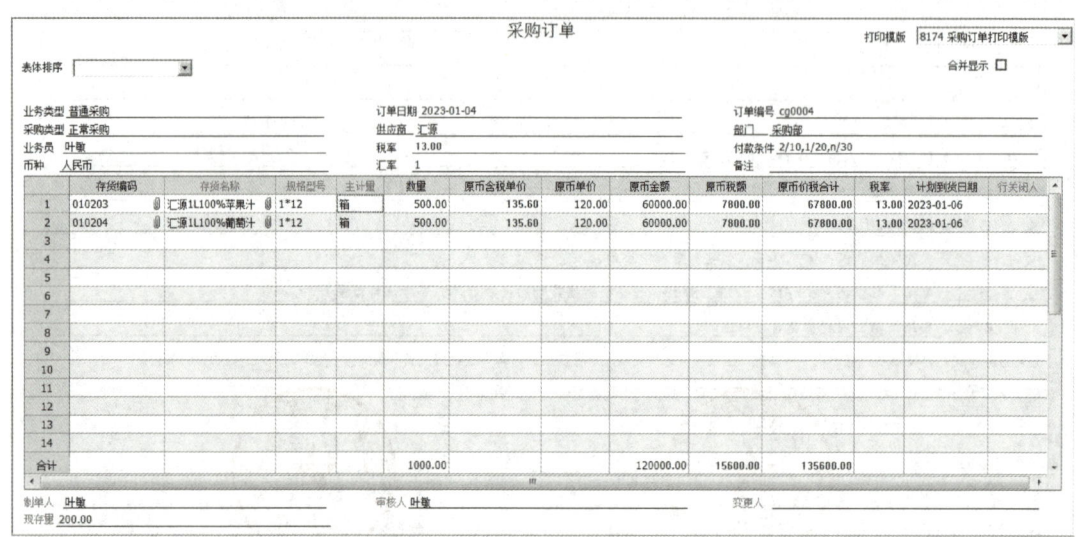

图4-68 【采购订单】窗口

普通采购
业务五

业 务 五

【业务描述】 2023年1月5日,采购部叶敏与君乐宝乳业签订采购合同,采购君乐宝200 mL原味开啡尔酸奶。取得与该业务相关的凭证如图4-69、图4-70所示。

【业务解析】 本笔业务是签订采购合同,预付部分货款的业务。

【赛题链接】 2日,采购分部王晨与恒安公司签订2022年12月份的购销合同(编号:cg001),按合同规定,当日支付30%款项作为预付款。(原始单据:购销合同、转账支票存根略)

【岗位说明】 采购部叶敏填制采购订单(审核);财务部李卉填制付款单;财务部黄小明审核付款单并制单。

【业务流程】 本笔业务流程如图4-71所示。

〔操作指导〕

1. 填制采购订单

(1) 2023年1月5日,采购部叶敏在企业应用平台中执行【业务工作】|【供应链】|【采购管理】|【采购订货】|【采购订单】命令,打开【采购订单】窗口。

(2) 单击【增加】按钮,修改订单编号为【cg0005】,采购类型选择【正常采购】,供应商选择【君乐宝】,税率修改为【13.00】;在表体中,存货编码选择【010101(君乐宝200 mL原味开

购销合同

供货方: 君乐宝乳业有限公司			合同号: cg0005		
购买方: 洪福商贸有限公司			签订日期: 2023年01月05日		

经双方协议，订立本合同如下：

商品型号	名 称	数 量	单 价	总 额	其他要求
1*24	君乐宝200mL原味开啡尔酸奶	200.00	56.50	11300.00	
合 计		200.00	—	￥11300.00	

货款合计（大写）：人民币壹万壹仟叁佰元整

质量验收标准：验收合格。双方约定，合同签订之日由洪福商贸有限公司预付伍仟元（￥5000.00）定金。
交货日期：2023年1月7日。
交货地点：芜湖市鸠江区弋江路48号，洪福商贸有限公司。
结算方式：银行承兑汇票，付款时间：2023年1月7日。
发运方式：公路运输。运费由销售方承担。
违约条款：违约方需赔偿对方一切经济损失。但遇天灾人祸或其他不可抗力因素而导致延误交货，购买方不能要求供货方赔偿任何损失。
解决合同纠纷的方式：经双方有好协商解决，如协商不成的，可向当地仲裁委员会提出申诉解决。
本合同一式两份，供需双方各执一份，自签订之日起生效。

供货方（盖章）	购买方（盖章）
地 址：石家庄市石铜路68号	地 址：芜湖市鸠江区弋江路48号
法定代表：印天佑	法定代表：李小涵
联系电话：0311-83830123	联系电话：0553-5820888

图 4-69 【业务五——购销合同】凭证

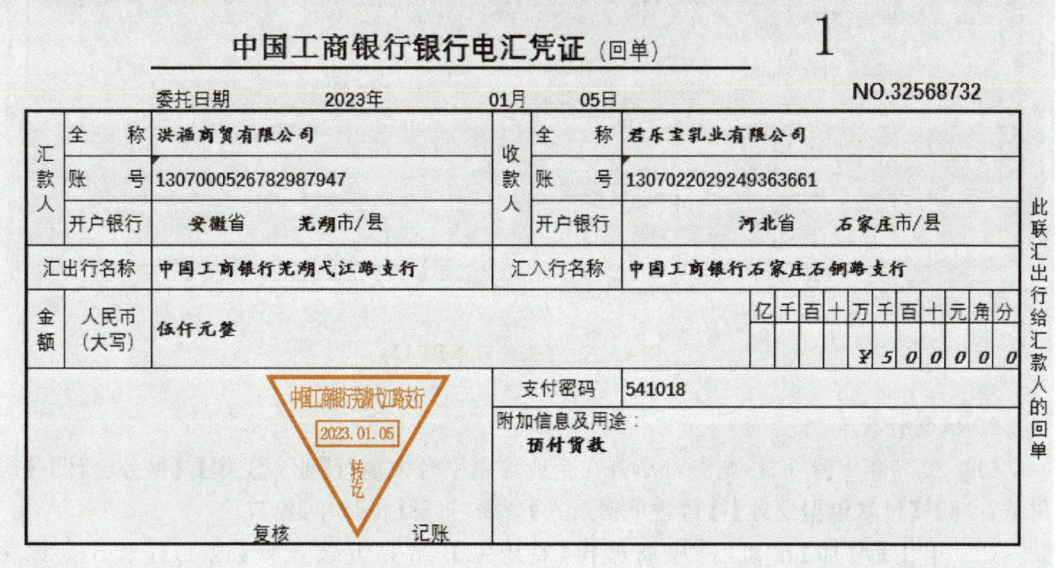

图 4-70 【业务五——银行电汇】凭证

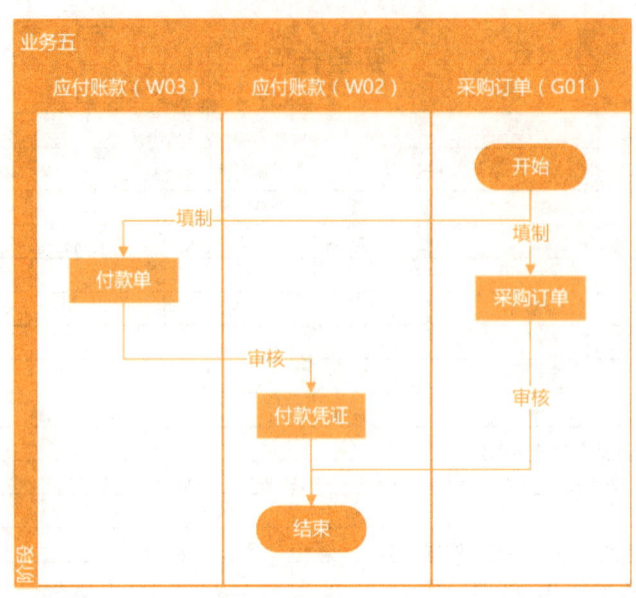

图 4－71 【业务五】业务流程图

啡尔酸奶)】，输入数量为【200】，原币含税单价为【56.50】，修改计划到货日期为【2023－01－07】，其他信息由系统自动带出，单击【保存】按钮。

（3）单击【审核】按钮，审核填制的采购订单，如图 4－72 所示。

采购订单

打印模版 8174 采购订单打印模版

表体排序

合并显示

业务类型 普通采购
订单日期 2023-01-05
订单编号 cg0005
采购类型 正常采购
供应商 君乐宝
部门 采购部
业务员 叶敏
税率 13.00
付款条件
币种 人民币
汇率 1
备注

	存货编码	存货名称	规格型号	主计量	数量	原币含税单价	原币单价	原币金额	原币税额	原币价税合计	税率	计划到货日期	行关闭人
1	010101	君乐宝200mL原味开啡尔酸奶	1*24	箱	200.00	56.50	50.00	10000.00	1300.00	11300.00	13.00	2023-01-07	
2													
3													
4													
5													
6													
7													
8													
9													
10													
11													
12													
13													
14													
合计					200.00			10000.00	1300.00	11300.00			

制单人 叶敏
审核人 叶敏
变更人
现存量 120.00

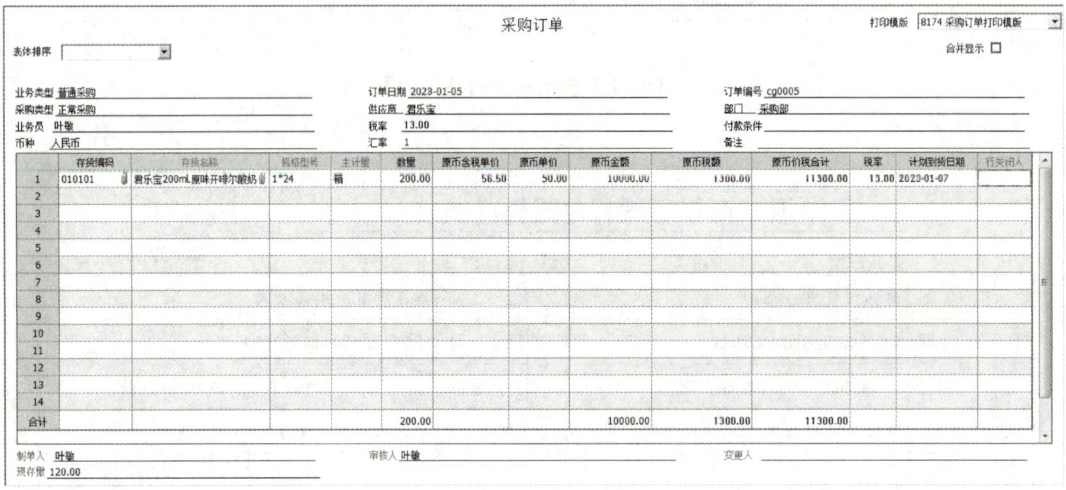

图 4－72 【采购订单】窗口

2. 填制付款单

（1）2023 年 1 月 5 日，财务部李卉在企业应用平台中执行【业务工作】|【财务会计】|【应付款管理】|【付款单据处理】|【付款单据录入】命令，打开【付款单】窗口。

（2）单击【增加】按钮，供应商选择【君乐宝】，结算方式选择【电汇】，录入金额为【5 000.00】，录入票据号为【32568732】；在表体中，款项类型选择【预付款】，单击【保存】按钮，如图 4－73 所示。

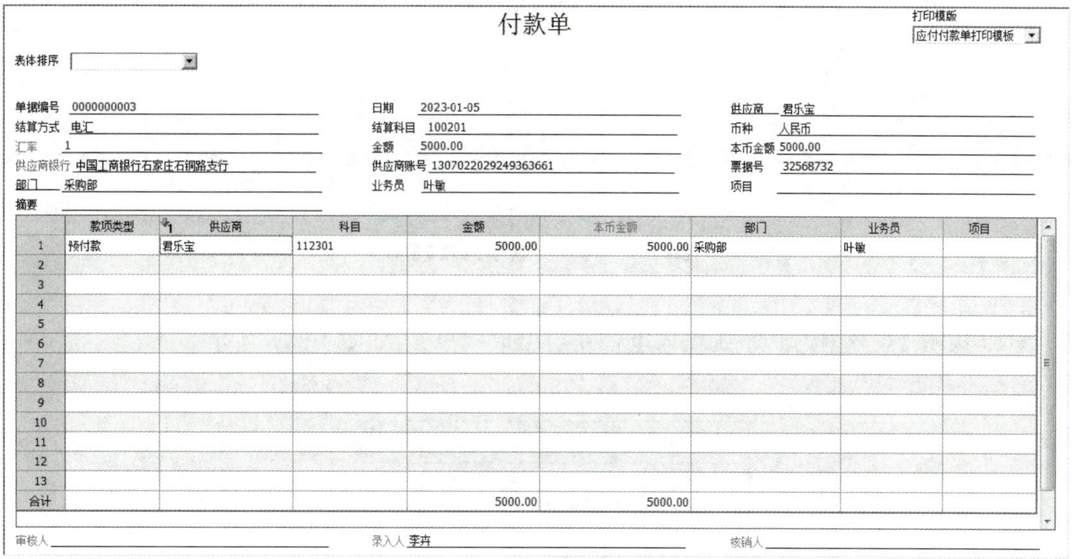

图 4-73 【付款单】窗口

3. 付款单据审核与制单

（1）2023年1月5日，财务部黄小明在企业应用平台中执行【业务工作】|【财务会计】|【应付款管理】|【付款单据处理】|【付款单据审核】命令，打开【付款单查询条件】对话框，如图4-74所示。

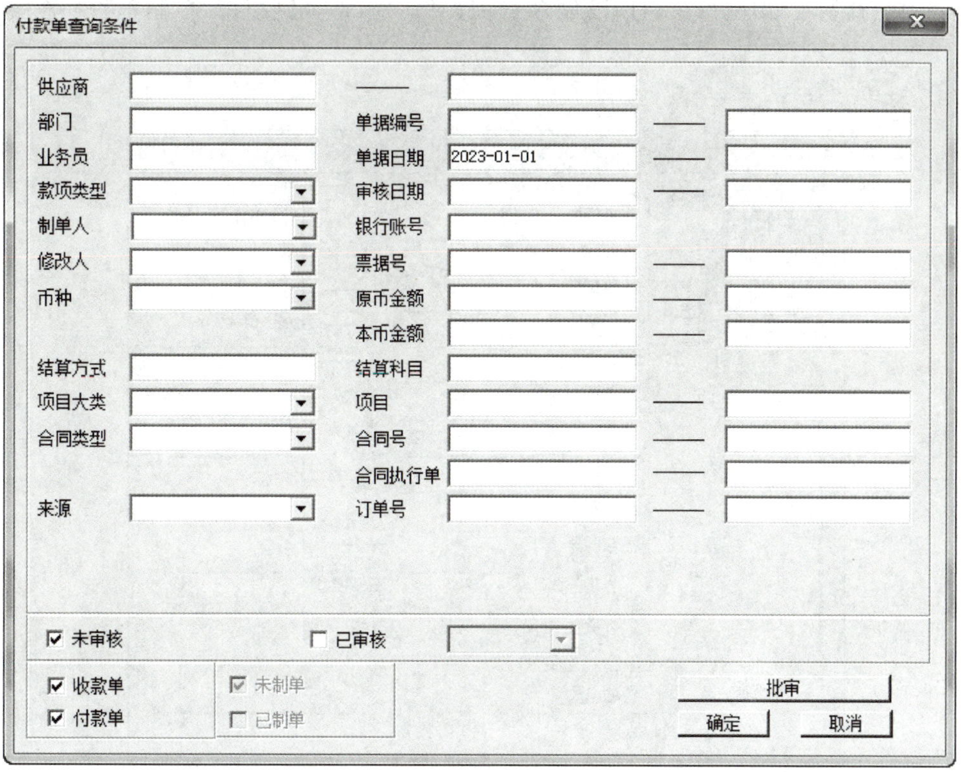

图 4-74 【付款单查询条件】对话框

（2）单击【确定】按钮，系统弹出【收付款单列表】窗口，单击【全选】按钮，如图 4－75 所示。

收付款单列表

记录总数：1

选择	审核人	单据日期	单据类型	单据编号	供应商	部门	业务员	结算方式	票据号	币种	汇率	原币金额	本币金额	备注
Y		2023-01-05	付款单	0000000003	君乐宝乳业有限公司	采购部	叶敏	电汇	32568732	人民币	1.00000000	5,000.00	5,000.00	
合计												5,000.00	5,000.00	

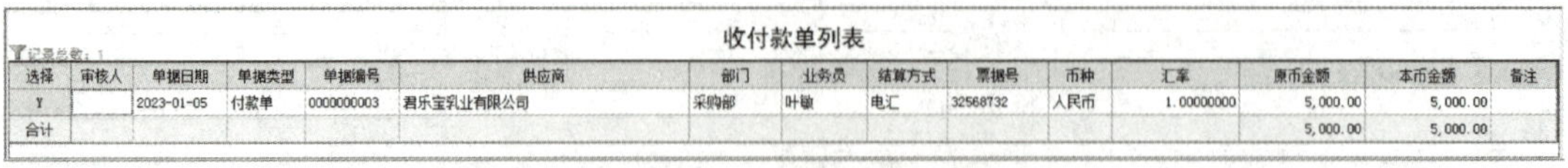

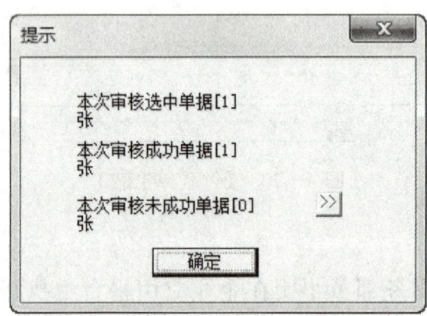

图 4－75 【收付款单列表】窗口

（3）单击【审核】按钮，系统完成审核并给出审核报告，如图 4－76 所示。

图 4－76 【收付款单据审核】提示框

（4）执行【制单处理】命令，打开【制单查询】对话框，选择【收付款单制单】，如图 4－77 所示。

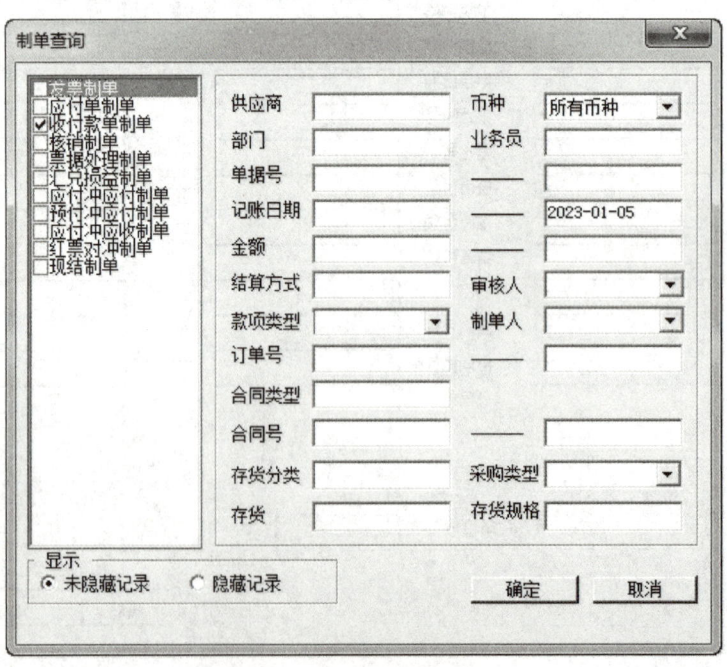

图 4－77 【制单查询】对话框

(5) 单击【确定】按钮,打开【收付款单制单】窗口。
(6) 选择【记账凭证】,再单击【全选】按钮,选中要制单的"付款单",如图 4-78 所示。

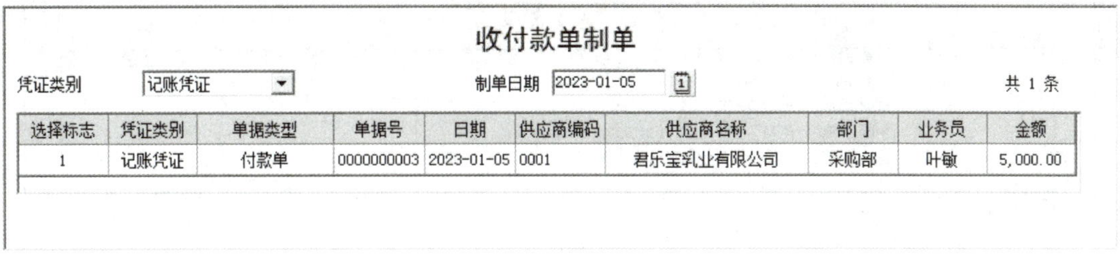

图 4-78 【收付款单制单】窗口

(7) 单击【制单】按钮,生成一张记账凭证,单击【保存】按钮,如图 4-79 所示。

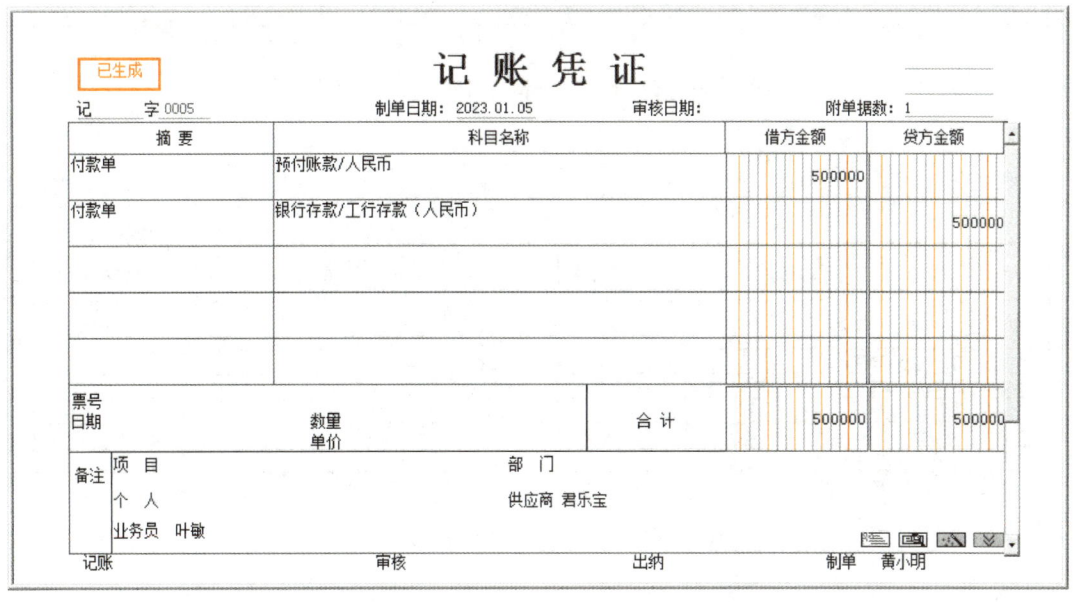

图 4-79 【记账凭证】窗口

业 务 六

【业务描述】 2023 年 1 月 6 日,收到汇源果汁有限公司发来的汇源 1 L 100%苹果汁、汇源 1 L 100%葡萄汁和发票。验收中发现短缺 2 箱汇源 1 L 100%苹果汁,属于运输部门的责任,已承诺赔偿。取得与该业务相关的凭证如图 4-80、图 4-81 所示。

【业务解析】 本笔业务是采购到货、验收入库时有非合理损耗,收到采购专用发票的业务。

【岗位说明】 采购部叶敏填制采购到货单(审核)、采购专用发票;仓储部李红填制采购入库单(审核);财务部黄小明审核发票、单据记账并制单。

【业务流程】 本笔业务流程如图 4-82 所示。

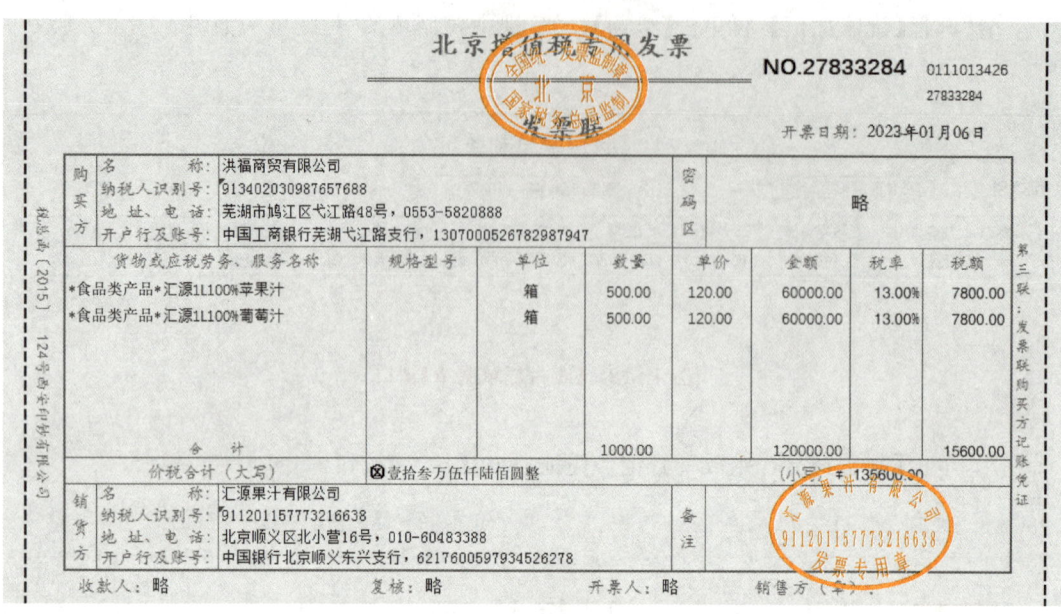

图4-80 【业务六——增值税专用发票】凭证

图4-81 【业务六——入库单】凭证

〖操作指导〗

1. 生成采购到货单

（1）2023年1月6日，采购部叶敏在企业应用平台中执行【业务工作】|【供应链】|【采购管理】|【采购到货】|【到货单】命令，打开【到货单】窗口。

（2）单击【增加】按钮，选择【生单】|【采购订单】命令，打开【查询条件选择-采购订单列表过滤】对话框，单击【确定】按钮。

（3）系统弹出【拷贝并执行】窗口，选中所要拷贝的采购订单，单击【确定】按钮，系统自动生成到货单，单击【保存】按钮。

（4）单击【审核】按钮。根据采购订单生成的采购到货单如图4-83所示。

2. 生成采购入库单

（1）2023年1月6日，仓储部李红在企业应用平台中执行【业务工作】|【供应链】|【库存管理】|【入库业务】|【采购入库单】命令，打开【采购入库单】窗口。

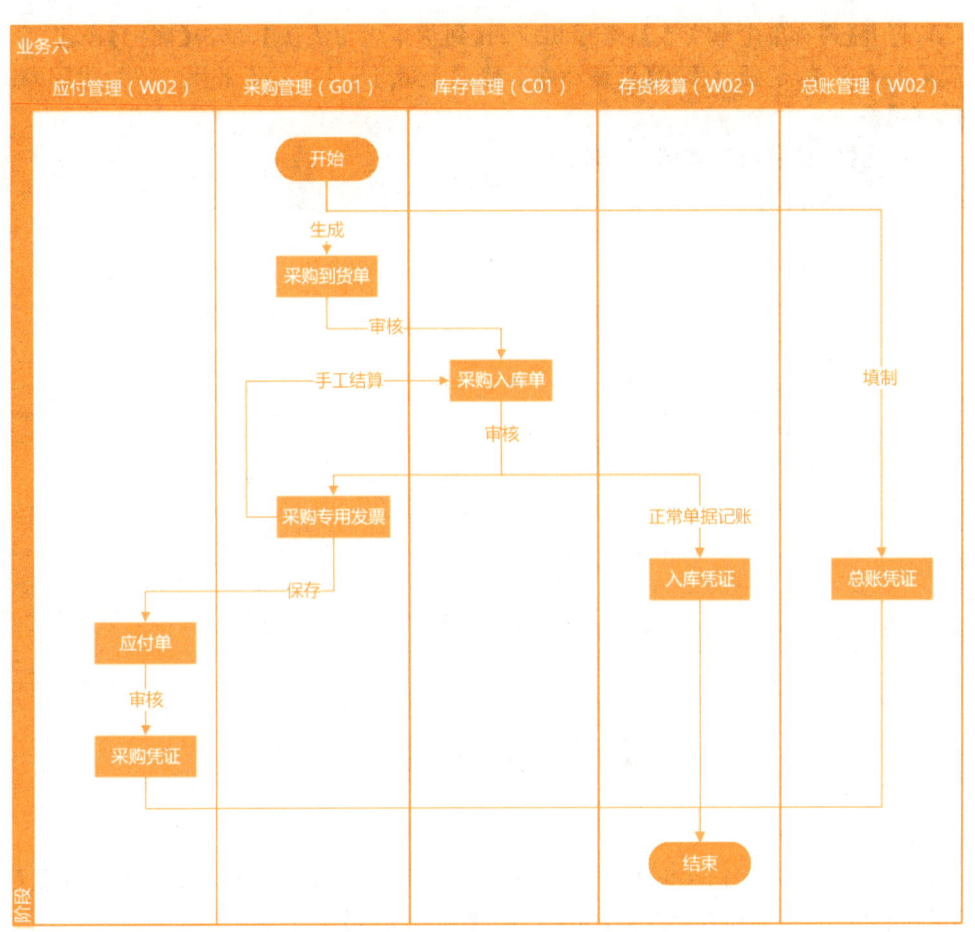

严谨工作之敬业态度——货物验收业务处理

图 4－82　【业务六】业务流程图

到货单

打印模版 8170 到货单打印模版

表体排序

合并显示 □

业务类型 普通采购　　单据号 0000000004　　日期 2023-01-06
采购类型 正常采购　　供应商 汇源　　部门 采购部
业务员 叶敏　　币种 人民币　　汇率 1
运输方式　　税率 13.00　　备注

	存货编码	存货名称	规格型号	主计量	数量	原币含税单价	原币单价	原币金额	原币税额	原币价税合计	税率	订单号
1	010203	汇源1L100%苹果汁	1*12	箱	500.00	135.60	120.00	60000.00	7800.00	67800.00	13.00	cg0004
2	010204	汇源1L100%葡萄汁	1*12	箱	500.00	135.60	120.00	60000.00	7800.00	67800.00	13.00	cg0004
3												
4												
5												
6												
7												
8												
9												
10												
11												
12												
13												
14												
15												
16												

制单人 叶敏　　现存量 200.00

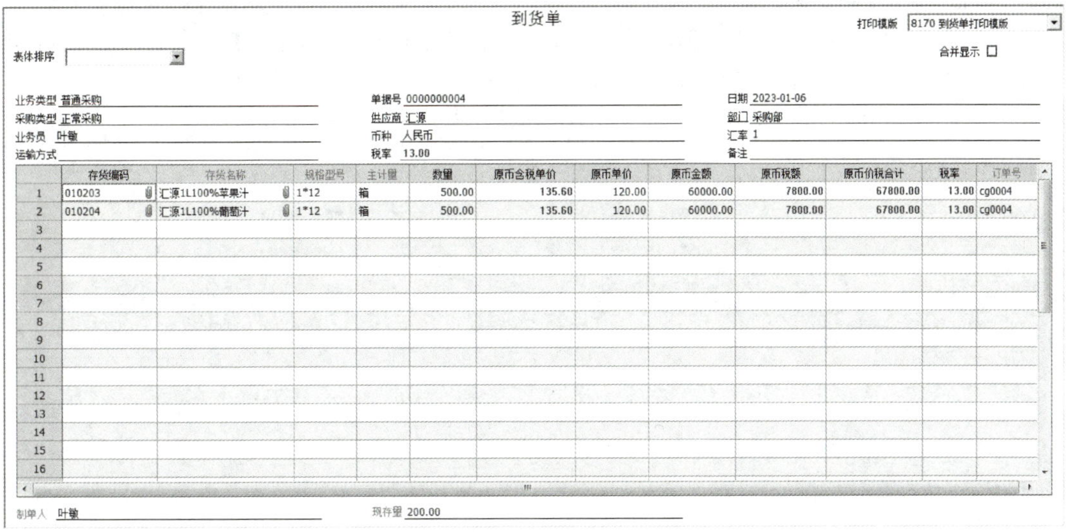

图 4－83　【到货单】窗口

（2）选择【生单】|【采购到货单（蓝字）】命令，打开【查询条件选择-采购到货单列表】对话框，单击【确定】按钮。

(3) 打开【到货单生单列表】，选择相应的【到货单生单表头】，单击【确定】按钮，系统自动生成采购入库单，选择仓库为【果蔬汁库】，修改汇源 1 L 100％苹果汁的数量为【498.00】，单击【保存】按钮。

(4) 单击【审核】按钮，如图 4-84 所示。

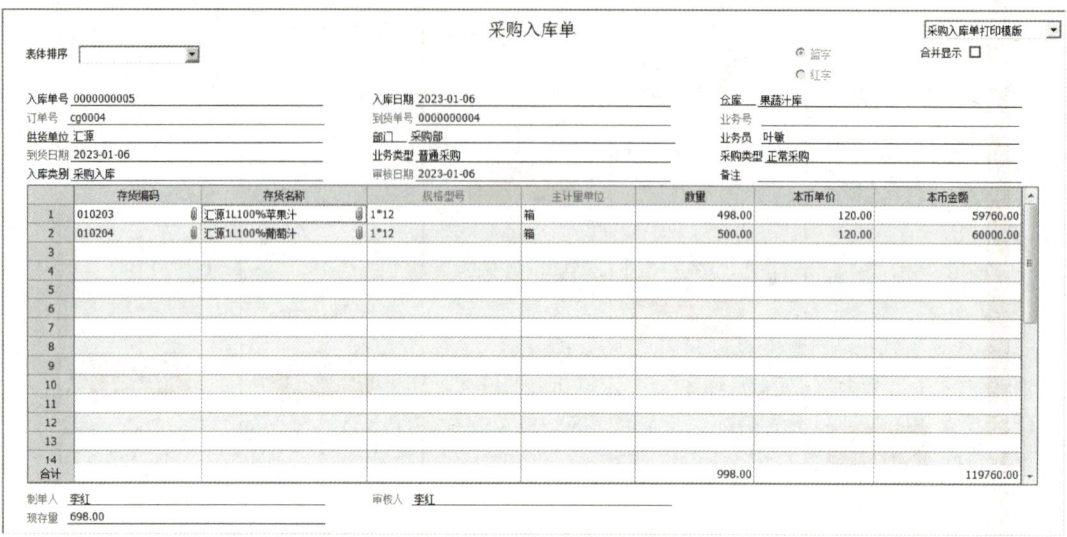

图 4-84 【采购入库单】窗口

3. 填制采购专用发票

(1) 2023 年 1 月 6 日，采购部叶敏在企业应用平台中执行【业务工作】|【供应链】|【采购管理】|【采购发票】|【采购专用发票】命令，打开【专用发票】窗口。

(2) 单击【增加】按钮，选择【生单】|【订单】命令，打开【查询条件选择-采购订单列表过滤】对话框，单击【确定】按钮。

(3) 系统弹出【拷贝并执行】窗口，选中所要拷贝的采购订单，单击【确定】按钮，系统自动生成采购专用发票，输入发票号为【27833284】，如图 4-85 所示，单击【保存】按钮。

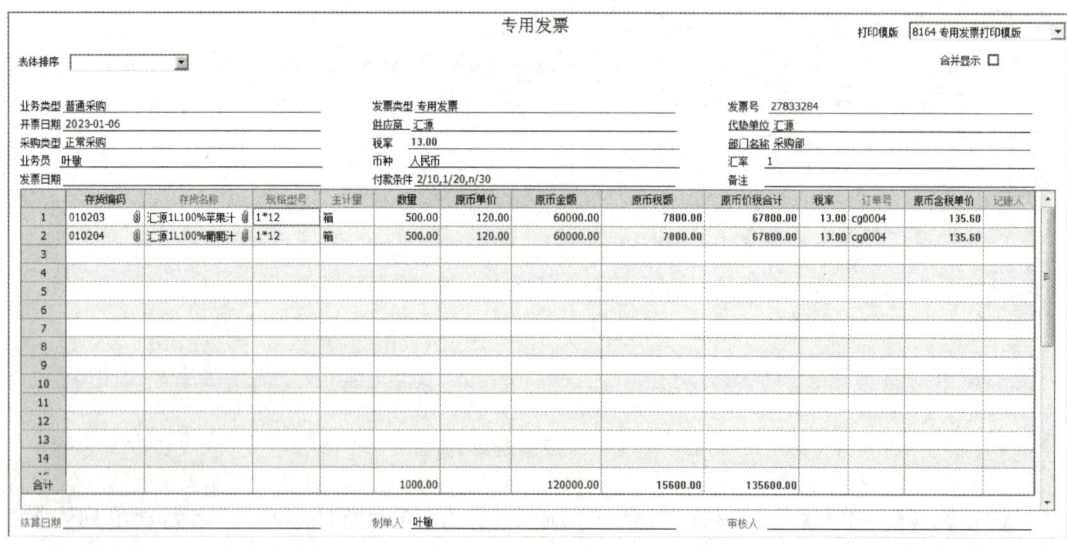

图 4-85 【采购专用发票】窗口

4. 采购结算(手工结算)

(1) 2023年1月6日,采购部叶敏在企业应用平台中执行【业务工作】|【供应链】|【采购管理】|【采购结算】|【手工结算】命令,打开【手工结算】窗口。

(2) 单击【选单】按钮,打开【结算选单】窗口,单击【查询】按钮,打开【查询条件选择-采购手工结算】对话框,单击【确定】按钮,系统过滤需要结算的"发票"和"入库单",选择相应的"采购发票"和"入库单",如图4-86所示。

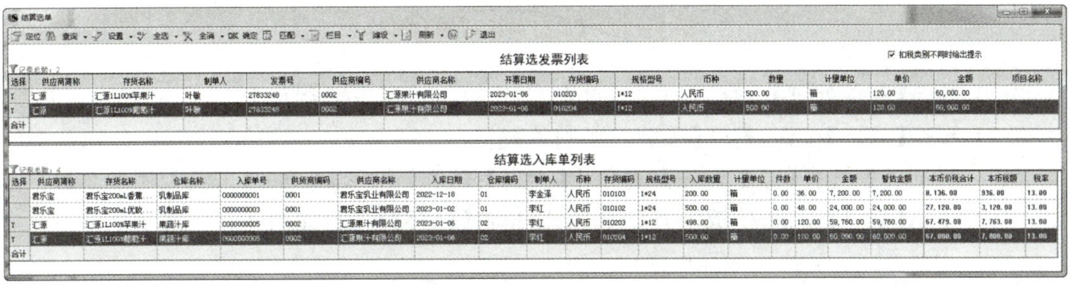

图4-86 【结算选单】窗口

(3) 单击【确定】按钮,系统回到【手工结算】窗口,输入非合理损耗数量为【2.00】,非合理损耗金额为【240.00】,非合理损耗类型选择【01】,如图4-87所示。

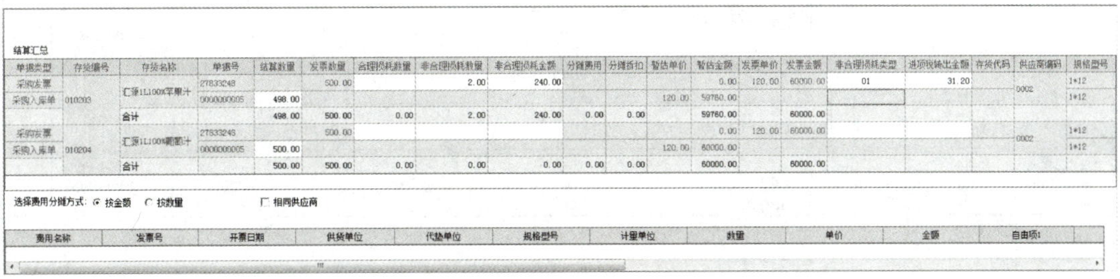

图4-87 【手工结算】窗口

(4) 单击【结算】按钮,系统提示【完成结算!】,如图4-88所示。

图4-88 【完成结算】提示框

5. 应付单据审核与制单

(1) 2023年1月6日,财务部黄小明在企业应用平台中执行【业务工作】|【财务会计】|

【应付款管理】|【应付单据处理】|【应付单据审核】命令,打开【应付单据查询条件】对话框。

(2) 单击【确定】按钮,系统弹出【应付单据列表】窗口,单击【全选】按钮,单击【审核】按钮,如图 4-89 所示。

选择	审核人	单据日期	单据类型	单据号	供应商名称	部门	业务员	制单人	币种	汇率	原币金额	本币金额	备注
	黄小明	2023-01-06	采购专用发票	27833248	汇源果汁有限公司	采购部	叶敏	叶敏	人民币	1.00000000	135,600.00	135,600.00	
合计											135,600.00	135,600.00	

图 4-89 【应付单据列表】窗口

(3) 执行【制单处理】命令,打开【制单查询】窗口,选择【发票制单】。
(4) 单击【确定】按钮,打开【采购发票制单】窗口。
(5) 凭证类别选择【记账凭证】,再单击【全选】按钮,选中要制单的【采购专用发票】。
(6) 单击【制单】按钮,生成一张记账凭证,单击【保存】按钮,如图 4-90 所示。

记 账 凭 证

已生成
记 字 0006　　制单日期:2023.01.06　　审核日期:　　附单据数:1

摘要	科目名称	借方金额	贷方金额
采购专用发票	在途物资	12000000	
采购专用发票	应交税费/应交增值税/进项税额	1560000	
采购专用发票	应付账款/一般应付款		13560000
	合计	13560000	13560000

记账　　　审核　　　出纳　　　制单 黄小明

图 4-90 【记账凭证】窗口

6. 核算采购成本

(1) 2023 年 1 月 6 日,财务部黄小明在企业应用平台中执行【业务工作】|【供应链】|【存货核算】|【业务核算】|【正常单据记账】命令,打开【查询条件选择】对话框。

(2) 单击【确定】按钮,打开【正常单据记账列表】窗口。
(3) 双击选择第 2、3 条记录,如图 4-91 所示。

选择	日期	单据号	存货编码	存货名称	规格型号	存货代码	单据类型	仓库名称	收发类别	数量	单价	金额
	2023-01-02	0000000003	010102	君乐宝200mL...	1*24		采购入库单	乳制品库	采购入库	500.00	48.00	24,000.00
Y	2023-01-06	0000000005	010203	汇源1L100%苹...	1*12		采购入库单	果蔬汁库	采购入库	498.00	120.00	59,760.00
Y	2023-01-06	0000000005	010204	汇源1L100%葡...	1*12		采购入库单	果蔬汁库	采购入库	500.00	120.00	60,000.00
小计										1,498.00		143,760.00

图 4-91 【正常单据记账列表】窗口

（4）单击【记账】按钮，将采购入库单记账，系统提示【记账成功】。

（5）单击【确定】按钮。

（6）执行【财务核算】|【生成凭证】命令，打开【查询条件】对话框。

（7）单击【确定】按钮，打开【未生成凭证单据一览表】窗口。

（8）单击【选择】栏，或单击【全选】按钮，选中待生成凭证的单据，单击【确定】按钮。

（9）凭证类别选择【记账凭证】，如图 4-92 所示。

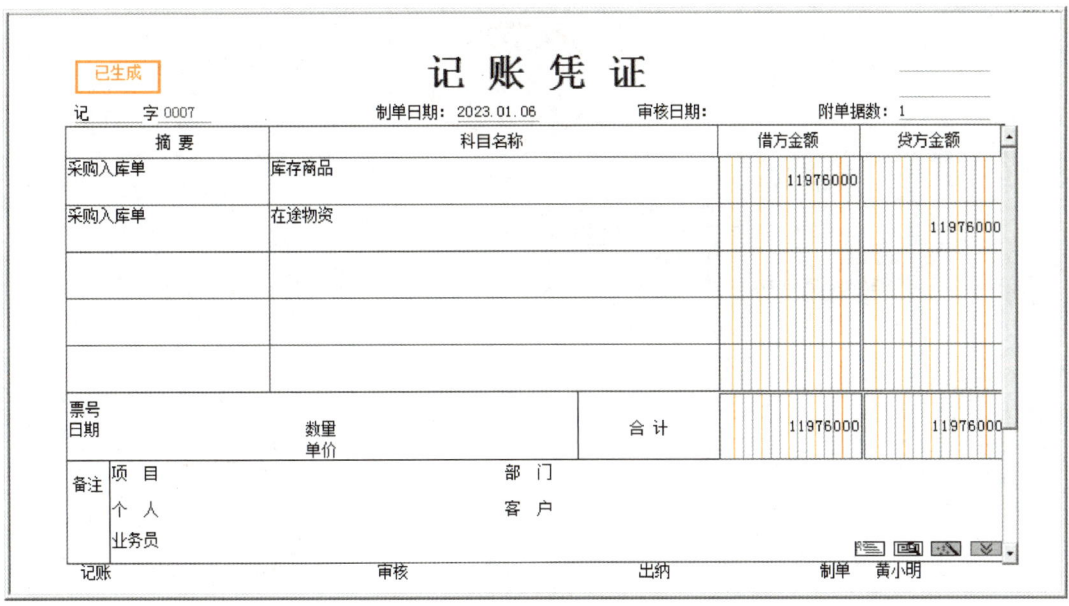

图 4-92 【生成凭证】窗口

（10）单击【生成】按钮，生成一张记账凭证，单击【保存】按钮，如图 4-93 所示。

图 4-93 【记账凭证】窗口

（11）2023 年 1 月 6 日，财务部黄小明在企业应用平台中执行【业务工作】|【财务会计】|【总账】|【凭证处理】|【填制凭证】命令，打开【填制凭证】窗口，填制如图 4-94 所示的凭证，单击【保存】按钮。

业 务 七

【业务描述】 2023 年 1 月 7 日，收到君乐宝乳业发来的君乐宝 200 mL 原味开啡尔酸

普通采购业务七

图 4-94 【记账凭证】窗口

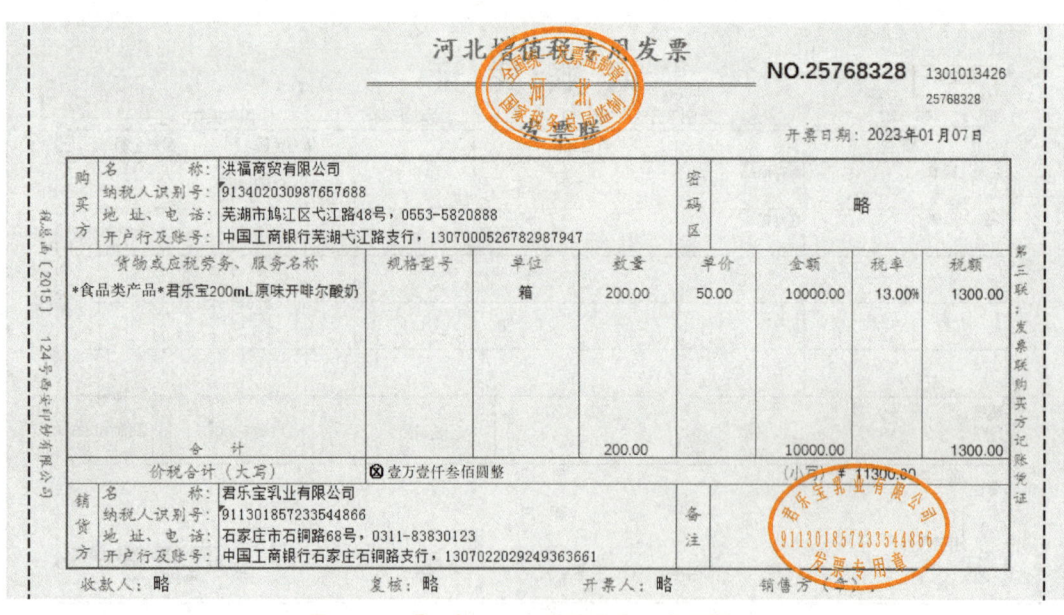

图 4-95 【业务七——增值税专用发票】凭证

奶和发票,验收中发现损坏1箱,属于运输途中的合理损耗。取得与该业务相关的凭证如图 4-95～图 4-97 所示。

【业务解析】 本笔业务是采购到货、验收入库时有合理损耗,收到采购专用发票同时支付货款的业务。

【岗位说明】 采购部叶敏填制采购到货单(审核)、采购专用发票;仓储部李红填制采购入库单(审核);财务部李卉填制银行承兑汇票;财务部黄小明审核发票、付款单、单据记账并

银行承兑汇票（存根）　　3

24579321

出票日（大写）　贰零贰叁年　零壹月　零柒日

出票人全称	洪福商贸有限公司	收款人	全　称	君乐宝乳业有限公司
出票人账号	1307000526782987947		账　号	1307022029249363661
付款行全称	中国工商银行芜湖弋江路支行		开户银行	中国工商银行石家庄石铜路支行
出票金额	人民币（大写）　陆仟叁佰元整			亿千百十万千百十元角分：¥ 6 3 0 0 0 0
汇票到期日（大写）	贰零贰叁年零肆月零柒日	付款行	行号	340200567896
承兑协议编号	326886		地址	芜湖市鸠江区弋江路48号
		备注：		

此联由出票人存查

图 4－96　【业务七——银行承兑汇票】凭证

入　库　单

2023年　01月　07日　　单号：0005

交货部门	采购部	发票号码		验收仓库	乳制品库	入库日期	2023-01-07
编号	名称及规格	单位	数量		实际价格		备注
			应收	实收	单价	金额	
010101	君乐宝200mL原味开啡尔酸奶	箱	200.00	199.00			
合　计			200.00	199.00			

部门经理：略　会计：略　仓库：略　经办人：略

会计联

图 4－97　【业务七——入库单】凭证

制单。

【业务流程】　本笔业务流程如图 4－98 所示。

〔操作指导〕

1. 生成采购到货单

(1) 2023 年 1 月 7 日，采购部叶敏在企业应用平台中执行【业务工作】|【供应链】|【采购管理】|【采购到货】|【到货单】命令，打开【到货单】窗口。

(2) 单击【增加】按钮，选择【生单】|【采购订单】命令，打开【查询条件选择-采购订单列表过滤】对话框，单击【确定】按钮。

(3) 系统弹出【拷贝并执行】窗口，选中所要拷贝的采购订单，单击【确定】按钮，系统自

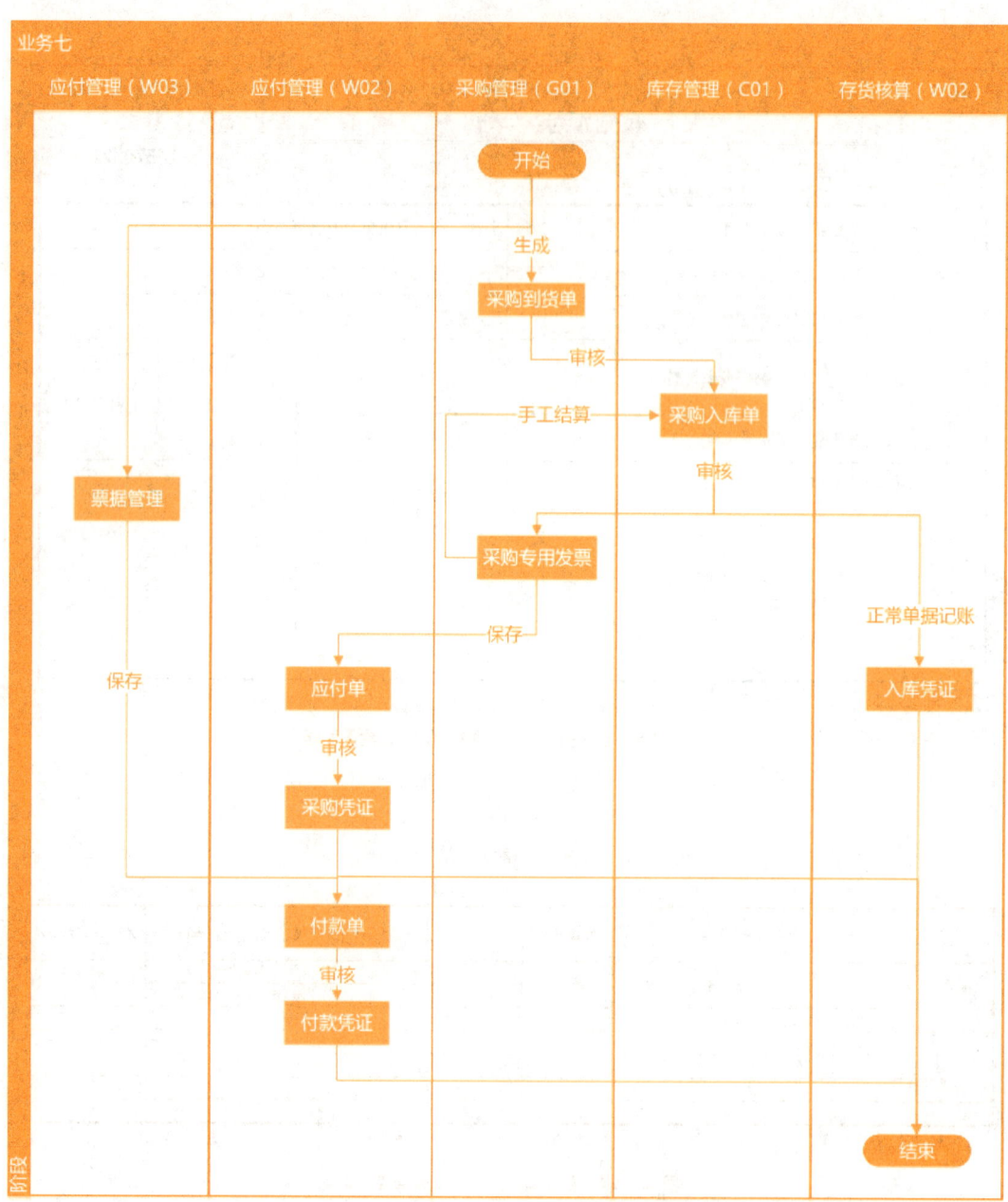

图 4-98 【业务七】业务流程图

动生成到货单,单击【保存】按钮。

(4) 单击【审核】按钮。根据采购订单生成的采购到货单如图 4-99 所示。

2. 生成采购入库单

(1) 2023 年 1 月 7 日,仓储部李红在企业应用平台中执行【业务工作】|【供应链】|【库存管理】|【入库业务】|【采购入库单】命令,打开【采购入库单】窗口。

(2) 选择【生单】|【采购到货单(蓝字)】命令,打开【查询条件选择-采购到货单列表】对话框,单击【确定】按钮。

(3) 打开【到货单生单列表】,选择相应的【到货单生单表头】,单击【确定】按钮,系统自

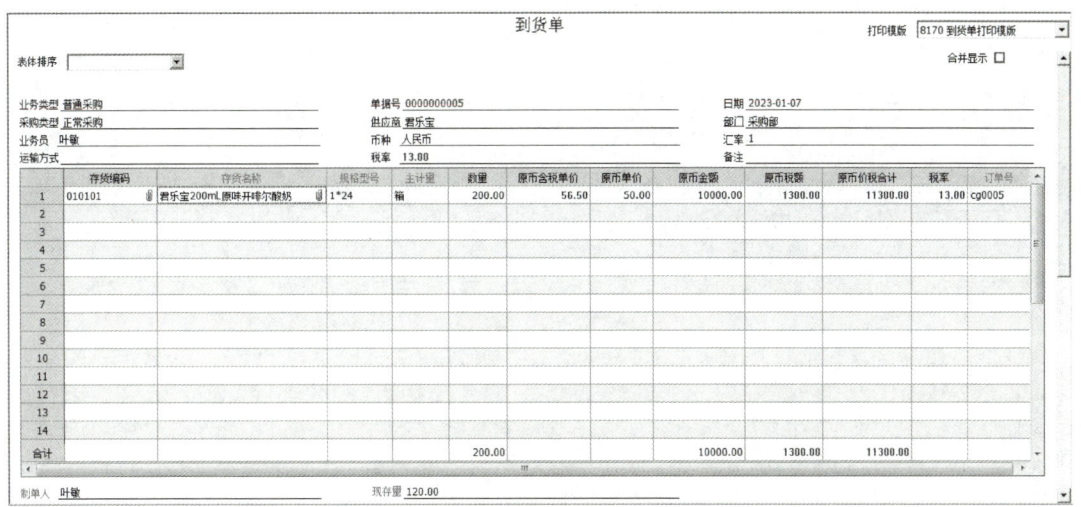

图 4-99 【到货单】窗口

动生成采购入库单,选择仓库为【乳制品库】,修改君乐宝 200 mL 原味开啡尔酸奶的数量为【199.00】,单击【保存】按钮。

(4) 单击【审核】按钮,如图 4-100 所示。

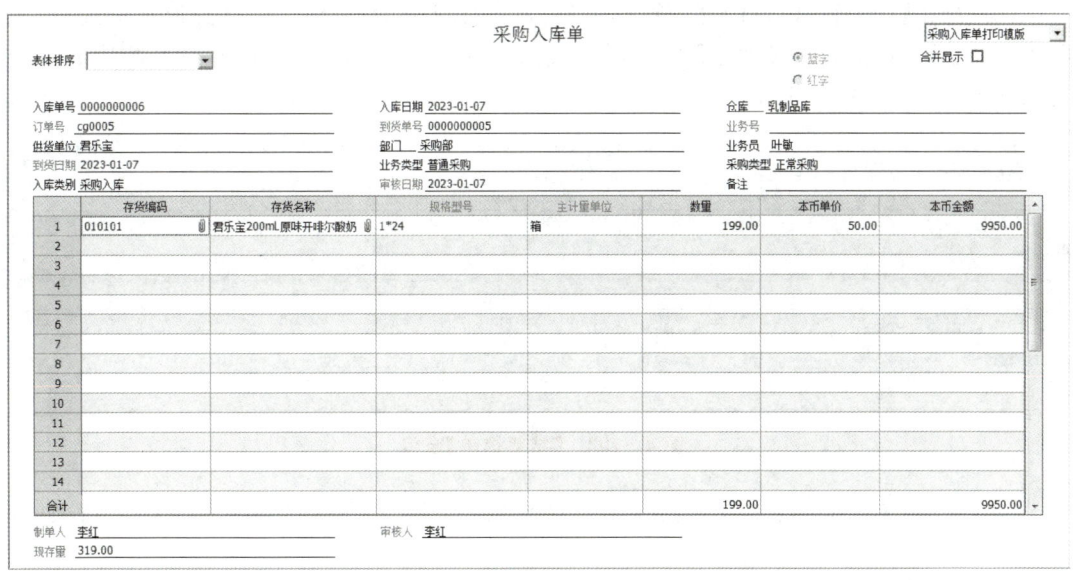

图 4-100 【采购入库单】窗口

3. 填制采购专用发票

(1) 2023 年 1 月 7 日,采购部叶敏在企业应用平台中执行【业务工作】|【供应链】|【采购管理】|【采购发票】|【采购专用发票】命令,打开【采购专用发票】窗口。

(2) 单击【增加】按钮,选择【生单】|【订单】命令,打开【查询条件选择-采购订单列表过滤】对话框,单击【确定】按钮。

(3) 系统弹出【拷贝并执行】窗口,选中所要拷贝的采购订单,单击【确定】按钮,系统自动生成采购专用发票,输入发票号【25768328】,如图 4-101 所示,单击【保存】按钮。

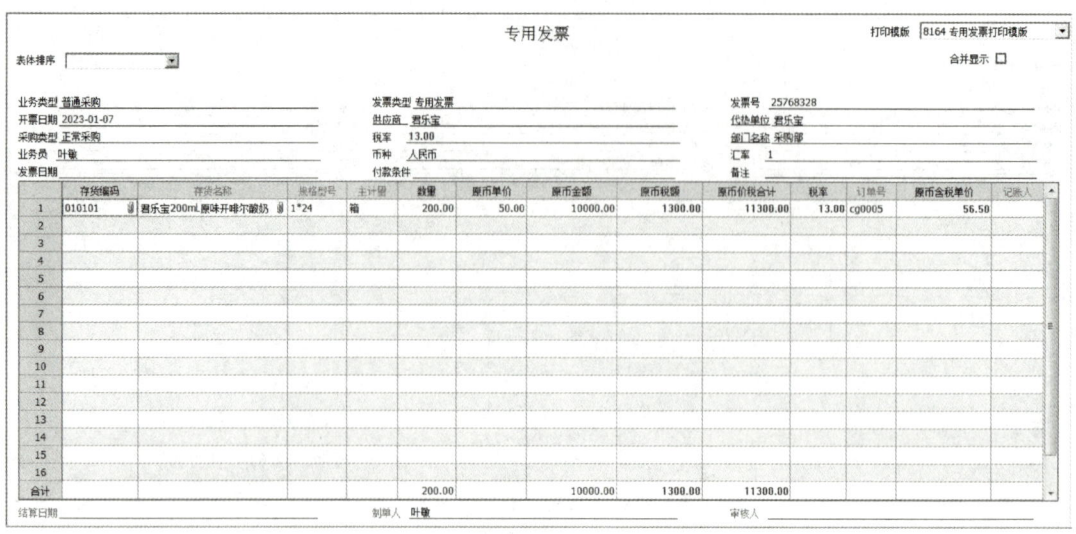

图 4-101 【采购专用发票】窗口

4. 采购结算（手工结算）

（1）2023年1月7日，采购部叶敏在企业应用平台中执行【业务工作】|【供应链】|【采购管理】|【采购结算】|【手工结算】命令，打开【手工结算】窗口。

（2）单击【选单】按钮，打开【结算选单】窗口，单击【查询】按钮，打开【查询条件选择-采购手工结算】对话框，单击【确定】按钮，系统过滤需要结算的发票和入库单，选择相应的采购发票和入库单，如图4-102所示。

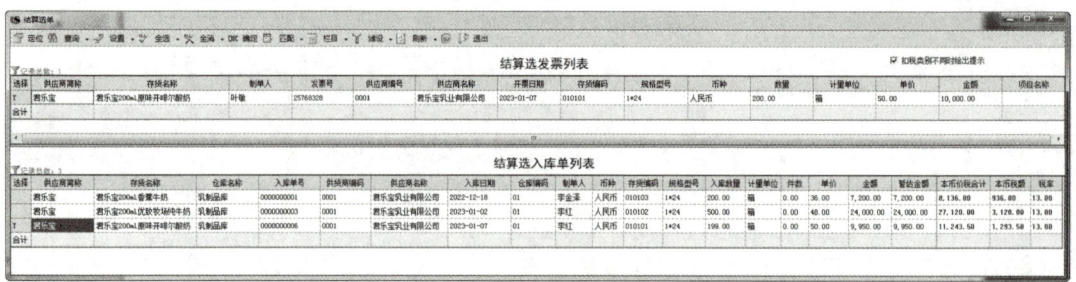

图 4-102 【结算选单】窗口

（3）单击【确定】按钮，系统回到【手工结算】窗口，输入合理损耗数量为【1.00】，如图4-103所示。

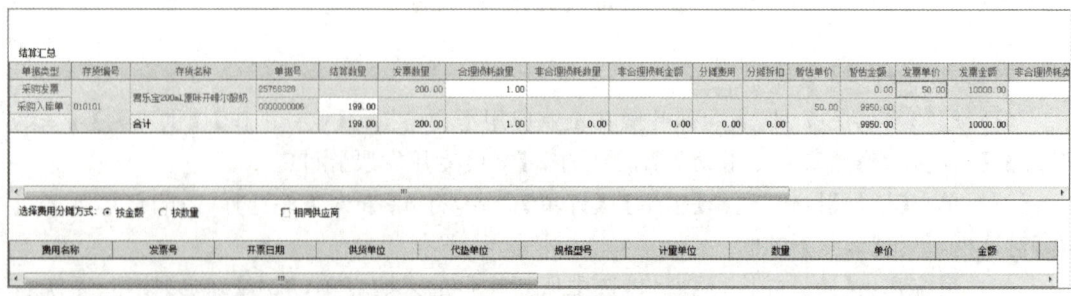

图 4-103 【结算汇总】窗口

(4)单击【结算】按钮,系统显示【完成结算】。
5.付款

(1)2023年1月7日,财务部李卉在企业应用平台中执行【业务工作】|【财务会计】|【应付款管理】|【票据管理】命令,打开【查询条件选择】对话框,如图4-104所示。

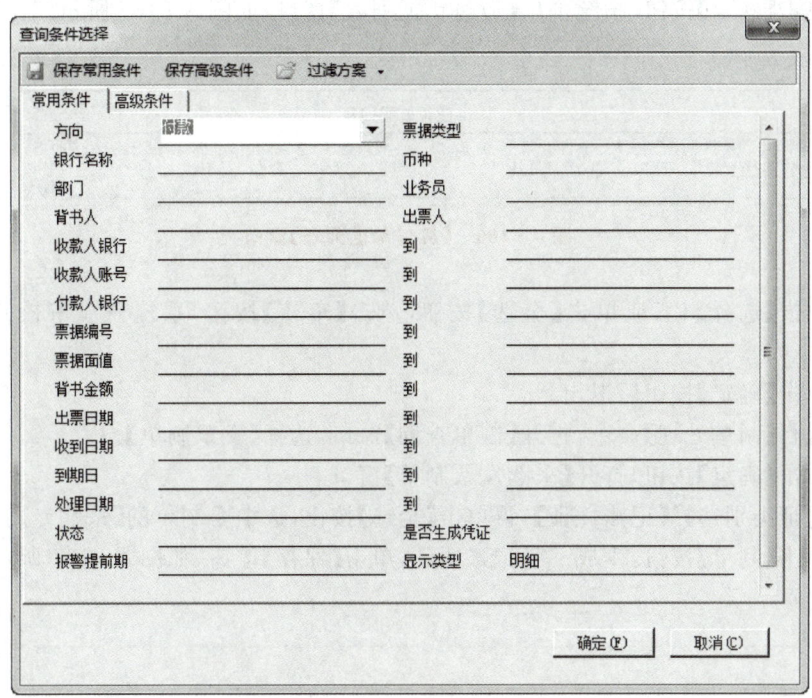

图4-104 【查询条件选择】对话框

(2)单击【确定】按钮,打开【商业汇票】窗口,单击【增加】按钮,录入银行承兑汇票信息,单击【保存】按钮,如图4-105所示。

图4-105 【商业汇票】窗口

6. 应付单据审核与制单

（1）2023 年 1 月 7 日，财务部黄小明在企业应用平台中执行【业务工作】|【财务会计】|【应付款管理】|【应付单据处理】|【应付单据审核】命令，打开【应付单据查询条件】对话框。

（2）单击【确定】按钮，系统弹出【应付单据列表】窗口，如图 4－106 所示。

应付单据列表

记录总数：1

选择	审核人	单据日期	单据类型	单据号	供应商名称	部门	业务员	制单人	币种	汇率	原币金额	本币金额	备注
	黄小明	2023-01-07	采购专用发票	25768328	君乐宝乳业有限公司	采购部	叶敏	叶敏	人民币	1.00000000	11,300.00	11,300.00	
合计											11,300.00	11,300.00	

图 4－106 【应付单据列表】窗口

（3）双击【选择】栏，或单击【全选】按钮，单击【审核】按钮，系统完成审核并给出审核报告。

（4）单击【确定】按钮后退出。

（5）执行【制单处理】命令，打开【制单查询】窗口，选择【发票制单】。

（6）单击【确定】按钮，打开【采购发票制单】窗口。

（7）凭证类别选择【记账凭证】，再单击【全选】按钮，选中要制单的【采购专用发票】。

4 （8）单击【制单】按钮，生成一张记账凭证，单击【保存】按钮，如图 4－107 所示。

已生成

记账凭证

记 字 0009 制单日期：2023.01.07 审核日期： 附单据数：1

摘要	科目名称	借方金额	贷方金额
采购专用发票	在途物资	1000000	
采购专用发票	应交税费/应交增值税/进项税额	130000	
采购专用发票	应付账款/一般应付款		1130000
票号 日期	数量 单价 合计	1130000	1130000

备注 项 目 部 门

个 人 客 户

业务员

记账 审核 出纳 制单 黄小明

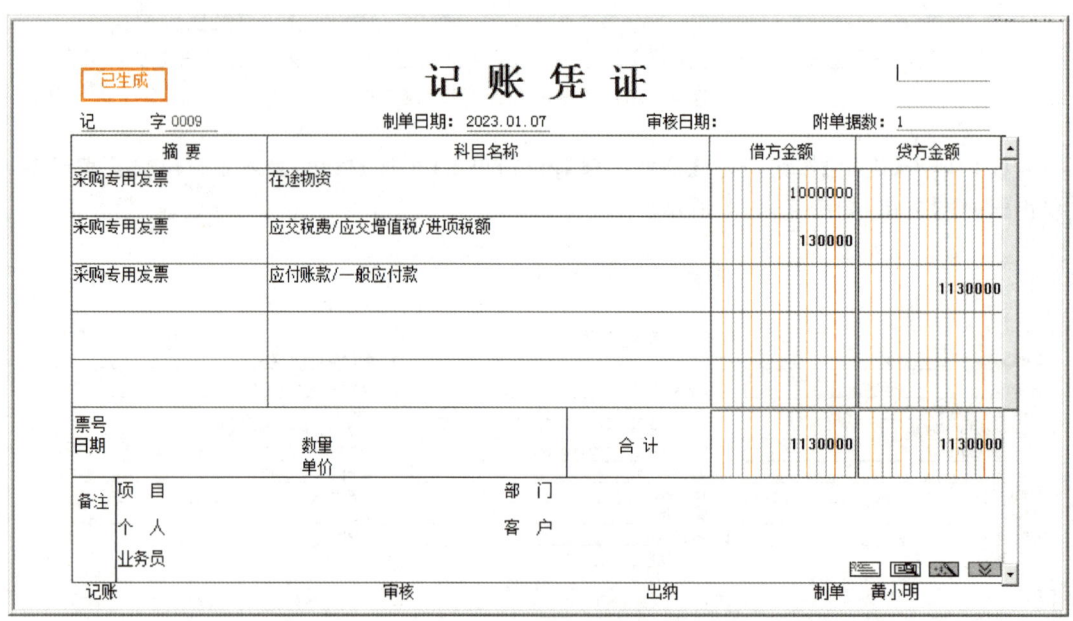

图 4－107 【记账凭证】窗口

7. 付款单据审核与制单

（1）2023 年 1 月 7 日，财务部黄小明在企业应用平台中执行【业务工作】|【财务会计】|【应付款管理】|【付款单据处理】|【付款单据审核】命令，打开【付款单查询条件】对话框。

(2) 单击【确定】按钮,系统弹出【收付款单列表】窗口,如图 4-108 所示。

图 4-108 【收付款单列表】窗口

(3) 双击【选择】栏,或单击【全选】按钮,单击【审核】按钮,系统完成审核并给出审核报告。

(4) 单击【确定】按钮后退出。

(5) 执行【制单处理】命令,打开【制单查询】窗口,选择【收付款单制单】。

(6) 单击【确定】按钮,打开【收付款单制单】窗口。

(7) 凭证类别选择【记账凭证】,再单击【全选】按钮,选中要制单的【付款单】。

(8) 单击【制单】按钮,生成一张记账凭证,单击【保存】按钮,如图 4-109 所示。

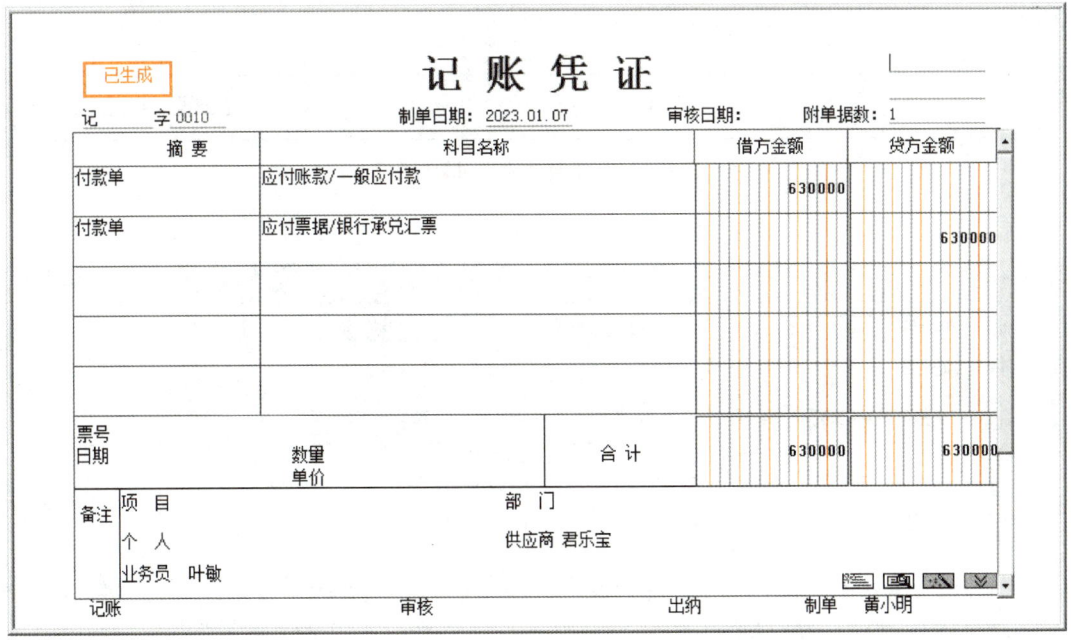

图 4-109 【记账凭证】窗口

8. 预付冲应付

(1) 2023 年 1 月 7 日,财务部黄小明在企业应用平台中执行【业务工作】|【财务会计】|【应付款管理】|【转账】|【预付冲应付】命令,打开【预付冲应付】对话框,如图 4-110 所示。

(2) 预付款供应商选择【0001 君乐宝乳业】,单击【过滤】按钮,输入转账金额为【5 000.00】,如图 4-111 所示;应付款供应商选择【0001 君乐宝乳业】,单击【过滤】按钮,输入转账金额为【5 000.00】,如图 4-112 所示,单击【确定】按钮。

(3) 系统提示【是否立即制单?】,选择【是】,生成一张凭证,单击【保存】按钮,如图 4-113所示。

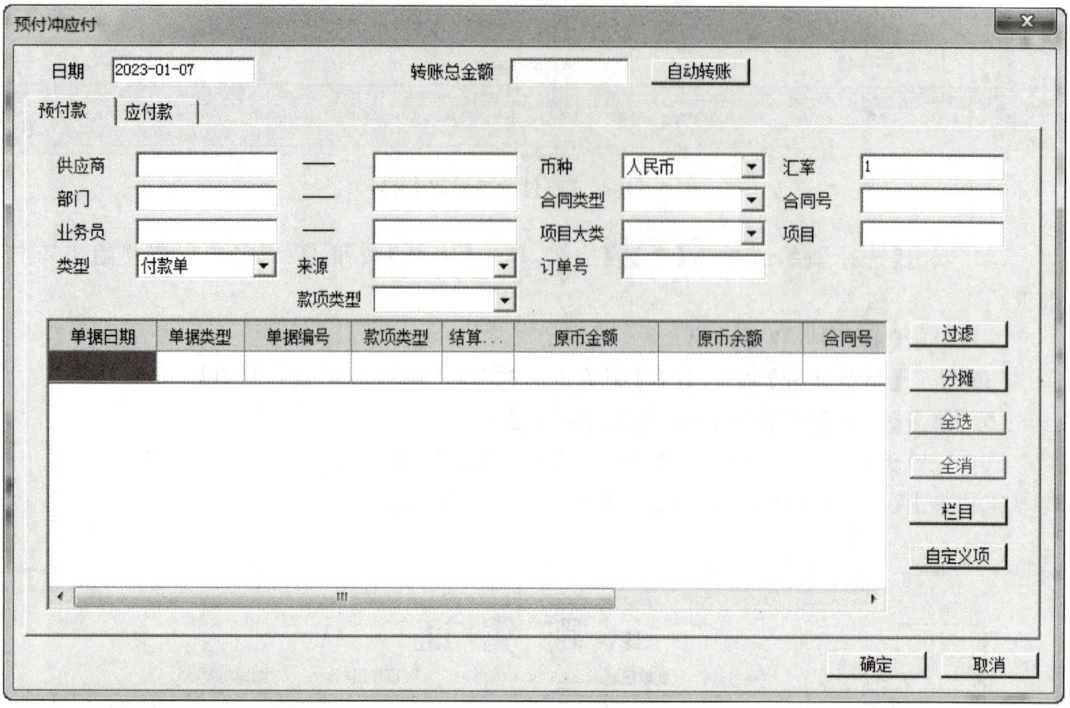

图 4－110 【预付冲应付】对话框

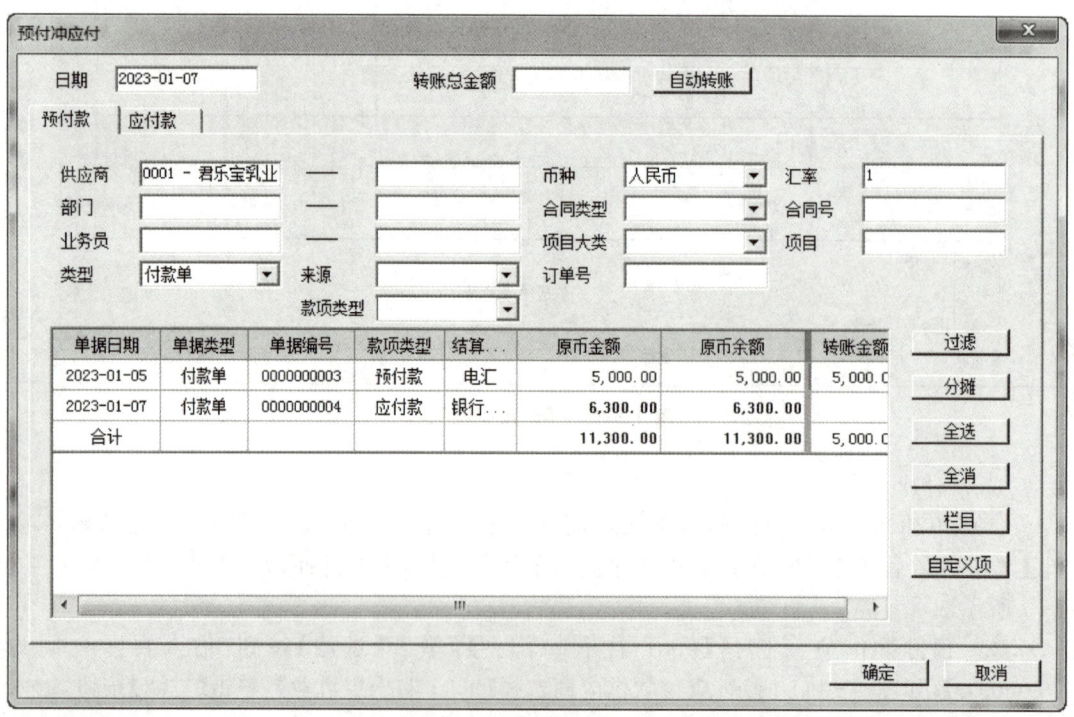

图 4－111 【预付冲应付——预付款】对话框

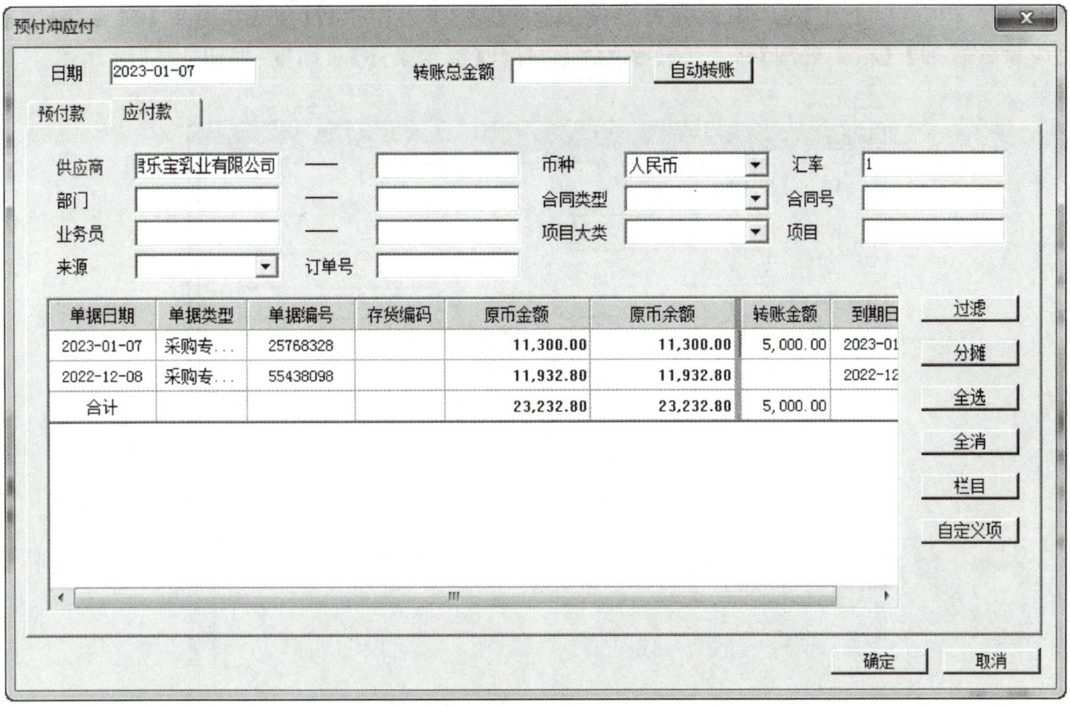

图4-112 【预付冲应付——应付款】对话框

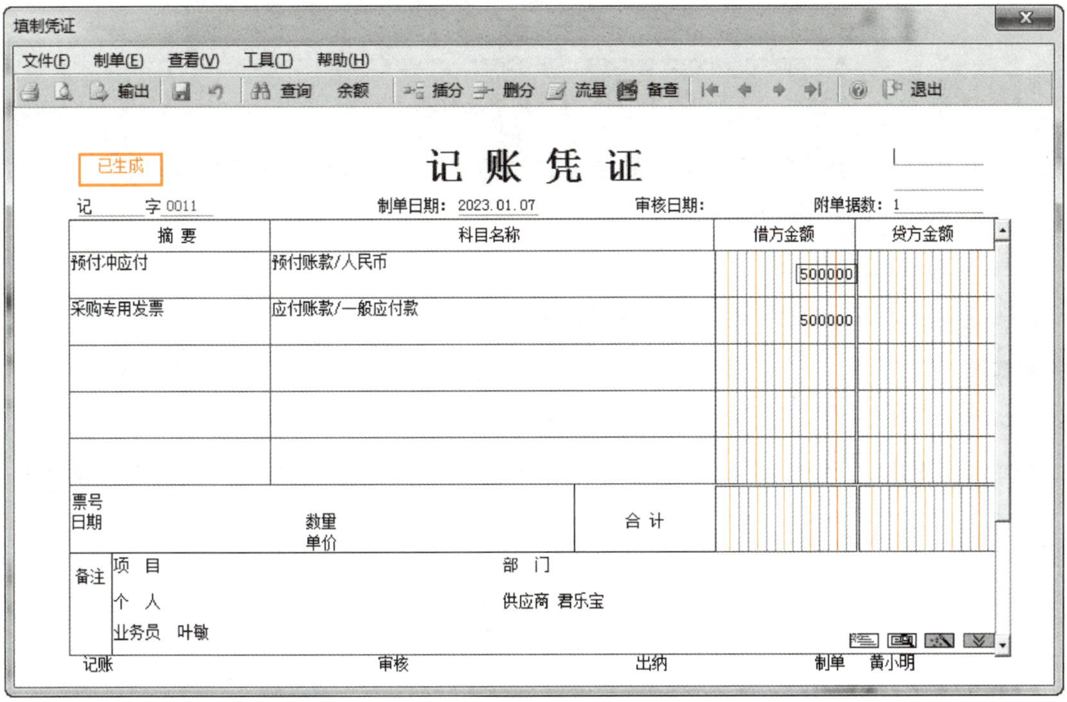

图4-113 【记账凭证】窗口

9. 手工核销

(1) 2023 年 1 月 7 日,财务部黄小明在企业应用平台中执行【业务工作】|【财务会计】|【应付款管理】|【核销处理】|【手工核销】命令,打开【核销条件】对话框,如图 4-114 所示。

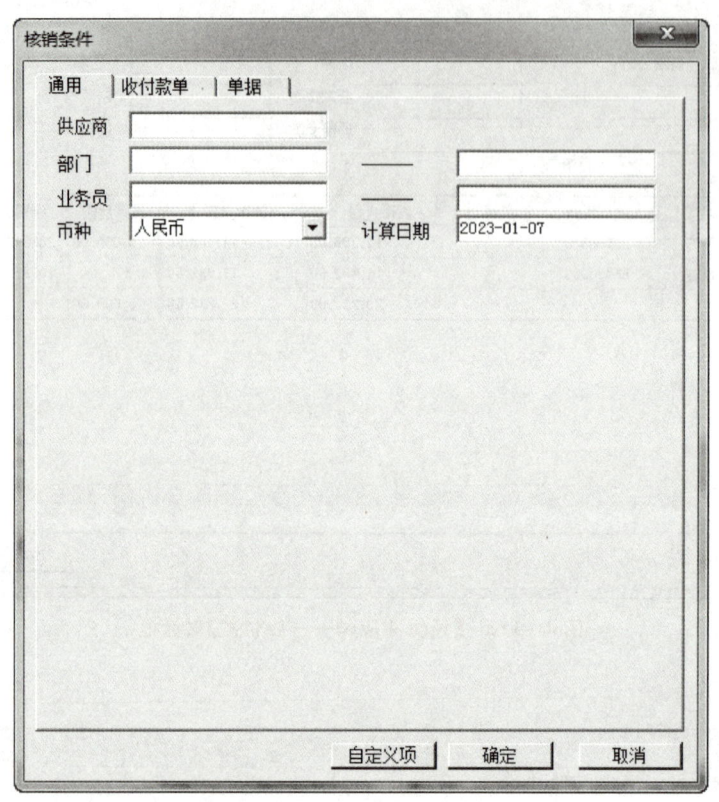

图 4-114 【核销条件】对话框

(2) 供应商选择为【君乐宝乳业】,单击【确定】按钮,打开【单据核销】窗口,输入本次结算金额【6 300.00】,如图 4-115 所示。

单据日期	单据类型	单据编号	供应商	款项...	结算方式	币种	汇率	原币金额	原币余额	本次结算	订单号
2023-01-07	付款单	0000000004	君乐宝	应付款	银行承...	人民币	1.00000000	6,300.00	6,300.00	6,300.00	
合计								6,300.00	6,300.00	6,300.00	

单据日期	单据类型	单据编号	到期日	供应商	币种	原币金额	原币余额	可享受折扣	本次折扣	本次结算	订单号	凭证号
2023-01-07	采购专用发票	25768328	2023-01-07	君乐宝	人民币	11,300.00	6,300.00	0.00	0.00	6,300.00	cg0005	记-0009
2022-12-08	采购专用发票	55438098	2022-12-08	君乐宝	人民币	11,932.80	11,932.80	0.00				
合计						23,232.80	18,232.80	0.00		6,300.00		

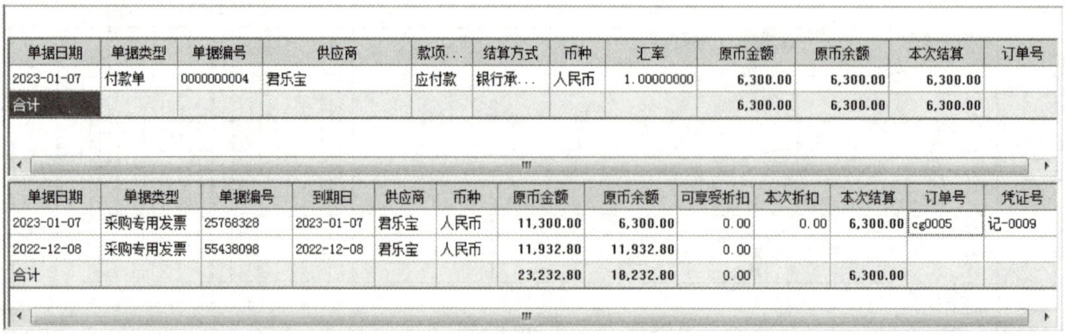

图 4-115 【单据核销】窗口

(3) 单击【保存】按钮。

10. 核算采购成本

(1) 2023 年 1 月 7 日,财务部黄小明在企业应用平台中执行【业务工作】|【供应链】|【存

货核算】|【业务核算】|【正常单据记账】命令，打开【查询条件选择】窗口。

（2）单击【确定】按钮，打开【正常单据记账列表】窗口。

（3）双击选择第 2 条记录，如图 4－116 所示。

正常单据记账列表

记录总数：2

选择	日期	单据号	存货编码	存货名称	规格型号	存货代码	单据类型	仓库名称	收发类别	数量	单价	金额
	2023-01-02	0000000003	010102	君乐宝200mL优致牧场纯牛奶	1*24		采购入库单	乳制品库	采购入库	500.00	48.00	24,000.00
Y	2023-01-07	0000000006	010101	君乐宝200mL原味开啡尔酸奶	1*24		采购入库单	乳制品库	采购入库	199.00	50.25	10,000.00
小计										699.00		34,000.00

图 4－116　【正常单据记账列表】窗口

（4）单击【记账】按钮，将采购入库单记账，系统提示【记账成功】。

（5）单击【确定】按钮。

（6）执行【财务核算】|【生成凭证】命令，打开【查询条件】对话框。

（7）单击【确定】按钮，打开【未生成凭证单据一览表】窗口。

（8）单击【选择】栏，或单击【全选】按钮，选中待生成凭证的单据，单击【确定】按钮。

（9）凭证类别选择【记账凭证】，如图 4－117 所示。

凭证类别　记 记账凭证

选择	单据类型	单据号	摘要	科目类型	科目编码	科目名称	借方金额	贷方金额	借方数量	贷方数量	科目方向	存货编码	存货名称
1	采购入库单	0000000006	采购入库单	存货	1405	库存商品	10,000.00		199.00		1	010101	君乐宝200mL原味开啡尔酸奶
				对方	1402	在途物资		10,000.00		199.00	2	010101	君乐宝200mL原味开啡尔酸奶
合计							10,000.00	10,000.00					

图 4－117　【生成凭证】窗口

（10）单击【生成】按钮，生成一张记账凭证，单击【保存】按钮，如图 4－118 所示。

记账凭证

已生成

记　字 0012　制单日期：2023.01.07　审核日期：　附单据数：1

摘要	科目名称	借方金额	贷方金额
采购入库单	库存商品	1000000	
采购入库单	在途物资		1000000
票号 日期	数量 单价	合计 1000000	1000000

备注　项　目　部　门

个　人　客　户

业务员

记账　审核　出纳　制单　黄小明

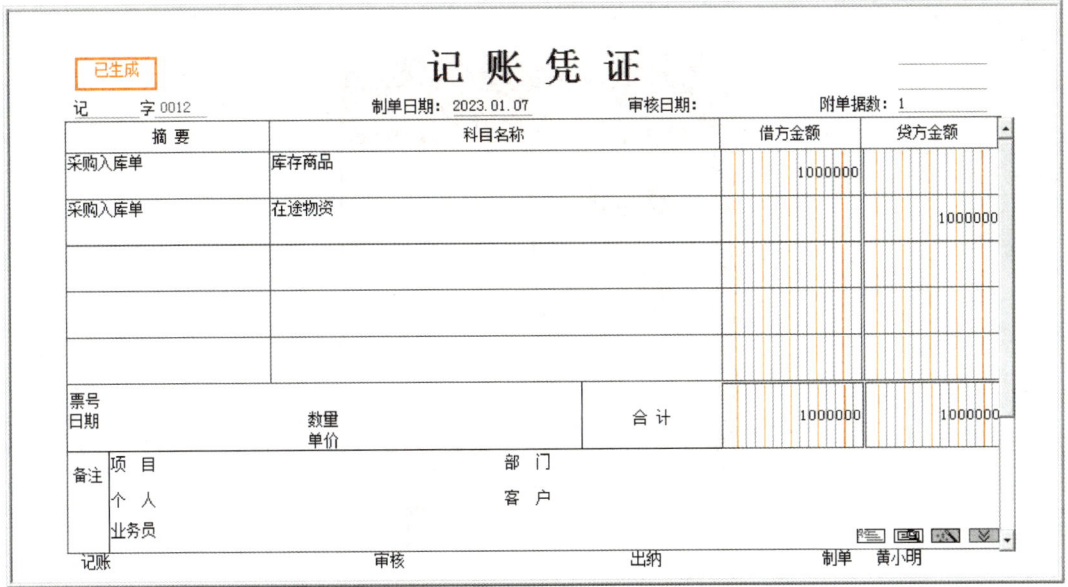

图 4－118　【记账凭证】窗口

普通采购业务八

业 务 八

【业务描述】 2023年1月13日，支付采购汇源1L100%苹果汁、汇源1L100%葡萄汁的货款。取得与该业务相关的凭证如图4-119所示。

图4-119 【业务八——银行电汇】凭证

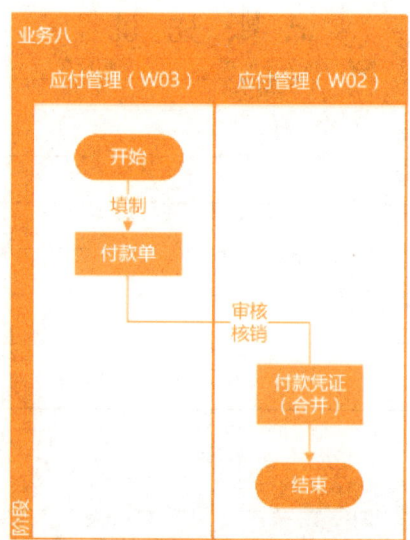

一诺千金之团结合作——现金折扣付款业务处理

【业务解析】 本笔业务是有现金折扣的采购付款业务。
【岗位说明】 财务部李卉填制付款单；财务部黄小明审核付款单、核销并制单。
【业务流程】 本笔业务流程如图4-120所示。

图4-120 【业务八】业务流程图

〖操作指导〗

1. 填制付款单

2023年1月13日,财务部李卉在企业应用平台中执行【业务工作】|【财务会计】|【应付款管理】|【付款单据处理】|【付款单据录入】命令,打开【付款单】窗口,录入电汇单的相关信息,单击【保存】按钮,如图4-121所示。

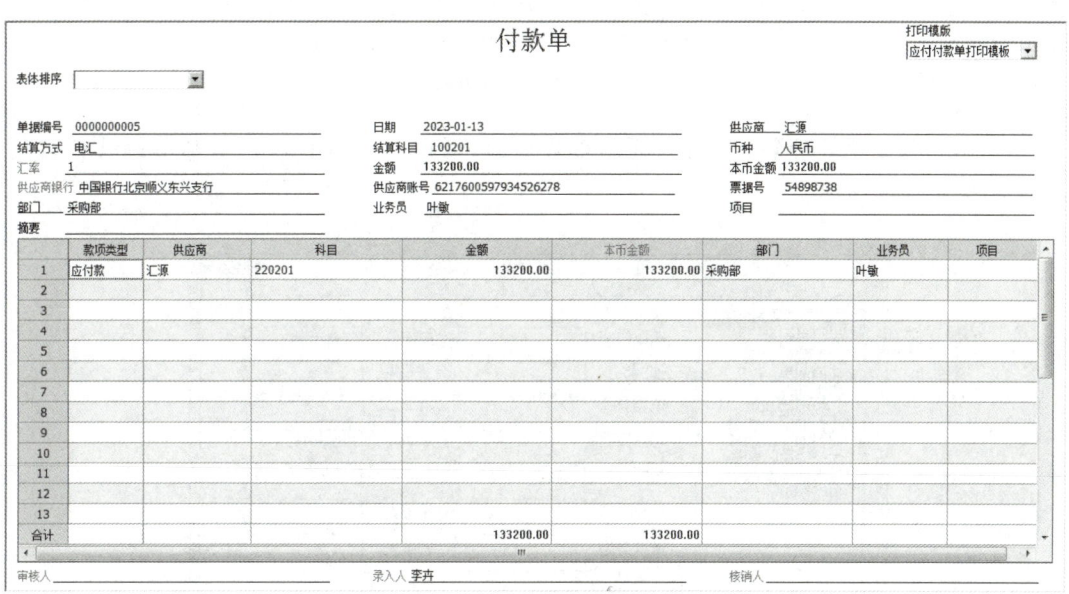

图4-121 【付款单】窗口

2. 付款单据审核与制单

(1) 2023年1月13日,财务部黄小明在企业应用平台中执行【业务工作】|【财务会计】|【应付款管理】|【付款单据处理】|【付款单据审核】命令,打开【付款单查询条件】对话框。

(2) 单击【确定】按钮,系统弹出【收付款单列表】窗口,如图4-122所示。

付款处理:
诚实守信

图4-122 【收付款单列表】窗口

(3) 双击【选择】栏,或单击【全选】按钮,单击【审核】按钮,系统完成审核并给出审核报告。

(4) 单击【确定】按钮后退出。

(5) 执行【核销处理】|【手工核销】命令,打开【手工核销】窗口,输入"本次结算金额""折扣金额",单击【保存】按钮,如图4-123所示。

单据日期	单据类型	单据编号	供应商	款项...	结算方式	币种	汇率	原币金额	原币余额	本次结算	订单号
2023-01-13	付款单	0000000005	汇源	应付款	电汇	人民币	1.00000000	133,200.00	133,200.00	133,200.00	
合计								133,200.00	133,200.00	133,200.00	

单据日期	单据类型	单据编号	到期日	供应商	币种	原币金额	原币余额	可享受折扣	本次折扣	本次结算	订单号	凭证号
2022-12-21	采购专用发票	11238744	2022-12-21	汇源	人民币	36,612.00	36,612.00	0.00				
2023-01-06	采购专用发票	27833284	2023-02-05	汇源	人民币	135,600.00	135,600.00	2,712.00	2,400.00	133,200.00	cg0004	记-0006
2023-01-01	采购专用发票	35843286	2023-01-01	汇源	人民币	61,020.00	61,020.00	0.00			cg0001	记-0001
合计						233,232.00	233,232.00	2,712.00	2,400.00	133,200.00		

图 4-123 【手工核销】窗口

（6）执行【制单处理】命令，打开【制单查询】对话框，选择【收付款单制单】和【核销制单】，如图 4-124 所示。

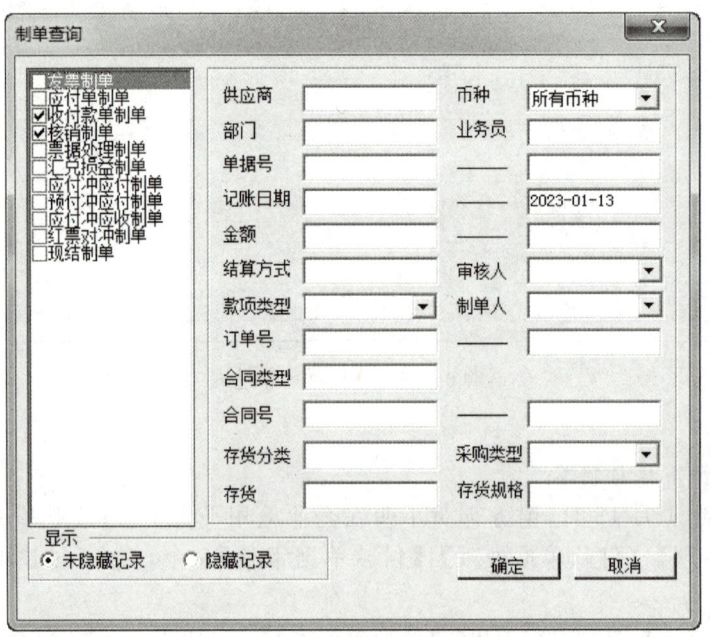

图 4-124 【制单查询】对话框

（7）单击【确定】按钮，打开【应付制单】窗口。

（8）凭证类别选择【记账凭证】，选中要制单的【付款单】和【核销】，如图 4-125 所示。

应付制单

凭证类别 记账凭证　　制单日期 2023-01-13　　共 3 条

选择标志	凭证类别	单据类型	单据号	日期	供应商编码	供应商名称	部门	业务员	金额
1	记账凭证	付款单	0000000005	2023-01-13	0002	汇源果汁有限公司	采购部	叶敏	133,200.00
	记账凭证	核销	0000000004	2023-01-07	0001	君乐宝乳业有限公司	采购部	叶敏	6,300.00
1	记账凭证	核销	ZKAP0000000000001	2023-01-13	0002	汇源果汁有限公司	采购部	叶敏	135,600.00

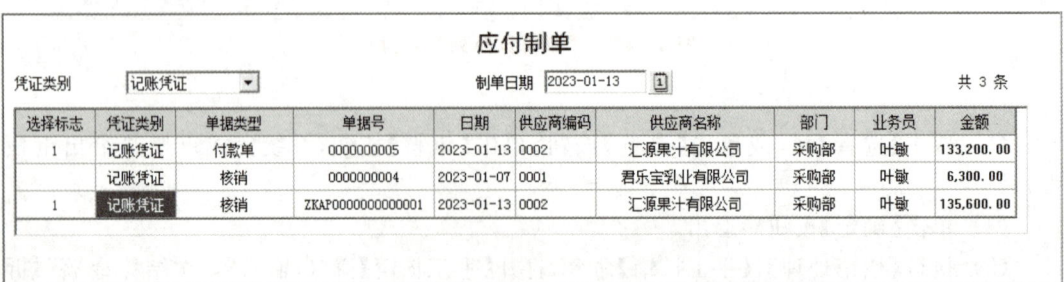

图 4-125 【应付制单】窗口

(9) 单击【制单】按钮，生成一张记账凭证，修改财务费用的方向为【借方红字】，单击【保存】按钮，如图 4-126 所示。

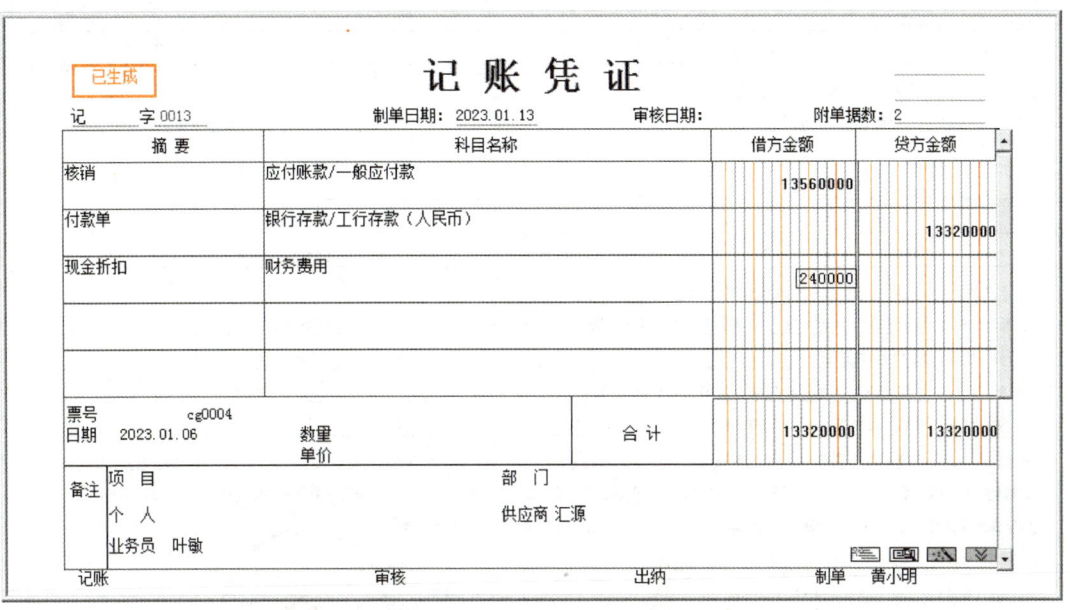

图 4-126 【记账凭证】窗口

实训二 特殊采购业务处理

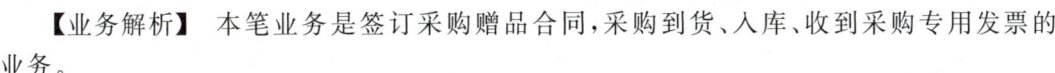

【业务描述】 2023 年 1 月 11 日，采购部叶敏与汇源果汁签订采购合同，采购汇源 2 L 100％橙汁，合同约定免费赠送汇源 450 mL 冰糖葫芦汁 100 箱，货已验收入库。取得与该业务相关的凭证如图 4-127～图 4-130 所示。

【业务解析】 本笔业务是签订采购赠品合同，采购到货、入库、收到采购专用发票的业务。

【岗位说明】 采购部叶敏填制采购订单（审核）、采购到货单（审核）、采购专用发票；仓储部李红填制采购入库单（审核）、其他入库单（审核）；财务部黄小明审核发票、单据记账并制单。

【业务流程】 本笔业务流程如图 4-131 所示。

1. 填制采购订单

(1) 2023 年 1 月 11 日，采购部叶敏在企业应用平台中执行【业务工作】|【供应链】|【采购管理】|【采购订货】|【采购订单】命令，打开【采购订单】窗口。

(2) 单击【增加】按钮，修改订单编号为 cg0006，采购类型选择【正常采购】，供应商选择【汇源】，税率修改为【13.00】；在表体中，存货编码选择【010202（汇源 2 L 100％橙汁）】，输

购销合同

供货方：汇源果汁有限公司　　　　　　　合同号：cg0006
购买方：洪福商贸有限公司　　　　　　　签订日期：2023年01月11日

经双方协议，订立本合同如下：

商品型号	名　称	数　量	单　价	总　额	其他要求
1*6	汇源2L100%橙汁	500.00	122.04	61020.00	
1*15	汇源450mL冰糖葫芦汁	100.00	0.00	0.00	备注：赠品
	合　计	600.00		¥61020.00	

货款合计（大写）：人民币陆万壹仟零贰拾元整

质量验收标准：验收合格。双方约定，随同货物由汇源果汁有限公司免费赠送汇源450mL冰糖葫芦汁100箱。
交 货 日 期：2023年1月11日
交 货 地 点：芜湖市鸠江区弋江路48号，洪福商贸有限公司。
结 算 方 式：电汇，付款时间：2023年2月11日。
发 运 方 式：公路运输。运费由销售方承担。
违约条款：违约方需赔偿对方一切经济损失。但遇天灾人祸等其他不可抗力因素而导致延误交货，购买方不能要求供货方赔偿任何损失。
解决合同纠纷的方式：经双方有好协商解决，如协商不成的，可向当地仲裁委员会提出申诉解决。
本合同一式两份，供需双方各执一份，自签订之日起生效。

供货方（盖章）　　　　　　　　　　　　购买方（盖章）
地　　址：北京顺义区北小营16号　　　　地　　址：芜湖市鸠江区弋江路48号
法定代表：张胜广　　　　　　　　　　　法定代表：李金泽
联系电话：010-60483388　　　　　　　　联系电话：0553-5820888

图 4－127 【业务一——购销合同】凭证

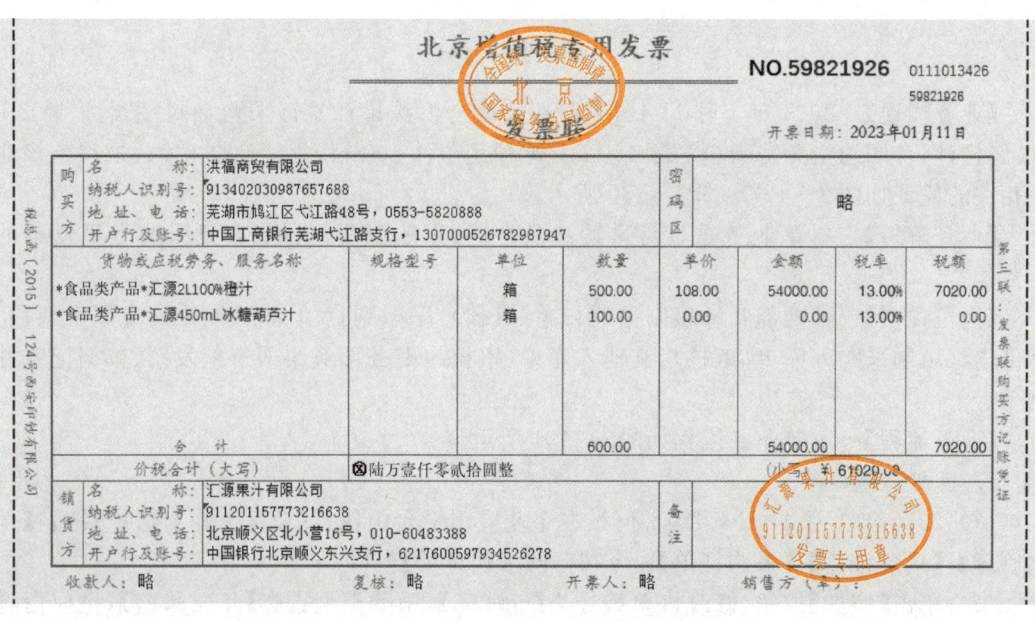

图 4－128 【业务一——增值税专用发票】凭证

入库单

2023年 01月 11日　　　单号：0006

交货部门	采购部		发票号码		验收仓库	果蔬汁库	入库日期	2023-01-11	
编号	名称及规格		单位	数量		实际价格		备注	会计联
				应收	实收	单价	金额		
010202	汇源2L100%橙汁		箱	500.00	500.00				
	合　计			500.00	500.00				
部门经理：略		会计：略			仓库：略		经办人：略		

图 4-129 【业务一——入库单】凭证

入库单

2023年 01月 11日　　　单号：0007

交货部门	采购部		发票号码		验收仓库	赠品库	入库日期	2023-01-11	
编号	名称及规格		单位	数量		实际价格		备注	会计联
				应收	实收	单价	金额		
010207	汇源450mL冰糖葫芦汁		箱	100.00	100.00				
	合　计			100.00	100.00				
部门经理：略		会计：略			仓库：略		经办人：略		

图 4-130 【业务一——入库单】凭证

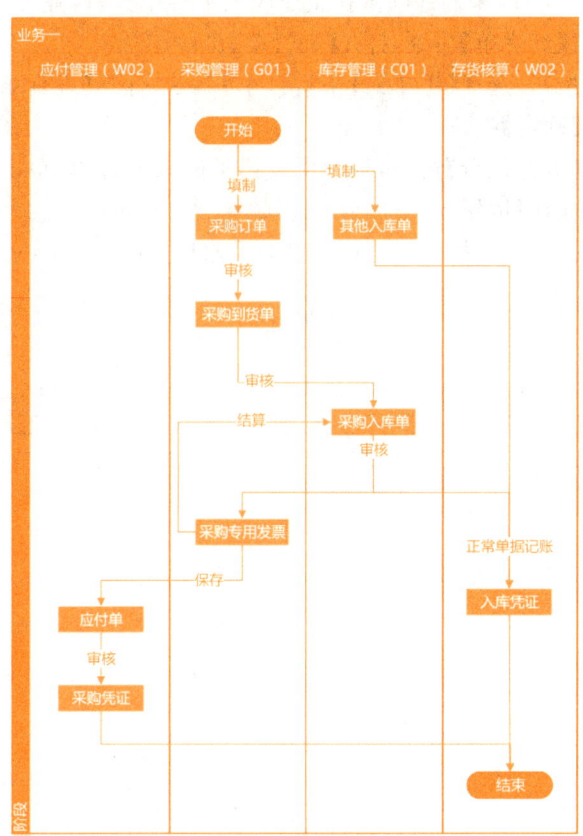

图 4-131 【业务一】业务流程图

入数量为【500.00】,原币含税单价为【122.04】,修改计划到货日期为【2023-01-11】;在表体第二行存货编码选择为【010207(汇源 450 mL 冰糖葫芦汁)】,输入数量为【100.00】,原币含税单价为【0.00】,计划到货日期为【2023-01-11】,其他信息由系统自动带出,单击【保存】按钮。

(3) 单击【审核】按钮,如图 4-132 所示。

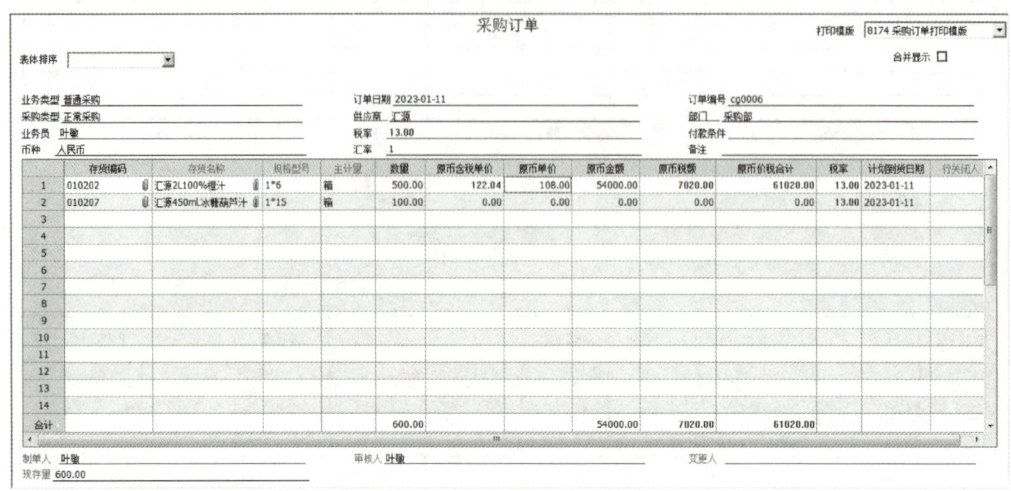

图 4-132 【采购订单】窗口

2. 生成采购到货单

(1) 2023 年 1 月 11 日,采购部叶敏在企业应用平台中执行【业务工作】|【供应链】|【采购管理】|【采购到货】|【到货单】命令,打开【到货单】窗口。

(2) 单击【增加】按钮,选择【生单】|【采购订单】命令,打开【查询条件选择-采购订单列表过滤】对话框,单击【确定】按钮。

(3) 系统弹出【拷贝并执行】窗口,选中所要拷贝的采购订单,单击【确定】按钮,系统自动生成到货单,单击【保存】按钮。

(4) 单击【审核】按钮。根据采购订单生成的采购到货单,如图 4-133 所示。

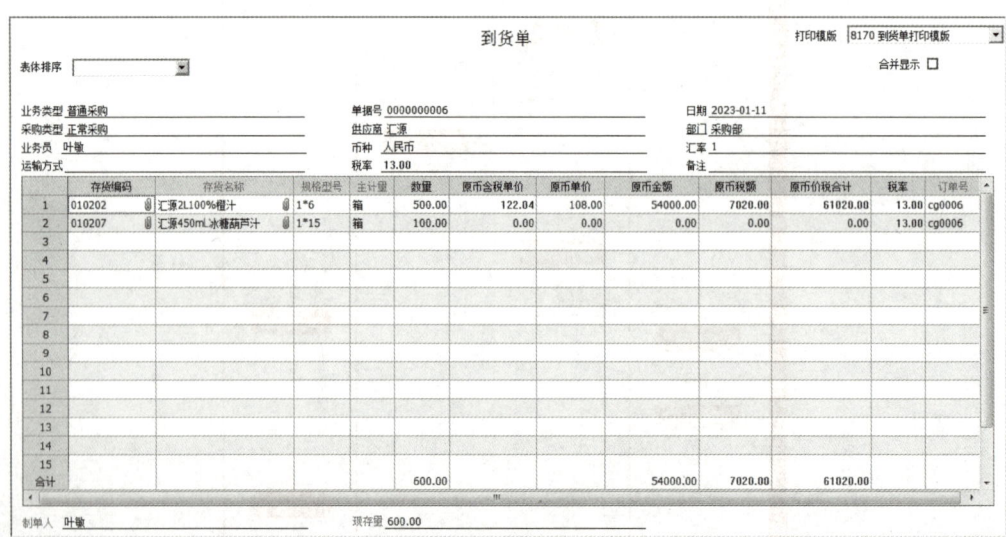

图 4-133 【到货单】窗口

3. 生成采购入库单

（1）2023年1月11日，仓储部李红在企业应用平台中执行【业务工作】|【供应链】|【库存管理】|【入库业务】|【采购入库单】命令，打开【采购入库单】窗口。

（2）选择【生单】|【采购到货单（蓝字）】命令，打开【查询条件选择-采购到货单列表】对话框，单击【确定】按钮。

（3）打开【到货单生单列表】，选择相应的【到货单生单表头】，单击【确定】按钮，系统自动生成采购入库单，修改仓库为【果蔬汁库】，单击【保存】按钮。

（4）单击【审核】按钮，如图4-134所示。

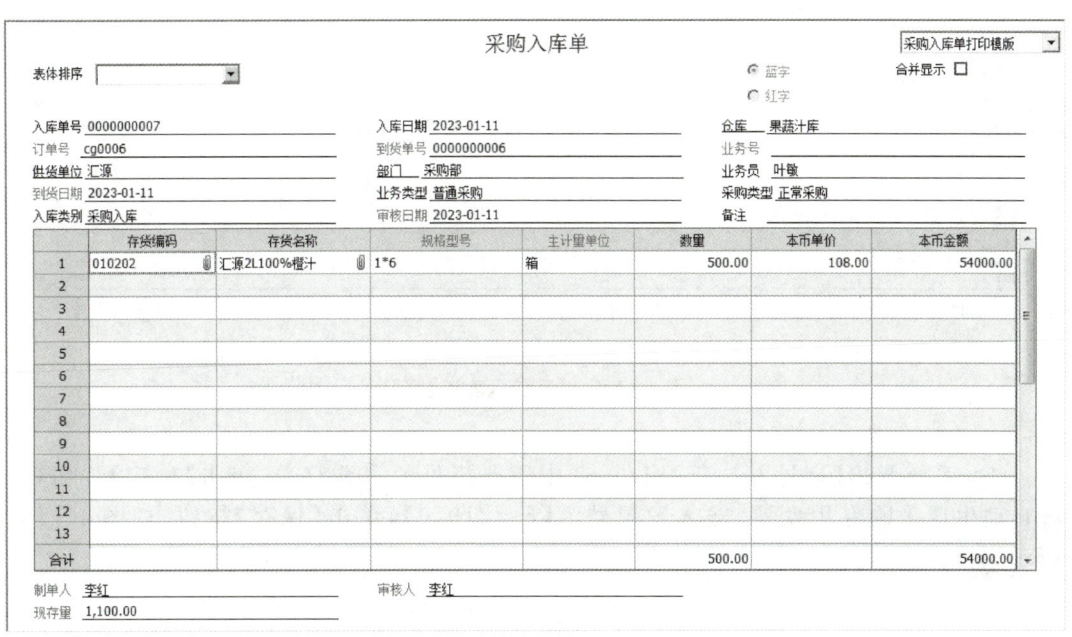

图4-134 【采购入库单】窗口

4. 生成采购（赠品）入库单

（1）2023年1月11日，仓储部李红在企业应用平台中执行【业务工作】|【供应链】|【库存管理】|【入库业务】|【采购入库单】命令，打开【采购入库单】窗口。

（2）选择【生单】|【采购到货单（蓝字）】命令，打开【查询条件选择-采购到货单列表】对话框，单击【确定】按钮。

（3）打开【到货单生单列表】，选择相应的【到货单生单表头】，单击【确定】按钮，系统自动生成采购入库单，修改仓库为【赠品库】，单击【保存】按钮。

（4）单击【审核】按钮，如图4-135所示。

5. 填制采购专用发票

（1）2023年1月11日，采购部叶敏在企业应用平台中执行【业务工作】|【供应链】|【采购管理】|【采购发票】|【采购专用发票】命令，打开【采购专用发票】窗口。

（2）单击【增加】按钮，选择【生单】|【采购订单】命令，打开【查询条件选择-采购订单列表过滤】对话框，单击【确定】按钮。

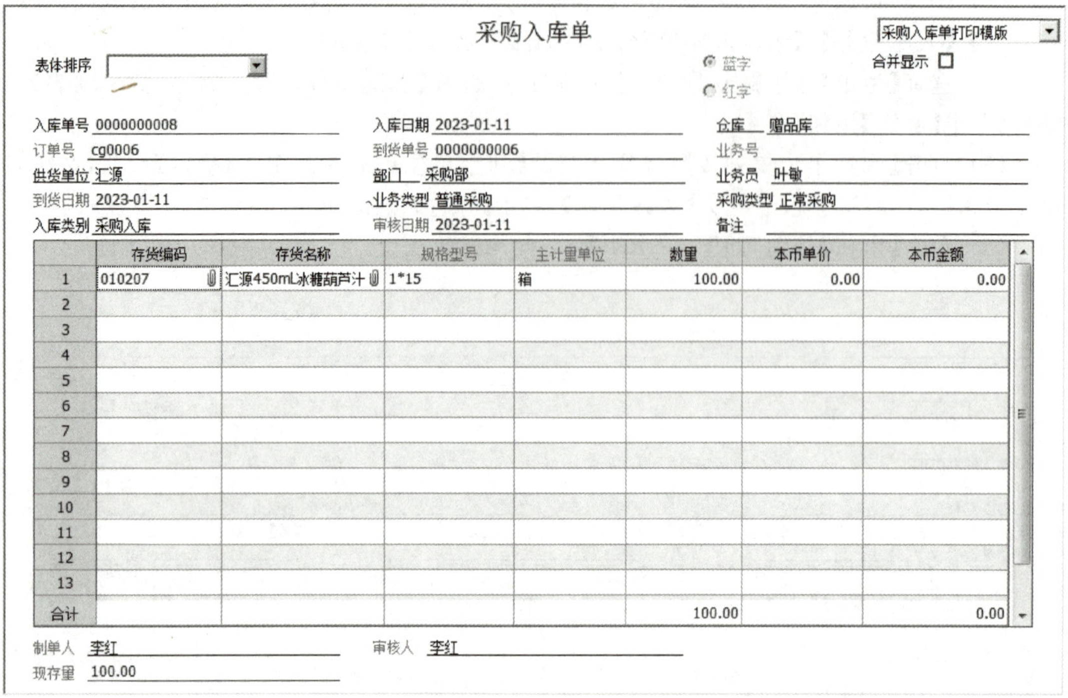

采购入库单

采购入库单打印模版

表体排序　　蓝字　红字　合并显示 □

入库单号 0000000008　入库日期 2023-01-11　仓库 赠品库

订单号 cg0006　到货单号 0000000006　业务号

供货单位 汇源　部门 采购部　业务员 叶敏

到货日期 2023-01-11　业务类型 普通采购　采购类型 正常采购

入库类别 采购入库　审核日期 2023-01-11　备注

	存货编码	存货名称	规格型号	主计量单位	数量	本币单价	本币金额
1	010207	汇源450mL冰糖葫芦汁	1*15	箱	100.00	0.00	0.00
2							
3							
4							
5							
6							
7							
8							
9							
10							
11							
12							
13							
合计					100.00		0.00

制单人 李红　审核人 李红

现存量 100.00

图 4-135 【采购入库单】窗口

(3) 系统弹出【拷贝并执行】窗口，选中所要拷贝的采购订单，单击【确定】按钮，系统自动生成采购专用发票，输入发票号为【59821926】，单击【保存】按钮，如图 4-136 所示。

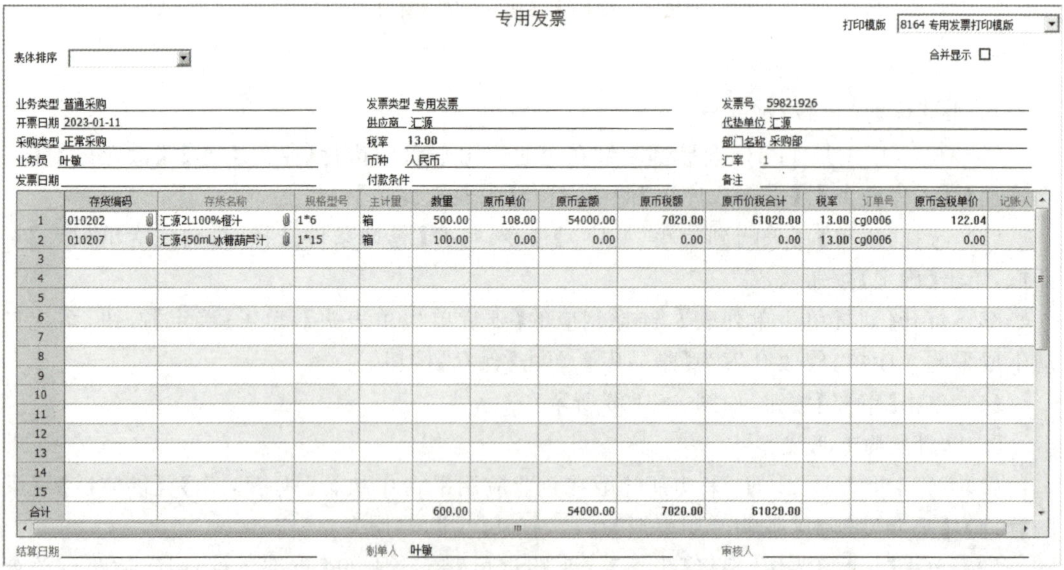

专用发票

打印模版 8164 专用发票打印模版

表体排序　合并显示 □

业务类型 普通采购　发票类型 专用发票　发票号 59821926

开票日期 2023-01-11　供应商 汇源　代垫单位 汇源

采购类型 正常采购　税率 13.00　部门名称 采购部

业务员 叶敏　币种 人民币　汇率 1

发票日期　付款条件　备注

	存货编码	存货名称	规格型号	主计量	数量	原币单价	原币金额	原币税额	原币价税合计	税率	订单号	原币含税单价	记账人
1	010202	汇源2L100%橙汁	1*6	箱	500.00	108.00	54000.00	7020.00	61020.00	13.00	cg0006	122.04	
2	010207	汇源450mL冰糖葫芦汁	1*15	箱	100.00	0.00	0.00	0.00	0.00	13.00	cg0006	0.00	
3													
4													
5													
6													
7													
8													
9													
10													
11													
12													
13													
14													
15													
合计					600.00		54000.00	7020.00	61020.00				

结算日期　制单人 叶敏　审核人

图 4-136 【采购专用发票】窗口

6. 采购结算(手工结算)

(1) 2023 年 1 月 11 日,采购部叶敏在企业应用平台中执行【业务工作】|【供应链】|【采购管理】|【采购结算】|【手工结算】命令,打开【手工结算】窗口。

(2) 单击【选单】按钮,打开【结算选单】窗口。

(3) 单击【查询】按钮,打开【查询条件选择-采购手工结算】对话框。

(4) 选择相应的采购发票和入库单,如图 4-137 所示,单击【确定】按钮。

结算选单

定位 查询 设置 全选 全消 确定 匹配 栏目 滤设 刷新 退出

结算选发票列表　☑ 扣税类别不同时给出提示

记录总数: 2

选择	供应商简称	存货名称	制单人	发票号	供应商编号	供应商名称	开票日期	存货编码	规格型号	币种	数量	计量单位	单价	金额
Y	汇源	汇源2L100%橙汁	叶敏	59821926	0002	汇源果汁有限...	2023-01-11	010202	1*6	人民币	500.00	箱	108.00	54,000.00
	汇源	汇源450mL冰糖葫芦汁	叶敏	59821926	0002	汇源果汁有限...	2023-01-11	010207	1*15	人民币	100.00	箱	0.00	0.00
合计														

结算选入库单列表

记录总数: 3

选择	供应商简称	存货名称	仓库名称	入库单号	供货商编码	供应商名称	入库日期	仓库编码	制单人	币种	存货编码	规格型号	入库数量	计量单位	件数	单价	金额	暂估金额
	君乐宝	君乐宝200mL香...	乳制品库	0000000001	0001	君乐宝乳业有限公司	2022-12-18	01	李金泽	人民币	010103	1*24	200.00	箱	0.00	36.00	7,200.00	7,200.00
	君乐宝	君乐宝200mL优...	乳制品库	0000000003	0001	君乐宝乳业有限公司	2023-01-02	01	李红	人民币	010102	1*24	500.00	箱	0.00	48.00	24,000.00	24,000.00
Y	汇源	汇源2L100%橙汁	果蔬汁库	0000000007	0002	汇源果汁有限公司	2023-01-11	02	李红	人民币	010202	1*6	500.00	箱	0.00	108.00	54,000.00	54,000.00
合计																		

图 4-137 【结算选单】窗口

(5) 系统回到【手工结算】窗口,如图 4-138 所示,单击【结算】按钮,系统显示【完成结算】。

结算汇总

单据类型	存货编号	存货名称	单据号	结算数量	发票数量	合理损耗数量	非合理损耗数量	非合理损耗金额
采购发票		汇源2L100%橙汁	59821926		500.00			
采购入库单	010202		0000000007	500.00				
		合计		500.00	500.00	0.00	0.00	0.00

选择费用分摊方式: ⊙ 按金额 ○ 按数量　☐ 相同供应商

费用名称	发票号	开票日期	供货单位	代垫单位	规格型号	计量单位	数量	单

图 4-138 【结算汇总】窗口

7. 应付单据审核与制单

(1) 2023 年 1 月 11 日,财务部黄小明在企业应用平台中执行【业务工作】|【财务会计】|【应付款管理】|【应付单据处理】|【应付单据审核】命令,打开【应付单据查询条件】对话框。

(2) 单击【确定】按钮,系统弹出【应付单据列表】窗口,如图 4-139 所示。

(3) 双击【选择】栏,或单击【全选】按钮,单击【审核】按钮,系统完成审核并给出审核报告。

应付单据列表

记录总数: 1

选择	审核人	单据日期	单据类型	单据号	供应商名称	部门	业务员	制单人	币种	汇率	原币金额	本币金额	备注
	黄小明	2023-01-11	采购专用发票	59821926	汇源果汁有限公司	采购部	叶敏	叶敏	人民币	1.00000000	61,020.00	61,020.00	
合计											61,020.00	61,020.00	

图 4-139 【应付单据列表】窗口

(4) 执行【制单处理】命令，打开【制单查询】窗口，选择【发票制单】。
(5) 单击【确定】按钮，打开【采购发票制单】窗口。
(6) 凭证类别选择【记账凭证】，再单击【全选】按钮，选中要制单的【采购专用发票】。
(7) 单击【制单】按钮，生成一张记账凭证，单击【保存】按钮，如图 4-140 所示。

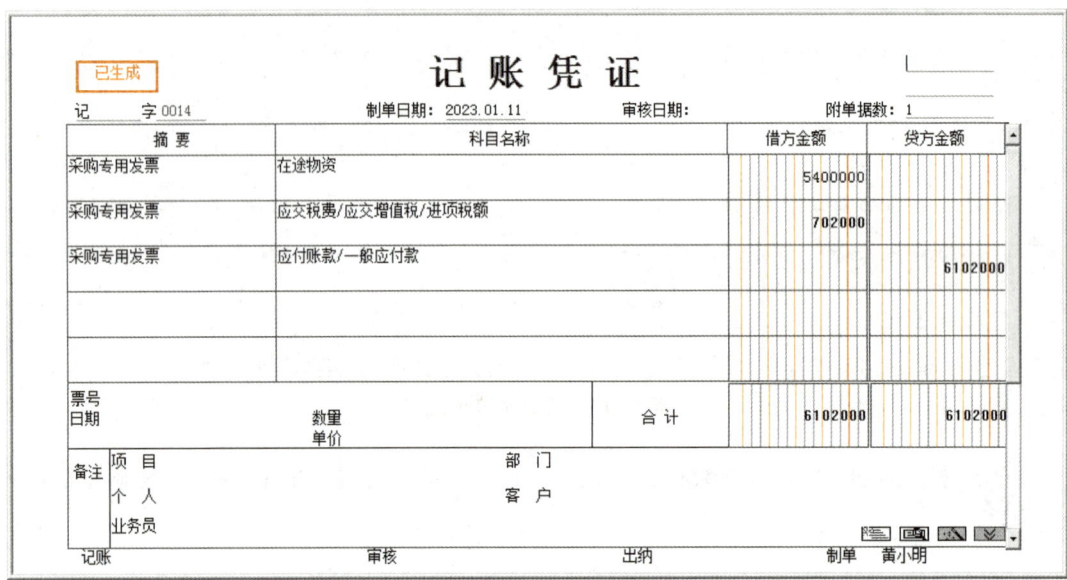

图 4-140 【记账凭证】窗口

8. 核算采购成本

(1) 2023 年 1 月 11 日，财务部黄小明在企业应用平台中执行【业务工作】|【供应链】|【存货核算】|【业务核算】|【正常单据记账】命令，打开【查询条件选择】对话框。
(2) 单击【确定】按钮，打开【正常单据记账列表】窗口。
(3) 双击选择第 2 条记录，如图 4-141 所示。

选择	日期	单据号	存货编码	存货名称	规格型号	存货代码	单据类型	仓库名称	收发类别	数量	单价	金额
	2023-01-02	0000000003	010102	君乐宝200ml	1*24		采购入库	乳制品库	采购入库	500.00	48.00	24,000.00
	2023-01-11	0000000007	010202	汇源2L100%橙汁	1*6		采购入库	果蔬汁库	采购入库	500.00	108.00	54,000.00
小计										1,000.00		78,000.00

图 4-141 【正常单据记账列表】窗口

(4) 单击【记账】按钮，将采购入库单记账，系统提示【记账成功】。
(5) 单击【确定】按钮。
(6) 执行【财务核算】|【生成凭证】命令，打开【查询条件】对话框。
(7) 单击【确定】按钮，打开【未生成凭证单据一览表】窗口。
(8) 单击【选择】栏，或单击【全选】按钮，选中待生成凭证的单据，单击【确定】按钮。

(9) 凭证类别选择【记账凭证】,如图 4-142 所示。

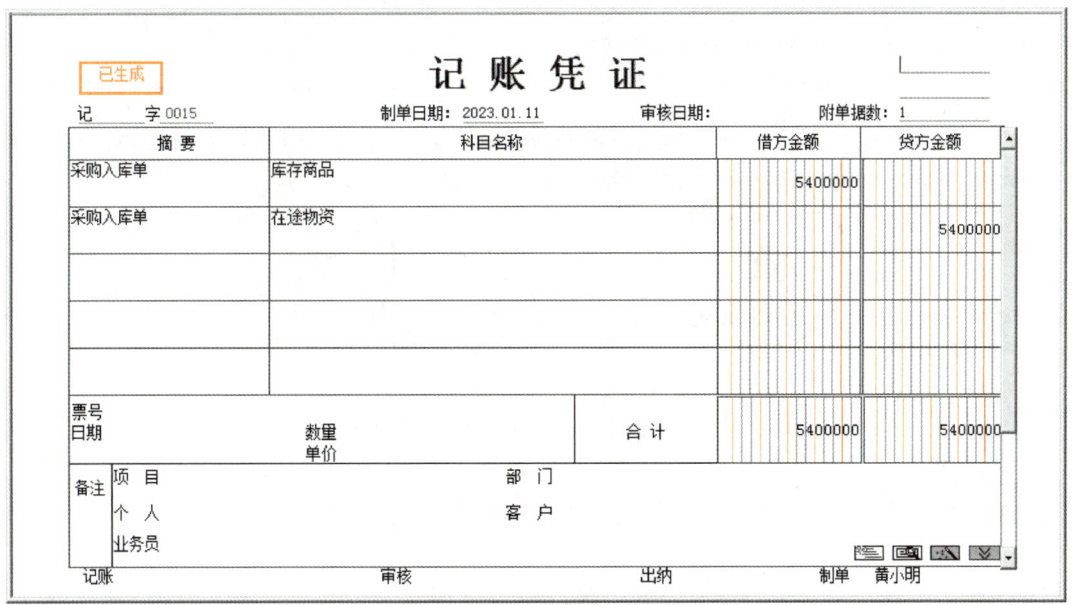

图 4-142 【生成凭证】窗口

(10) 单击【生成】按钮,生成一张记账凭证,单击【保存】按钮,如图 4-143 所示。

图 4-143 【记账凭证——采购入库单】窗口

业 务 二

特殊采购业务二

【业务描述】 2023 年 1 月 13 日,采购部王宏伟与君乐宝乳业签订采购合同,采购君乐宝 200 mL 香蕉牛奶,货已验收入库。取得与该业务相关的凭证如图 4-144~图 4-147 所示。

【业务解析】 本笔业务是签订采购合同、采购到货、入库、收到采购专用发票并以银行承兑汇票背书形式支付货款的业务。

【岗位说明】 采购部叶敏填制采购订单(审核)、采购到货单(审核)、采购专用发票;仓储部李红填制采购入库单(审核);财务部黄小明进行银行承兑汇票背书;财务部黄小明办理转账(应付冲应收)、核销、审核发票、单据记账并制单。

【业务流程】 本笔业务流程如图 4-148 所示。

购销合同

供货方：君乐宝乳业有限公司　　　　　　　　合同号：cg0007
购买方：洪福商贸有限公司　　　　　　　　　签订日期：2023年01月13日

经双方协议，订立本合同如下：

商品型号	名　称	数　量	单　价	总　额	其他要求
1*24	君乐宝200mL香蕉牛奶	200.00	40.68	8136.00	
合　计		200.00		¥8136.00	

货款合计（大写）：人民币捌仟壹佰叁拾陆元整．
质量验收标准：验收合格．
交货日期：2023年1月13日．
交货地点：芜湖市鸠江区弋江路48号，洪福商贸有限公司．
结算方式：银行承兑汇票，付款时间：2023年1月13日．
发运方式：公路运输．运费由销售方承担．
违约条款：违约方需赔偿对方一切经济损失。但遇天灾人祸或其他不可抗力因素而导致延误交货，购买方不能要求供货方赔偿任何损失。
解决合同纠纷的方式：经双方有好协商解决。如协商不成的，可向当地仲裁委员会提出申诉解决。
本合同一式两份，供需双方各执一份，自签订之日起生效。

供货方（盖章）　　　　　　　　　　　　　购买方（盖章）
地　址：石家庄市石铜路68号　　　　　　　地　址：芜湖市鸠江区弋江路48号
法定代表：印天佑　　　　　　　　　　　　法定代表：李金泽
联系电话：0311-83830137　　　　　　　　联系电话：0553-5820888

图4‑144 【业务二——购销合同】凭证

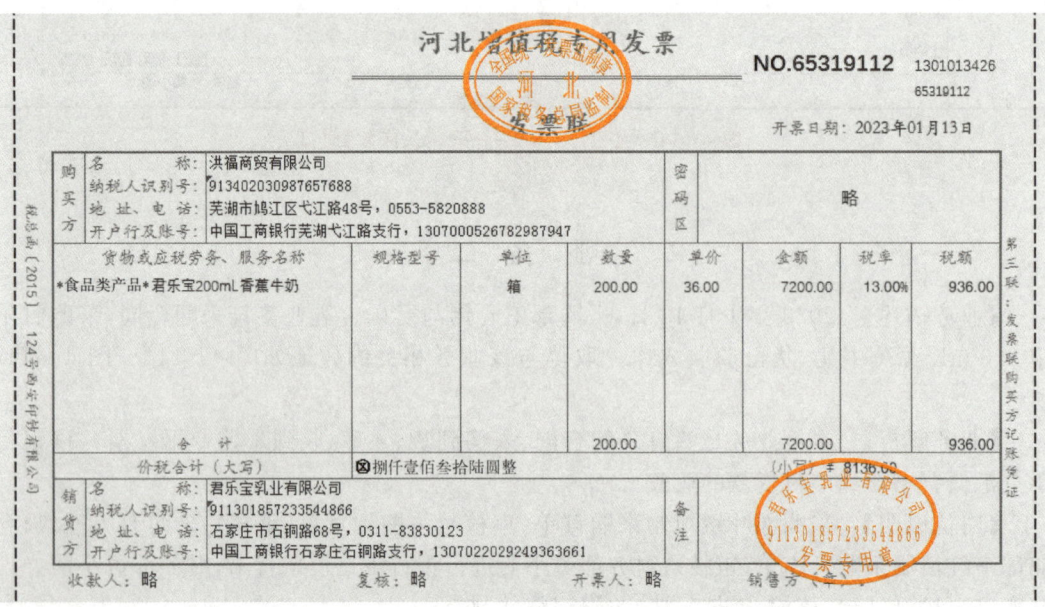

图4‑145 【业务二——增值税专用发票】凭证

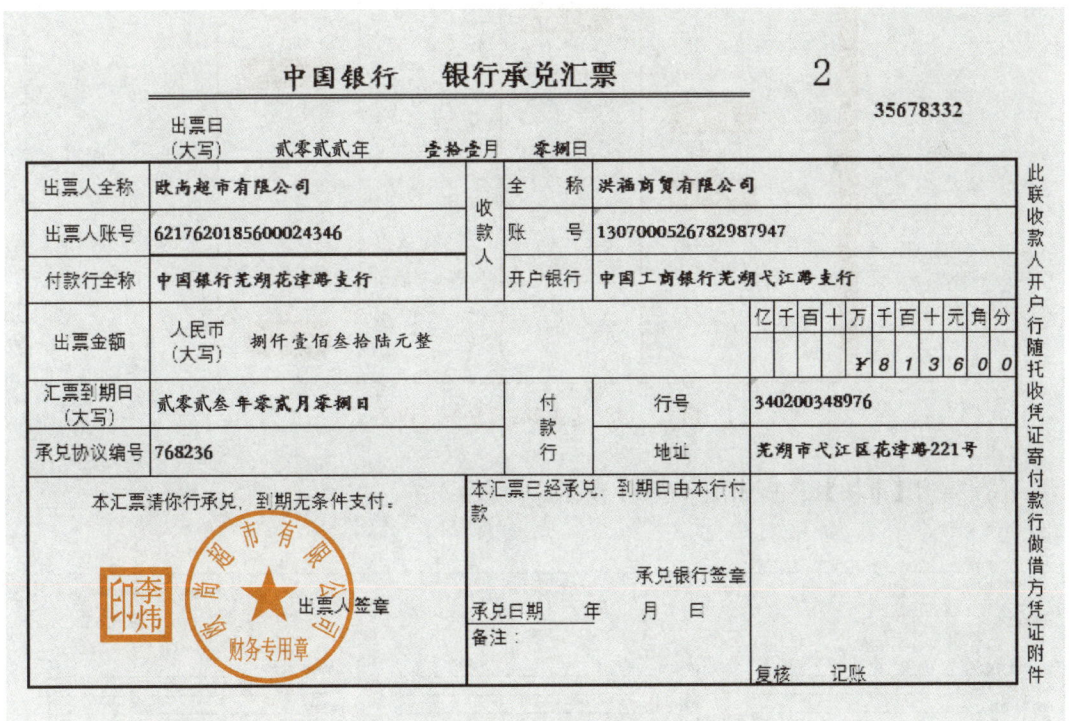

图 4-146 【业务二——入库单】凭证

图 4-147 【业务二——银行承兑汇票】凭证

〔操作指导〕

1. 填制采购订单

(1) 2023 年 1 月 13 日,采购部叶敏在企业应用平台中执行【业务工作】|【供应链】|【采购管理】|【采购订货】|【采购订单】命令,打开【采购订单】窗口。

(2) 单击【增加】按钮,修改订单编号为【cg0007】,采购类型选择【正常采购】,供应商选择【君乐宝】,税率修改为【13.00】;在表体中,存货编码选择【010103(君乐宝 200 mL 香蕉牛奶)】,输入数量为【200.00】,原币含税单价为【40.68】,修改计划到货日期为【2023-01-13】,其他信息由系统自动带出,单击【保存】按钮。

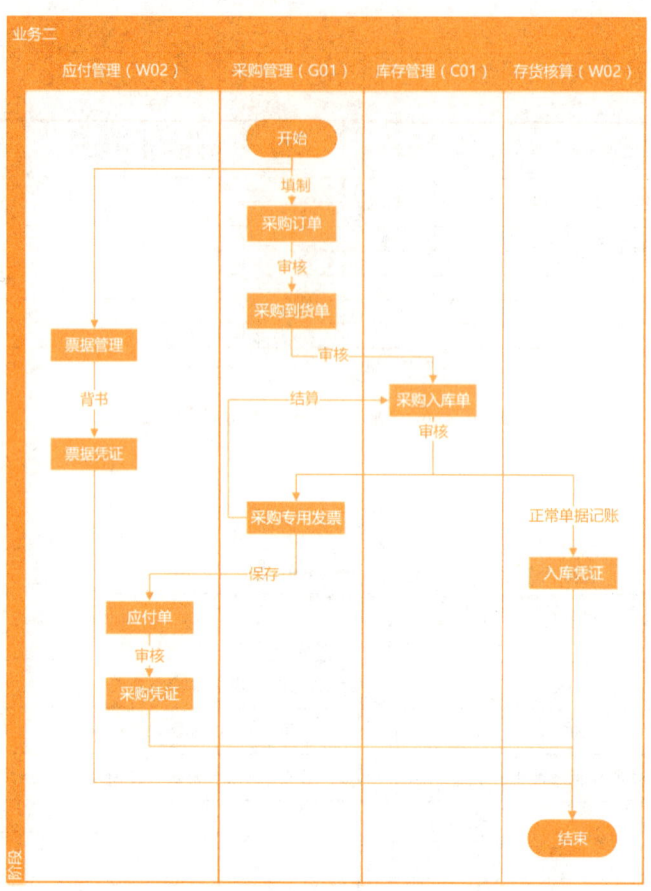

图 4-148 【业务二】业务流程图

（3）单击【审核】按钮，如图 4-149 所示。

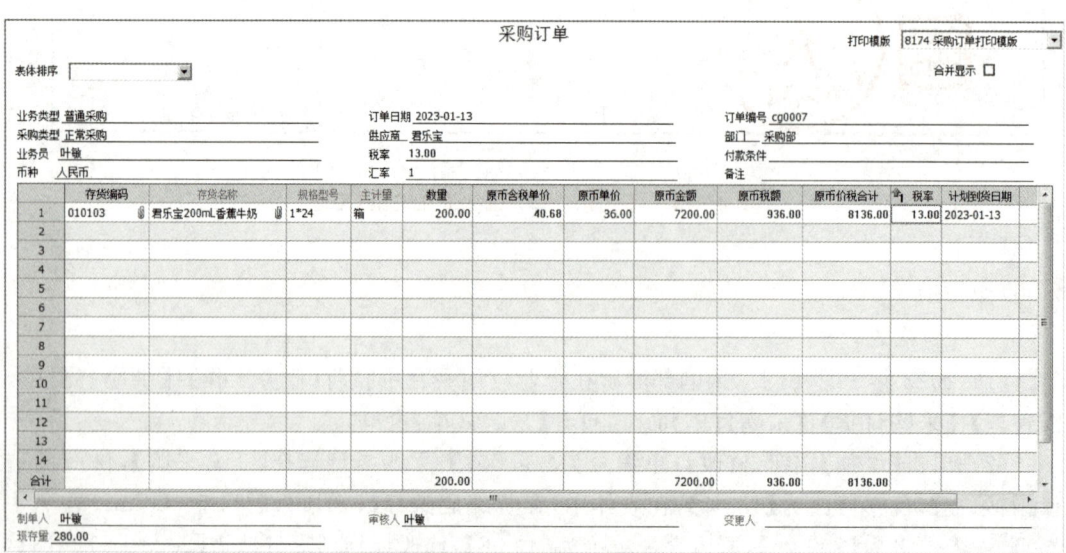

图 4-149 【采购订单】窗口

2. 生成采购到货单

（1）2023年1月13日，采购部叶敏在企业应用平台中执行【业务工作】|【供应链】|【采购管理】|【采购到货】|【到货单】命令，打开【到货单】窗口。

（2）单击【增加】按钮，选择【生单】|【采购订单】命令，打开【查询条件选择-采购订单列表过滤】对话框，单击【确定】按钮。

（3）系统弹出【拷贝并执行】窗口，选中所要拷贝的采购订单，单击【确定】按钮，系统自动生成到货单，单击【保存】按钮。

（4）单击【审核】按钮。根据采购订单生成的采购到货单如图4-150所示。

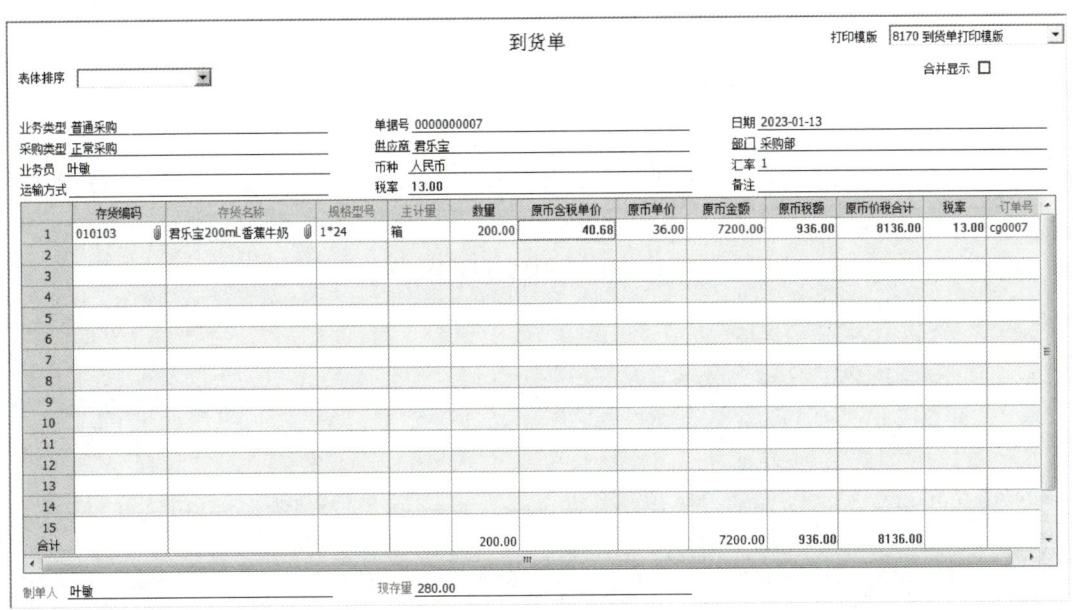

图4-150 【到货单】窗口

3. 生成采购入库单

（1）2023年1月13日，仓储部李红在企业应用平台中执行【业务工作】|【供应链】|【库存管理】|【入库业务】|【采购入库单】命令，打开【采购入库单】窗口。

（2）选择【生单】|【采购到货单（蓝字）】命令，打开【查询条件选择-采购到货单列表】对话框，单击【确定】按钮。

（3）打开【到货单生单列表】，选择相应的到货单生单表头，单击【确定】按钮，系统自动生成采购入库单，修改仓库为【乳制品库】，单击【保存】按钮。

（4）单击【审核】按钮，如图4-151所示。

4. 填制采购专用发票

（1）2023年1月13日，采购部叶敏在企业应用平台中执行【业务工作】|【供应链】|【采购管理】|【采购发票】|【采购专用发票】命令，打开【采购专用发票】窗口。

（2）单击【增加】按钮，选择【生单】|【入库单】命令，打开【查询条件选择-采购入库单列表过滤】对话框，单击【确定】按钮。

（3）系统弹出【拷贝并执行】窗口，选中所要拷贝的采购入库单，单击【确定】按钮，系统

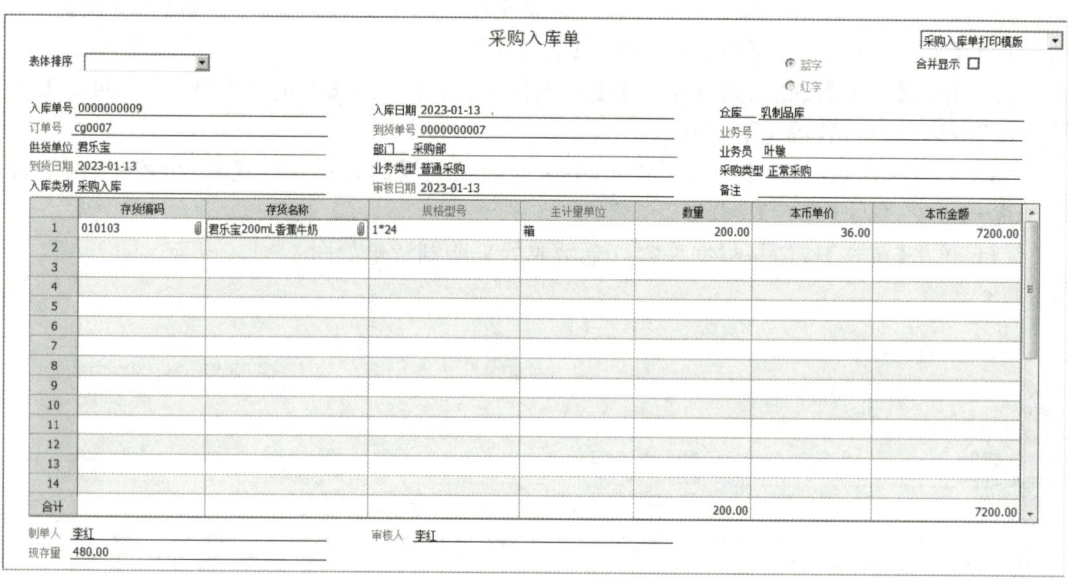

图 4-151 【采购入库单】窗口

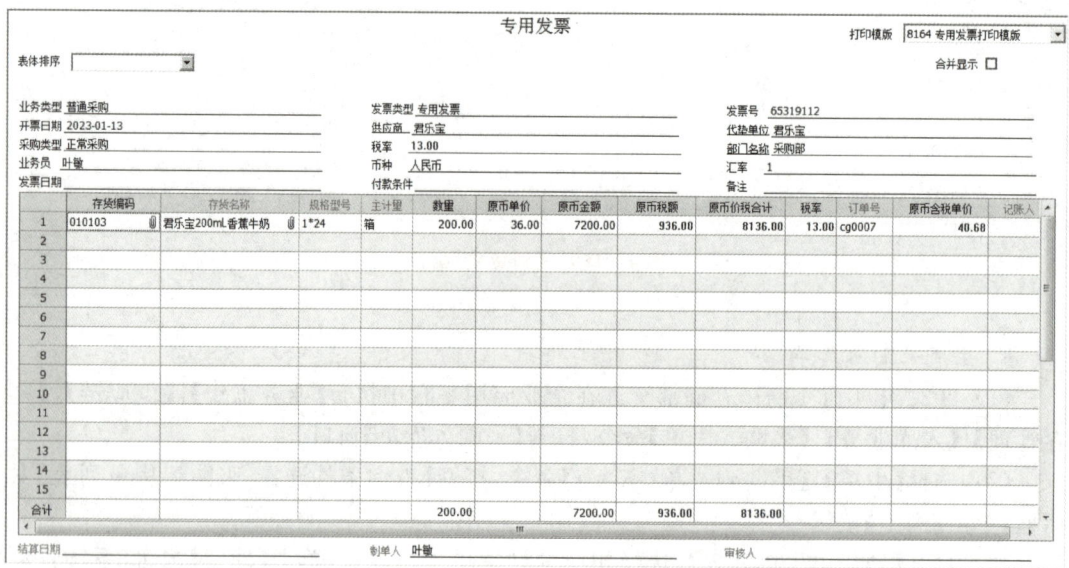

图 4-152 【采购专用发票】窗口

自动生成采购专用发票,修改发票号为【65319112】,单击【保存】按钮,如图 4-152 所示。

5. 采购结算(自动结算)

(1) 2023 年 1 月 13 日,采购部叶敏在企业应用平台中执行【业务工作】|【供应链】|【采购管理】|【采购结算】|【自动结算】命令,打开【查询条件选择-采购自动结算】对话框,结算模式选择【入库单和发票】,如图 4-153 所示。

(2) 单击【确定】按钮,系统提示【成功处理了[1]条记录】,如图 4-154 所示。

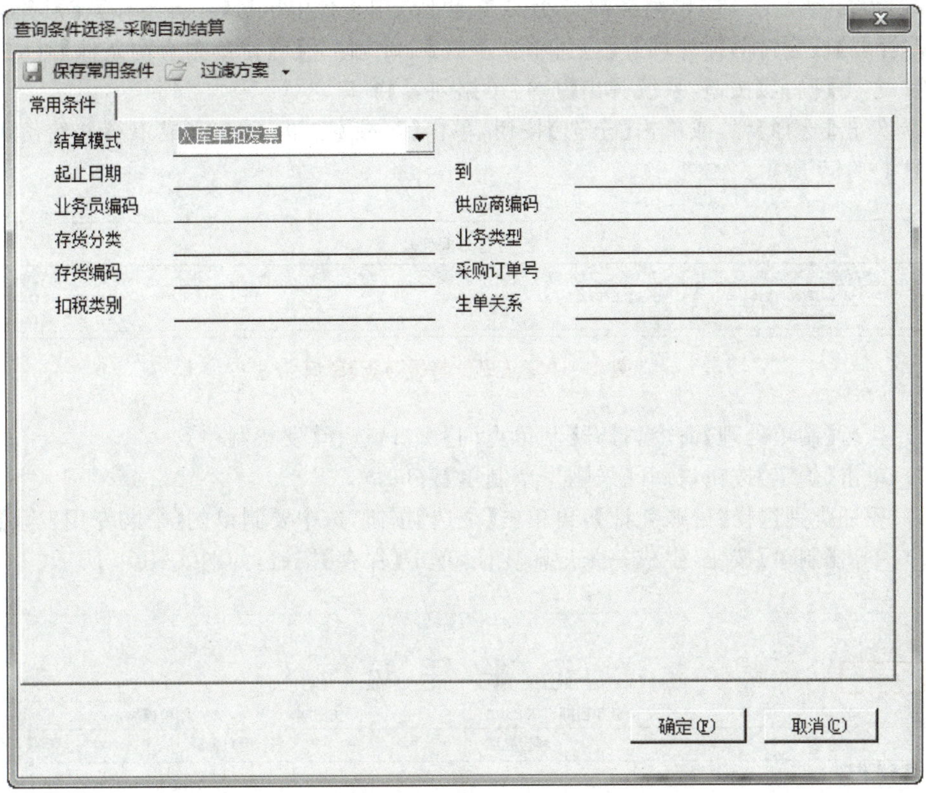

图 4－153 【查询条件选择-采购自动结算】对话框

图 4－154 【结算成功】提示框

6. 应付单据审核与制单

(1) 2023 年 1 月 13 日,财务部黄小明在企业应用平台中执行【业务工作】|【财务会计】|【应付款管理】|【应付单据处理】|【应付单据审核】命令,打开【应付单据查询条件】对话框。

(2) 单击【确定】按钮,系统弹出【应付单据列表】窗口。

(3) 双击【选择】栏,或单击【全选】按钮,单击【审核】按钮,系统完成审核并给出审核报告,如图 4-155 所示。

应付单据列表

记录总数:1

选择	审核人	单据日期	单据类型	单据号	供应商名称	部门	业务员	制单人	币种	汇率	原币金额	本币金额	备注
	黄小明	2023-01-13	采购专用发票	65319112	君乐宝乳业有限公司	采购部	叶敏	叶敏	人民币	1.00000000	8,136.00	8,136.00	
合计											8,136.00	8,136.00	

图 4-155 【应付单据列表】窗口

(4) 执行【制单处理】命令,打开【制单查询】窗口,选择【发票制单】。

(5) 单击【确定】按钮,打开【采购发票制单】窗口。

(6) 凭证类别选择【记账凭证】,再单击【全选】按钮,选中要制单的【采购专用发票】。

(7) 单击【制单】按钮,生成一张记账凭证,单击【保存】按钮,如图 4-156 所示。

已生成

记账凭证

记 字 0016 制单日期: 2023.01.13 审核日期: 附单据数: 1

摘要	科目名称	借方金额	贷方金额
采购专用发票	在途物资	720000	
采购专用发票	应交税费/应交增值税/进项税额	93600	
采购专用发票	应付账款/一般应付款		813600
票号 日期 数量 单价	合计	813600	813600

备注 项目 部门
个人 客户
业务员

记账 审核 出纳 制单 黄小明

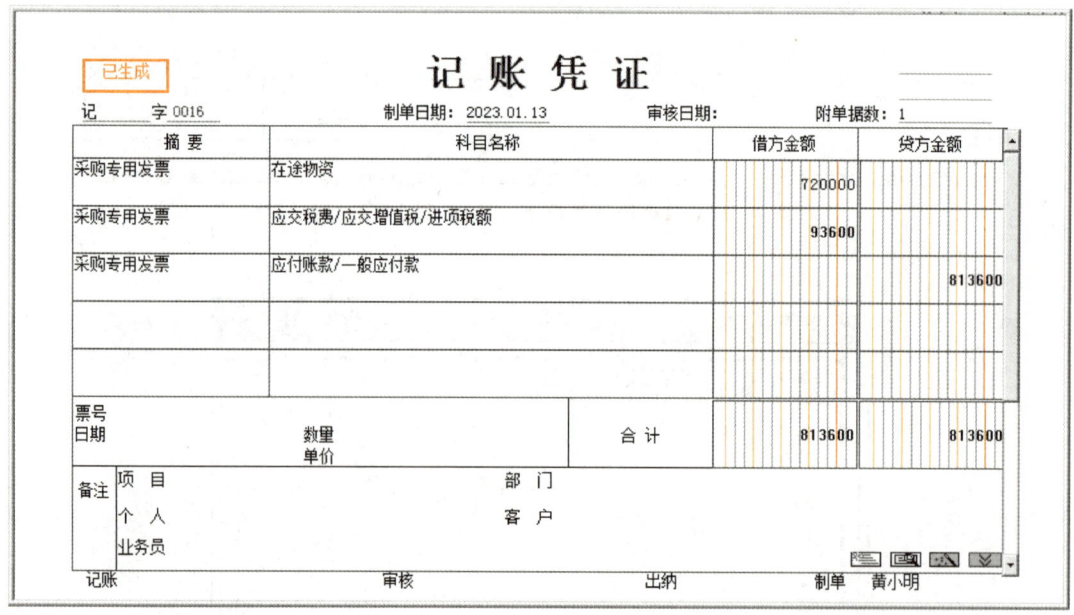

图 4-156 【记账凭证】窗口

7. 票据处理

(1) 2023 年 1 月 13 日,财务部黄小明在企业应用平台中执行【业务工作】|【财务会计】|【应收款管理】|【票据管理】命令,打开【票据管理】窗口,选择需要背书的票据,如图 4-157 所示。

票据管理

票据总数:1

记录总数:1

选择	序号	方向	票据类型	收到日期	票据编号	银行名称	票据摘要	币种	出票日期	结算方式	背书人	背书金额	金额	汇率	票面利率	票面余额	出票人
Y	1	收款	银行承兑汇票	2022-11-08	35678332			人民币	2022-11-08			0.00	8,136.00		0	8,136.00	欧尚超市有限公司
合计												0.00	8,136.00			8,136.00	

图 4-157 【票据管理】窗口

（2）单击【背书】按钮，系统弹出【票据背书】对话框，被背书人选择【0001】，如图 4－158 所示。

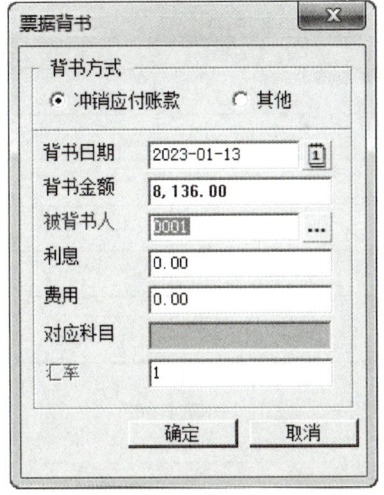

图 4－158 【票据背书】对话框

（3）单击【确定】按钮，系统弹出【冲销应付账款】对话框，输入转账金额为【8 136.00】，如图 4－159 所示，单击【确定】按钮，系统提示【是否立即制单？】，选择【是】，生成凭证如图 4－160 所示。

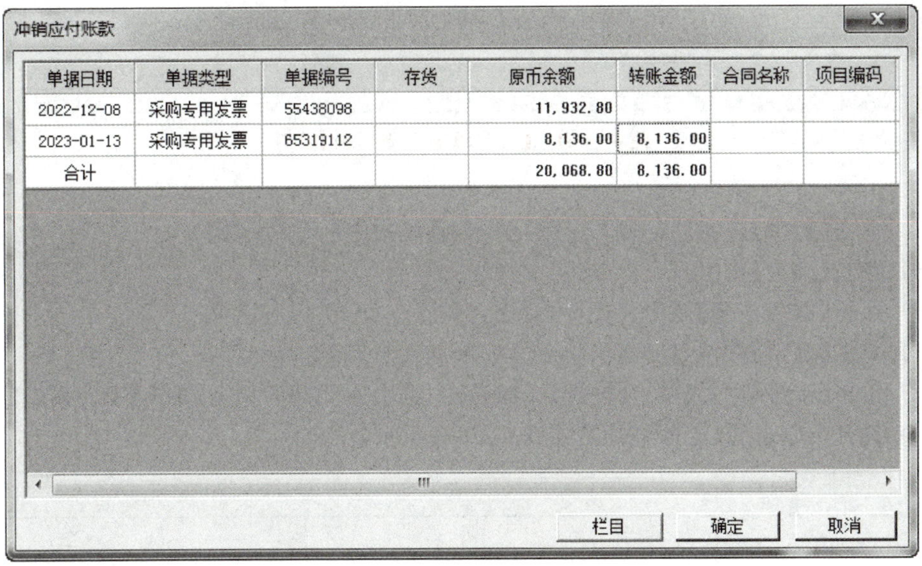

图 4－159 【冲销应付账款】对话框

8. 核算采购成本

（1）2023 年 1 月 13 日，财务部黄小明在企业应用平台中执行【业务工作】|【供应链】|【存货核算】|【业务核算】|【正常单据记账】命令，打开【查询条件选择】对话框。

已生成

记账凭证

记 字 0017 制单日期：2023.01.13 审核日期： 附单据数：1

摘要	科目名称	借方金额	贷方金额
背书冲应付	应付账款/一般应付款	813600	
票据背书	应收票据/银行承兑汇票		813600
票号 日期	数量 单价	合计 813600	813600

备注 项目 部门

个人 供应商 君乐宝

业务员 叶敏

记账 审核 出纳 制单 黄小明

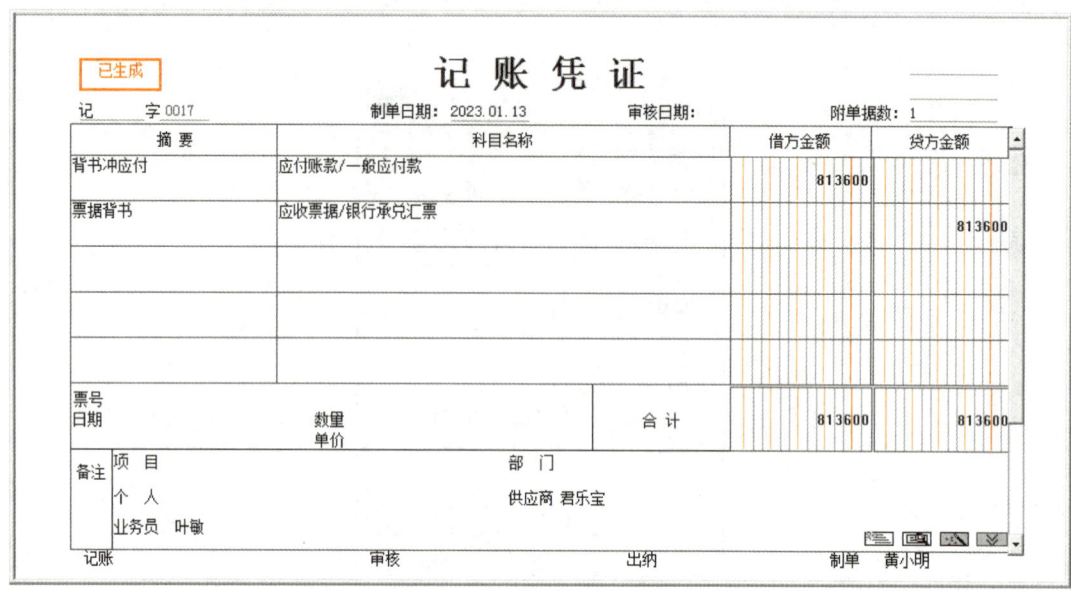

图 4-160 【记账凭证】窗口

（2）单击【确定】按钮，打开【正常单据记账列表】窗口。

（3）双击选择第 2 条记录，如图 4-161 所示。

正常单据记账列表

记录总数：2

选择	日期	单据号	存货编码	存货名称	规格型号	存货代码	单据类型	仓库名称	收发类别	数量	单价	金额
	2023-01-02	0000000003	010102	君乐宝200mL优致牧...	1*24		采购入库单	乳制品库	采购入库	500.00	48.00	24,000.00
Y	2023-01-13	0000000009	010103	君乐宝200mL香蕉牛奶	1*24		采购入库单	乳制品库	采购入库	200.00	36.00	7,200.00
小计										700.00		31,200.00

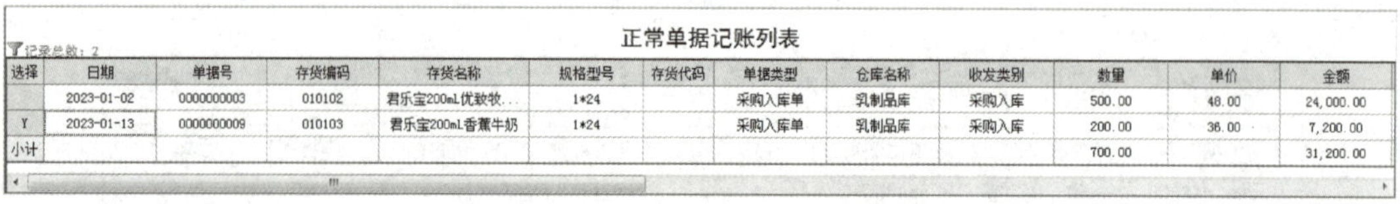

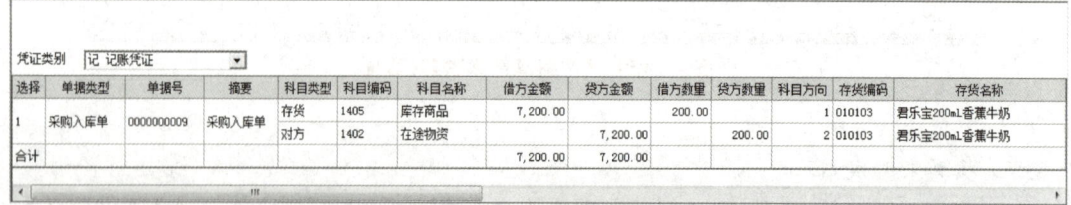

图 4-161 【正常单据记账列表】窗口

（4）单击【记账】按钮，将采购入库单记账，系统提示【记账成功】。

（5）单击【确定】按钮。

（6）执行【财务核算】|【生成凭证】命令，打开【查询条件】对话框。

（7）单击【确定】按钮，打开【未生成凭证单据一览表】窗口。

（8）单击【选择】栏，或单击【全选】按钮，选中待生成凭证的单据，单击【确定】按钮。

（9）凭证类别选择【记账凭证】，如图 4-162 所示。

凭证类别 记 记账凭证

选择	单据类型	单据号	摘要	科目类型	科目编码	科目名称	借方金额	贷方金额	借方数量	贷方数量	科目方向	存货编码	存货名称
1	采购入库单	0000000009	采购入库单	存货	1405	库存商品	7,200.00		200.00		1	010103	君乐宝200mL香蕉牛奶
				对方	1402	在途物资		7,200.00		200.00	2	010103	君乐宝200mL香蕉牛奶
合计							7,200.00	7,200.00					

图 4-162 【生成凭证】窗口

(10) 单击【生成】按钮,生成一张记账凭证,单击【保存】按钮,如图 4-163 所示。

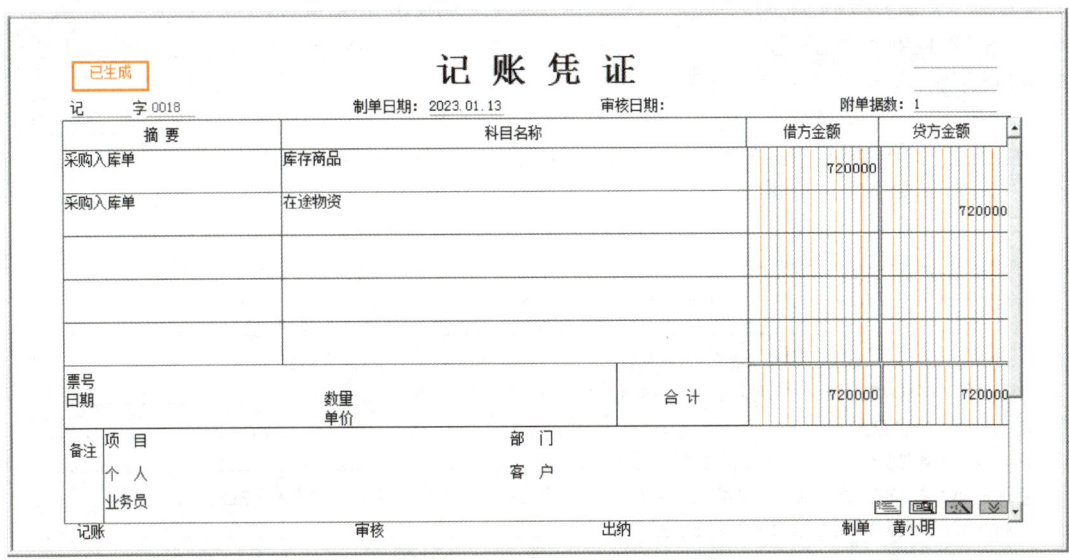

图 4-163 【记账凭证】窗口

实训三 受托代销业务处理

业 务 一

受托代销
业务一

【业务描述】 2023 年 1 月 13 日,采购部叶敏与农夫山泉有限公司签订委托代销合同,收到受托代销商品农夫果园 380 mL 100% 番茄果蔬汁、农夫果园 380 mL 100% 橙汁。取得与该业务相关的凭证如图 4-164、图 4-165 所示。

【业务解析】 本笔业务是签订收取手续费方式的委托代销合同,代销商品到货、入库的业务。

【岗位说明】 采购部叶敏填制采购订单(审核)、采购到货单(审核);仓储部李红填制采购入库单(审核)。

【业务流程】 本笔业务流程如图 4-166 所示。

[操作指导]

1. 填制采购订单

(1) 2023 年 1 月 13 日,采购部叶敏在企业应用平台中执行【业务工作】|【供应链】|【采购管理】|【采购订货】|【采购订单】命令,打开【采购订单】窗口。

(2) 单击【增加】按钮,业务类型选择【受托代销】,修改订单编号为【wt0001】,采购类型选择【受托采购】,供应商选择【农夫山泉】,税率修改为【13.00】;在表体中存货编码分别选择【010208(农夫果园 380 mL 100% 番茄果蔬汁)】和【010209(农夫果园 380 mL 100% 橙汁)】,输入数量分别为【500.00】和【500.00】,原币含税单价分别为【122.04】和【122.04】,计划到货

购销合同

委托方：农夫山泉有限公司　　合同号：WT0001

受托方：洪福商贸有限公司　　签订日期：2023年01月13日

经双方协议，订立本合同如下：

商品型号	名称	数量	单价	总额	其他要求
1*24	农夫果园380ml 100%番茄果蔬汁	500.00	122.04	61020.00	
1*24	农夫果园380ml 100%橙汁	500.00	122.04	61020.00	
合计		1000.00		¥122040.00	
货款合计（大写）：人民币壹拾贰万贰仟零肆拾元整					

质量验收标准：双方约定，受托方洪福商贸有限公司以销货款（不含增值税）的10%收取手续费。

交货日期：2023年1月13日

交货地点：芜湖市鸠江区弋江路48号，洪福商贸有限公司。

结算方式：双方约定，每月15日，由洪福商贸有限公司开出代销清单，与委托方农夫山泉有限公司结算货款。

发运方式：公路运输。运费由委托方承担。

违约条款：违约方需赔偿对方一切经济损失。但遇天灾人祸或其他不可抗力因素而导致延误交货，购买方不能要求供货方赔偿任何损失。

解决合同纠纷的方式：经双方有好协商解决，如协商不成的，可向当地仲裁委员会提出申诉解决。

本合同一式两份，供需双方各执一份，自签订之日起生效。

委托方（盖章）：　　受托方（盖章）：

地　址：杭州市曙光路148号　　地　址：芜湖市鸠江区弋江路48号

法定代表：张晓天　　法定代表：李金泽

联系电话：0571-87631808　　联系电话：0553-5820888

图 4-164 【业务一——购销合同】凭证

入 库 单

2023年 01月 13日　　单号：0009

交货部门	采购部	发票号码		验收仓库	受托代销库	入库日期	2023-01-13
编号	名称及规格	单位	数量		实际价格		备注
			应收	实收	单价	金额	
010208	农夫果园380mL100%番茄果蔬汁	箱	500.00	500.00			
010209	农夫果园380mL100%橙汁	箱	500.00	500.00			
合计			1000.00	1000.00			

会计联

部门经理：略　　会计：略　　仓库：略　　经办人：略

图 4-165 【业务一——入库单】凭证

日期修改为【2023-01-13】，其他信息由系统自动带出，单击【保存】按钮。

(3) 单击【审核】按钮，审核填制的采购订单，如图 4-167 所示。

2. 生成采购到货单

(1) 2023 年 1 月 13 日，采购部叶敏在企业应用平台中执行【业务工作】|【供应链】|【采购管理】|【采购到货】|【到货单】命令，打开【到货单】窗口。

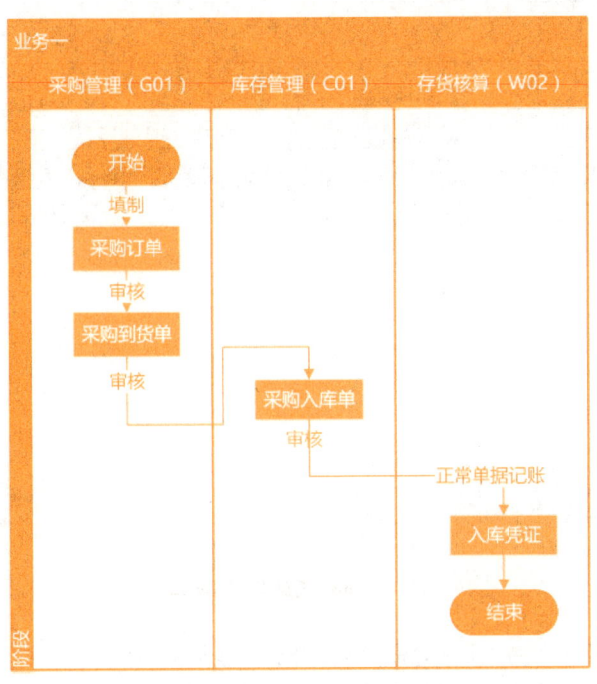

图 4-166 【业务一】业务流程图

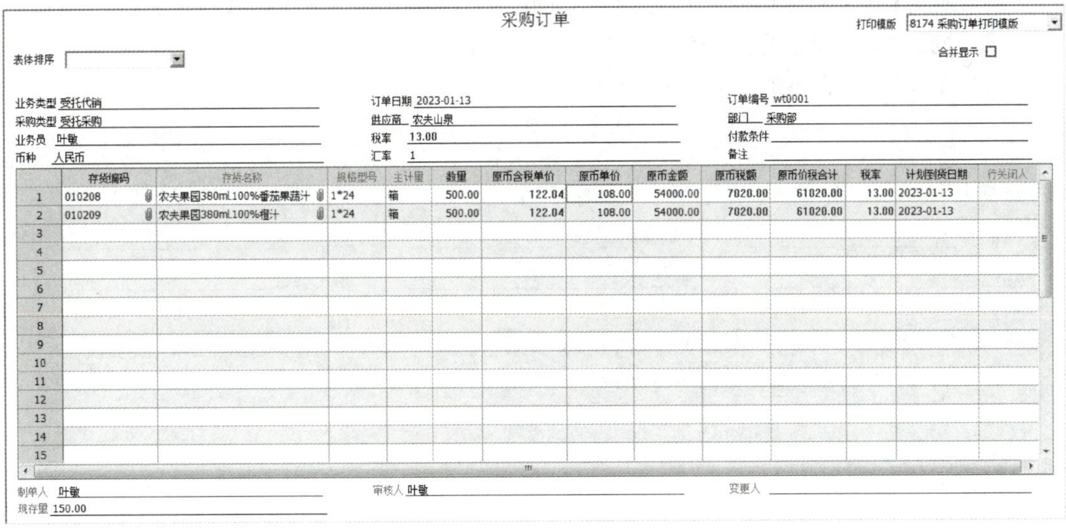

图 4-167 【采购订单】窗口

(2) 单击【增加】按钮,业务类型选择【受托代销】,选择【生单】|【采购订单】命令,打开【查询条件选择-采购订单列表过滤】对话框,单击【确定】按钮。

(3) 系统弹出【拷贝并执行】窗口,选中所要拷贝的采购订单,单击【确定】按钮,系统自动生成到货单,单击【保存】按钮。

(4) 单击【审核】按钮。根据采购订单生成的采购到货单如图 4-168 所示。

3. 生成采购入库单

(1) 2023 年 1 月 13 日,仓储部李红在企业应用平台中执行【业务工作】|【供应链】|【库

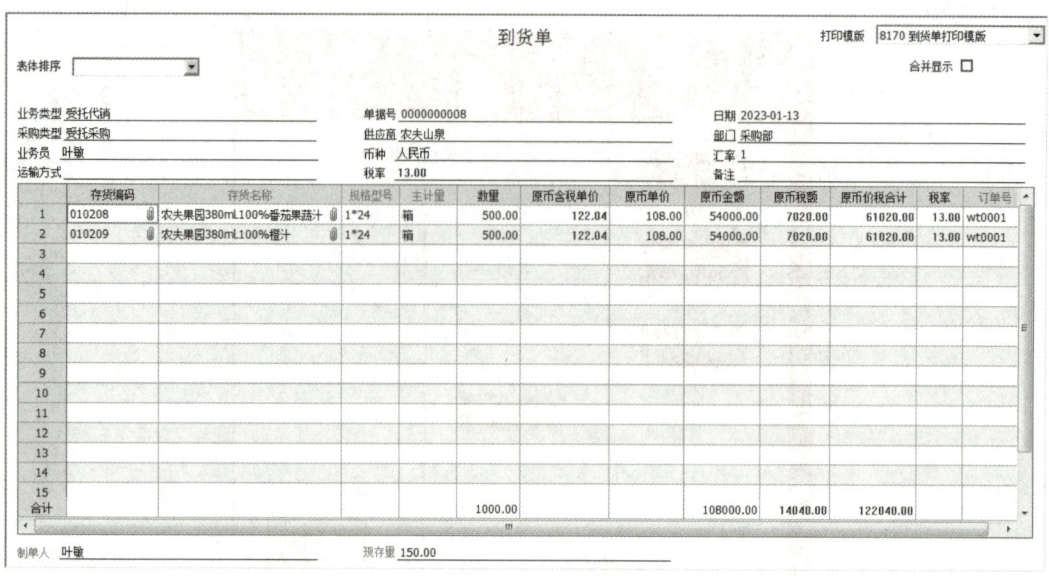

图 4-168 【到货单】窗口

存管理】|【入库业务】|【采购入库单】命令,打开【采购入库单】窗口。

(2) 选择【生单】|【采购到货单(蓝字)】命令,打开【查询条件选择-采购到货单列表】对话框,业务类型选择【受托代销】,单击【确定】按钮。

(3) 打开【到货单生单列表】,选择相应的【到货单生单表头】,单击【确定】按钮,系统自动生成采购入库单,修改仓库为【受托代销库】,单击【保存】按钮。

(4) 单击【审核】按钮,如图 4-169 所示。

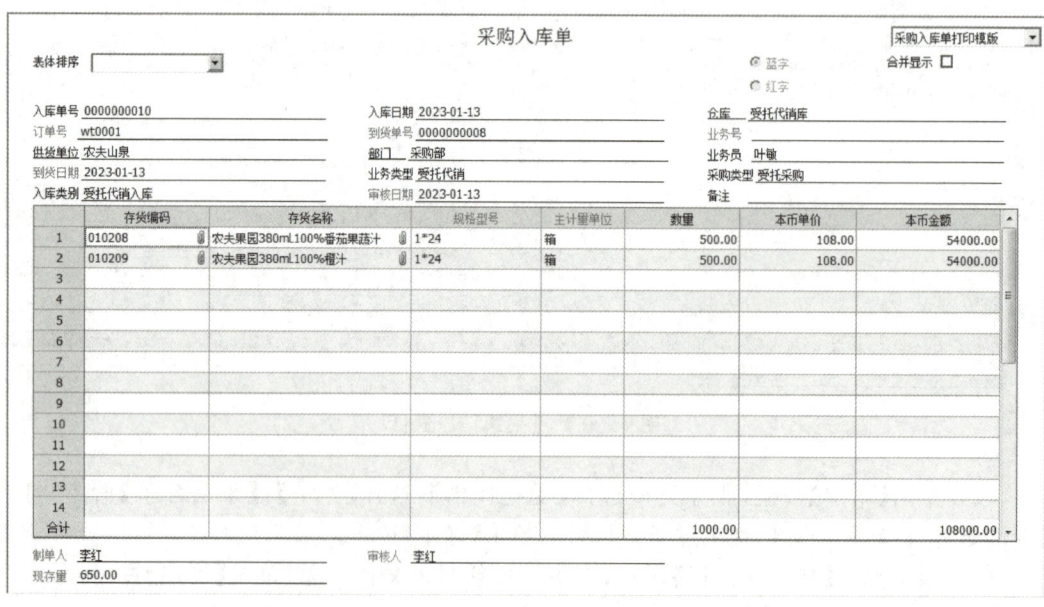

图 4-169 【采购入库单】窗口

4. 存货核算(代销品入库)

(1) 2023 年 1 月 13 日,财务部黄小明在企业应用平台中执行【业务工作】|【供应链】

【存货核算】|【业务核算】|【正常单据记账】命令，打开【查询条件选择】对话框。

（2）单击【确定】按钮，打开【正常单据记账列表】窗口。

（3）双击选择第 2、3 条记录，如图 4－170 所示。

正常单据记账列表

记录总数：3

选择	日期	单据号	存货编码	存货名称	规格型号	存货代码	单据类型	仓库名称	收发类别	数量	单价	金额
	2023-01-02	0000000003	010102	君乐宝200ml 优致牧场纯牛奶	1*24		采购入库单	乳制品库	采购入库	500.00	48.00	24,000.00
Y	2023-01-13	0000000010	010208	农夫果园380ml 100%番茄果蔬汁	1*24		采购入库单	受托代销库	受托代销入库	500.00	108.00	54,000.00
Y	2023-01-13	0000000010	010209	农夫果园380ml 100%橙汁	1*24		采购入库单	受托代销库	受托代销入库	500.00	108.00	54,000.00
小计										1,500.00		132,000.00

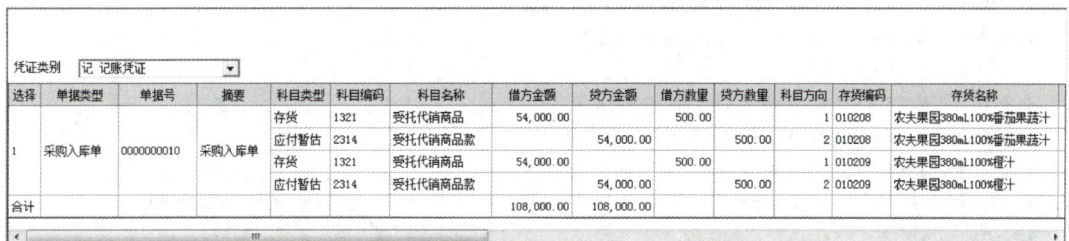

图 4－170　【正常单据记账列表】窗口

（4）单击【记账】按钮，将采购入库单记账，系统提示【记账成功】。

（5）单击【确定】按钮。

（6）执行【财务核算】|【生成凭证】命令，打开【查询条件】对话框。

（7）单击【确定】按钮，打开【未生成凭证单据一览表】窗口。

（8）单击【选择】栏，或单击【全选】按钮，选中待生成凭证的单据，单击【确定】按钮。

（9）凭证类别选择【记账凭证】，如图 4－171 所示。

凭证类别　记 记账凭证

选择	单据类型	单据号	摘要	科目类型	科目编码	科目名称	借方金额	贷方金额	借方数量	贷方数量	科目方向	存货编码	存货名称
1	采购入库单	0000000010	采购入库单	存货	1321	受托代销商品	54,000.00		500.00		1	010208	农夫果园380ml100%番茄果蔬汁
				应付暂估	2314	受托代销商品款		54,000.00		500.00	2	010208	农夫果园380ml100%番茄果蔬汁
				存货	1321	受托代销商品	54,000.00		500.00		1	010209	农夫果园380ml100%橙汁
				应付暂估	2314	受托代销商品款		54,000.00		500.00	2	010209	农夫果园380ml100%橙汁
合计							108,000.00	108,000.00					

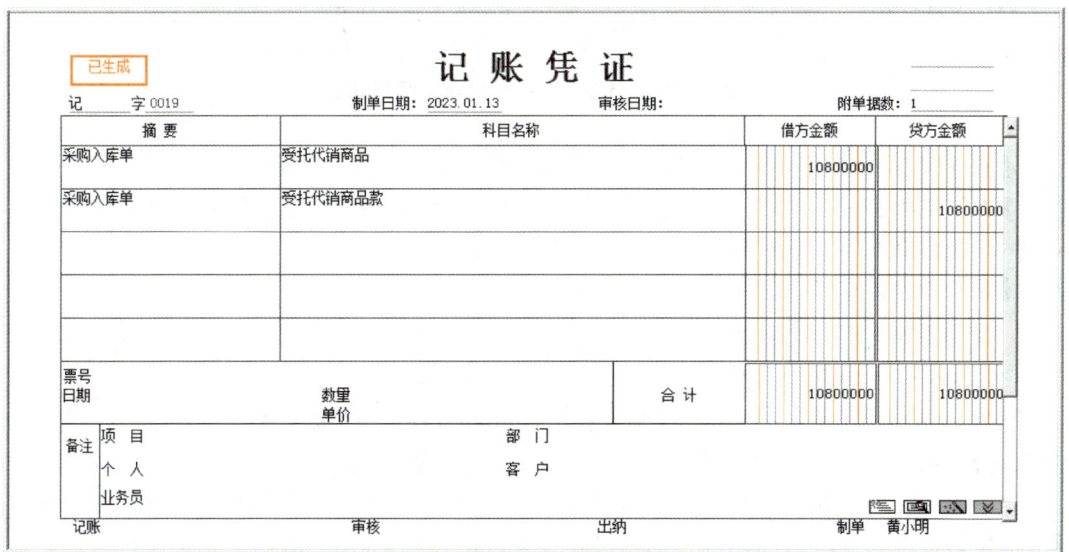

图 4－171　【生成凭证】窗口

（10）单击【生成】按钮，生成一张记账凭证，单击【保存】按钮，如图 4－172 所示。

已生成

记账凭证

记　字 0019　　制单日期：2023.01.13　　审核日期：　　附单据数：1

摘要	科目名称	借方金额	贷方金额
采购入库单	受托代销商品	10800000	
采购入库单	受托代销商品款		10800000
票号 日期	数量 单价	合计 10800000	10800000

备注　项　目　　部　门
个　人　　客　户
业务员

记账　　审核　　出纳　　制单　黄小明

图 4－172　【记账凭证】窗口

受托代销业务二

业 务 二

【业务描述】 2023年1月14日,销售部张立与大润发超市签订销售合同,销售农夫果园380 mL 100%番茄果蔬汁,农夫果园380 mL 100%橙汁。取得与该业务相关的凭证如图4-173～图4-176所示。

图 4-173 【业务二——购销合同】凭证

【业务解析】 本笔业务是签订销售合同,销售受托代销商品的业务。

【岗位说明】 销售部张立填制销售订单(审核)、销售专用发票;仓储部李红填制销售出库单(审核);财务部黄小明审核发票、单据记账并制单。

【业务流程】 本笔业务流程如图4-177所示。

〖操作指导〗

1. 填制销售订单

(1) 2023年1月14日,销售部张立在企业应用平台中执行【业务工作】|【供应链】|【销售管理】|【销售订货】|【销售订单】命令,打开【销售订单】窗口。

(2) 单击【增加】按钮,修改订单编号为【xs0001】,销售类型选择【正常销售】,客户选择【大润发】,部门选择【销售部】,业务员选择【张立】;在表体中,存货编码分别选择010208(农夫果园380 mL 100%番茄果蔬汁)和010209(农夫果园380 mL 100%橙汁),输入数量分

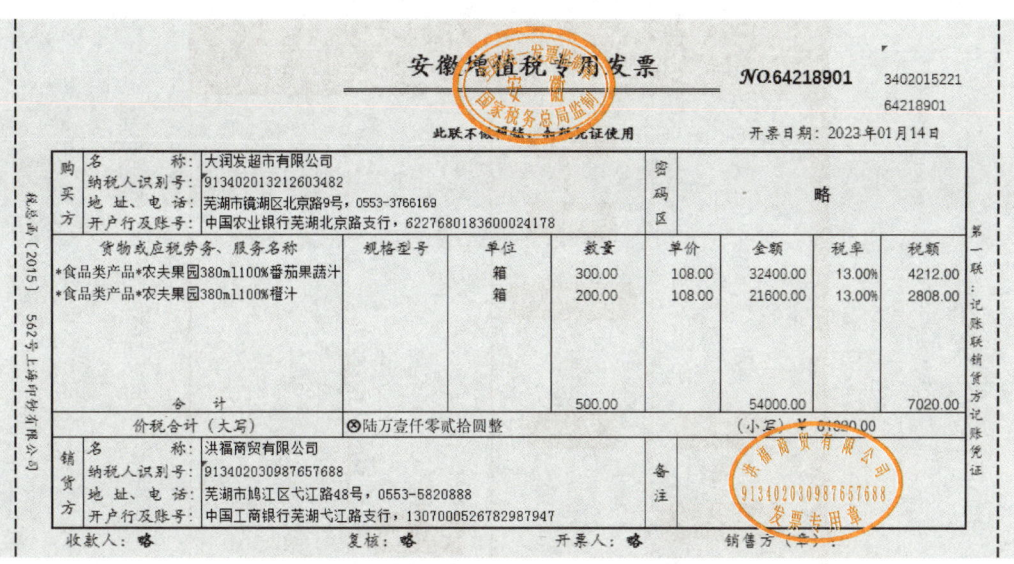

图 4‑174 【业务二——增值税专用发票】凭证

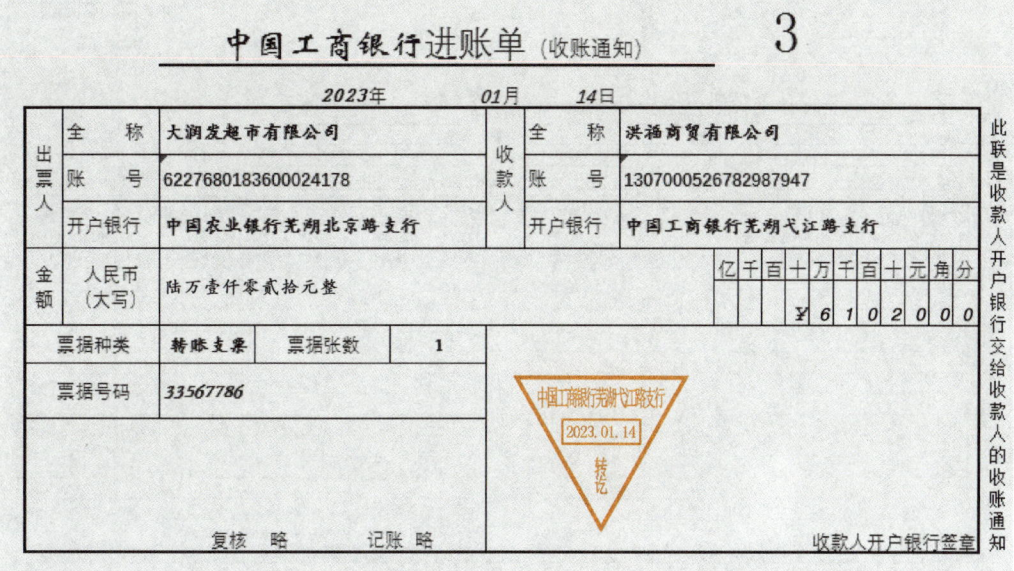

图 4‑175 【业务二——出库单】凭证

图 4‑176 【业务二——银行进账单】凭证

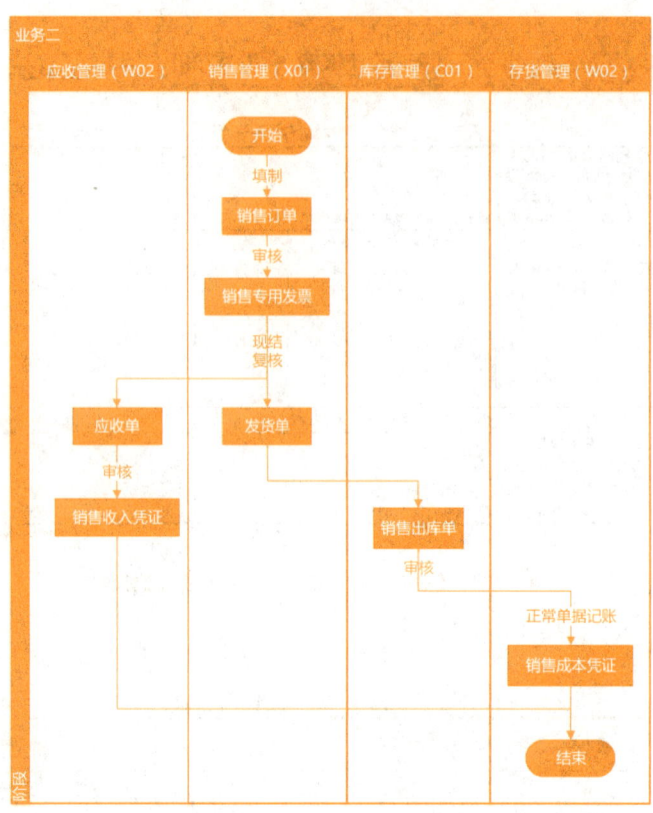

图 4-177 【业务二】业务流程图

别为【300.00】和【200.00】，原币含税单价分别为【122.04】和【122.04】，其他信息由系统自动带出，单击【保存】按钮。

（3）单击【审核】按钮，审核填制的销售订单，如图 4-178 所示。

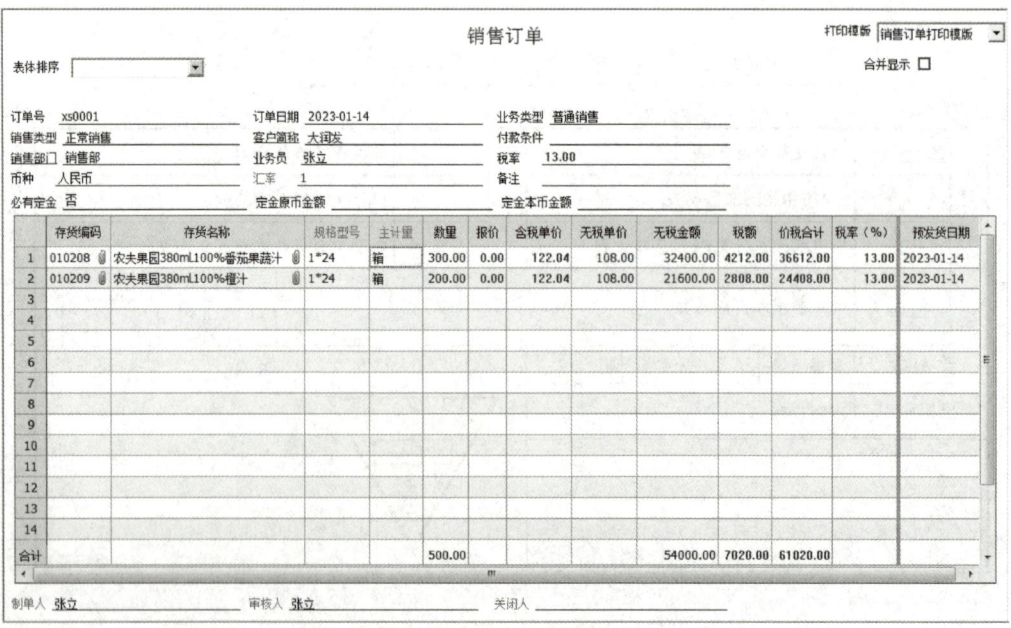

图 4-178 【销售订单】窗口

2. 生成销售专用发票

（1）2023年1月14日，销售部张立在企业应用平台中执行【业务工作】|【供应链】|【销售管理】|【销售开票】|【销售专用发票】命令，打开【销售专用发票】窗口。

（2）单击【增加】按钮，执行【生单】|【参照订单】命令，打开【查询条件选择-参照订单】对话框，如图4-179所示。

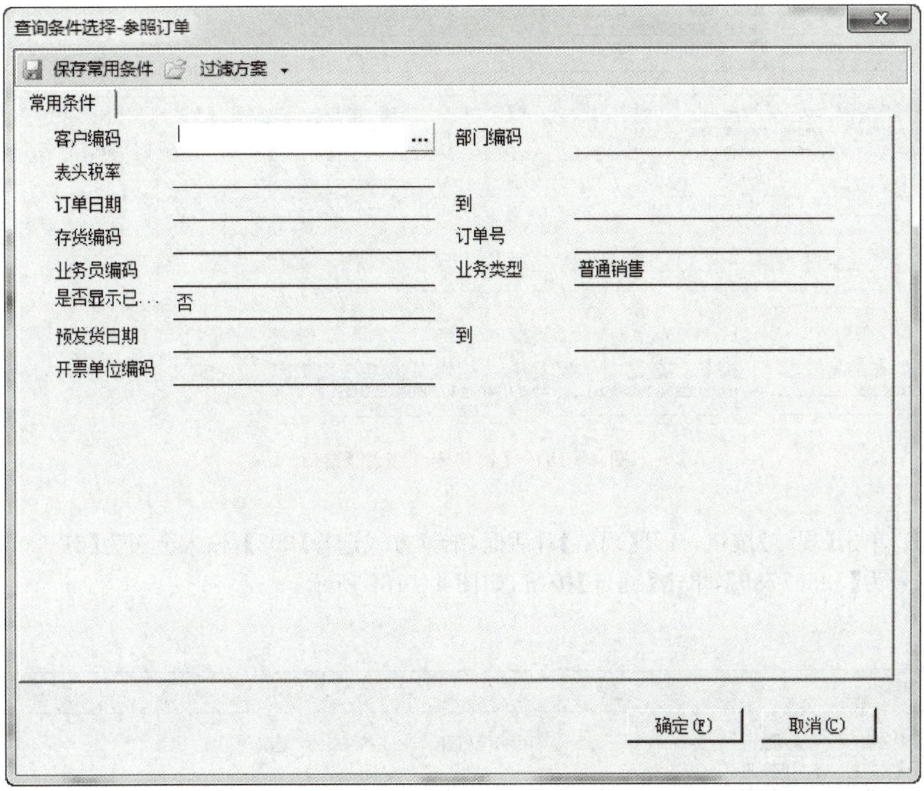

图4-179 【查询条件选择-参照订单】对话框

（3）单击【确定】按钮，打开【参照生单】窗口，选择相应的订单，如图4-180所示。

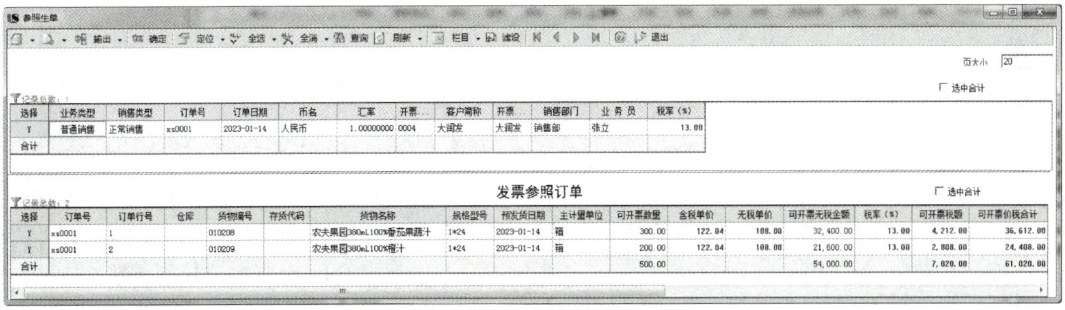

图4-180 【参照生单】窗口

(4)单击【确定】按钮,系统生成一张销售专用发票,修改发票号为【64218901】,选择仓库名称为【受托代销库】,单击【保存】按钮,如图4-181所示。

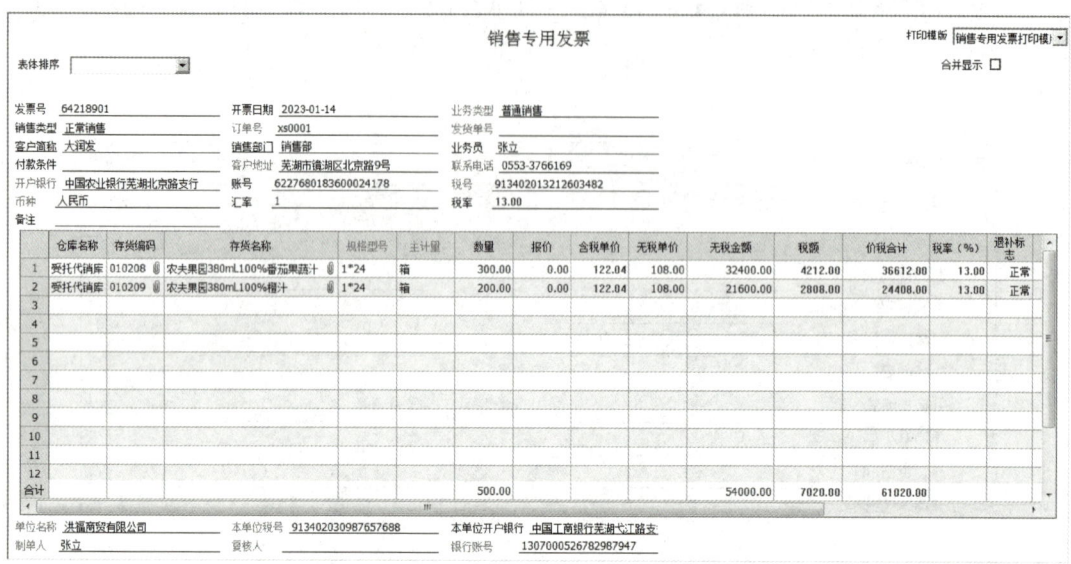

图4-181 【销售专用发票】窗口

(5)单击【现结】按钮,打开【现结】对话框,结算方式选择【202】,输入金额为【61 020.00】,输入票据号为【33567786】,单击【确定】按钮,如图4-182所示。

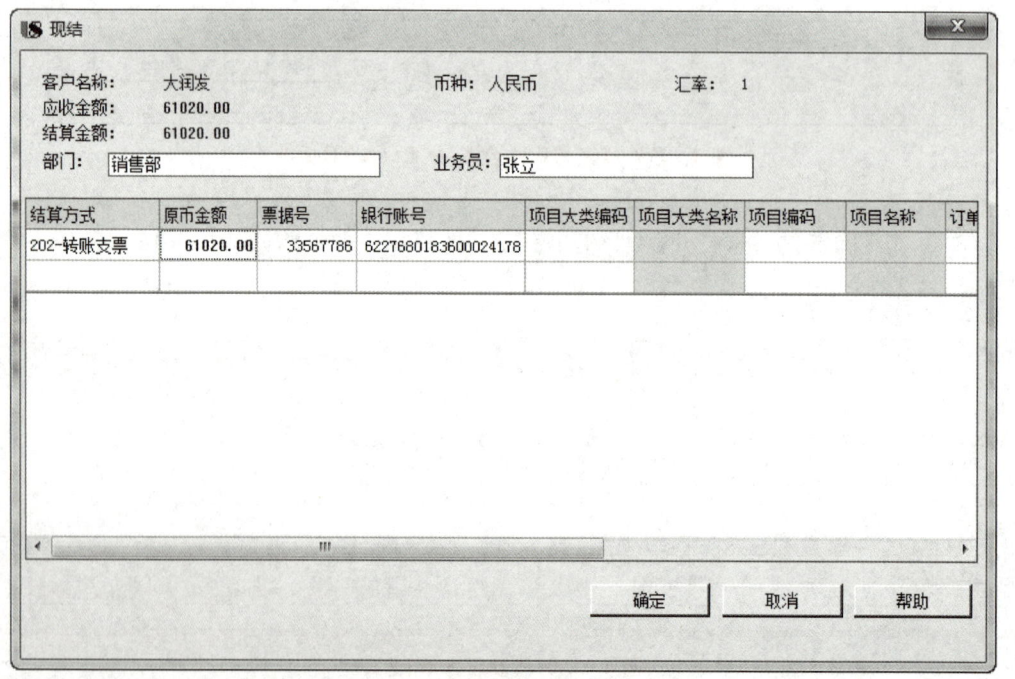

图4-182 【现结】对话框

(6) 单击【复核】按钮，复核销售专用发票，如图4-183所示。

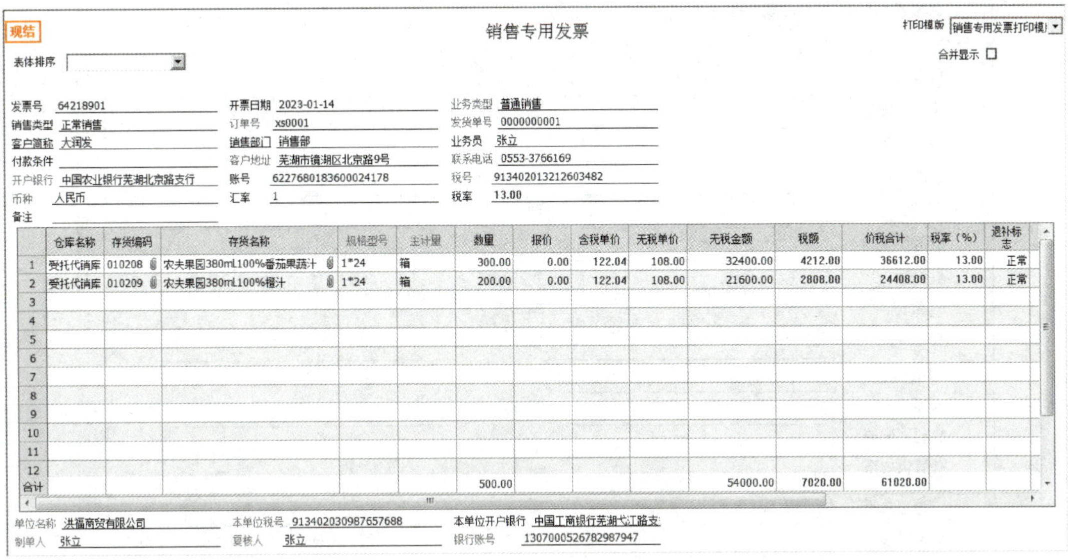

图4-183 【已复核销售专用发票】窗口

(7) 执行【业务工作】|【供应链】|【销售管理】|【销售发货】|【发货单】命令，打开【发货单】窗口，单击【浏览】按钮，可以查看已生成并审核的发货单，如图4-184所示。

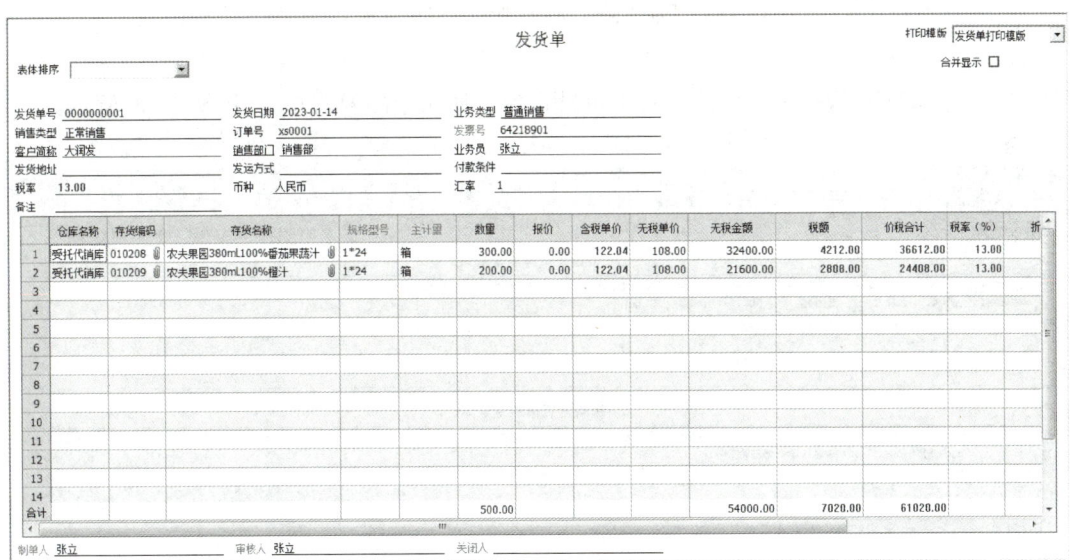

图4-184 【发货单】窗口

3. 生成销售出库单

(1) 2023年1月14日，仓储部李红在企业应用平台中执行【业务工作】|【供应链】|【库存管理】|【出库业务】|【销售出库单】命令，打开【销售出库单】窗口。

(2) 执行【生单】|【销售生单】命令，打开【查询条件选择-销售发货单列表】对话框，如图4-185所示。

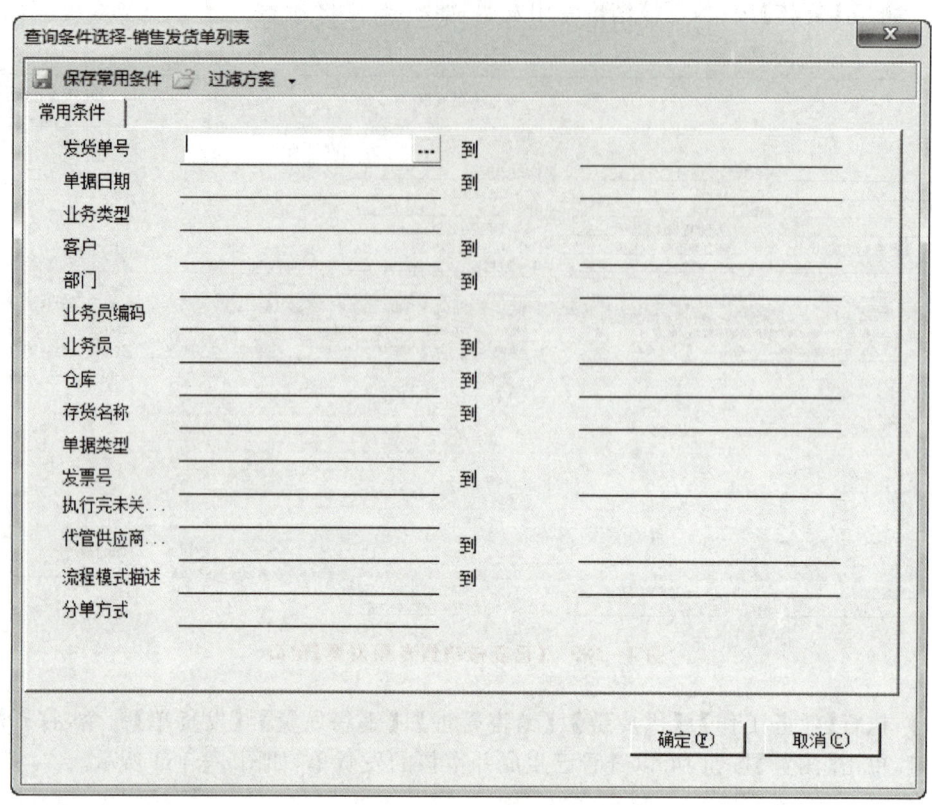

图 4-185 【查询条件选择-销售发货单列表】对话框

(3) 单击【确定】按钮，打开【销售生单】窗口，选择相应的发货单，如图 4-186 所示。

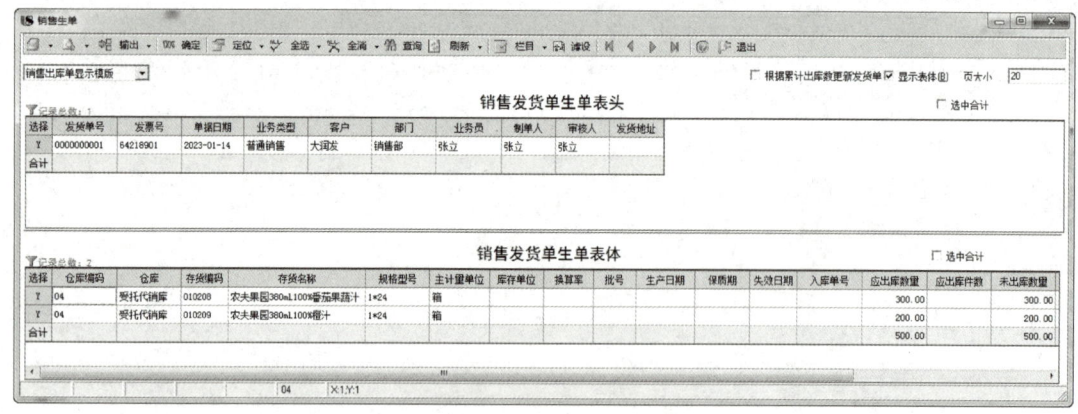

图 4-186 【销售生单】窗口

(4) 单击【确定】按钮，系统生成一张销售出库单，单击【审核】按钮，如图 4-187 所示。

4. 应收单据审核与制单

(1) 2023 年 1 月 14 日，财务部黄小明在企业应用平台中执行【业务工作】|【财务会计】|【应收款管理】|【应收单据处理】|【应收单据审核】命令，打开【应收单查询条件】对话框，勾选【包含已现结发票】复选框，如图 4-188 所示。

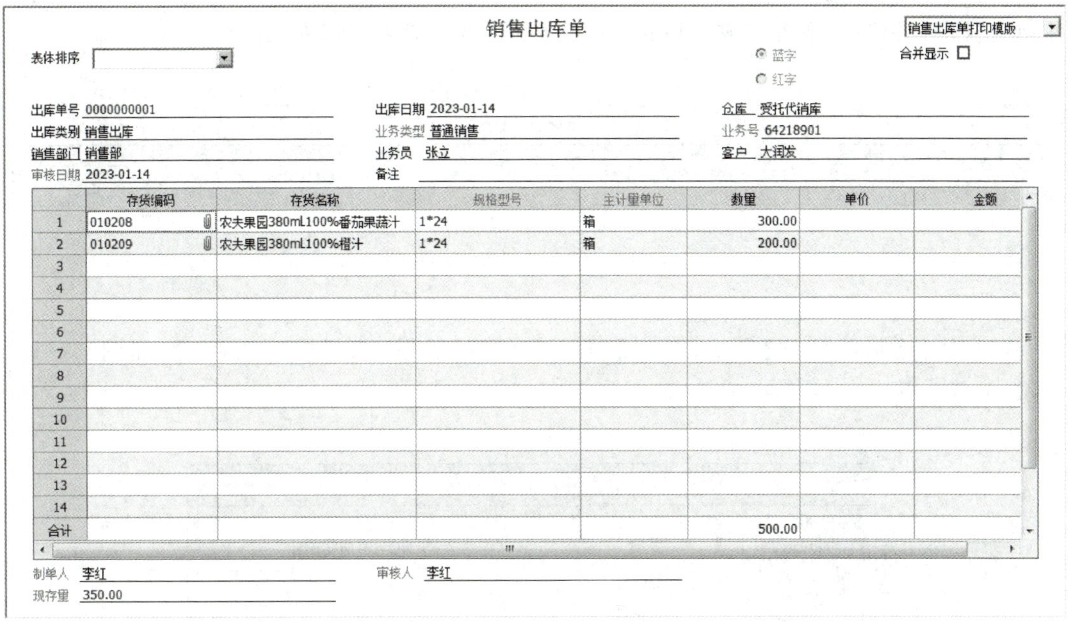

图 4-187 【销售出库单】窗口

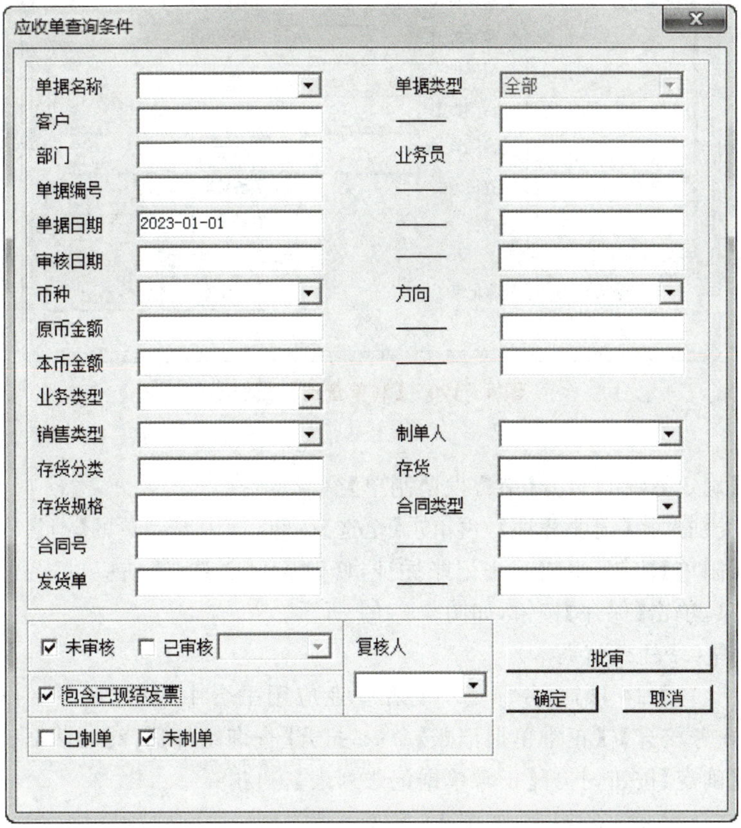

图 4-188 【应收单查询条件】对话框

(2) 单击【确定】按钮，系统弹出【应收单据列表】窗口，双击【选择】栏，或单击【全选】按钮，单击【审核】按钮，系统完成审核并给出审核报告，如图4-189所示。

选择	审核人	单据日期	单据类型	单据号	客户名称	部门	业务员	制单人	币种	汇率	原币金额	本币金额	备注
	黄小明	2023-01-14	销售专用发票	64218901	大润发超市有限公司	销售部	张立	张立	人民币	1.00000000	61,020.00	61,020.00	
合计											61,020.00	61,020.00	

图4-189 【应收单据列表】窗口

(3) 执行【制单处理】命令，打开【制单查询】对话框，选择【现结制单】，如图4-190所示。

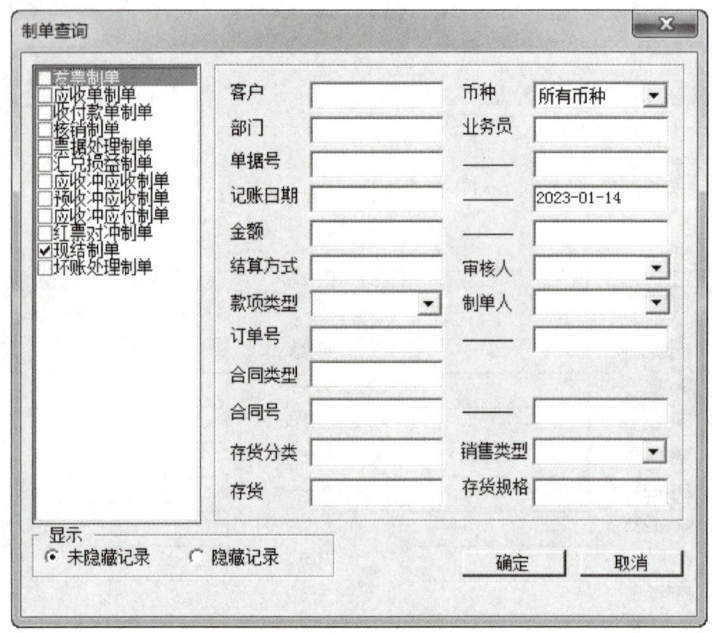

图4-190 【制单查询】对话框

(4) 单击【确定】按钮，打开【销售发票制单】窗口。
(5) 凭证类别选择【记账凭证】，再单击【全选】按钮，选中要制单的【销售专用发票】。
(6) 单击【制单】按钮，生成一张记账凭证，修改应付账款/暂估应付款科目的辅助项为供应商农夫山泉，单击【保存】按钮，如图4-191所示。

5. 存货核算(结转代销成本)
(1) 2023年1月14日，财务部黄小明在企业应用平台中执行【业务工作】|【供应链】|【存货核算】|【业务核算】|【正常单据记账】命令，打开【查询条件选择】对话框。
(2) 单击【确定】按钮，打开【正常单据记账列表】窗口。
(3) 双击选择第2、3条记录，如图4-192所示。
(4) 单击【记账】按钮，将销售专用发票记账，系统提示【记账成功】。
(5) 单击【确定】按钮。

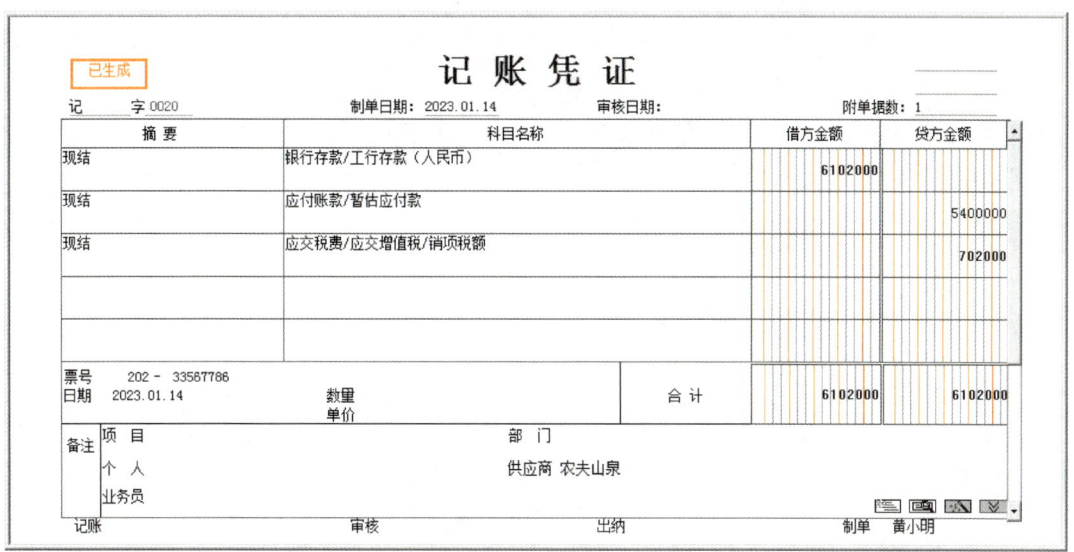

图 4-191 【记账凭证】窗口

图 4-192 【正常单据记账列表】窗口

(6) 执行【财务核算】|【生成凭证】命令,打开【查询条件】对话框。
(7) 单击【确定】按钮,打开【未生成凭证单据一览表】窗口。
(8) 单击【选择】栏,或单击【全选】按钮,选中待生成凭证的单据,单击【确定】按钮。
(9) 凭证类别选择【记账凭证】,如图 4-193 所示。

图 4-193 【生成凭证】窗口

(10) 单击【生成】按钮,生成一张记账凭证,修改【主营业务成本】科目为【受托代销商品款(辅助项供应商选择农夫山泉)】,单击【保存】按钮,如图 4-194 所示。

已生成

记 账 凭 证

记 字 0021　　制单日期：2023.01.14　　审核日期：　　附单据数：1

摘要	科目名称	借方金额	贷方金额
专用发票	受托代销商品款	5400000	
专用发票	受托代销商品		5400000
票号 日期	数量 单价	合计 5400000	5400000

备注：项目　　部门

个人　　供应商 农夫山泉

业务员 叶敏

记账　　审核　　出纳　　制单 黄小明

图 4-194 【记账凭证】窗口

4

业 务 三

受托代销业务三

【业务描述】 2023 年 1 月 15 日，开出代销清单，收到对方的发票。取得与该业务相关的凭证如图 4-195～图 4-198 所示。

商品代销清单

No.14320912

结算日期：2023年1月15日

委托方	农夫山泉有限公司	受托方	洪福商贸有限公司
账号	2300600236934526237	账号	1307000526782987947
开户银行	招商银行杭州西溪支行	开户银行	中国工商银行芜湖弋江路支行

代销货物	代销货物名称	规格型号	计量单位	数量	单价（不含税）
	农夫果园380mL100%番茄果蔬汁		箱	500.00	108.00
	农夫果园380mL100%橙汁		箱	500.00	108.00

代销方式	洪福商贸有限公司按销售货款（不含增值税）的10%收取手续费
代销款结算时间	根据代销货物销售情况于每月15日结算一次货款
代销款结算方式	电汇

本月代销货物销售情况	代销货物名称	数量	计量单位	单价（不含税）	金额（不含税）	税率	税额
	农夫果园380mL100%番茄果蔬汁	300.00	箱	108.00	32 400.00	13%	4 212.00
	农夫果园380mL100%橙汁	200.00	箱	108.00	21 600.00	13%	2 808.00
	价税合计	大写：陆万壹仟零贰拾元整		小写：¥61 020.00			
本月代销款结算金额		大写：陆万壹仟零贰拾元整		小写：¥61 020.00			

主管：略　　审核：略　　制单：略　　受托方（盖章）

第三联：受托方记账联

图 4-195 【业务三——商品代销清单】凭证

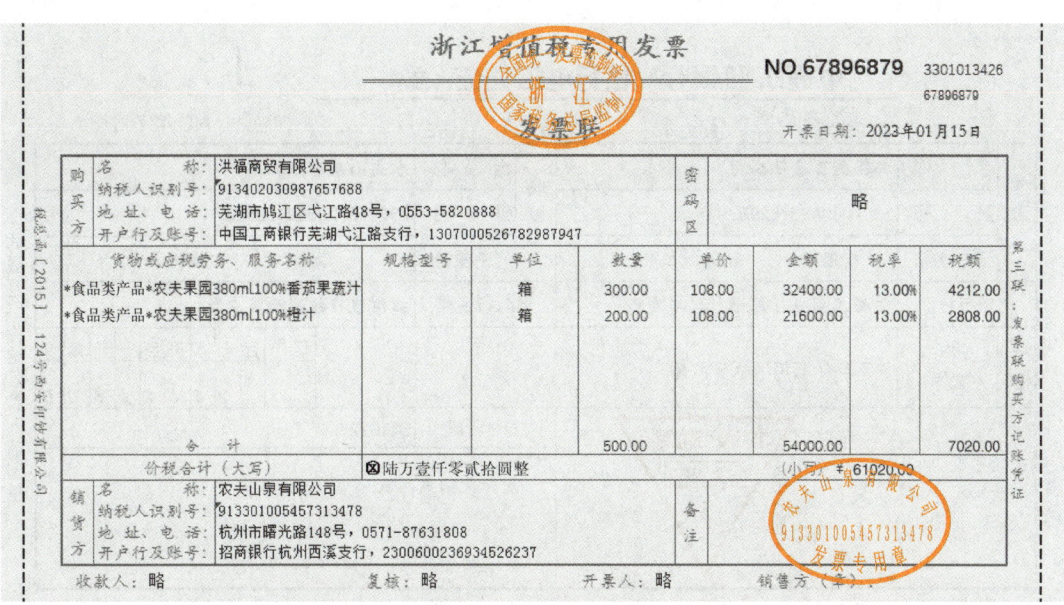

图 4-196 【业务三——增值税专用发票】凭证

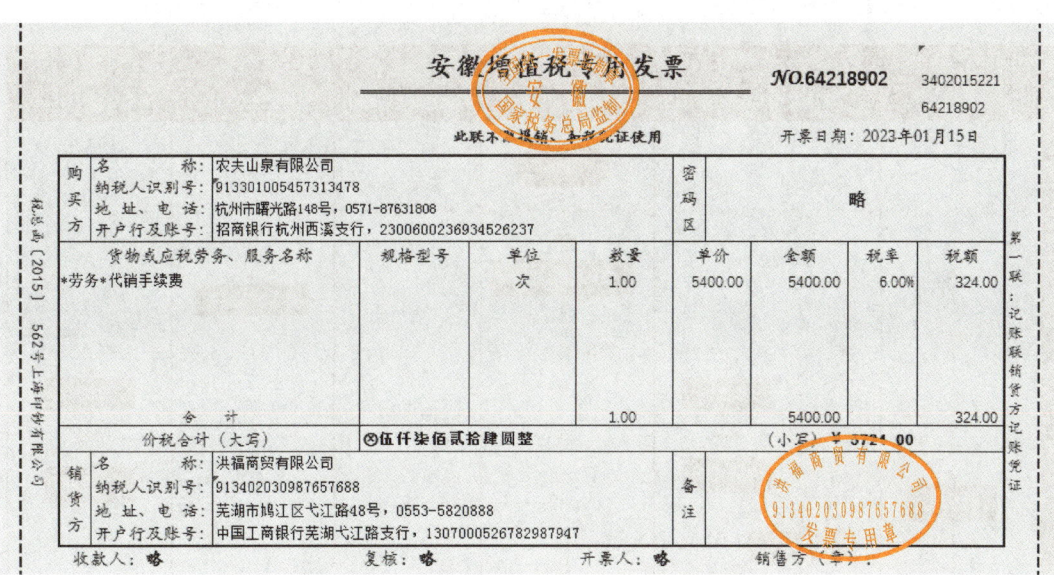

图 4-197 【业务三——增值税专用发票】凭证

【业务解析】 本笔业务是开具代销清单,收取代销手续费,与委托方结算的业务。

【岗位说明】 采购部叶敏填制受托代销结算单;财务部李卉填制付款单;财务部黄小明审核采购专用发票、填制红字应付单、红票对冲、审核发票及付款单、结算成本处理并制单。

【业务流程】 本笔业务流程如图 4-199 所示。

〖操作指导〗

1. 受托代销结算

(1) 2023 年 1 月 15 日,采购部叶敏在企业应用平台中执行【业务工作】|【供应链】|【采

中国工商银行 银行电汇凭证（回单） 1

委托日期 2023年 01月 15日 NO.43768783

汇款人	全称	洪福商贸有限公司	收款人	全称	农夫山泉有限公司
	账号	1307000526782987947		账号	2300600236934526237
	开户银行	安徽省 芜湖市/县		开户银行	浙江省 杭州市/县
汇出行名称		中国工商银行芜湖弋江路支行	汇入行名称		招商银行杭州西溪支行
金额	人民币（大写）	伍万伍仟贰佰玖拾陆元整	亿千百十万千百十元角分		¥ 5 5 2 9 6 0 0
中国工商银行芜湖弋江路支行 2023.01.15 转讫 复核 记账			支付密码		541022
			附加信息及用途：支付代销商品款		

此联汇出行给汇款人的回单

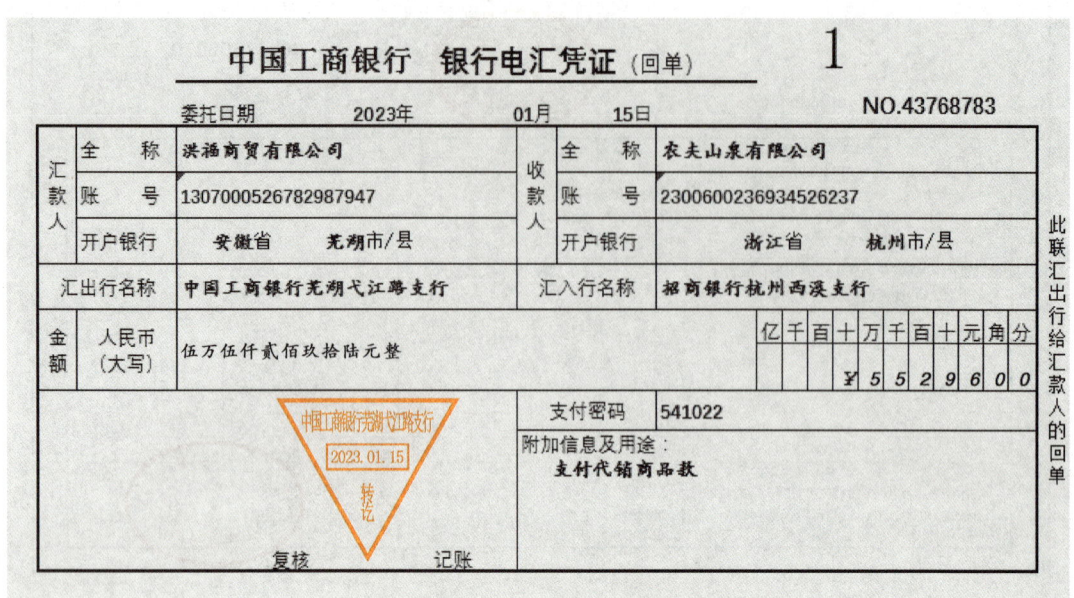

图 4－198 【业务三——银行电汇】凭证

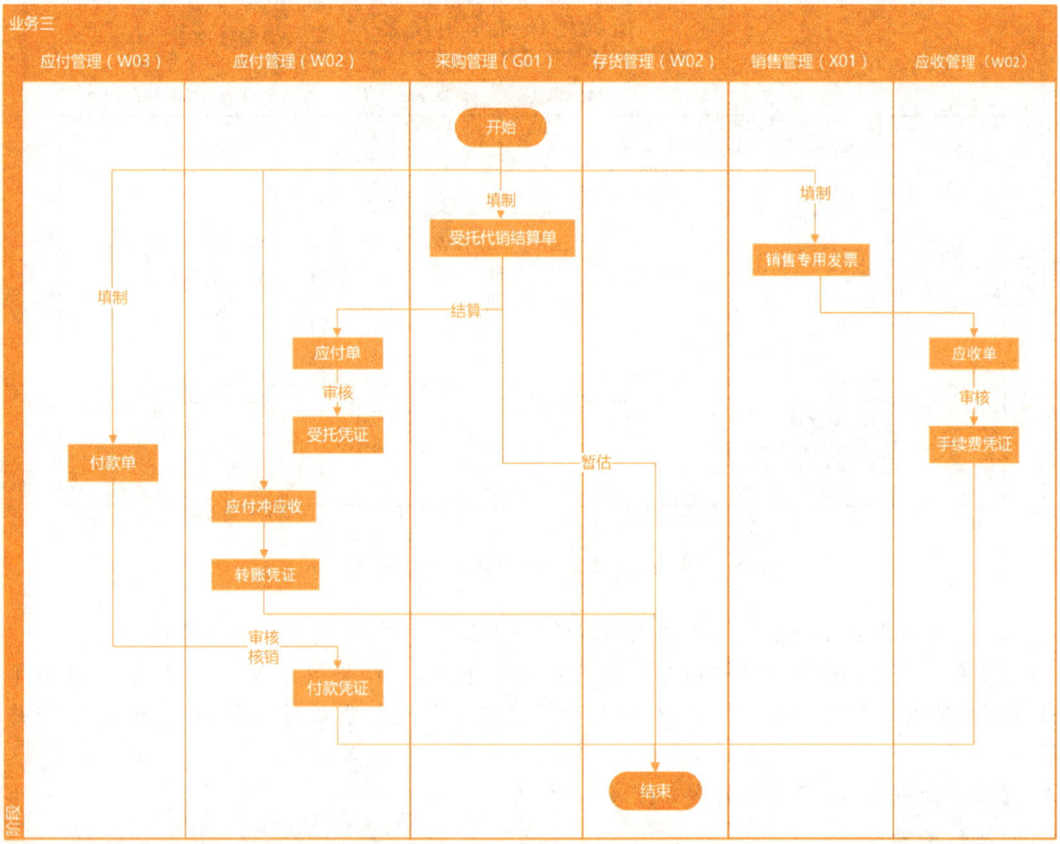

图 4－199 【业务三】业务流程图

购管理】|【采购结算】|【受托代销结算】命令,供应商选择【农夫山泉有限公司】,单击【确定】按钮,打开【受托代销结算】窗口,输入发票号为【67896879】,按照开具的受托代销结算单输入结算数量,如图4-200所示。

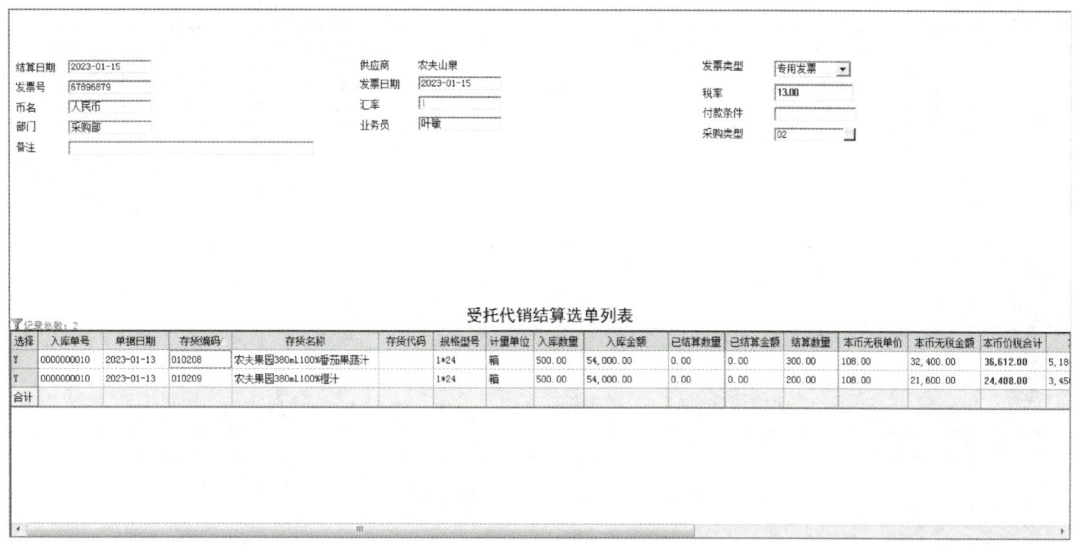

图4-200 【受托代销结算】窗口

(2) 单击【结算】按钮,系统提示【结算完成】,如图4-201所示。

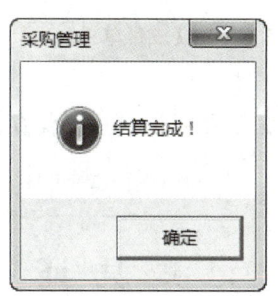

图4-201 【结算完成】提示框

(3) 执行【采购发票】|【采购专用发票】命令,打开【采购专用发票】窗口,单击【浏览】按钮,即可看到已结算的采购专用发票,如图4-202所示。

2. 应付单据审核与制单

(1) 2023年1月15日,财务部黄小明在企业应用平台中执行【业务工作】|【财务会计】|【应付款管理】|【应付单据处理】|【应付单据审核】命令,打开【应付单据查询条件】对话框。

(2) 单击【确定】按钮,系统弹出【应付单据列表】窗口。

(3) 双击【选择】栏,或单击【全选】按钮,单击【审核】按钮,系统完成审核并给出审核报告,如图4-203所示。

(4) 执行【制单处理】命令,打开【制单查询】窗口,选择【发票制单】。

(5) 单击【确定】按钮,打开【采购发票制单】窗口。

(6) 凭证类别选择【记账凭证】,再单击【全选】按钮,选中要制单的【采购专用发票】。

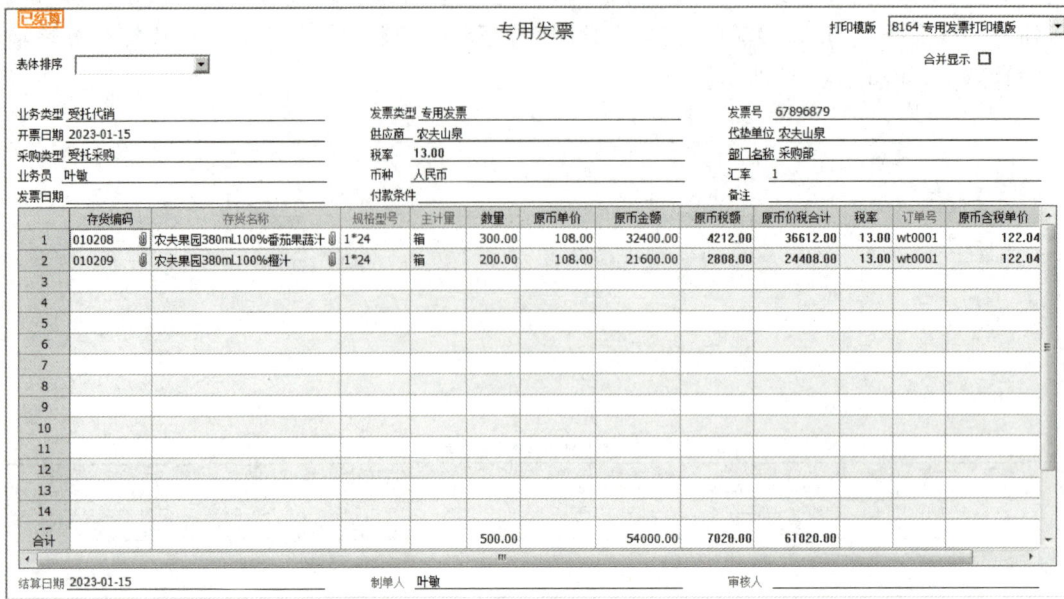

已结算

专用发票

打印模版 8164 专用发票打印模版

表体排序

合并显示 □

业务类型 受托代销　　发票类型 专用发票　　发票号 67896879

开票日期 2023-01-15　　供应商 农夫山泉　　代垫单位 农夫山泉

采购类型 受托采购　　税率 13.00　　部门名称 采购部

业务员 叶敏　　币种 人民币　　汇率 1

发票日期　　付款条件　　备注

	存货编码	存货名称	规格型号	主计量	数量	原币单价	原币金额	原币税额	原币价税合计	税率	订单号	原币含税单价
1	010208	农夫果园380mL100%番茄果蔬汁	1*24	箱	300.00	108.00	32400.00	4212.00	36612.00	13.00	wt0001	122.04
2	010209	农夫果园380mL100%橙汁	1*24	箱	200.00	108.00	21600.00	2808.00	24408.00	13.00	wt0001	122.04
3												
4												
5												
6												
7												
8												
9												
10												
11												
12												
13												
14												
合计					500.00		54000.00	7020.00	61020.00			

结算日期 2023-01-15　　制单人 叶敏　　审核人

图 4-202 【采购专用发票】窗口

应付单据列表

记录总数：1

选择	审核人	单据日期	单据类型	单据号	供应商名称	部门	业务员	制单人	币种	汇率	原币金额	本币金额	备注
	黄小明	2023-01-15	采购专用发票	67896879	农夫山泉有限公司	采购部	叶敏	叶敏	人民币	1.00000000	61,020.00	61,020.00	
合计											61,020.00	61,020.00	

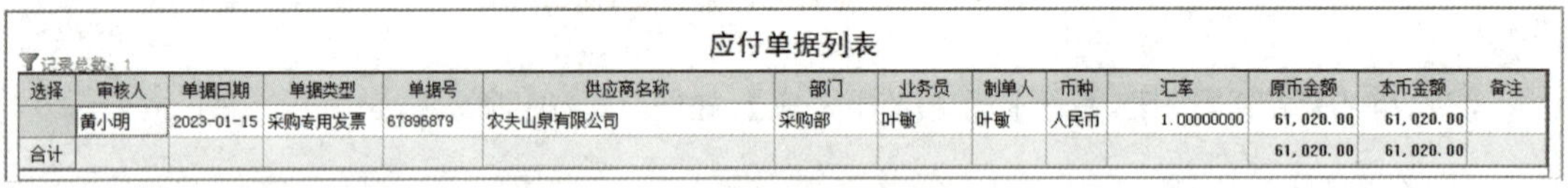

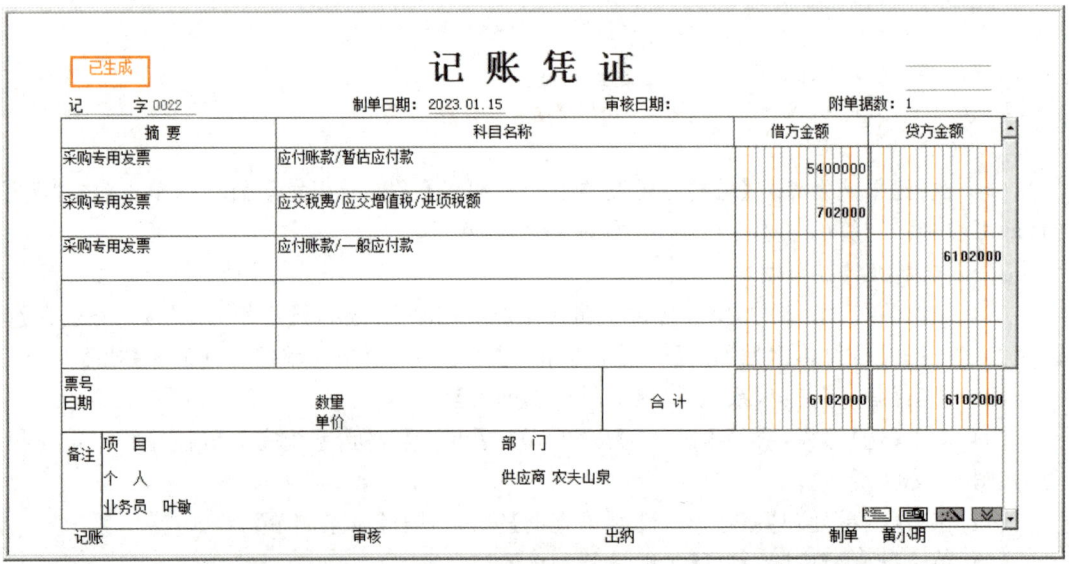

图 4-203 【应付单据列表】窗口

（7）单击【制单】按钮，生成一张记账凭证，单击【保存】按钮，如图 4-204 所示。

已生成

记 账 凭 证

记　字 0022　　制单日期：2023.01.15　　审核日期：　　附单据数：1

摘 要	科目名称	借方金额	贷方金额
采购专用发票	应付账款/暂估应付款	5400000	
采购专用发票	应交税费/应交增值税/进项税额	702000	
采购专用发票	应付账款/一般应付款		6102000
票号 日期　数量 单价	合 计	6102000	6102000

备注　项 目　　部 门

个 人　　供应商 农夫山泉

业务员 叶敏

记账　审核　出纳　制单 黄小明

图 4-204 【记账凭证】窗口

3. 填制销售专用发票

2023年1月15日,销售部张立在企业应用平台中执行【业务工作】|【供应链】|【销售管理】|【销售开票】|【销售专用发票】命令,打开【销售专用发票】窗口,单击【增加】按钮,在表头中,输入发票号为【64218902】,税率为【6.00】,客户选择【农夫山泉】;在表体中,存货编码选择【0903】,输入数量为【1.00】,输入无税金额为【5 400.00】,单击【保存】按钮,单击【复核】按钮,如图4-205所示。

图 4-205 【销售专用发票】窗口

4. 应收单据审核与制单

(1) 2023年1月15日,财务部黄小明在企业应用平台中执行【业务工作】|【财务会计】|【应收款管理】|【应收单据处理】|【应收单据审核】命令,打开【应收单据查询条件】对话框。

(2) 单击【确定】按钮,系统弹出【应收单据列表】窗口,如图4-206所示。

(3) 双击【选择】栏,或单击【全选】按钮,单击【审核】按钮,系统完成审核并给出审核报告。

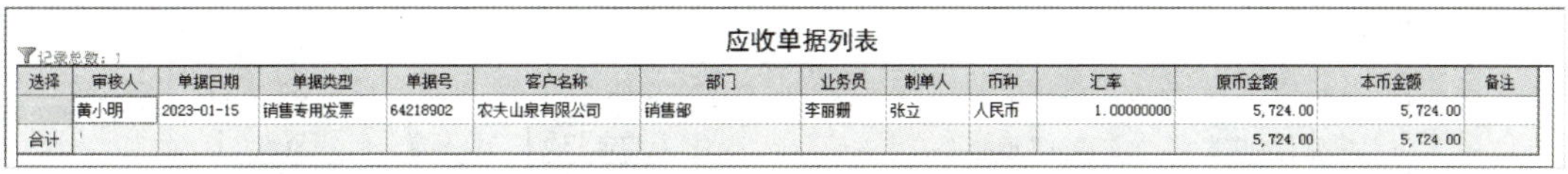

图 4-206 【应收单据列表】窗口

(4) 执行【制单处理】命令,打开【制单查询】窗口,选择【发票制单】。

(5) 单击【确定】按钮,打开【销售发票制单】窗口。

(6) 选择【记账凭证】，再单击【全选】按钮，选中要制单的【销售专用发票】。

(7) 单击【制单】按钮，生成一张记账凭证，单击【保存】按钮，如图 4-207 所示。

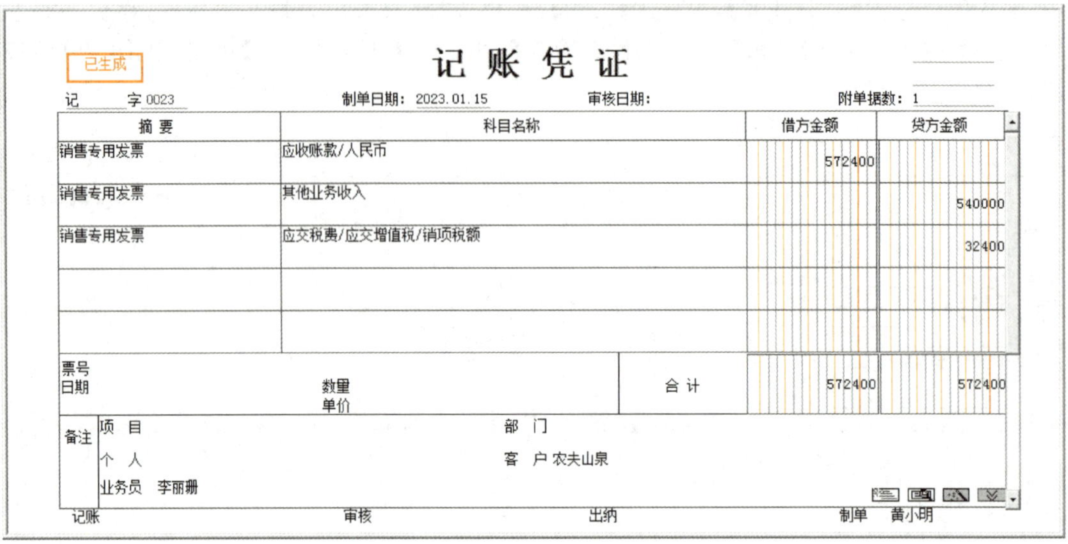

图 4-207 【记账凭证】窗口

5. 应付冲应收

(1) 2023 年 1 月 15 日，财务部黄小明在企业应用平台中执行【业务工作】|【财务会计】|【应付款管理】|【转账】|【应付冲应收】|【手工对冲】命令，打开【应付冲应收】对话框，供应商选择【农夫山泉】，如图 4-208 所示，客户选择【农夫山泉】，如图 4-209 所示，单击【确定】按钮，打开【应付冲应收】对话框，输入转账金额【5 724.00】，如图 4-210 所示。

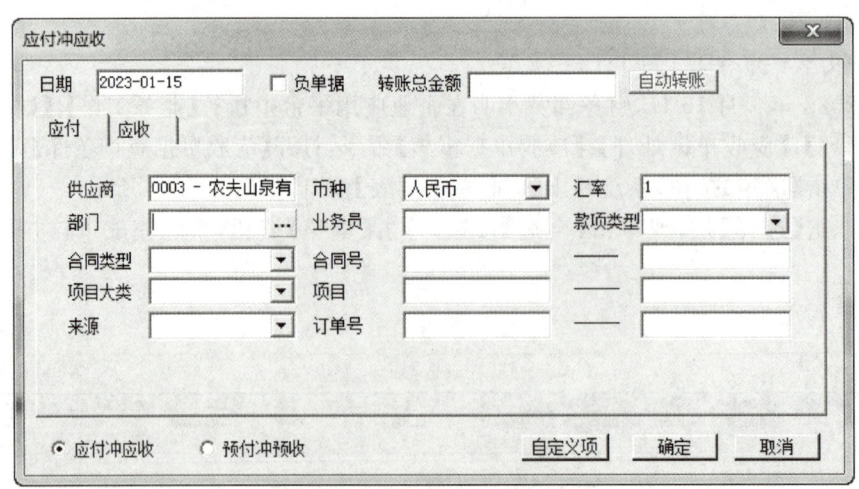

图 4-208 【应付冲应收】对话框

(2) 系统提示【是否立即制单？】，单击【是】按钮，生成一张凭证，单击【保存】按钮，如图 4-211 所示。

图 4-209 【应付冲应收】对话框

转账总金额

单据日期	单据类型	单据编号	原币余额	合同号	合同名称	项目编码	项目	转账金额
2023-01-15	采购专用发票	67896879	61,020.00					5,724.00
合计			61,020.00					5,724.00

单据日期	单据类型	单据编号	原币余额	合同号	合同名称	项目编码	项目	转账金额
2023-01-15	销售专用发票	64218902	5,724.00					5,724.00
合计			5,724.00					5,724.00

图 4-210 【应付冲应收】窗口

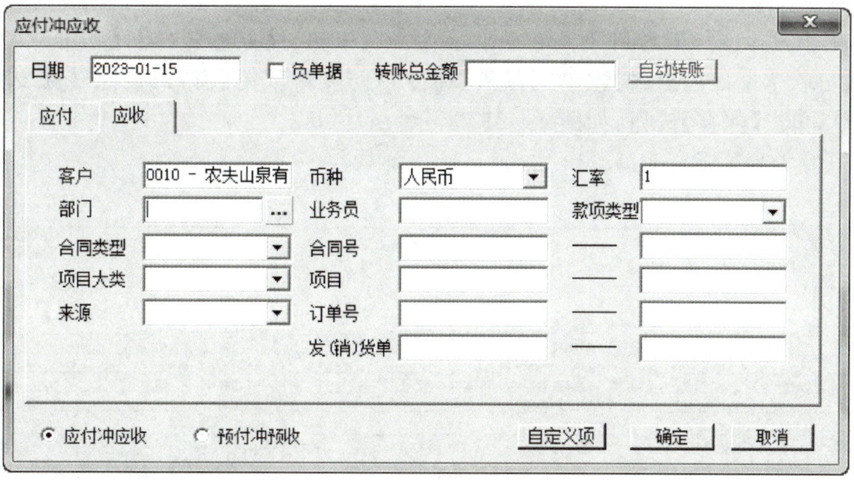

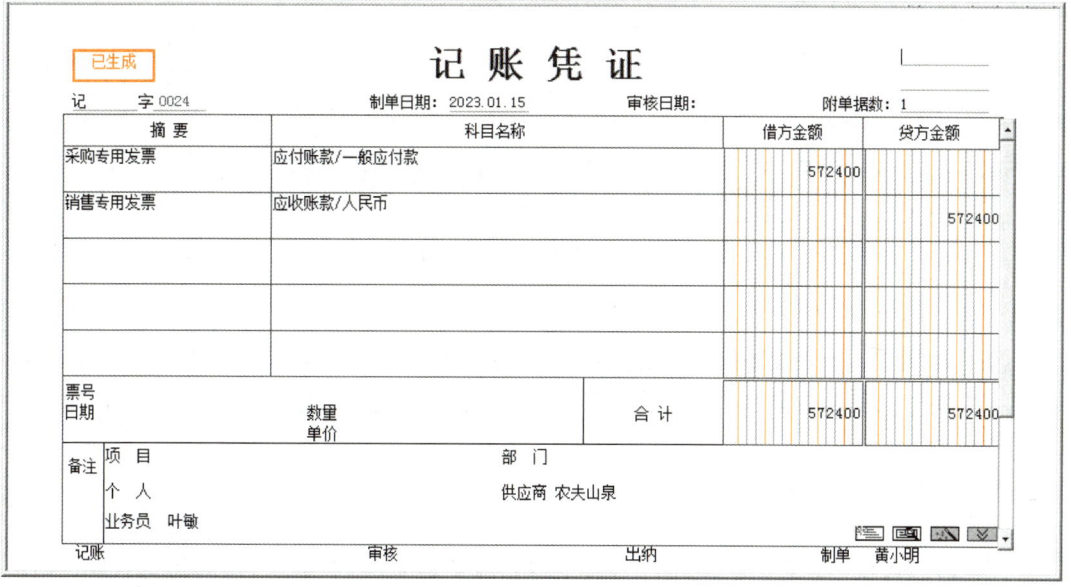

图 4-211 【记账凭证】窗口

6. 填制付款单

2023年1月15日,财务部李卉在企业应用平台中执行【业务工作】|【财务会计】|【应付款管理】|【付款单据处理】|【付款单据录入】命令,打开【付款单】窗口,按照转账支票的信息填写付款单,单击【保存】按钮,如图4-212所示。

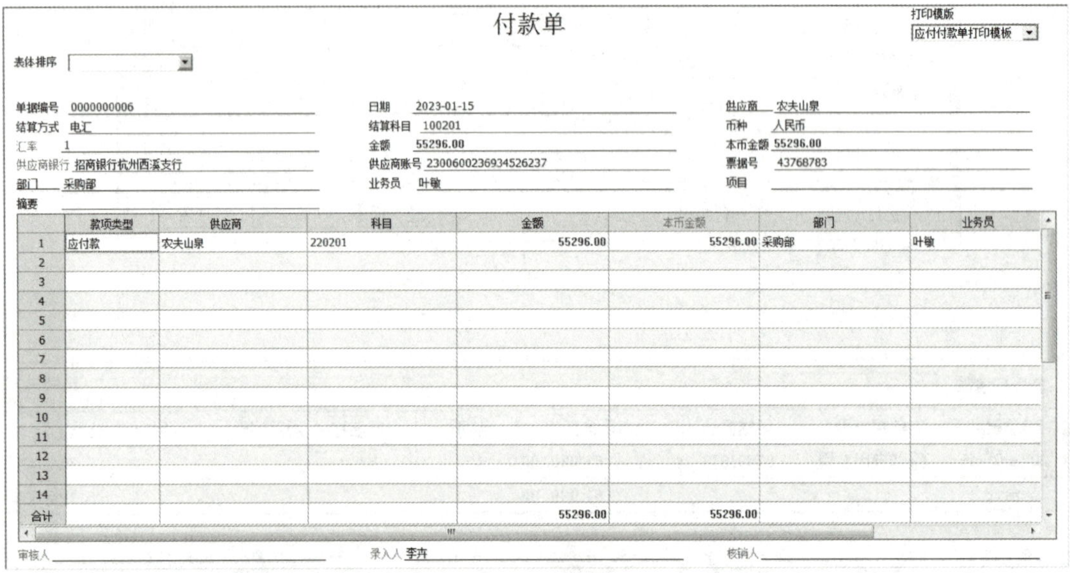

付款单

打印模版 应付付款单打印模板

表体排序

单据编号 0000000006　日期 2023-01-15　供应商 农夫山泉
结算方式 电汇　结算科目 100201　币种 人民币
汇率 1　金额 55296.00　本币金额 55296.00
供应商银行 招商银行杭州西溪支行　供应商账号 2300600236934526237　票据号 43768783
部门 采购部　业务员 叶敏　项目
摘要

	款项类型	供应商	科目	金额	本币金额	部门	业务员
1	应付款	农夫山泉	220201	55296.00	55296.00	采购部	叶敏
2							
3							
4							
5							
6							
7							
8							
9							
10							
11							
12							
13							
14							
合计				55296.00	55296.00		

审核人　录入人 李卉　核销人

图4-212 【付款单】窗口

7. 付款单据审核与制单

(1) 财务部黄小明在企业应用平台中执行【业务工作】|【财务会计】|【应付款管理】|【付款单据处理】|【付款单据审核】命令,打开【收付款单列表】窗口,单击【全选】按钮,单击【审核】按钮,如图4-213所示。

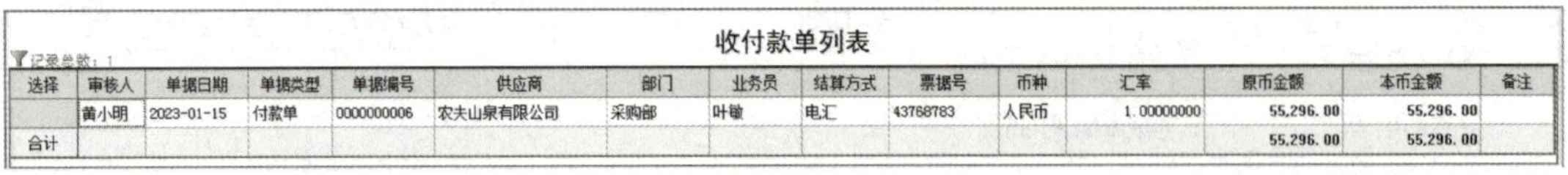

收付款单列表

记录总数:1

选择	审核人	单据日期	单据类型	单据编号	供应商	部门	业务员	结算方式	票据号	币种	汇率	原币金额	本币金额	备注
	黄小明	2023-01-15	付款单	0000000006	农夫山泉有限公司	采购部	叶敏	电汇	43768783	人民币	1.00000000	55,296.00	55,296.00	
合计												55,296.00	55,296.00	

图4-213 【收付款单列表】窗口

(2) 执行【制单处理】命令,打开【制单查询】窗口,选择【收付款单制单】,单击【确定】按钮,打开【收付款单制单】窗口,单击【制单】按钮,系统生成一张凭证,单击【保存】按钮,如图4-214所示。

8. 手工核销

(1) 2023年1月15日,财务部黄小明在企业应用平台中执行【业务工作】|【财务会计】|【应付款管理】|【核销处理】|【手工核销】命令,打开【核销条件】对话框,供应商选择【0003 农夫山泉有限公司】,如图4-215所示。

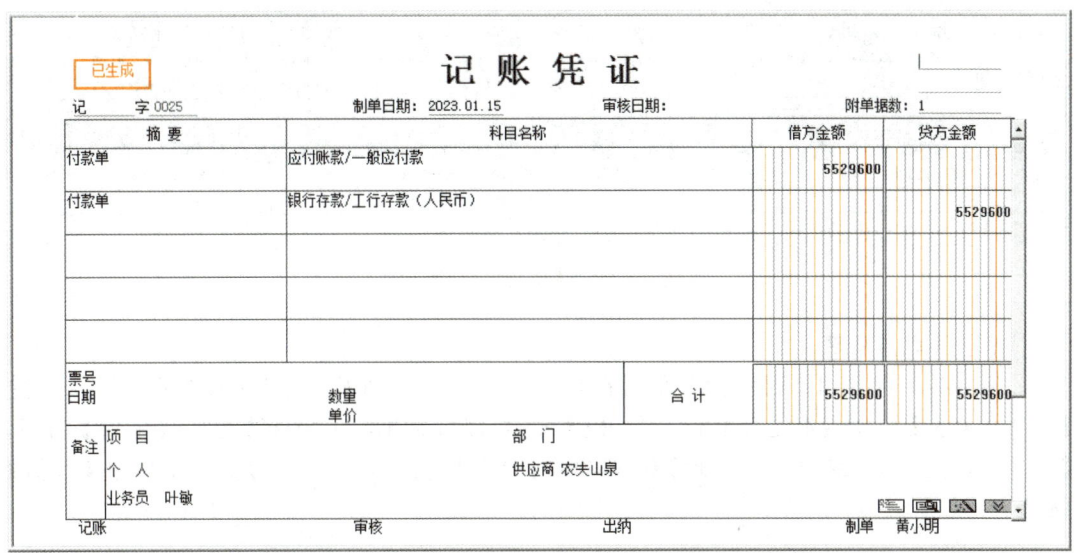

图 4-214 【记账凭证】窗口

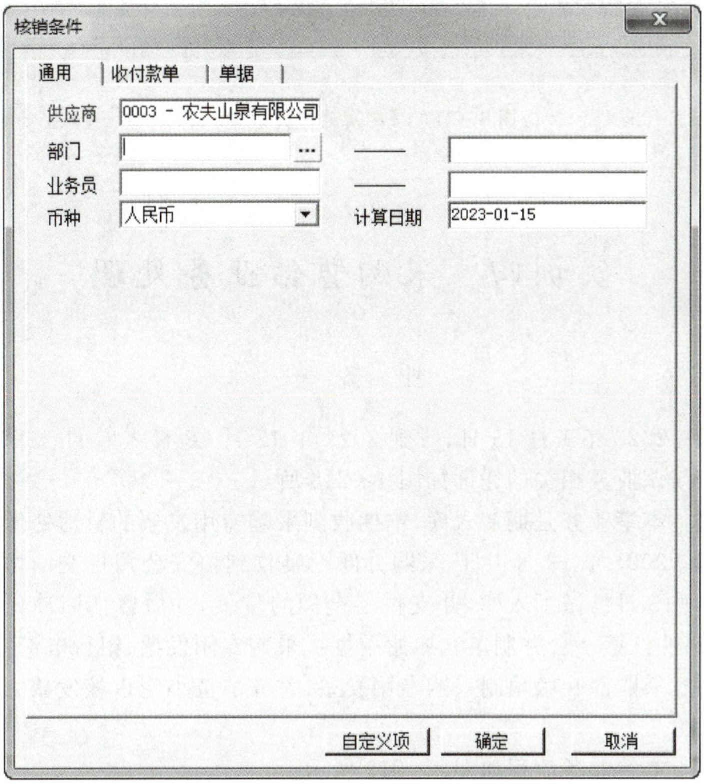

图 4-215 【核销条件】对话框

(2) 单击【确定】按钮,打开【单据核销】窗口,输入本次结算金额为【55 296.00】,单击【保存】按钮,如图 4-216 所示。

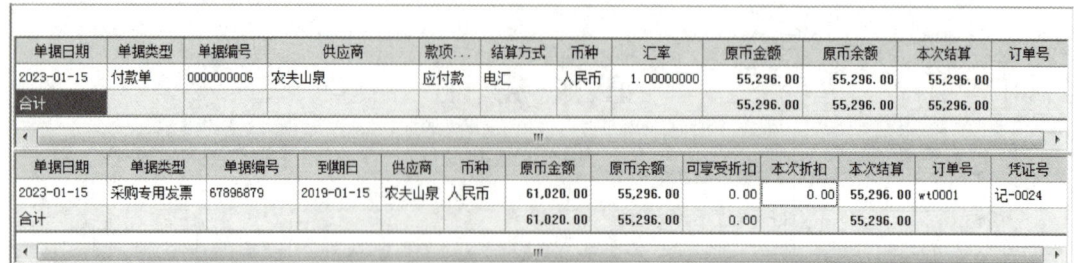

图 4-216 【单据核销】窗口

9. 结算成本处理

2023年1月15日,财务部黄小明在企业应用平台中执行【业务工作】|【财务会计】|【存货核算】|【结算成本处理】命令,打开【暂估处理查询】窗口,选择【受托代销库】,单击【确定】按钮,打开【结算成本处理】窗口,单击【全选】按钮,如图4-217所示,单击【暂估】按钮。

图 4-217 【结算成本处理】窗口

实训四 采购暂估业务处理

业 务 一

采购暂估业务一

【业务描述】 2023年1月15日,收到2022年12月18日入库的君乐宝香蕉牛奶200箱的发票。取得与该业务相关的凭证如图4-218所示。

【业务解析】 本笔业务是期初入库,本期收到采购专用发票的暂估处理业务。

【赛题链接】 2021年12月1日,采购分部王晨收到恒安公司提交的增值税发票,该笔业务2021年11月3日已做了入库,并支付了全额的货款,并做暂估回冲处理。(使用现结功能处理,暂估回冲红蓝字合并制单)(原始单据:采购专用发票、银行电汇存根略)

【岗位说明】 采购部叶敏填制采购专用发票;财务部黄小明审核发票、结算成本处理并制单。

【业务流程】 本笔业务流程如图4-219所示。

〖操作指导〗

1. 生成采购专用发票

(1) 2023年1月15日,采购部叶敏在企业应用平台中执行【业务工作】|【供应链】|【采购管理】|【采购发票】|【专用采购发票】命令,打开【采购专用发票】窗口。

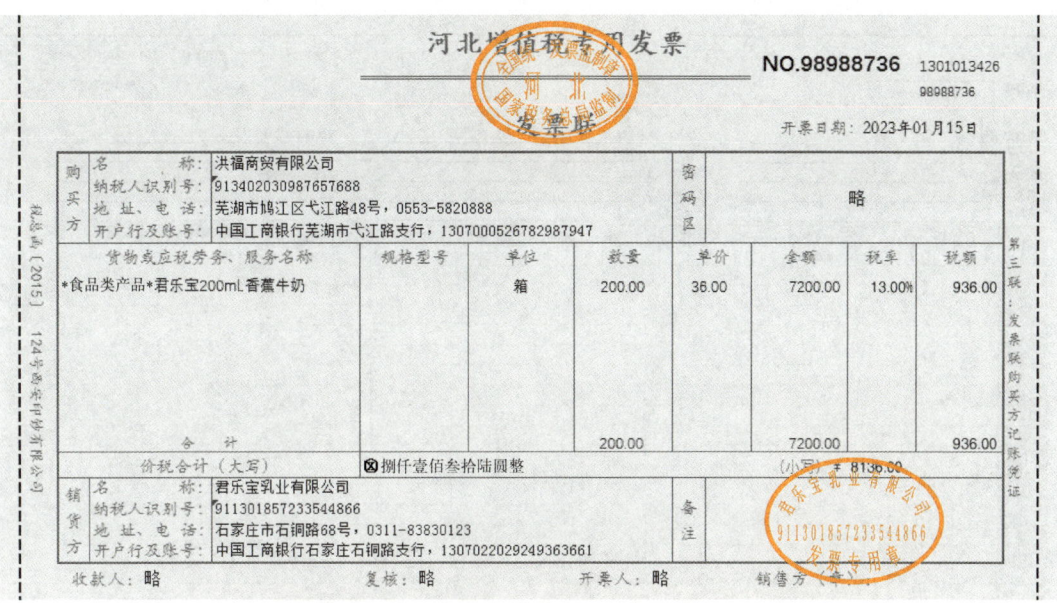

图 4-218 【业务一——增值税专用发票】凭证

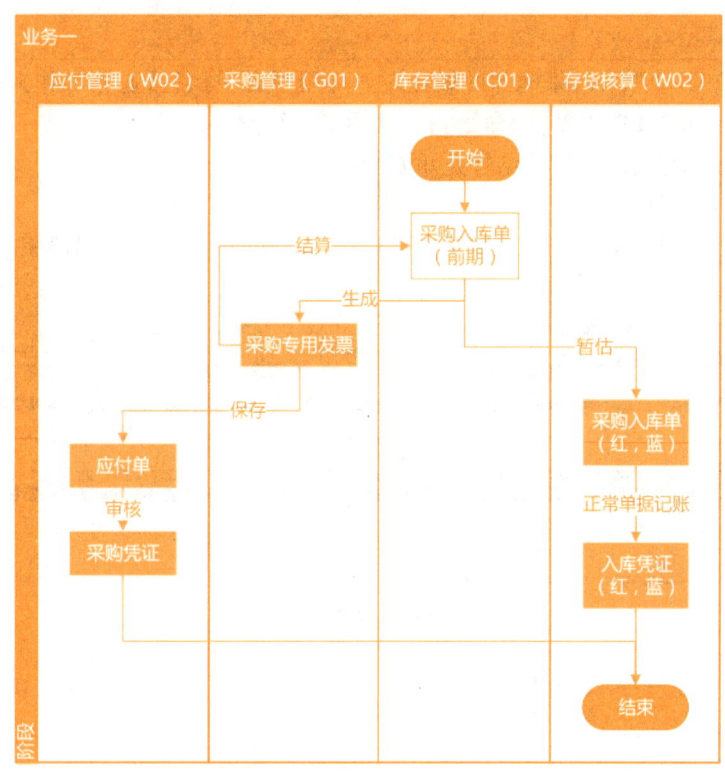

图 4-219 【业务一】业务流程图

(2) 单击【增加】按钮,选择【生单】|【入库单】命令,打开【查询条件选择-采购入库单列表过滤】对话框,单击【确定】按钮。

(3) 系统弹出【拷贝并执行】窗口,选中所要拷贝的采购入库单,单击【确定】按钮,系统自动生成采购专用发票,修改发票号为【98988736】,单击【保存】按钮,如图 4-220 所示。

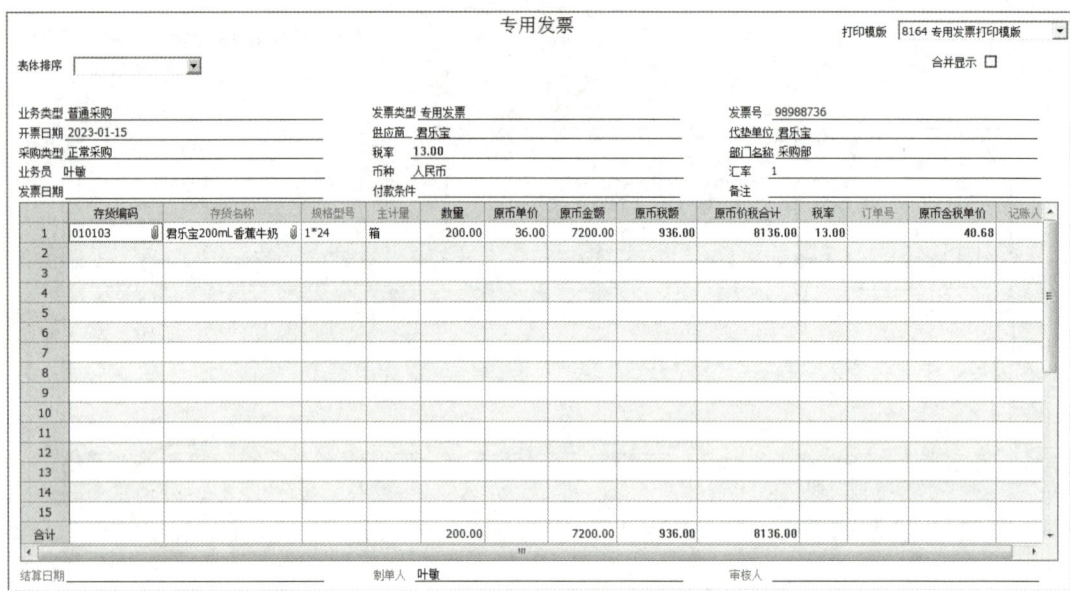

图 4-220 【采购专用发票】窗口

2. 采购结算(手工结算)

(1) 2023 年 1 月 15 日,采购部叶敏在企业应用平台中执行【业务工作】|【供应链】|【采购管理】|【采购结算】|【手工结算】命令,打开【手工结算】窗口。

(2) 单击【选单】按钮,打开【结算选单】窗口。

(3) 单击【查询】按钮,打开【查询条件选择-采购手工结算】对话框。

(4) 选择相应的采购发票和入库单,如图 4-221 所示,单击【确定】按钮。

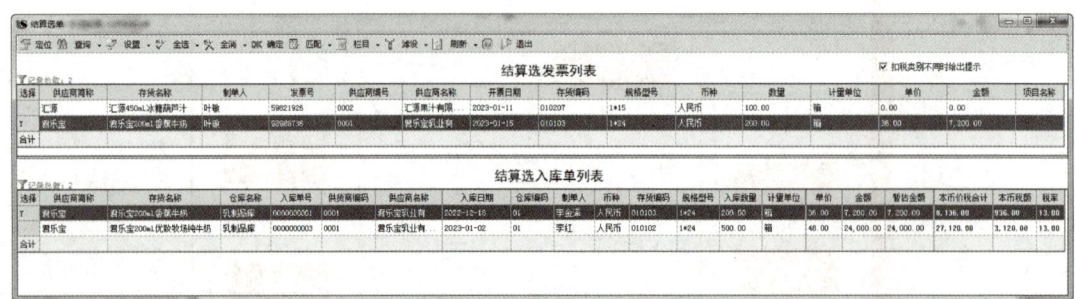

图 4-221 【结算选单】窗口

(5) 系统回到【手工结算】窗口,单击【结算】按钮,如图 4-222 所示,系统显示【完成结算】。

> **重要提示**
>
> 🔵 对于上月末的暂估业务,执行采购结算后,还需要在存货核算系统进行暂估处理,以便根据采购发票价格改写账簿资料,确认采购成本。
>
> 🔵 采购溢缺处理需要分清溢缺原因和类型,并分别进行处理。
>
> 🔵 采购溢缺的结算只能采用手工结算。

> 只有“发票数量＝结算数量＋合理损耗数量＋非合理损耗数量”，该条入库单记录与发票记录才能进行采购结算。
>
> 本月对上月暂估业务执行采购结算后，还需要在存货核算系统记账后，执行结算成本处理。

结算汇总

单据类型	存货编号	存货名称	单据号	结算数量	发票数量	合理损耗数量	非合理损耗数量	非合理损耗金额
采购发票		君乐宝200mL香蕉牛奶	98988736		200.00			
采购入库单	010103		0000000001	200.00				
		合计		200.00	200.00	0.00	0.00	0.0

选择费用分摊方式：◉ 按金额 ○ 按数量 □ 相同供应商

费用名称	发票号	开票日期	供货单位	代垫单位	规格型号	计量单位	数量	单

图 4-222 【结算汇总】窗口

3. 应付单据审核与制单

(1) 2023 年 1 月 15 日，财务部黄小明在企业应用平台中执行【业务工作】|【财务会计】|【应付款管理】|【应付单据处理】|【应付单据审核】命令，打开【应付单据查询条件】对话框。

(2) 单击【确定】按钮，系统弹出【应付单据列表】窗口。

(3) 双击【选择】栏，或单击【全选】按钮，单击【审核】按钮，系统完成审核并给出审核报告，如图 4-223 所示。

应付单据列表

记录总数：1

选择	审核人	单据日期	单据类型	单据号	供应商名称	部门	业务员	制单人	币种	汇率	原币金额	本币金额	备注
	黄小明	2023-01-15	采购专用发票	98988736	君乐宝乳业有限公司	采购部	叶敏	叶敏	人民币	1.00000000	8,136.00	8,136.00	
合计											8,136.00	8,136.00	

图 4-223 【应付单据列表】窗口

(4) 执行【制单处理】命令，打开【制单查询】窗口，选择【发票制单】。

(5) 单击【确定】按钮，打开【采购发票制单】窗口。

(6) 凭证类别选择【记账凭证】，再单击【全选】按钮，选中要制单的【采购专用发票】。

(7) 单击【制单】按钮，生成一张记账凭证，单击【保存】按钮，如图 4-224 所示。

4. 结算成本处理

(1) 2023 年 1 月 15 日，财务部黄小明在企业应用平台中执行【业务工作】|【供应链】|【存货核算】|【业务核算】|【结算成本处理】命令，打开【暂估处理查询】窗口。

(2) 选中【乳制品库】前的复选框，再选中【未全部结算完的单据是否显示】。

(3) 单击【确定】按钮，打开【暂估结算表】窗口。

(4) 单击【选择】栏，或单击【全选】按钮，选中要暂估结算的结算单，如图 4-225 所示，再单击【暂估】按钮。

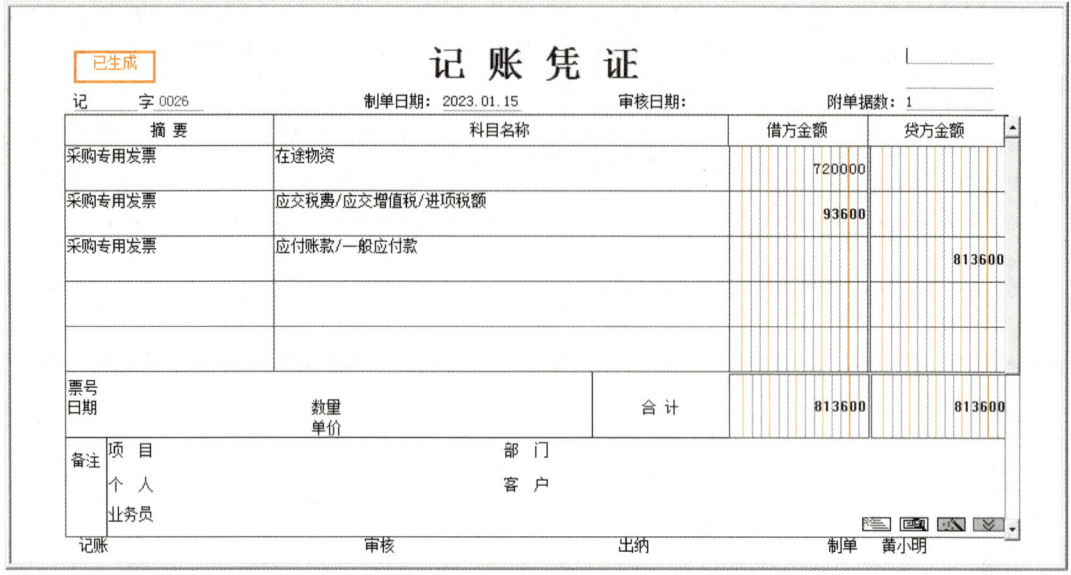

图 4-224 【记账凭证】窗口

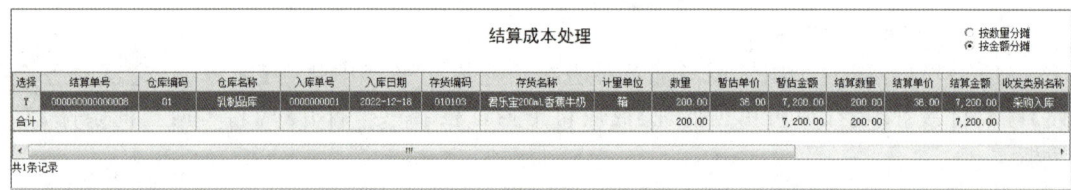

图 4-225 【结算成本处理】窗口

5. 生成红蓝回冲单凭证

（1）2023 年 1 月 15 日，财务部黄小明在企业应用平台中执行【业务工作】|【供应链】|【存货核算】|【财务核算】|【生成凭证】命令，打开【生成凭证】窗口。

（2）单击【选择】按钮，打开【查询条件】对话框。

（3）勾选【红字回冲单】和【蓝字回冲单】复选框。

（4）单击【确定】按钮，打开【未生成凭证单据一览表】窗口。

（5）单击【选择】栏，如图 2-226 所示。

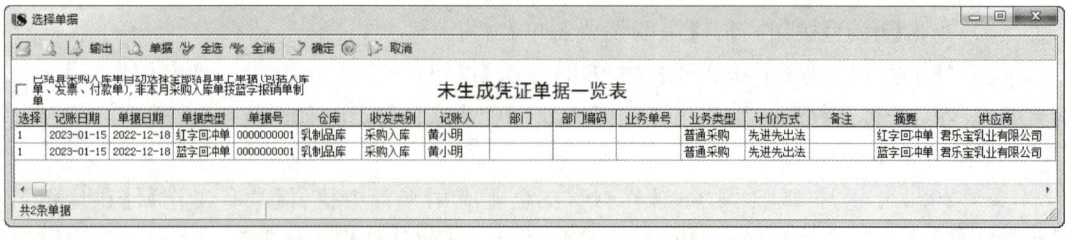

图 4-226 【未生成凭证单据一览表】窗口

（6）单击【确定】按钮，打开【生成凭证】窗口，如图 4-227 所示。

（7）单击【生成】按钮，生成两张记账凭证。

（8）单击【保存】按钮，如图 4-228、4-229 所示。

选择	单据类型	单据号	摘要	科目类型	科目编码	科目名称	借方金额	贷方金额	借方数量	贷方数量	科目方向	存货编码	存货名称
1	红字回冲单	0000000001	红字回冲单	存货	1405	库存商品	-7,200.00		-200.00		1	010103	君乐宝200ml香蕉牛奶
				应付暂估	220202	暂估应付款		-7,200.00		-200.00	2	010103	君乐宝200ml香蕉牛奶
	蓝字回冲单		蓝字回冲单	存货	1405	库存商品	7,200.00		200.00		1	010103	君乐宝200ml香蕉牛奶
				对方	1402	在途物资		7,200.00		200.00	2	010103	君乐宝200ml香蕉牛奶
合计							0.00						

图 4-227 【生成凭证】窗口

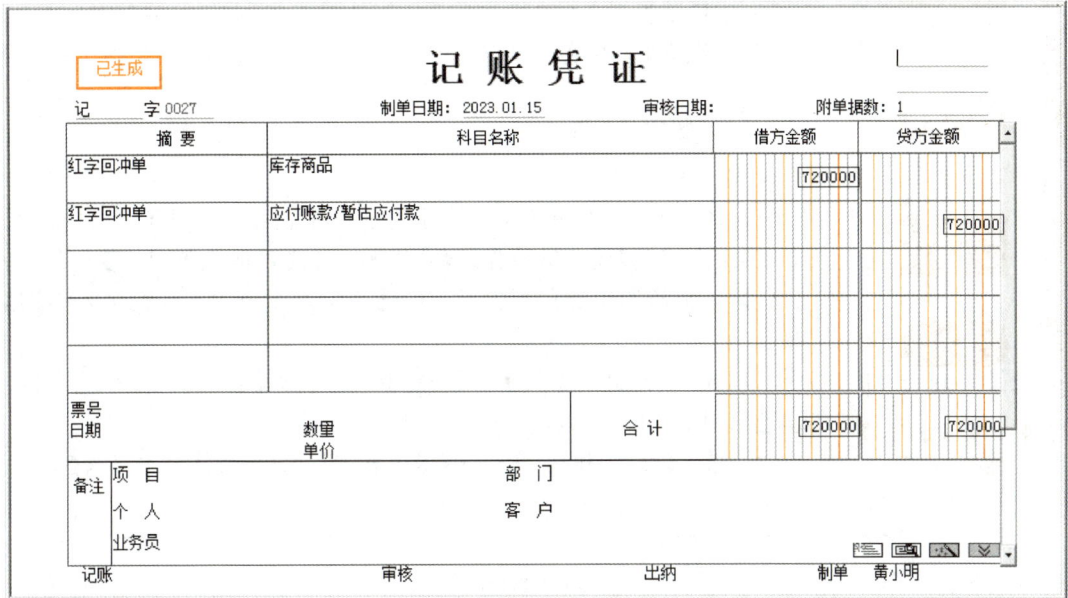

图 4-228 【记账凭证-红字回冲单】

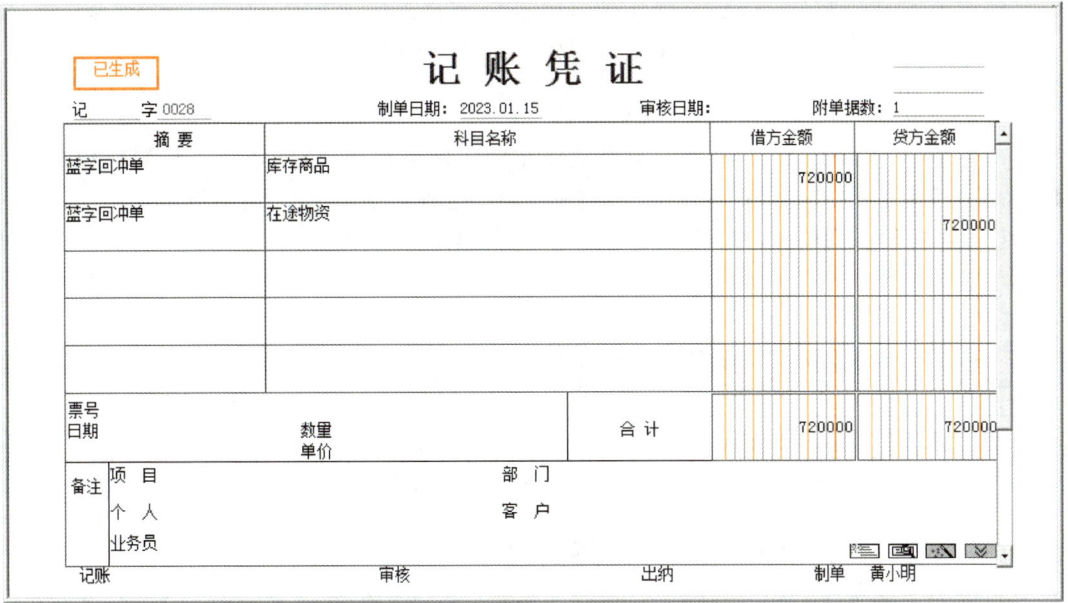

图 4-229 【记账凭证-蓝字回冲单】

采购暂估
业务二

业 务 二

【业务描述】 2023年1月15日，采购部2023年1月2日向君乐宝乳业采购君乐宝200 mL优致牧场纯牛奶500箱，单价48元/箱，货已验收入库，发票仍未收到。

【业务解析】 本笔业务是货已验收入库、发票未收到的采购入库暂估记账业务。

【赛题链接】 27日，采购分部王晨与维达公司签订购销合同，货物已验收入库，增值税发票需1个月后才能到达。

【岗位说明】 财务部黄小明录入暂估记账成本，记账并制单。

【业务流程】 本笔业务流程如图4-230所示。

【操作指导】

1. 暂估成本录入

（1）2023年1月15日，财务部黄小明在企业应用平台中执行【业务工作】|【供应链】|【存货核算】|【业务核算】|【暂估成本录入】命令，包括已有暂估金额的单据选择【是】，打开【采购入库单成本成批录入查询】窗口。

（2）选中【乳制品库】，单击【确定】按钮，打开【暂估成本录入】窗口，在【单价】中输入【48.00】，如图4-231所示。

（3）单击【保存】按钮，再单击【退出】按钮，退出【暂估成本录入】窗口。

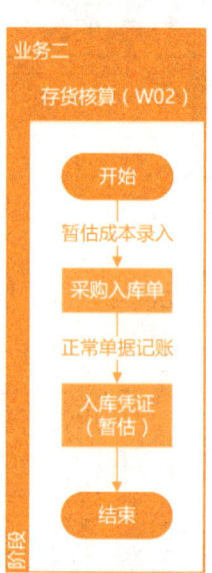

图4-230 【业务二】
业务流程图

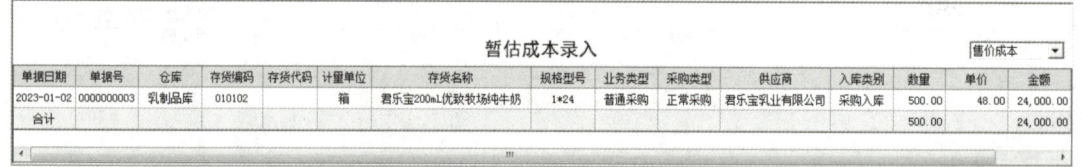

图4-231 【暂估成本录入】窗口

2. 正常单据记账

（1）2023年1月15日，财务部黄小明在企业应用平台中执行【业务工作】|【供应链】|【存货核算】|【业务核算】|【正常单据记账】命令，打开【查询条件选择】对话框。

（2）单击【确定】按钮，打开【正常单据记账列表】窗口，如图4-232所示。

图4-232 【正常单据记账列表】窗口

（3）单击【全选】按钮，再单击【记账】按钮。

3. 生成暂估凭证

（1）2023年1月15日，财务部黄小明在企业应用平台中执行【业务工作】|【供应链】

【存货核算】|【财务核算】|【生成凭证】命令,打开【生成凭证】窗口。

(2) 单击【选择】按钮,打开【查询条件】对话框,选择【采购入库单(暂估记账)】。

(3) 单击【确定】按钮,打开【选择单据】窗口。

(4) 单击【全选】按钮,再单击【确定】按钮,打开【生成凭证】窗口,如图4-233所示。

图4-233 【生成凭证】窗口

(5) 单击【生成】按钮,生成暂估凭证,单击【保存】按钮,凭证显示【已生成】,如图4-234所示。

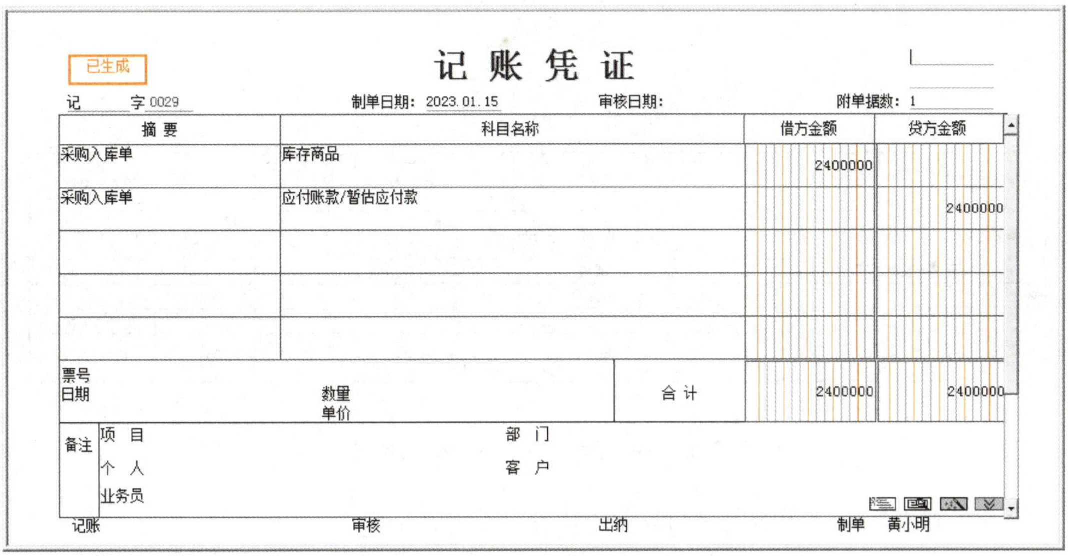

图4-234 【记账凭证】窗口

实训五 采购退货业务处理

业 务 一

【业务描述】 2023年1月15日,采购部2023年1月6日从汇源果汁有限公司采购的汇源1L 100%葡萄汁10箱有质量问题,已协商退货。取得与该业务相关的凭证如图4-235~图4-237所示。

采购退货业务

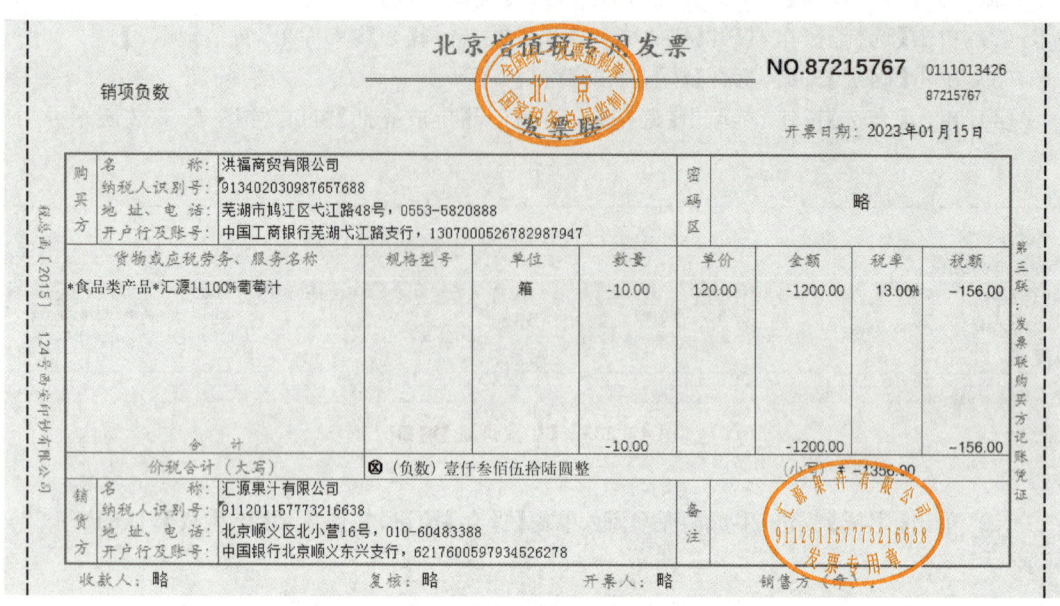

图4-235 【业务一——红字增值税专用发票】凭证

图4-236 【业务一——入库单】凭证

【业务解析】 本笔业务是已结算的采购退货退款业务。

【赛题链接】 11日,对上笔货物进行复检,确定非正常破损10箱,经与对方协商后即日办理退货,并于当日收到退还的价税款及红字发票(使用现付功能处理)。(原始单据:红字采购专用发票、收款回单略)

【岗位说明】 采购部叶敏填制采购退货单(审核)、红字采购专用发票;仓储部李红填制红字采购入库单(审核);财务部李卉填制红字收款单;财务部黄小明审核发票、收款单、核销、单据记账并制单。

【业务流程】 本笔业务流程如图4-238所示。

〖操作指导〗

1. 生成采购退货单

(1) 2023年1月15日,采购部叶敏在企业应用平台中执行【业务工作】|【供应链】|【采购管理】|【采购到货】|【采购退货单】命令,打开【采购退货单】窗口。

图4-237 【业务———银行业务回单】凭证

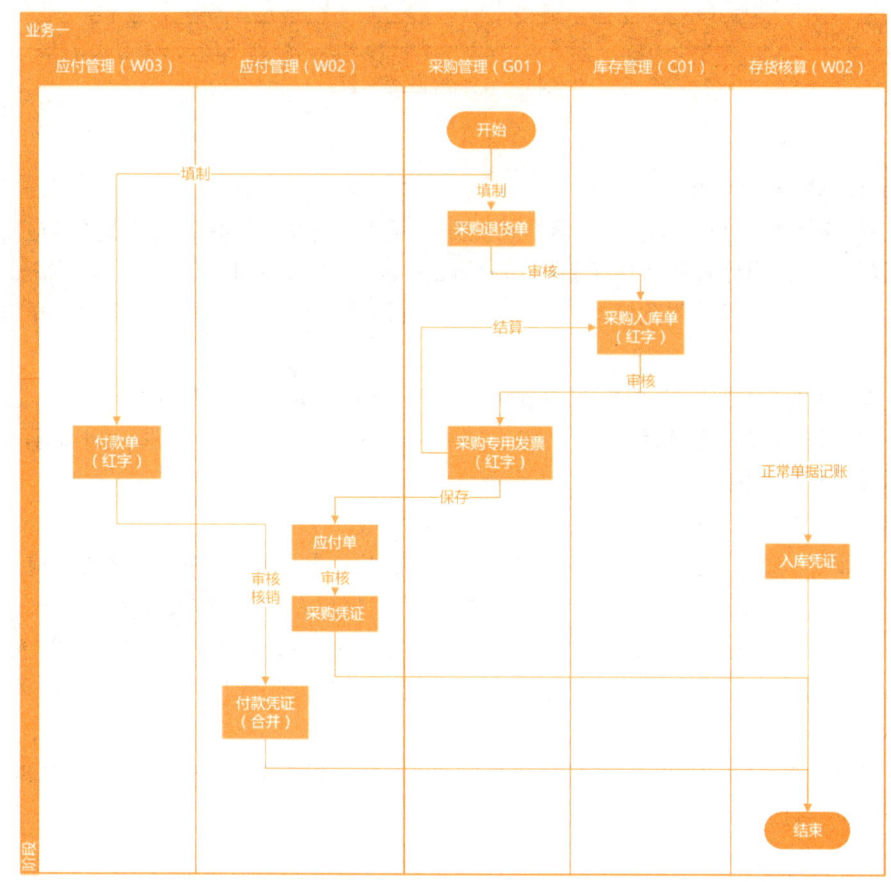

图4-238 【业务一】业务流程图

(2)单击【增加】按钮,选择【生单】|【采购订单】命令,打开【查询条件选择-采购订单列表过滤】对话框,单击【确定】按钮。

(3)系统弹出【拷贝并执行】窗口,选中所要拷贝的采购订单,单击【确定】按钮,系统自动生成退货单,修改退货数量为【-10.00】,单击【保存】按钮。

(4)单击【审核】按钮。根据采购订单生成的采购到货单,如图4-239所示。

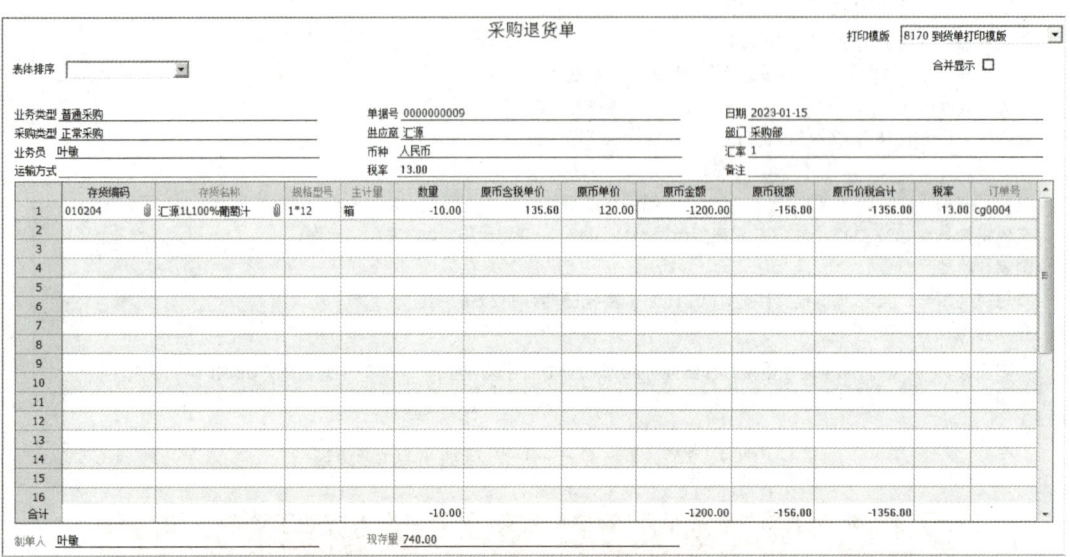

图4-239 【采购退货单】窗口

2. 生成红字采购入库单

(1)2023年1月15日,仓储部李红在企业应用平台中执行【业务工作】|【供应链】|【库存管理】|【入库业务】|【采购入库单】命令,打开【采购入库单】窗口。

(2)单击【生单】|【采购到货单(红字)】命令,打开【查询条件选择-采购到货单列表】对话框。

(3)单击【确定】按钮,在相应的到货单表头单击【选择】栏,出现【Y】。

(4)单击【确定】按钮,系统生成一张红字采购入库单,修改仓库为【果蔬汁库】,单击【保存】按钮,单击【审核】按钮,如图4-240所示。

3. 生成红字专用采购发票

(1)2023年1月15日,采购部叶敏在企业应用平台中执行【业务工作】|【供应链】|【采购管理】|【采购发票】|【红字专用采购发票】命令,打开【红字专用采购发票】窗口。

(2)单击【增加】按钮,单击【生单】|【入库单】命令,打开【查询条件选择-采购入库单列表过滤】对话框,单击【确定】按钮,打开【拷贝并执行-发票拷贝入库单列表】窗口,选中对应采购入库单。

(3)单击【确定】按钮,生成红字专用采购发票,修改发票号为【87215767】,单击【保存】按钮,如图4-241所示。

4. 采购结算(自动结算)

(1)2023年1月15日,采购部叶敏在企业应用平台中执行【业务工作】|【供应链】|【采

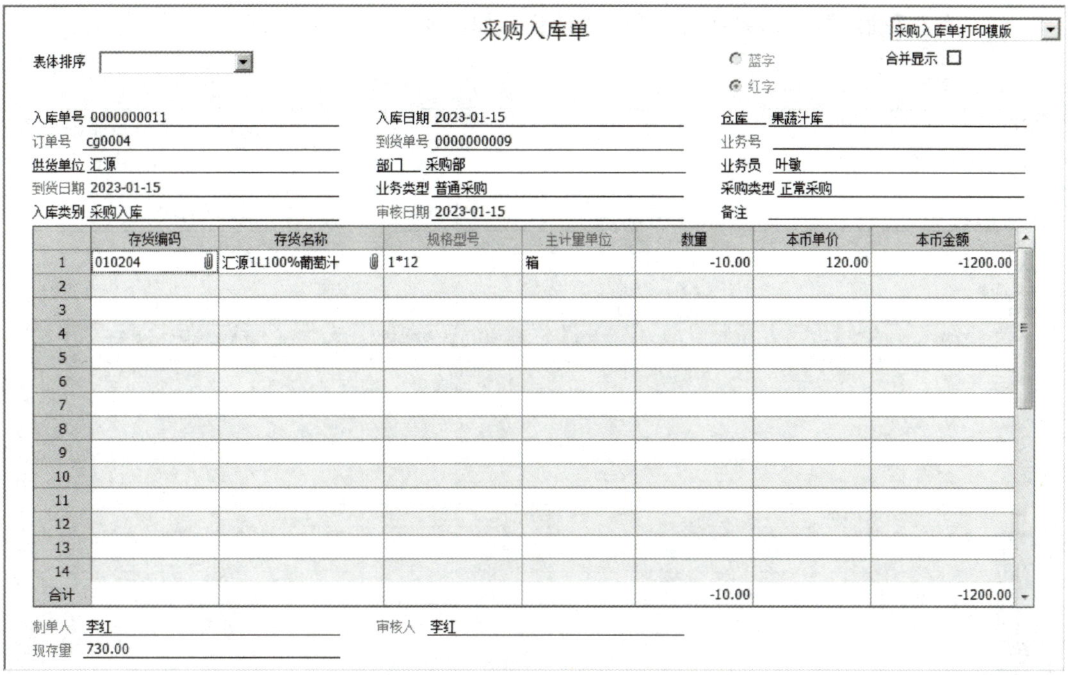

采购入库单

采购入库单打印模版

表体排序

○ 蓝字 ◉ 红字

合并显示 □

入库单号 0000000011 | 入库日期 2023-01-15 | 仓库 果蔬汁库
订单号 cg0004 | 到货单号 0000000009 | 业务号
供货单位 汇源 | 部门 采购部 | 业务员 叶敏
到货日期 2023-01-15 | 业务类型 普通采购 | 采购类型 正常采购
入库类别 采购入库 | 审核日期 2023-01-15 | 备注

	存货编码	存货名称	规格型号	主计量单位	数量	本币单价	本币金额
1	010204	汇源1L100%葡萄汁	1*12	箱	-10.00	120.00	-1200.00
2							
3							
4							
5							
6							
7							
8							
9							
10							
11							
12							
13							
14							
合计					-10.00		-1200.00

制单人 李红 | 审核人 李红
现存量 730.00

图 4-240 【红字采购入库单】窗口

4

专用发票

打印模版 8164 专用发票打印模版

表体排序

合并显示 □

业务类型 普通采购 | 发票类型 专用发票 | 发票号 87215767
开票日期 2023-01-15 | 供应商 汇源 | 代垫单位 汇源
采购类型 正常采购 | 税率 13.00 | 部门名称 采购部
业务员 叶敏 | 币种 人民币 | 汇率 1
发票日期 | 付款条件 2/10,1/20,n/30 | 备注

	存货编码	存货名称	规格型号	主计量	数量	原币单价	原币金额	原币税额	原币价税合计	税率	订单号
1	010204	汇源1L100%葡萄汁	1*12	箱	-10.00	120.00	-1200.00	-156.00	-1356.00	13.00	cg0004
2											
3											
4											
5											
6											
7											
8											
9											
10											
11											
12											
13											
14											
15											
合计					-10.00		-1200.00	-156.00	-1356.00		

结算日期 | 制单人 叶敏 | 审核人

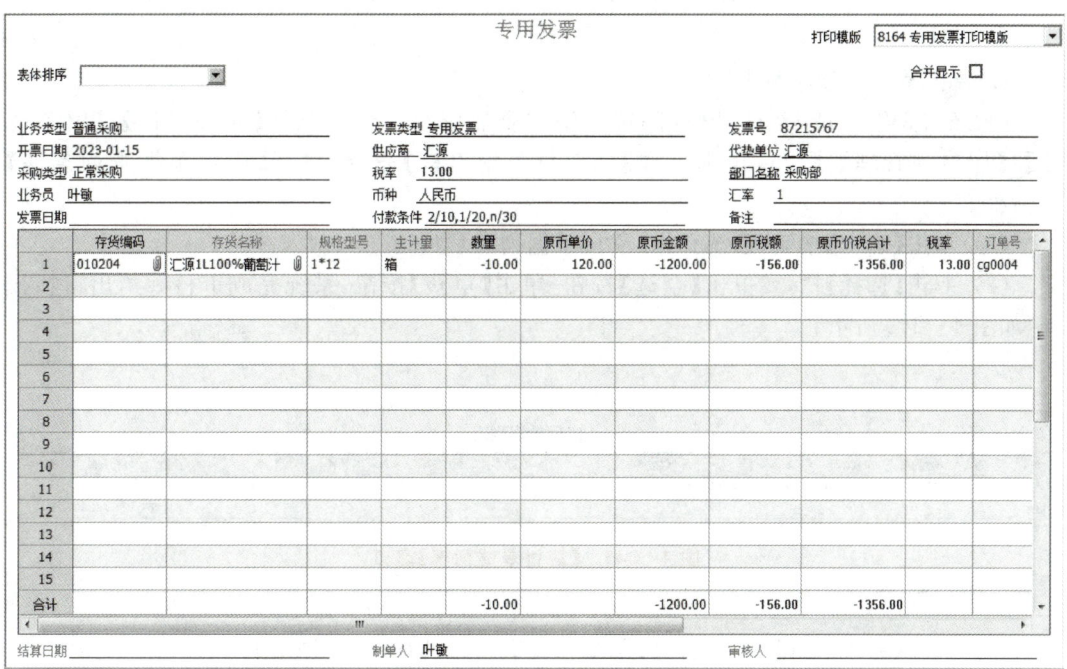

图 4-241 【红字专用采购发票】窗口

购管理】|【采购结算】|【自动结算】命令,打开【自动结算】窗口。

(2) 勾选【入库单和发票】【红蓝入库单】和【红蓝发票】复选框。

(3) 单击【确定】按钮,系统提示【成功结算】,如图4-242所示。

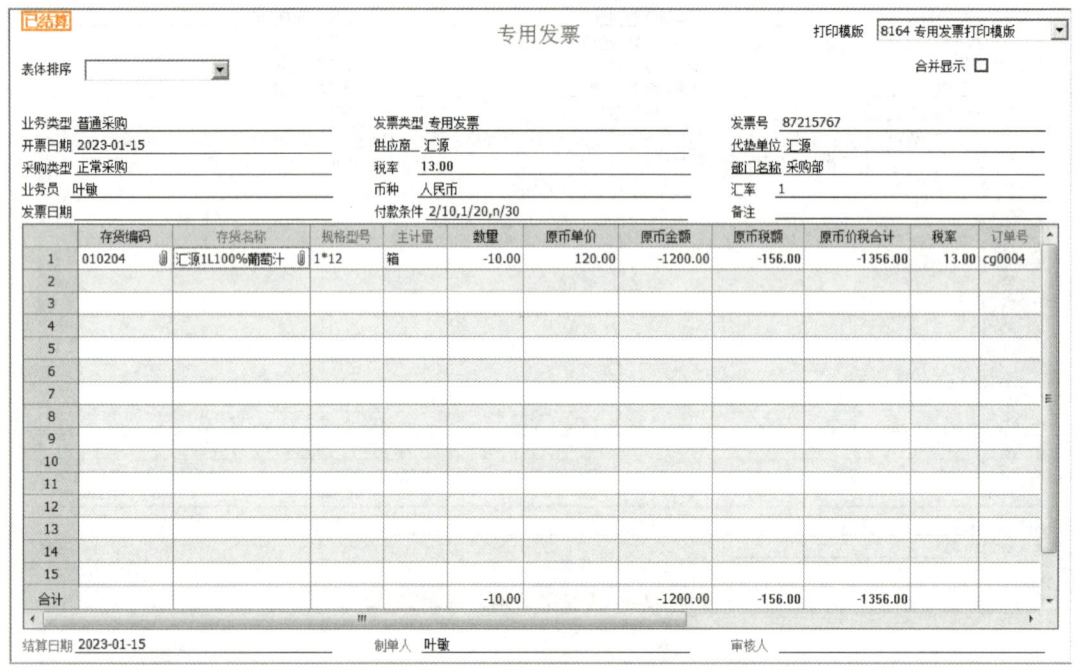

图4-242 【已结算红字采购发票】窗口

5. 应付单据审核与制单

(1) 2023年1月15日,财务部黄小明在企业应用平台中执行【业务工作】|【财务会计】|【应付款管理】|【应付单据处理】|【应付单据审核】命令,打开【应付单据查询条件】对话框。

(2) 单击【确定】按钮,系统弹出【应付单据列表】窗口。

(3) 双击【选择】栏,或单击【全选】按钮,单击【审核】按钮,系统完成审核并给出审核报告,如图4-243所示。

图4-243 【应付单据列表】窗口

(4) 执行【制单处理】命令,打开【制单查询】窗口,选择【发票制单】。

(5) 单击【确定】按钮,打开【采购发票制单】窗口。

(6) 凭证类别选择【记账凭证】,再单击【全选】按钮,选中要制单的【采购专用发票】。

(7) 单击【制单】按钮,生成一张记账凭证,单击【保存】按钮,如图4-244所示。

已生成

记账凭证

记　字 0030　制单日期：2023.01.15　审核日期：　附单据数：1

摘要	科目名称	借方金额	贷方金额
采购专用发票	在途物资	120000	
采购专用发票	应交税费/应交增值税/进项税额	15600	
采购专用发票	应付账款/一般应付款		135600
票号 日期　数量 单价	合计	135600	135600

备注　项　目　部　门

个　人　客　户

业务员

记账　审核　出纳　制单　黄小明

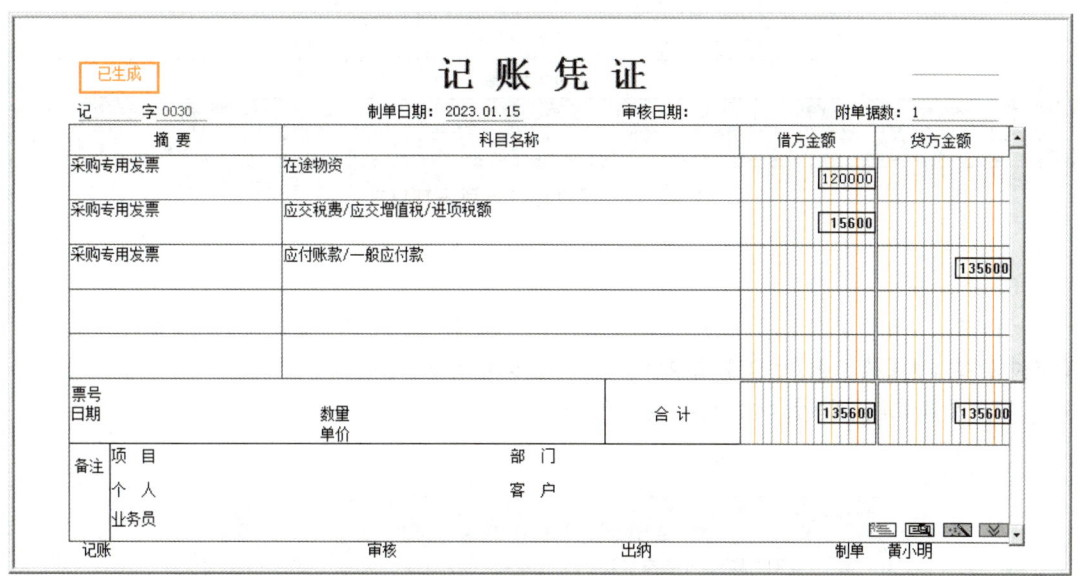

图 4-244　【记账凭证】窗口

6. 填制红字收款单

2023 年 1 月 15 日，财务部李卉在企业应用平台中执行【业务工作】|【财务会计】|【应付款管理】|【付款单据处理】|【付款单据录入】命令，打开【付款单】窗口，单击【切换】按钮，按照进账单的信息填写红字收款单，单击【保存】按钮，如图 4-245 所示。

收款单

打印模版　应付收款单打印模板

表体排序

单据编号 0000000001　日期 2023-01-15　供应商 汇源

结算方式 电汇　结算科目 100201　币种 人民币

汇率 1　金额 1332.00　本币金额 1332.00

供应商银行 中国银行北京顺义东兴支行　供应商账号 6217600597934526278　票据号 56829927

部门 采购部　业务员 叶敏　项目

摘要

	款项类型	供应商	科目	金额	本币金额	部门	业务员	项目
1	应付款	汇源	220201	1332.00	1332.00	采购部	叶敏	
2								
3								
4								
5								
6								
7								
8								
9								
10								
11								
12								
13								
14								
合计				1332.00	1332.00			

录入人 李卉　审核人　核销人

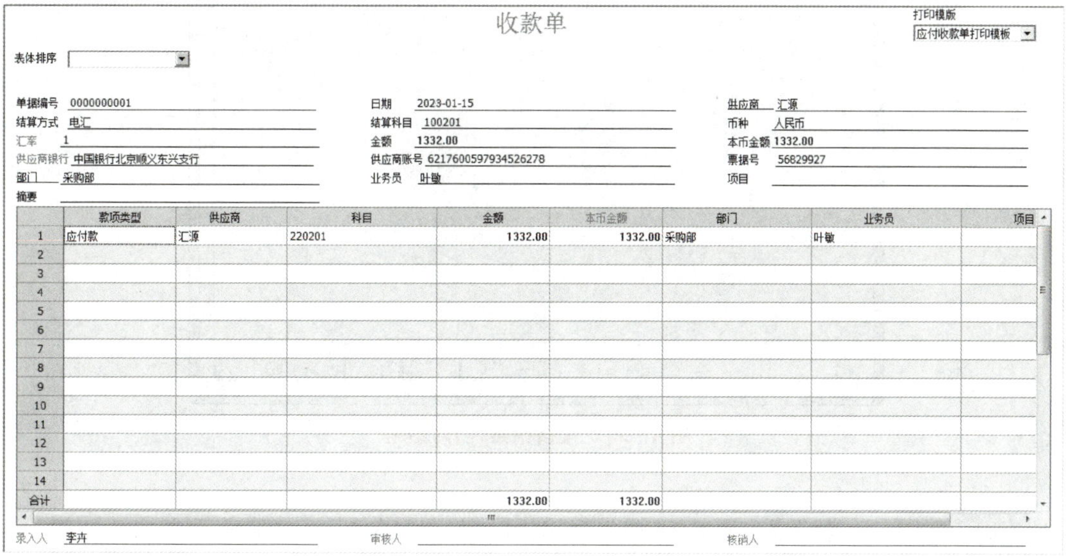

图 4-245　【红字收款单】窗口

7. 收款单审核

2023 年 1 月 15 日，财务部黄小明在企业应用平台中执行【业务工作】|【财务会计】|【应付款管理】|【付款单据处理】|【付款单据审核】命令，打开【收付款单列表】对话框，单击【全选】按钮，单击【审核】按钮，如图 4-246 所示。

收付款单列表												
记录总数:1												
选择	审核人	单据日期	单据类型	单据号码	供应商	部门	业务员	结算方式	票据号	币种	汇率	原币金额	本币金额	备注
	黄小明	2023-01-15	收款单	0000000001	汇源果汁有限公司	采购部	叶敏	电汇	56829927	人民币	1.00000000	-1,332.00	-1,332.00	
合计												-1,332.00	-1,332.00	

图 4-246 【收付款单列表】窗口

8. 手工核销

(1) 2023年1月15日,财务部黄小明在企业应用平台中执行【业务工作】|【财务会计】|【应付款管理】|【核销】|【手工核销】命令,打开【核销条件】对话框。

(2) 单击【确定】按钮,供应商选择【0002】,如图 4-247 所示。

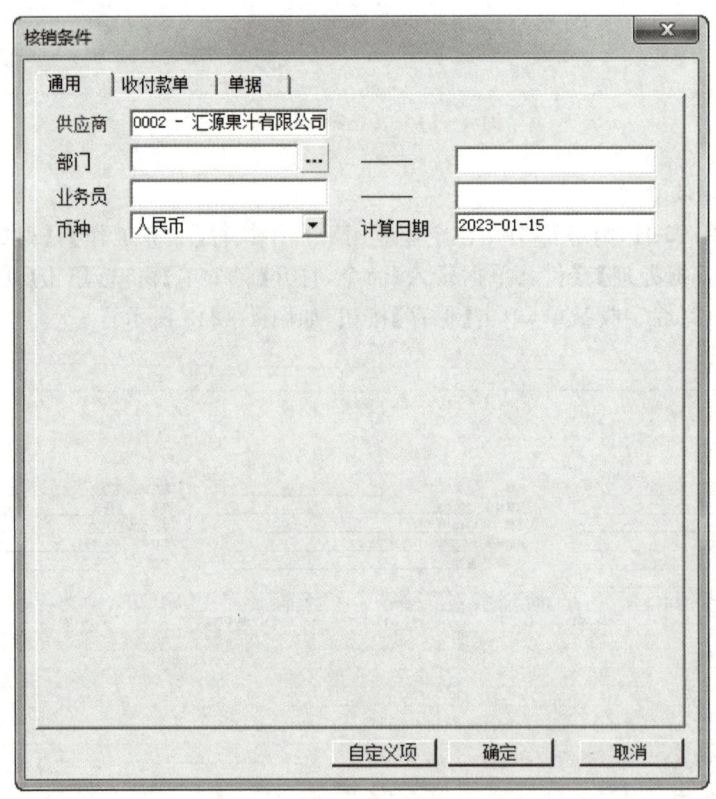

图 4-247 【核销条件】对话框

(3) 单击【收付款单】选项卡,单据类型选择【收款单】,如图 4-248 所示。

(4) 单击【确定】按钮,系统打开【单据核销】窗口,输入核销金额为【1 332.00】和折扣金额为【24.00】,如图 4-249 所示,单击【保存】按钮。

9. 收款单、核销合并制单

(1) 2023年1月15日,财务部黄小明在企业应用平台中执行【业务工作】|【财务会计】|【应付款管理】|【制单处理】命令,打开【制单查询】窗口,选择【收付款单制单】和【核销制单】,如图 4-250 所示。

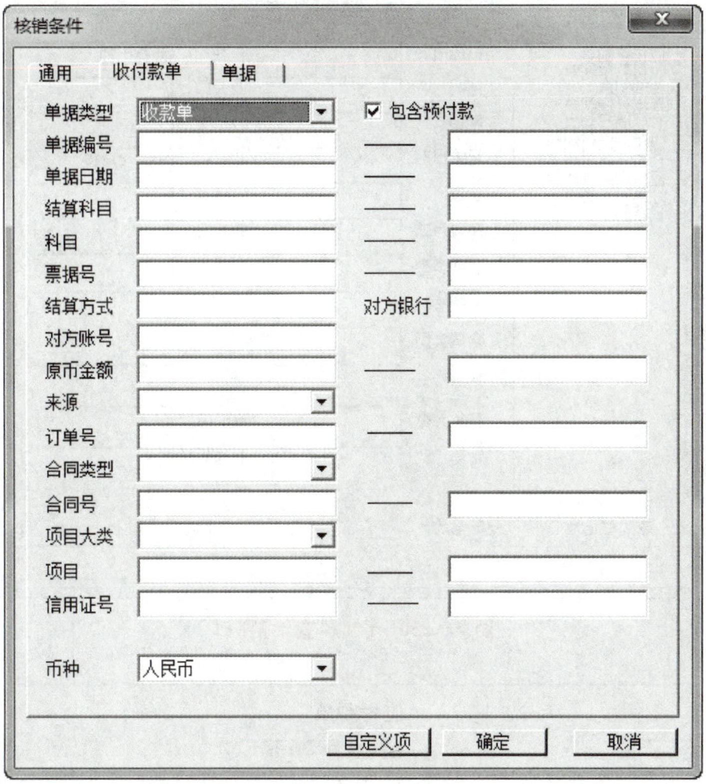

图 4-248 【收付款单】选项卡

图 4-249 【单据核销】窗口

(2) 单击【确定】按钮,系统弹出【应付制单】窗口,选择"汇源果汁有限公司"的【收款单】与【核销单】,合并制单,如图4-251所示。

(3) 单击【制单】按钮,系统自动生成一张凭证,调整【财务费用】科目的方向为【借方蓝字】,单击【保存】按钮,如图4-252所示。

10. 核算采购成本

(1) 2023年1月15日,财务部黄小明在企业应用平台中执行【业务工作】|【供应链】|【存货核算】|【业务核算】|【正常单据记账】命令,打开【查询条件选择】对话框。

(2) 单击【确定】按钮,打开【正常单据记账列表】窗口。

(3) 单击【全选】按钮,如图4-253所示。

(4) 单击【记账】按钮,将采购入库单记账,系统提示【记账成功!】。

图 4-250 【制单查询】窗口

应付制单

凭证类别 记账凭证　　制单日期 2023-01-15　　共 4 条

选择标志	凭证类别	单据类型	单据号	日期	供应商编码	供应商名称	部门	业务员	金额
1	记账凭证	收款单	0000000001	2023-01-15	0002	汇源果汁有限公司	采购部	叶敏	-1, 332. 00
	记账凭证	核销	0000000004	2023-01-07	0001	君乐宝乳业有限公司	采购部	叶敏	6, 300. 00
	记账凭证	核销	0000000006	2023-01-15	0003	农夫山泉有限公司	采购部	叶敏	55, 296. 00
1	记账凭证	核销	ZKAP0000000000002	2023-01-15	0002	汇源果汁有限公司	采购部	叶敏	-1, 356. 00

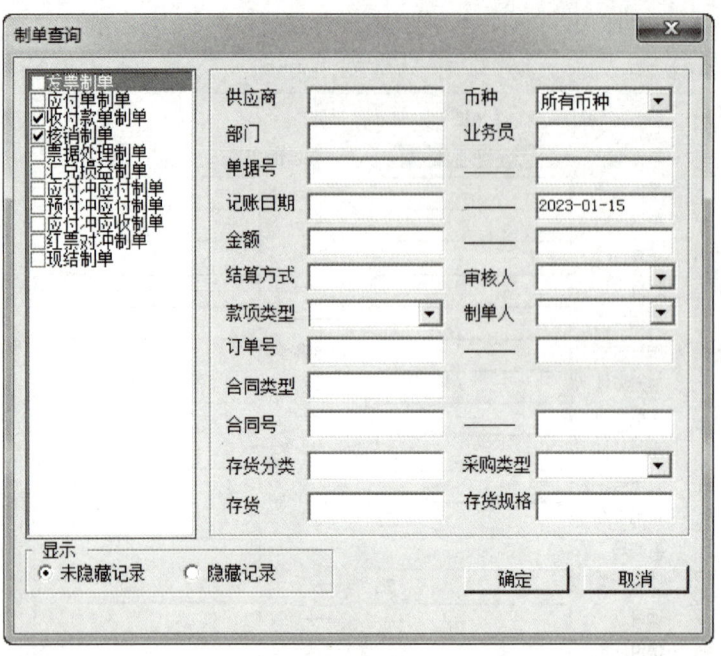

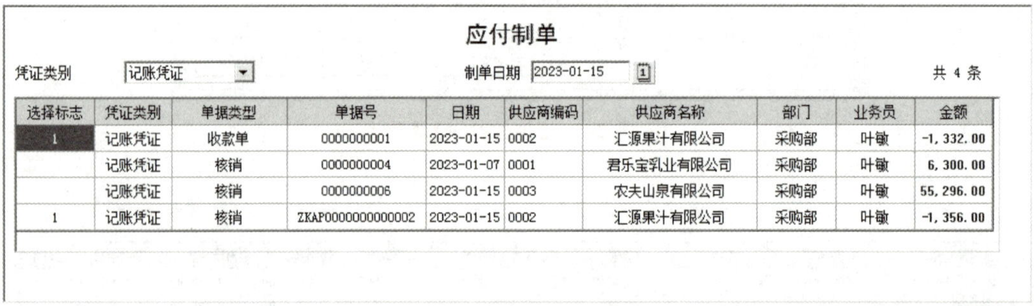

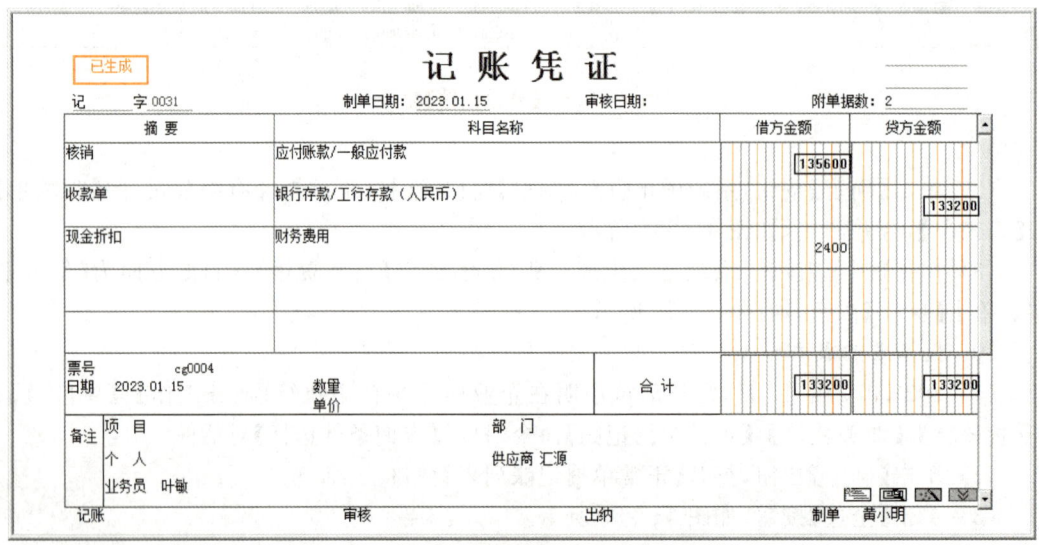

图 4-251 【应付制单】窗口

图 4-252 【记账凭证】窗口

正常单据记账列表

记录总数：1

选择	日期	单据号	存货编码	存货名称	规格型号	存货代码	单据类型	仓库名称	收发类别	数量	单价	金额
Y	2023-01-15	0000000011	010204	汇源1L100%葡萄汁	1*12		采购入库单	果蔬汁库	采购入库	-10.00	120.00	-1,200.00
小计										-10.00		-1,200.00

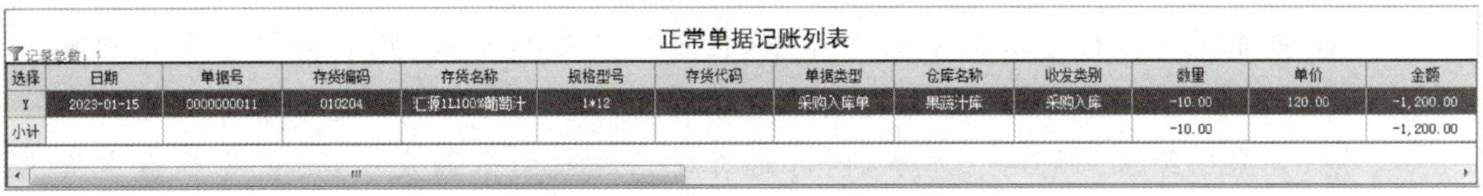

图 4-253 【正常单据记账列表】窗口

(5) 单击【确定】按钮。

(6) 执行【财务核算】|【生成凭证】命令，打开【查询条件】对话框。

(7) 单击【确定】按钮，打开【未生成凭证单据一览表】窗口。

(8) 单击【选择】栏，或单击【全选】按钮，选中待生成凭证的单据，单击【确定】按钮。

(9) 凭证类别选择【记账凭证】，如图 4-254 所示。

凭证类别 记 记账凭证

选择	单据类型	单据号	摘要	科目类型	科目编码	科目名称	借方金额	贷方金额	借方数量	贷方数量	科目方向	存货编码	存货名称
1	采购入库单	0000000011	采购入库单	存货	1405	库存商品	-1,200.00		-10.00		1	010204	汇源1L100%葡萄汁
				对方	1402	在途物资		-1,200.00		-10.00	2	010204	汇源1L100%葡萄汁
合计							-1,200.00	-1,200.00					

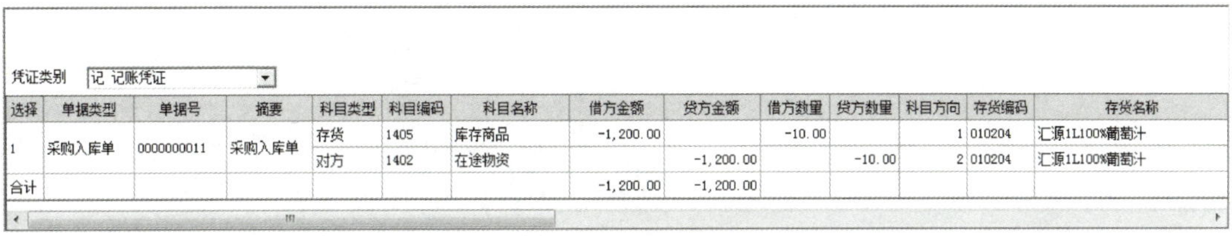

图 4-254 【生成凭证】窗口

(10) 单击【生成】按钮，生成一张记账凭证，单击【保存】按钮，如图 4-255 所示。

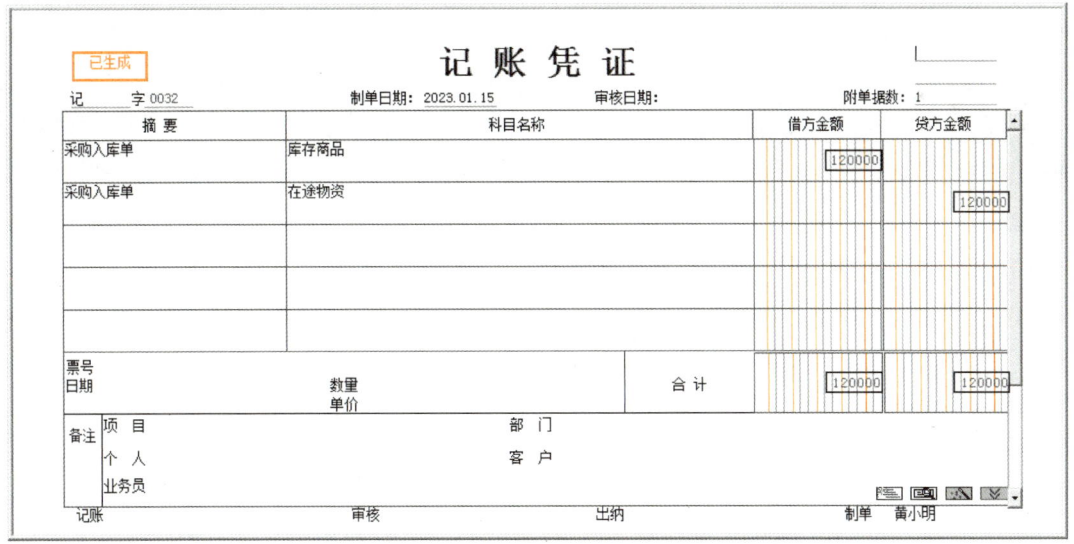

图 4-255 【记账凭证】窗口

重要提示

结算前的退货业务如果只是录入到货单，则只需开具到货退回单，不用进行采购结算，按照实际入库数量录入采购入库单。

- 如果退货时已经录入采购入库单，但还没有收到发票，则只需要根据退货数量录入红字入库单，对红蓝入库单进行自动结算。
- 如果已经录入采购入库单，同时退货时已经收到采购发票，则需要根据退货数量录入红字采购入库单，并录入采购发票，其中发票上的数量＝原入库单数量－红字入库单数量。这时需要采用手工结算方式将红字采购入库单与原采购入库单、采购发票进行采购结算，以冲减原入库数量。
- 如果采购结算后发生退货业务，需开具到货退回单，录入红字入库单，红字专用采购发票，并进行采购结算。

项目五　销售管理系统业务处理

实训一　普通销售业务处理

业　务　一

【业务描述】 2023年1月15日，销售部张立与沃尔玛超市销售君乐宝200 mL优致牧场纯牛奶的销售合同，货已发出。取得与该业务相关的凭证如图5-1～图5-4所示。

普通销售业务一

法治中国之依法经营——销售业务处理

购销合同

| 供货方： | 洪福商贸有限公司 | | 合同号： | XS0002 | |
| 购买方： | 沃尔玛超市有限公司 | | 签订日期： | 2023年01月15日 | |

经双方协议，订立本合同如下：

商品型号	名　称	数　量	单　价	总　额	其他要求
1*24	君乐宝200ml优致牧场纯牛奶	500.00	67.80	33900.00	
合　计		500.00		¥33900.00	

货款合计（大写）：人民币叁万叁仟玖佰元整

质量验收标准：验收合格。
交货日期：2023年1月15日。
交货地点：芜湖市镜湖区中山路339号，沃尔玛超市有限公司。
结算方式：转账支票，付款时间：2023年1月15日。
发运方式：公路运输，运费由购买方承担。
违约条款：违约方需赔偿对方一切经济损失。但遇天灾、祸或其他不可抗力因素而导致延误交货，购买方不能要求供货方赔偿任何损失。
解决合同纠纷的方式：经双方有好协商解决。如协商不成的，可向当地仲裁委员会提出申诉解决。
本合同一式两份，供双方各执一份，自签订之日起生效。

供货方（盖章）：		购买方（盖章）：	
地　址：	芜湖市鸠江区弋江路48号	地　址：	芜湖市镜湖区中山路339号
法定代表：	李金泽	法定代表：	张之福
联系电话：	0553-5820888	联系电话：	0553-3137566

图5-1　【业务一——购销合同】凭证

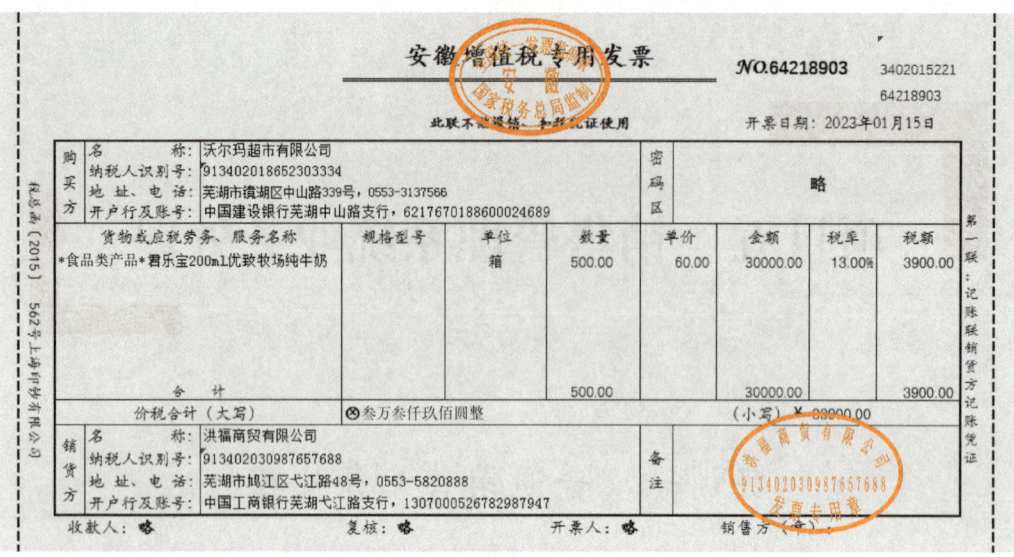

图5-2 【业务一——增值税专用发票】凭证

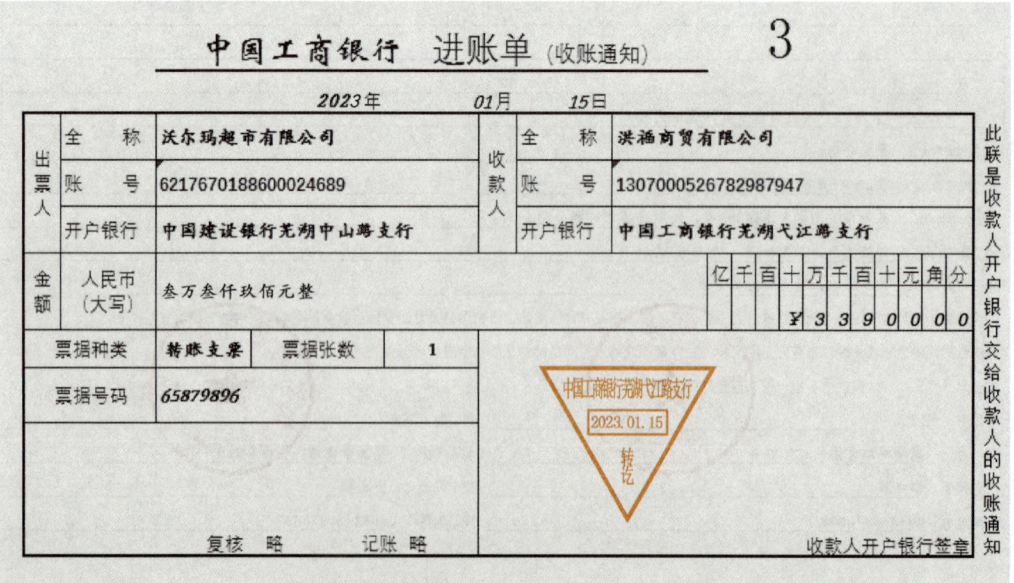

图5-3 【业务一——出库单】凭证

图5-4 【业务一——银行进账单】凭证

【业务解析】 本笔业务是签订销售合同,开票发货并收回货款的业务。

【赛题链接】 12日,经批准,福建营销分部朱坤与沃尔玛公司(海沧店)签订降价的促销购销合同(合同编号:xs004),款项已通过电汇收取(促销价通过客户调价单功能实现,使用现结功能)。(原始单据:购销合同、销售专用发票、银行电汇回单略)

【岗位说明】 销售部张立填制销售订单(审核)、销售专用发票(现结);仓储部李红填制销售出库单(审核);财务部黄小明审核发票、单据记账并制单。

【业务流程】 本笔业务流程如图5-5所示。

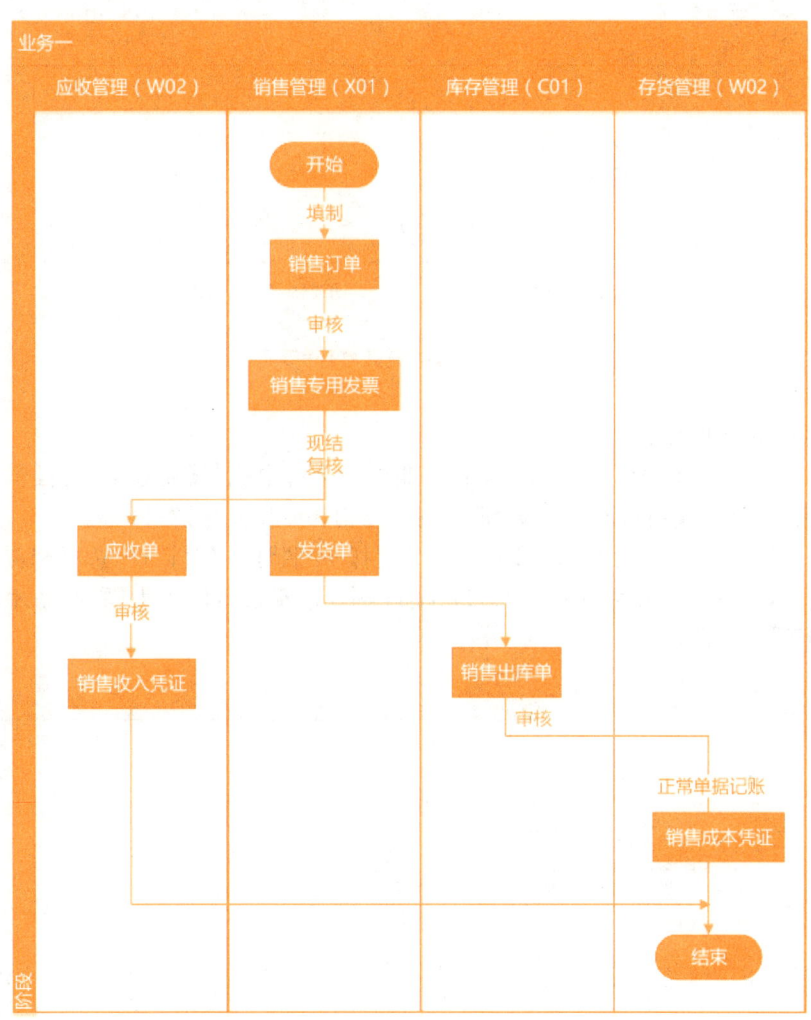

图5-5 【业务一】业务流程图

〔操作指导〕

1. 填制销售订单

(1) 2023年1月15日,销售部张立在企业应用平台中执行【业务工作】|【供应链】|【销售管理】|【销售订货】|【销售订单】命令,打开【销售订单】窗口。

(2) 单击【增加】按钮,修改订单编号为【xs0002】,销售类型选择【正常销售】,按照购销合同录入订单信息,单击【保存】按钮。

(3) 单击【审核】按钮,审核填制的销售订单,如图 5-6 所示。

销售订单

打印模版 销售订单打印模版

表体排序

合并显示 □

订单号 xs0002　订单日期 2023-01-15　业务类型 普通销售

销售类型 正常销售　客户简称 沃尔玛　付款条件

销售部门 销售部　业务员 张立　税率 13.00

币种 人民币　汇率 1　备注

必有定金 否　定金原币金额　定金本币金额

	存货编码	存货名称	规格型号	主计量	数量	报价	含税单价	无税单价	无税金额	税额	价税合计	税率(%)	折扣额	扣率(%)	扣率2(%)	预发货日期
1	010102	君乐宝200mL优致牧场纯牛奶	1*24	箱	500.00	0.00	67.80	60.00	30000.00	3900.00	33900.00	13.00	0.00	100.00	100.00	2023-01-15
2																
3																
4																
5																
6																
7																
8																
9																
10																
11																
12																
13																
14																
15																
合计					500.00				30000.00	3900.00	33900.00		0.00			

制单人 张立　审核人 张立　关闭人

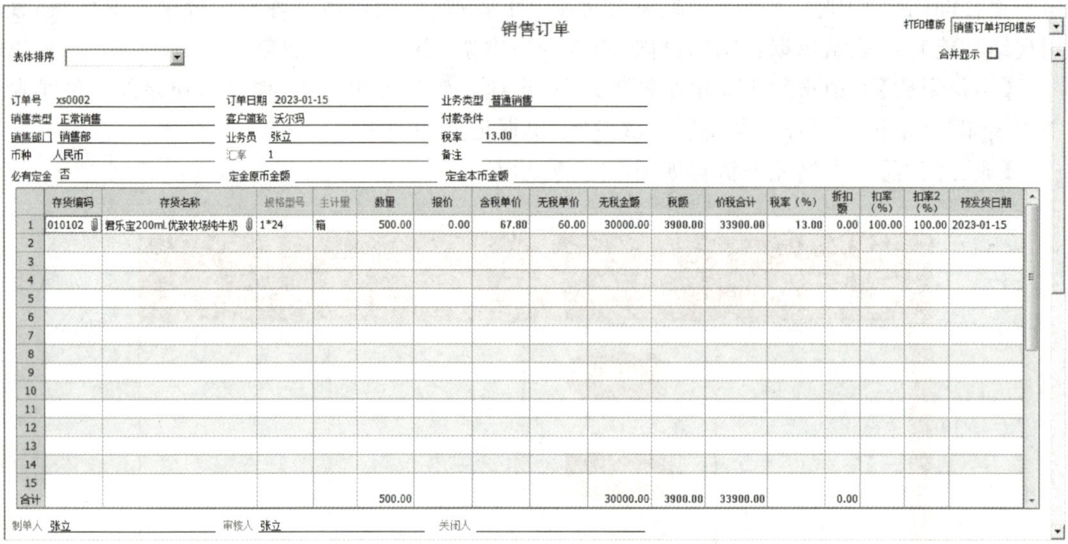

图 5-6 【销售订单】窗口

2. 生成销售专用发票

(1) 2023 年 1 月 15 日,销售部张立在企业应用平台中执行【业务工作】|【供应链】|【销售管理】|【销售开票】|【销售专用发票】命令,打开【销售专用发票】窗口。

(2) 单击【增加】按钮,系统弹出【查询条件选择-参照订单】对话框,选择相应的订单,单击【确定】按钮,修改发票号为【64218903】;在表体中,仓库名称修改为【乳制品库】,单击【保存】按钮,如图 5-7 所示。

5

销售专用发票

打印模版 销售专用发票打印模版

表体排序

合并显示 □

发票号 64218903　开票日期 2023-01-15　业务类型 普通销售

销售类型 正常销售　订单号 xs0002　发货单号

客户简称 沃尔玛　销售部门 销售部　业务员 张立

付款条件　客户地址 芜湖市镜湖区中山路339号　联系电话 0553-3137566

开户银行 中国建设银行芜湖中山路支行　账号 6217670188600024689　税号 913402019652303334

币种 人民币　汇率 1　税率 13.00

备注

	仓库名称	存货编码	存货名称	规格型号	主计量	数量	报价	含税单价	无税单价	无税金额	税额	价税合计	税率(%)	退补标志
1	乳制品库	010102	君乐宝200mL优致牧场纯牛奶	1*24	箱	500.00	0.00	67.80	60.00	30000.00	3900.00	33900.00	13.00	正常
2														
3														
4														
5														
6														
7														
8														
9														
10														
11														
12														
合计						500.00				30000.00	3900.00	33900.00		

单位名称 洪福商贸有限公司　本单位税号 913402030987657688　本单位开户银行 中国工商银行芜湖弋江路支

制单人 张立　复核人　银行账号 1307000526782987947

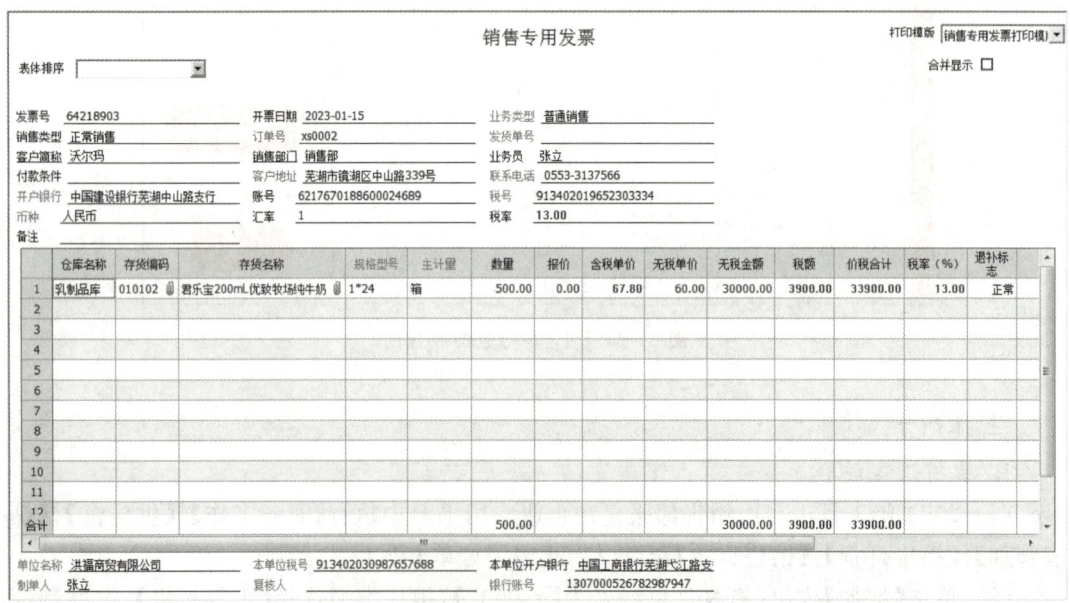

图 5-7 【销售专用发票】窗口

（3）单击【现结】按钮，打开【现结】对话框，按照进账单的信息录入，如图5-8所示。

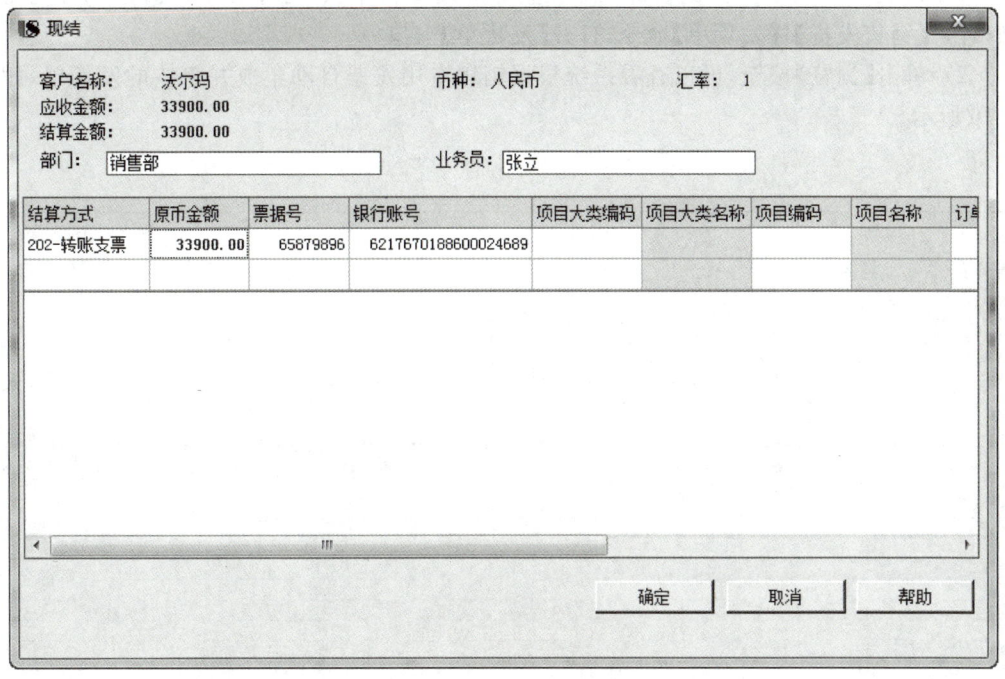

图5-8 【现结】对话框

（4）单击【确定】按钮，系统提示【发票已现结!】，单击【确定】按钮，如图5-9所示。

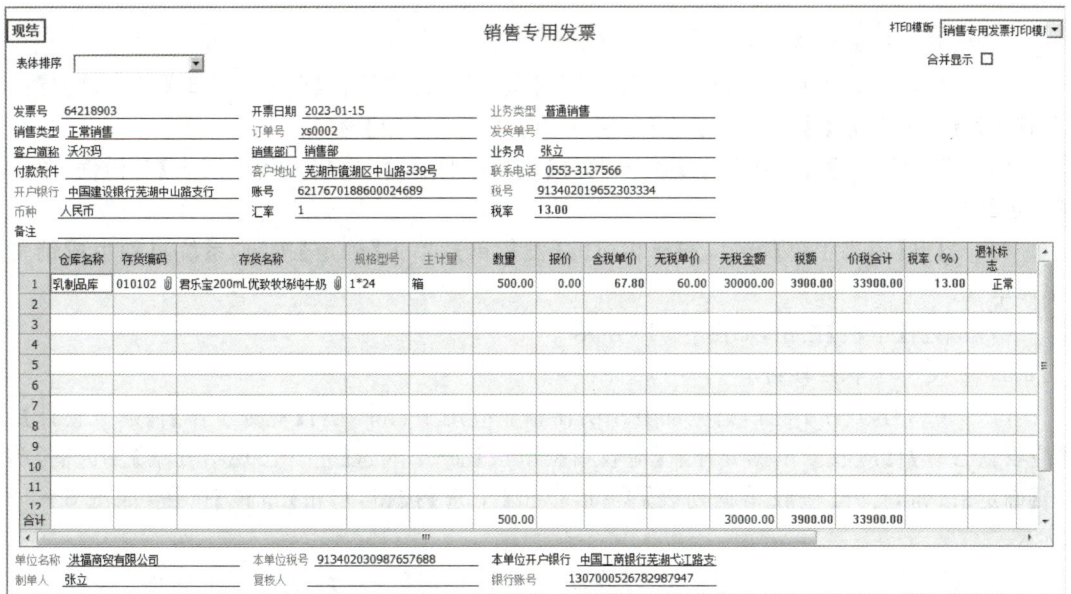

图5-9 【已现结发票】窗口

(5) 单击【复核】按钮,复核已现结的销售专用发票。

3. 浏览发货单

(1) 2023 年 1 月 15 日,销售部张立在企业应用平台中执行【业务工作】|【供应链】|【销售管理】|【销售发货】|【发货单】命令,打开【发货单】窗口。

(2) 单击【浏览】按钮,可以查看系统根据销售专用发票自动生成并审核的发货单,如图 5-10 所示。

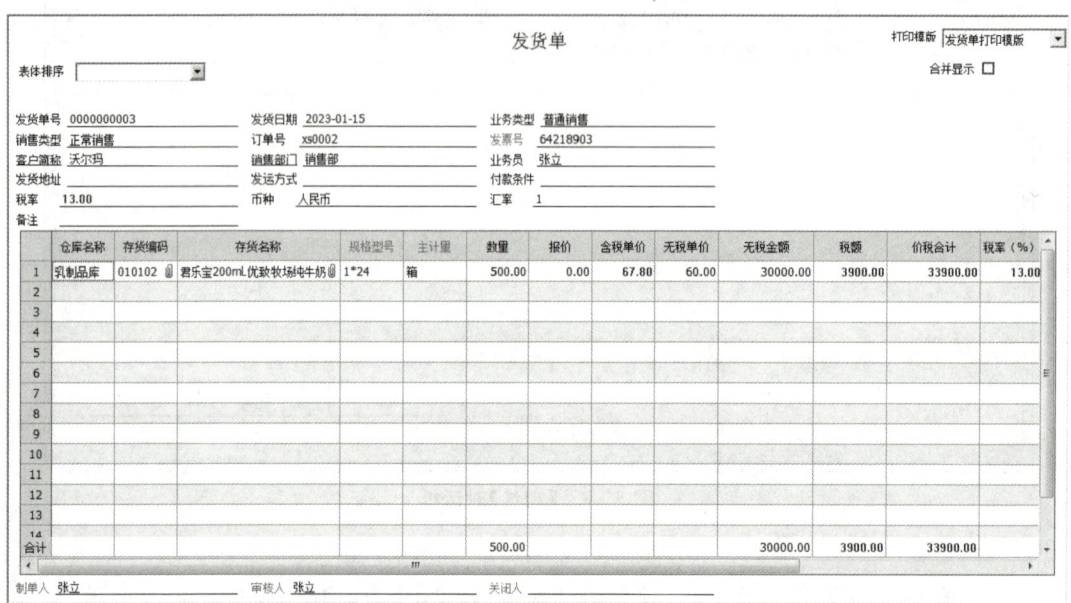

图 5-10 【发货单】窗口

4. 生成销售出库单

(1) 2023 年 1 月 15 日,仓储部李红在企业应用平台中执行【业务工作】|【供应链】|【库存管理】|【出库业务】|【销售出库单】命令,打开【销售出库单】窗口。

(2) 选择【生单】|【销售生单】命令,打开【查询条件选择-销售发货单列表】对话框,单击【确定】按钮。

(3) 打开【销售生单】窗口,选择相应的【发货单】,单击【确定】按钮,系统自动生成销售出库单。

(4) 单击【审核】按钮,如图 5-11 所示。

5. 应收单据审核与制单

(1) 2023 年 1 月 15 日,财务部黄小明在企业应用平台中执行【业务工作】|【财务会计】|【应收款管理】|【应收款单据处理】|【应收单据审核】命令,勾选【包含已现结发票】复选框,单击【确定】按钮,打开【应收单据列表】窗口,单击【全选】按钮,单击【审核】按钮,如图 5-12 所示。

(2) 执行【制单处理】命令,选择【现结制单】,单击【确定】,选择需要制单的记录,凭证类别选择【记账凭证】,单击【制单】,系统生成相关凭证,单击【保存】按钮,如图 5-13 所示。

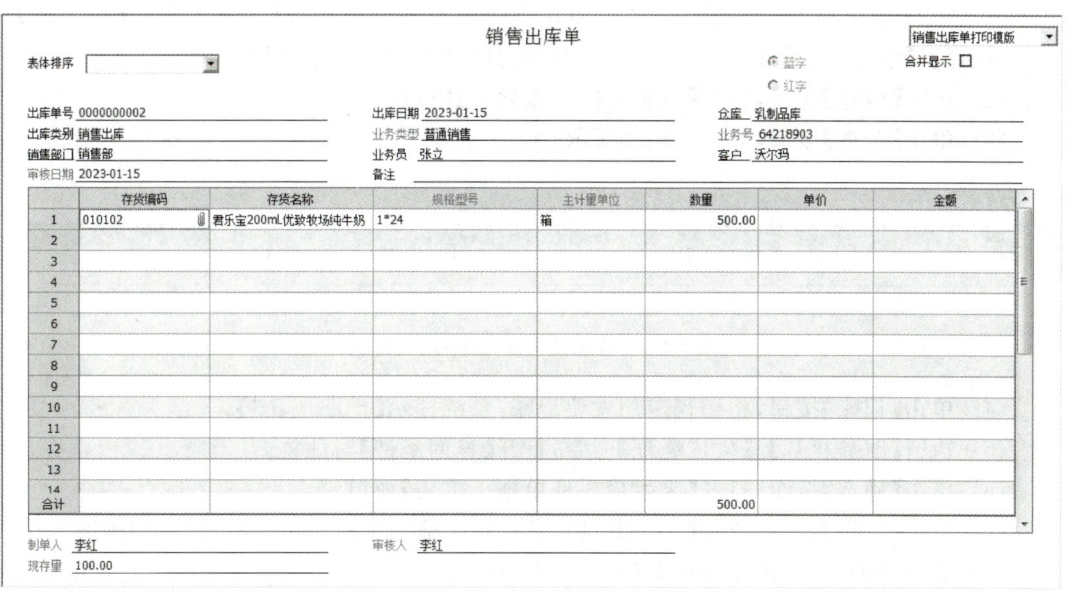

图 5-11 【销售出库单】窗口

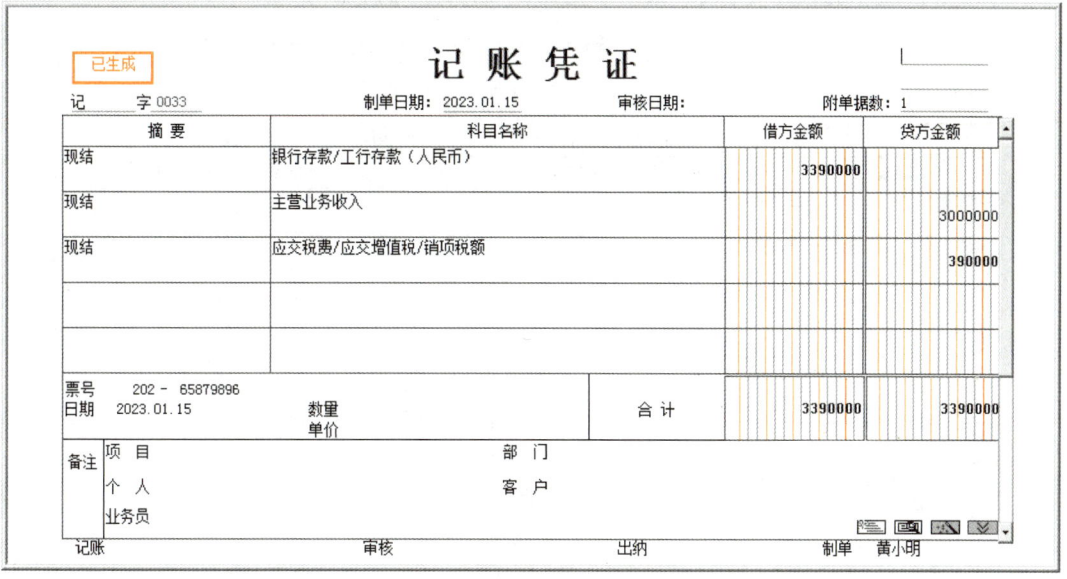

图 5-12 【应收单据列表】窗口

图 5-13 【现结凭证】窗口

6. 结转销售成本

(1) 2023 年 1 月 15 日,财务部黄小明在企业应用平台中执行【业务工作】|【供应链】|【存货核算】|【业务核算】|【正常单据记账】命令,打开【查询条件选择】对话框。

(2) 单击【确定】按钮,打开【正常单据记账列表】窗口。

(3) 单击【全选】按钮,如图 5－14 所示。

正常单据记账列表

记录总数: 1

选择	日期	单据号	存货编码	存货名称	规格型号	存货代码	单据类型	仓库名称	收发类别	数量	单价	金额
Y	2023-01-15	64218903	010102	君乐宝200mL优致牧场纯牛奶	1*24		专用发票	乳制品库	销售出库	500.00		
小计										500.00		

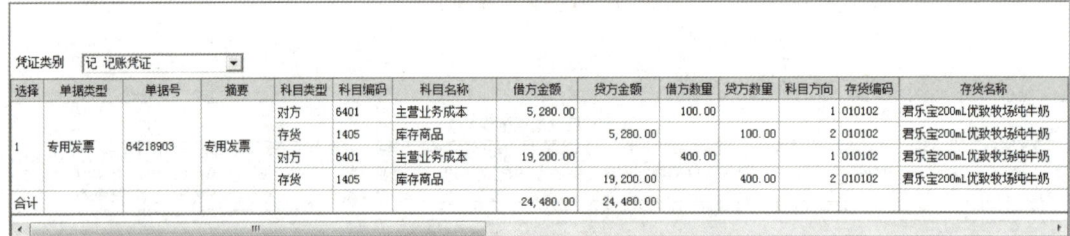

图 5－14 【正常单据记账列表】窗口

(4) 单击【记账】按钮,将销售专用发票记账,系统提示【记账成功!】。

(5) 执行【财务核算】|【生成凭证】命令,打开【查询条件】对话框。

(6) 单击【确定】按钮,打开【未生成凭证单据一览表】窗口。

(7) 单击【选择】栏,或单击【全选】按钮,选中待生成凭证的单据,单击【确定】按钮。

(8) 凭证类别选择【记账凭证】,如图 5－15 所示。

凭证类别 记 记账凭证

选择	单据类型	单据号	摘要	科目类型	科目编码	科目名称	借方金额	贷方金额	借方数量	贷方数量	科目方向	存货编码	存货名称
1	专用发票	64218903	专用发票	对方	6401	主营业务成本	5,280.00		100.00		1	010102	君乐宝200mL优致牧场纯牛奶
				存货	1405	库存商品		5,280.00		100.00	2	010102	君乐宝200mL优致牧场纯牛奶
				对方	6401	主营业务成本	19,200.00		400.00		1	010102	君乐宝200mL优致牧场纯牛奶
				存货	1405	库存商品		19,200.00		400.00	2	010102	君乐宝200mL优致牧场纯牛奶
合计							24,480.00	24,480.00					

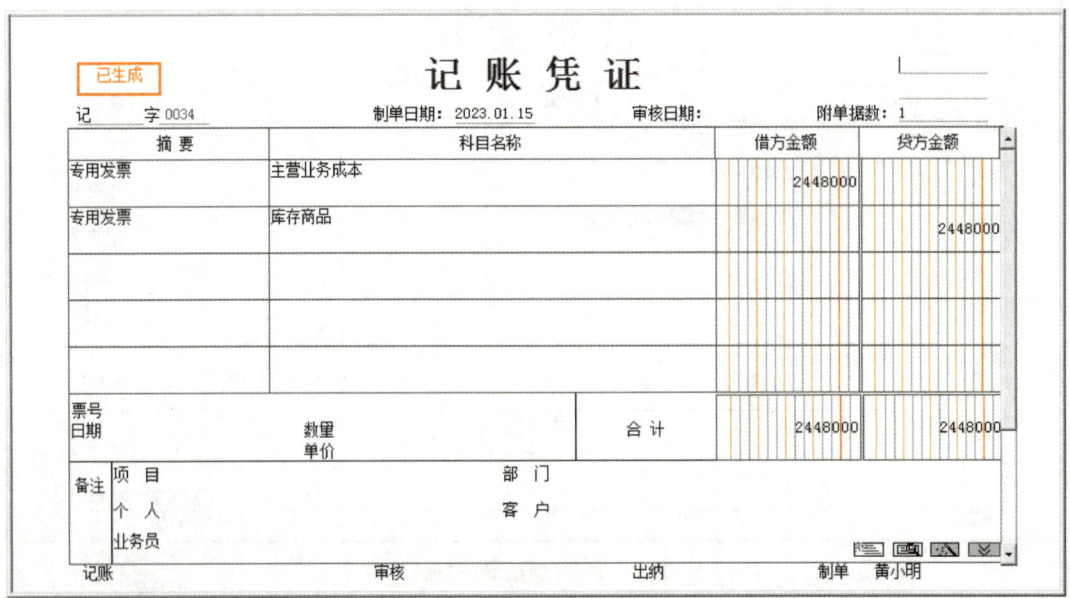

图 5－15 【生成凭证】窗口

(9) 单击【生成】按钮,生成一张记账凭证,单击【保存】按钮,如图 5－16 所示。

图 5－16 【记账凭证】窗口

业 务 二

普通销售业务二

同舟共济之和协精神——有收款条件的销售业务处理

【业务描述】 2023年1月16日,销售部张立与华联超市签订销售汇源1L100%橙＋苹果礼盒装,汇源1L100%桃＋葡萄礼盒装的销售合同,货已发出。取得与该业务相关的凭证如图5-17～图5-19所示。

图5-17 【业务二——购销合同】凭证

【业务解析】 本笔业务是签订销售合同、开票发货、有付款条件的业务。

【赛题链接】 14日,福建营销分部朱坤与沃尔玛公司(思明店)签订购销合同(编号:xs0010),付款条件为:3/10,2/20,n/30。货已发出,并开出增值税专用发票。(原始单据:购销合同、销售专用发票略)

【岗位说明】 销售部张立填制销售订单(审核)、销售专用发票;仓储部李红填制销售出库单(审核);财务部黄小明审核发票、单据记账并制单。

【业务流程】 本笔业务流程如图5-20所示。

〖操作指导〗

1. 填制销售订单

(1) 2023年1月16日,销售部张立在企业应用平台中执行【业务工作】|【供应链】|【销

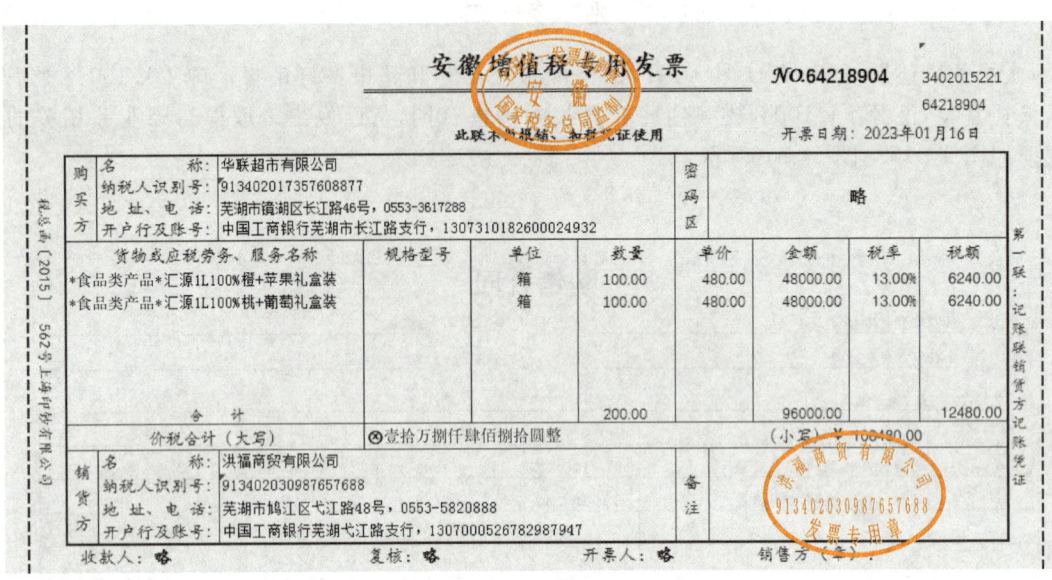

图 5‑18 【业务二——增值税专用发票】凭证

图 5‑19 【业务二——出库单】凭证

售管理】|【销售订货】|【销售订单】命令，打开【销售订单】窗口。

（2）单击【增加】按钮，修改订单编号为【xs0003】，销售类型选择【正常销售】，按照购销合同录入订单信息，单击【保存】按钮。

（3）单击【审核】按钮，审核填制的销售订单，如图 5‑21 所示。

2. 生成销售专用发票

（1）2023 年 1 月 16 日，销售部张立在企业应用平台中执行【业务工作】|【供应链】|【销售管理】|【销售开票】|【销售专用发票】命令，打开【销售专用发票】窗口。

（2）单击【增加】按钮，系统弹出【查询条件选择‑参照订单】对话框，选择相应的订单，单击【确定】按钮，修改发票号为【64218904】；在表体中，仓库名称修改为【果蔬汁库】，单击【保存】按钮，单击【复核】按钮，如图 5‑22 所示。

3. 浏览发货单

（1）2023 年 1 月 16 日，销售部张立在企业应用平台中执行【业务工作】|【供应链】|【销售管理】|【销售发货】|【发货单】命令，打开【发货单】窗口。

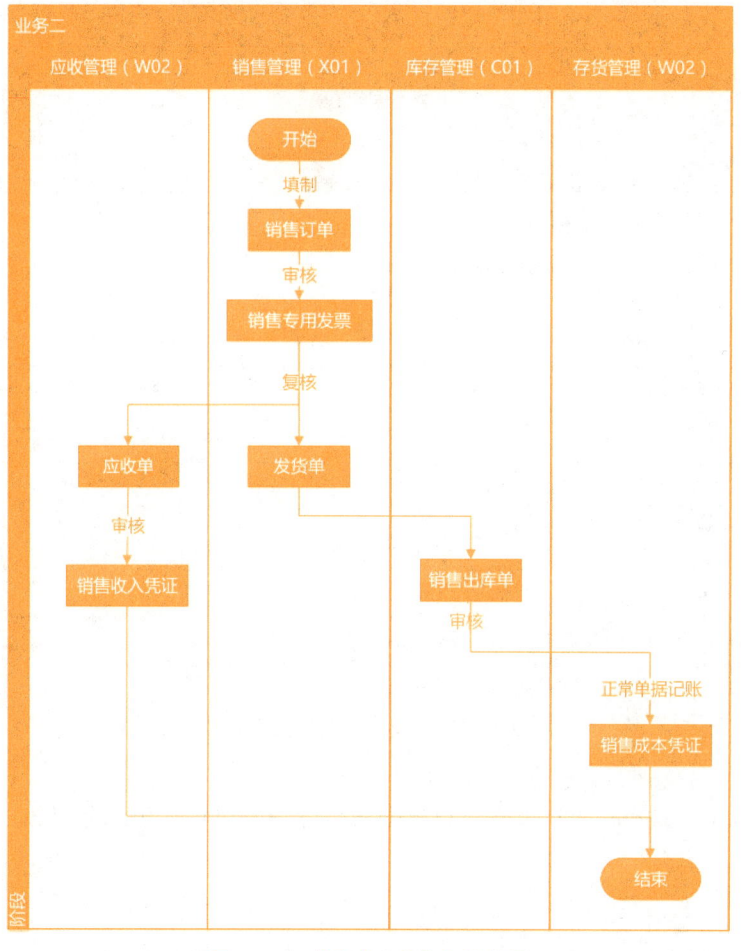

图 5-20 【业务二】业务流程图

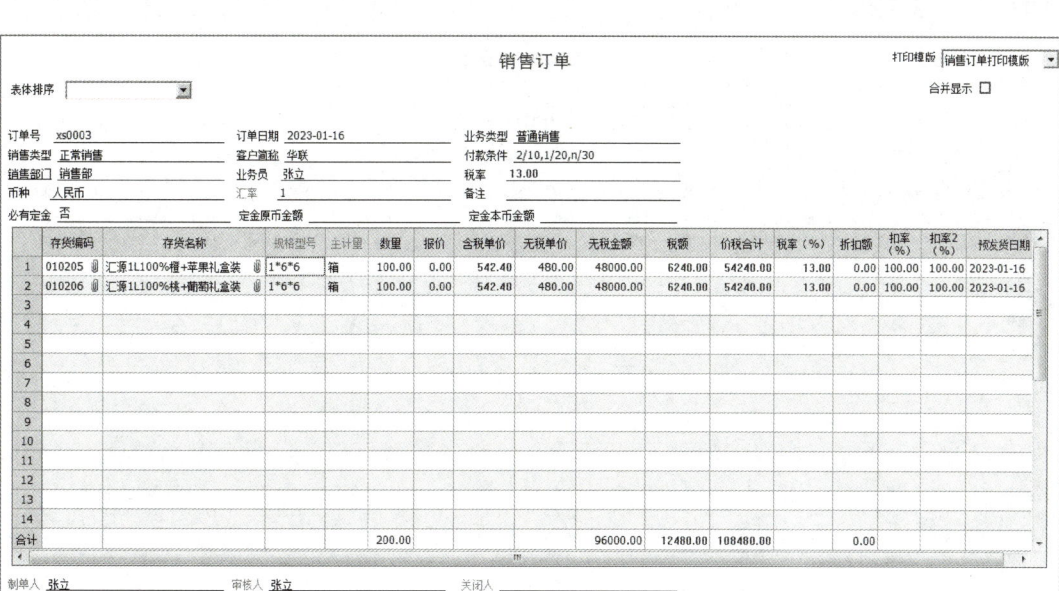

图 5-21 【销售订单】窗口

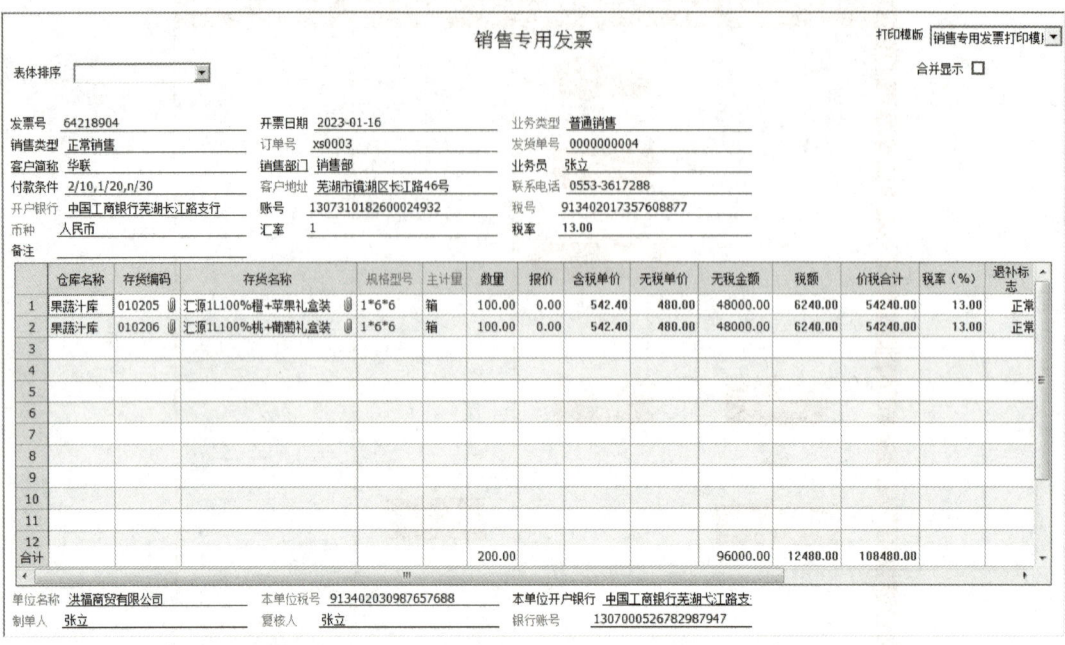

图 5-22 【销售专用发票】窗口

（2）单击【浏览】按钮，可以查看系统根据销售专用发票自动生成并审核的发货单，如图 5-23 所示。

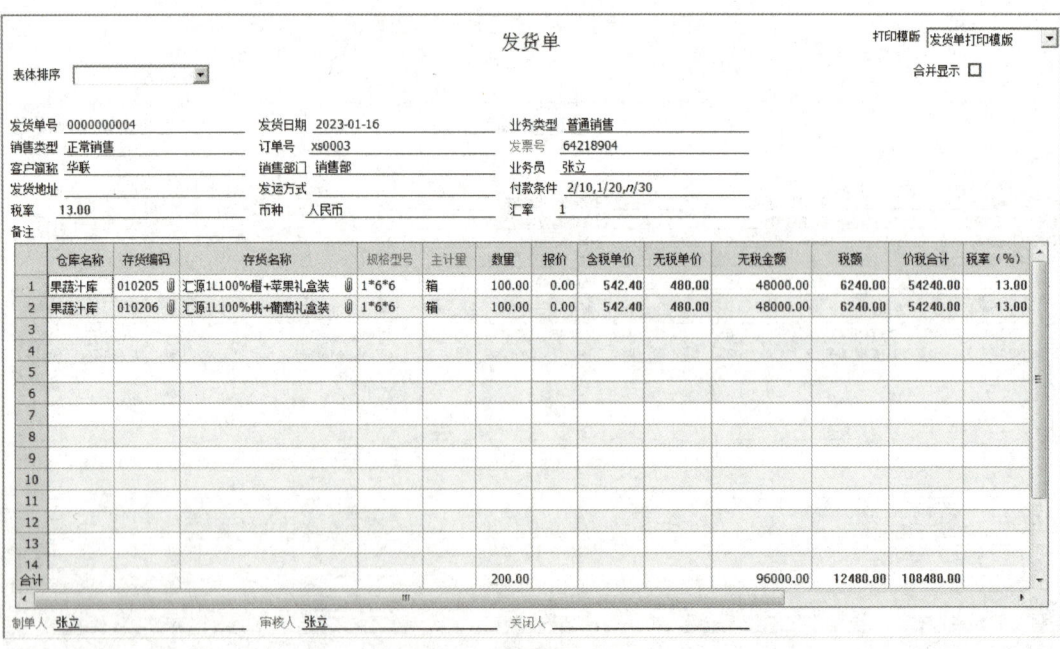

图 5-23 【发货单】窗口

4. 生成销售出库单

(1) 2023 年 1 月 16 日，仓储部李红在企业应用平台中执行【业务工作】|【供应链】|【库存管理】|【出库业务】|【销售出库单】命令，打开【销售出库单】窗口。

(2) 选择【生单】|【销售生单】命令，打开【查询条件选择-销售发货单列表】对话框，单击【确定】按钮。

(3) 打开【销售生单】窗口，选择相应的【发货单】，单击【确定】按钮，系统自动生成销售出库单。

(4) 单击【审核】按钮，如图 5 - 24 所示。

销售出库单

销售出库单打印模版

表体排序　　蓝字　红字　　合并显示

出库单号 0000000003　出库日期 2023-01-16　仓库 果蔬汁库

出库类别 销售出库　业务类型 普通销售　业务号 64218904

销售部门 销售部　业务员 张立　客户 华联

审核日期 2023-01-16　备注

	存货编码	存货名称	规格型号	主计量单位	数量	单价	金额
1	010205	汇源1L100%橙+苹果礼盒装	1*6*6	箱	100.00		
2	010206	汇源1L100%桃+葡萄礼盒装	1*6*6	箱	100.00		
3							
4							
5							
6							
7							
8							
9							
10							
11							
12							
13							
14							
合计					200.00		

制单人 李红　审核人 李红

现存量 60.00

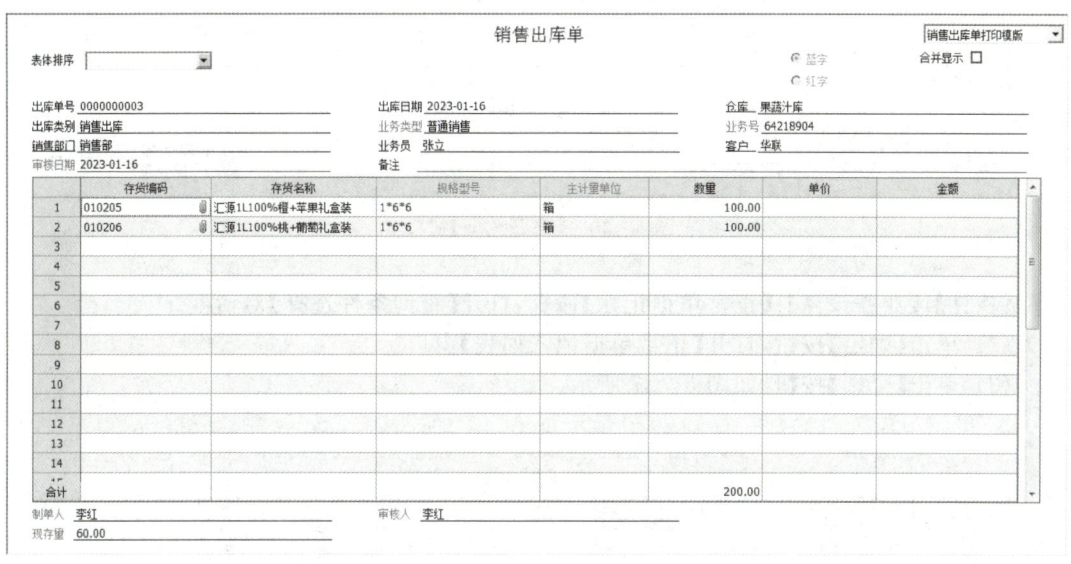

图 5 - 24　【销售出库单】窗口

5. 应收单据审核与制单

(1) 2023 年 1 月 16 日，财务部黄小明在企业应用平台中执行【业务工作】|【财务会计】|【应收款管理】|【应收款单据处理】|【应收单据审核】命令，单击【确定】按钮，打开【应收单据列表】窗口，单击【全选】按钮，单击【审核】按钮，如图 5 - 25 所示。

应收单据列表

选择	审核人	单据日期	单据类型	单据号	客户名称	部门	业务员	制单人	币种	汇率	原币金额	本币金额	备注
	黄小明	2023-01-16	销售专用发票	64218904	华联超市有限公司	销售部	张立	张立	人民币	1.00000000	108,480.00	108,480.00	
合计											108,480.00	108,480.00	

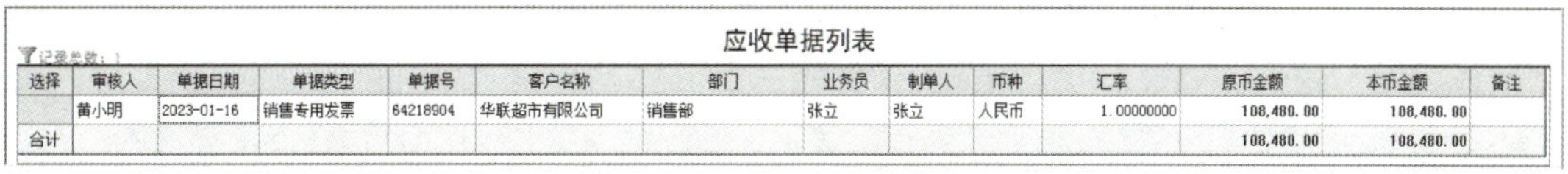

图 5 - 25　【应收单据列表】窗口

(2) 执行【制单处理】命令，选择【发票制单】，单击【确定】，选择需要制单的记录，凭证类别选择【记账凭证】，单击【制单】，系统生成相关凭证，单击【保存】按钮，如图 5 - 26 所示。

6. 结转销售成本

(1) 2023 年 1 月 16 日，财务部黄小明在企业应用平台中执行【业务工作】|【供应链】|

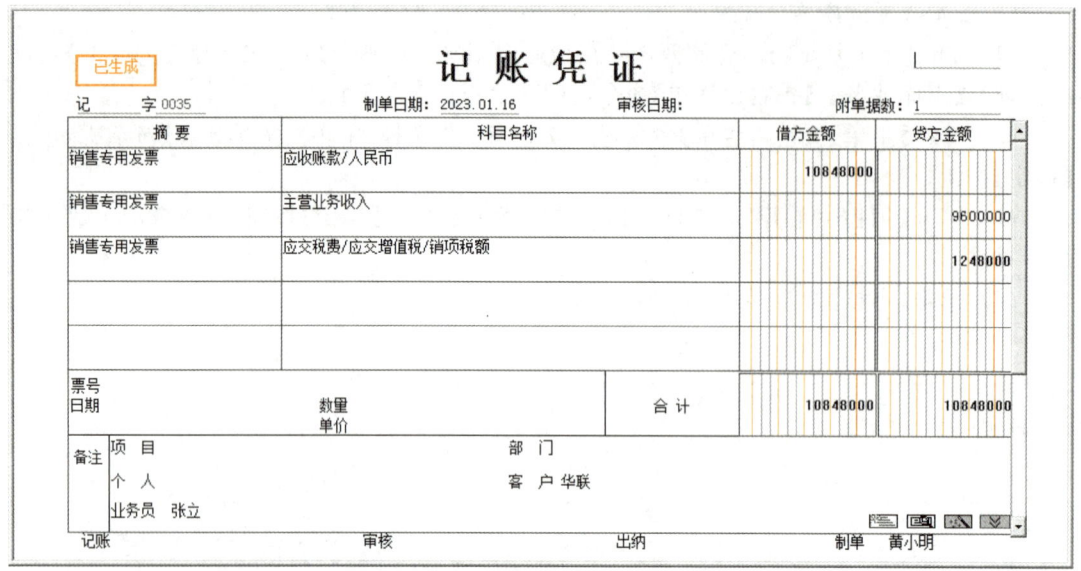

图 5-26 【记账凭证】窗口

【存货核算】|【业务核算】|【正常单据记账】命令,打开【查询条件选择】对话框。

(2) 单击【确定】按钮,打开【正常单据记账列表】窗口。

(3) 单击【全选】按钮,如图 5-27 所示。

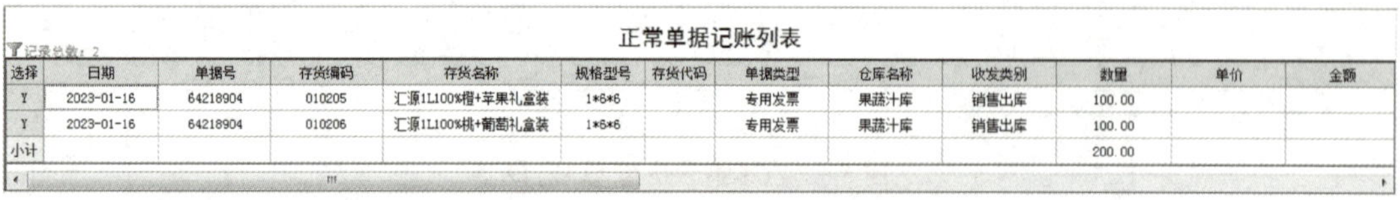

图 5-27 【正常单据记账列表】窗口

(4) 单击【记账】按钮,将销售专用发票记账,系统提示【记账成功!】。
(5) 执行【财务核算】|【生成凭证】命令,打开【查询条件】对话框。
(6) 单击【确定】按钮,打开【未生成凭证单据一览表】窗口。
(7) 单击【选择】栏,或单击【全选】按钮,选中待生成凭证的单据,单击【确定】按钮。
(8) 凭证类别选择【记账凭证】,如图 5-28 所示。

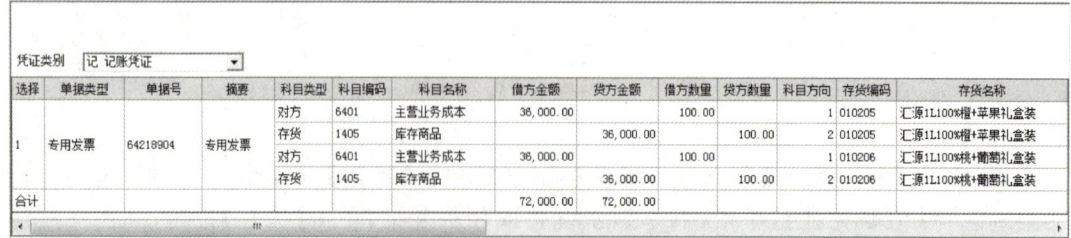

图 5-28 【生成凭证】窗口

(9) 单击【生成】按钮,生成一张记账凭证,单击【保存】按钮,如图 5-29 所示。

已生成

记 账 凭 证

记　　字 0036　　　制单日期：2023.01.16　　　审核日期：　　　附单据数：1

摘要	科目名称	借方金额	贷方金额
专用发票	主营业务成本	7200000	
专用发票	库存商品		7200000
票号 日期	数量 单价	合 计 7200000	7200000

备注　项　目　　　　部　门
　　　个　人　　　　客　户
　　　业务员

记账　　　审核　　　出纳　　　制单　黄小明

图 5-29　【记账凭证】窗口

业　务　三

【业务描述】　2023 年 1 月 17 日，销售部张立与日新商贸有限公司签订购销合同，销售君乐宝 200 mL 原味开啡尔酸奶。取得与该业务相关的凭证如图 5-30、图 5-31 所示。

普通销售业务三

5

后疫情时代之现金为王——销售定金业务处理

购销合同

供货方：洪福商贸有限公司　　　　合 同 号：XS0004

购买方：日新商贸有限公司　　　　签订日期：2023年01月17日

经双方协议，订立本合同如下：

商品型号	名 称	数 量	单 价	总 额	其他要求
1*24	君乐宝200mL原味开啡尔酸奶	300.00	81.36	24408.00	
合 计		300.00		¥24408.00	
货款合计（大写）：人民币贰万肆仟肆佰零捌元整					

质量验收标准：验收合格。签订合同当日购买方向供货方支付定金人民币伍仟元整（¥5000.00）。

交 货 日 期：2023年1月20日

交 货 地 点：芜湖市弋江区利民路28号，日新商贸有限公司。

结 算 方 式：转账支票，付款时间：2023年1月20日。

发 运 方 式：公路运输，运费由购买方承担。

违约条款：违约方需赔偿对方一切经济损失。但遇天灾人祸或其他不可抗力因素而导致延误交货，购买方不能要求供货方赔偿任何损失。

解决合同纠纷的方式：经双方有好协商解决，如协商不成的，可向当地仲裁委员会提出申诉解决。

本合同一式两份，供需双方各执一份，自签订之日起生效。

供货方（盖章）：　　　　　　　　购买方（盖章）：

地　址：芜湖市鸠江区弋江路18号　　　地　址：芜湖市弋江区利民路28号

法定代表：李金泽　　　　　　　　法定代表：刘义平

联系电话：0553-5820888　　　　　联系电话：0553-4774238

洪福商贸有限公司 合同专用章　　　日新商贸有限公司 合同专用章

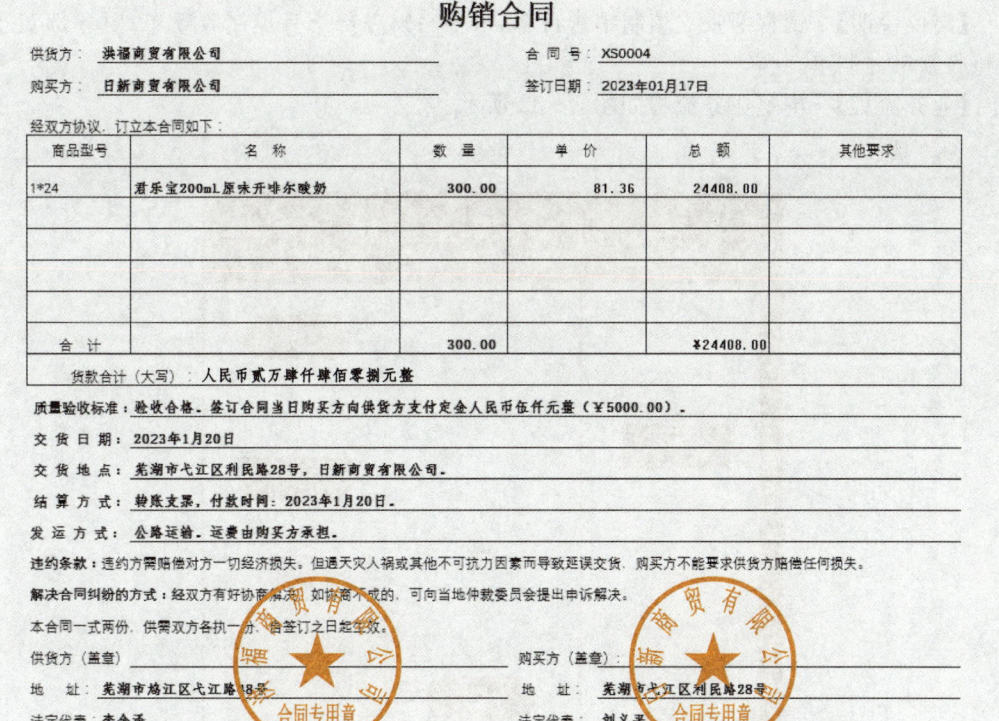

图 5-30　【业务三——购销合同】凭证

208 项目五 销售管理系统业务处理

中国工商银行 进账单（收账通知） 3

2023年 01月 17日

出票人	全称	日新商贸有限公司	收款人	全称	洪福商贸有限公司
	账号	6217620185600022986		账号	1307000526782987947
	开户银行	中国建设银行芜湖利民路支行		开户银行	中国工商银行芜湖弋江路支行

金额 人民币（大写） 伍仟元整 ￥5000.00

| 票据种类 | 转账支票 | 票据张数 | 1 |
| 票据号码 | 35789967 | | |

中国工商银行芜湖弋江路支行 2023.01.17 转讫

复核 略　　记账 略　　　　　收款人开户银行签章

图5-31 【业务三——银行进账单】凭证

【业务解析】 本笔业务是签订销售合同,收取定金的业务。
【岗位说明】 销售部张立填制销售订单(审核);财务部李卉填制收款单;财务部黄小明审核收款单并制单。
【业务流程】 本笔业务流程如图5-32所示。

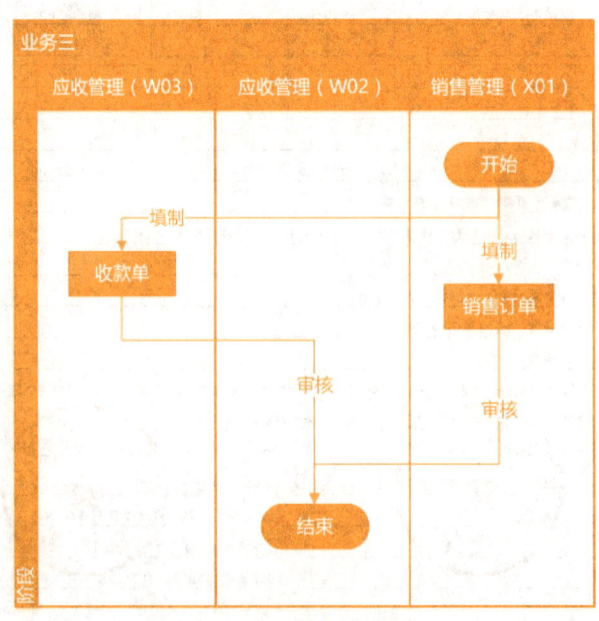

图5-32 【业务三】业务流程图

【操作指导】

1. 填制销售订单

(1) 2023 年 1 月 17 日,销售部张立在企业应用平台中执行【业务工作】|【供应链】|【销售管理】|【销售订货】|【销售订单】命令,打开【销售订单】窗口。

(2) 单击【增加】按钮,修改订单编号为 xs0004,销售类型选择【正常销售】,按照购销合同录入订单信息,单击【保存】按钮,如图 5-33 所示。

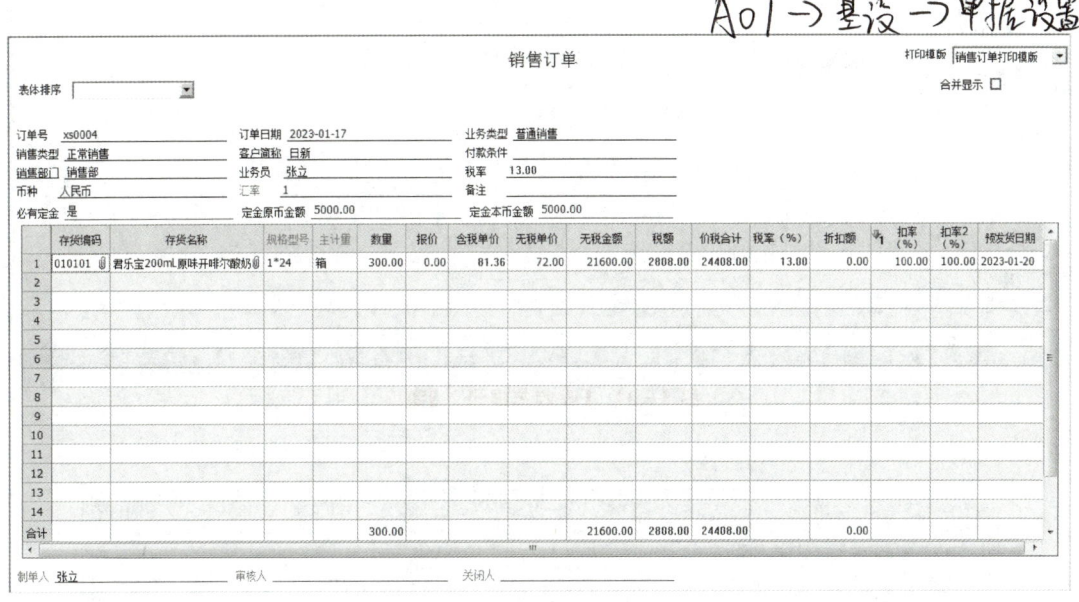

图 5-33 【销售订单】窗口

2. 填制收款单

(1) 2023 年 1 月 17 日,财务部李卉在企业应用平台中执行【业务工作】|【财务会计】|【应收款管理】|【收款单据处理】|【收款单据录入】命令,打开【收款单据录入】窗口,选择【增加】|【销售定金】,如图 5-34 所示。

(2) 系统弹出【查询条件选择-参照订单】对话框,如图 5-35 所示,单击【确定】按钮。

(3) 打开【拷贝并执行】窗口,选择 xs0004 订单,如图 5-36 所示。

(4) 单击【确定】按钮,生成一张收款单,结算方式选择【202 转账支票】,输入票据号为【35789967】,单击【保存】按钮,如图 5-37 所示。

3. 收款单据审核

2023 年 1 月 17 日,财务部黄小明在企业应用平台中执行【业务工作】|【财务会计】|【应收款管理】|【收款单据处理】|【收款单据审核】命令,打开【收付款单列表】窗口,单击【全选】按钮,单击【审核】按钮,如图 5-38 所示。

4. 销售订单审核

2023 年 1 月 17 日,销售部张立在企业应用平台中执行【业务工作】|【供应链】|【销售管理】|【销售订单】命令,打开【销售订单】窗口,单击【浏览】按钮,找到 xs0004 订单,单击【审核】按钮,如图 5-39 所示。

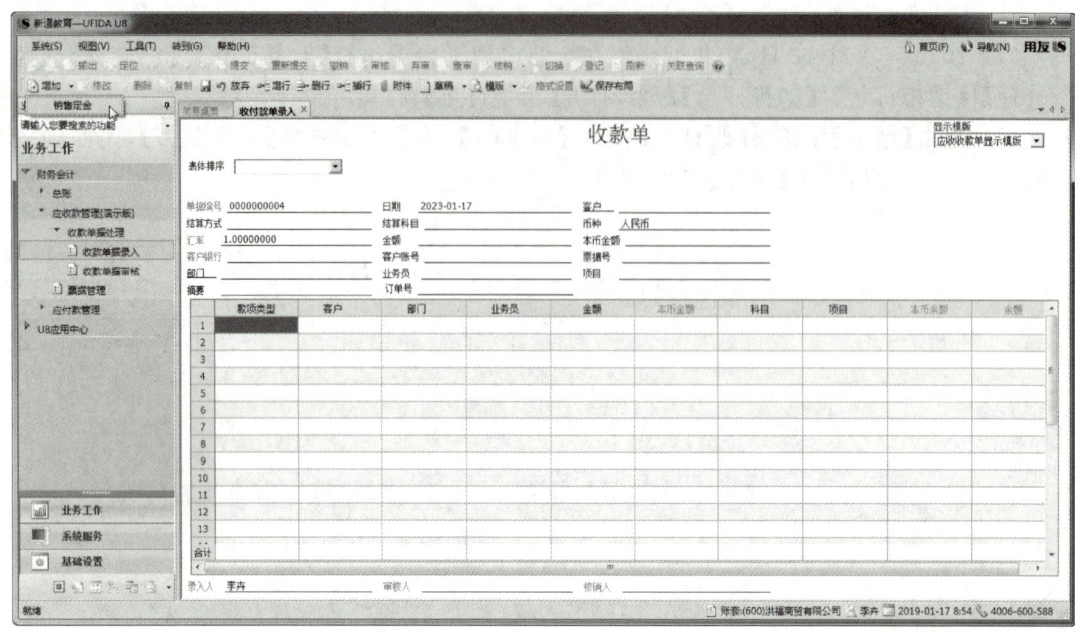

图 5-34 【收款单据录入】窗口

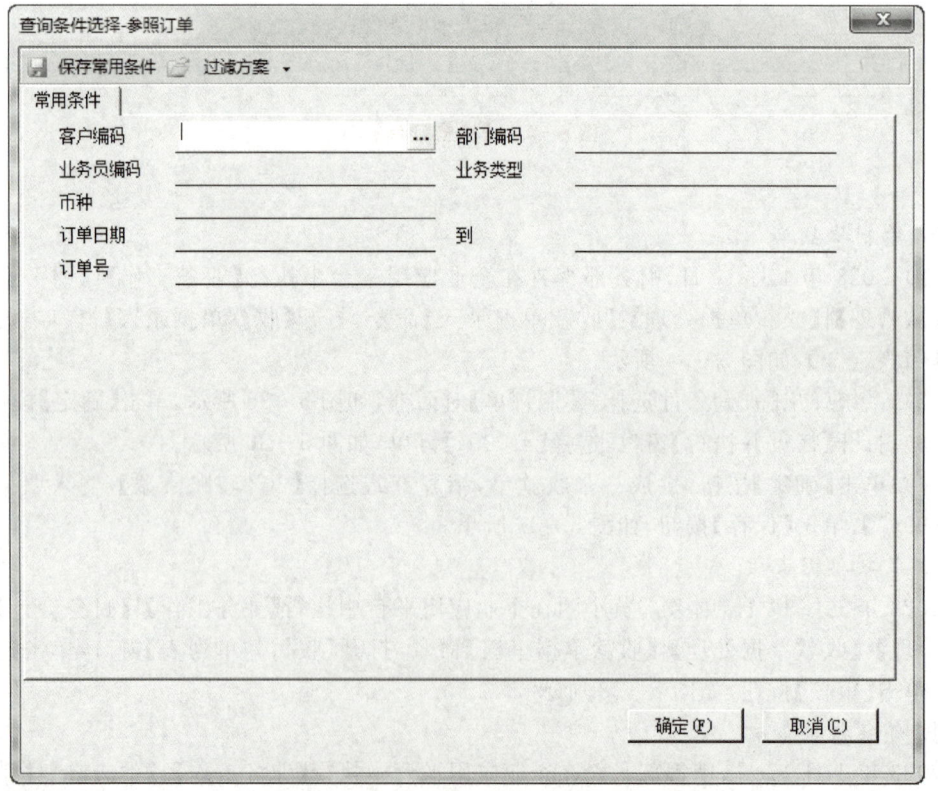

图 5-35 【查询条件选择-参照订单】对话框

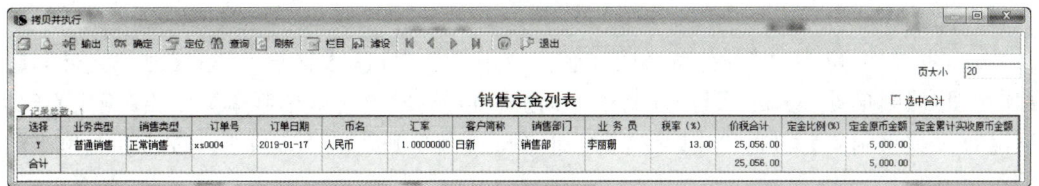

拷贝并执行

输出　确定　定位　查询　刷新　栏目　滤设　退出

页大小 20

销售定金列表

选中合计

记录总数：1

选择	业务类型	销售类型	订单号	订单日期	币名	汇率	客户简称	销售部门	业务员	税率（%）	价税合计	定金比例(%)	定金原币金额	定金累计实收原币金额
Y	普通销售	正常销售	xs0004	2019-01-17	人民币	1.00000000	日新	销售部	李丽珊	13.00	25,056.00		5,000.00	
合计											25,056.00		5,000.00	

图 5－36　【拷贝并执行】窗口

收款单

打印模版 应收收款单打印模板

表体排序

单据编号 0000000004　日期 2023-01-17　客户 日新

结算方式 转账支票　结算科目 100201　币种 人民币

汇率 1　金额 5000.00　本币金额 5000.00

客户银行 中国建设银行芜湖利民路支行　客户账号 6217620195600022986　票据号 35789967

部门 销售部　业务员 张立　项目

摘要　订单号 xs0004

	款项类型	客户	部门	业务员	金额	本币金额	科目	项目	本币余额	余额
1	销售定金	日新	销售部	李丽珊	5000.00	5000.00	220303		5000.00	5000.00
合计					5000.00	5000.00			5000.00	5000.00

录入人 李卉　审核人　核销人

图 5－37　【收款单】窗口

收付款单列表

记录总数：1

选择	审核人	单据日期	单据类型	单据编号	客户名称	部门	业务员	结算方式	票据号	币种	汇率	原币金额	本币金额	备注
	黄小明	2023-01-17	收款单	0000000004	日新商贸有限公司	销售部	李丽珊	转账支票	35789967	人民币	1.00000000	5,000.00	5,000.00	
合计												5,000.00	5,000.00	

图 5－38　【收付款单列表】窗口

销售订单

打印模版 销售订单打印模版

表体排序

合并显示

订单号 xs0004　订单日期 2023-01-17　业务类型 普通销售

销售类型 正常销售　客户简称 日新　付款条件

销售部门 销售部　业务员 张立　税率 13.00

币种 人民币　汇率 1　备注

必有定金 是　定金原币金额 5000.00　定金本币金额 5000.00

	存货编码	存货名称	规格型号	主计量	数量	报价	含税单价	无税单价	无税金额	税额	价税合计	税率（%）	折扣额	扣率（%）	扣率2（%）	预发货日期
1	010101	君乐宝200mL原味开啡尔酸奶	1*24	箱	300.00	0.00	81.36	72.00	21600.00	2808.00	24408.00	13.00	0.00	100.00	100.00	2023-01-20

制单人 张立　审核人 张立　关闭人

图 5－39　【销售订单】窗口

5

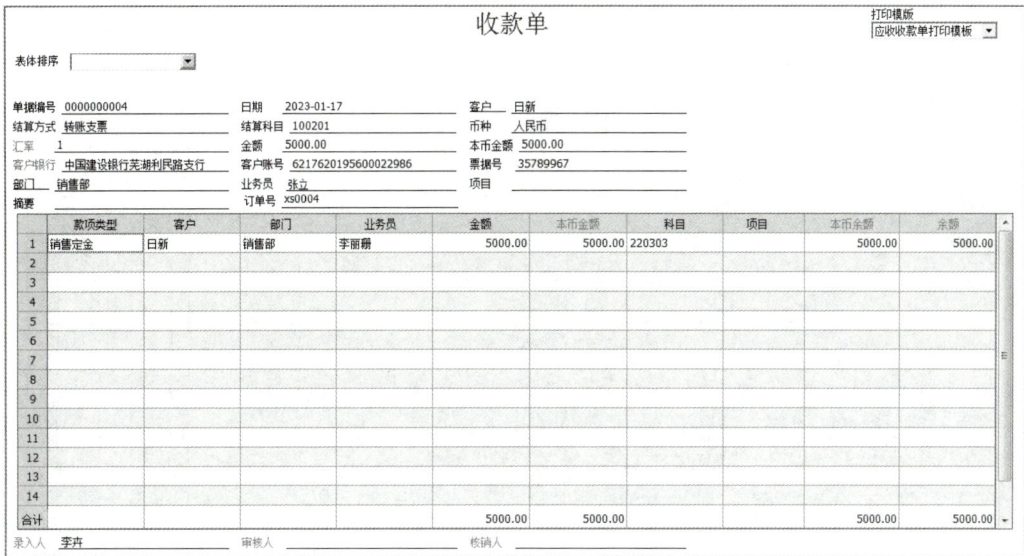

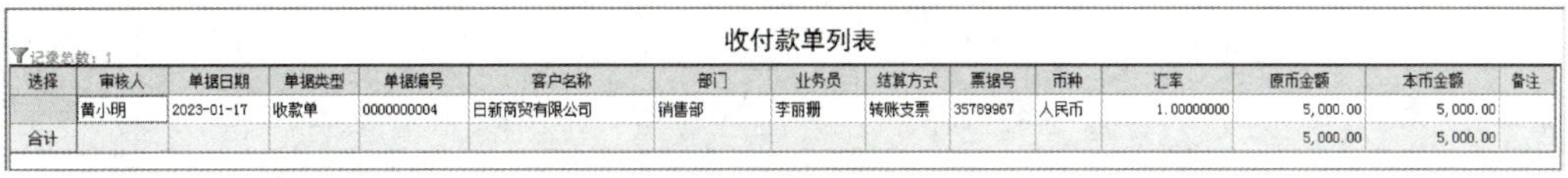

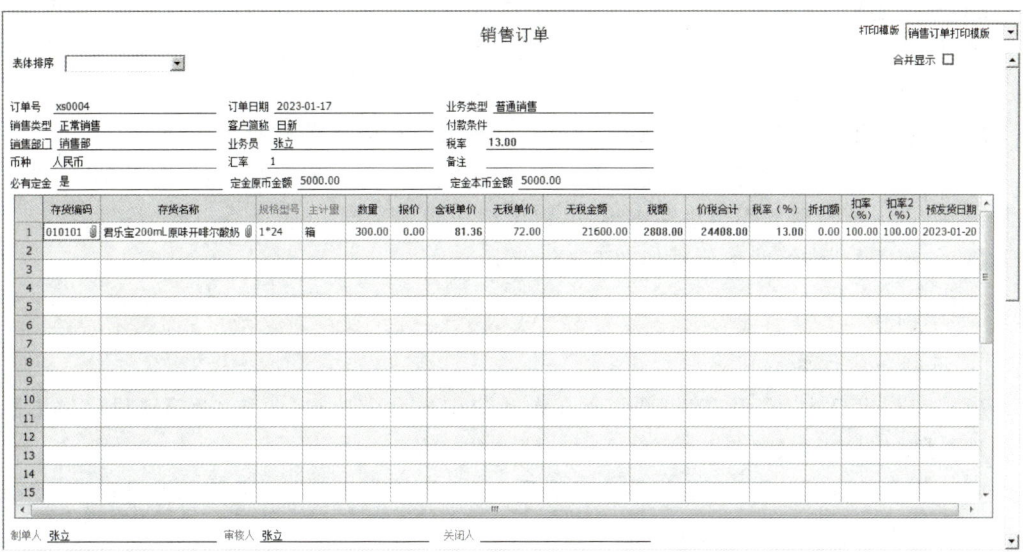

5. 收款单制单

2023年1月17日，财务部黄小明在企业应用平台中执行【业务工作】|【财务会计】|【应收款管理】|【制单处理】命令，打开【制单查询】窗口，选择【收付款单制单】，单击【确定】按钮，打开【收付款单制单】窗口，单击【全选】按钮，单击【制单】按钮，系统生成一张凭证，单击【保存】按钮，如图5-40所示。

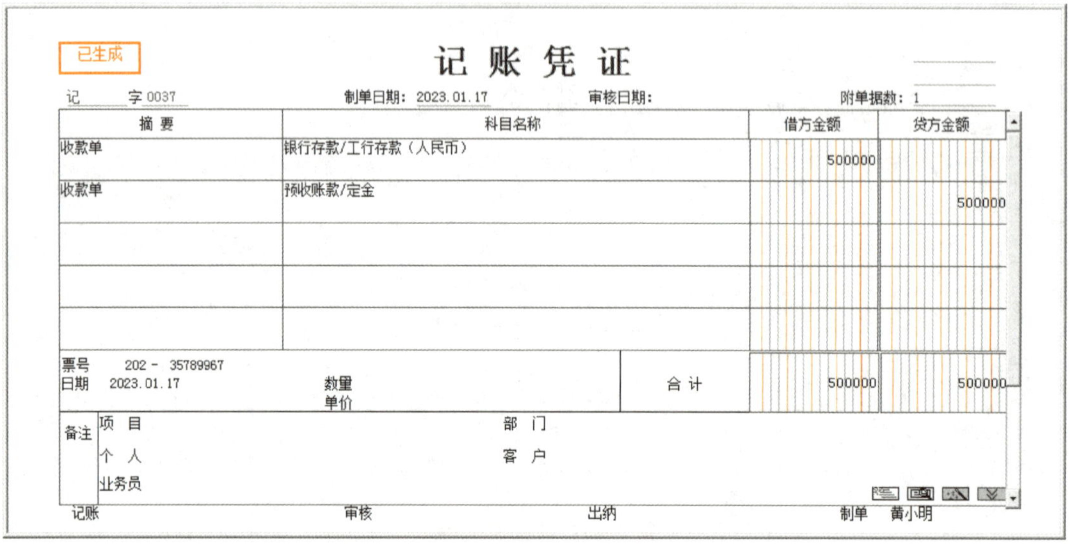

图 5-40 【记账凭证】窗口

普通销售
业务四

业 务 四

【业务描述】 2023年1月18日，销售部李丽珊与同福进出口公司签订销售合同，销售汇源果汁汇源2L 100%橙汁，当日汇率6.7，货已发出。取得与该业务相关的凭证如图5-41~图5-43所示。

【业务解析】 本笔业务是签订销售合同，开票发货的外币销售业务。

【岗位说明】 销售部张立填制销售订单（审核）、销售专用发票（复核）；仓储部李红填制销售出库单（审核）；财务部黄小明审核发票、单据记账并制单。

【业务流程】 本笔业务流程如图5-44所示。

[操作指导]

1. 填制销售订单

（1）2023年1月18日，销售部张立在企业应用平台中执行【业务工作】|【供应链】|【销售管理】|【销售订货】|【销售订单】命令，打开【销售订单】窗口。

（2）单击【增加】按钮，修改订单编号为【xs0005】，销售类型选择【正常销售】，按照购销合同录入订单信息，单击【保存】按钮。

（3）单击【审核】按钮，审核填制的销售订单，如图5-45所示。

购销合同

供货方：洪福商贸有限公司　　　　　　　　合同号：XS0005
购买方：同福进出口有限公司　　　　　　　签订日期：2023年01月18日

经双方协议，订立本合同如下：

商品型号	名称	数量	单价	总额	其他要求
1*6	汇源2L100%橙汁	500.00	$27.12	$13560.00	
合 计		500.00		$13560.00	

货款合计（大写）：美元壹万叁仟伍佰陆拾元整

质量验收标准：验收合格。
交货日期：2023年1月18日
交货地点：芜湖市鸠江区万春西路18号，同福进出口有限公司。
结算方式：转账支票，付款时间：2023年2月18日。
发运方式：公路运输。运费由购买方承担。
违约条款：违约方需赔偿对方一切经济损失。但遇天灾人祸或其他不可抗力因素而导致延误交货，购买方不能要求供货方赔偿任何损失。
解决合同纠纷的方式：经双方有好协商解决，如协商不成的，可向当地仲裁委员会提出申诉解决。
本合同一式两份，供需双方各执一份，自签订之日起生效。

供货方（盖章）：　　　　　　　　　　　　购买方（盖章）：
地　　址：芜湖市鸠江区弋江路48号　　　 地　　址：芜湖市鸠江区万春西路18号
法定代表：李金泽　　　　　　　　　　　　法定代表：汪佐义
联系电话：0553-5820888　　　　　　　　 联系电话：0553-5617399

图 5-41　【业务四——购销合同】凭证

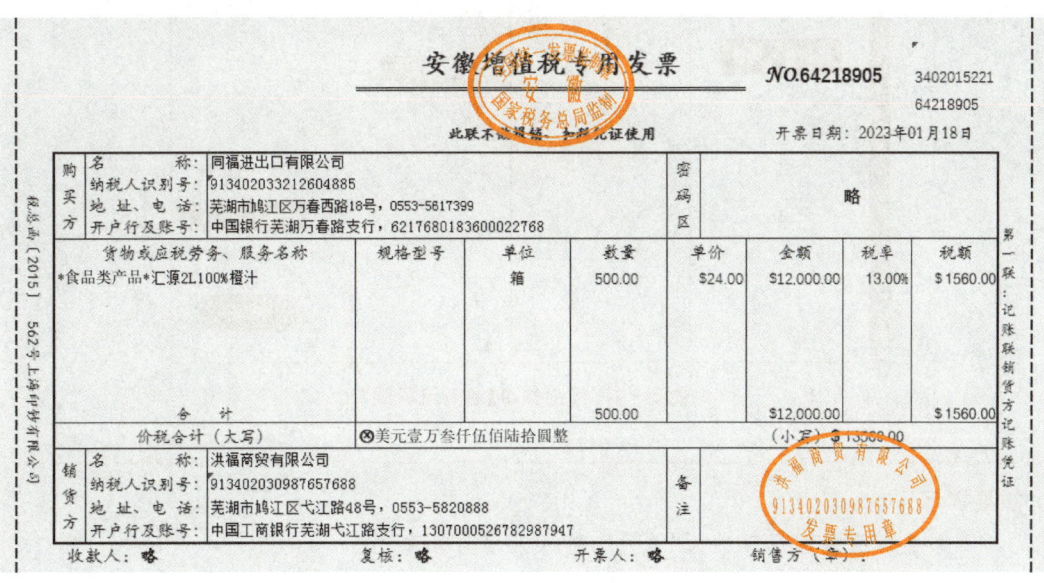

图 5-42　【业务四——增值税专用发票】凭证

出 库 单

2023年 01月 18日 单号：0004

提货单位	同福进出口有限公司	发票号码		发出仓库	果蔬汁库	出库日期	2023-01-18
编号	名 称 及 规 格	单位	数量 应发 / 实发		金额	备 注	
010202	汇源2L100%橙汁	箱	500.00 / 500.00				
	合　　计		500.00 / 500.00				
部门经理：略		会计：略		仓库：略		经办人：略	

图 5-43 【业务四——出库单】凭证

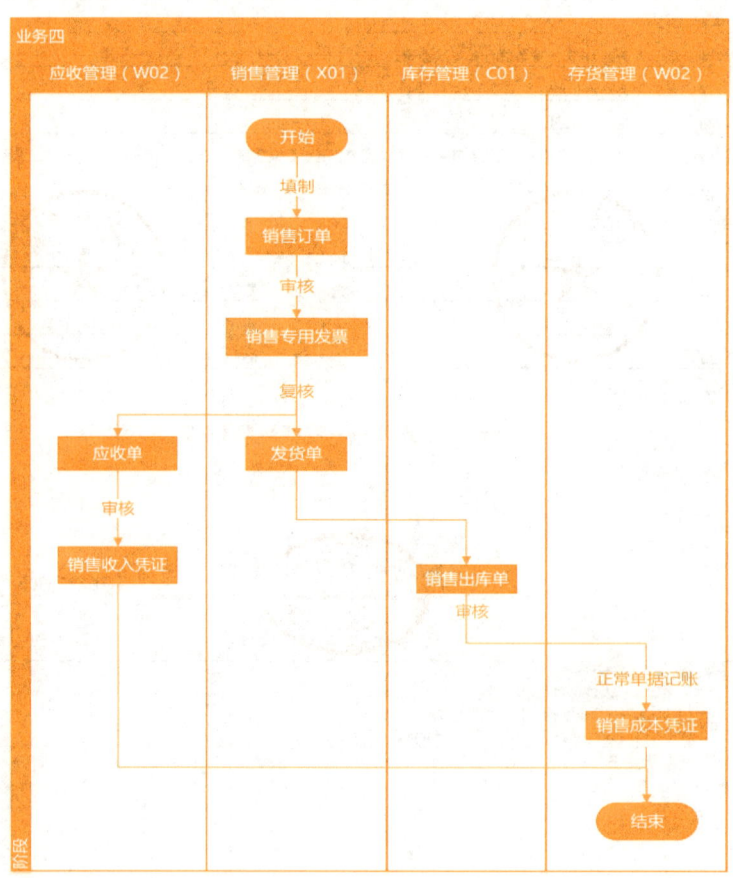

图 5-44 【业务四】业务流程图

> **重要提示**
> - 在表头需选择币种为"美元"，输入汇率为"6.7"。
> - 在表体需输入美元含税单价"27.12"。

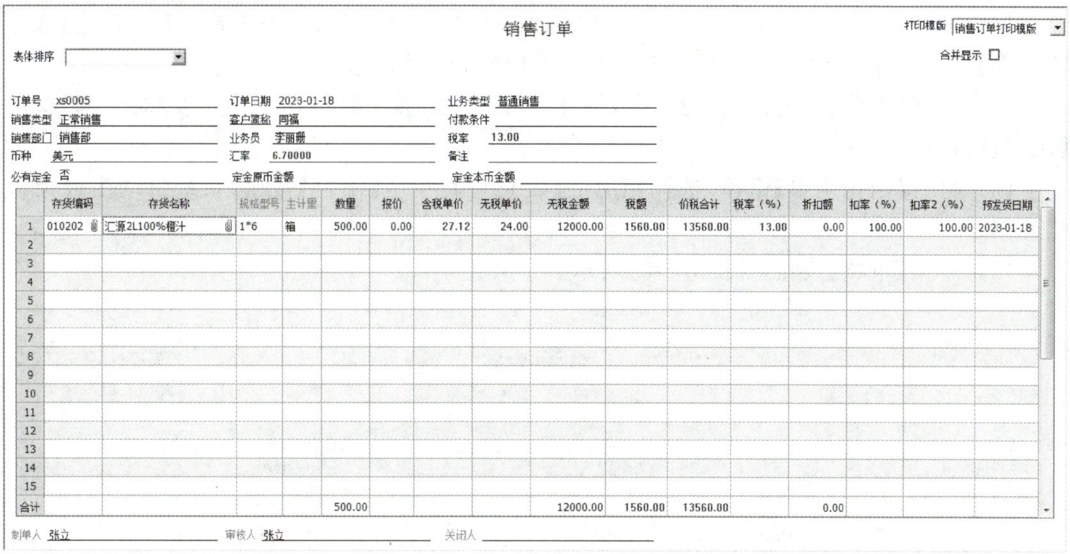

图 5-45 【销售订单】窗口

2. 生成销售专用发票

（1）2023 年 1 月 18 日，销售部张立在企业应用平台中执行【业务工作】|【供应链】|【销售管理】|【销售开票】|【销售专用发票】命令，打开【销售专用发票】窗口。

（2）单击【增加】按钮，系统弹出【查询条件选择-参照订单】对话框，选择相应的订单，单击【确定】按钮，修改发票号为【64218905】；在表体中，仓库名称修改为【果蔬汁库】，单击【保存】按钮，单击【复核】按钮，如图 5-46 所示。

图 5-46 【销售专用发票】窗口

3. 生成销售出库单

（1）2023年1月18日，仓储部李红在企业应用平台中执行【业务工作】|【供应链】|【库存管理】|【出库业务】|【销售出库单】命令，打开【销售出库单】窗口。

（2）选择【生单】|【销售生单】命令，打开【查询条件选择-销售发货单列表】对话框，单击【确定】按钮。

（3）打开【销售生单】窗口，选择相应的【发货单】，单击【确定】按钮，系统自动生成销售出库单。

（4）单击【审核】按钮，如图5-47所示。

销售出库单

表体排序　　　　蓝字　红字　　销售出库单打印模版　合并显示

出库单号 0000000004　出库日期 2023-01-18　仓库 果蔬汁库

出库类别 销售出库　业务类型 普通销售　业务号 64218905

销售部门 销售部　业务员 李丽珊　客户 同福

审核日期 2023-01-18　备注

	存货编码	存货名称	规格型号	主计量单位	数量	单价	金额
1	010202	汇源2L100%橙汁	1*6	箱	500.00		
2							
3							
4							
5							
6							
7							
8							
9							
10							
11							
12							
13							
14							
合计					500.00		

制单人 李红　审核人 李红

现存量 600.00

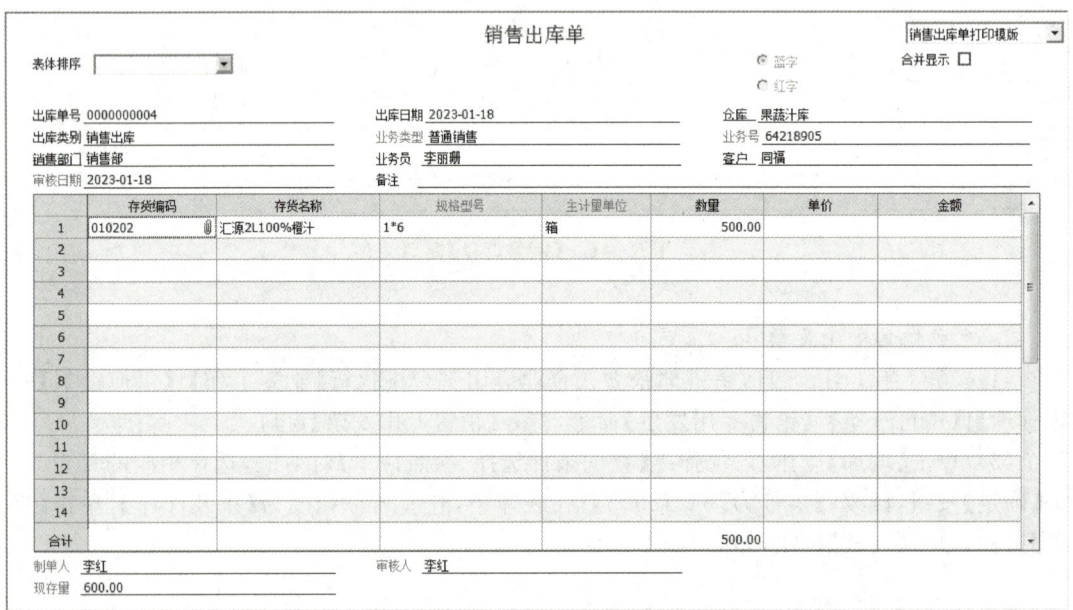

图5-47 【销售出库单】窗口

4. 应收单据审核与制单

（1）2023年1月18日，财务部黄小明在企业应用平台中执行【业务工作】|【财务会计】|【应收款管理】|【应收款单据处理】|【应收单据审核】命令，单击【确定】按钮，打开【应收单据列表】窗口，单击【全选】按钮，单击【审核】按钮，如图5-48所示。

应收单据列表

记录总数：1

选择	审核人	单据日期	单据类型	单据号	客户名称	部门	业务员	制单人	币种	汇率	原币金额	本币金额	备注
	黄小明	2023-01-18	销售专用发票	64218905	同福进出口有限公司	销售部	李丽珊	张立	美元	6.70000000	13,560.00	82,716.00	
合计											13,560.00	82,716.00	

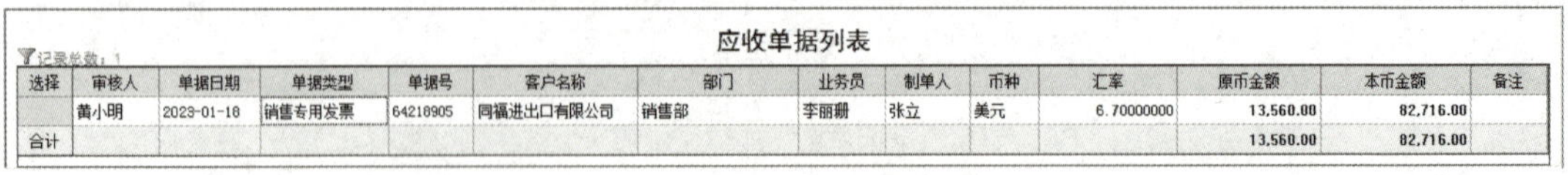

图5-48 【应收单据列表】窗口

（2）执行【制单处理】命令，选择【发票制单】，单击【确定】，选择需要制单的记录，凭证类别选择【记账凭证】，单击【制单】，系统生成相关凭证，单击保存，如图5-49所示。

5. 结转销售成本

（1）2023年1月18日，财务部黄小明在企业应用平台中执行【业务工作】|【供应链】|【存货核算】|【业务核算】|【正常单据记账】命令，打开【查询条件选择】对话框。

已生成

记 账 凭 证

记　　字 0038　　　制单日期：2023.01.18　　　审核日期：　　　附单据数：1

摘 要	科目名称	外 币	借方金额	贷方金额
销售专用发票	应收账款/美元	1356000 USD 6.70000	9085200	
销售专用发票	主营业务收入			8040000
销售专用发票	应交税费/应交增值税/销项税额			1045200
票号 日期	数量 单价	合 计	9085200	9085200

备注　项　目　　　　部　门

个　人　　　　客　户 同福

业务员　李丽珊

记账　　审核　　出纳　　制单　黄小明

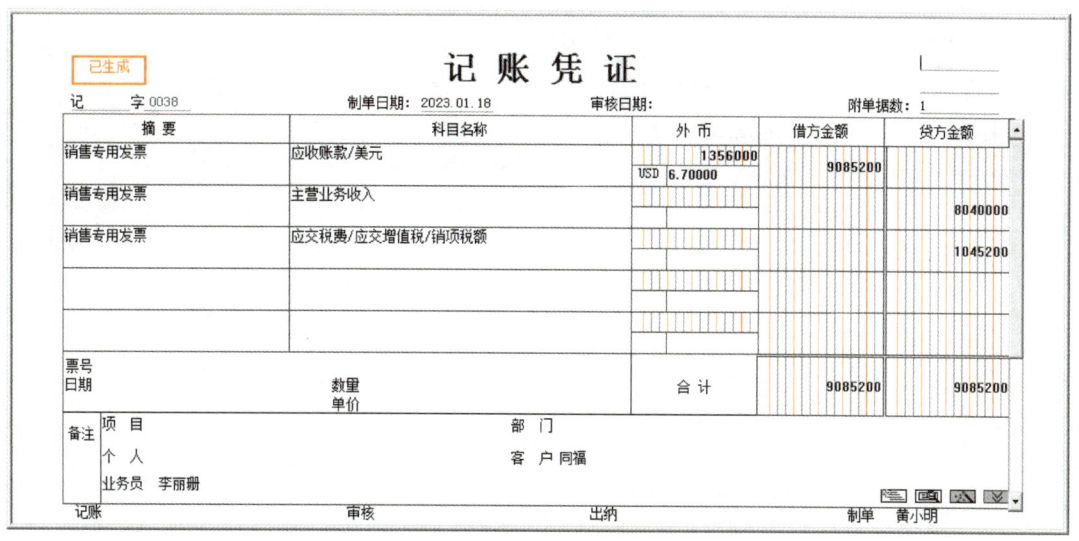

图 5-49 【记账凭证】窗口

（2）单击【确定】按钮，打开【正常单据记账列表】窗口。

（3）单击【全选】按钮，如图 5-50 所示。

正常单据记账列表

记录总数：1

选择	日期	单据号	存货编码	存货名称	规格型号	存货代码	单据类型	仓库名称	收发类别	数量	单价	金额
Y	2023-01-18	64218905	010202	汇源2L100%橙汁	1*6		专用发票	果蔬汁库	销售出库	500.00		
小计										500.00		

图 5-50 【正常单据记账列表】窗口

（4）单击【记账】按钮，将销售专用发票记账，系统提示【记账成功!】。

（5）执行【财务核算】|【生成凭证】命令，打开【查询条件】对话框。

（6）单击【确定】按钮，打开【未生成凭证单据一览表】窗口。

（7）单击【选择】栏，或单击【全选】按钮，选中待生成凭证的单据，单击【确定】按钮。

（8）凭证类别选择【记账凭证】，如图 5-51 所示。

凭证类别　记 记账凭证

选择	单据类型	单据号	摘要	科目类型	科目编码	科目名称	借方金额	贷方金额	借方数量	贷方数量	科目方向	存货编码	存货名称
1	专用发票	64218905	专用发票	对方	6401	主营业务成本	10,800.00		100.00		1	010202	汇源2L100%橙汁
				存货	1405	库存商品		10,800.00		100.00	2	010202	汇源2L100%橙汁
				对方	6401	主营业务成本	43,200.00		400.00		1	010202	汇源2L100%橙汁
				存货	1405	库存商品		43,200.00		400.00	2	010202	汇源2L100%橙汁
合计							54,000.00	54,000.00					

图 5-51 【生成凭证】窗口

（9）单击【生成】按钮，生成一张记账凭证，单击【保存】按钮，如图 5-52 所示。

5

图 5-52 【记账凭证】窗口

业 务 五

【业务描述】 2023年1月19日,销售部张立与欧尚超市签订销售合同,销售汇源1 L 100%苹果汁,货已发出。取得与该业务相关的凭证如图5-53~图5-55所示。

图 5-53 【业务五——购销合同】凭证

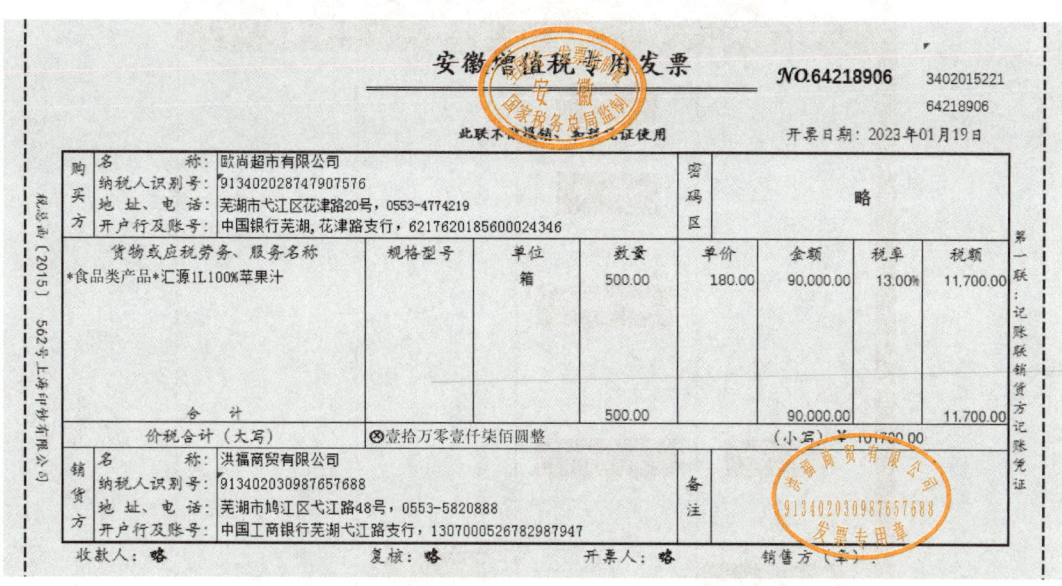

图 5-54 【业务五——增值税专用发票】凭证

图 5-55 【业务五——出库单】凭证

【业务解析】 本笔业务是签订销售合同,开票发货的业务。

【岗位说明】 销售部张立填制销售订单(审核)、销售专用发票(复核);仓储部李红填制销售出库单(审核);财务部黄小明审核发票、单据记账并制单。

【业务流程】 本笔业务流程如图5-56所示。

〔操作指导〕

1. 填制销售订单

(1) 2023年1月19日,销售部张立在企业应用平台中执行【业务工作】|【供应链】|【销售管理】|【销售订货】|【销售订单】命令,打开【销售订单】窗口。

(2) 单击【增加】按钮,修改订单编号为【xs0006】,销售类型选择【正常销售】,按照购销合同录入订单信息,单击【保存】按钮。

(3) 单击【审核】按钮,审核填制的销售订单,如图5-57所示。

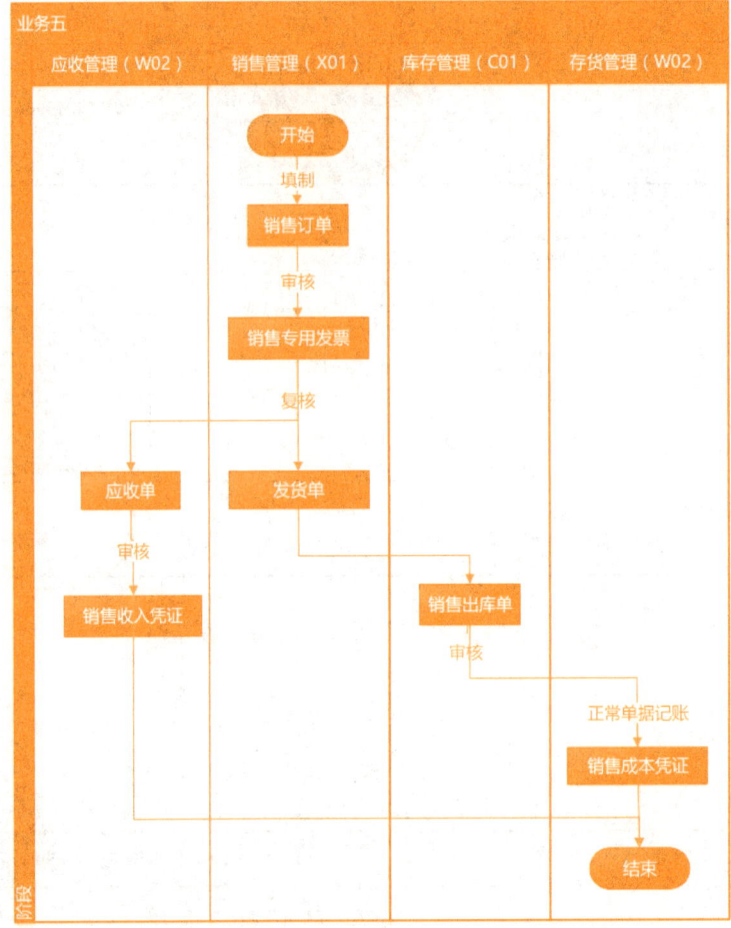

图 5-56 【业务五】业务流程图

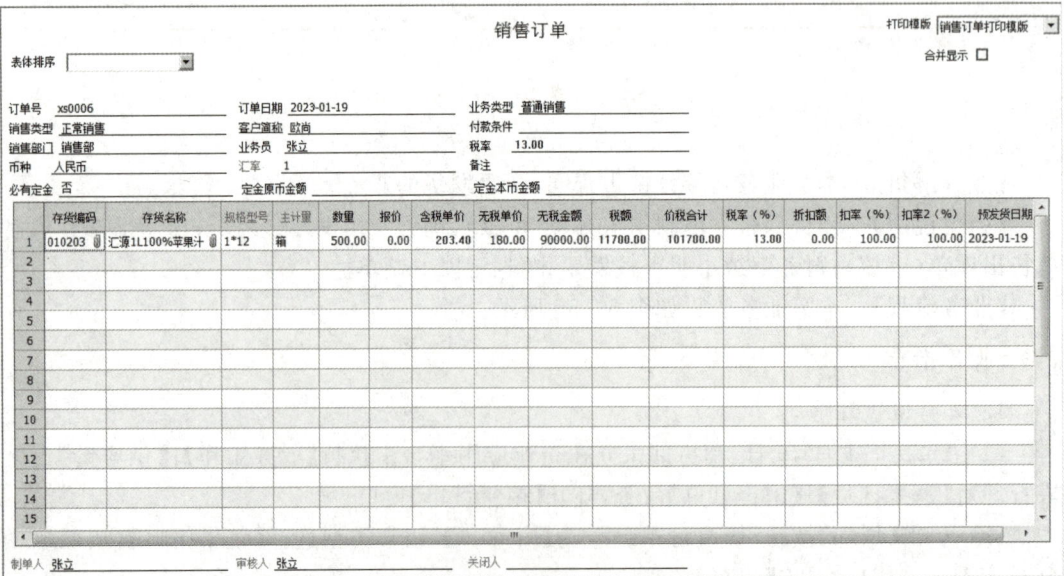

图 5-57 【销售订单】窗口

2. 生成销售专用发票

(1) 2023年1月19日,销售部张立在企业应用平台中执行【业务工作】|【供应链】|【销售管理】|【销售开票】|【销售专用发票】命令,打开【销售专用发票】窗口。

(2) 单击【增加】按钮,系统弹出【查询条件选择-参照订单】对话框,选择相应的订单,单击【确定】按钮,修改发票号为【64218906】;在表体中,仓库名称修改为【果蔬汁库】,单击【保存】按钮,单击【复核】按钮,如图5-58所示。

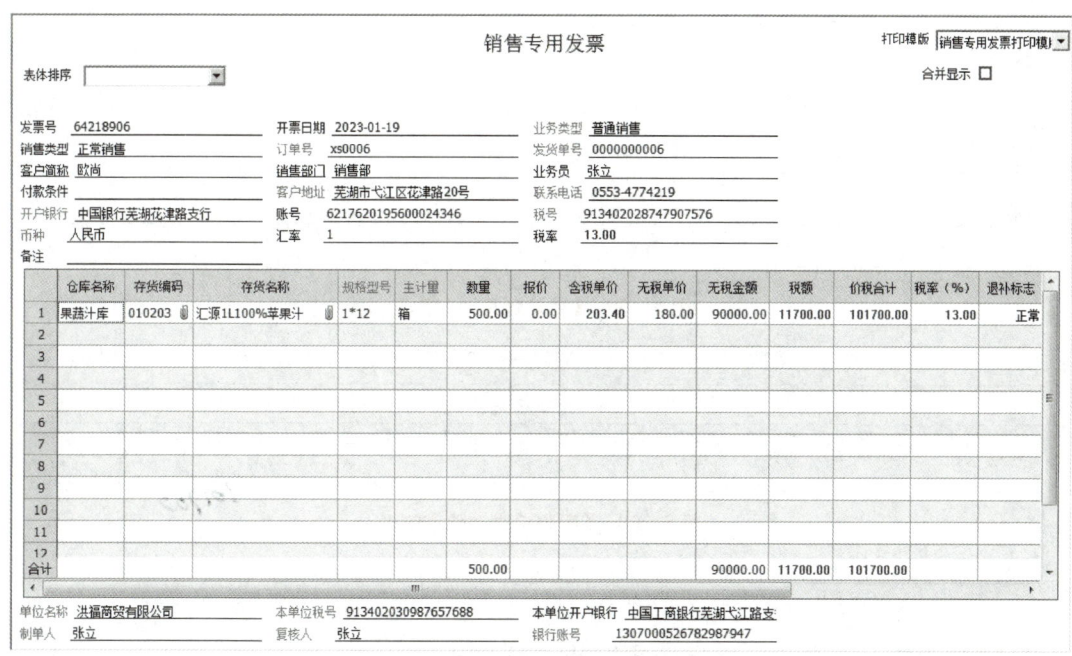

图5-58 【销售专用发票】窗口

3. 生成销售出库单

(1) 2023年1月19日,仓储部李红在企业应用平台中执行【业务工作】|【供应链】|【库存管理】|【出库业务】|【销售出库单】命令,打开【销售出库单】窗口。

(2) 选择【生单】|【销售生单】命令,打开【查询条件选择-销售发货单列表】对话框,单击【确定】按钮。

(3) 打开【销售生单】窗口,选择相应的【发货单】,单击【确定】按钮,系统自动生成销售出库单。

(4) 单击【审核】按钮,如图5-59所示。

4. 应收单据审核与制单

(1) 2023年1月19日,财务部黄小明在企业应用平台中执行【业务工作】|【财务会计】|【应收款管理】|【应收款单据处理】|【应收单据审核】命令,单击【确定】按钮,打开【应收单据列表】窗口,单击【全选】按钮,单击【审核】按钮,如图5-60所示。

(2) 执行【制单处理】命令,选择【发票制单】,单击【确定】,选择需要制单的记录,凭证类别选择【记账凭证】,单击【制单】,系统生成相关凭证,单击保存,如图5-61所示。

222　项目五　销售管理系统业务处理

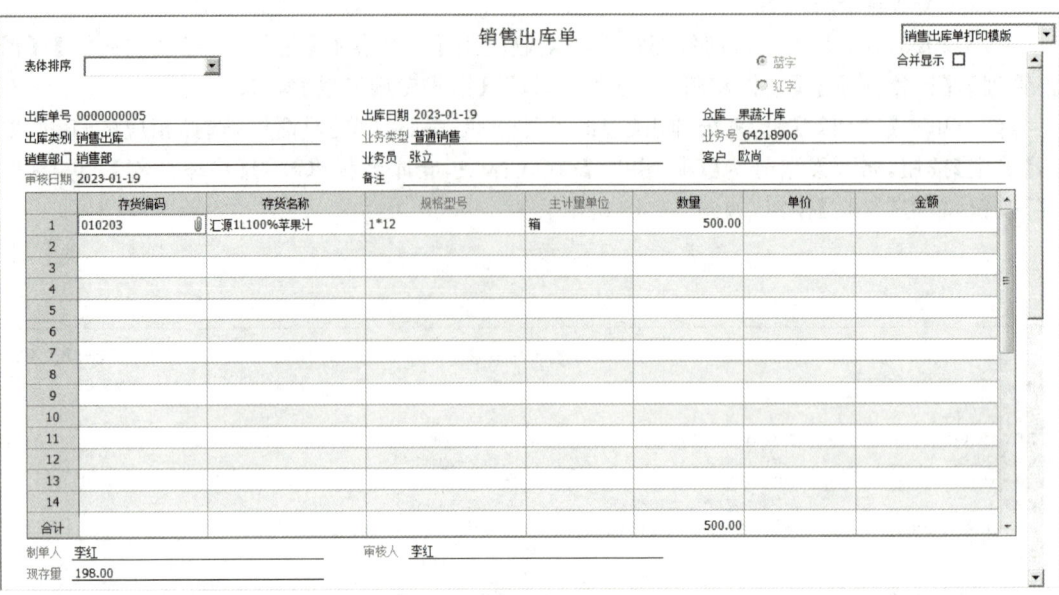

图 5-59　【销售出库单】窗口

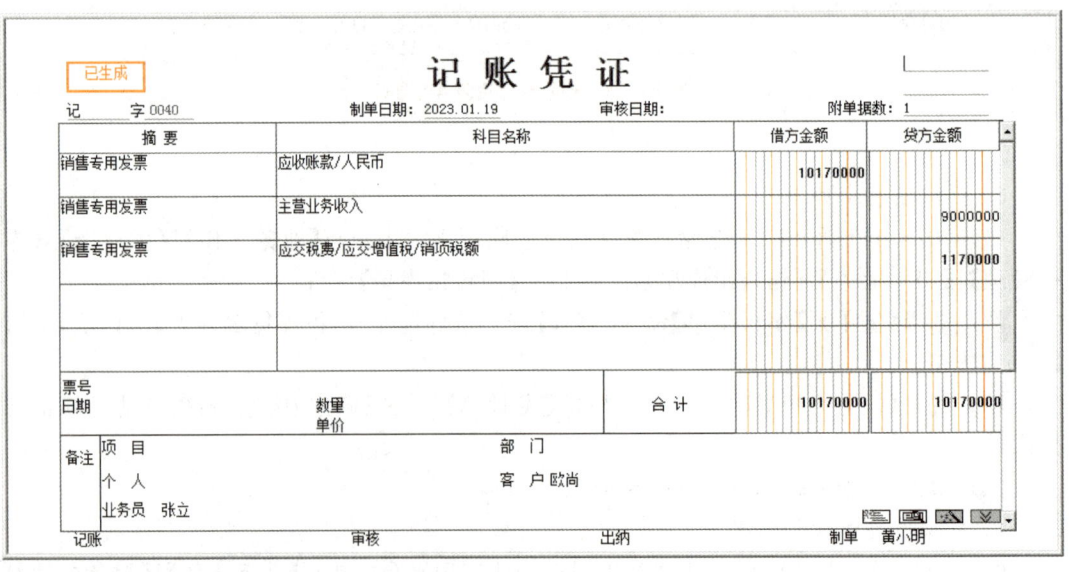

图 5-60　【应收单据列表】窗口

图 5-61　【记账凭证】窗口

5. 结转销售成本

(1) 2023 年 1 月 19 日,财务部黄小明在企业应用平台中执行【业务工作】|【供应链】|【存货核算】|【业务核算】|【正常单据记账】命令,打开【查询条件选择】对话框。

（2）单击【确定】按钮，打开【正常单据记账列表】窗口。
（3）单击【全选】按钮，如图5-62所示。

选择	日期	单据号	存货编码	存货名称	规格型号	存货代码	单据类型	仓库名称	收发类别	数量	单价	金额
Y	2023-01-19	64218906	010203	汇源1L100%苹果汁	1*12		专用发票	果蔬汁库	销售出库	500.00		
小计										500.00		

图5-62 【正常单据记账列表】窗口

（4）单击【记账】按钮，将销售专用发票记账，系统提示【记账成功！】。
（5）执行【财务核算】|【生成凭证】命令，打开【查询条件】对话框。
（6）单击【确定】按钮，打开【未生成凭证单据一览表】窗口。
（7）单击【选择】栏，或单击【全选】按钮，选中待生成凭证的单据，单击【确定】按钮。
（8）凭证类别选择【记账凭证】，如图5-63所示。

凭证类别	记账凭证											
选择	单据类型	单据号	摘要	科目类型	科目编码	科目名称	借方金额	贷方金额	借方数量	贷方数量	科目方向	存货编码	存货名称
1	专用发票	64218906	专用发票	对方	6401	主营业务成本	24,000.00		200.00		1	010203	汇源1L100%苹果汁
				存货	1405	库存商品		24,000.00		200.00	2	010203	汇源1L100%苹果汁
				对方	6401	主营业务成本	36,000.00		300.00		1	010203	汇源1L100%苹果汁
				存货	1405	库存商品		36,000.00		300.00	2	010203	汇源1L100%苹果汁
合计							60,000.00	60,000.00					

图5-63 【生成凭证】窗口

（9）单击【生成】按钮，生成一张记账凭证，单击【保存】按钮，如图5-64所示。

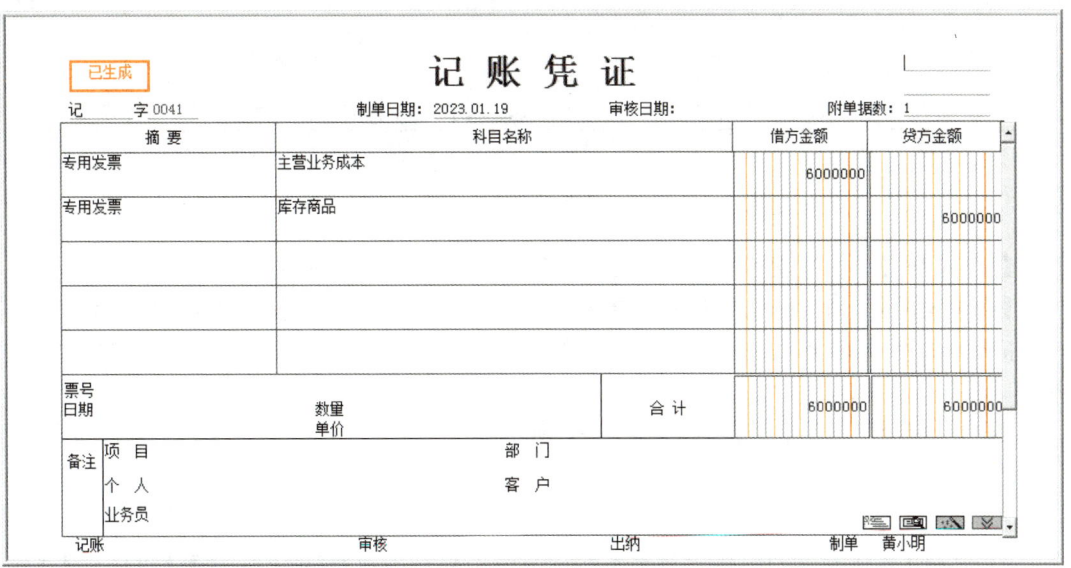

图5-64 【记账凭证】窗口

普通销售
业务六

业 务 六

【业务描述】 2023年1月20日,向日新商贸有限公司发出君乐宝200 mL原味开啡尔酸奶,同时开票,收回余款。取得与该业务相关的凭证如图5-65~图5-67所示。

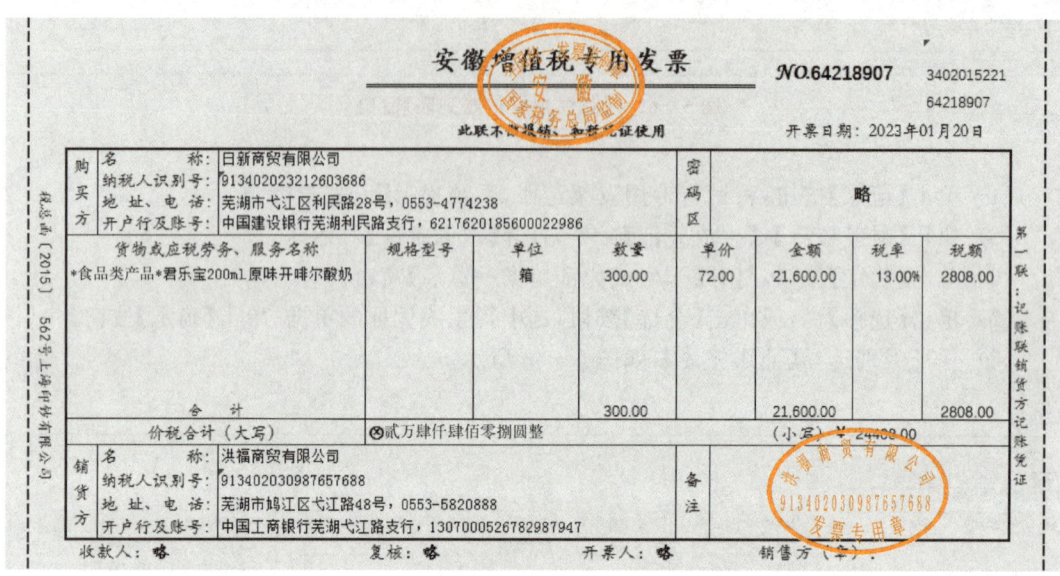

图5-65 【业务六——增值税专用发票】凭证

出 库 单

2023年 01月 20日 单号: 0006

提货单位	日新商贸有限公司	发票号码		发出仓库	乳制品库	出库日期	2023-01-20
编号	名称及规格	单位	数量 应发 / 实发		金额	备注	
010101	君乐宝200mL原味开啡尔酸奶	箱	300.00	300.00			
	合 计		300.00	300.00			

部门经理:略　会计:略　仓库:略　经办人:略

图5-66 【业务六——出库单】凭证

【业务解析】 本笔业务是开票发货,销售定金转货款的销售业务。

【岗位说明】 销售部张立填制销售专用发票(现结、复核);仓储部李红填制销售出库单(审核);财务部李卉填制收款单;财务部黄小明审核发票、收款单、转账、单据记账并制单。

【业务流程】 本笔业务流程如图5-68所示。

〖操作指导〗

1. 生成发货单

(1) 2023年1月20日,销售部张立在企业应用平台中执行【业务工作】|【供应链】|【销售管理】|【销售发货】|【发货单】命令,打开【发货单】窗口。

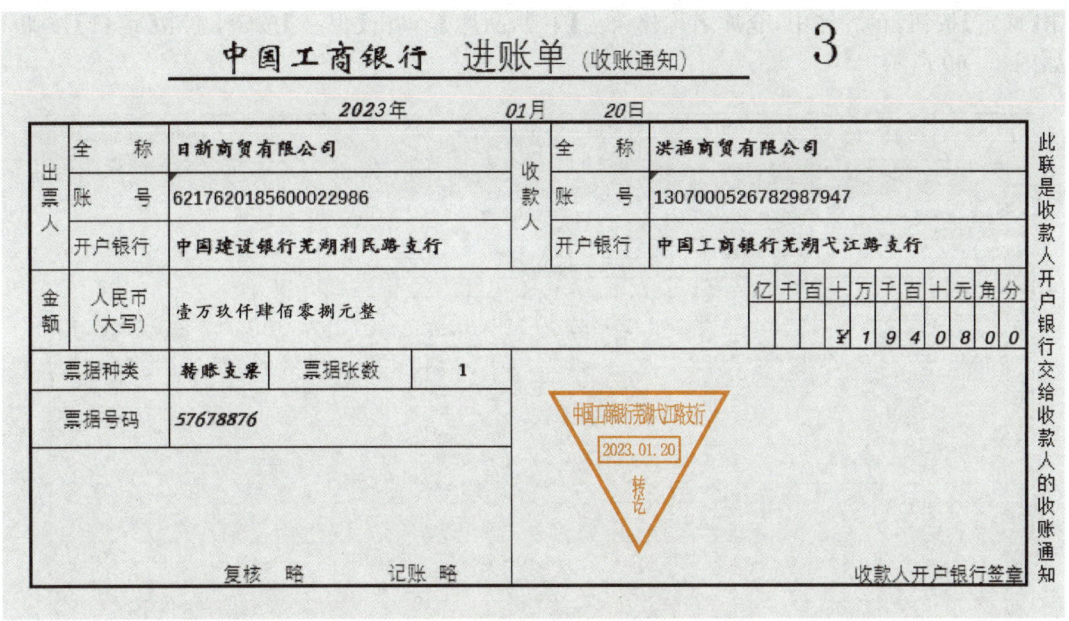

图 5-67 【业务六——银行进账单】凭证

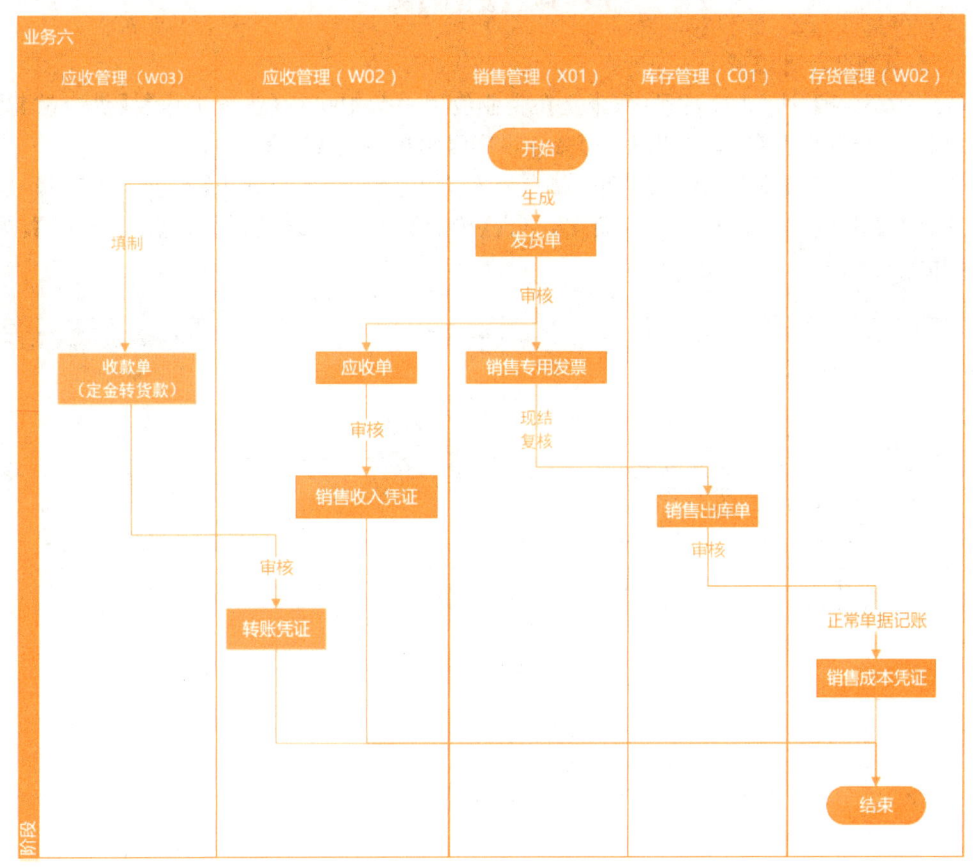

图 5-68 【业务六】业务流程图

（2）单击【增加】按钮，系统弹出【查询条件选择-参照订单】对话框，选择相应的订单，单击【确定】按钮，在表体中，仓库名称修改为【乳制品库】，单击【保存】按钮，单击【审核】按钮，如图5-69所示。

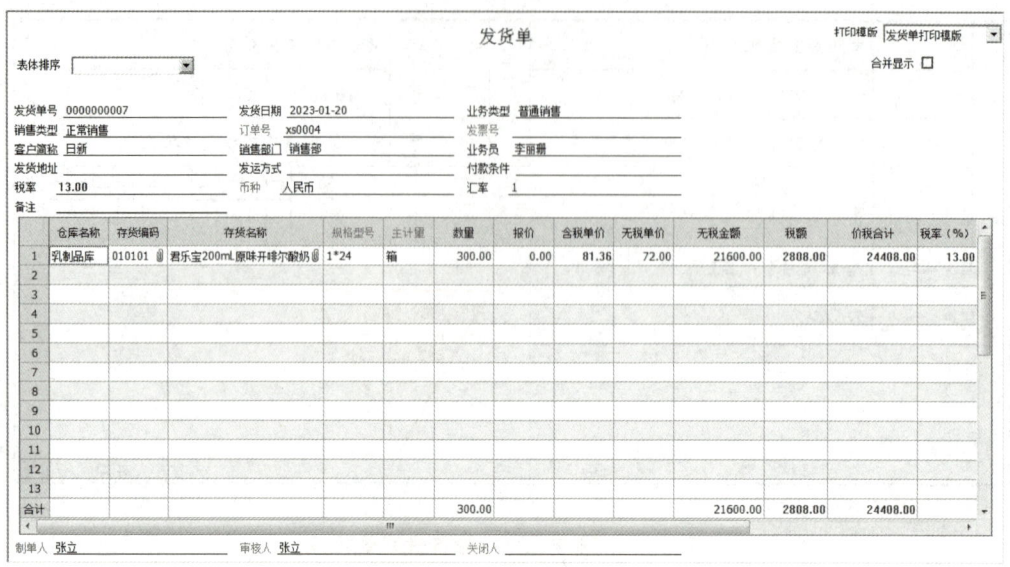

图5-69 【发货单】窗口

2. 生成销售专用发票

（1）2023年1月20日，销售部张立在企业应用平台中执行【业务工作】|【供应链】|【销售管理】|【销售开票】|【销售专用发票】命令，打开【销售专用发票】窗口。

（2）单击【增加】按钮，选择【生单】|【参照发货单】命令，系统弹出【查询条件选择-发票参照发货单】对话框，选择相应的发货单，单击【确定】按钮，修改发票号为【64218907】，单击【保存】按钮，如图5-70所示。

图5-70 【销售专用发票】窗口

(3) 单击【现结】按钮,打开【现结】对话框,按照进账单的信息录入,如图 5-71 所示。

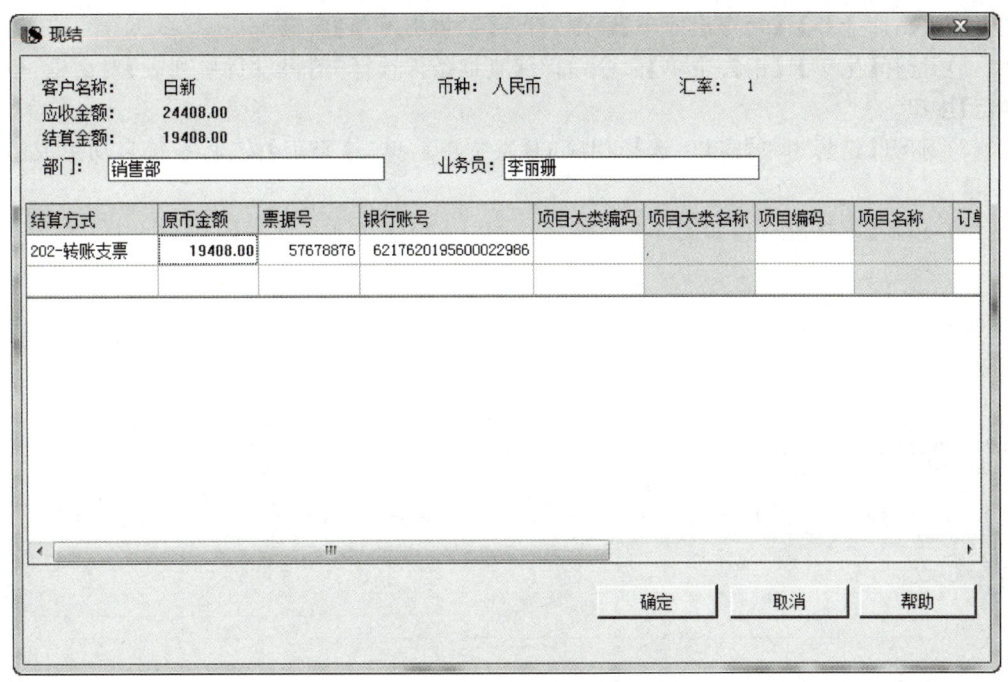

图 5-71 【现结】对话框

(4) 单击【确定】按钮,单击【复核】按钮,系统提示【发票已现结】,单击【确定】按钮,结果如图 5-72 所示。

图 5-72 【已现结销售专用发票】窗口

3. 生成销售出库单

（1）2023年1月20日，仓储部李红在企业应用平台中执行【业务工作】|【供应链】|【库存管理】|【出库业务】|【销售出库单】命令，打开【销售出库单】窗口。

（2）选择【生单】|【销售生单】命令，打开【查询条件选择-销售发货单列表】对话框，单击【确定】按钮。

（3）打开【销售生单】窗口，选择相应的【发货单】，单击【确定】按钮，系统自动生成销售出库单。

（4）单击【审核】按钮，如图5-73所示。

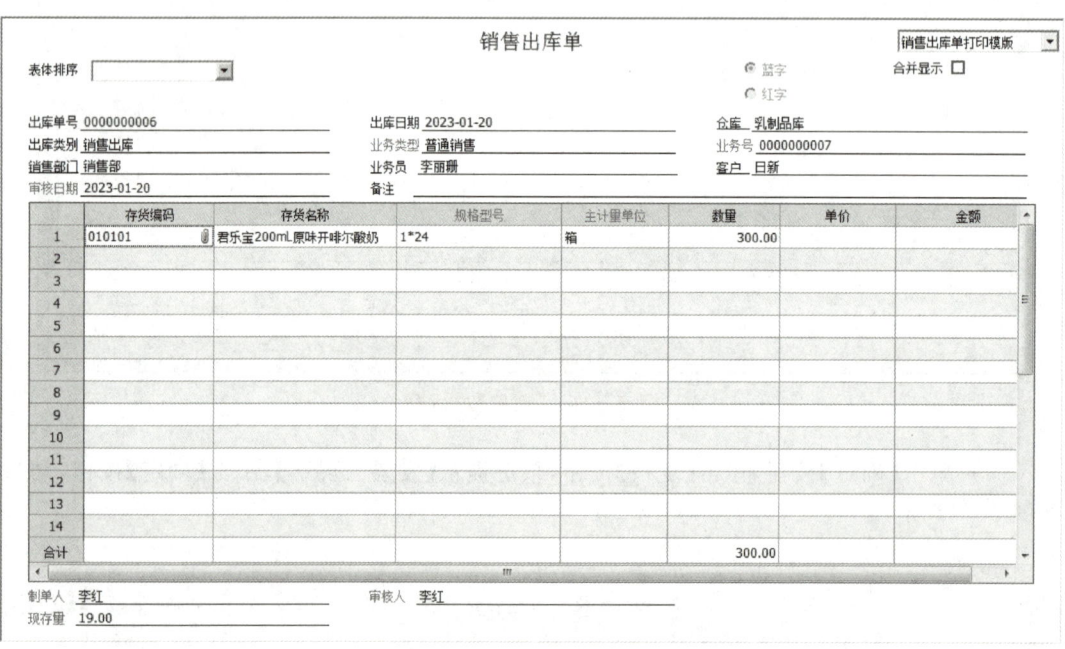

图5-73 【销售出库单】窗口

4. 填制收款单

（1）2023年1月20日，财务部黄小明在企业应用平台中执行【业务工作】|【财务会计】|【应收款管理】|【收款单据处理】|【收款单据录入】命令，打开【收款单】窗口，单击【浏览】按钮，找到客户【日新】的定金收款单，如图5-74所示。

（2）执行【转出】|【转货款】命令，如图5-75所示。

（3）打开【销售定金转出】对话框，款项类型选择【应收款】，如图5-76所示。

（4）单击【确定】按钮，系统弹出【转出成功生成1张收款单】提示框，如图5-77所示。

（5）单击【确定】按钮。

5. 应收单据审核与制单

（1）2023年1月20日，财务部黄小明在企业应用平台中执行【业务工作】|【财务会计】|【应收款管理】|【应收单据处理】|【应收单据审核】命令，勾选【包含已现结发票】复选框，单击【确定】按钮，打开【应收单据列表】窗口，单击【全选】按钮，单击【审核】按钮，如图5-78所示。

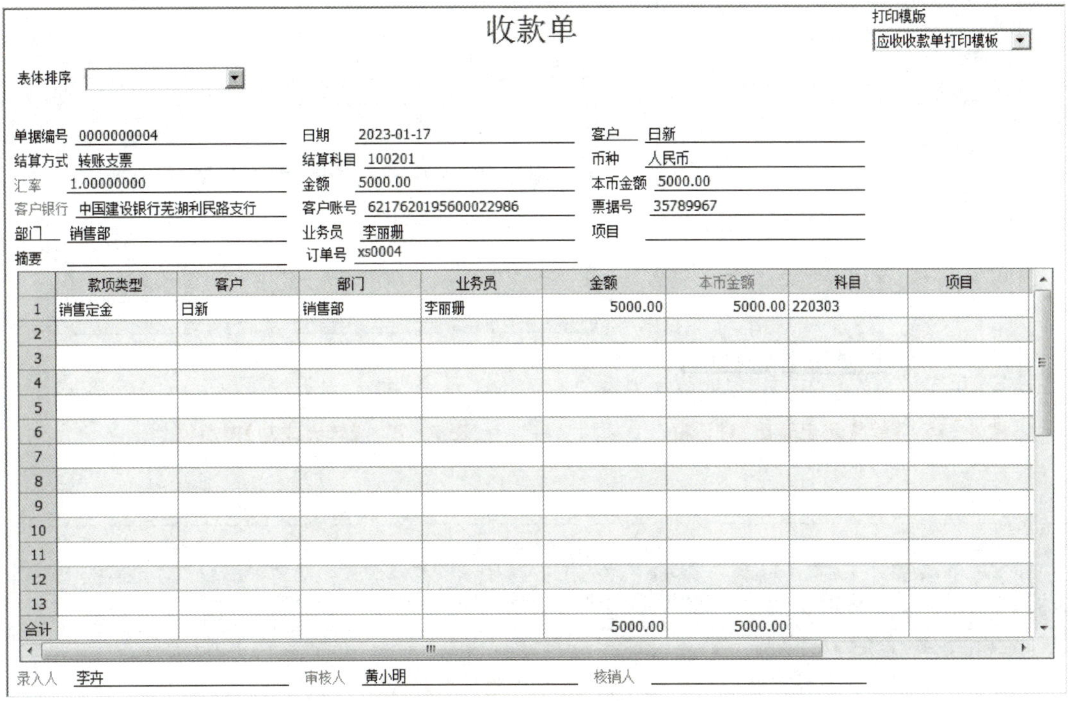

图 5-74 【收款单】窗口

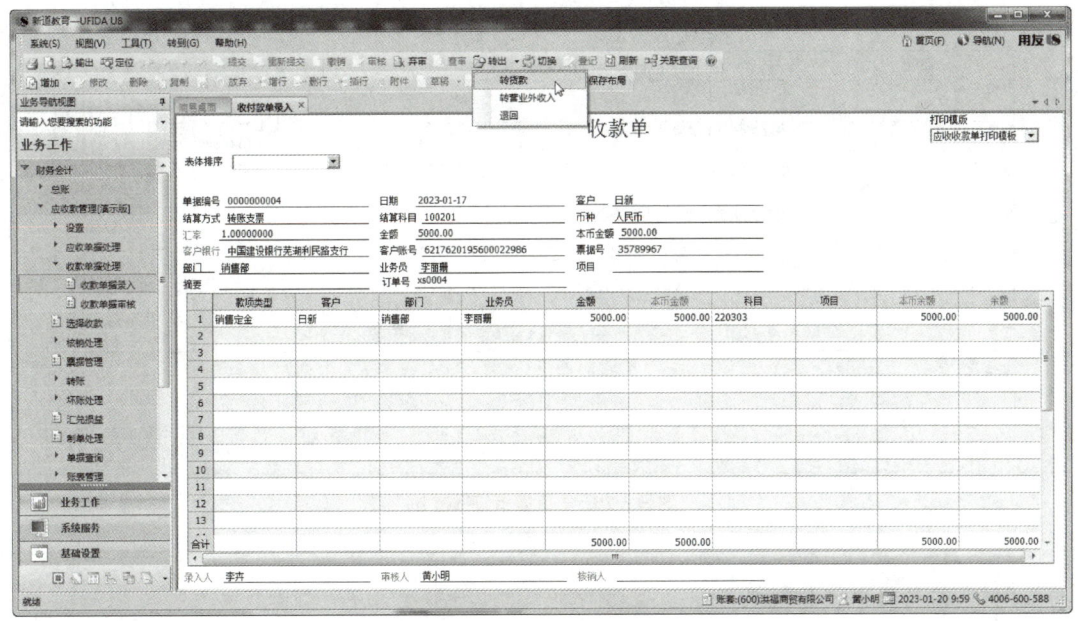

图 5-75 【收款单】窗口

(2) 执行【制单处理】命令,选择【现结制单】,单击【确定】,选择需要制单的记录,凭证类别选中【记账凭证】,单击【制单】,系统生成相关凭证,单击【保存】按钮,如图 5-79 所示。

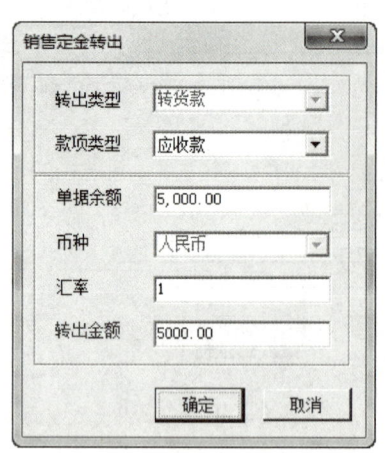

图5-76 【销售定金转出】对话框

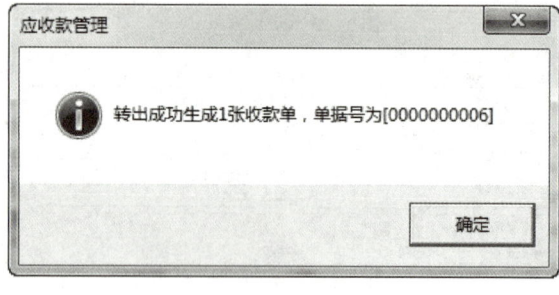

图5-77 【转出成功】提示框

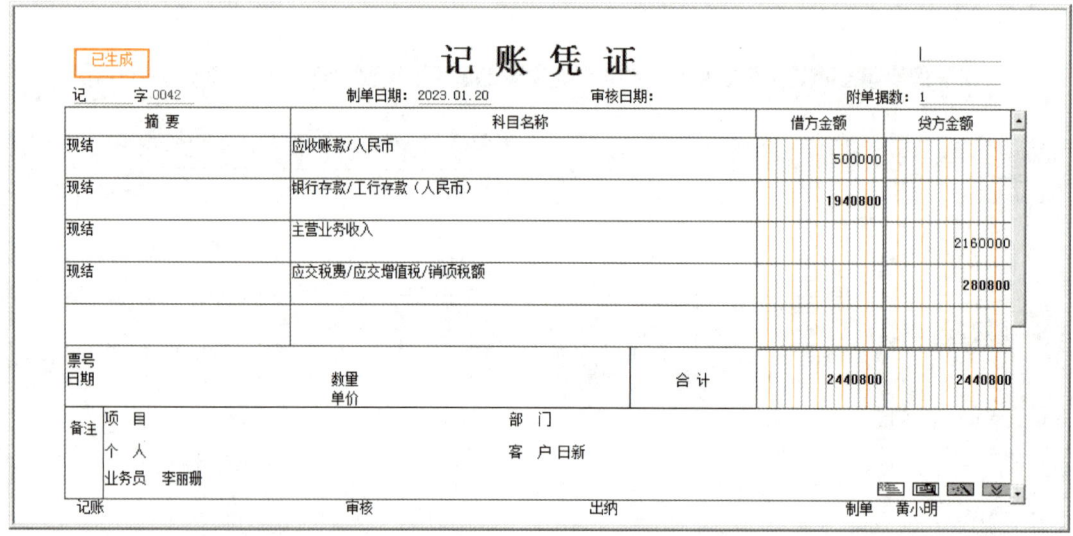

图5-78 【应收单据列表】窗口

图5-79 【记账凭证】窗口

6. 收款单据审核与制单

(1) 2023年1月20日,财务部黄小明在企业应用平台中执行【业务工作】|【财务会计】|【应收款管理】|【收款单据处理】|【收款单据审核】命令,打开【收款单查询条件】对话框,单击【确定】按钮,打开【收付款单列表】窗口,单击【全选】按钮,单击【审核】按钮,如图5-80所示。

图 5-80 【收付款单列表】窗口

（2）执行【制单处理】命令，选择【收付款单制单】，单击【确定】，选择【2023年1月20日】的收款单记录，凭证类别选择【记账凭证】，单击【制单】，系统生成相关凭证，单击【保存】按钮，如图5-81所示。

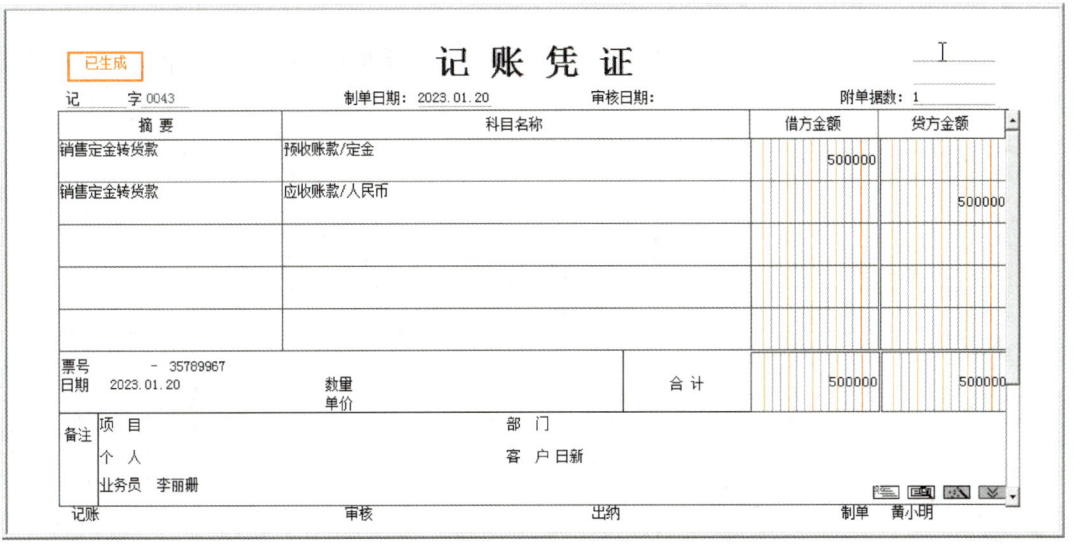

图 5-81 【记账凭证】窗口

7. 结转销售成本

（1）2023年1月20日，财务部黄小明在企业应用平台中执行【业务工作】|【供应链】|【存货核算】|【业务核算】|【正常单据记账】命令，打开【查询条件选择】对话框。

（2）单击【确定】按钮，打开【正常单据记账列表】窗口。

（3）单击【全选】按钮，如图5-82所示。

图 5-82 【正常单据记账列表】窗口

（4）单击【记账】按钮，将销售专用发票记账，系统提示【记账成功】。

（5）执行【财务核算】|【生成凭证】命令，打开【查询条件】对话框。

（6）单击【确定】按钮，打开【未生成凭证单据一览表】窗口。

（7）单击【选择】栏，或单击【全选】按钮，选中待生成凭证的单据，单击【确定】按钮。

（8）凭证类别选择【记账凭证】，如图5-83所示。

图5-83 【生成凭证】窗口

（9）单击【生成】按钮，生成一张记账凭证，单击【保存】按钮，如图5-84所示。

图5-84 【记账凭证】窗口

普通销售业务七

业 务 七

【业务描述】 2023年1月21日，销售部张立与大润发超市签订销售合同，销售汇源1L 100%葡萄汁，货已发出。取得与该业务相关的凭证如图5-85~图5-88所示。

【业务解析】 本笔业务是签订销售合同、开票发货、收到银行承兑汇票的销售业务。

【赛题链接】 22日，销售部经理刘奇峰与长沙家乐福有限公司签订销售合同，货已发出。23日收到银行承兑汇票和转账支票。（原始单据：购销合同、发票、银行承兑汇票、转账支票略）

【岗位说明】 销售部张立填制销售订单（审核）、销售专用发票（复核）；仓储部李红填制销售出库单（审核）；财务部李卉填制银行承兑汇票；财务部黄小明审核发票、收款单、单据记账并制单。

购销合同

供货方：洪福商贸有限公司　　　　　　合同号：XS0007
购买方：大润发超市有限公司　　　　　　签订日期：2023年01月21日

经双方协议，订立本合同如下：

商品型号	名称	数量	单价	总额	其他要求
1*12	汇源1L100%葡萄汁	500.00	203.40	101700.00	
合计		500.00		¥101700.00	

货款合计（大写）：人民币壹拾万零壹仟柒佰元整
质量验收标准：验收合格。
交货日期：2023年1月21日
交货地点：芜湖市镜湖区北京路9号，大润发超市有限公司。
结算方式：银行承兑汇票，付款时间：2023年1月21日。
发运方式：公路运输。运费由购买方承担。
违约条款：违约方需赔偿对方一切经济损失，但遇天灾人祸或其他不可抗力因素而导致延误交货，购买方不能要求供货方赔偿任何损失。
解决合同纠纷的方式：经双方友好协商解决，如协商不成的，可向当地仲裁委员会提出申诉解决。
本合同一式两份，供需双方各执一份，自签订之日起生效。

供货方（盖章）　　　　　　　　　　　购买方（盖章）
地　址：芜湖市鸠江区弋江路48号　　　地　址：芜湖市镜湖区北京路9号
法定代表：李金涛　　　　　　　　　　法定代表：方步亭
联系电话：0553-5820888　　　　　　　联系电话：0553-3766169

图 5-85 【业务七——购销合同】凭证

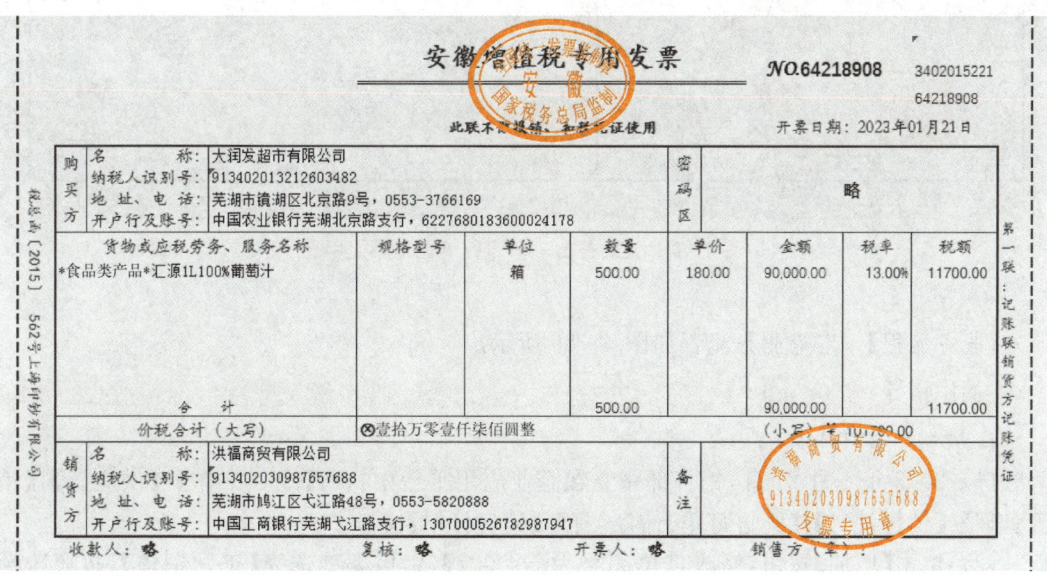

图 5-86 【业务七——增值税专用发票】凭证

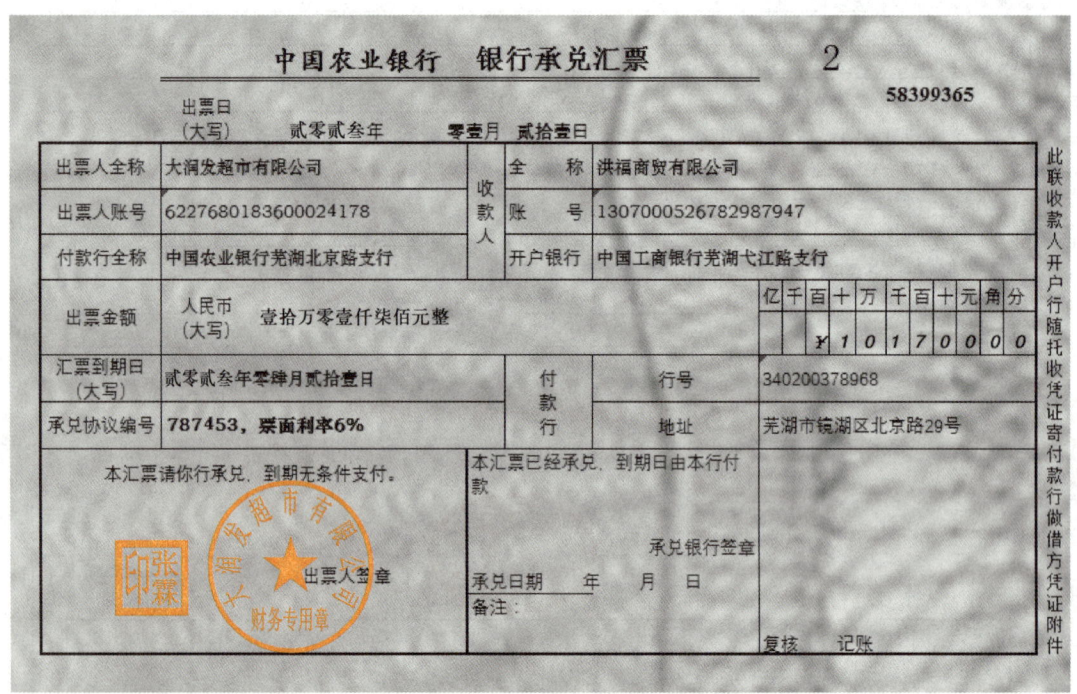

图 5-87 【业务七——出库单】凭证

图 5-88 【业务七——银行承兑汇票】凭证

【业务流程】 本笔业务流程如图 5-89 所示。

〖操作指导〗

1. 填制销售订单

(1) 2023 年 1 月 21 日,销售部张立在企业应用平台中执行【业务工作】|【供应链】|【销售管理】|【销售订货】|【销售订单】命令,打开【销售订单】窗口。

(2) 单击【增加】按钮,修改订单编号为【xs0007】,销售类型选择【正常销售】,按照购销合同录入订单信息,单击【保存】按钮。

(3) 单击【审核】按钮,审核填制的销售订单。如图 5-90 所示。

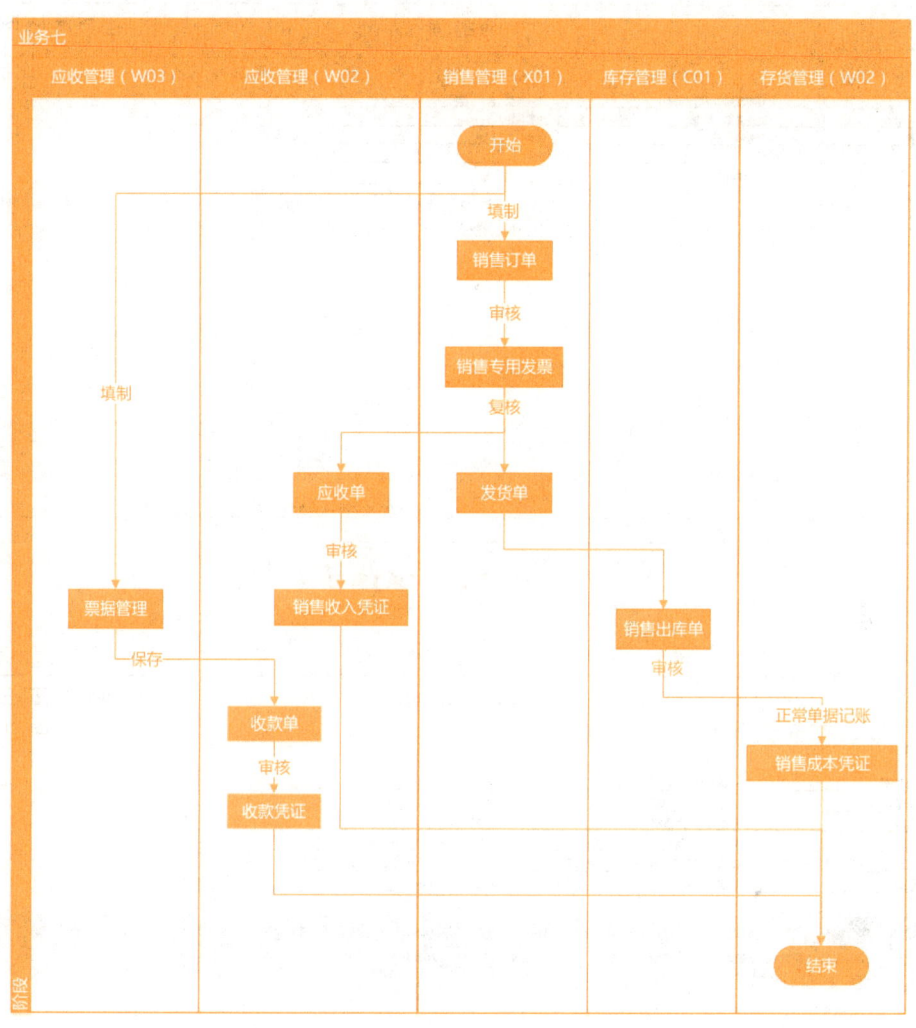

图 5-89 【业务七】业务流程图

2. 生成销售专用发票

(1) 2023年1月21日,销售部张立在企业应用平台中执行【业务工作】|【供应链】|【销售管理】|【销售开票】|【销售专用发票】命令,打开【销售专用发票】窗口。

(2) 单击【增加】按钮,系统弹出【查询条件选择-参照订单】对话框,选择相应的订单,单击【确定】按钮,修改发票号为【64218908】;在表体中,仓库名称修改为【果蔬汁库】,单击【保存】按钮,单击【复核】按钮,如图 5-91 所示。

3. 生成销售出库单

(1) 2023年1月21日,仓储部李红在企业应用平台中执行【业务工作】|【供应链】|【库存管理】|【出库业务】|【销售出库单】命令,打开【销售出库单】窗口。

(2) 选择【生单】|【销售生单】命令,打开【查询条件选择-销售发货单列表】对话框,单击【确定】按钮。

(3) 打开【销售生单】窗口,选择相应的【发货单】,单击【确定】按钮,系统自动生成销售出库单。

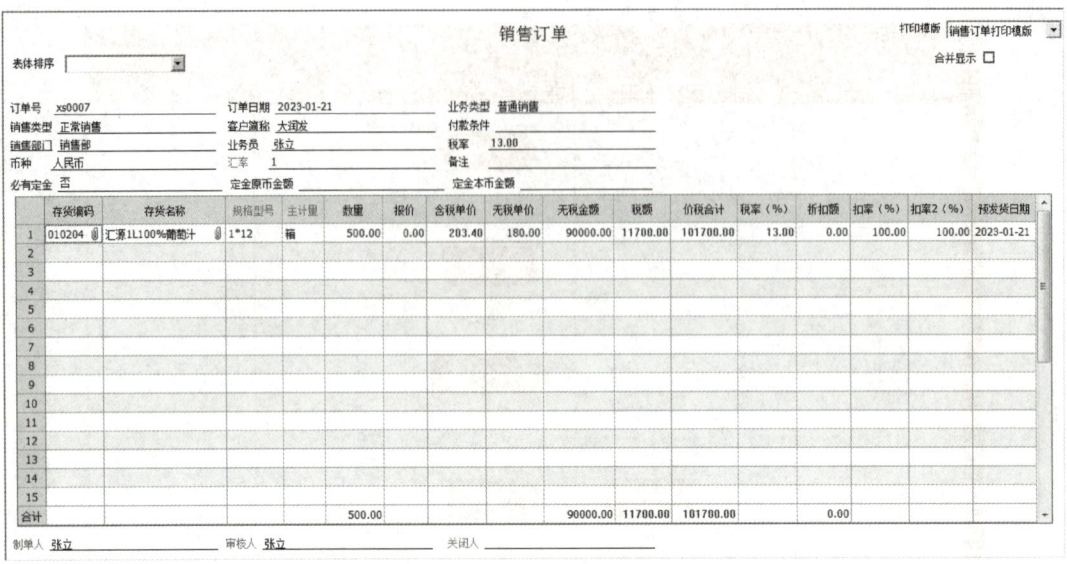

图 5-90 【销售订单】窗口

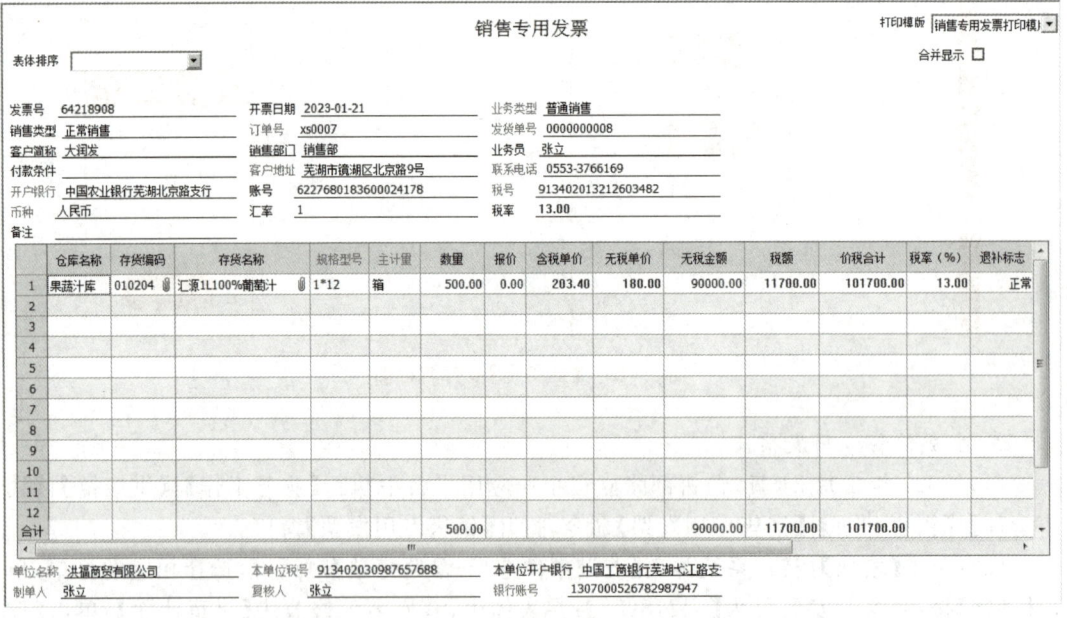

图 5-91 【销售专用发票】窗口

(4) 单击【审核】按钮, 如图 5-92 所示。

4. 填制银行承兑汇票

2023 年 1 月 21 日, 财务部李卉在企业应用平台中执行【业务工作】|【财务会计】|【应收款管理】|【票据管理】命令, 打开【查询条件选择】对话框, 单击【确定】按钮, 系统弹出【票据管理】窗口, 单击【增加】按钮, 系统弹出【商业汇票】窗口, 按照银行承兑汇票单据信息输入, 单击【保存】按钮, 如图 5-93 所示。

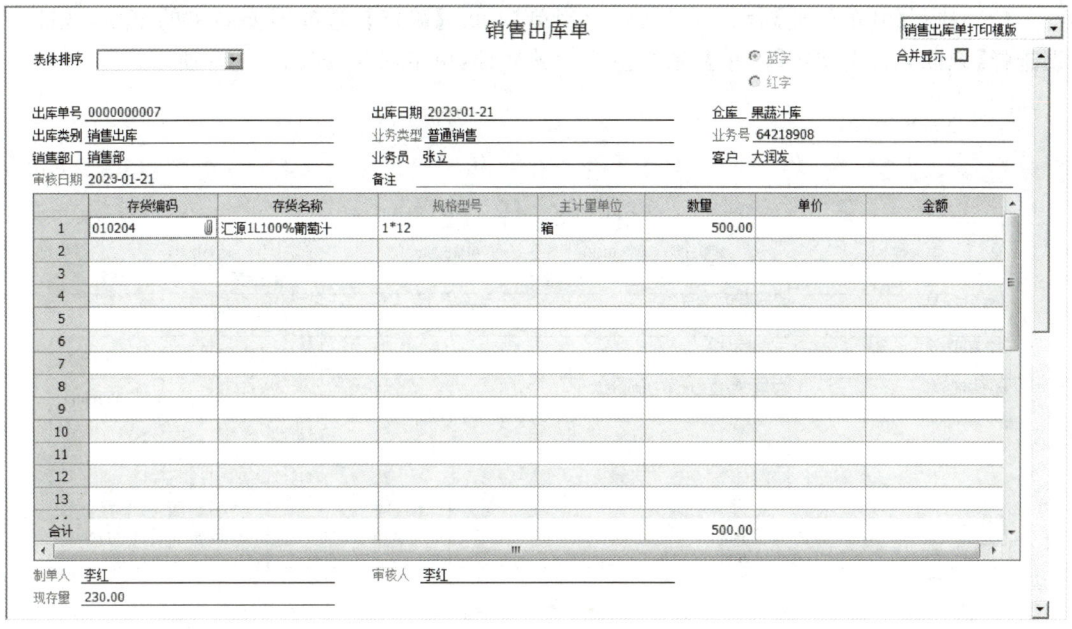

图 5-92 【销售出库单】窗口

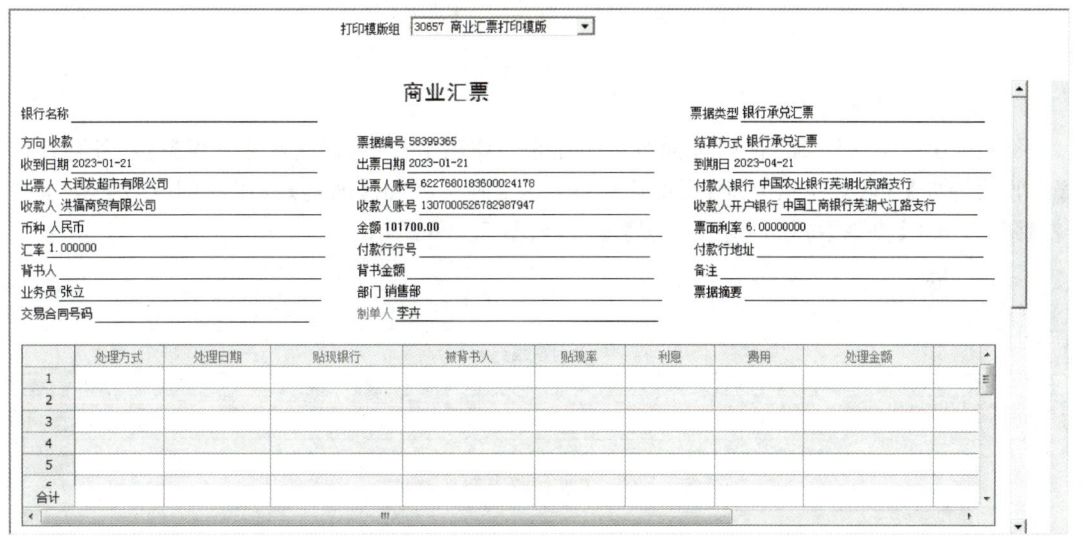

图 5-93 【商业汇票】窗口

5. 应收单据审核与制单

(1) 2023 年 1 月 21 日,财务部黄小明在企业应用平台中执行【业务工作】|【财务会计】|【应收款管理】|【应收款单据处理】|【应收单据审核】命令,单击【确定】按钮,打开【应收单据列表】窗口,单击【全选】按钮,单击【审核】按钮,如图 5-94 所示。

图 5-94 【应收单据列表】窗口

(2) 执行【制单处理】命令，选择【发票制单】，单击【确定】，选择需要制单的记录，凭证类别选择【记账凭证】，单击【制单】，系统生成相关凭证，单击保存，如图 5-95 所示。

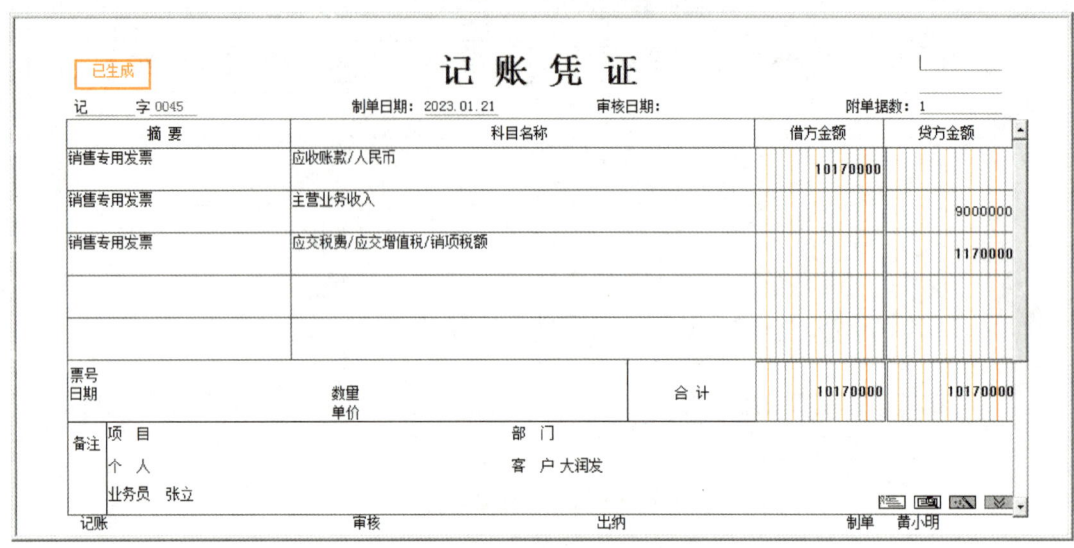

图 5-95 【记账凭证】窗口

6. 收款单据审核与制单

(1) 2023 年 1 月 21 日，财务部黄小明在企业应用平台中执行【业务工作】|【财务会计】|【应收款管理】|【收款单据处理】|【收款单据审核】命令，单击【确定】按钮，打开【收付款单列表】窗口，单击【全选】按钮，单击【审核】按钮，如图 5-96 所示。

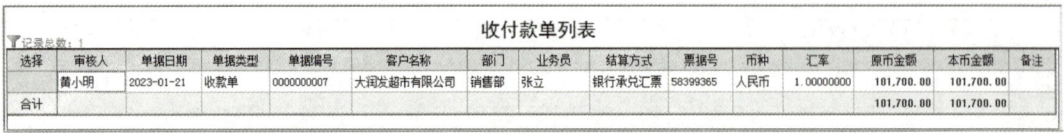

图 5-96 【收付款单列表】窗口

(2) 执行【制单处理】命令，选择【收付款单制单】，单击【确定】，选择需要制单的记录，凭证类别选择【记账凭证】，单击【制单】，系统生成相关凭证，单击【保存】按钮，如图 5-97 所示。

7. 手工核销

(1) 2023 年 1 月 21 日，财务部黄小明在企业应用平台中执行【业务工作】|【财务会计】|【应收款管理】|【核销处理】|【手工核销】命令，打开【核销条件】对话框，选择客户为【0004 大润发超市有限公司】，如图 5-98 所示。

(2) 单击【确定】按钮，打开【单据核销】窗口，输入本次结算金额为【101 700.00】，如图 5-99 所示。

(3) 单击【保存】按钮。

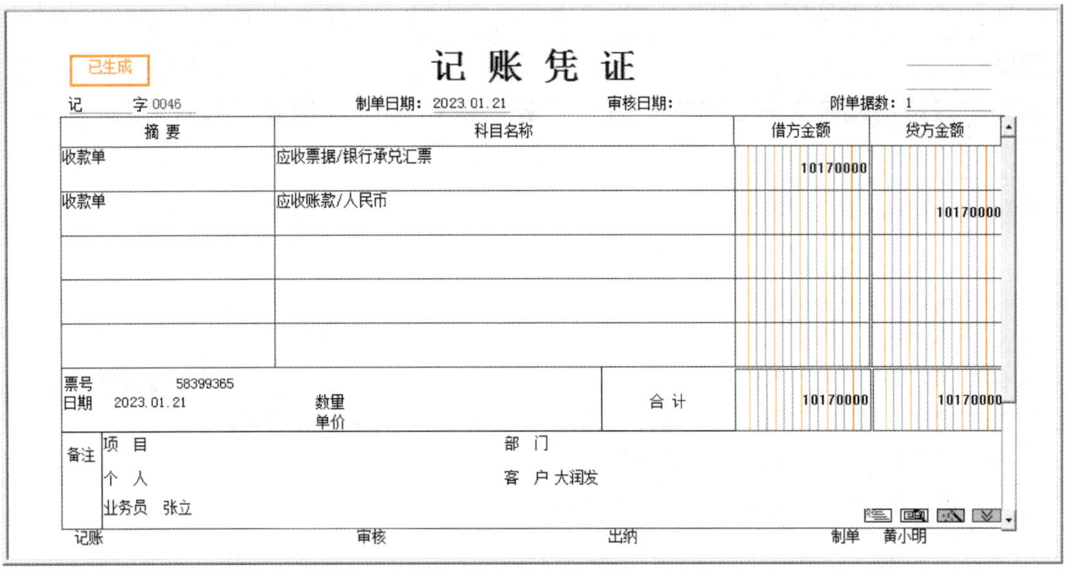

图 5－97 【记账凭证】窗口

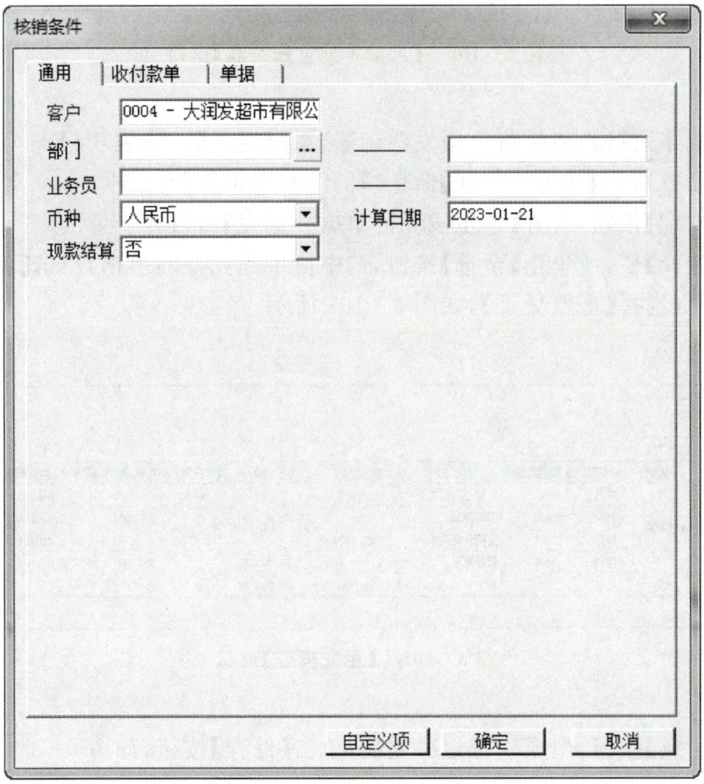

图 5－98 【核销条件】对话框

单据日期	单据类型	单据编号	客户	款项类型	结算方式	币种	汇率	原币金额	原币余额	本次结算金额	订单号
2023-01-21	收款单	0000000007	大润发	应收款	银行承...	人民币	1.00000000	101,700.00	101,700.00	101,700.00	
合计								101,700.00	101,700.00	101,700.00	

单据日期	单据类型	单据编号	到期日	客户	币种	原币金额	原币余额	可享受折扣	本次折扣	本次结算	订单号	凭证号
2023-01-21	销售专用发票	64218908	2023-01-21	大润发	人民币	101,700.00	101,700.00	0.00	0.00	101,700.00	xs0007	记-0045
合计						101,700.00	101,700.00	0.00		101,700.00		

图 5-99 【单据核销】窗口

8. 结转销售成本

(1) 2023 年 1 月 21 日，财务部黄小明在企业应用平台中执行【业务工作】|【供应链】|【存货核算】|【业务核算】|【正常单据记账】命令，打开【查询条件选择】对话框。

(2) 单击【确定】按钮，打开【正常单据记账列表】窗口。

(3) 单击【全选】按钮，如图 5-100 所示。

正常单据记账列表

记录总数：1

选择	日期	单据号	存货编码	存货名称	规格型号	存货代码	单据类型	仓库名称	收发类别	数量	单价
Y	2023-01-21	64218908	010204	汇源1L100%葡萄汁	1*12		专用发票	果蔬汁库	销售出库	500.00	
小计										500.00	

图 5-100 【正常单据记账列表】窗口

5

(4) 单击【记账】按钮，将销售专用发票记账，系统提示【记账成功!】。

(5) 执行【财务核算】|【生成凭证】命令，打开【查询条件】对话框。

(6) 单击【确定】按钮，打开【未生成凭证单据一览表】窗口。

(7) 单击【选择】栏，或单击【全选】按钮，选中待生成凭证的单据，单击【确定】按钮。

(8) 凭证类别选择【记账凭证】，如图 5-101 所示。

凭证类别 记 记账凭证

选择	单据类型	单据号	摘要	科目类型	科目编码	科目名称	借方金额	贷方金额	借方数量	贷方数量	科目方向	存货编码	存货名称
1	专用发票	64218908	专用发票	对方	6401	主营业务成本	27,600.00		230.00		1	010204	汇源1L100%葡萄汁
				存货	1405	库存商品		27,600.00		230.00	2	010204	汇源1L100%葡萄汁
				对方	6401	主营业务成本	32,400.00		270.00		1	010204	汇源1L100%葡萄汁
				存货	1405	库存商品		32,400.00		270.00	2	010204	汇源1L100%葡萄汁
合计							60,000.00	60,000.00					

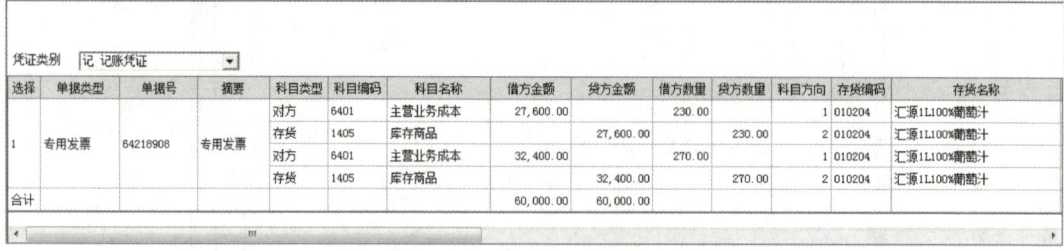

图 5-101 【生成凭证】窗口

(9) 单击【生成】按钮，生成一张记账凭证，单击【保存】按钮，如图 5-102 所示。

普通销售
业务八

业 务 八

【业务描述】 2023 年 1 月 22 日，19 日销售给欧尚超市的汇源 1 L 100%苹果汁中有部

实训一 普通销售业务处理

有容乃大之
沟通理解
——销售折
让业务处理

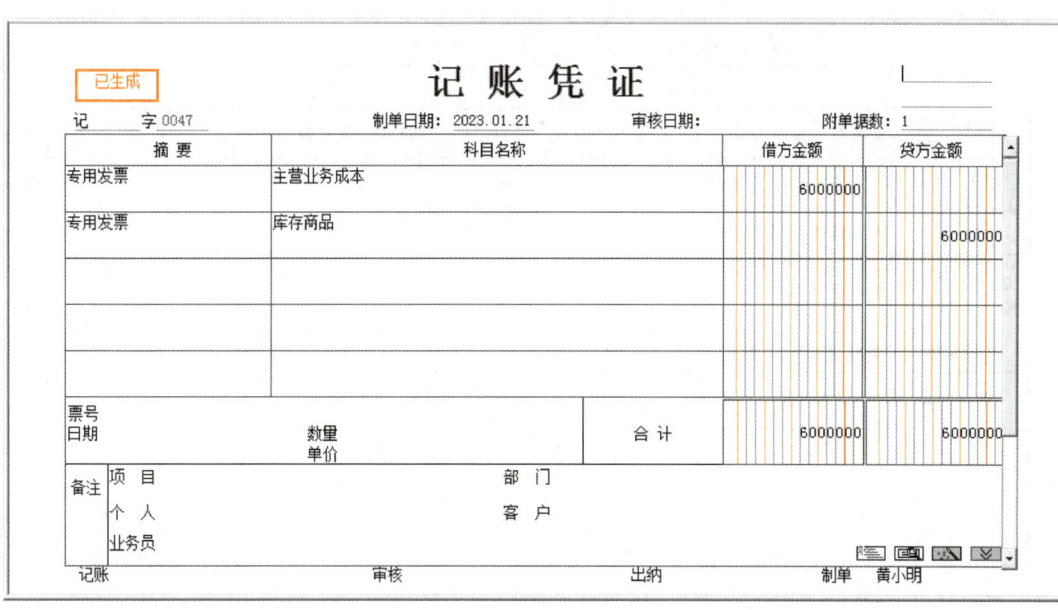

图 5-102 【记账凭证】窗口

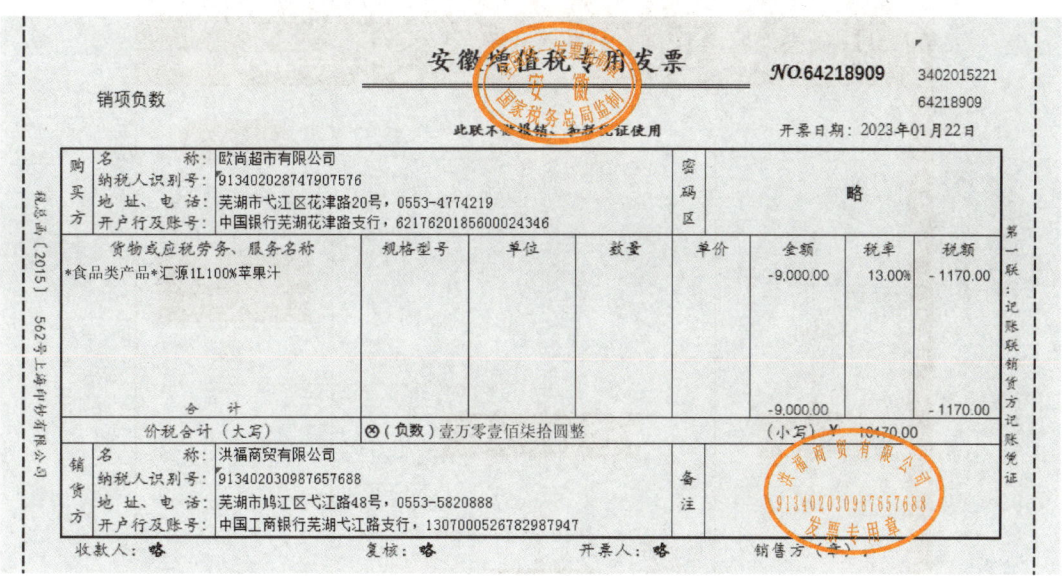

图 5-103 【业务八——增值税专用发票】凭证

分商品质量不达标,经协商,公司给予对方10%的现金折让,其余款项于当日收到。取得与该业务相关的凭证如图5-103、图5-104所示。

【业务解析】 本笔业务是因商品质量问题的销售折让并收取货款的业务。

【岗位说明】 销售部张立填制红字销售专用发票(复核);财务部李卉填制收款单;财务部黄小明审核发票、收款单、红票对冲、核销并制单。

【业务流程】 本笔业务流程如图5-105所示。

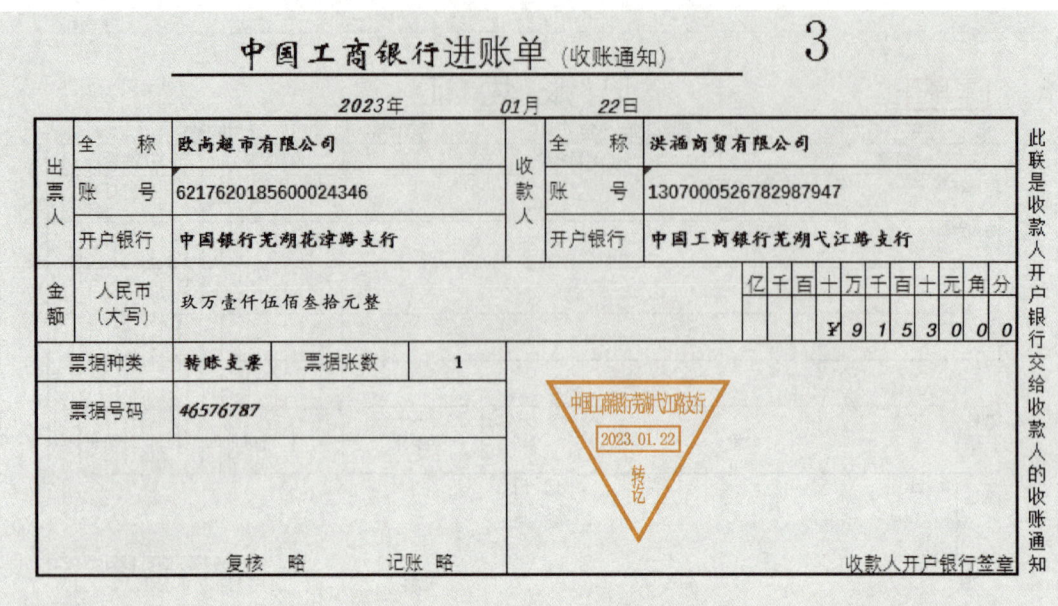

图 5-104 【业务八——银行进账单】凭证

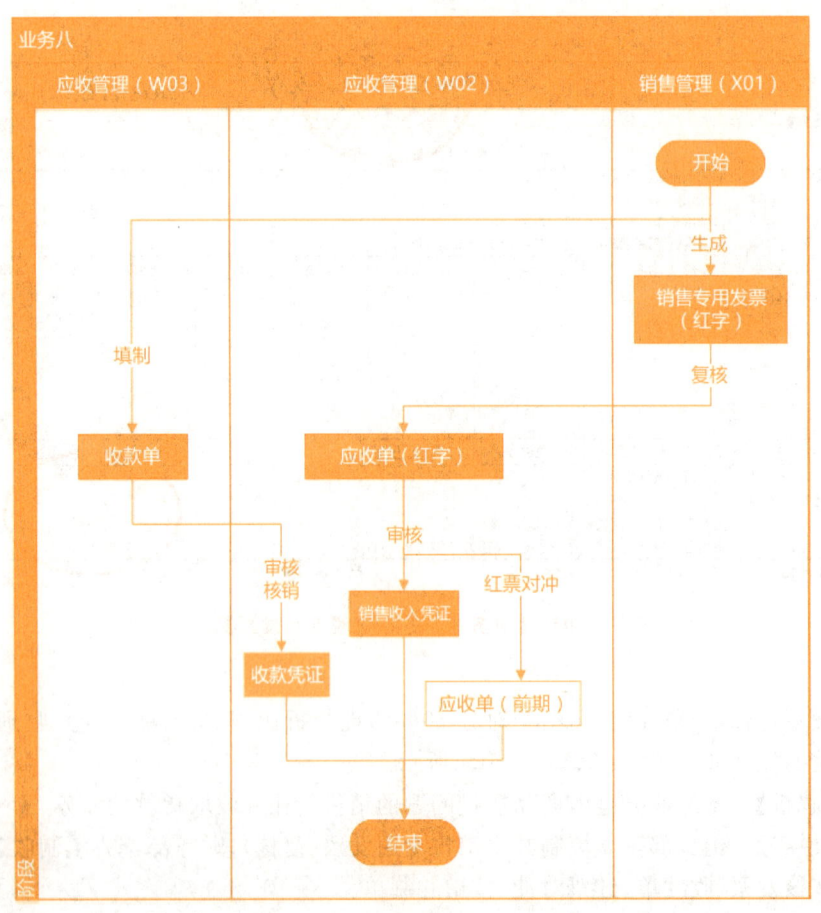

图 5-105 【业务八】业务流程图

〖操作指导〗

1. 填制红字销售专用发票

(1) 2023 年 1 月 22 日,销售部张立在企业应用平台中执行【业务工作】|【供应链】|【销售管理】|【销售开票】|【红字专用销售发票】命令,打开【销售专用发票】窗口。

(2) 单击【增加】按钮,修改发票号为【64218909】,按照红字发票的信息输入;在表体中,退补标志选择【退补】,单击【保存】按钮,单击【复核】按钮,如图 5-106 所示。

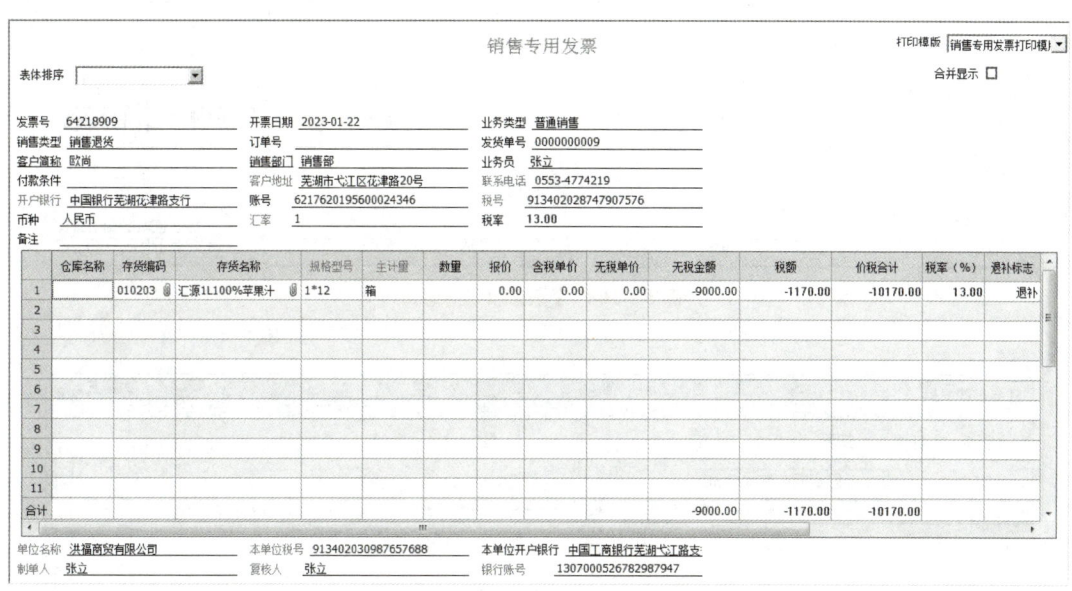

图 5-106 【红字销售专用发票】窗口

2. 应收单据审核与制单

(1) 2023 年 1 月 22 日,财务部黄小明在企业应用平台中执行【业务工作】|【财务会计】|【应收款管理】|【应收款单据处理】|【应收单据审核】命令,单击【确定】按钮,打开【应收单据列表】窗口,单击【全选】按钮,单击【审核】按钮,如图 5-107 所示。

图 5-107 【应收单据列表】窗口

(2) 执行【制单处理】命令,选择【发票制单】,单击【确定】,选择需要制单的记录,凭证类别选择【记账凭证】,单击【制单】,系统生成相关凭证,单击【保存】按钮,如图 5-108 所示。

3. 红票对冲

(1) 2023 年 1 月 22 日,财务部黄小明在企业应用平台中执行【业务工作】|【财务会计】|【应收款管理】|【转账】|【红票对冲】|【手工对冲】命令,打开【红票对冲条件】对话框,客户选择【0002】,如图 5-109 所示。

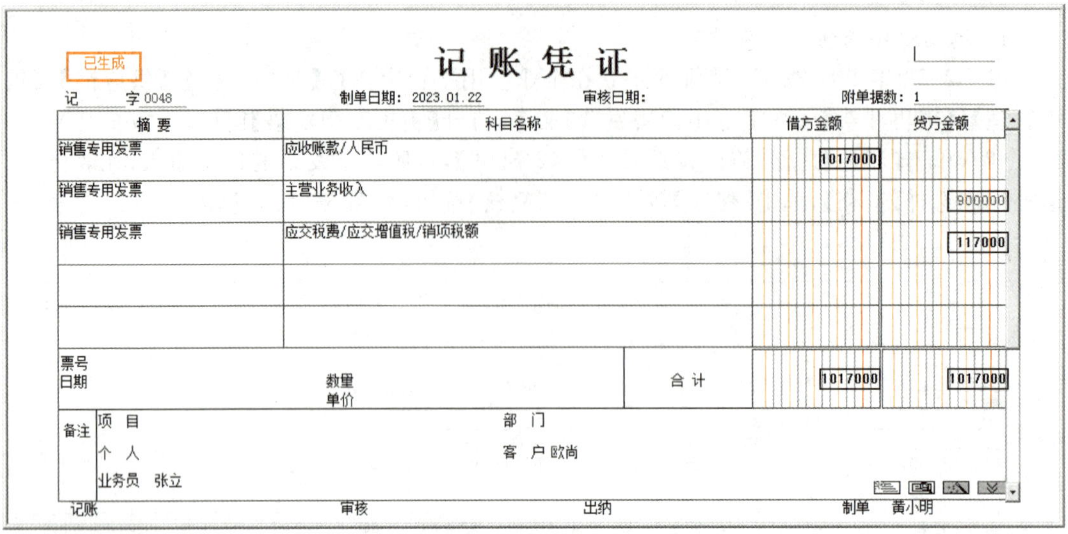

图 5－108 【记账凭证】窗口

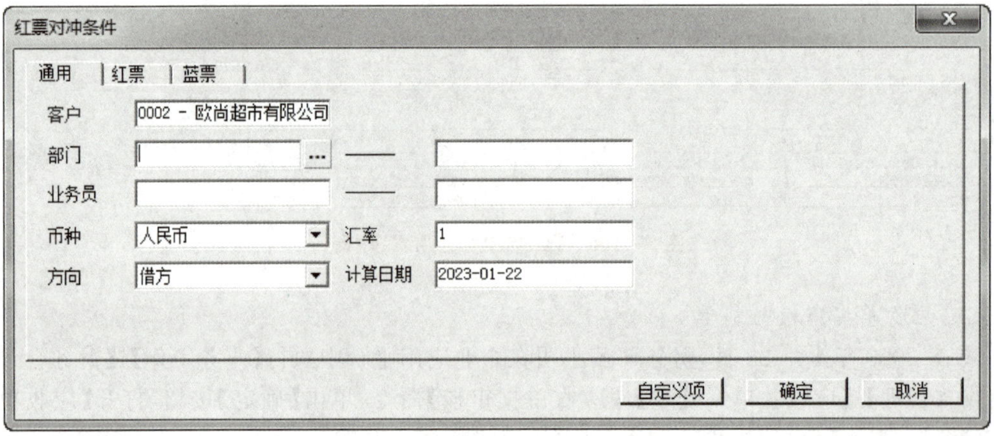

图 5－109 【红票对冲条件】对话框

（2）单击【确定】按钮，打开【红票对冲】窗口，输入对冲金额为【10 170.00】，如图 5－110 所示，单击【保存】按钮，系统提示【是否立即制单?】，单击【否】按钮。

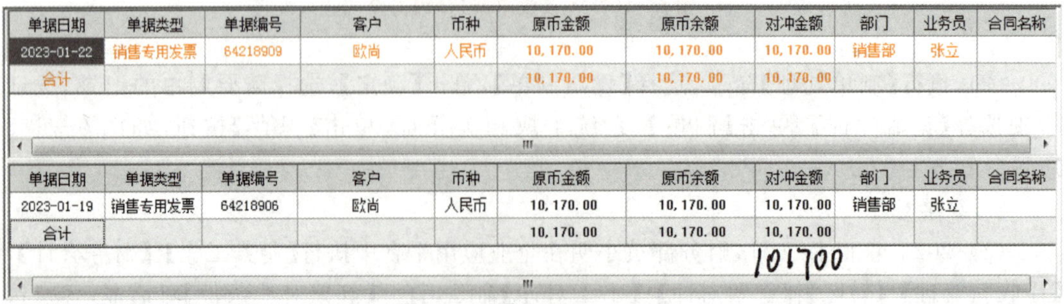

单据日期	单据类型	单据编号	客户	币种	原币金额	原币余额	对冲金额	部门	业务员	合同名称
2023-01-22	销售专用发票	64218909	欧尚	人民币	10, 170. 00	10, 170. 00	10, 170. 00	销售部	张立	
合计					10, 170. 00	10, 170. 00	10, 170. 00			

单据日期	单据类型	单据编号	客户	币种	原币金额	原币余额	对冲金额	部门	业务员	合同名称
2023-01-19	销售专用发票	64218906	欧尚	人民币	10, 170. 00	10, 170. 00	10, 170. 00	销售部	张立	
合计					10, 170. 00	10, 170. 00	10, 170. 00			

101700

图 5－110 【红票对冲】窗口

4. 填制收款单

2023年1月22日,财务部李卉在企业应用平台中执行【业务工作】|【财务会计】|【应收款管理】|【收款单据处理】|【收款单据录入】命令,打开【收款单】窗口,单击【增加】按钮,按照进账单的信息录入;在表体中,款项类型选择【应收款】,单击【保存】按钮,如图5-111所示。

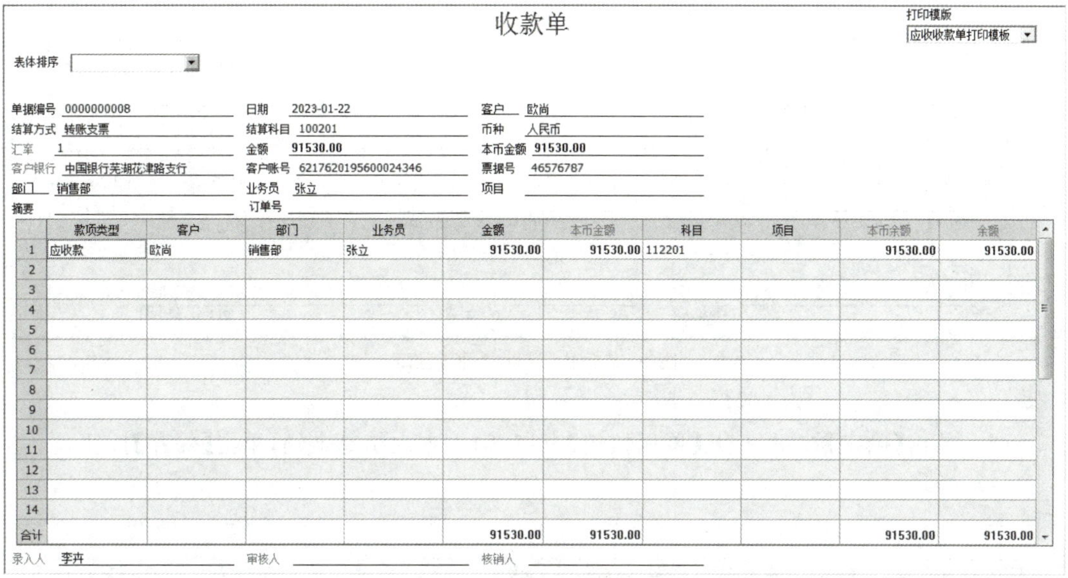

图 5-111 【收款单】窗口

5. 收款单据审核与制单

(1) 2023年1月22日,财务部黄小明在企业应用平台中执行【业务工作】|【财务会计】|【应收款管理】|【收款单据处理】|【收款单据审核】命令,单击【确定】按钮,打开【收付款单列表】窗口,单击【全选】按钮,单击【审核】按钮,如图5-112所示。

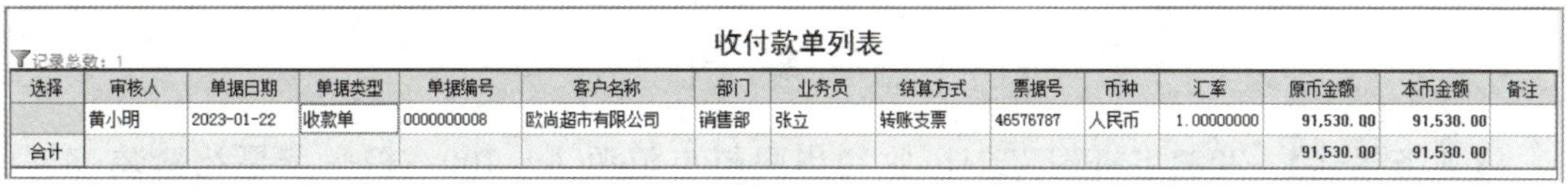

图 5-112 【收付款单列表】窗口

(2) 执行【制单处理】命令,选择【收付款单制单】,单击【确定】,选择需要制单的记录,凭证类别选择【记账凭证】,单击【制单】,系统生成相关凭证,单击【保存】按钮,如图5-113所示。

6. 手工核销

(1) 2023年1月22日,财务部黄小明在企业应用平台中执行【业务工作】|【财务会计】|【应收款管理】|【核销处理】|【手工核销】命令,打开【手工核销】窗口,选择客户为【0002 欧尚超市】,如图5-114所示。

图 5-113 【记账凭证】窗口

（2）单击【确定】按钮，打开【单据核销】窗口，输入本次结算金额，单击【保存】按钮。

图 5-114 【单据核销】窗口

普通销售
业务九

业 务 九

【业务描述】 2023年1月23日，收到华联超市汇源1L 100%橙＋苹果礼盒装，汇源1L 100%桃＋葡萄礼盒装的价税款。取得与该业务相关的凭证如图5-115所示。

【业务解析】 本笔业务是有现金折扣的销售收款业务。

【赛题链接】 17日，收到上一笔（合同编码号：xs0010）的货款，按照合同约定给予现金折扣。（收款与现金折扣需合并制单）（原始单据：银行进账单、现金折扣核销单略）

【岗位说明】 财务部李卉填制收款单；财务部黄小明审核收款单、核销并制单。

【业务流程】 本笔业务流程如图5-116所示。

〖操作指导〗

1. 填制收款单

2023年1月23日，财务部李卉在企业应用平台中执行【业务工作】|【财务会计】|【应

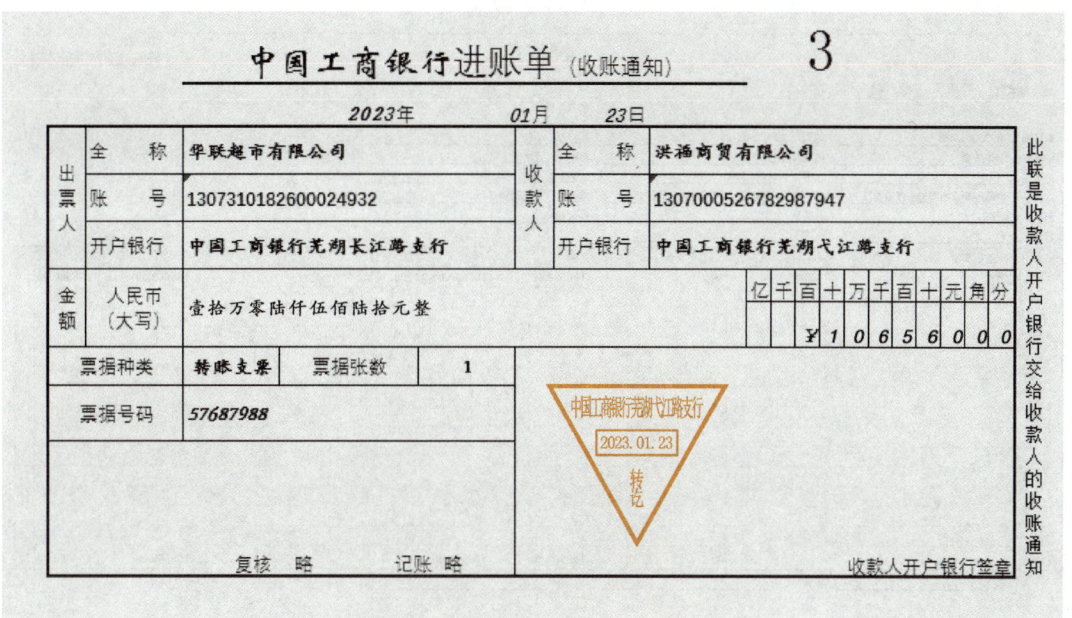

图 5-115 【业务九——银行进账单】凭证

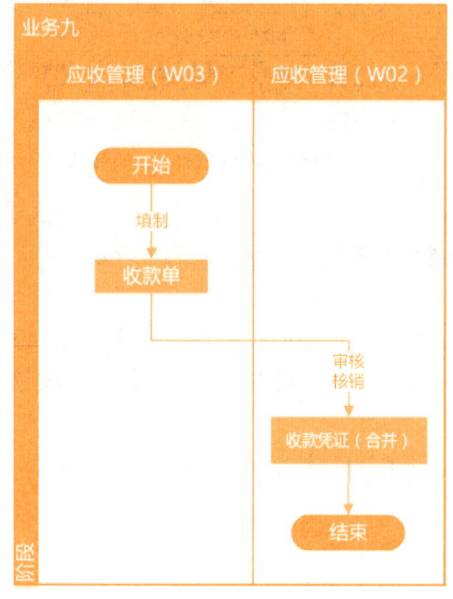

图 5-116 【业务九】业务流程图

收款管理】|【收款单据处理】|【收款单据录入】命令,打开【收款单】窗口,单击【增加】按钮,按照进账单的信息录入;在表体中,款项类型选择【应收款】,单击【保存】按钮,如图5-117所示。

2. 收款单据审核

2023年1月23日,财务部黄小明在企业应用平台中执行【业务工作】|【财务会计】|【应收款管理】|【收款单据处理】|【收款单据审核】命令,单击【确定】按钮,打开【收付款单列表】

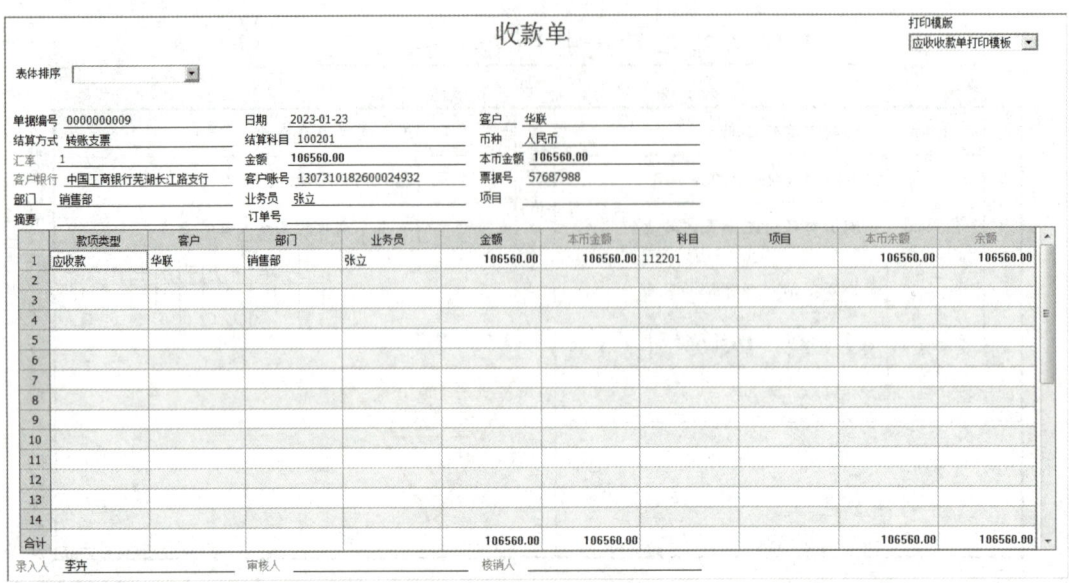

收款单

打印模版 应收收款单打印模板

表体排序

单据编号 0000000009　日期 2023-01-23　客户 华联
结算方式 转账支票　结算科目 100201　币种 人民币
汇率 1　金额 106560.00　本币金额 106560.00
客户银行 中国工商银行芜湖长江路支行　客户账号 1307310182600024932　票据号 57687988
部门 销售部　业务员 张立　项目
摘要　订单号

	款项类型	客户	部门	业务员	金额	本币金额	科目	项目	本币余额	余额
1	应收款	华联	销售部	张立	106560.00	106560.00	112201		106560.00	106560.00
2										
3										
4										
5										
6										
7										
8										
9										
10										
11										
12										
13										
14										
合计					106560.00	106560.00			106560.00	106560.00

录入人 李卉　审核人　核销人

图 5－117 【收款单】窗口

收付款单列表

记录总数：1

选择	审核人	单据日期	单据类型	单据编号	客户名称	部门	业务员	结算方式	票据号	币种	汇率	原币金额	本币金额	备注
	黄小明	2023-01-23	收款单	0000000009	华联超市有限公司	销售部	张立	转账支票	57687988	人民币	1.00000000	106,560.00	106,560.00	
合计												106,560.00	106,560.00	

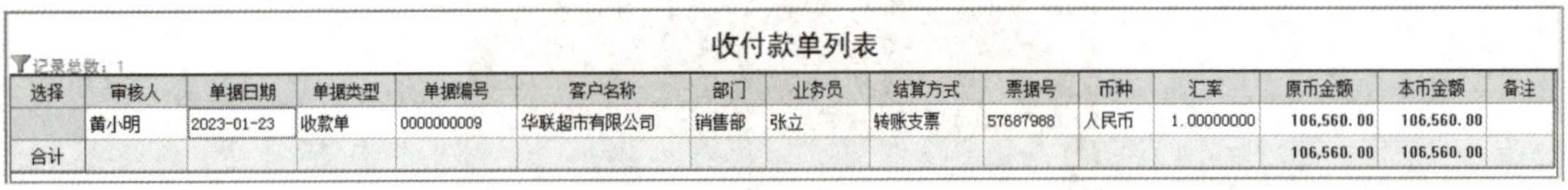

图 5－118 【收付款单列表】窗口

窗口，单击【全选】按钮，单击【审核】按钮，如图 5－118 所示。

3. 手工核销

(1) 2023 年 1 月 23 日，财务部黄小明在企业应用平台中执行【业务工作】|【财务会计】|【应收款管理】|【核销处理】|【手工核销】命令，打开【手工核销】窗口，选择客户为【华联超市】。

(2) 单击【确定】按钮，打开【单据核销】窗口，输入本次结算金额、折扣金额，如图 5－119 所示，单击【保存】按钮。

单据日期	单据类型	单据编号	客户	款项类型	结算方式	币种	汇率	原币金额	原币余额	本次结算金额	订单号
2022-12-31	收款单	0000000001	华联	预收款	转账支票	人民币	1.00000000	5,000.00	5,000.00		
2023-01-23	收款单	0000000009	华联	应收款	转账支票	人民币	1.00000000	106,560.00	106,560.00	106,560.00	
合计								111,560.00	111,560.00	106,560.00	

单据日期	单据类型	单据编号	到期日	客户	币种	原币金额	原币余额	可享受折扣	本次折扣	本次结算	订单号	凭证号
2023-01-16	销售专用发票	64218904	2023-02-15	华联	人民币	108,480.00	108,480.00	2,169.60	1,920.00	106,560.00	xs0003	记-0035
合计						108,480.00	108,480.00	2,169.60	1,920.00	106,560.00		

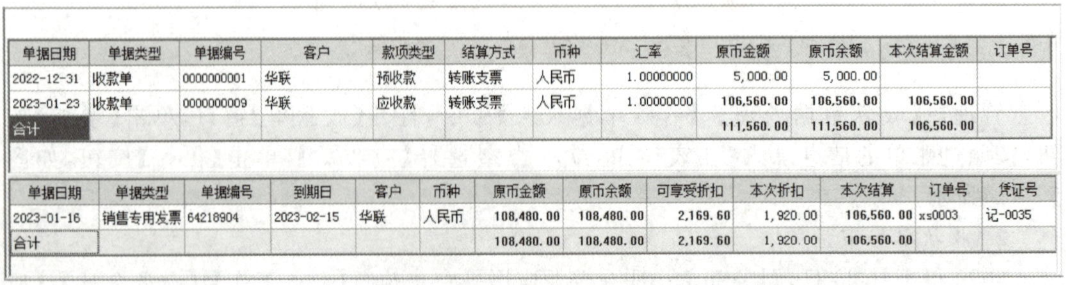

图 5－119 【单据核销】窗口

4. 收款单据核销与合并制单

2023年1月23日,财务部黄小明在企业应用平台中执行【业务工作】|【财务会计】|【应收款管理】|【制单处理】命令,选择【收付款单制单】和【核销制单】,单击【确定】,选择需要制单的记录,单击【合并】按钮,凭证类别选择【记账凭证】,单击【制单】,系统生成相关凭证,单击【保存】按钮,如图5-120所示。

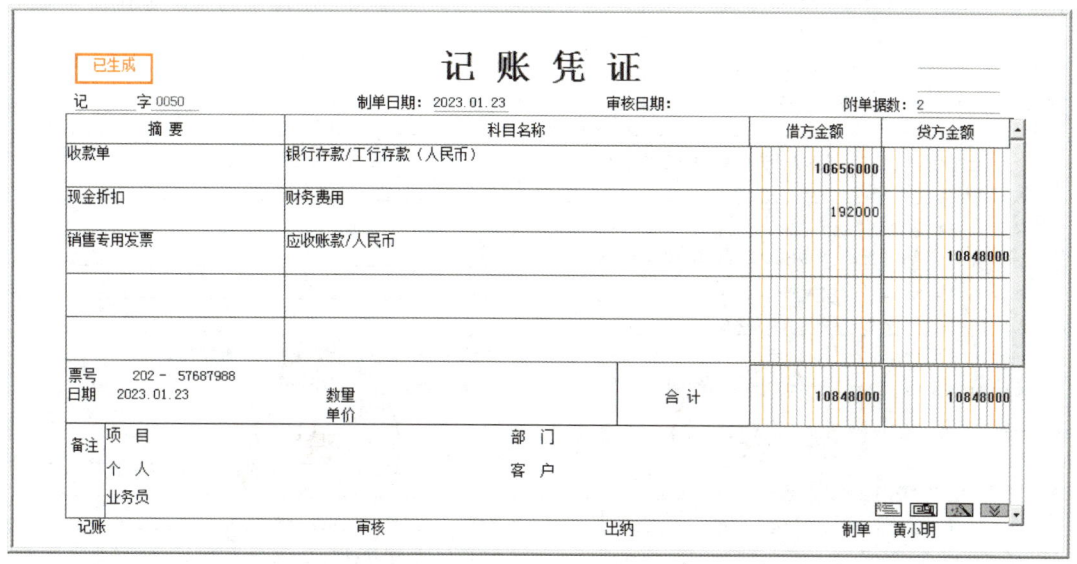

图5-120 【记账凭证】窗口

实训二 直运销售业务处理

业 务 一

【业务描述】 2023年1月24日,销售部张立与沃尔玛公司签订直运销售合同。取得与该业务相关的凭证如图5-121所示。

【业务解析】 本笔业务是签订直运销售合同的业务。

【岗位说明】 销售部张立填制销售订单(审核)。

【业务流程】 本笔业务流程如图5-122所示。

〖操作指导〗

填制销售订单

(1) 2023年1月24日,销售部张立在企业应用平台中执行【业务工作】|【供应链】|【销售管理】|【销售订货】|【销售订单】命令,打开【销售订单】窗口。

(2) 单击【增加】按钮,修改订单编号为【xs0008】,业务类型选择【直运销售】,销售类型选择【正常销售】,按照购销合同录入订单信息,单击【保存】按钮。

(3) 单击【审核】按钮,审核填制的销售订单,如图5-123所示。

直运销售
业务一

购销合同

供货方：洪福商贸有限公司　　　　　　合同号：XS0008
购买方：沃尔玛超市有限公司　　　　　　签订日期：2023年01月24日

经双方协议，订立本合同如下：

商品型号	名　称	数　量	单　价	总　额	其他要求
1*24	喜乐368ml蓝莓味	500.00	149.16	74580.00	
1*24	喜乐368ml香橙味	500.00	149.16	74580.00	
合　计		1000.00		¥149160.00	

货款合计（大写）：人民币壹拾肆万玖仟壹佰陆拾元整

质量验收标准：验收合格。
交货日期：2023年1月25日
交货地点：芜湖市镜湖区中山路339号，沃尔玛超市有限公司。
结算方式：转账支票，付款时间：2023年2月25日。
发运方式：公路运输，运费由购买方承担。
违约条款：违约方需赔偿对方一切经济损失，但遇天灾人祸或其他不可抗力因素而导致延误交货，购买方不能要求供货方赔偿任何损失。
解决合同纠纷的方式：经双方友好协商解决，如协商不成的，可向当地仲裁委员会提出申诉解决。
本合同一式两份，供需双方各执一份，自签订之日起生效。

供货方（盖章）
地　址：芜湖市鸠江区弋江北48号
法定代表：李金泽
联系电话：0553-5820888

购买方（盖章）
地　址：芜湖市镜湖区中山路339号
法定代表：张之福
联系电话：0553-3137566

图 5-121 【业务一——购销合同】凭证

图 5-122 【业务一】业务流程图

业　务　二

【业务描述】 2023年1月25日，采购部王宏伟与喜乐公司签订直运采购合同。取得与该业务相关的凭证如图 5-124 所示。

图 5-123 【销售订单】窗口

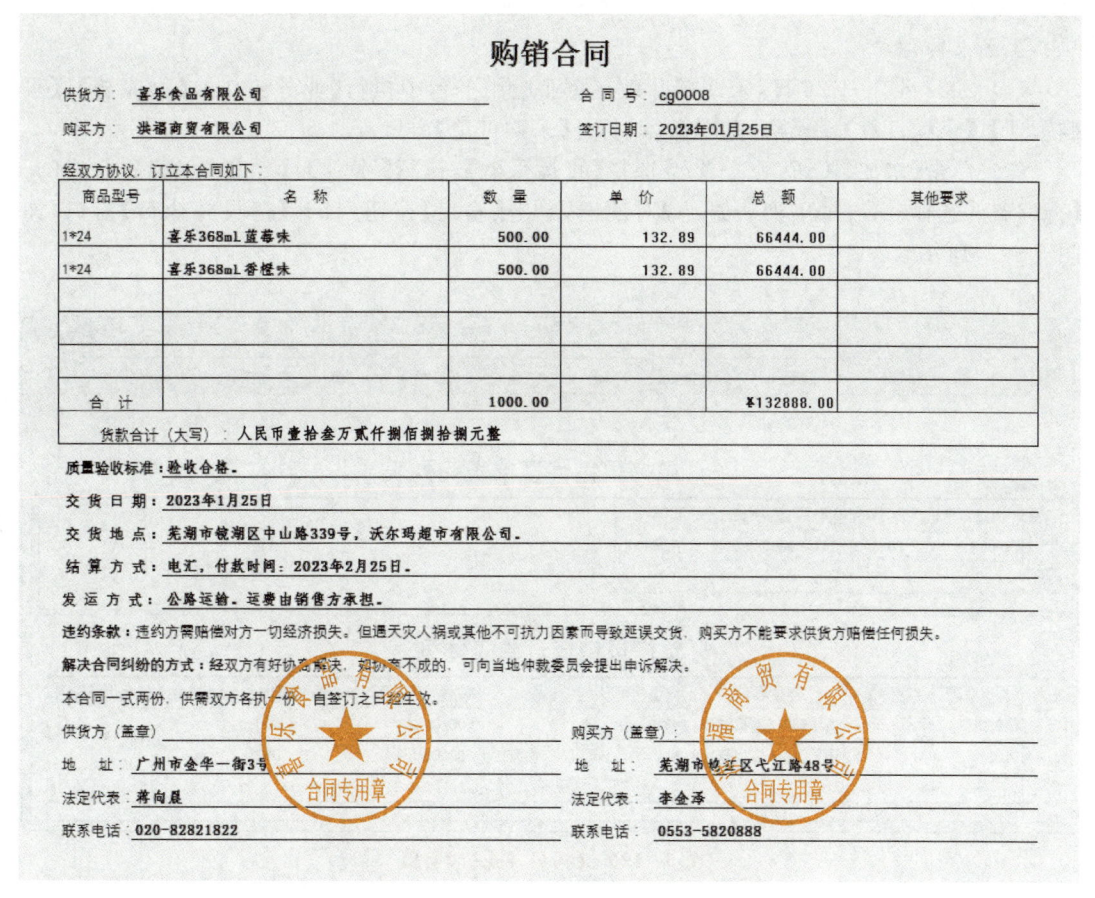

图 5-124 【业务二——购销合同】凭证

【业务解析】 本笔业务是签订直运采购合同的业务。

【岗位说明】 采购部叶敏填制采购订单（审核）。

【业务流程】 本笔业务流程如图5-125所示。

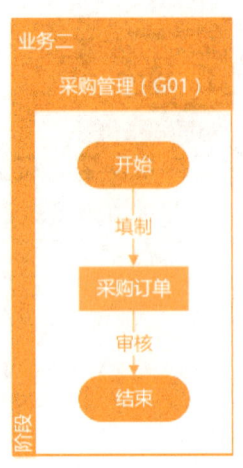

图5-125 【业务二】业务流程图

〖操作指导〗

生成采购订单

（1）2023年1月25日，采购部叶敏在企业应用平台中执行【业务工作】|【供应链】|【采购管理】|【采购订货】|【采购订单】命令，打开【采购订单】窗口。

（2）单击【增加】按钮，业务类型选择【直运采购】，执行【生单】|【销售订单】命令，打开【查询条件选择-销售订单列表过滤】对话框，单击【确定】按钮，打开【拷贝并执行】窗口，如图5-126所示。

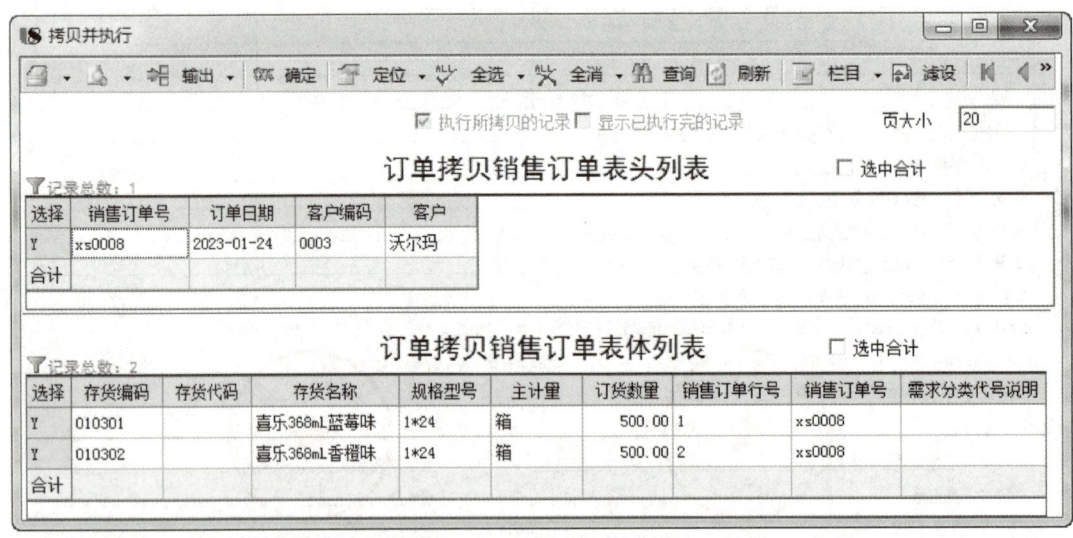

图5-126 【拷贝并执行】窗口

（3）选择相应的销售订单，单击【确定】按钮，系统生成一张采购订单，修改订单编号为【cg0008】，采购类型选择【正常采购】、供应商选择【喜乐】；在表体中，原币价税合计为【66 444.00】，单击【保存】按钮，单击【审核】按钮，如图5-127所示。

图 5-127 【采购订单】窗口

业　务　三

直运销售
业务三

【业务描述】　2023年1月25日,收到直运采购增值税发票,款项未付。取得与该业务相关的凭证如图 5-128 所示。

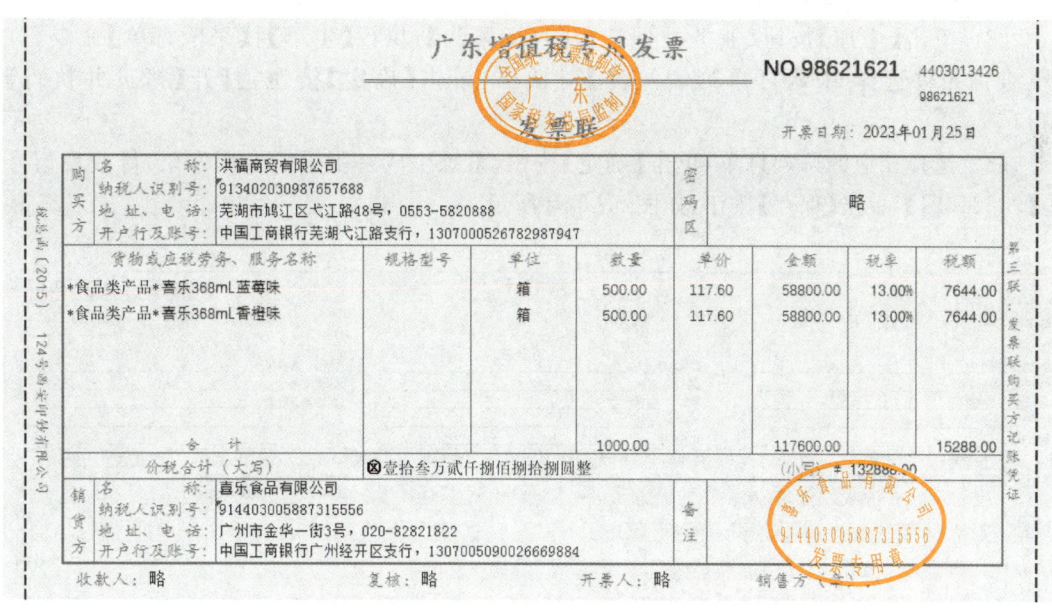

图 5-128　【业务三——增值税专用发票】凭证

【业务解析】　本笔业务是收到直运采购发票的业务。

【岗位说明】　采购部叶敏填制采购专用发票;财务部黄小明审核发票、单据记账并制单。

【业务流程】　本笔业务流程如图 5-129 所示。

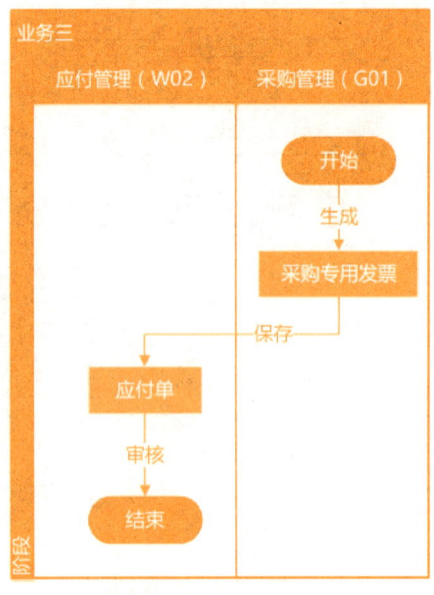

图 5-129 【业务三】业务流程图

【操作指导】

1. 生成采购专用发票

(1) 2023 年 1 月 25 日，采购部叶敏在企业应用平台中执行【业务工作】|【供应链】|【采购管理】|【采购发票】|【采购专用发票】命令，打开【采购专用发票】窗口。

(2) 单击【增加】按钮，业务类型选择【直运采购】，执行【生单】|【采购订单】命令，打开【查询条件选择-采购订单列表过滤】对话框，单击【确定】按钮，打开【拷贝并执行】窗口。

(3) 选择相应的采购订单，单击【确定】按钮，系统生成一张采购专用发票，修改发票号为【98621621】，单击【保存】按钮，如图 5-130 所示。

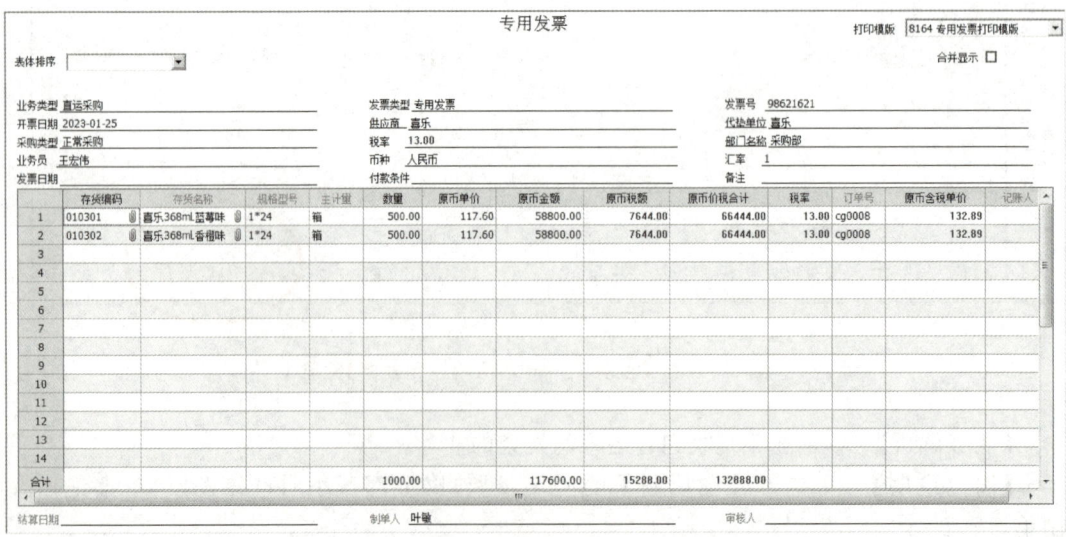

图 5-130 【采购专用发票】窗口

2. 应付单据审核

2023年1月25日,财务部黄小明在企业应用平台中执行【业务工作】|【财务会计】|【应付款管理】|【应付单据处理】|【应付单据审核】命令,打开【应付单据查询条件】对话框,单击【确定】按钮,打开【应付单据列表】窗口,单击【全选】按钮,单击【审核】按钮,如图5-131所示。

选择	审核人	单据日期	单据类型	单据号	供应商名称	部门	业务员	制单人	币种	汇率	原币金额	本币金额	备注
	黄小明	2023-01-25	采购专用发票	98621821	喜乐食品有限公司	采购部	王宏伟	叶敏	人民币	1.00000000	132,888.00	132,888.00	
合计											132,888.00	132,888.00	

图5-131 【应付单据列表】窗口

业 务 四

直运销售
业务四

【业务描述】 2023年1月25日,开具直运销售增值税发票。取得与该业务相关的凭证如图5-132所示。

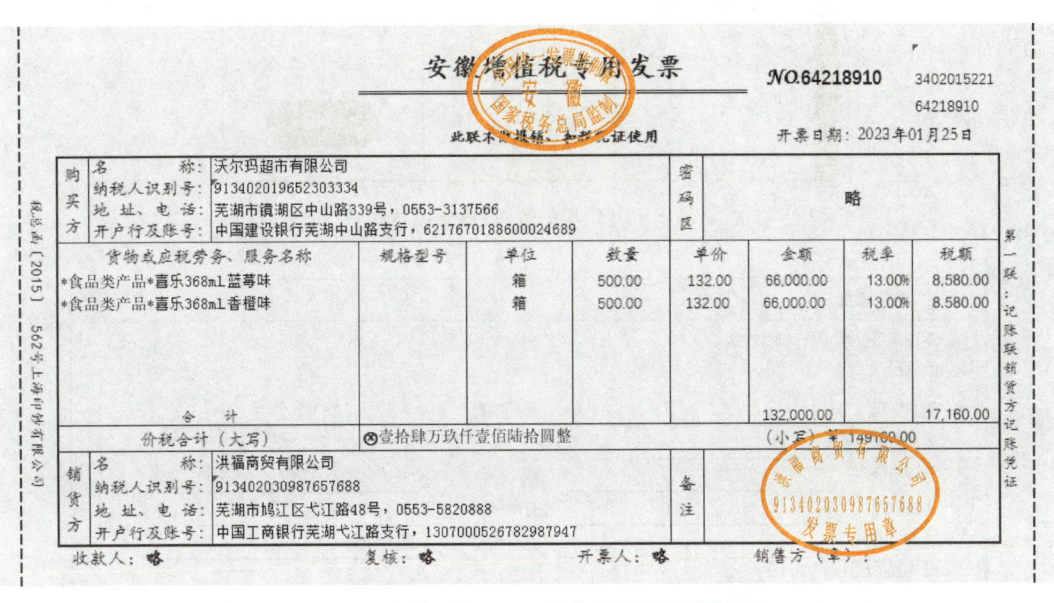

图5-132 【业务四——增值税专用发票】凭证

【业务解析】 本笔业务是开出直运销售发票的业务。

【岗位说明】 销售部张立填制销售专用发票(复核);财务部黄小明审核发票、单据记账并制单。

【业务流程】 本笔业务流程如图5-133所示。

〖操作指导〗

1. 生成销售专用发票

(1) 2023年1月25日,销售部张立在企业应用平台中执行【业务工作】|【供应链】|【销售管理】|【销售开票】|【销售专用发票】命令,打开【销售专用发票】窗口。

(2) 单击【增加】按钮,关闭系统弹出【查询条件选择-参照订单】对话框,在表头中,业务类型选择【直运销售】,执行【生单】|【参照订单】命令,选择相应的订单,单击【确定】按钮,如图5-134所示。

256　项目五　销售管理系统业务处理

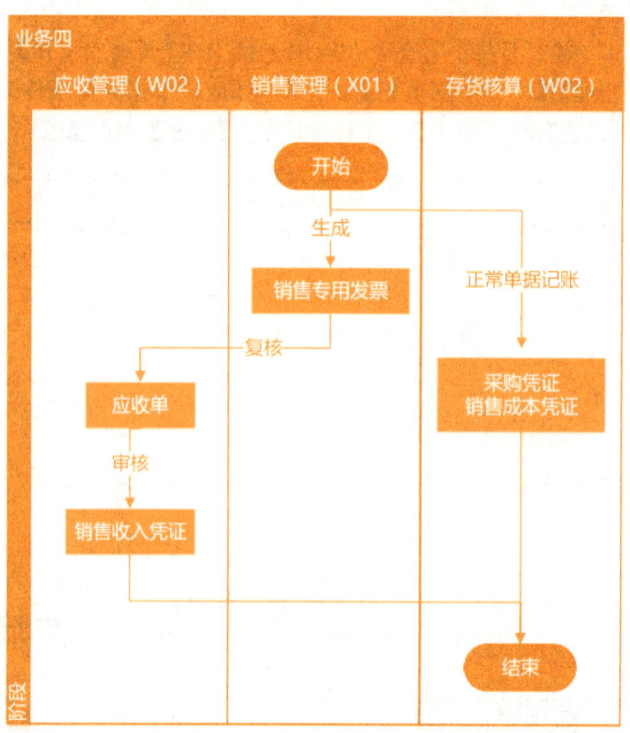

图 5-133　【业务四】业务流程图

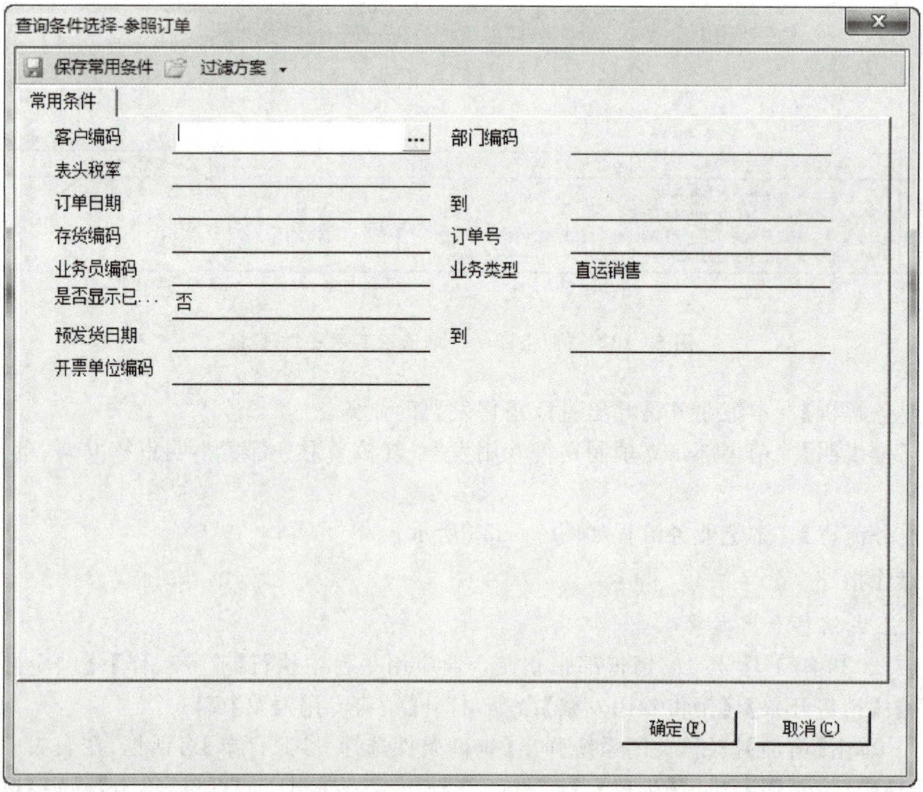

图 5-134　【查询条件选择-参照订单】对话框

（3）系统弹出【参照生单】窗口，选择相应的直运销售订单，如图 5－135 所示。

选择	业务类型	销售类型	订单号	订单日期	币名	汇率	开票...	客户简称	开票...	销售部门	业务员	税率（%）
Y	直运销售	正常销售	xs0008	2023-01-24	人民币	1.00000000	0003	沃尔玛	沃尔玛	销售部	张立	15.00
合计												

选择	订单号	订单行号	仓库	货物编号	货物名称	规格型号	预发货日期	主计量单位	可开票数量	含税单价	无税单价	可开票无税金额	税率（%）	可开票税额	可开票价税合计	开票数量	开票金额	数量	无税金额	税额	价税合计
Y	xs0008	1		010301	喜乐368mL蓝莓味	1*24	2023-01-25	箱	500.00	149.16	132.00	66,000.00	13.00	8,580.00	74,580.00	0.00	0.00	500.00	66,000.00	8,580.00	74,580.00
Y	xs0008	2		010302	喜乐368mL香橙味	1*24	2023-01-25	箱	500.00	149.16	132.00	66,000.00	13.00	8,580.00	74,580.00	0.00	0.00	500.00	66,000.00	8,580.00	74,580.00
合计									1,000.00			132,000.00		17,160.00	149,160.00			1,000.00	132,000.00	17,160.00	149,160.00

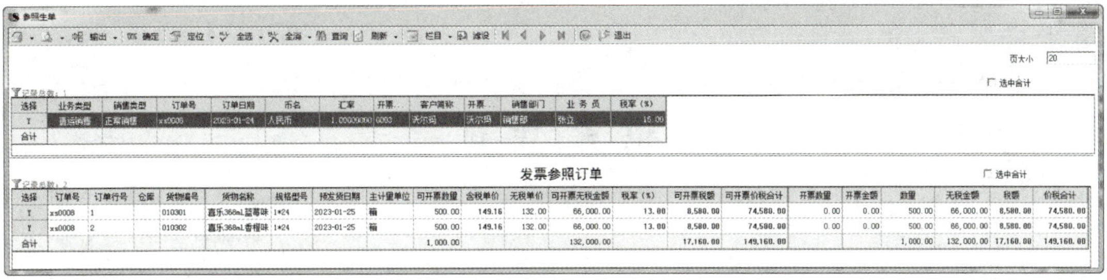

图 5－135　【参照生单】窗口

（4）单击【确定】按钮，系统生成一张销售专用发票，修改发票号为【64218910】，单击【保存】按钮，单击【复核】按钮，如图 5－136 所示。

	仓库名称	存货编码	存货名称	规格型号	主计量	数量	报价	含税单价	无税单价	无税金额	税额	价税合计	税率（%）	退补标志
1		010301	喜乐368mL蓝莓味	1*24	箱	500.00	0.00	149.16	132.00	66000.00	8580.00	74580.00	13.00	正常
2		010302	喜乐368mL香橙味	1*24	箱	500.00	0.00	149.16	132.00	66000.00	8580.00	74580.00	13.00	正常
3														
4														
5														
6														
7														
8														
9														
10														
11														
合计						1000.00				132000.00	17160.00	149160.00		

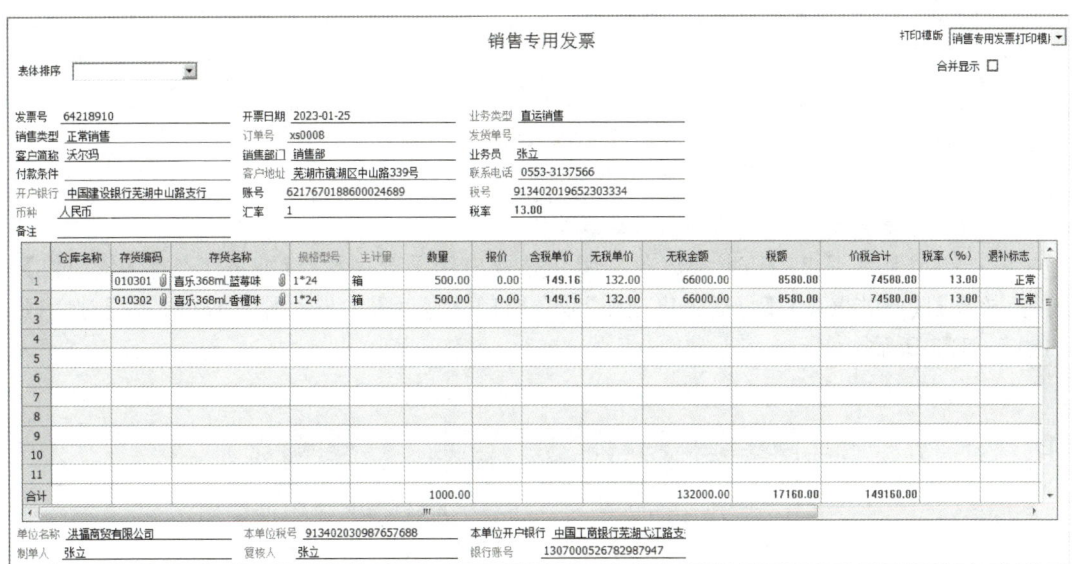

图 5－136　【销售专用发票】窗口

2. 应收单据审核与制单

（1）2023 年 1 月 25 日，财务部黄小明在企业应用平台中执行【业务工作】|【财务会计】|【应收款管理】|【应收款单据处理】|【应收单据审核】命令，单击【确定】按钮，打开【应收单据列表】窗口，单击【全选】按钮，单击【审核】按钮，如图 5－137 所示。

选择	审核人	单据日期	单据类型	单据号	客户名称	部门	业务员	制单人	币种	汇率	原币金额	本币金额	备注
	黄小明	2023-01-25	销售专用发票	64218910	沃尔玛超市有限公司	销售部	张立	张立	人民币	1.00000000	149,160.00	149,160.00	
合计											149,160.00	149,160.00	

图 5－137　【应收单据列表】窗口

5

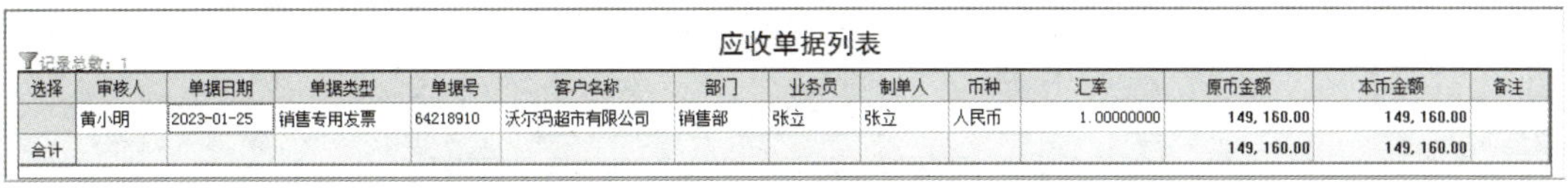

（2）执行【制单处理】命令，选择【发票制单】，单击【确定】，选择需要制单的记录，凭证类别选择【记账凭证】，单击【制单】，系统生成相关凭证，单击【保存】按钮，如图5-138所示。

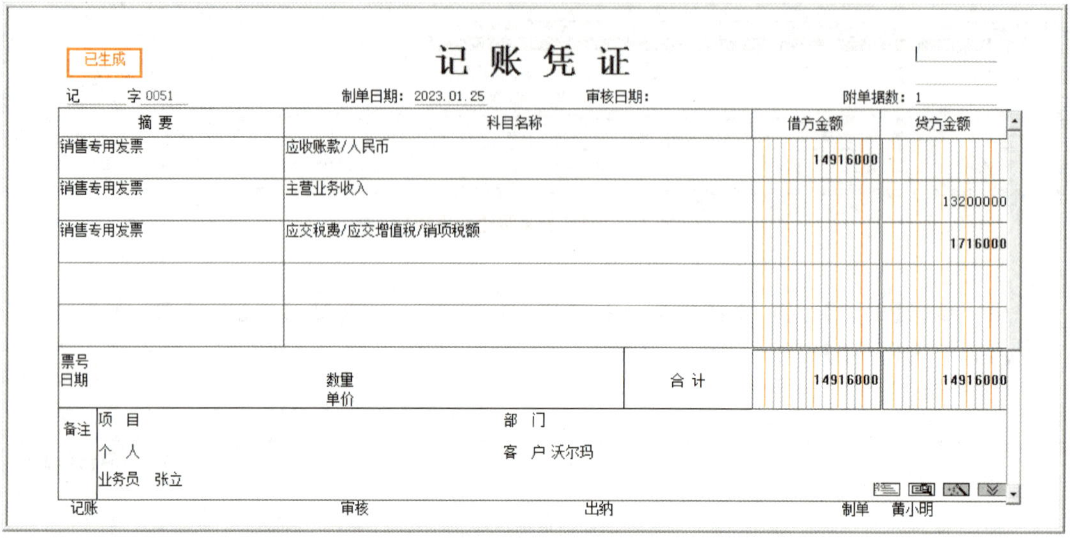

图5-138 【记账凭证】窗口

3. 存货核算确认应付款及直运采购成本

（1）2023年1月25日，财务部黄小明在企业应用平台中执行【业务工作】|【供应链】|【存货核算】|【业务核算】|【直运销售记账】命令，打开【直运采购发票核算查询条件】对话框，如图5-139所示。

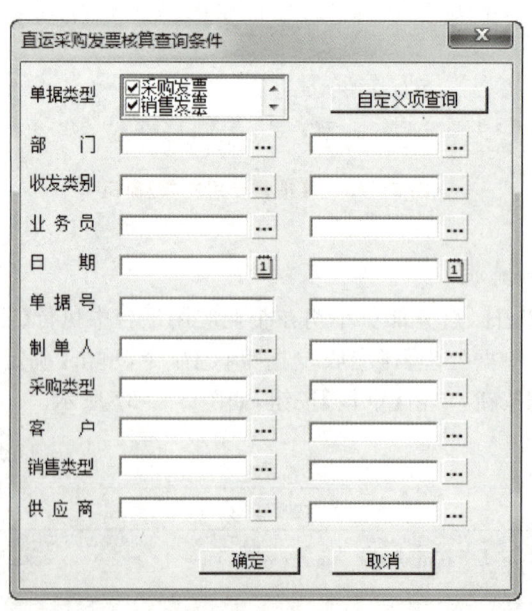

图5-139 【直运采购发票核算查询条件】对话框

（2）单击【确定】按钮，打开【直运销售记账】窗口。

（3）单击【全选】按钮，如图 5－140 所示。

直运销售记账

记录总数：4

选择	日期	单据号	存货编码	存货名称	规格型号	收发类别	单据类型	数量	单价	金额
Y	2023-01-25	98621621	010301	喜乐368mL蓝莓味	1*24	采购入库	采购发票	500.00	117.60	58,800.00
Y	2023-01-25	98621621	010302	喜乐368mL香橙味	1*24	采购入库	采购发票	500.00	117.60	58,800.00
Y	2023-01-25	64218910	010301	喜乐368mL蓝莓味	1*24	销售出库	专用发票	500.00		
Y	2023-01-25	64218910	010302	喜乐368mL香橙味	1*24	销售出库	专用发票	500.00		
小计								2,000.00		117,600.00

图 5－140　【直运销售记账】窗口

（4）单击【记账】按钮。

（5）执行【财务核算】|【生成凭证】命令，打开【查询条件】对话框。

（6）单击【确定】按钮，打开【未生成凭证单据一览表】窗口，如图 5－141 所示。

选择单据

输出　单据　全选　全消　确定　取消

□ 已结算采购入库单自动选择全部结算单上单据(包括入库单、发票、付款单)，非本月采购入库单按蓝字报销单制单

未生成凭证单据一览表

选择	记账日期	单据日期	单据类型	单据号	仓库	收发类别	记账人	部门	部门编码	业务单号	业务类型	计价方式	备注	摘要	供应商	客户
1	2023-01-25	2023-01-25	采购发票	98621621		采购入库	黄小明	采购部	3		直运采购			采购发票	喜乐食品有限公司	
1	2023-01-25	2023-01-25	专用发票	64218910		销售出库	黄小明	销售部	4		直运销售			专用发票		沃尔玛超市有限公司

共2条单据

图 5－141　【未生成凭证单据一览表】窗口

（7）单击【选择】栏，或单击【全选】按钮，选中待生成凭证的单据，单击【确定】按钮。

（8）凭证类别选择【记账凭证】，如图 5－142 所示。

凭证类别　记 记账凭证

选择	单据类型	单据号	摘要	科目类型	科目编码	科目名称	借方金额	贷方金额	借方数量	贷方数量	科目方向	存货编码	存货名称
1	专用发票	64218910	专用发票	对方	6401	主营业务成本	58,800.00		500.00		1	010301	喜乐368mL蓝莓味
				存货	1402	在途物资		58,800.00		500.00	2	010301	喜乐368mL蓝莓味
				对方	6401	主营业务成本	58,800.00		500.00		1	010302	喜乐368mL香橙味
				存货	1402	在途物资		58,800.00		500.00	2	010302	喜乐368mL香橙味
	采购发票	98621621	采购发票	存货	1402	在途物资	58,800.00		500.00		1	010301	喜乐368mL蓝莓味
				税金	22210101	进项税额	7,644.00		500.00		1	010301	喜乐368mL蓝莓味
				应付	220201	一般应付款		66,444.00		500.00	2	010301	喜乐368mL蓝莓味
				存货	1402	在途物资	58,800.00		500.00		1	010302	喜乐368mL香橙味
				税金	22210101	进项税额	7,644.00		500.00		1	010302	喜乐368mL香橙味
				应付	220201	一般应付款		66,444.00		500.00	2	010302	喜乐368mL香橙味
合计							250,488.00	250,488.00					

图 5－142　【生成凭证】窗口

重要提示

输入存货科目为“1402 在途物资”。

（9）单击【生成】按钮，生成两张记账凭证，单击【保存】按钮，如图 5－143、图 5－144 所示。

已生成

记 账 凭 证

记 字 0052　　制单日期：2023.01.25　　审核日期：　　附单据数：1

摘要	科目名称	借方金额	贷方金额
专用发票	主营业务成本	11760000	
专用发票	在途物资		11760000
票号 日期	数量 单价 合计	11760000	11760000

备注　项 目　　部 门

个 人　　客 户

业务员

记账　　审核　　出纳　　制单 黄小明

图 5－143 【记账凭证】窗口

已生成

记 账 凭 证

记 字 0053　　制单日期：2023.01.25　　审核日期：　　附单据数：1

摘要	科目名称	借方金额	贷方金额
采购发票	在途物资	11760000	
采购发票	应交税费/应交增值税/进项税额	1528800	
采购发票	应付账款/一般应付款		13288800
票号 日期	数量 单价 合计	13288800	13288800

备注　项 目　　部 门

个 人　　客 户

业务员

记账　　审核　　出纳　　制单 黄小明

图 5－144 【记账凭证】窗口

5

实训三 零售日报业务处理

零售日报业务

【业务描述】 2023 年 1 月 25 日，销售部李丽珊接到佳和便利店的要货电话，同时开具普通销售发票，货款现金收讫（使用现结功能处理）。取得与该业务相关的凭证如图 5－145～图 5－147 所示。

【业务解析】 本笔业务是零售开票收款的销售业务。

安徽增值税普通发票

NO.57808876　3402015221 57808876

此联不作报销、扣税凭证使用　　开票日期：2023年01月25日

购买方	名称：佳和便利店 纳税人识别号：913456789876654543 地址、电话：芜湖市镜湖区吉和北路21号，0553-3687526 开户行及账号：交通银行芜湖北京路支行，6222657687664654555				密码区	略		
货物或应税劳务、服务名称		规格型号	单位	数量	单价	金额	税率	税额
*食品类产品*喜乐368mL蓝莓味			箱	50.00	144.00	7,200.00	13.00%	936.00
合计						7,200.00		936.00
价税合计（大写）	⊗捌仟壹佰叁拾陆圆整					（小写）¥8136.00		
销货方	名称：洪福商贸有限公司 纳税人识别号：913402030987657688 地址、电话：芜湖市鸠江区弋江路48号，0553-5820888 开户行及账号：中国工商银行芜湖弋江路支行，1307000526782987947				备注			

收款人：略　　复核：略　　开票人：略　　销售方（章）：

税总函〔2015〕562号上海印钞有限公司

第一联：记账联 销货方记账凭证

图 5-145 【增值税普通发票】凭证

出库单

2023年　01月　25日　　单号：0008

提货单位	佳和便利店	发票号码			发出仓库	乳酸菌库	出库日期	2023-01-25
编号	名称及规格	单位	数量 应发	数量 实发		金额	备注	
010301	喜乐368mL蓝莓味	箱	50.00	50.00				
合计			50.00	50.00				

部门经理：略　　会计：略　　仓库：略　　经办人：略

会计联

图 5-146 【出库单】凭证

收款收据

NO.00490021

2023年1月25日

今收到 佳和便利店

交来：零售货款

金额（大写）零佰零拾零万捌仟壹佰叁拾陆元零角零分

¥8136.00　　☑现金　☐支票　☐信用卡　☐其他　　收款单位（盖章）　现金收讫

核准 略　　会计 略　　记账 略　　出纳 略　　经手人 略

第三联交财务

图 5-147 【收款收据】凭证

5

【赛题链接】 6日,福建营销分部接到厦门大学康城小卖部的要货电话,同时开具普通销售发票,票货同行,货款收现。(使用现结功能处理)(原始单据:销售普通发票略)

【岗位说明】 销售部张立填制零售日报(现结复核);仓储部李红填制销售出库单(审核);财务部黄小明审核发票、单据记账并制单。

【业务流程】 本笔业务流程如图5-148所示。

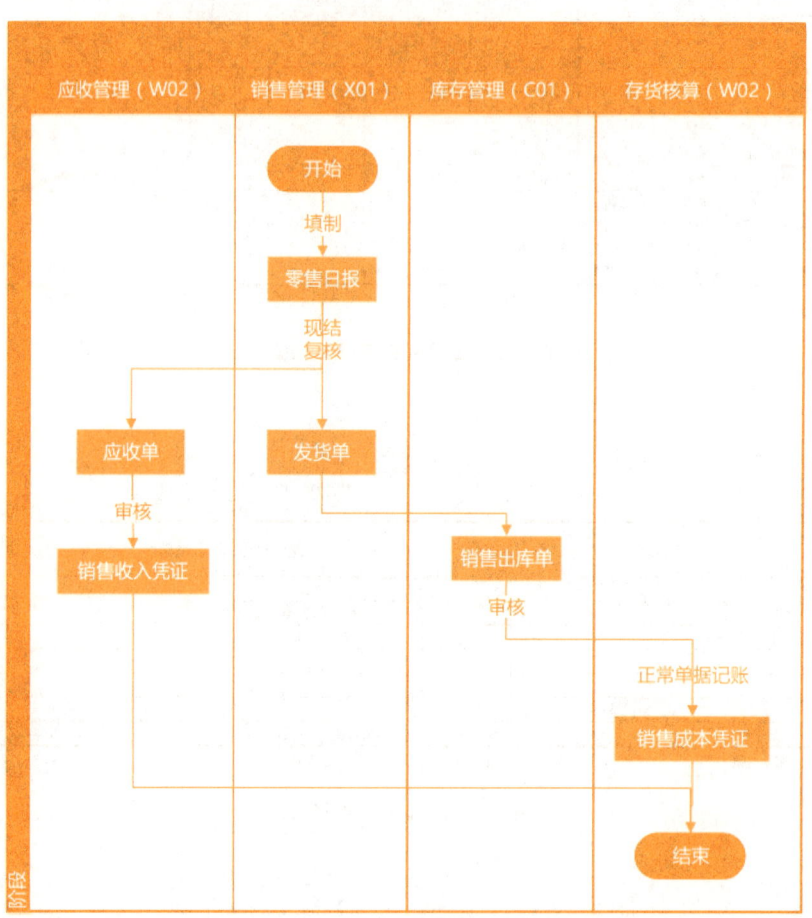

图5-148 业务流程图

〖操作指导〗

1. 填制零售日报

(1) 2023年1月25日,销售部张立在企业应用平台中执行【业务工作】|【供应链】|【销售管理】|【零售日报】|【零售日报】命令,打开【零售日报】窗口。

(2) 单击【增加】按钮,按照零售业务单据输入信息,单击【保存】按钮,单击【现结】按钮,打开【现结】对话框,结算方式选择【现金】,原币金额为【8 136.00】,如图5-149所示,单击【确定】按钮。

(3) 单击【确定】按钮,系统提示【零售日报已现结】,单击【复核】按钮,如图5-150所示。

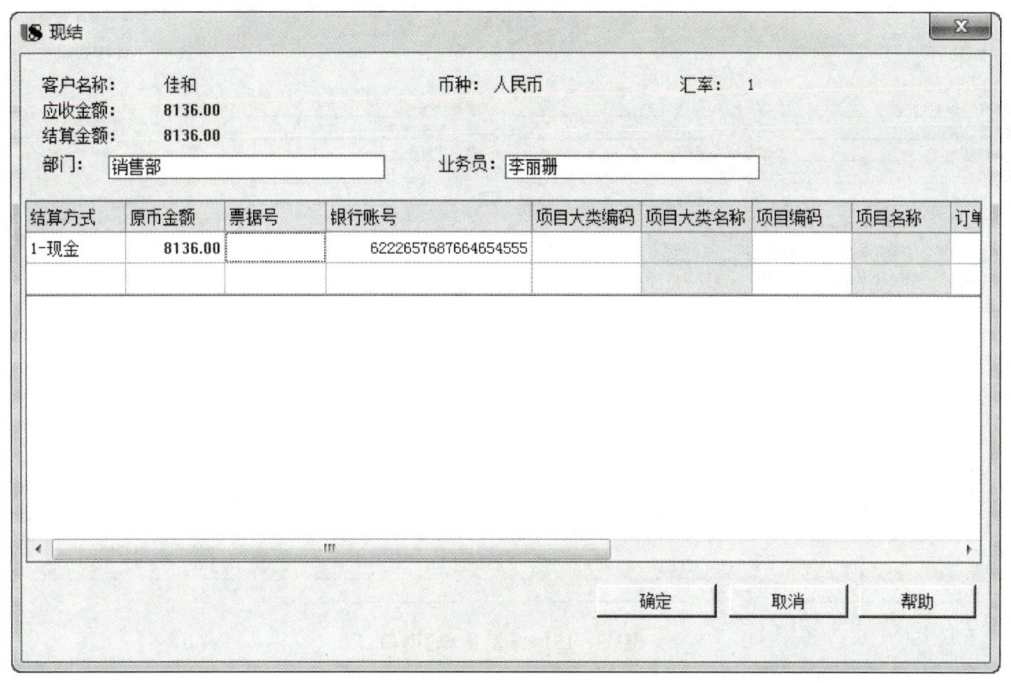

图 5-149 【现结】对话框

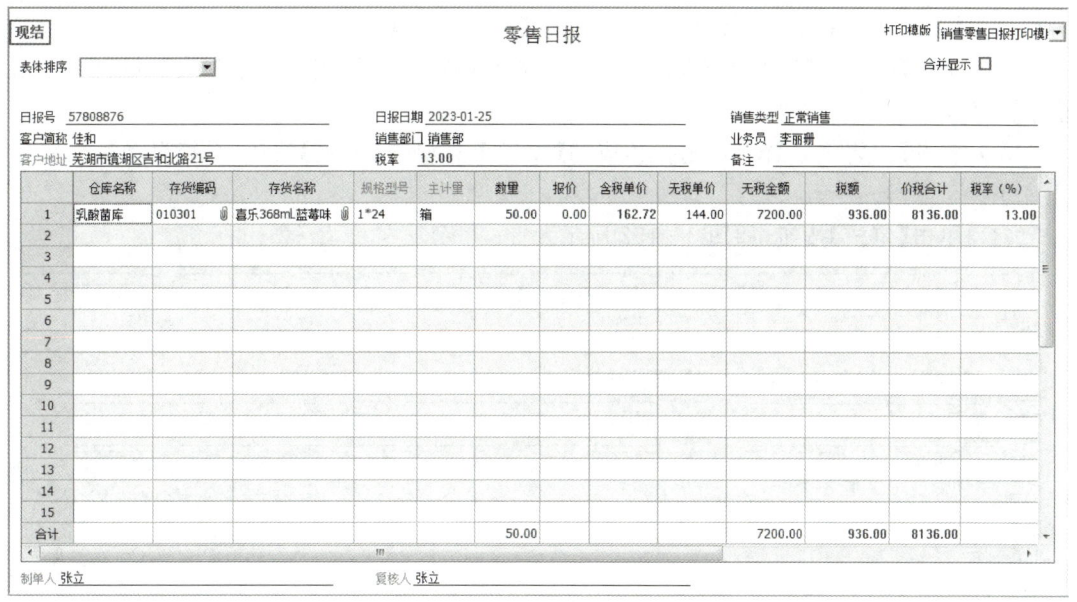

图 5-150 【已现结零售日报】窗口

2. 浏览发货单

(1) 2023年1月25日,销售部张立在企业应用平台中执行【业务工作】|【供应链】|【销售管理】|【销售发货】|【发货单】命令,打开【发货单】窗口。

(2) 单击【浏览】按钮,可以查看系统根据零售日报自动生成并审核的发货单,如图 5-151所示。

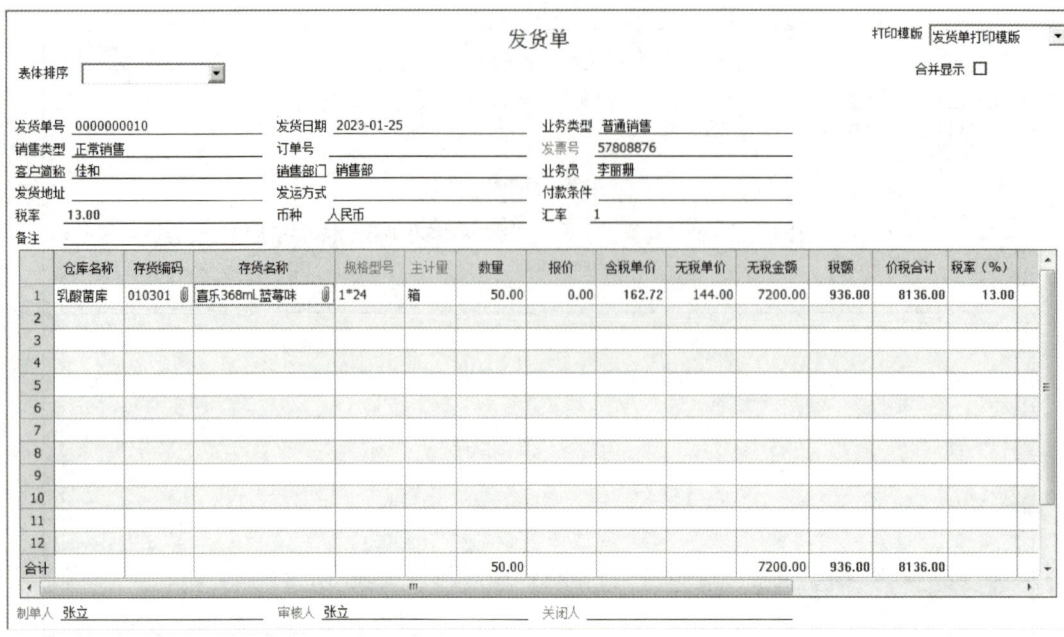

图 5-151 【发货单】窗口

3. 生成销售出库单

（1）2023 年 1 月 25 日，仓储部李红在企业应用平台中执行【业务工作】|【供应链】|【库存管理】|【出库业务】|【销售出库单】命令，打开【销售出库单】窗口。

（2）选择【生单】|【销售生单】命令，打开【查询条件选择-销售发货单列表】对话框，单击【确定】按钮。

（3）打开【销售生单】窗口，选择相应的【发货单】，单击【确定】按钮，系统自动生成销售出库单。

（4）单击【审核】按钮，如图 5-152 所示。

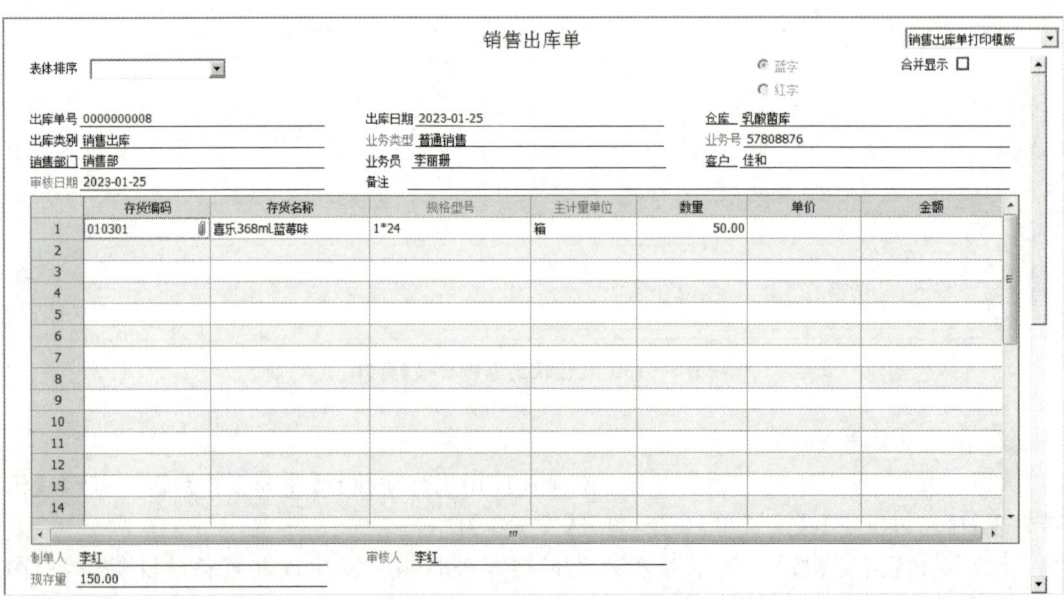

图 5-152 【销售出库单】窗口

4. 应收单据审核与制单

(1) 2023 年 1 月 25 日，财务部黄小明在企业应用平台中执行【业务工作】|【财务会计】|【应收款管理】|【应收款单据处理】|【应收单据审核】命令，勾选【包含已现结发票】复选框，单击【确定】按钮，打开【应收单据列表】窗口，单击【全选】按钮，单击【审核】按钮，如图 5－153 所示。

应收单据列表

记录总数：1

选择	审核人	单据日期	单据类型	单据号	客户名称	部门	业务员	制单人	币种	汇率	原币金额	本币金额	备注
	黄小明	2023-01-25	销售零售日报	57808876	佳和便利店	销售部	李丽珊	张立	人民币	1.00000000	8,136.00	8,136.00	
合计											8,136.00	8,136.00	

图 5－153 【应收单据列表】窗口

(2) 执行【制单处理】命令，选择【现结制单】，单击【确定】，选择需要制单的记录，凭证类别选择【记账凭证】，单击【制单】，系统生成相关凭证，单击【保存】按钮，如图 5－154 所示。

已生成

记账凭证

记　字 0054　　制单日期：2023.01.25　　审核日期：　　附单据数：1

摘要	科目名称	借方金额	贷方金额
现结	库存现金	813600	
现结	主营业务收入		720000
现结	应交税费/应交增值税/销项税额		93600
票号 日期	数量 单价 合计	813600	813600

备注　项　目　　部　门
　　　个　人　　客　户
　　　业务员

记账　　审核　　出纳　　制单　黄小明

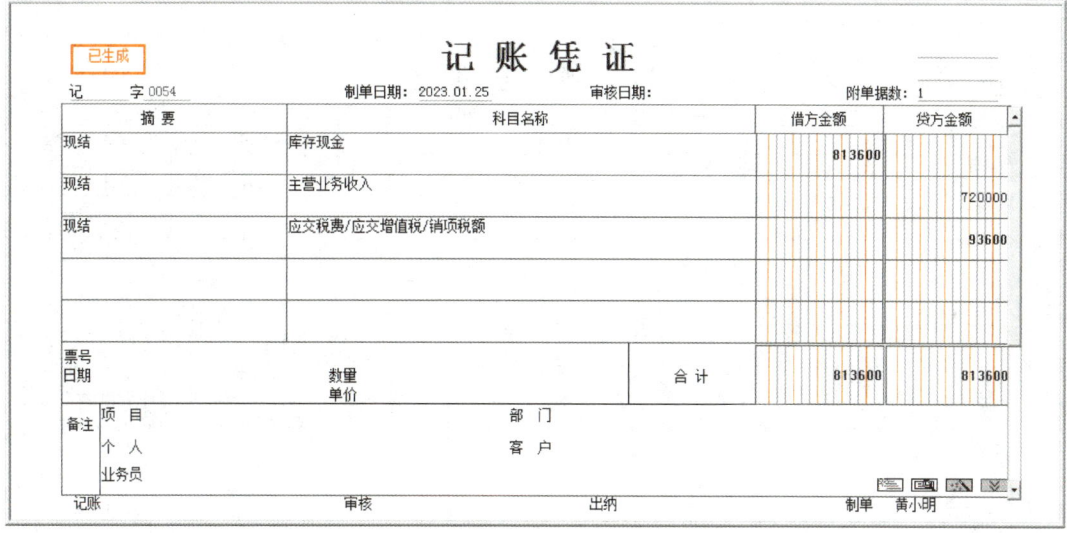

图 5－154 【记账凭证】窗口

5. 结转销售成本

(1) 2023 年 1 月 25 日，财务部黄小明在企业应用平台中执行【业务工作】|【供应链】|【存货核算】|【业务核算】|【正常单据记账】命令，打开【查询条件选择】对话框。

(2) 单击【确定】按钮，打开【正常单据记账列表】窗口。

(3) 单击【全选】按钮，如图 5－155 所示。

正常单据记账列表

记录总数：1

选择	日期	单据号	存货编码	存货名称	规格型号	存货代码	单据类型	仓库名称	收发类别	数量	单价
Y	2023-01-25	57808876	010301	喜乐368mL蓝莓味	1*24		销售日报	乳酸菌库	销售出库	50.00	
小计										50.00	

图 5－155 【正常单据记账列表】窗口

(4) 单击【记账】按钮,将销售日报记账,系统提示【记账成功!】。

(5) 执行【财务核算】|【生成凭证】命令,打开【查询条件】对话框。

(6) 单击【确定】按钮,打开【未生成凭证单据一览表】窗口。

(7) 单击【选择】栏,或单击【全选】按钮,选中待生成凭证的单据,单击【确定】按钮。

(8) 凭证类别选择【记账凭证】,如图 5-156 所示。

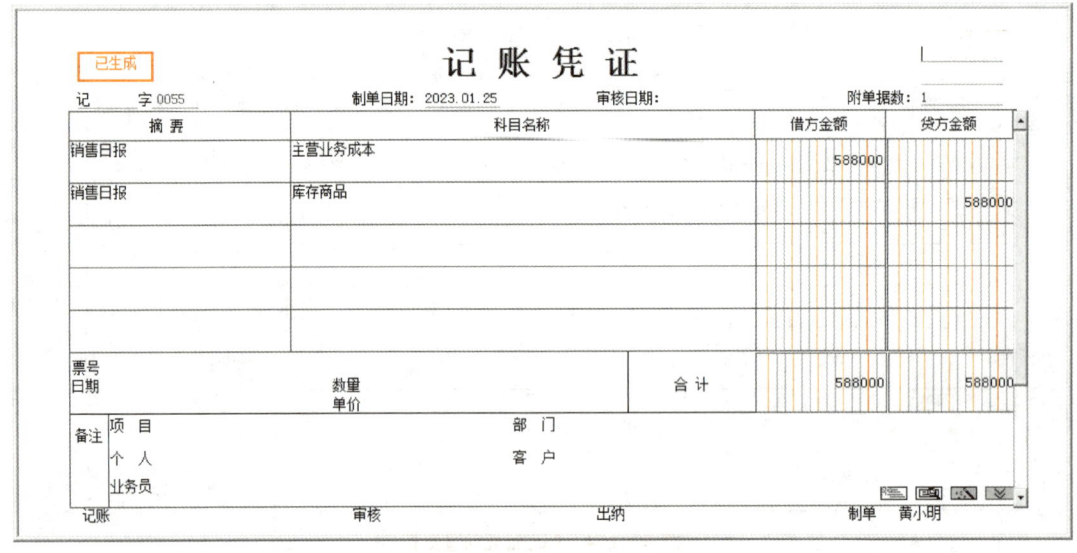

图 5-156 【生成凭证】窗口

(9) 单击【生成】按钮,生成一张记账凭证,单击【保存】按钮,如图 5-157 所示。

图 5-157 【记账凭证】窗口

实训四 委托代销业务处理

业 务 一

委托代销
业务一

【业务描述】 2023 年 1 月 26 日,销售部张立与华联超市签订委托代销合同,商品已于当日发出。取得与该业务相关的凭证如图 5-158、图 5-159 所示。

【业务解析】 本笔业务是签订以支付代销手续费方式的委托代销合同,发出代销商品的业务。

购销合同

委托方：洪福商贸有限公司　　　　　　　　　合同号：WT0002
受托方：华联超市有限公司　　　　　　　　　签订日期：2023年01月26日

经双方协议，订立本合同如下：

商品型号	名称	数量	单价	总额	其他要求
1*6	汇源2L100%橙汁	200.00	162.72	32544.00	
	合计	200.00		￥32544.00	

货款合计（大写）：人民币叁万贰仟伍佰肆拾肆元整

质量验收标准：验收合格。双方约定，受托方华联超市有限公司以销货款（不含增值税）的10%收取手续费。
交货日期：2023年1月26日
交货地点：芜湖市镜湖区长江路46号，华联超市有限公司。
结算方式：转账支票。双方约定，每月28日委托方收到代销清单时，开出增值税专用发票并结算货款。
发运方式：公路运输。运费由受托方承担。
违约条款：违约方需赔偿对方一切经济损失。但遇天灾人祸或其他不可抗力因素而导致延误交货，购买方不能要求供货方赔偿任何损失。
解决合同纠纷的方式：经双方友好协商解决，如协商不成的，可向当地仲裁委员会提出申诉解决。
本合同一式两份，供需双方各执一份，自签订之日起生效。

委托方（盖章）：　　　　　　　　　　　受托方（盖章）：
地　址：芜湖市鸠江区弋江路43号　　　　　地　址：芜湖市镜湖区长江路46号
法定代表：李金泽　　　　　　　　　　　法定代表：李明党
联系电话：0553-5820888　　　　　　　　联系电话：0553-3617288

图 5-158　【业务一——购销合同】凭证

出库单

2023年 01月 26日　　　　　　　单号：0010

提货单位	华联超市有限公司	发票号码		发出仓库	果蔬汁库	出库日期	2023-01-26
编号	名称及规格	单位	数量应发	数量实发	金额	备注	
010202	汇源2L100%橙汁	箱	200.00	200.00			
	合计		200.00	200.00			

部门经理：略　　会计：略　　仓库：略　　经办人：略

图 5-159　【业务一——出库单】凭证

【赛题链接】　8日，销售部经理刘奇峰与长沙卓越百货公司签订委托代销合同，商品已于当日发出。（原始单据：委托代销合同略）

【岗位说明】　销售部张立填制销售订单（审核）；仓储部李红填制销售出库单（审核）；财务部黄小明发出商品记账并制单。

【业务流程】　本笔业务流程如图 5-160 所示。

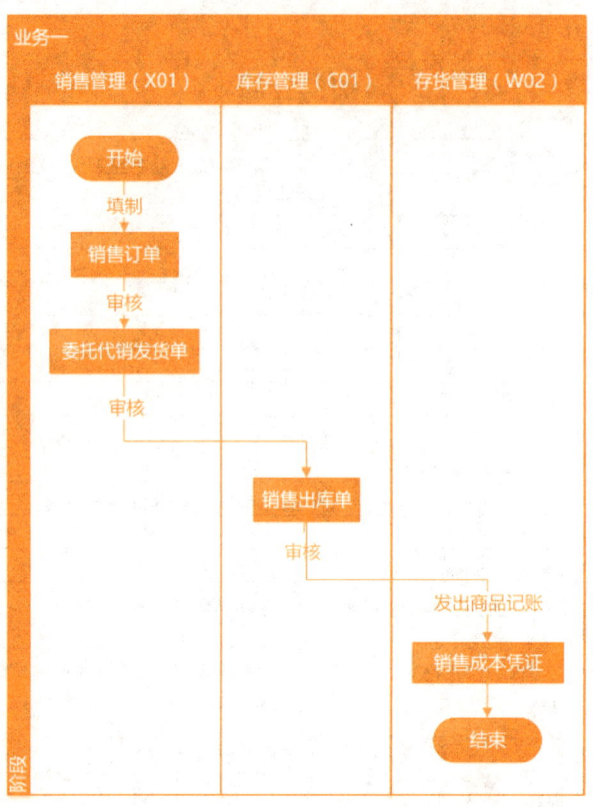

图 5-160 【业务一】业务流程图

〖操作指导〗

1. 填制销售订单

(1) 2023 年 1 月 26 日,销售部张立在企业应用平台中执行【业务工作】|【供应链】|【销售管理】|【销售订货】|【销售订单】命令,打开【销售订单】窗口。

(2) 单击【增加】按钮,修改订单编号为【wt0002】,业务类型选择【委托代销】,销售类型选择【委托销售】,按照购销合同录入订单信息,单击【保存】按钮。

(3) 单击【审核】按钮,审核填制的销售订单,如图 5-161 所示。

2. 生成委托代销发货单

(1) 2023 年 1 月 26 日,销售部张立在企业应用平台中执行【业务工作】|【供应链】|【销售管理】|【委托代销】|【委托代销发货单】命令,打开【委托代销发货单】窗口。

(2) 单击【增加】按钮,系统弹出【查询条件选择-参照订单】对话框,选择相应的订单,单击【确定】按钮,系统生成一张委托代销发货单,在表体中,仓库名称修改为【果蔬汁库】,单击【保存】按钮,单击【审核】按钮,如图 5-162 所示。

3. 生成销售出库单

(1) 2023 年 1 月 26 日,仓储部李红在企业应用平台中执行【业务工作】|【供应链】|【库存管理】|【出库业务】|【销售出库单】命令,打开【销售出库单】窗口。

(2) 选择【生单】|【销售生单】命令,打开【查询条件选择-销售发货单列表】对话框,单击【确定】按钮。

(3) 打开【销售生单】窗口,选择相应的【发货单】,单击【确定】按钮,系统自动生成销售

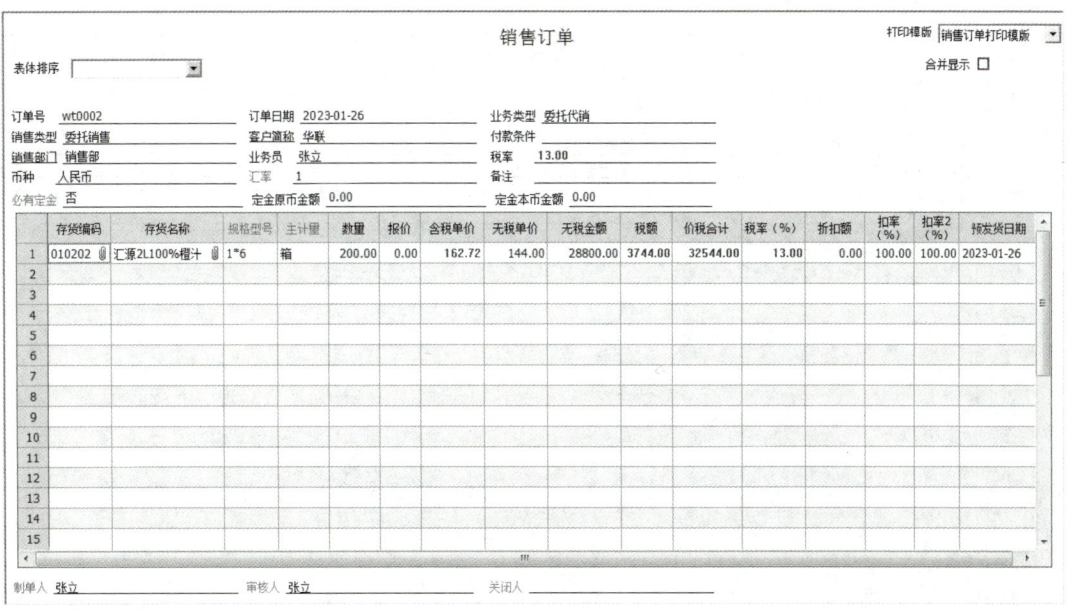

图 5-161 【销售订单】窗口

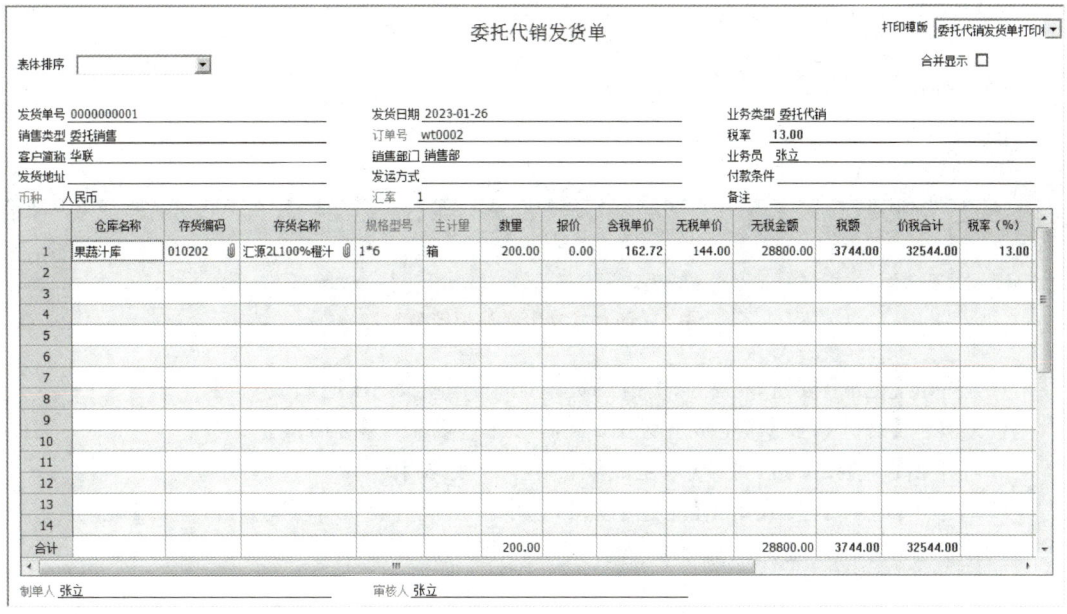

图 5-162 【委托代销发货单】窗口

出库单。

（4）单击【审核】按钮，如图 5-163 所示。

4. 存货核算

（1）2023 年 1 月 26 日，财务部黄小明在企业应用平台中执行【业务工作】|【供应链】|【存货核算】|【业务核算】|【发出商品记账】命令，打开【查询条件选择】对话框。

（2）单击【确定】按钮，打开【发出商品记账】窗口。

销售出库单

销售出库单打印模版

表体排序　　　　◉ 蓝字　○ 红字　　合并显示 □

出库单号 0000000009	出库日期 2023-01-26	仓库 果蔬汁库
出库类别 委托代销出库	业务类型 委托代销	业务号 0000000001
销售部门 销售部	业务员 张立	客户 华联
审核日期 2023-01-26	备注	

	存货编码	存货名称	规格型号	主计量单位	数量	单价	金额
1	010202	汇源2L100%橙汁	1*6	箱	200.00		
2							
3							
4							
5							
6							
7							
8							
9							
10							
11							
12							
13							
14							
合计					200.00		

制单人 李红　　审核人 李红

现存量 400.00

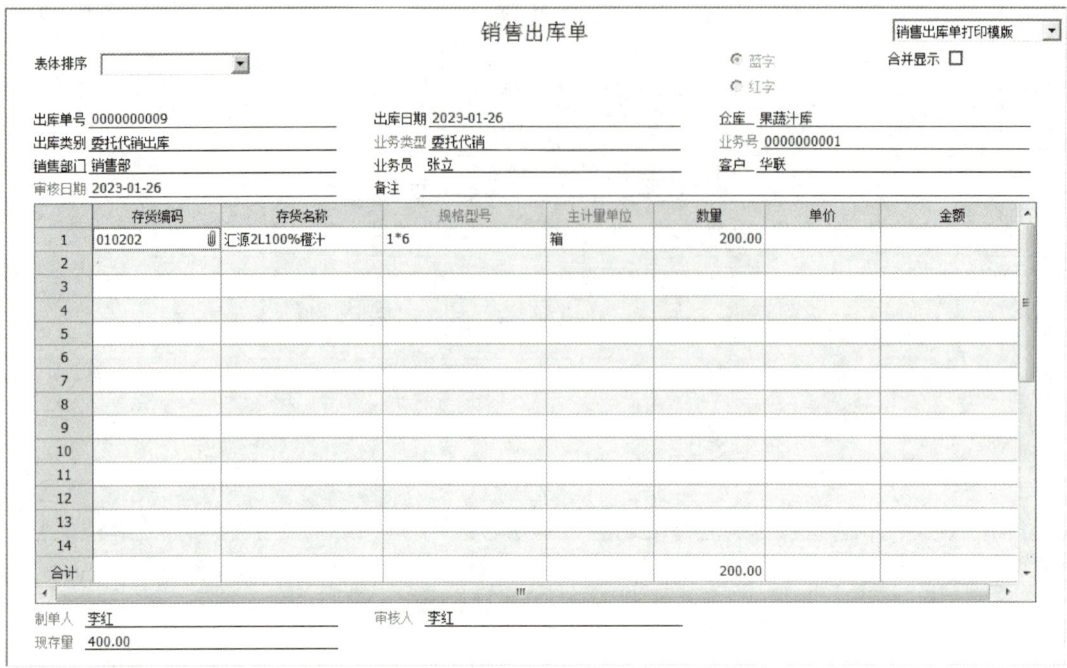

图 5-163 【销售出库单】窗口

(3) 单击【全选】按钮,如图 5-164 所示。

发出商品记账

记录总数：1

选择	日期	单据号	仓库名称	收发类别	存货编码	存货代码	存货名称	规格型号	单据类型	计量单位	数量	单价
Y	2023-01-26	0000000001	果蔬汁库	委托代销出库	010202		汇源2L100%橙汁	1*6	委托代销发货单	箱	200.00	
小计											200.00	

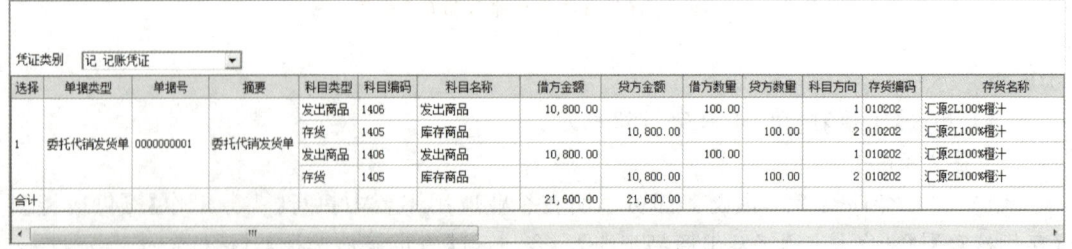

图 5-164 【发出商品记账】窗口

(4) 单击【记账】按钮,将委托代销发货单记账,系统提示【记账成功!】。

(5) 执行【财务核算】|【生成凭证】命令,打开【查询条件】对话框。

(6) 单击【确定】按钮,打开【未生成凭证单据一览表】窗口。

(7) 单击【选择】栏,或单击【全选】按钮,选中待生成凭证的单据,单击【确定】按钮。

(8) 凭证类别选择【记账凭证】,如图 5-165 所示。

凭证类别 记 记账凭证

选择	单据类型	单据号	摘要	科目类型	科目编码	科目名称	借方金额	贷方金额	借方数量	贷方数量	科目方向	存货编码	存货名称
1	委托代销发货单	0000000001	委托代销发货单	发出商品	1406	发出商品	10,800.00		100.00		1	010202	汇源2L100%橙汁
				存货	1405	库存商品		10,800.00		100.00	2	010202	汇源2L100%橙汁
				发出商品	1406	发出商品	10,800.00		100.00		1	010202	汇源2L100%橙汁
				存货	1405	库存商品		10,800.00		100.00	2	010202	汇源2L100%橙汁
合计							21,600.00	21,600.00					

图 5-165 【生成凭证】窗口

（9）单击【生成】按钮，生成一张记账凭证，单击【保存】按钮，如图 5－166 所示。

已生成

记 账 凭 证

记　字 0056　　制单日期：2023.01.26　　审核日期：　　附单据数：1

摘要	科目名称	借方金额	贷方金额
委托代销发货单	发出商品	2160000	
委托代销发货单	库存商品		2160000
票号 日期	数量 单价	合计 2160000	2160000

备注　项　目　　部　门
　　　个　人　　客　户
　　　业务员

记账　　审核　　出纳　　制单　黄小明

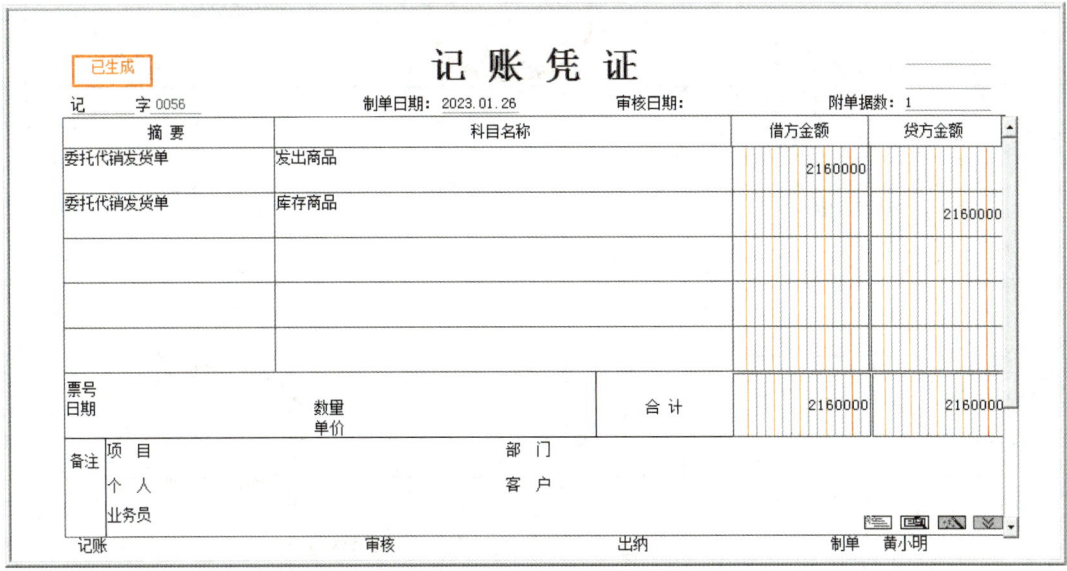

图 5－166　【记账凭证】窗口

业　务　二

【业务描述】　2023 年 1 月 28 日，收到华联超市交来的委托代销清单和转账支票（已扣除手续费），已开具增值税专用发票（不使用现结功能处理）。取得与该业务相关的凭证如图 5－167～图 5－170 所示。

委托代销业务二

商品代销清单

No. 14320916
结算日期：2023年1月28日

委托方	洪福商贸有限公司	受托方	华联超市有限公司
账　号	1307000526782987947	账　号	1307310182600024932
开户银行	中国工商银行芜湖弋江路支行	开户银行	中国工商银行芜湖长江路支行

代销货物	代销货物名称	规格型号	计量单位	数　量	单价（不含税）
	汇源2L100%橙汁		箱	200.00	144.00

代销方式	华联超市有限公司按销售货款（不含增值税）的10%收取手续费
代销款结算时间	根据代销货物销售情况于每月28日结算一次货款
代销款结算方式	转账支票

本月代销货物销售情况	代销货物名称	数　量	计量单位	单价（不含税）	金额（不含税）	税　率	税　额
	汇源2L100%橙汁	100.00	箱	144.00	14400.00	13%	1872.00
	价税合计	大写：壹万陆仟贰佰柒拾贰元整			小写：￥16272.00		

本月代销款结算金额	大写：壹万陆仟贰佰柒拾贰元整	小写：￥16272.00

主管：略　　审核：略　　制单：略　　受托方（盖章）

第二联：委托方记账联

华联超市有限公司

图 5－167　【业务二——商品代销清单】凭证

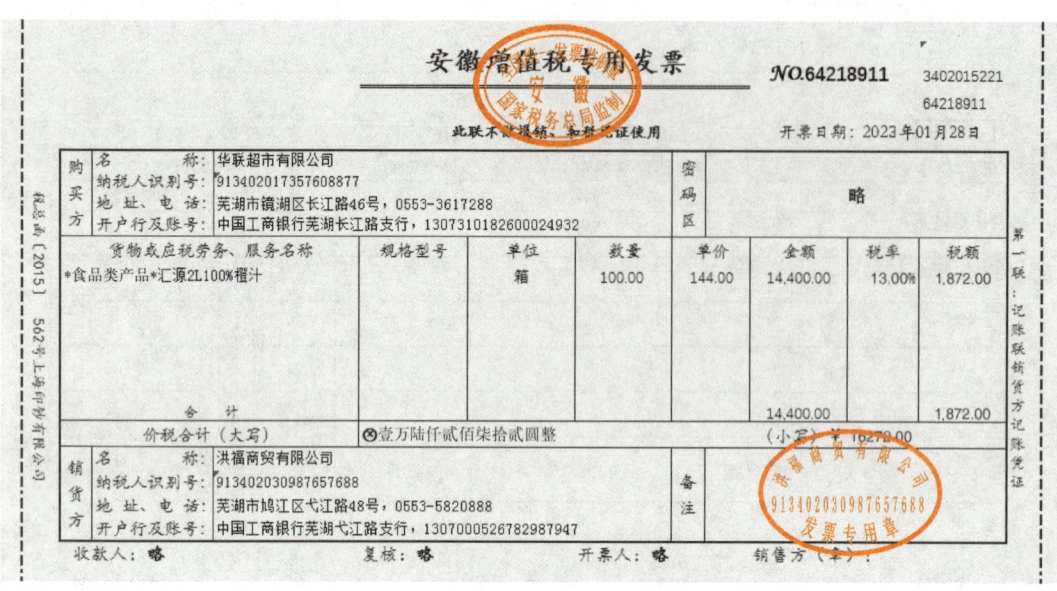

图 5-168 【业务二——增值税专用发票】凭证

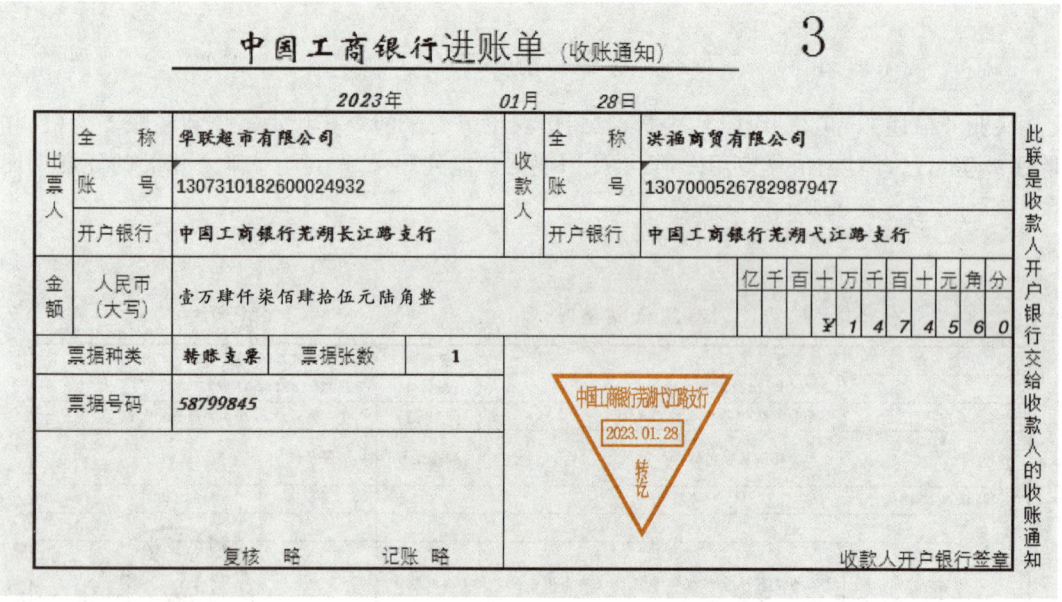

图 5-169 【业务二——银行进账单】凭证

【业务解析】 本笔业务是收到代销清单、支付代销收费、开出销售发票的业务。

【赛题链接】 30日，收到长沙卓越百货公司交来的委托代销清单和转账支票（已扣除手续费），已开具增值税专用发票（不使用现结功能处理）。（原始单据：代销清单、增值税发票、服务业发票、进账单略）

【岗位说明】 销售部张立填制委托代销结算单（审核）、销售费用支出单（审核）；财务部李卉填制收款单；财务部黄小明审核发票、收款单、应付单、转账、发出商品记账并制单。

【业务流程】 本笔业务流程如图 5-171 所示。

安徽增值税专用发票

NO.67398218 3402013426 67398218

发票联

开票日期：2023年01月28日

购买方	名称：洪福商贸有限公司 纳税人识别号：913402030987657688 地址、电话：芜湖市鸠江区弋江路48号，0553-5820888 开户行及账号：中国工商银行芜湖弋江路支行，1307000526782987947					密码区	略	
货物或应税劳务、服务名称	规格型号	单位	数量	单价	金额	税率	税额	
*劳务*代销手续费		次	1.00	1440.00	1440.00	6.00%	86.40	
合计			1.00		1440.00		86.40	
价税合计（大写）	⊗壹仟伍佰贰拾陆圆肆角整				（小写）￥1526.40			
销货方	名称：华联超市有限公司 纳税人识别号：913402017357608877 地址、电话：芜湖市镜湖区长江路46号，0553-3617288 开户行及账号：中国工商银行芜湖长江路支行，1307310182600024932					备注		

收款人：略 复核：略 开票人：略 销售方（章）

第三联：发票联 购买方记账凭证

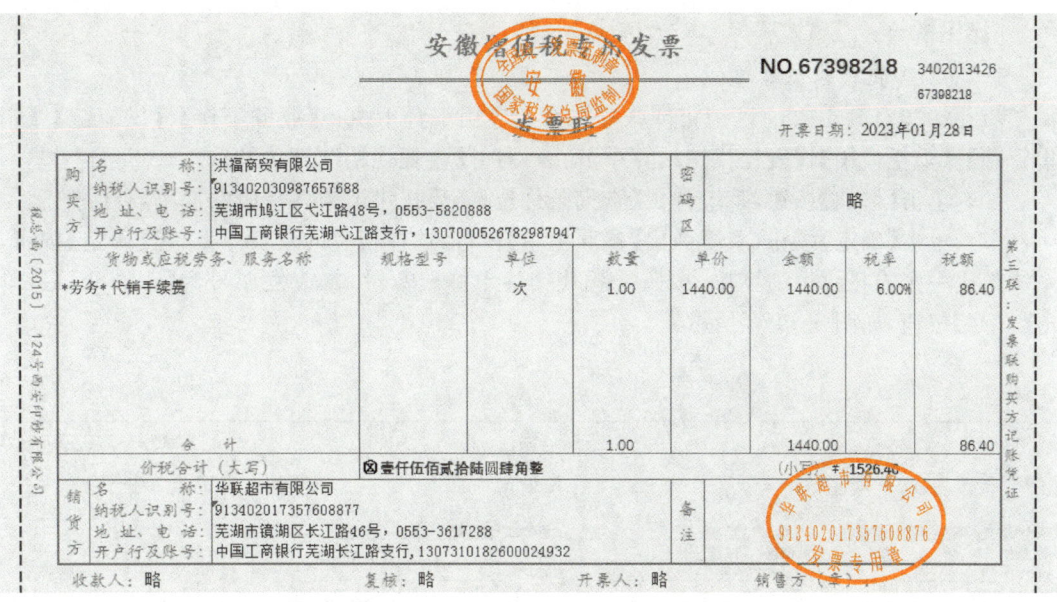

图 5-170 【业务二——增值税专用发票】凭证

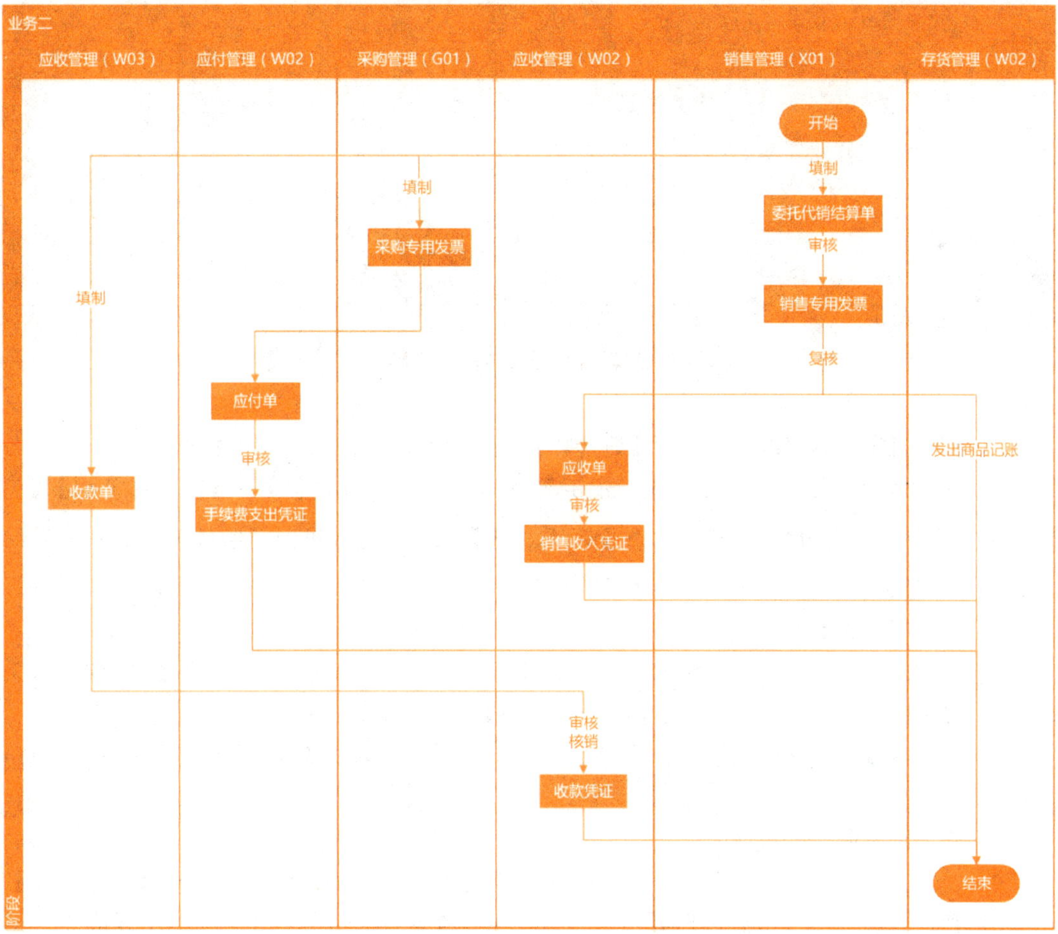

图 5-171 【业务二】业务流程图

【操作指导】

1. 填制委托代销结算单

(1) 2023年1月28日,销售部张立在企业应用平台中执行【业务工作】|【供应链】|【销售管理】|【委托代销】|【委托代销结算单】命令,打开【委托代销结算单】窗口。

(2) 单击【增加】按钮,系统弹出【查询条件选择-委托代销结算参照发货单】对话框。

(3) 单击【确定】按钮,系统弹出【参照生单】窗口,选择相应的发货单,单击【确定】按钮,系统生成一张委托代销结算单,按照委托代销清单修改数量,修改发票号为【64218911】,单击【保存】按钮,如图5-172所示。

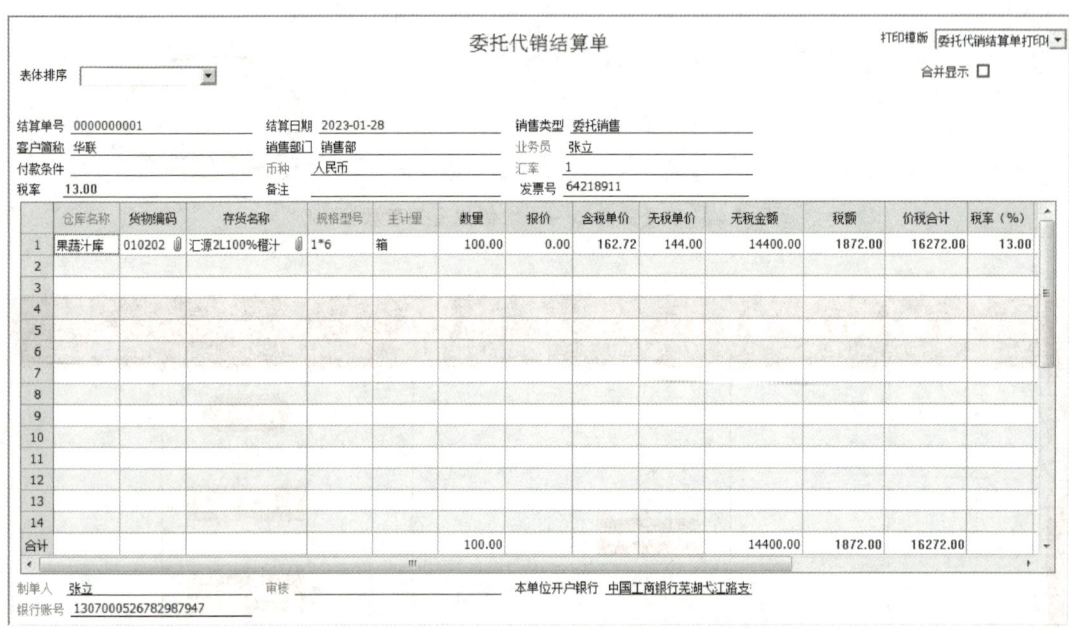

图5-172 【委托代销结算单】窗口

(4) 单击【审核】按钮,系统弹出【请选择发票类型】窗口,选择【专用发票】。

(5) 单击【确定】按钮,系统生成一张销售专用发票,执行【销售管理】|【销售开票】|【销售专用发票】命令,打开【销售专用发票】窗口,单击【◀】按钮,找到发票号为"64218911"的发票,单击【复核】按钮,如图5-173所示。

2. 填制采购专用发票

(1) 2023年1月28日,采购部叶敏在企业应用平台中执行【业务工作】|【供应链】|【采购管理】|【采购发票】|【专用采购发票】命令,打开【专用发票】窗口。

(2) 单击【增加】按钮,按照采购专用发票信息录入,单击【保存】按钮,如图5-174所示。

3. 应收单据审核与制单

(1) 2023年1月28日,财务部黄小明在企业应用平台中执行【业务工作】|【财务会计】|【应收款管理】|【应收款单据处理】|【应收单据审核】命令,单击【确定】按钮,打开【应收单据列表】窗口,单击【全选】按钮,单击【审核】按钮,如图5-175所示。

销售专用发票

打印模版 销售专用发票打印模版

表体排序

合并显示 □

发票号 64218911　开票日期 2023-01-28　业务类型 委托
销售类型 委托销售　订单号 wt0002　发货单号 0000000001
客户简称 华联　销售部门 销售部　业务员 张立
付款条件　客户地址 芜湖市镜湖区长江路46号　联系电话 0553-3617288
开户银行 中国工商银行芜湖长江路支行　账号 1307310182600024932　税号 913402017357608877
币种 人民币　汇率 1　税率 13.00
备注

	仓库名称	存货编码	存货名称	规格型号	主计量	数量	报价	含税单价	无税单价	无税金额	税额	价税合计	税率（%）	退补标志
1	果蔬汁库	010202	汇源2L100%橙汁	1*6	箱	100.00	0.00	162.72	144.00	14400.00	1872.00	16272.00	13.00	正常
2														
3														
4														
5														
6														
7														
8														
9														
10														
11														
合计						100.00				14400.00	1872.00	16272.00		

单位名称 洪福商贸有限公司　本单位税号 913402030987657688　本单位开户银行 中国工商银行芜湖弋江路支
制单人 张立　复核人 张立　银行账号 1307000526782987947

图 5-173 【销售专用发票】窗口

专用发票

打印模版 8164 专用发票打印模版

表体排序

合并显示 □

业务类型 普通采购　发票类型 专用发票　发票号 67398218
开票日期 2023-01-28　供应商 华联　代垫单位 华联
采购类型 正常采购　税率 6.00　部门名称 采购部
业务员 王宏伟　币种 人民币　汇率 1
发票日期　付款条件　备注

	存货编码	存货名称	规格型号	主计量	数量	原币单价	原币金额	原币税额	原币价税合计	税率	订单号	原币含税单价	记账人
1	0903	代销手续费		次	1.00	1440.00	1440.00	86.40	1526.40	6.00		1526.40	
2													
3													
4													
5													
6													
7													
8													
9													
10													
11													
12													
13													
14													
合计					1.00		1440.00	86.40	1526.40				

结算日期　制单人 叶敏　审核人

图 5-174 【采购专用发票】窗口

应收单据列表

记录总数：1

选择	审核人	单据日期	单据类型	单据号	客户名称	部门	业务员	制单人	币种	汇率	原币金额	本币金额	备注
	黄小明	2023-01-28	销售专用发票	64218911	华联超市有限公司	销售部	张立	张立	人民币	1.00000000	16,272.00	16,272.00	
合计											16,272.00	16,272.00	

图 5-175 【应收单据列表】窗口

5

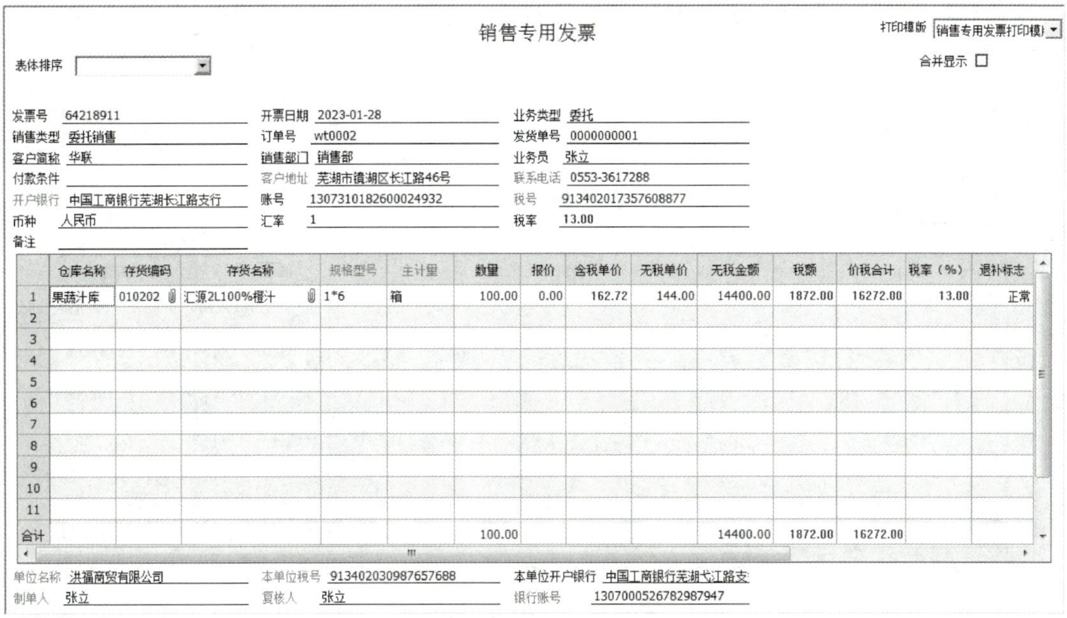

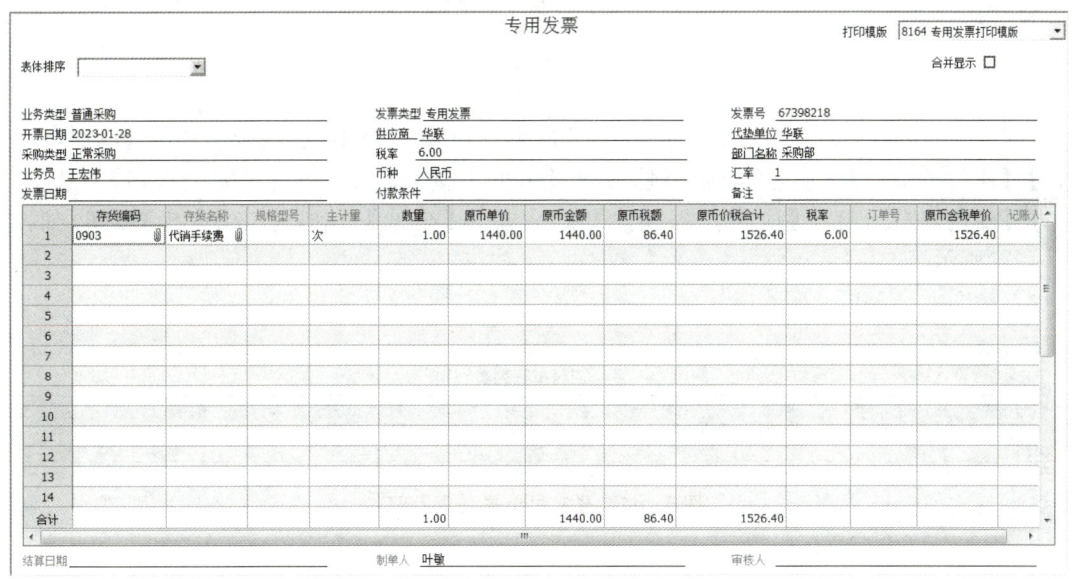

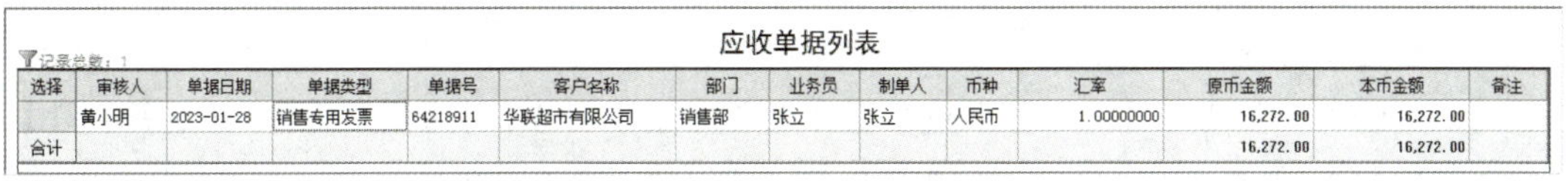

（2）执行【制单处理】命令，选择【发票制单】，单击【确定】，选择需要制单的记录，凭证类别选择【记账凭证】，单击【制单】，系统生成相关凭证，单击【保存】按钮，如图5-176所示。

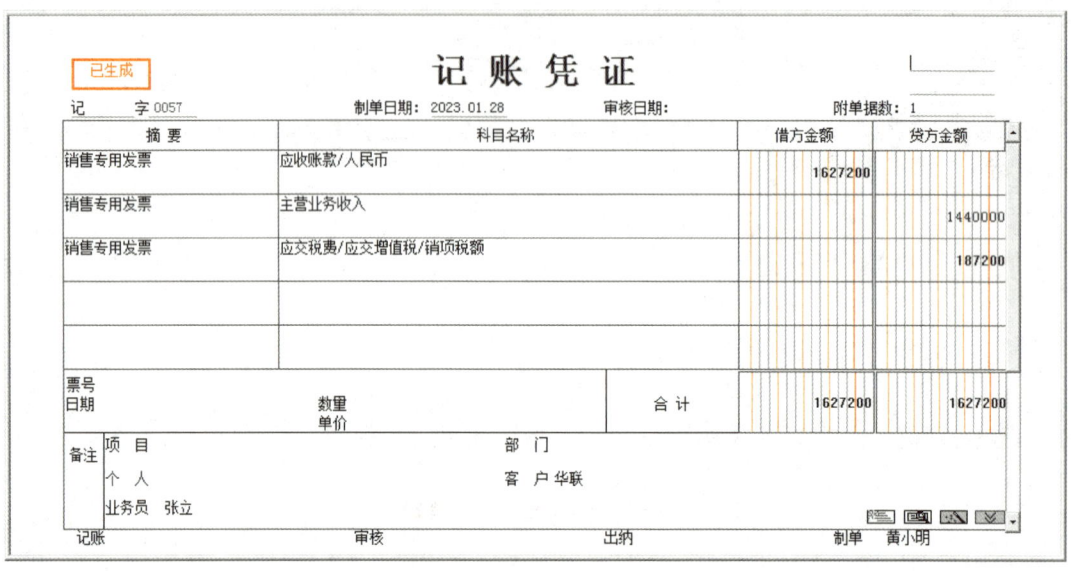

图5-176 【记账凭证】窗口

4. 应付单据审核与制单

（1）2023年1月28日，财务部黄小明在企业应用平台中执行【业务工作】|【财务会计】|【应付款管理】|【应付单据处理】|【应付单据审核】命令，勾选【未完全报销】复选框，单击【确定】按钮，打开【应付单据列表】窗口，单击【全选】按钮，单击【审核】按钮，如图5-177所示。

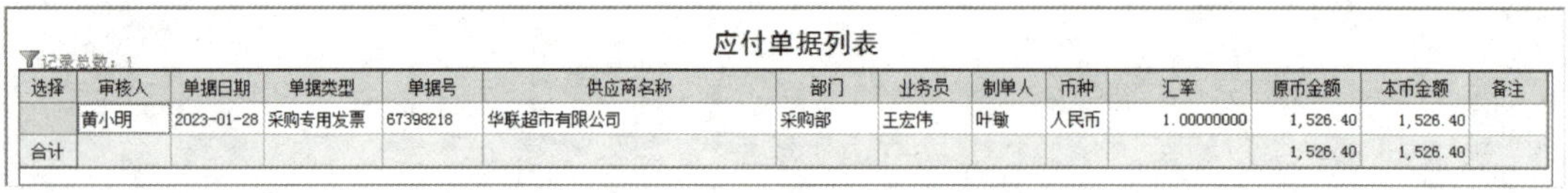

图5-177 【应付单据列表】窗口

（2）执行【制单处理】命令，选择【发票制单】，单击【确定】，选择需要制单的记录，凭证类别选择【记账凭证】，单击【制单】，系统生成相关凭证，单击【保存】按钮，如图5-178所示。

5. 应收冲应付

（1）2023年1月28日，财务部黄小明在企业应用平台中执行【业务工作】|【财务会计】|【应收款管理】|【转账】|【应收冲应付】命令，打开【应收冲应付】对话框，在应收选项卡中，客户选择【0001华联超市有限公司】，如图5-179所示，在应付选项卡中，供应商选择【0005华联超市有限公司】，如图5-180所示。

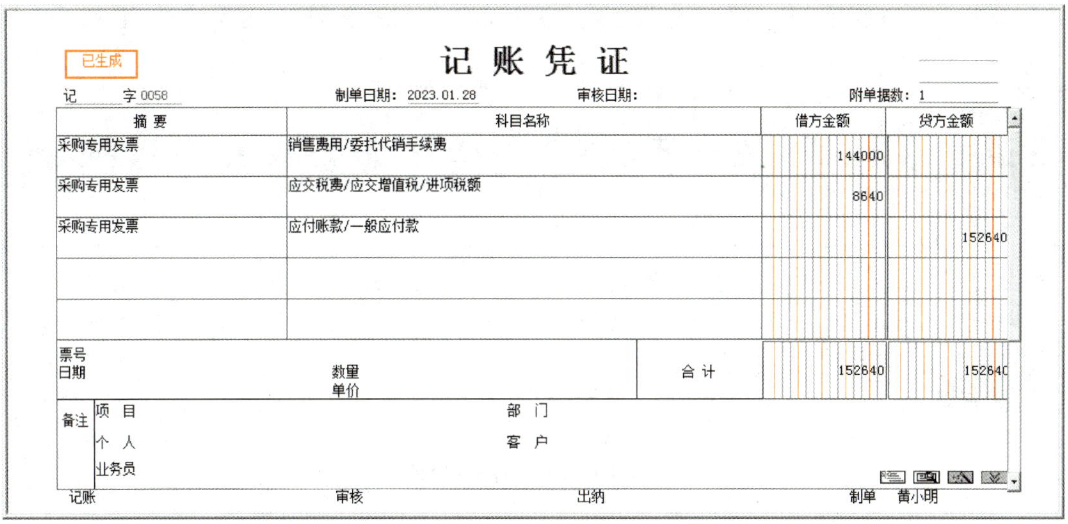

已生成

记 账 凭 证

记 字 0058　　制单日期：2023.01.28　　审核日期：　　附单据数：1

摘要	科目名称	借方金额	贷方金额
采购专用发票	销售费用/委托代销手续费	144000	
采购专用发票	应交税费/应交增值税/进项税额	8640	
采购专用发票	应付账款/一般应付款		152640
票号 日期	数量 单价 合计	152640	152640

备注　项目　　部门

个人　　客户

业务员

记账　　审核　　出纳　　制单 黄小明

图 5－178　【记账凭证】窗口

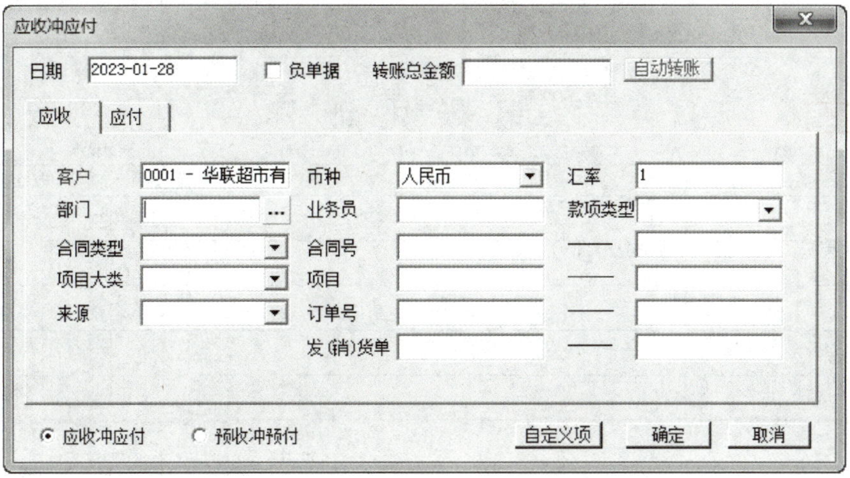

图 5－179　【应收冲应付】对话框

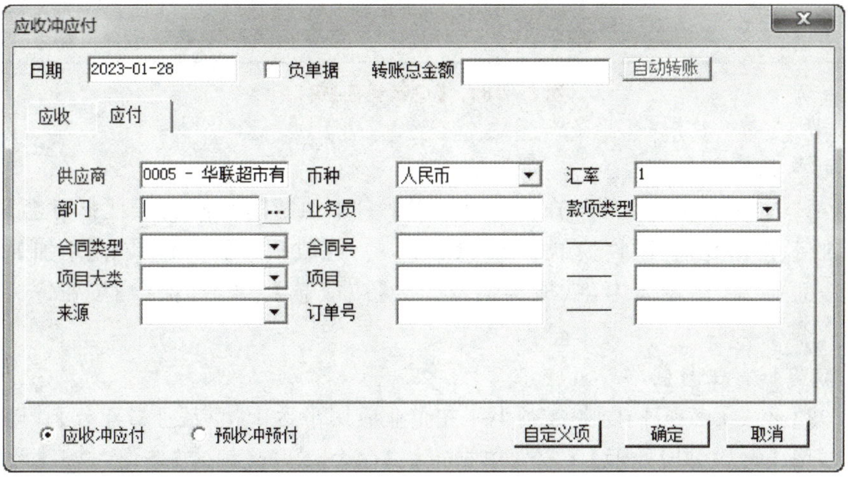

图 5－180　【应付】选项卡

(2) 单击【确定】按钮,打开【应收冲应付】窗口,输入转账金额,如图5-181所示。

单据日期	单据类型	单据编号	原币余额	合同号	合同名称	项目编码	项目	转账金额
2023-01-28	销售专用发票	64218911	16,272.00					1,526.40
合计			16,272.00					1,526.40

单据日期	单据类型	单据编号	原币余额	合同号	合同名称	项目编码	项目	转账金额
2023-01-28	采购专用发票	67398218	1,526.40					1,526.40
合计			1,526.40					1,526.40

图5-181 【应收冲应付】窗口

(3) 单击【保存】按钮,系统弹出【是否立即制单?】提示,单击【是】按钮,系统生成相关凭证,单击【保存】按钮,如图5-182所示。

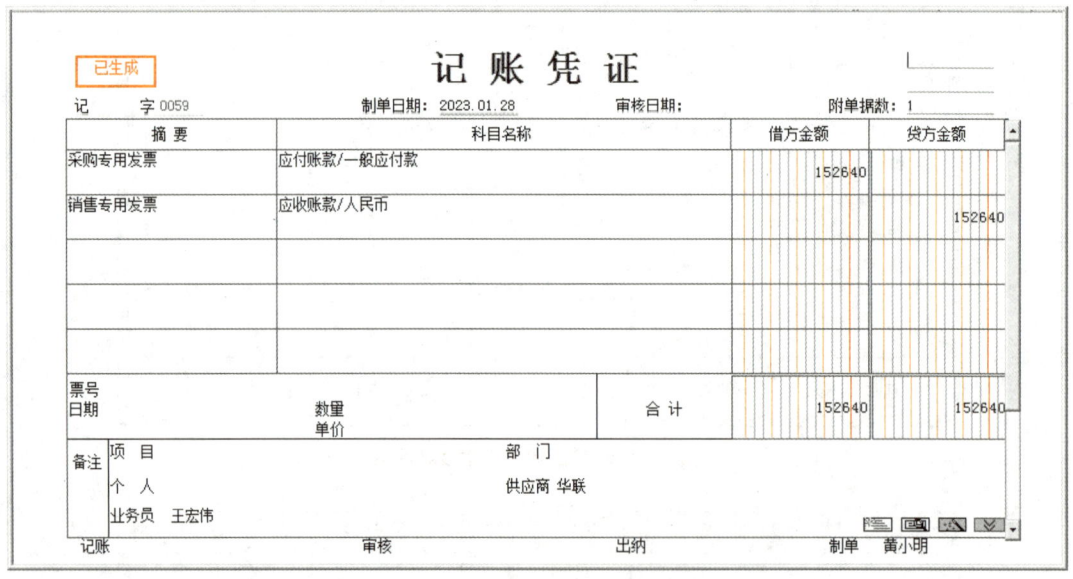

图5-182 【记账凭证】窗口

6. 填制收款单

2023年1月28日,财务部李卉在企业应用平台中执行【业务工作】|【财务会计】|【应收款管理】|【收款单据处理】|【收款单据录入】命令,打开【收款单】窗口,单击【增加】按钮,按照进账单的信息录入,在表体中,款项类型选择为【应收款】,单击【保存】按钮,如图5-183所示。

7. 收款单据审核与制单

(1) 2023年1月28日,财务部黄小明在企业应用平台中执行【业务工作】|【财务会计】|【应收款管理】|【收款单据处理】|【收款单据审核】命令,单击【确定】按钮,打开【收付款单列表】窗口,单击【全选】按钮,单击【审核】按钮,如图5-184所示。

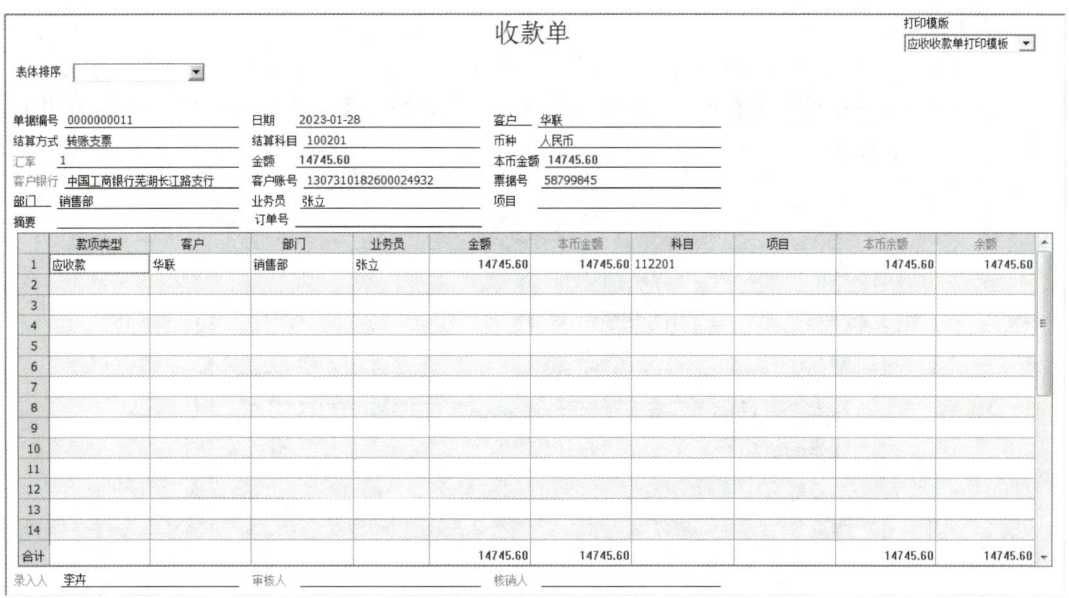

图 5-183 【收款单】窗口

图 5-184 【收付款单列表】窗口

(2) 执行【制单处理】命令,选择【收付款单制单】,单击【确定】,选择需要制单的记录,凭证类别选择【记账凭证】,单击【制单】,系统生成相关凭证,单击【保存】按钮,如图 5-185 所示。

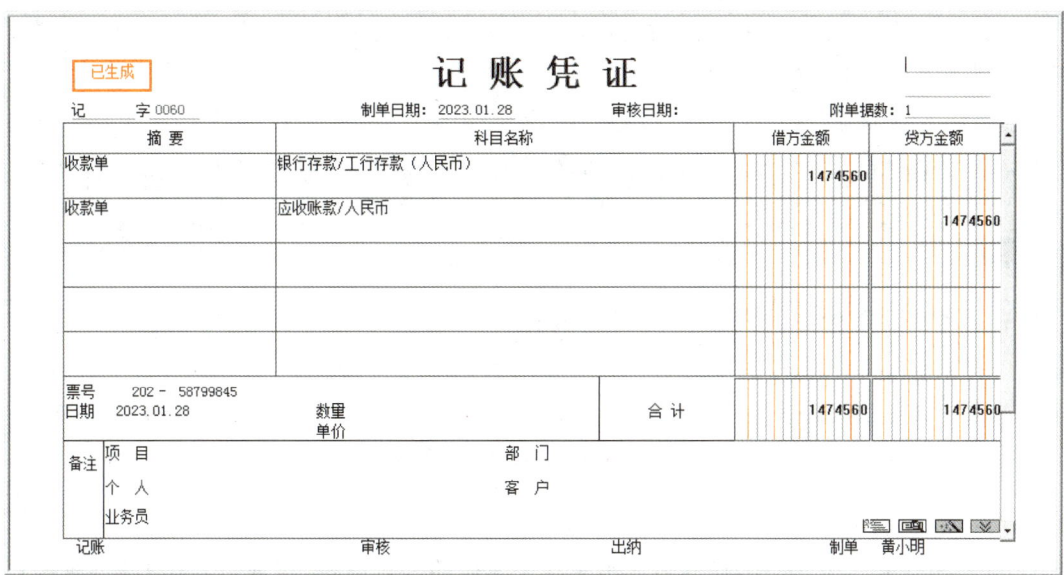

图 5-185 【记账凭证】窗口

8. 手工核销

(1) 2023年1月28日,财务部黄小明在企业应用平台中执行【业务工作】|【财务会计】|【应收款管理】|【核销处理】|【手工核销】命令,打开【核销条件】对话框,客户选择【0001 华联超市有限公司】,如图5-186所示。

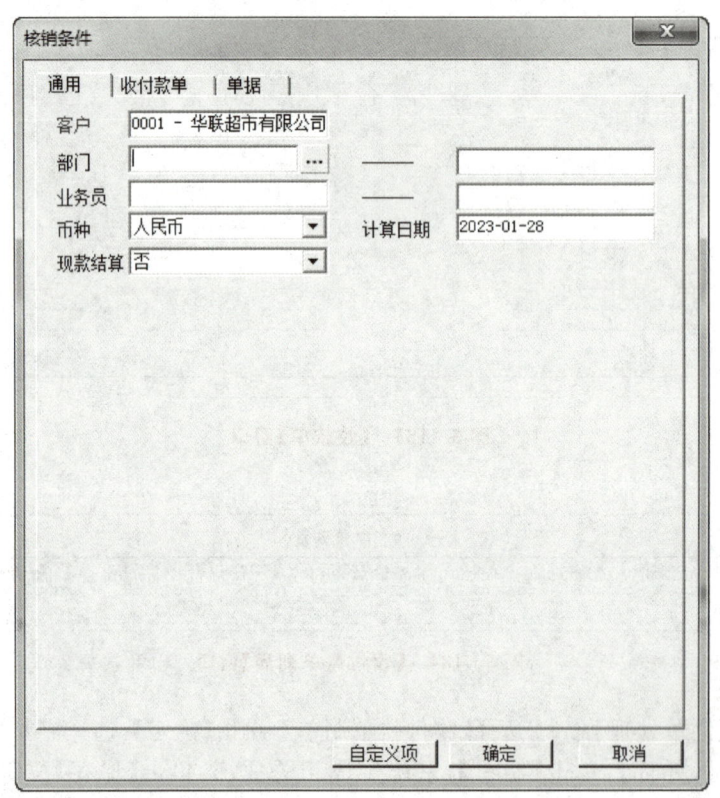

图5-186 【核销条件】对话框

(2) 单击【确定】按钮,打开【单据核销】窗口,输入本次结算金额为【14 745.60】,单击【保存】按钮如图5-187所示。

单据日期	单据类型	单据编号	客户	款项类型	结算方式	币种	汇率	原币金额	原币余额	本次结算金额	订单号
2022-12-31	收款单	0000000001	华联	预收款	转账支票	人民币	1.00000000	5,000.00	5,000.00		
2023-01-28	收款单	0000000011	华联	应收款	转账支票	人民币	1.00000000	14,745.60	14,745.60	14,745.60	
合计								19,745.60	19,745.60	14,745.60	

单据日期	单据类型	单据编号	到期日	客户	币种	原币金额	原币余额	可享受折扣	本次折扣	本次结算	订单号	凭证号
2023-01-28	销售专用发票	64218911	2023-01-28	华联	人民币	16,272.00	14,745.60	0.00	0.00	14,745.60	wt0002	记-0059
合计						16,272.00	14,745.60	0.00		14,745.60		

图5-187 【单据核销】窗口

9. 存货核算

(1) 2023年1月28日,财务部黄小明在企业应用平台中执行【业务工作】|【供应链】|【存货核算】|【业务核算】|【发出商品记账】命令,打开【查询条件选择】对话框。

(2) 单击【确定】按钮,打开【发出商品记账】窗口。

(3) 单击【全选】按钮,如图 5-188 所示。

选择	日期	单据号	仓库名称	收发类别	存货编码	存货代码	存货名称	规格型号	单据类型	计量单位	数量	单价	金额
Y	2023-01-28	64218911	果蔬汁库	委托代销出库	010202		汇源2L100%橙汁	1*6	专用发票	箱	100.00		
小计											100.00		

图 5-188 【发出商品记账】窗口

(4) 单击【记账】按钮,将销售专用发票记账,系统提示【记账成功】。

(5) 执行【财务核算】|【生成凭证】命令,打开【查询条件】对话框。

(6) 单击【确定】按钮,打开【未生成凭证单据一览表】窗口。

(7) 单击【选择】栏,或单击【全选】按钮,选中待生成凭证的单据,单击【确定】按钮。

(8) 凭证类别选择【记账凭证】,如图 5-189 所示。

凭证类别	记 记账凭证										
选择	单据类型	单据号	摘要	科目类型	科目编码	科目名称	借方金额	贷方金额	借方数量	贷方数量	科目方向	存货编码	存货名称
1	专用发票	64218911	专用发票	对方	6401	主营业务成本	10,800.00			100.00	1	010202	汇源2L100%橙汁
				发出商品	1406	发出商品		10,800.00	100.00		2	010202	汇源2L100%橙汁
合计							10,800.00	10,800.00					

图 5-189 【生成凭证】窗口

(9) 单击【生成】按钮,生成一张记账凭证,单击【保存】按钮,如图 5-190 所示。

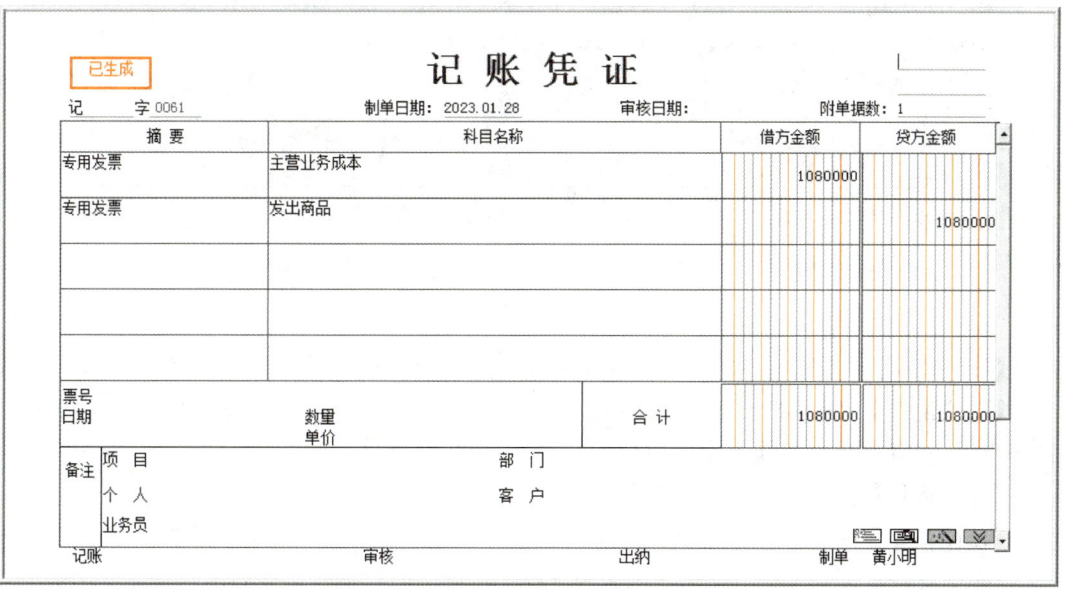

图 5-190 【记账凭证】窗口

实训五 特殊销售业务处理

业 务 一

【业务描述】 2023年1月29日,经批准,销售部张立与沃尔玛公司签订捆绑买赠的促销购销合同买一赠一,货已发出,收到转账支票。取得与该业务相关的凭证如图5-191~图5-195所示。

图5-191 【业务一——购销合同】凭证

【业务解析】 本笔业务是签订买一赠一的销售合同,开票发货的销售业务。

【岗位说明】 销售部张立填制销售订单(审核)、销售专用发票(复核);仓储部李红填制销售出库单(审核);财务部黄小明审核发票、单据记账并制单。

【业务流程】 本笔业务流程如图5-196所示。

〔操作指导〕

1. 填制销售订单

(1) 2023年1月29日,销售部张立在企业应用平台中执行【业务工作】|【供应链】|【销

安徽增值税专用发票

NO.64218912　　3402015221
64218912

此联不作报销、扣税凭证使用　　开票日期：2023年01月29日

购买方	名　　称：沃尔玛超市有限公司 纳税人识别号：913402018652303334 地 址、电 话：芜湖市镜湖区中山路339号，0553-3137566 开户行及账号：中国建设银行芜湖中山路支行，6217670188600024689			密码区	略		
货物或应税劳务、服务名称	规格型号	单位	数量	单价	金额	税率	税额
*食品类产品*汇源2L100%橙汁		箱	100.00	144.00	14,400.00	13.00%	1872.00
*食品类产品*汇源450mL冰糖葫芦汁		箱	100.00	0.00	0.00	13.00%	0.00
合　　计					14,400.00		1872.00
价税合计（大写）	⊗壹万陆仟贰佰柒拾贰圆整				（小写）¥16272.00		
销货方	名　　称：洪福商贸有限公司 纳税人识别号：913402030987657688 地 址、电 话：芜湖市鸠江区弋江路48号，0553-5820888 开户行及账号：中国工商银行芜湖弋江支行，1307000526782987947			备注			

收款人：略　　复核：略　　开票人：略　　销售方（章）

税总函〔2015〕562号上海印钞有限公司

第一联：记账联　销货方记账凭证

图 5－192　【业务一——增值税专用发票】凭证

出　库　单

2023年　01月　29日　　单号：0010

提货单位	沃尔玛超市有限公司	发票号码		发出仓库	果蔬汁库	出库日期	2023-01-29
编号	名称及规格	单位	数量 应发	数量 实发	金额	备注	
010202	汇源2L100%橙汁	箱	100.00	100.00			
合　计			100.00	100.00			

部门经理：略　　会计：略　　仓库：略　　经办人：略

会计联

图 5－193　【业务一——出库单】凭证

出　库　单

2023年　01月　29日　　单号：0011

提货单位	沃尔玛超市有限公司	发票号码		发出仓库	赠品库	出库日期	2023-01-29
编号	名称及规格	单位	数量 应发	数量 实发	金额	备注	
010207	汇源450mL冰糖葫芦汁	箱	100.00	100.00			
合　计			100.00	100.00			

部门经理：略　　会计：略　　仓库：略　　经办人：略

会计联

图 5－194　【业务一——出库单】凭证

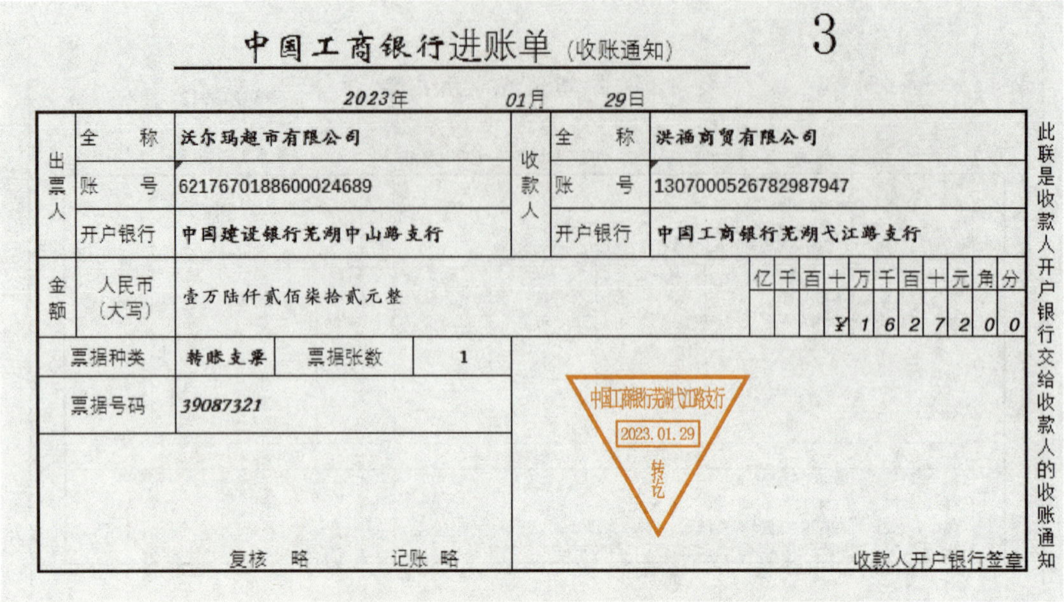

图 5-195 【业务一——银行进账单】凭证

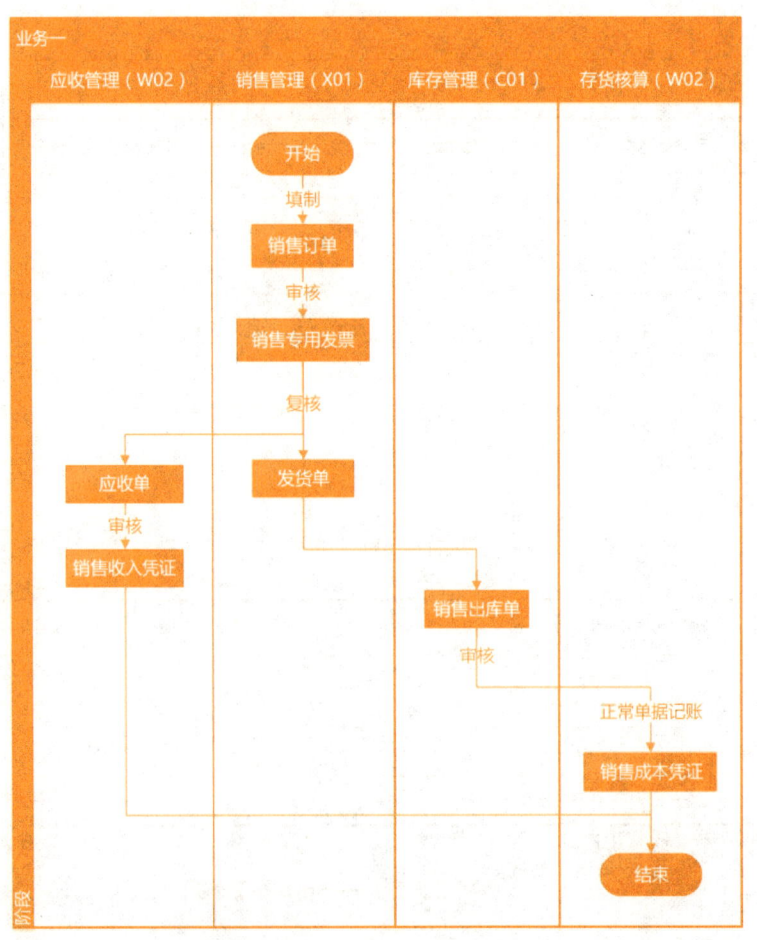

图 5-196 【业务一】业务流程图

售管理】|【销售订货】|【销售订单】命令，打开【销售订单】窗口。

（2）单击【增加】按钮，修改订单编号为【xs0009】，销售类型选择【正常销售】，按照购销合同录入订单信息，单击【保存】按钮。

（3）单击【审核】按钮，审核填制的销售订单，如图 5－197 所示。

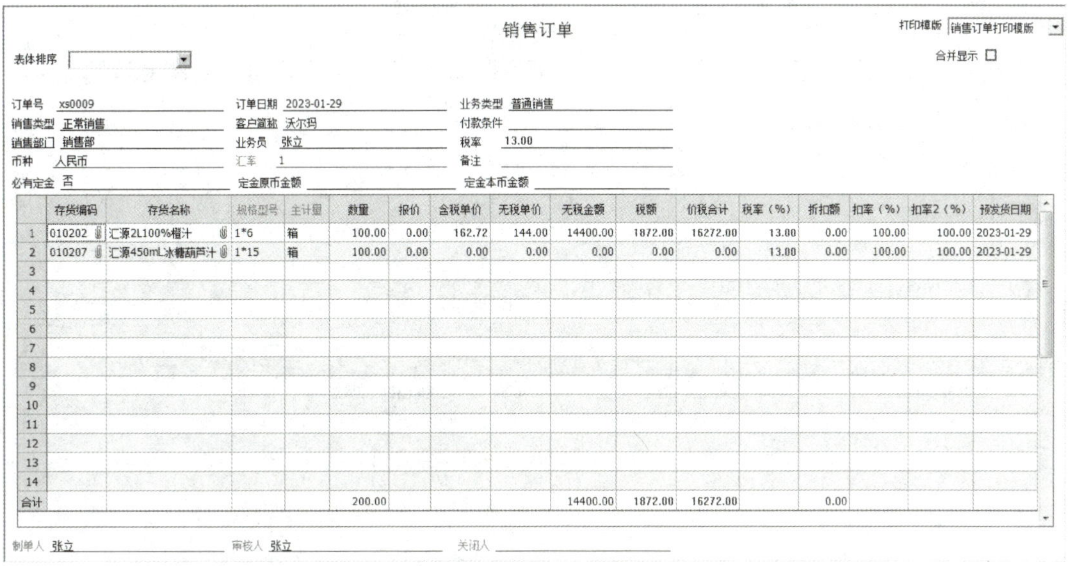
销售订单

打印模版 销售订单打印模版

表体排序

合并显示 □

订单号 xs0009　订单日期 2023-01-29　业务类型 普通销售

销售类型 正常销售　客户简称 沃尔玛　付款条件

销售部门 销售部　业务员 张立　税率 13.00

币种 人民币　汇率 1　备注

必有定金 否　定金原币金额　定金本币金额

	存货编码	存货名称	规格型号	主计量	数量	报价	含税单价	无税单价	无税金额	税额	价税合计	税率（%）	折扣额	扣率（%）	扣率2（%）	预发货日期
1	010202	汇源2L100%橙汁	1*6	箱	100.00	0.00	162.72	144.00	14400.00	1872.00	16272.00	13.00	0.00	100.00	100.00	2023-01-29
2	010207	汇源450mL冰糖葫芦汁	1*15	箱	100.00	0.00	0.00	0.00	0.00	0.00	0.00	13.00	0.00	100.00	100.00	2023-01-29
3																
4																
5																
6																
7																
8																
9																
10																
11																
12																
13																
14																
合计					200.00				14400.00	1872.00	16272.00		0.00			

制单人 张立　审核人 张立　关闭人

图 5－197　【销售订单】窗口

2．生成销售专用发票

（1）2023 年 1 月 29 日，销售部张立在企业应用平台中执行【业务工作】|【供应链】|【销售管理】|【销售开票】|【销售专用发票】命令，打开【销售专用发票】窗口。

（2）单击【增加】按钮，系统弹出【查询条件选择-参照订单】对话框，选择相应的订单，单击【确定】按钮，修改发票号为【64218912】；在表体中，修改第 1 行仓库名称为【果蔬汁库】，第 2 行仓库名称为【赠品库】，单击【保存】按钮，单击【现结】按钮，输入图 5－195 所示进账单信息，单击【确定】按钮，单击【复核】按钮，如图 5－198 所示。

3．生成销售出库单

（1）2023 年 1 月 29 日，仓储部李红在企业应用平台中执行【业务工作】|【供应链】|【库存管理】|【出库业务】|【销售出库单】命令，打开【销售出库单】窗口。

（2）选择【生单】|【销售生单】命令，打开【查询条件选择-销售发货单列表】对话框，单击【确定】按钮。

（3）打开【销售生单】窗口，选择相应的【发货单】，单击【确定】按钮，系统自动生成销售出库单。

（4）单击【审核】按钮，如图 5－199 所示。

（5）重复步骤(2)(3)(4)，生成第二张销售出库单并审核，如图 5－200 所示。

4．应收单据审核与制单

（1）2023 年 1 月 29 日，财务部黄小明在企业应用平台中执行【业务工作】|【财务会计】|【应收款管理】|【应收单据处理】|【应收单据审核】命令，打开【应收单查询条件】对话框，勾选

5

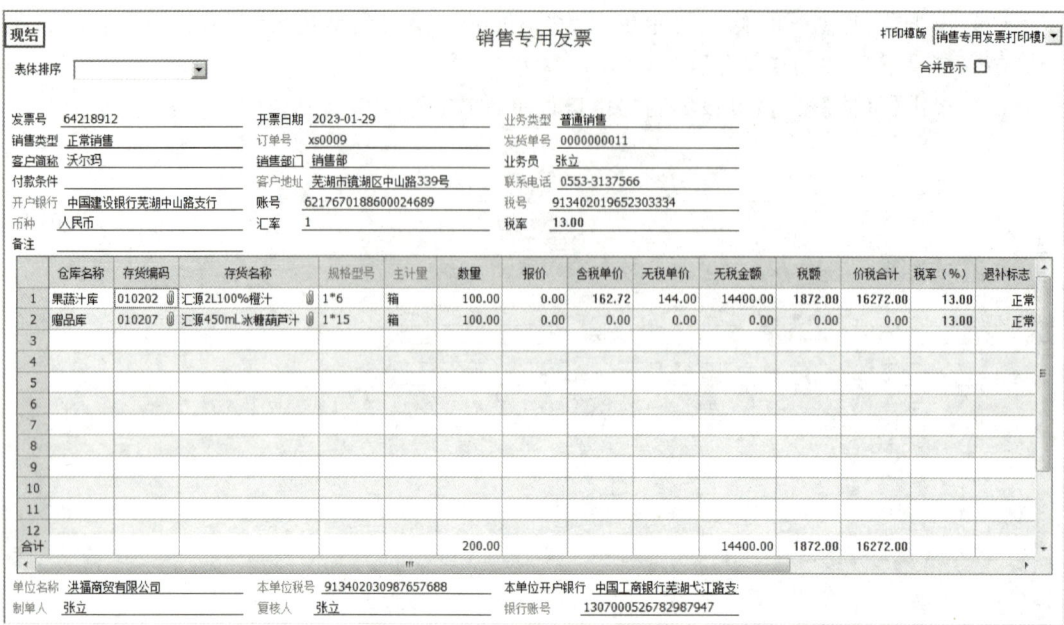

图 5-198 【销售专用发票】窗口

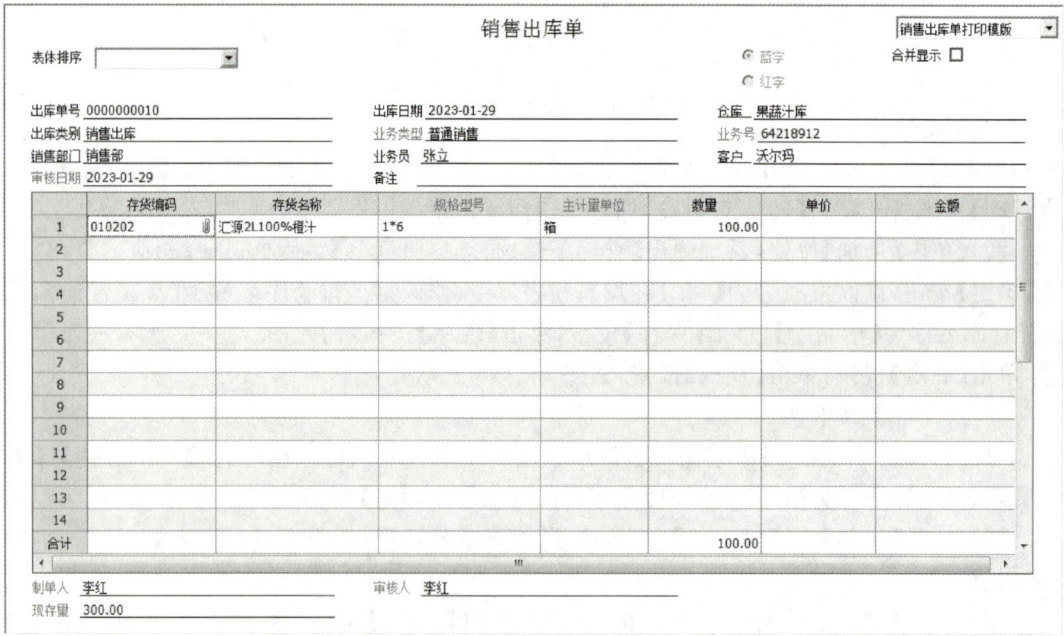

图 5-199 【销售出库单】窗口

【包含已现结发票】复选框,单击【确定】按钮,打开【应收单据列表】窗口,单击【全选】按钮,单击【审核】按钮,如图 5-201 所示。

(2) 执行【制单处理】命令,选择【现结制单】,单击【确定】,选择需要制单的记录,凭证类别选择【记账凭证】,单击【制单】,系统生成相关凭证,单击【保存】按钮,如图 5-202 所示。

销售出库单

销售出库单打印模版

表体排序

◉ 蓝字　○ 红字　合并显示 ☐

出库单号 0000000011　出库日期 2023-01-29　仓库 赠品库

出库类别 销售出库　业务类型 普通销售　业务号 64218912

销售部门 销售部　业务员 张立　客户 沃尔玛

审核日期 2023-01-29　备注

	存货编码	存货名称	规格型号	主计量单位	数量	单价	金额
1	010207	汇源450mL冰糖葫芦汁	1*15	箱	100.00		
2							
3							
4							
5							
6							
7							
8							
9							
10							
11							
12							
13							
14							
合计					100.00		

制单人 李红　审核人 李红

现存量 0.00

图 5 - 200 【销售出库单】窗口

应收单据列表

记录总数：1

选择	审核人	单据日期	单据类型	单据号	客户名称	部门	业务员	制单人	币种	汇率	原币金额	本币金额	备注
	黄小明	2023-01-29	销售专用发票	64218912	沃尔玛超市有限公司	销售部	张立	张立	人民币	1.00000000	16,272.00	16,272.00	
合计											16,272.00	16,272.00	

图 5 - 201 【应收单据列表】窗口

已生成

记账凭证

记 字 0062　制单日期：2023.01.29　审核日期：　附单据数：1

摘要	科目名称	借方金额	贷方金额
现结	银行存款/工行存款（人民币）	1627200	
现结	主营业务收入		1440000
现结	应交税费/应交增值税/销项税额		187200
票号 202 - 39087321 日期 2023.01.29　数量 单价	合计	1627200	1627200

备注　项目　部门

个人　客户

业务员

记账　审核　出纳　制单 黄小明

图 5 - 202 【记账凭证】窗口

5

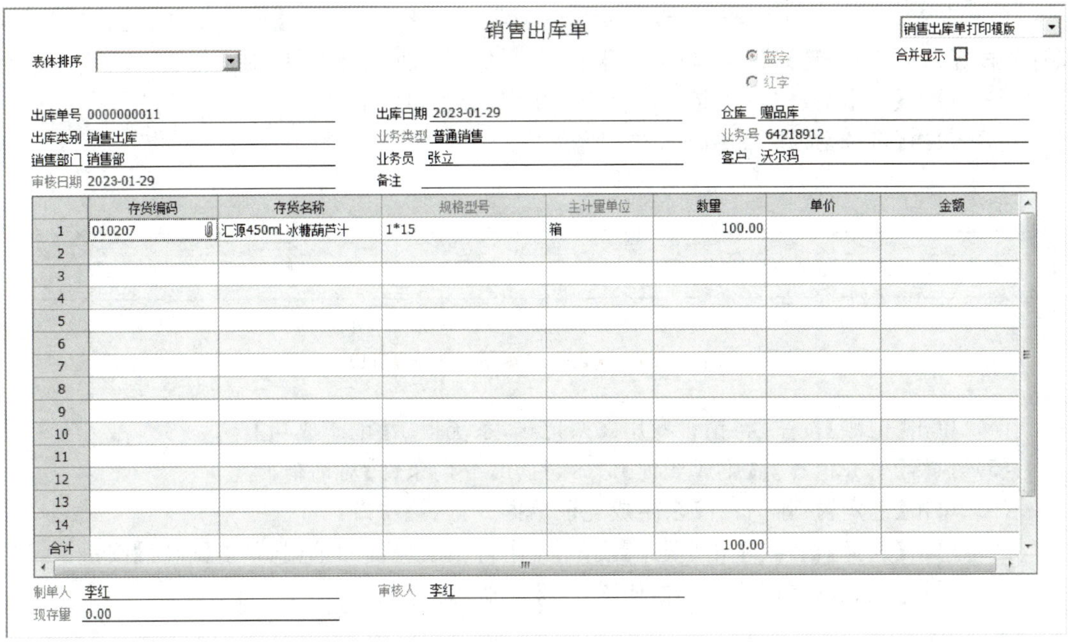

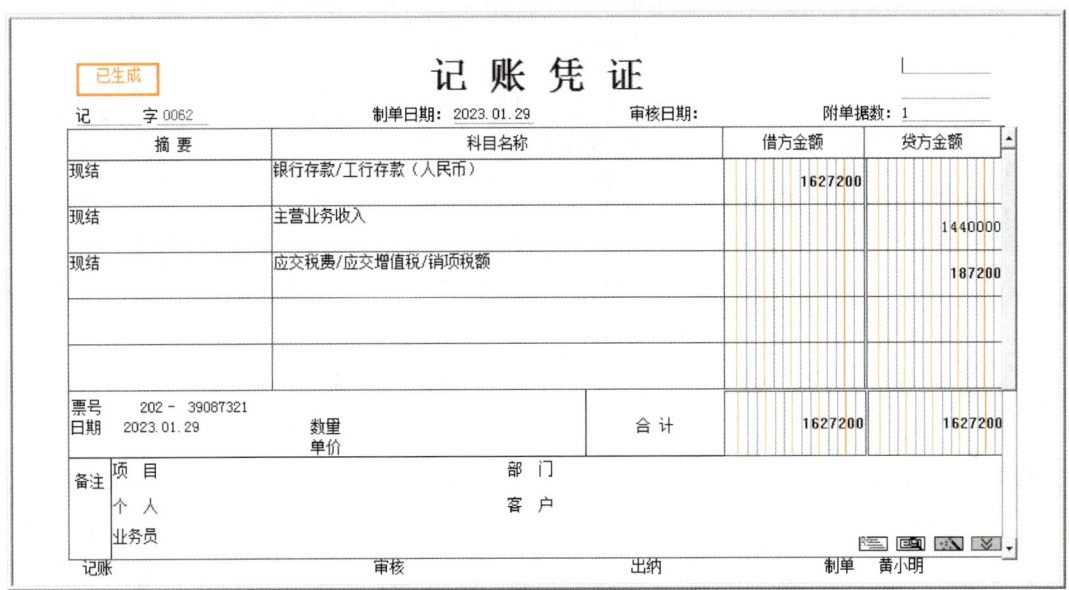

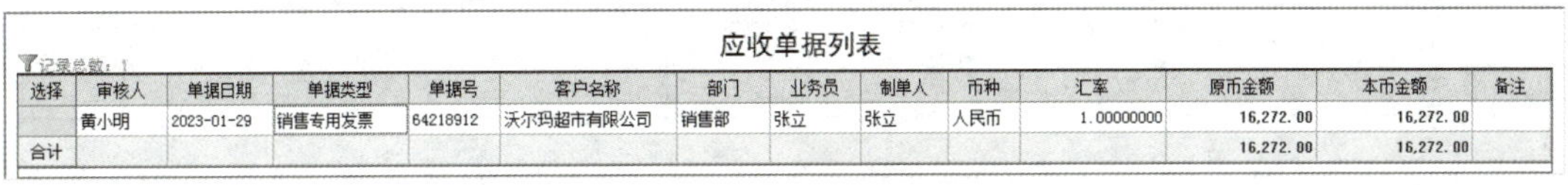

5. 结转销售成本

(1) 2023年1月29日，财务部黄小明在企业应用平台中执行【业务工作】|【供应链】|【存货核算】|【业务核算】|【正常单据记账】命令，打开【查询条件选择】对话框。

(2) 单击【确定】按钮，打开【正常单据记账列表】窗口。

(3) 单击【全选】按钮，如图5-203所示。

正常单据记账列表

记录总数：1

选择	日期	单据号	存货编码	存货名称	规格型号	存货代码	单据类型	仓库名称	收发类别	数量	单价	金额
Y	2023-01-29	64218912	010202	汇源2L100%橙汁	1*6		专用发票	果蔬汁库	销售出库	100.00		
小计										100.00		

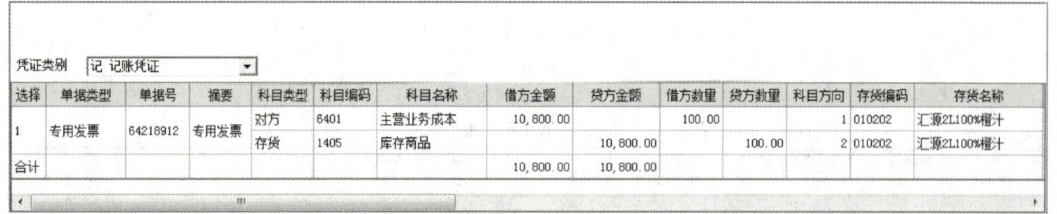

图5-203 【正常单据记账列表】窗口

(4) 单击【记账】按钮，将销售专用发票记账，系统提示【记账成功】。

(5) 执行【财务核算】|【生成凭证】命令，打开【查询条件】对话框。

(6) 单击【确定】按钮，打开【未生成凭证单据一览表】窗口。

(7) 单击【选择】栏，或单击【全选】按钮，选中待生成凭证的单据，单击【确定】按钮。

(8) 凭证类别选择【记账凭证】，如图5-204所示。

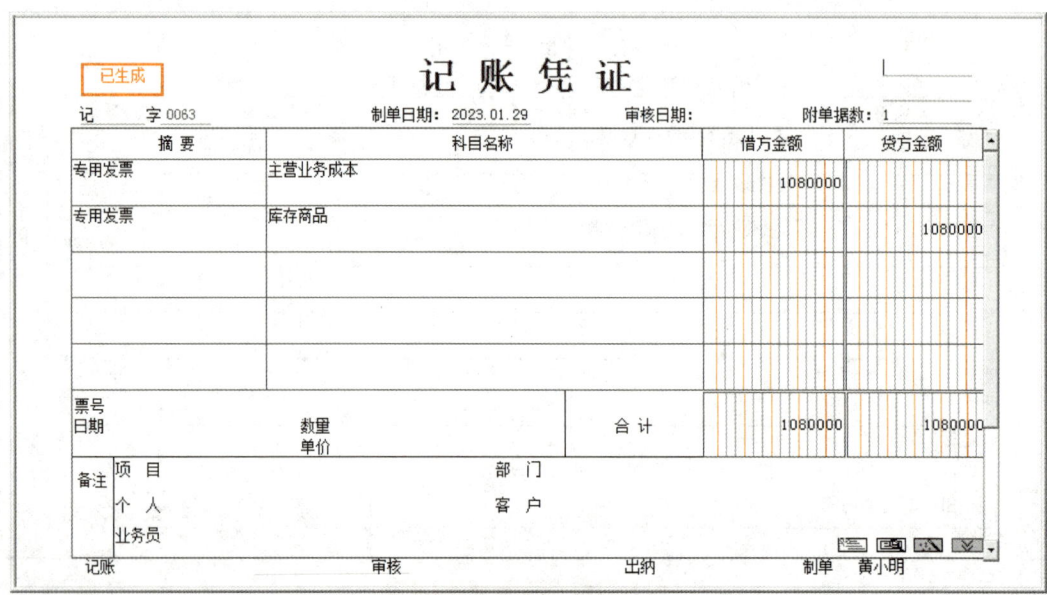

凭证类别 记 记账凭证

选择	单据类型	单据号	摘要	科目类型	科目编码	科目名称	借方金额	贷方金额	借方数量	贷方数量	科目方向	存货编码	存货名称
1	专用发票	64218912	专用发票	对方	6401	主营业务成本	10,800.00		100.00		1	010202	汇源2L100%橙汁
				存货	1405	库存商品		10,800.00		100.00	2	010202	汇源2L100%橙汁
合计							10,800.00	10,800.00					

图5-204 【生成凭证】窗口

5

(9) 单击【生成】按钮，生成一张记账凭证，单击【保存】按钮，如图5-205所示。

已生成

记账凭证

记 字 0063　　制单日期：2023.01.29　　审核日期：　　附单据数：1

摘要	科目名称	借方金额	贷方金额
专用发票	主营业务成本	1080000	
专用发票	库存商品		1080000
票号 日期	数量 单价　　合计	1080000	1080000

备注　项目　　部门
　　　个人　　客户
　　　业务员

记账　　审核　　出纳　　制单　黄小明

图5-205 【记账凭证】窗口

业 务 二

特殊销售业务二

【业务描述】 2023年1月30日,采购部王宏伟与富光实业有限公司签订采购合同,采购富光500 mL太空杯,货已验收入库。取得与该业务相关的凭证如图5-206～图5-208所示。

图5-206 【业务二——购销合同】凭证

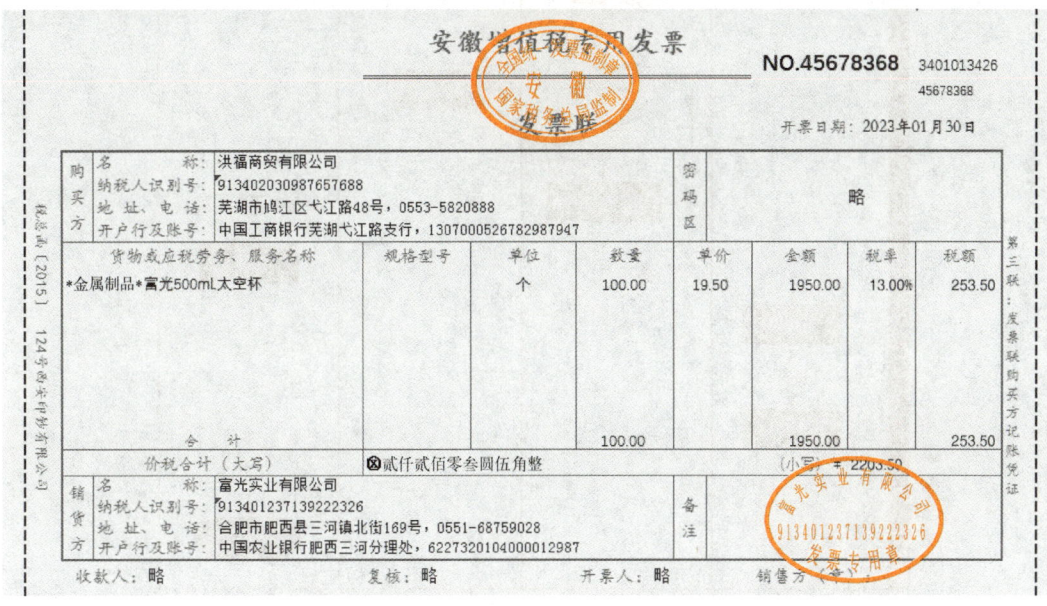

图5-207 【业务二——增值税专用发票】凭证

入 库 单

2023年 01月 30日　　　　　　　　单号: 0012

交货部门	采购部	发票号码		验收仓库	赠品库	入库日期	2023-01-30
编号	名称及规格	单位	数量		实际价格		备注
			应收	实收	单价	金额	
0902	富光500mL太空杯	个	100.00	100.00			
	合　　计		100.00	100.00			
部门经理: 略		会计: 略		仓库: 略		经办人: 略	

图 5-208 【业务二——入库单】凭证

【业务解析】　本笔业务是签订采购赠品合同，到货、入库、收到发票业务。

【岗位说明】　采购部叶敏填制采购订单（审核）、采购到货单（审核）、采购专用发票；仓储部李红填制采购入库单（审核）；财务部黄小明审核发票、单据记账并制单。

【业务流程】　本笔业务流程如图 5-209 所示。

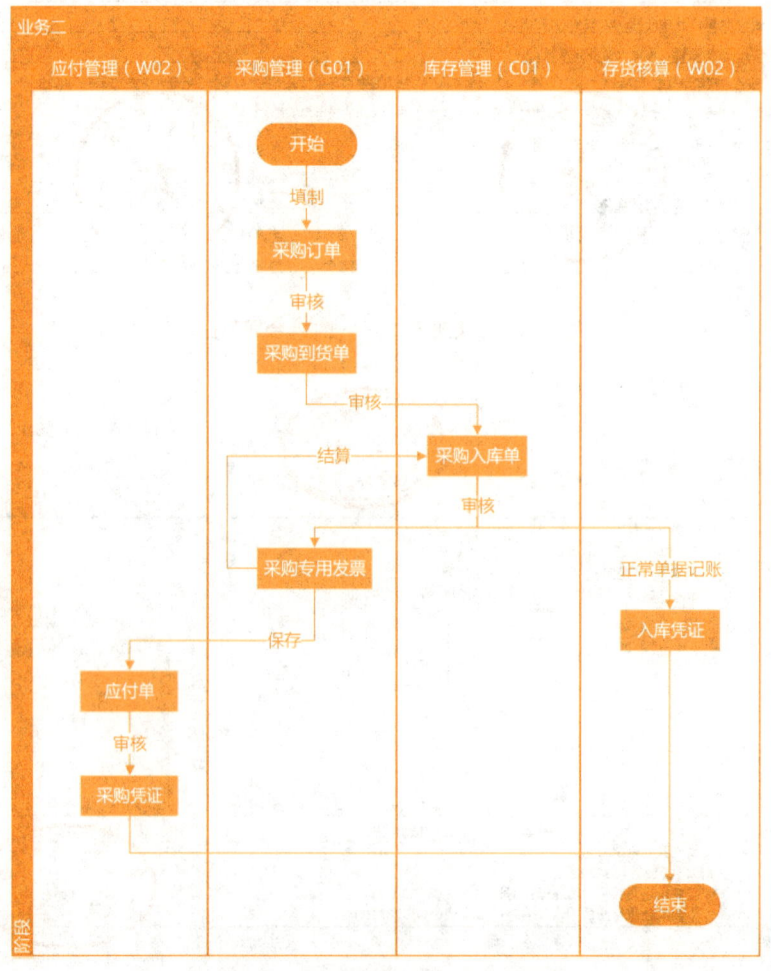

图 5-209 【业务二】业务流程图

[操作指导]

1. 填制采购订单

(1) 2023年1月30日，采购部叶敏在企业应用平台中执行【业务工作】|【供应链】|【采购管理】|【采购订货】|【采购订单】命令，打开【采购订单】窗口。

(2) 单击【增加】按钮，按照采购合同输入信息，单击【保存】按钮。

(3) 单击【审核】按钮，审核填制的采购订单，如图5-210所示。

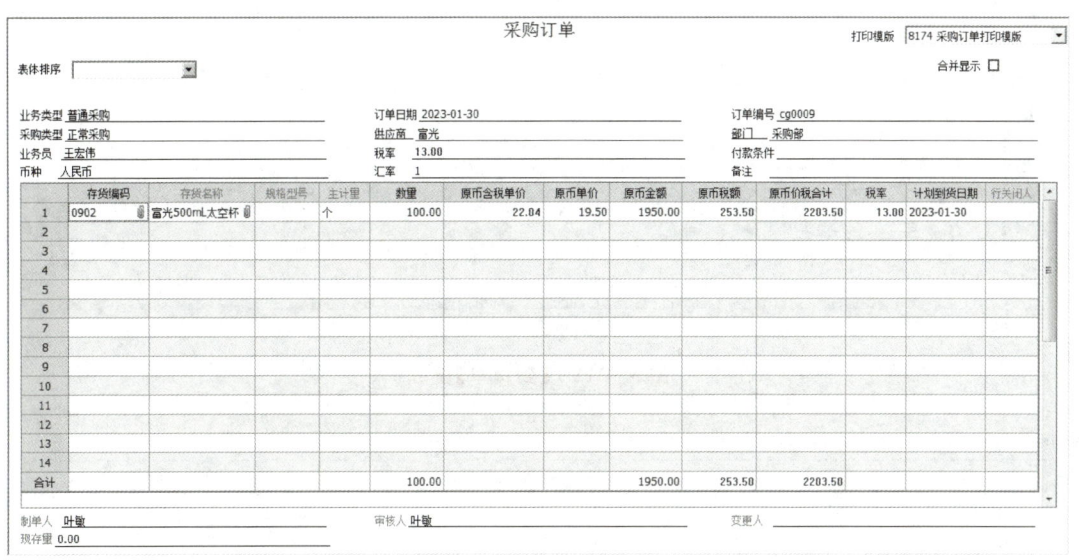

图5-210 【采购订单】窗口

2. 生成采购到货单

(1) 2023年1月30日，采购部叶敏在企业应用平台中执行【业务工作】|【供应链】|【采购管理】|【采购到货】|【到货单】命令，打开【到货单】窗口。

(2) 单击【增加】按钮，选择【生单】|【采购订单】命令，打开【查询条件选择-采购订单列表过滤】对话框，单击【确定】按钮。

(3) 系统弹出【拷贝并执行】窗口，选中所要拷贝的采购订单，单击【确定】按钮，系统自动生成到货单，单击【保存】按钮。

(4) 单击【审核】按钮，根据采购订单生成的采购到货单，如图5-211所示。

3. 生成采购入库单

(1) 2023年1月30日，仓储部李红在企业应用平台中执行【业务工作】|【供应链】|【库存管理】|【入库业务】|【采购入库单】命令，打开【采购入库单】窗口。

(2) 选择【生单】|【采购到货单（蓝字）】命令，打开【查询条件选择-采购到货单列表】对话框，单击【确定】按钮。

(3) 打开【到货单生单列表】，选择相应的【到货单生单表头】，单击【确定】按钮，系统自动生成采购入库单，仓库修改为【赠品库】，单击【保存】按钮。

(4) 单击【审核】按钮，如图5-212所示。

4. 生成采购专用发票

(1) 2023年1月30日，采购部叶敏在企业应用平台中执行【业务工作】|【供应链】|【采

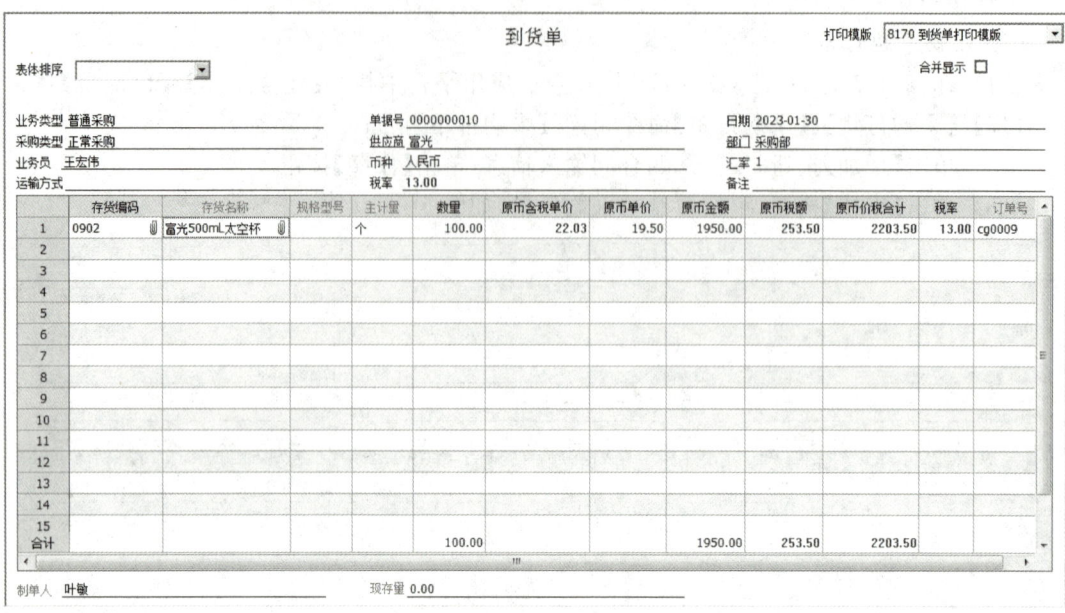

图5-211 【到货单】窗口

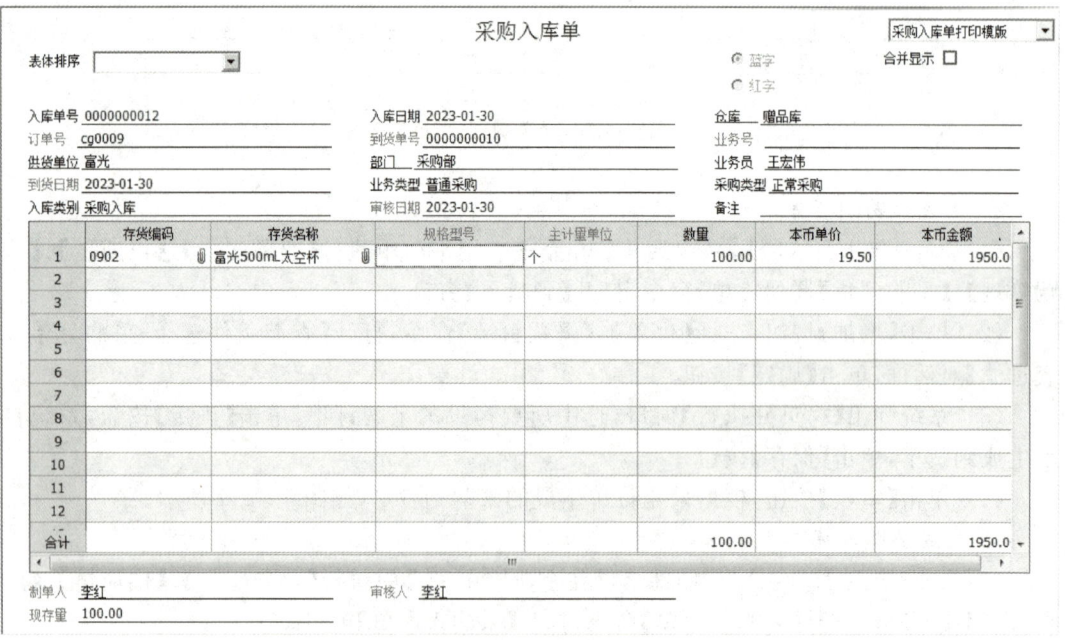

图5-212 【采购入库单】窗口

购管理】|【采购发票】|【采购专用发票】命令,打开【采购专用发票】窗口。

(2)单击【增加】按钮,选择【生单】|【采购订单】命令,打开【查询条件选择-采购订单列表过滤】对话框,单击【确定】按钮。

(3)系统弹出【拷贝并执行】窗口,选中所要拷贝的采购订单,单击【确定】按钮,系统自动生成采购专用发票,修改发票号为【45678368】,单击【保存】按钮,如图5-213所示。

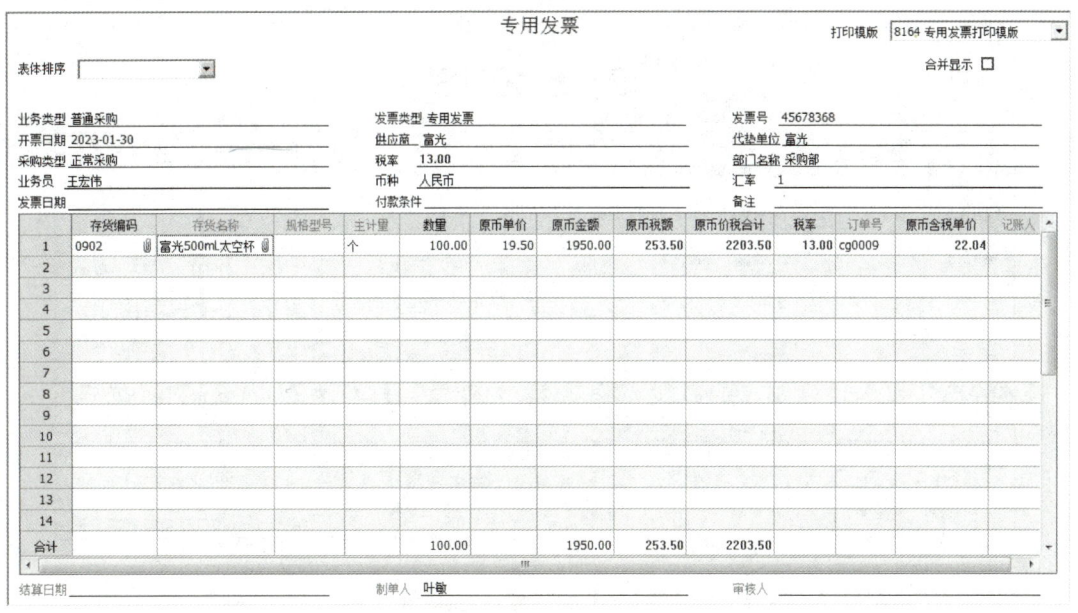

图 5-213 【采购专用发票】窗口

5. 应付单据审核与制单

（1）2023 年 1 月 30 日，财务部黄小明在企业应用平台中执行【业务工作】|【财务会计】|【应付款管理】|【应付单据处理】|【应付单据审核】命令，打开【应付单据查询条件】对话框。

（2）勾选【未完全报销】复选框，单击【确定】按钮，系统弹出【应付单据列表】窗口。

（3）双击【选择】栏，或单击【全选】按钮，单击【审核】按钮，系统完成审核并给出审核报告，如图 5-214 所示。

图 5-214 【应付单据列表】窗口

（4）执行【制单处理】命令，打开【制单查询】窗口，选择【发票制单】。

（5）单击【确定】按钮，打开【采购发票制单】窗口。

（6）凭证类别选择【记账凭证】，再单击【全选】按钮，选中要制单的【采购专用发票】。

（7）单击【制单】按钮，生成一张记账凭证，修改【在途物资】为【销售费用/赠品费用】，单击【保存】按钮，如图 5-215 所示。

业 务 三

【业务描述】 2023 年 1 月 30 日，销售部张立与华联超市签订促销合同，销售汇源 1 L 100%葡萄汁 100 箱，每箱赠送一个富光 500 mL 太空杯。取得与该业务相关的凭证如图 5-216～图 5-219 所示。

【业务解析】 本笔业务是签订促销合同，开票发货的销售业务。

特殊销售
业务三

图 5-215 【记账凭证】窗口

图 5-216 【业务三——购销合同】凭证

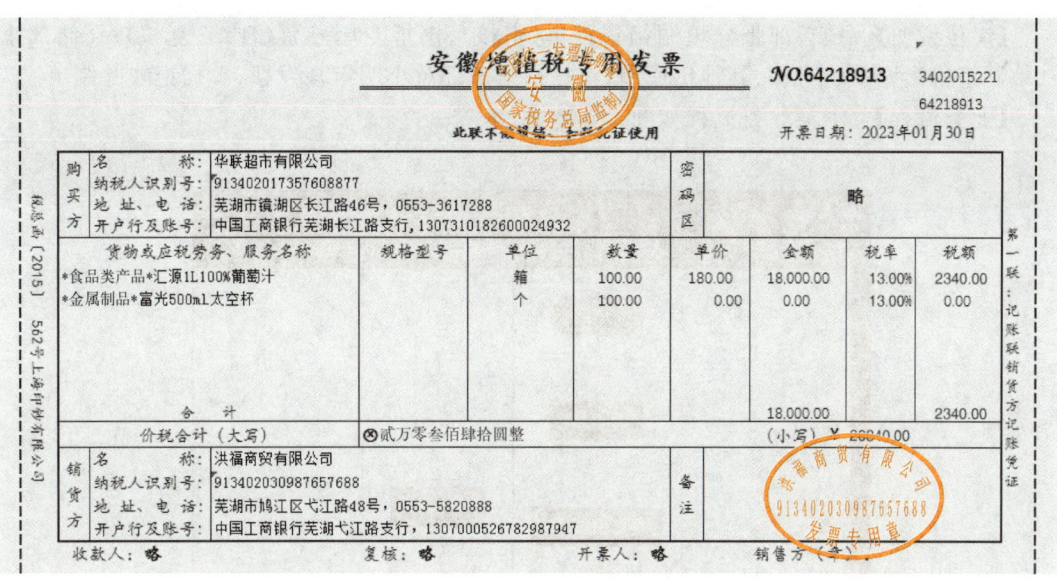

图5-217 【业务三——增值税专用发票】凭证

图5-218 【业务三——出库单】凭证

图5-219 【业务三——出库单】凭证

【赛题链接】 6日，经批准，福建营销分部朱坤与沃尔玛公司（思明店）签订捆绑买赠的促销购销合同（合同编号：xs002），款项已通过电汇收取（纸巾盒直接在库存填其他出库单，收发类别为"赠品出库"，暂不考虑税金转出，收款使用现结功能处理）。（赠品促销合同、发票、赠品出库单，进账单略）

【岗位说明】 销售部张立填制销售订单(审核)、销售专用发票(现结、复核);仓储部李红填制销售出库单(审核)、其他出库单(审核);财务部黄小明审核发票、单据记账并制单。

【业务流程】 本笔业务流程如图5-220所示。

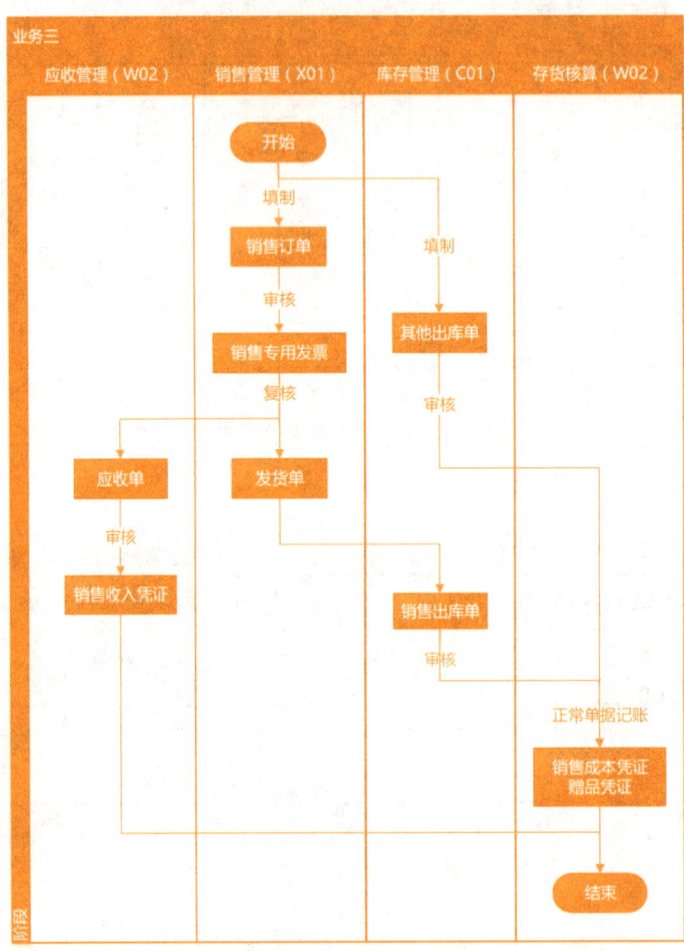

图5-220 【业务三】业务流程图

〖操作指导〗

1. 填制销售订单

(1) 2023年1月30日,销售部张立在企业应用平台中执行【业务工作】|【供应链】|【销售管理】|【销售订货】|【销售订单】命令,打开【销售订单】窗口。

(2) 单击【增加】按钮,修改订单编号为【xs0010】,销售类型选择【正常销售】,按照购销合同录入订单信息,单击【保存】按钮。

(3) 单击【审核】按钮,审核填制的销售订单,如图5-221所示。

重要提示

 在表体中,赠品单价输入"0.00"。

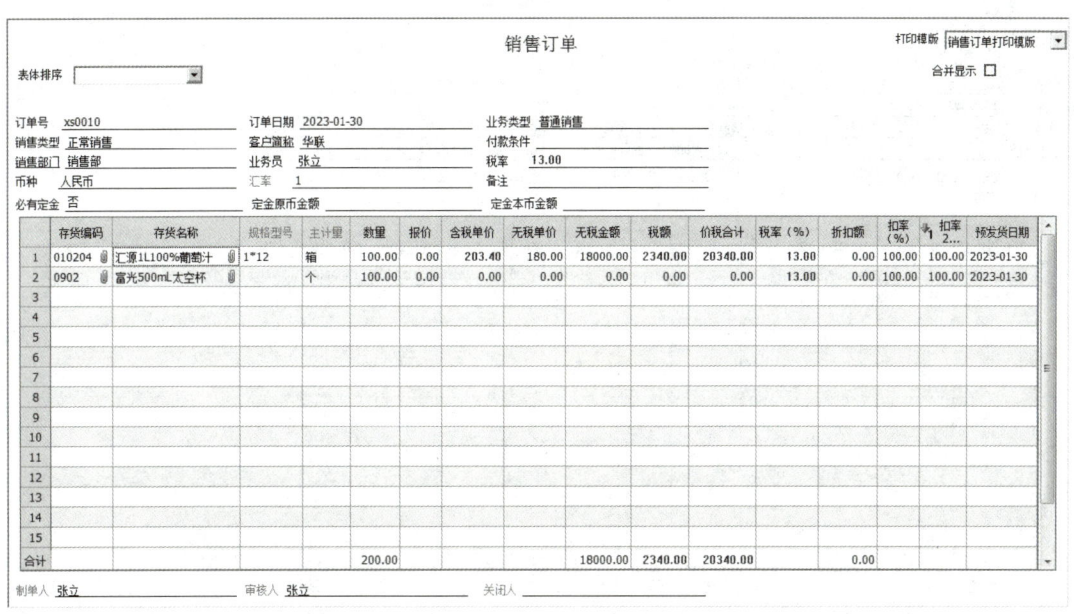

图 5-221 【销售订单】窗口

2. 生成销售专用发票

(1) 2023 年 1 月 30 日，销售部张立在企业应用平台中执行【业务工作】|【供应链】|【销售管理】|【销售开票】|【销售专用发票】命令，打开【销售专用发票】窗口。

(2) 单击【增加】按钮，系统弹出【查询条件选择-参照生单】对话框，选择相应的订单，如图 5-222 所示。

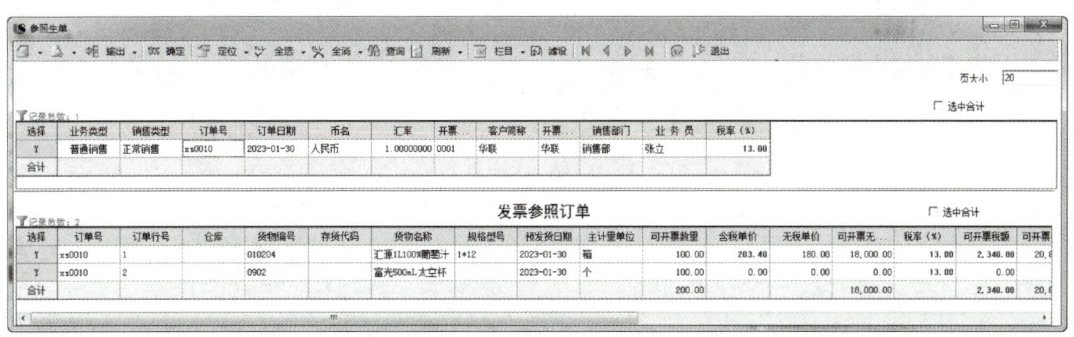

图 5-222 【参照生单】窗口

(3) 单击【确定】按钮，修改发票号为【64218913】，在表体中，仓库名称修改为【果蔬汁库】和【赠品库】，单击【保存】按钮，单击【复核】按钮，如图 5-223 所示。

3. 浏览发货单

(1) 2023 年 1 月 30 日，销售部张立在企业应用平台中执行【业务工作】|【供应链】|【销售管理】|【销售发货】|【发货单】命令，打开【发货单】窗口。

(2) 单击【浏览】按钮，可以查看系统根据销售专用发票自动生成并审核的发货单，如图 5-224 所示。

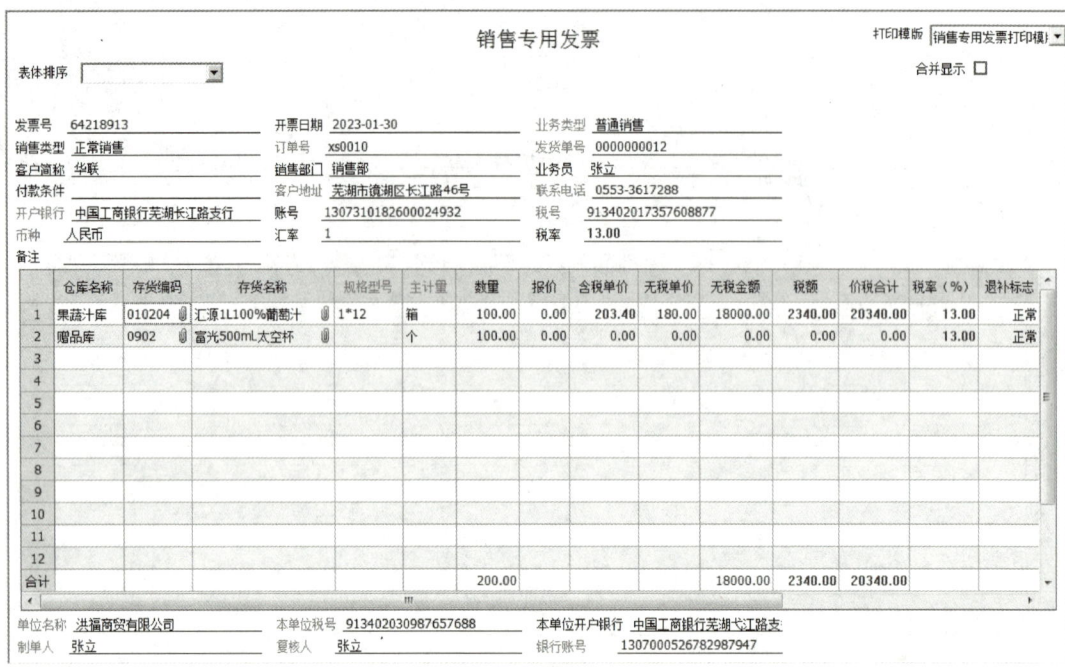

图 5-223 【销售专用发票】窗口

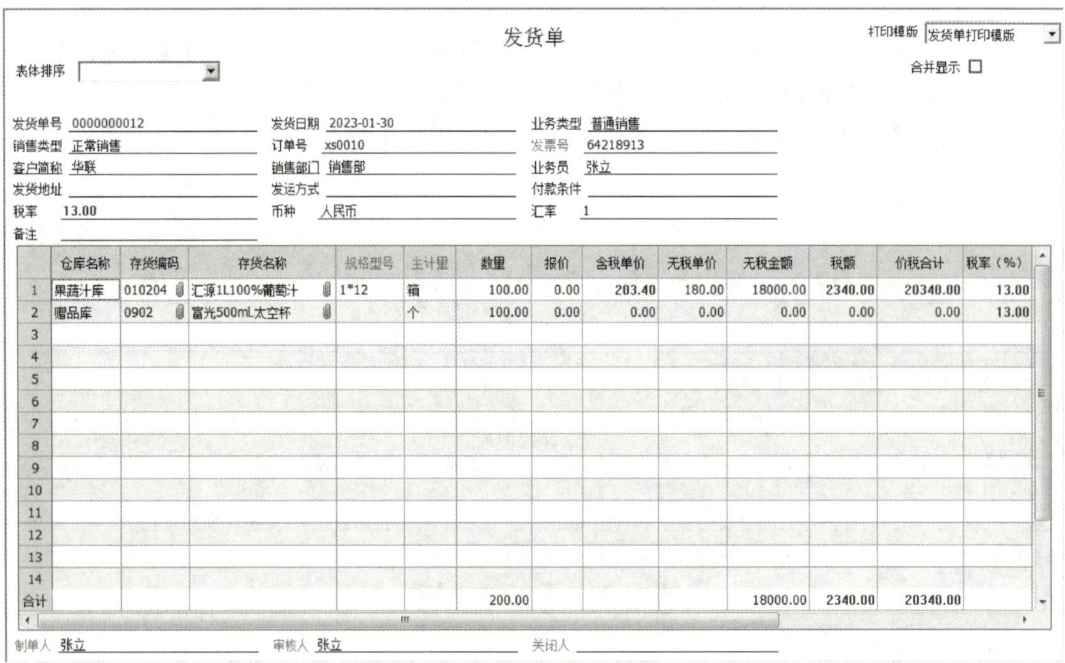

图 5-224 【发货单】窗口

4. 生成销售出库单

(1) 2023 年 1 月 30 日,仓储部李红在企业应用平台中执行【业务工作】|【供应链】|【库存管理】|【出库业务】|【销售出库单】命令,打开【销售出库单】窗口。

(2) 选择【生单】|【销售生单】命令,打开【查询条件选择-销售发货单列表】对话框,单击【确定】按钮。

(3) 打开【销售生单】窗口，选择相应的【发货单】，单击【确定】按钮，系统自动生成销售出库单。

(4) 单击【审核】按钮，如图 5-225 所示。

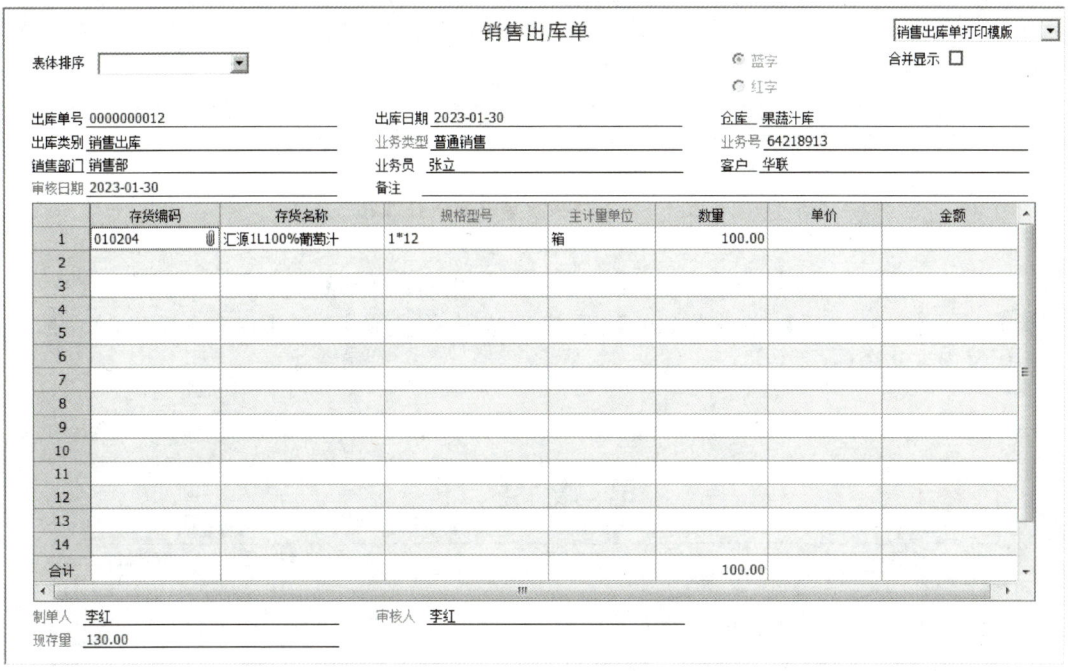

图 5-225 【销售出库单】窗口

(5) 重复步骤(2)(3)(4)，生成第二张销售出库单并审核，如图 5-226 所示。

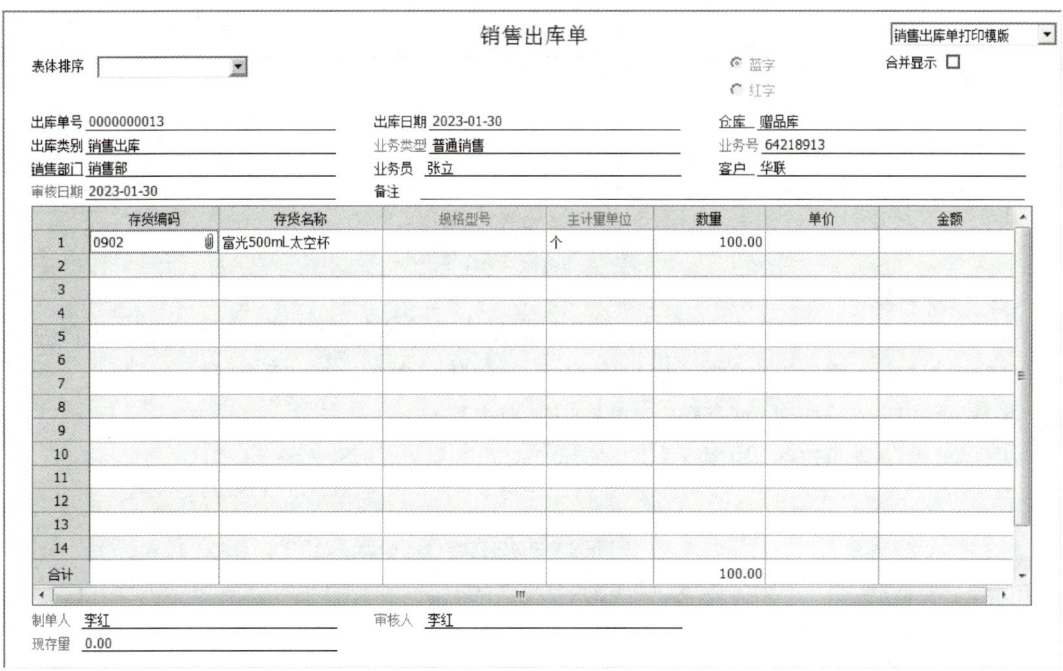

图 5-226 【销售出库单】窗口

5. 应收单据审核与制单

（1）2023年1月30日，财务部黄小明在企业应用平台中执行【业务工作】|【财务会计】|【应收款管理】|【应收款单据处理】|【应收单据审核】命令，单击【确定】按钮，打开【应收单据列表】窗口，单击【全选】按钮，单击【审核】按钮，如图5-227所示。

图5-227 【应收单据列表】窗口

（2）执行【制单处理】命令，选择【发票制单】，单击【确定】，选择需要制单的记录，凭证类别选择【记账凭证】，单击【制单】，系统生成相关凭证，单击【保存】按钮，如图5-228所示。

图5-228 【记账凭证】窗口

6. 结转销售成本

（1）2023年1月30日，财务部黄小明在企业应用平台中执行【业务工作】|【供应链】|【存货核算】|【业务核算】|【正常单据记账】命令，打开【查询条件选择】对话框。

（2）单击【确定】按钮，打开【正常单据记账列表】窗口。

（3）单击【全选】按钮，如图5-229所示。

图5-229 【正常单据记账列表】窗口

(4) 单击【记账】按钮,将销售专用发票记账,系统提示【记账成功!】。
(5) 执行【财务核算】|【生成凭证】命令,打开【查询条件】对话框。
(6) 单击【确定】按钮,打开【未生成凭证单据一览表】窗口。
(7) 单击【选择】栏,或单击【全选】按钮,选中待生成凭证的单据,单击【确定】按钮。
(8) 凭证类别选择【记账凭证】,如图 5-230 所示。

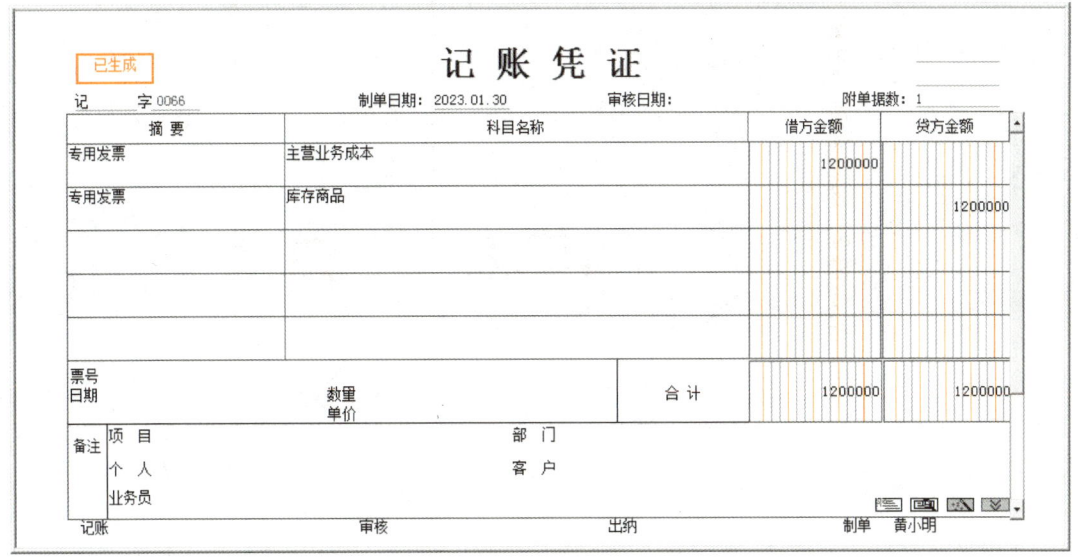

图 5-230 【生成凭证】窗口

(9) 单击【生成】按钮,生成一张记账凭证,单击【保存】按钮,如图 5-231 所示。

图 5-231 【记账凭证】窗口

业 务 四

【业务描述】 2023 年 1 月 31 日公司用库存商品答谢员工,公司将汇源 1 L 100％桃+葡萄礼盒装 9 箱免费发放给员工,取得与业务相关的凭证如图 5-232 所示。(不考虑个人所得税)

【业务解析】 本笔业务是以库存商品发放职工非货币性福利的业务。

【岗位说明】 仓储部李红填制其他出库单(审核);财务部黄小明单据记账并制单。

【业务流程】 本笔业务流程如图 5-233 所示。

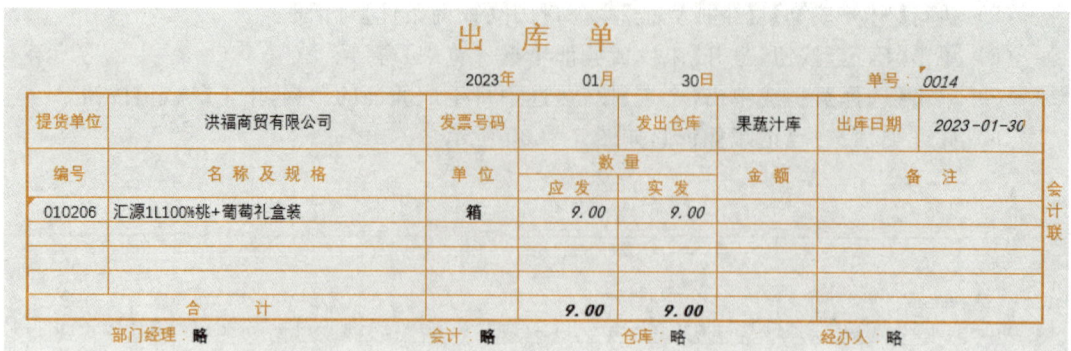

图 5-232 【业务四——出库单】凭证

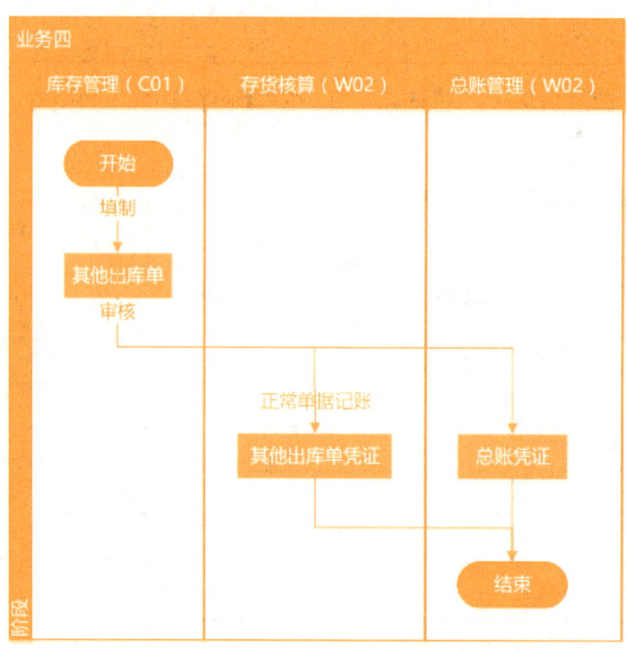

图 5-233 【业务四】业务流程图

【操作指导】

1. 填制其他出库单

（1）2023年1月31日，仓储部李红在企业应用平台中执行【业务工作】|【供应链】|【库存管理】|【出库业务】|【其他出库单】命令，打开【其他出库单】窗口。

（2）单击【增加】按钮，修改仓库为【果蔬汁库】，出库类别为【其他出库】，部门为【仓储部】；在表体中，存货编码选择【010206】，录入数量为【9】，单击【保存】按钮。

（3）单击【审核】按钮，如图 5-234 所示。

2. 结转出库成本

（1）2023年1月31日，财务部黄小明在企业应用平台中执行【业务工作】|【供应链】|【存货核算】|【业务核算】|【正常单据记账】命令，打开【查询条件选择】对话框。

其他出库单

其他出库单打印模版

表体排序　　　◉ 蓝字　◯ 红字　　合并显示 □

出库单号 0000000001　　出库日期 2023-01-31　　仓库 果蔬汁库

出库类别 其他出库　　业务类型 其他出库　　业务号

部门 仓储部　　审核日期 2023-01-31　　备注

	存货编码	存货名称	规格型号	主计量单位	数量	单价	金额
1	010206	汇源1L100%桃+葡萄礼盒装	1*6*6	箱	9.00		
合计					9.00		

制单人 李红　　审核人 李红

现存量 71.00　　发货地址

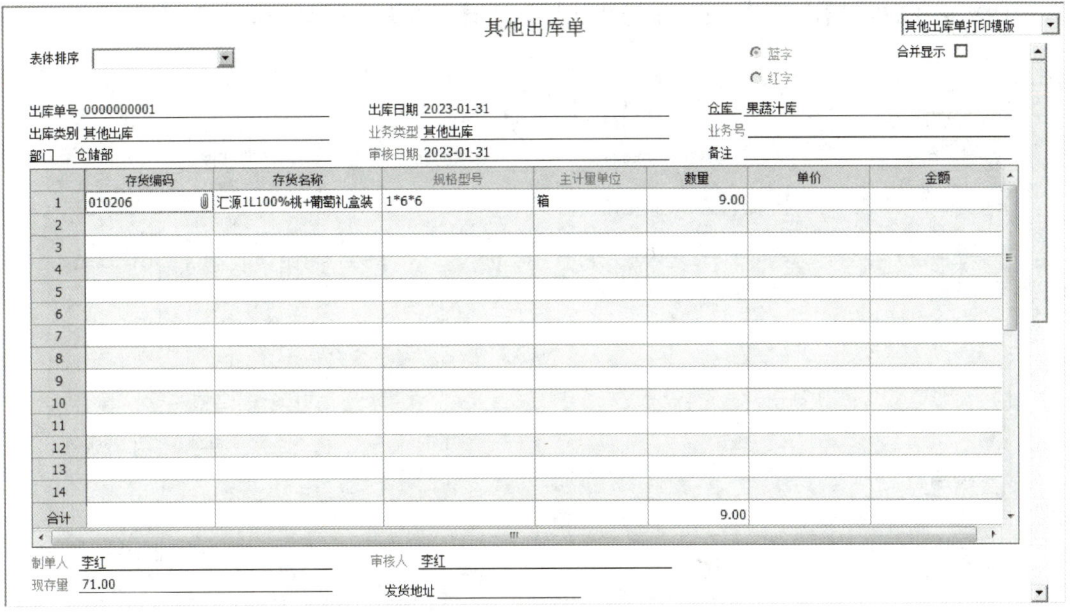

图 5-234 【其他出库单】窗口

（2）单击【确定】按钮，打开【正常单据记账列表】窗口。

（3）单击【全选】按钮，如图 5-235 所示。

正常单据记账列表

[illegible]：1

选择	日期	单据号	存货编码	存货名称	规格型号	存货代码	单据类型	仓库名称	收发类别	数量	单价	金额
Y	2023-01-31	0000000001	010206	汇源1L100%桃+葡萄礼盒装	1*6*6		其他出库单	果蔬汁库	其他出库	9.00		
小计										9.00		

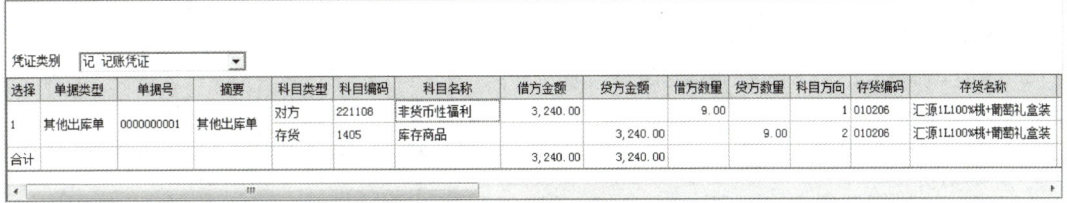

图 5-235 【正常单据记账列表】窗口

（4）单击【记账】按钮，将其他出库单记账，系统提示【记账成功】。

（5）执行【财务核算】|【生成凭证】命令，打开【查询条件】对话框。

（6）单击【确定】按钮，打开【未生成凭证单据一览表】窗口。

（7）单击【选择】栏，或单击【全选】按钮，选中待生成凭证的单据，单击【确定】按钮。

（8）凭证类别选择【记账凭证】，如图 5-236 所示。

凭证类别　记 记账凭证

选择	单据类型	单据号	摘要	科目类型	科目编码	科目名称	借方金额	贷方金额	借方数量	贷方数量	科目方向	存货编码	存货名称
1	其他出库单	0000000001	其他出库单	对方	221108	非货币性福利	3,240.00		9.00		1	010206	汇源1L100%桃+葡萄礼盒装
				存货	1405	库存商品		3,240.00		9.00	2	010206	汇源1L100%桃+葡萄礼盒装
合计							3,240.00	3,240.00					

图 5-236 【生成凭证】窗口

重要提示

补充其他出库单对方科目为“221108 应付职工薪酬-非货币性福利”。

5

(9) 单击【生成】按钮,生成一张记账凭证,单击【保存】按钮,如图5-237所示。

图5-237 【记账凭证】窗口

> **重要提示**
> 在保存凭证之前,单击【拆分】按钮,输入科目为"22210107 进项税额转出",金额为"412.20"。

3. 总账填制凭证

2023年1月31日,财务部黄小明在企业应用平台中执行【业务工作】|【财务会计】|【总账】|【凭证处理】|【填制凭证】命令,打开【填制凭证】窗口,填制一张凭证,如图5-238所示。

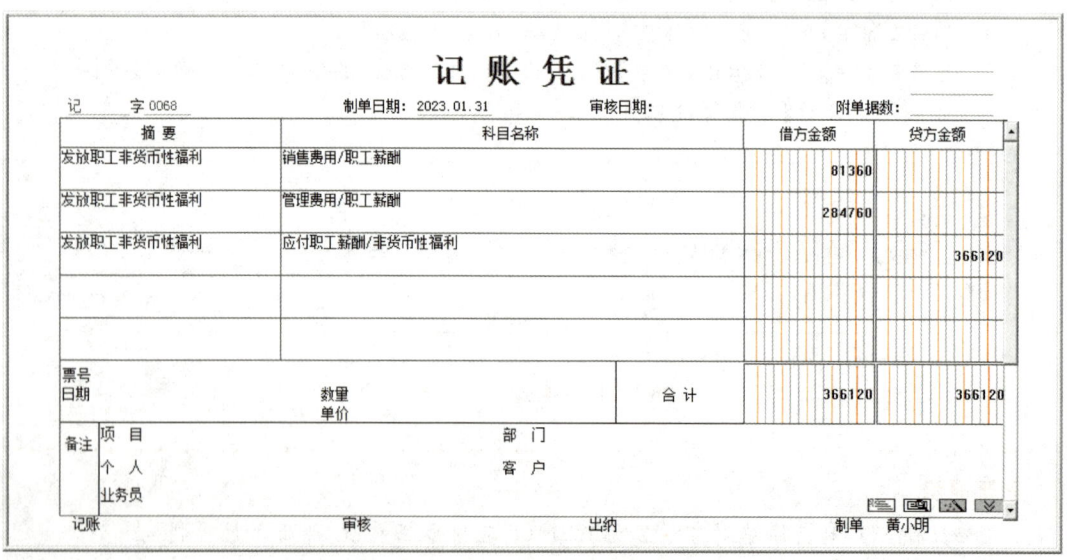

图5-238 【记账凭证】窗口

> **重要提示**
>
> ● 销售部人员的职工福利计入"销售费用——职工薪酬",其他部门人员的职工福利计入"管理费用——职工薪酬"。
> ● 洪福商贸有限公司的职工福利当月发生当月计提。
> ● 职工福利分配情况如表5-1所示。
>
> **表5-1 职工福利分配表**
>
> | 人员编码 | 姓名 | 部门名称 |
> |---|---|---|
> | 101 | 李金泽 | 总经办 |
> | 201 | 宋清 | 财务部 |
> | 202 | 黄小明 | 财务部 |
> | 203 | 李卉 | 财务部 |
> | 301 | 叶敏 | 采购部 |
> | 302 | 王宏伟 | 采购部 |
> | 401 | 张立 | 销售部 |
> | 402 | 李丽珊 | 销售部 |
> | 501 | 李红 | 仓储部 |

实训六 销售退货业务处理

销售退货业务

【业务描述】 31日,沃尔玛超市退回合同编码号xs0002的君乐宝优质牧场纯牛奶20箱货,原因为质量问题,即日办理退货,并于当日退还价税款及红字发票(使用现结功能处理)。取得与该业务相关的凭证如图5-239~图5-241所示。

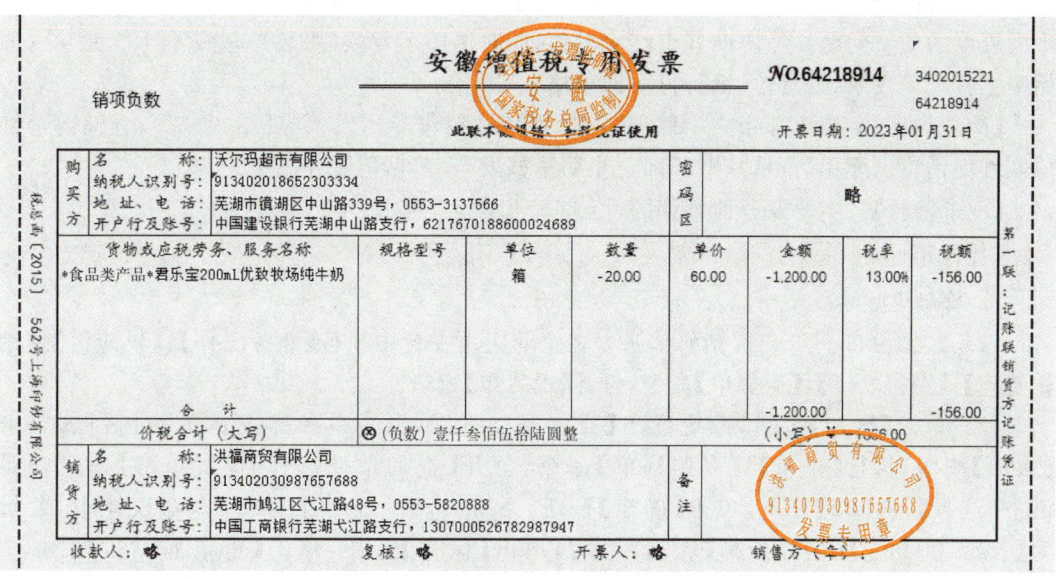

图5-239 【红字增值税专用发票】凭证

图 5-240 【出库单】凭证

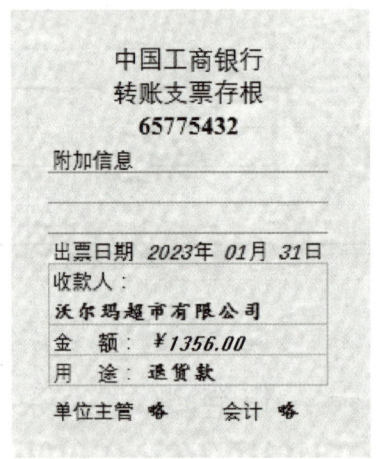

图 5-241 【业务一——银行转账支票存根】凭证

【业务解析】 本笔业务是销售退货退款业务。

【赛题链接】 6日,上月向武汉远程商贸有限公司销售的男士运动套装中,有10套存在不同程度的质量问题。经协商开出红字发票,同时退还了货款(服装单位成本185元)。(原始单据:红字发票、退货单、银行付款回单略)

【岗位说明】 销售部张立填制退货单(审核)、销售专用发票(现结、复核);仓储部李红填制红字销售出库单(审核);财务部黄小明审核发票、单据记账并制单。

【业务流程】 本笔业务流程如图5-242所示。

〖操作指导〗

1. 填制退货单

(1) 2023年1月31日,销售部张立在企业应用平台中执行【业务工作】|【供应链】|【销售管理】|【销售发货】|【退货单】命令,打开【退货单】窗口。

(2) 单击【增加】按钮,系统弹出【查询条件选择-退货单参照发货单】对话框,单击【取消】按钮,执行【生单】|【参照订单】命令,打开【查询条件选择-退货单参照订单】对话框,选择【xs0002】订单,单击【确定】按钮,系统自动生成一张退货单,在表体中,数量为【-20.00】,仓库名称选择【乳制品库】,单击【保存】按钮,单击【审核】按钮,如图5-243所示。

实训六 销售退货业务处理 307

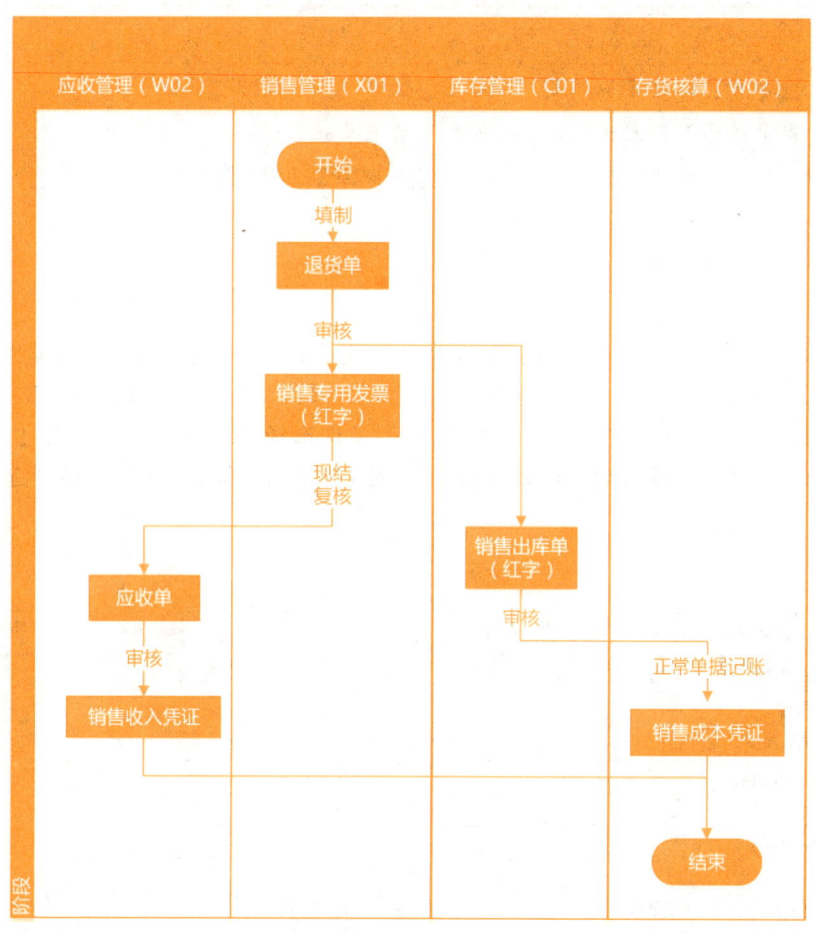

图 5-242 业务流程图

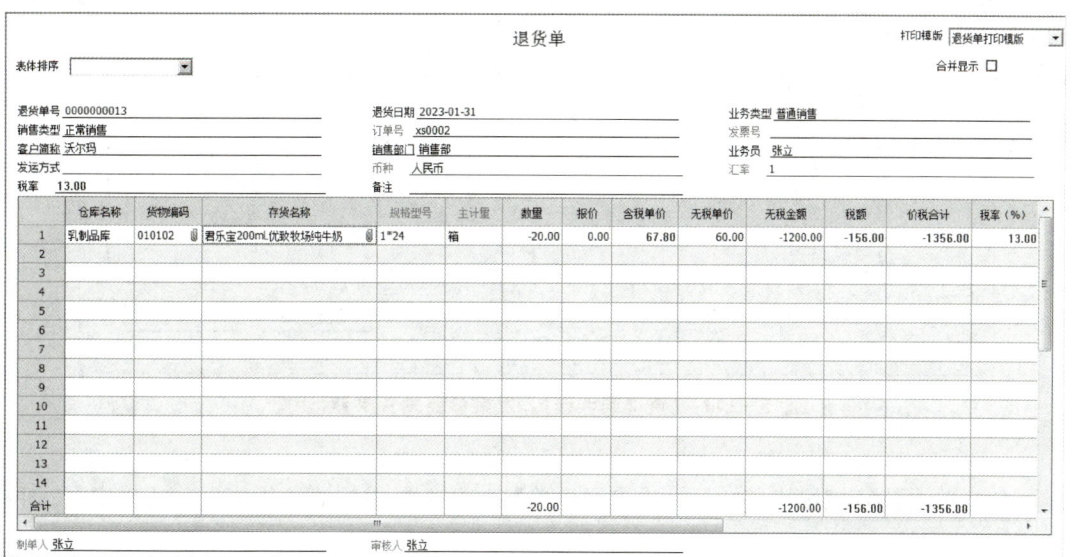

图 5-243 【退货单】窗口

> **重要提示**
> - 退货单上的数量应该是负数。
> - 退货单可以参照生成,也可以手工录入生成。
> - 如果销售选项中设置了【销售生成出库单】,则发货单审核时自动生成销售出库单,退货单审核时自动生成红字出库单。

2. 生成红字销售专用发票

(1) 2023年1月31日,销售部张立在企业应用平台中执行【业务工作】|【供应链】|【销售管理】|【销售开票】|【红字专用销售发票】命令,打开【红字销售专用发票】窗口。

(2) 单击【增加】按钮,关闭系统弹出的【查询条件选择-参照订单】对话框,执行【生单】|【参照发货单】命令,打开【查询条件选择-发票参照发货单】对话框,发货单类型选择【红字记录】,如图5-244所示。

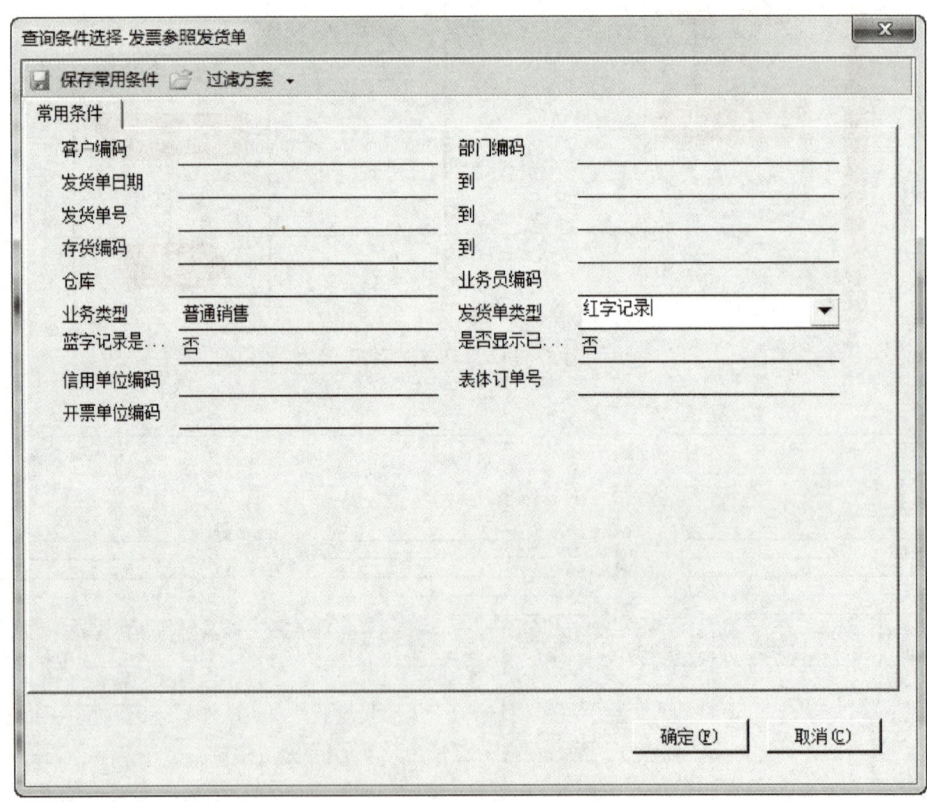

图5-244 【查询条件选择-发票参照发货单】对话框

(3) 单击【确定】按钮,系统弹出【参照生单】窗口,选择相应的发货单,单击【确定】按钮,如图5-245所示。

(4) 系统自动生成一张红字销售发票,修改发票号为【64218914】,单击【保存】按钮,单击【现结】按钮,打开【现结】窗口,输入转账支票信息,如图5-246所示。

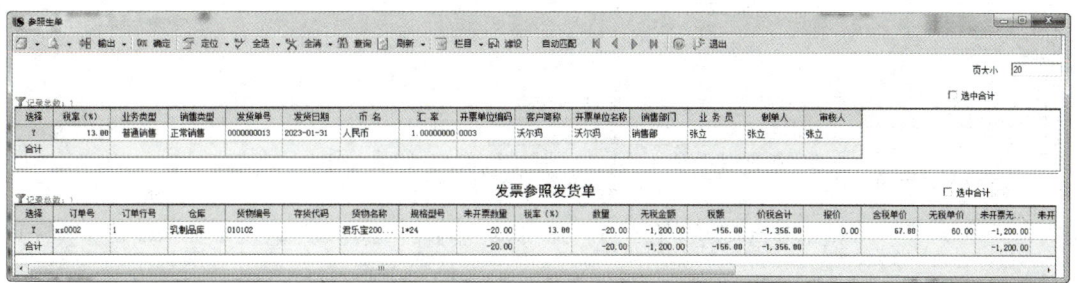

图 5-245 【参照生单】窗口

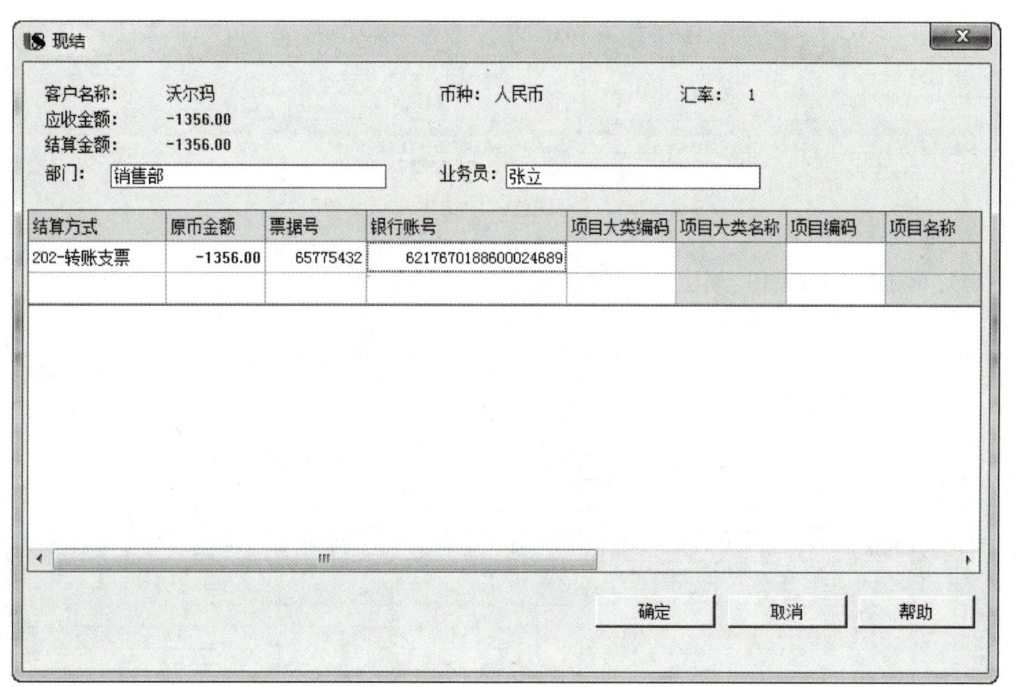

图 5-246 【现结】窗口

> **重要提示**
>
> 销售退货现结的原币金额输入负数金额。

(5) 单击【确定】按钮,系统提示【发票已现结!】,单击【复核】按钮,如图 5-247 所示。

3. 生成红字销售出库单

(1) 2023 年 1 月 31 日,仓储部李红在企业应用平台中执行【业务工作】|【供应链】|【库存管理】|【出库业务】|【销售出库单】命令,打开【销售出库单】窗口。

(2) 选择【生单】|【销售生单】命令,打开【查询条件选择-销售发货单列表】对话框,单击【确定】按钮。

(3) 打开【销售生单】窗口,选择相应的【发货单】,单击【确定】按钮,系统自动生成销售出库单。

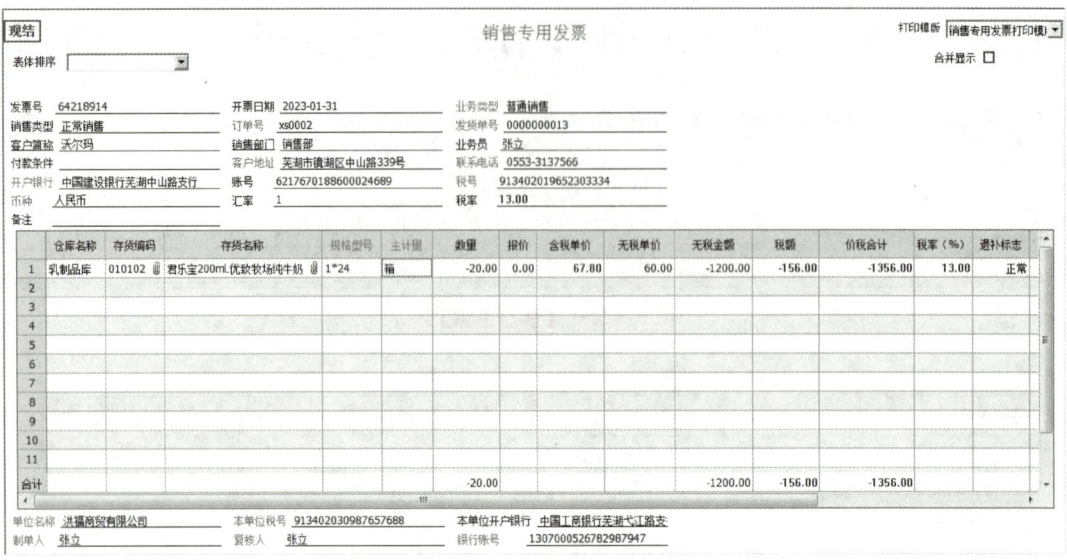

图 5-247 【已现结红字销售专用发票】

(4) 单击【审核】按钮,如图 5-248 所示。

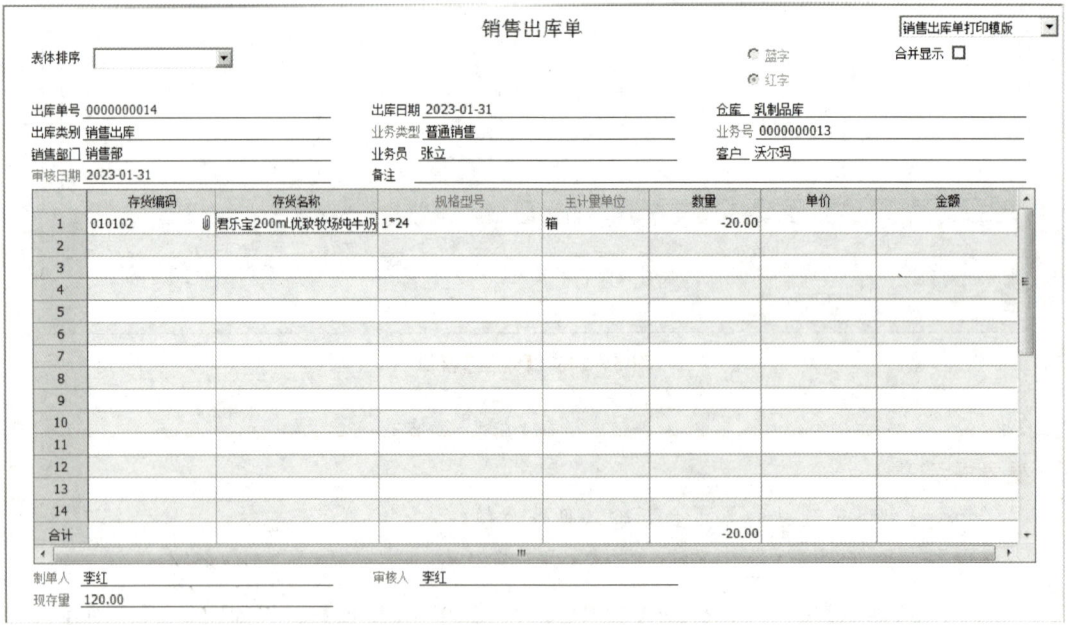

图 5-248 【红字销售出库单】窗口

4. 应收单据审核与制单

(1) 2023 年 1 月 31 日,财务部黄小明在企业应用平台中执行【业务工作】|【财务会计】|【应收款管理】|【应收单据处理】|【应收单据审核】命令,勾选【包含已现结发票】复选框,单击【确定】按钮,打开【应收单据列表】窗口,单击【全选】按钮,单击【审核】按钮,如图 5-249 所示。

应收单据列表

记录总数：1

选择	审核人	单据日期	单据类型	单据号	客户名称	部门	业务员	制单人	币种	汇率	原币金额	本币金额	备注
	黄小明	2023-01-31	销售专用发票	64218914	沃尔玛超市有限公司	销售部	张立	张立	人民币	1.00000000	-1,356.00	-1,356.00	
合计											-1,356.00	-1,356.00	

图 5-249 【应收单据列表】窗口

（2）执行【制单处理】命令，选择【现结制单】，单击【确定】，选择需要制单的记录，凭证类别选择【记账凭证】，单击【制单】，系统生成相关凭证，单击【保存】按钮，如图 5-250 所示。

已生成

记账凭证

记 字 0069　　制单日期：2023.01.31　　审核日期：　　附单据数：1

摘要	科目名称	借方金额	贷方金额
现结	银行存款/工行存款（人民币）	135600	
现结	主营业务收入		120000
现结	应交税费/应交增值税/销项税额		15600
票号 202 - 65775432 日期 2023.01.31　数量 单价	合计	135600	135600

备注　项　目　　部　门
个　人　　客　户
业务员

记账　　审核　　出纳　　制单 黄小明

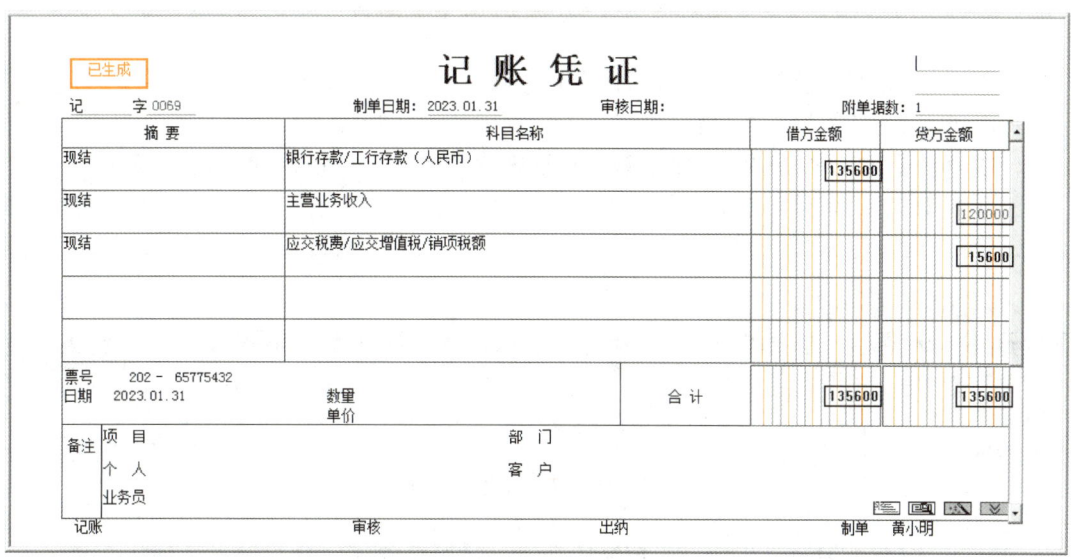

图 5-250 【记账凭证】窗口

5. 冲减销售成本

（1）2023 年 1 月 31 日，财务部黄小明在企业应用平台中执行【业务工作】|【供应链】|【存货核算】|【业务核算】|【正常单据记账】命令，打开【查询条件选择】对话框。

（2）单击【确定】按钮，打开【正常单据记账列表】窗口。

（3）单击【全选】按钮，如图 5-251 所示。

正常单据记账列表

记录总数：1

选择	日期	单据号	存货编码	存货名称	规格型号	存货代码	单据类型	仓库名称	收发类别	数量	单价	金额
Y	2023-01-31	64218914	010102	君乐宝200mL优致牧场纯牛奶	1*24		专用发票	乳制品库	销售出库	-20.00		
小计										-20.00		

图 5-251 【正常单据记账列表】窗口

（4）单击【记账】按钮，系统弹出【手工输入单价列表】窗口，输入单价为【48.96】，如图 5-252 所示，单击【确定】按钮，系统提示【记账成功！】。

重要提示

本次退货业务是前期销售业务(xs0002)发生的退货业务，销售业务发生时结转的销售成本单价为 48.96(24480/500)，因此，退货时红字销售出库单记账单价为 48.96。

图 5-252 【手工输入单价列表】窗口

(5) 执行【财务核算】|【生成凭证】命令,打开【查询条件】对话框。
(6) 单击【确定】按钮,打开【未生成凭证单据一览表】窗口。
(7) 单击【选择】栏,或单击【全选】按钮,选中待生成凭证的单据,单击【确定】按钮。
(8) 凭证类别选择【记账凭证】,如图 5-253 所示。

图 5-253 【生成凭证】窗口

(9) 单击【生成】按钮,生成一张记账凭证,单击【保存】按钮,如图 5-254 所示。

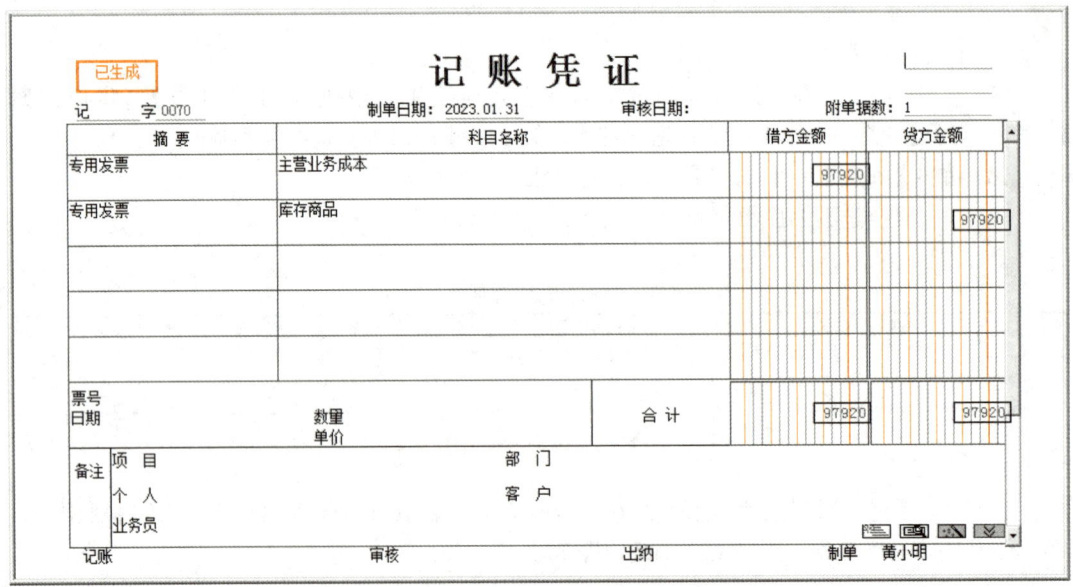

图 5-254 【记账凭证】窗口

项目六　库存管理系统业务处理

实训一　盘点业务处理

业　务　一

【业务描述】　2023年1月31日,对乳制品仓库进行盘点,君乐宝酸奶盘亏1箱。取得与该业务相关的凭证如图6-1所示。

存货盘点表

盘点日期：2023.01.31　　　　　　　　　　　　　　　　　　　　　　盘点人：李红

序号	存货名称	型号	账面数量	单价	金额	盘盈数量	盘亏数量	实盘数量	单价	金额
1	君乐宝200mL原味开啡尔酸奶	1*24	19.00				1.00	18.00		
2	君乐宝200mL优致牧场纯牛奶	1*24	120.00					120.00		
3	君乐宝200mL香蕉牛奶	1*24	480.00					480.00		
合计			619.00					618.00		

图6-1　【业务一——存货盘点表】凭证

【业务解析】　本笔业务是存货盘亏业务。
【赛题链接】　30日,公司对存货进行清查,原因待查。
【岗位说明】　仓储部李红填制盘点单(审核)、审核其他出库单;财务部黄小明单据记账并制单。
【业务流程】　本笔业务流程如图6-2所示。

〖操作指导〗

1. 填制盘点单

(1) 2023年1月31日,仓储部李红在企业应用平台中执行【业务工作】|【供应链】|【库存管理】|【盘点业务】命令,打开【盘点单】窗口。

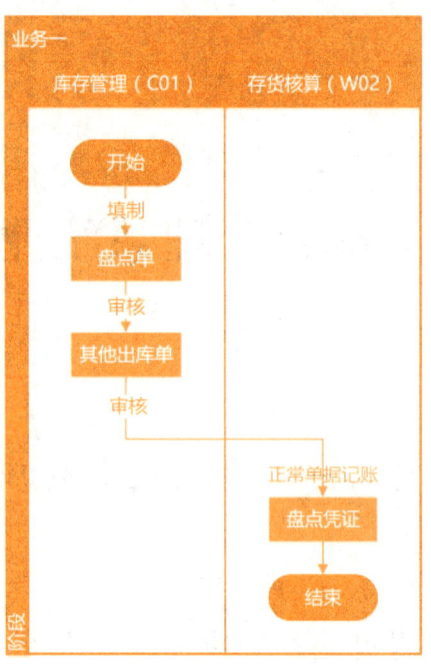

图 6-2 【业务一】业务流程图

(2) 单击【增加】按钮，盘点仓库选择【乳制品库】，出库类别选择【盘亏出库】，入库类别选择【盘盈入库】，部门选择【仓储部】，经手人选择【李红】，单击【盘库】按钮，输入存货编号为【010101 君乐宝 200 mL 原味开啡尔酸奶】，盘点数量为【18.00】，单击【保存】按钮。

(3) 单击【审核】按钮，审核填制的盘点单，如图 6-3 所示。

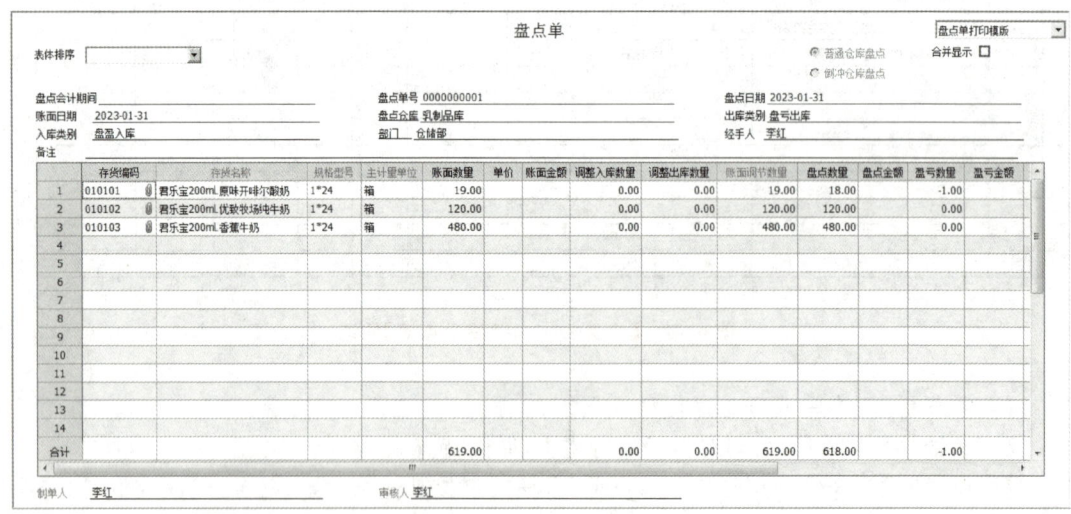

图 6-3 【盘点单】窗口

> **重要提示**
> 必须先选择仓库才能执行"盘库""选择"以及手工输入存货功能。

- 表体内容可以手工输入,也可利用"盘库"和"选择"批量录入。
- 账面数量系统自动带入,不可修改。
- 盘库:盘点单录入状态时,可选择盘点方式。
- 选择:盘点单录入状态时,可选择存货。
- 表体中的盘点数量,默认显示为账面数量,如果实盘数量与账面数量不一致,需要根据实盘数量进行修改。
- 调整入库数量、调整出库数量:从账面日到盘点日期间的出入库数量,可修改。账面数量为账面日的结存,到盘点日可能还会发生出入库,盘点数量要与账面调节数量进行比较。
- 账面调节数量:账面调节数量=账面数+调整入库数量-调整出库数量,系统自动计算,不可修改。
- 实盘数量与账面数量不一致时,系统自动计算盈亏数量,盈亏数量不可修改。

2. 审核其他出库单

2023 年 1 月 31 日,仓储部李红在企业应用平台中执行【业务工作】|【供应链】|【库存管理】|【出库业务】|【其他出库单】命令,单击【浏览】按钮,找到盘点单自动生成的其他出库单,单击【审核】按钮,如图 6-4 所示。

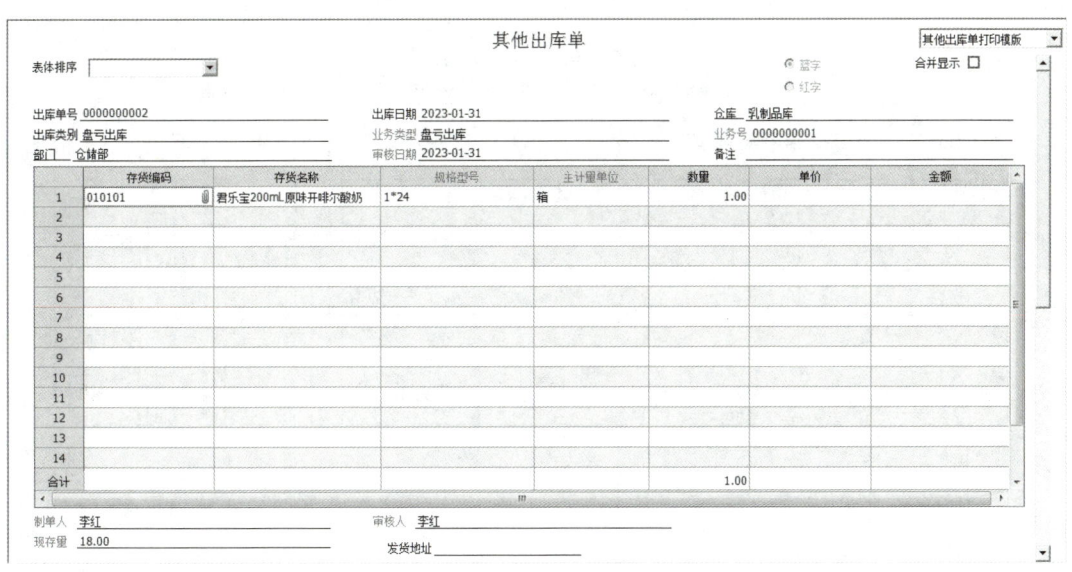

图 6-4 【已审核其他出库单】窗口

3. 存货核算

(1) 2023 年 1 月 31 日,财务部黄小明在企业应用平台中执行【业务工作】|【供应链】|【存货核算】|【业务核算】|【正常单据记账】命令,打开【查询条件选择】对话框。

(2) 单击【确定】按钮,打开【正常单据记账列表】窗口。

(3) 单击【全选】按钮,如图 6-5 所示。

(4) 单击【记账】按钮,将其他出库单记账,系统提示【记账成功!】。

图 6-5 【正常单据记账列表】窗口

(5) 执行【财务核算】|【生成凭证】命令，打开【查询条件】对话框。
(6) 单击【确定】按钮，打开【未生成凭证单据一览表】窗口。
(7) 单击【选择】栏，或单击【全选】按钮，选中待生成凭证的单据，单击【确定】按钮。
(8) 凭证类别选择【记账凭证】，如图 6-6 所示。

图 6-6 【生成凭证】窗口

(9) 单击【生成】按钮，生成一张记账凭证，单击【保存】按钮，如图 6-7 所示。

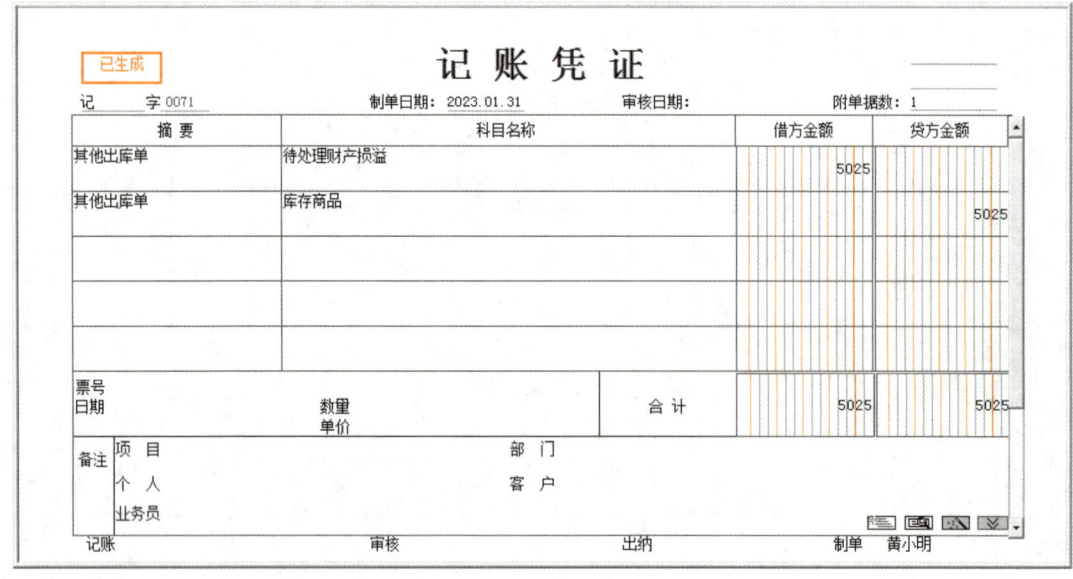

图 6-7 【记账凭证】窗口

业 务 二

【业务描述】 2023 年 1 月 31 日，盘亏的存货损失请批准计入营业外支出。

【业务解析】 本笔业务是存货盘亏处理业务。

【赛题链接】 30 日，经查，盘亏系偷盗所致，盘盈属于收发计量错误所致，经主管批准将库存商品盘盈盘亏转入当期损益。（存货盘存盈亏报告单和审批单略）

【岗位说明】 财务部黄小明填制凭证。
【业务流程】 本笔业务流程如图6-8所示。

图6-8 【业务二】业务流程图

[操作指导]

总账填制凭证

2023年1月31日,财务部黄小明在企业应用平台中执行【业务工作】|【财务会计】|【总账】|【凭证处理】|【填制凭证】命令,打开【填制凭证】窗口,填制一张凭证,如图6-9所示,单击【保存】按钮。

摘要	科目名称	借方金额	贷方金额
盘亏处理	营业外支出	5678	
盘亏处理	待处理财产损溢		5025
盘亏处理	应交税费/应交增值税/进项税额转出		653
	合计	5678	5678

记字0072　制单日期:2023.01.31　制单 黄小明

图6-9 【记账凭证】窗口

业 务 三

【业务描述】 2023年1月31日,对果蔬汁库进行盘点,盘盈汇源1 L 100%苹果汁2箱。取得与该业务相关的凭证如图6-10所示。

【业务解析】 本笔业务是存货盘盈业务。

存货盘点表

盘点日期：2023.01.31　　　　　　　　　　　　　　　　　　盘点人：李红

序号	存货名称	型号	账面 数量	账面 单价	账面 金额	盘盈 数量	盘亏 数量	实盘 数量	实盘 单价	实盘 金额
1	汇源2.5L30%山楂汁	1*6	300.00	60.00	18 000.00			300.00	60.00	18 000.00
2	汇源2L100%橙汁	1*6	300.00	108.00	32 400.00			300.00	108.00	32 400.00
3	汇源1L100%苹果汁	1*12	198.00	120.00	23 760.00	2.00		200.00	120.00	24 000.00
4	汇源1L100%葡萄汁	1*12	130.00	120.00	15 600.00			130.00	120.00	15 600.00
5	汇源1L100%橙+苹果礼盒装	1*6*6	60.00	360.00	21 600.00			60.00	360.00	21 600.00
6	汇源1L100%桃+葡萄礼盒装	1*6*6	71.00	360.00	25 560.00			71.00	360.00	25 560.00
7	汇源450mL冰糖葫芦汁	1*15	140.00	42.00	5 880.00			140.00	42.00	5 880.00
合计			1 199.00		142 800.00			1 201.00		143 040.00

图6-10 【业务三——存货盘点表】凭证

【岗位说明】　仓储部李红填制盘点单（审核）、审核其他入库单；财务部黄小明单据记账并制单。

【业务流程】　本笔业务流程如图6-11所示。

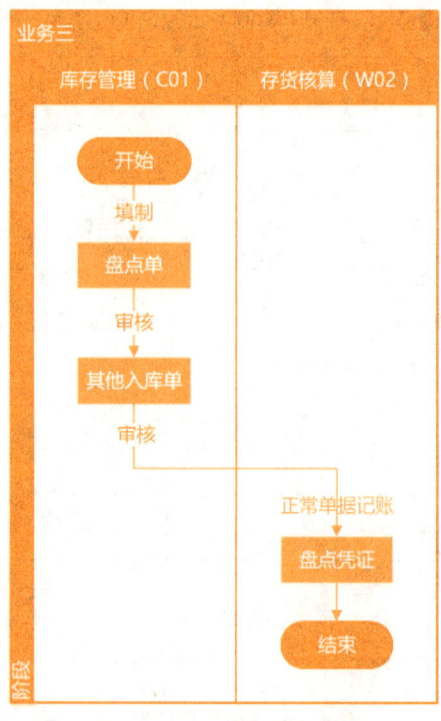

图6-11 【业务三】业务流程图

〖操作指导〗

1. 填制盘点单

（1）2023年1月31日，仓储部李红在企业应用平台中执行【业务工作】|【供应链】|【库存管理】|【盘点业务】命令，打开【盘点单】窗口。

（2）单击【增加】按钮，盘点仓库选择【果蔬汁库】，出库类别选择【盘亏出库】，入库类别选择【盘盈入库】，部门选择【仓储部】，经手人选择【李红】，单击【盘库】按钮，输入存货编号为【010203 汇源 1 L 100％苹果汁】的盘点数量为【200.00】，单击【保存】按钮。

（3）单击【审核】按钮，审核填制的盘点单，如图 6－12 所示。

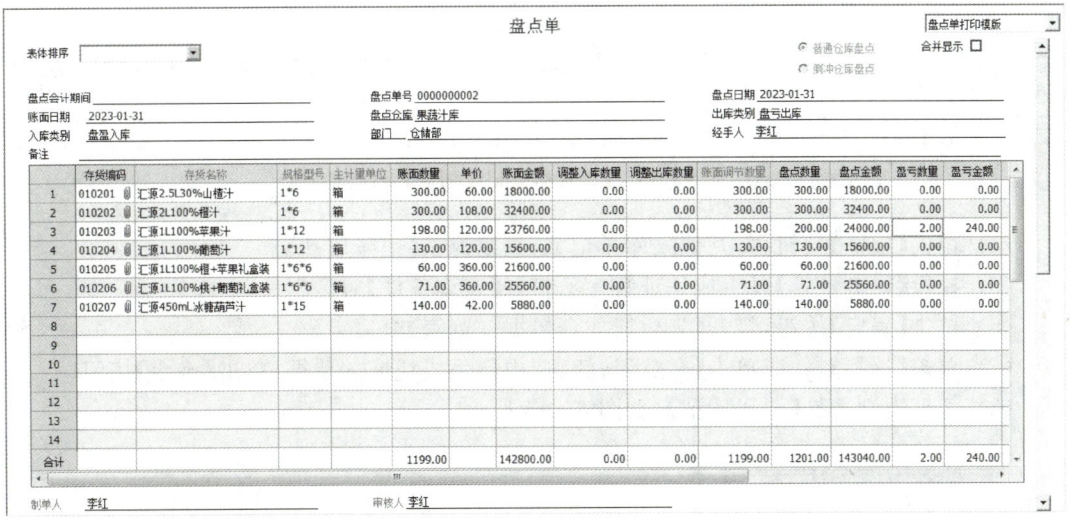

图 6－12　【盘点单】窗口

2. 审核其他入库单

2023 年 1 月 31 日，仓储部李红在企业应用平台中执行【业务工作】|【供应链】|【库存管理】|【入库业务】|【其他入库单】命令，单击【浏览】按钮，找到盘点单自动生成的其他入库单，单击【审核】按钮，如图 6－13 所示。

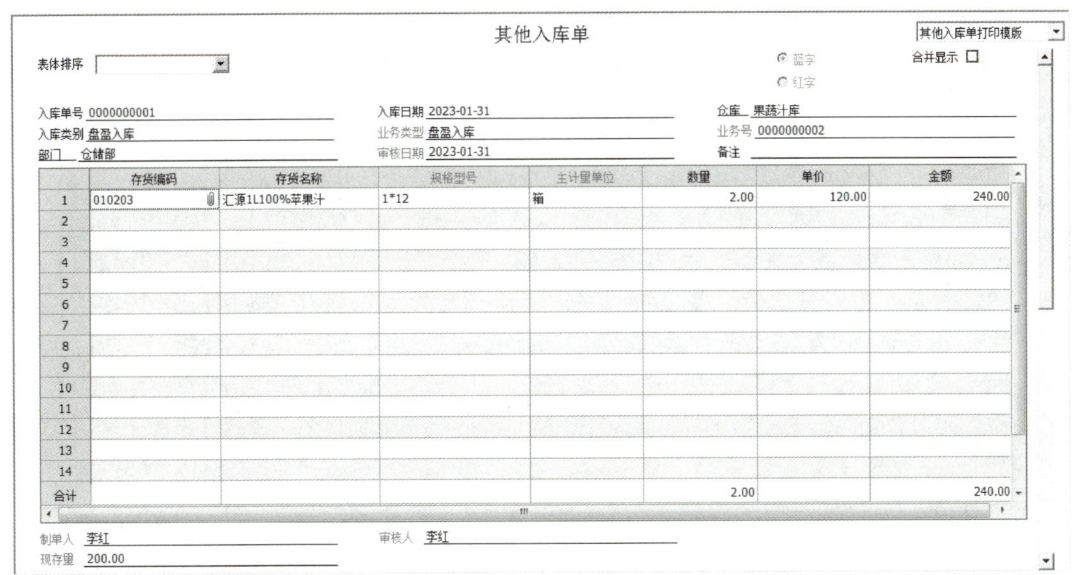

图 6－13　【其他入库单】窗口

3. 存货核算

（1）2023 年 1 月 31 日，财务部黄小明在企业应用平台中执行【业务工作】|【供应链】|【存货核算】|【业务核算】|【正常单据记账】命令，打开【查询条件选择】对话框。

（2）单击【确定】按钮，打开【正常单据记账列表】窗口。

（3）单击【全选】按钮，如图 6-14 所示。

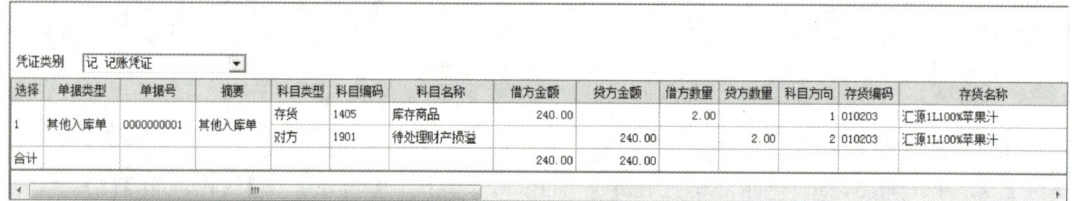

图 6-14 【正常单据记账列表】窗口

（4）单击【记账】按钮，将其他入库单记账，系统提示【记账成功】。

（5）执行【财务核算】|【生成凭证】命令，打开【查询条件】对话框。

（6）单击【确定】按钮，打开【未生成凭证单据一览表】窗口。

（7）单击【选择】栏，或单击【全选】按钮，选中待生成凭证的单据，单击【确定】按钮。

（8）凭证类别选择【记账凭证】，如图 6-15 所示。

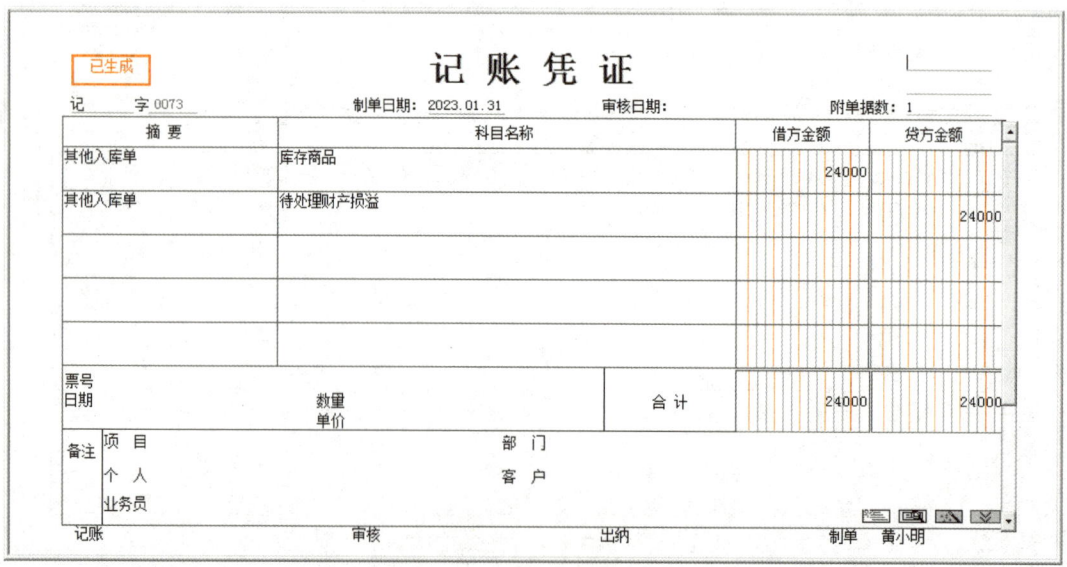

图 6-15 【生成凭证】窗口

（9）单击【生成】按钮，生成一张记账凭证，单击【保存】按钮，如图 6-16 所示。

图 6-16 【记账凭证】窗口

业 务 四

【业务描述】 2023年1月31日,盘盈的存货经批准冲减管理费用。
【业务解析】 本笔业务是存货盘盈处理业务。
【岗位说明】 财务部黄小明填制凭证。
【业务流程】 本笔业务流程如图6-17所示。

图6-17 【业务四】业务流程图

[操作指导]

总账填制凭证

2023年1月31日,财务部黄小明在企业应用平台中执行【业务工作】|【财务会计】|【总账】|【凭证处理】|【填制凭证】命令,打开【填制凭证】窗口,填制一张记账凭证,如图6-18所示,单击【保存】按钮。

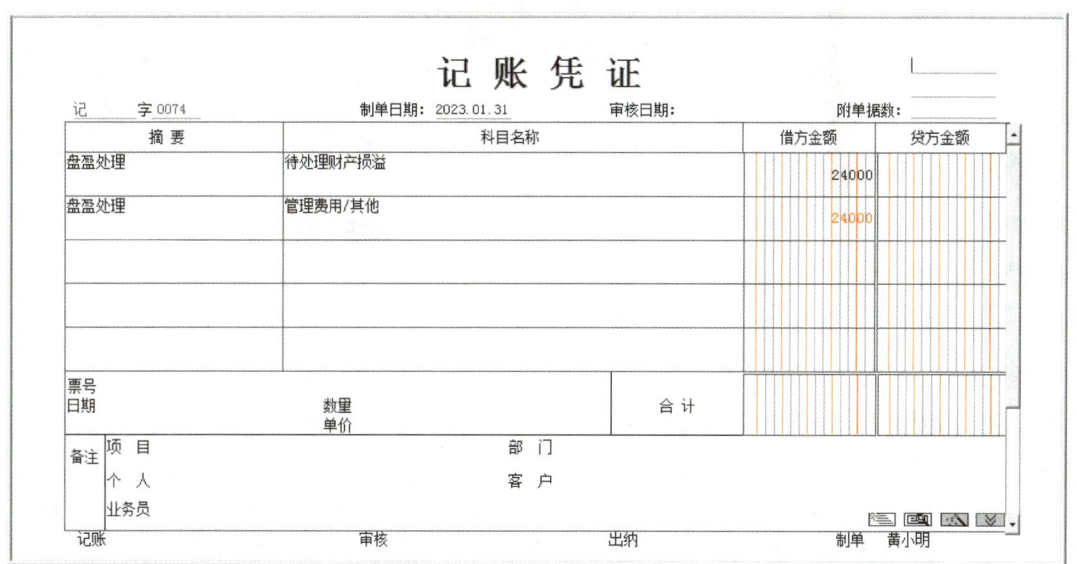

图6-18 【记账凭证】窗口

> **重要提示**
> "管理费用"科目的发生额应调整为"借方红字"。

实训二 其他业务处理

【业务描述】 2023年1月31日,由于保管不当,造成汇源2L 100%橙汁损坏变质1箱,经批准,损失计入管理费用。

【业务解析】 本笔业务是存货损失及其处理业务。

【岗位说明】 仓储部李红填制其他出库单;财务部黄小明正常单据记账、制单。

【业务流程】 本笔业务流程如图6-19所示。

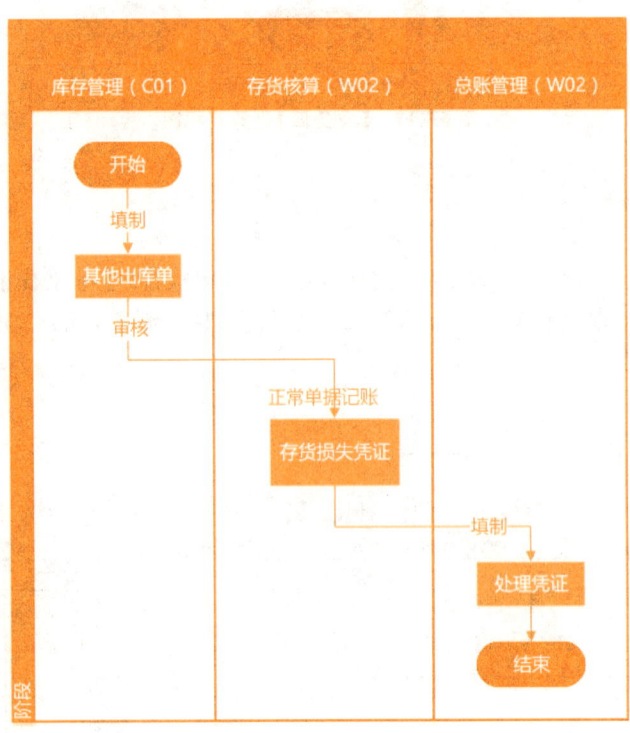

图6-19 业务流程图

〖操作指导〗

1. 填制其他出库单

2023年1月31日,仓储部李红在企业应用平台中执行【业务工作】|【供应链】|【库存管理】|【出库业务】|【其他出库单】命令,打开【其他出库单】窗口,单击【增加】按钮,按照出库单的信息录入,单击【保存】按钮,单击【审核】按钮,如图6-20所示。

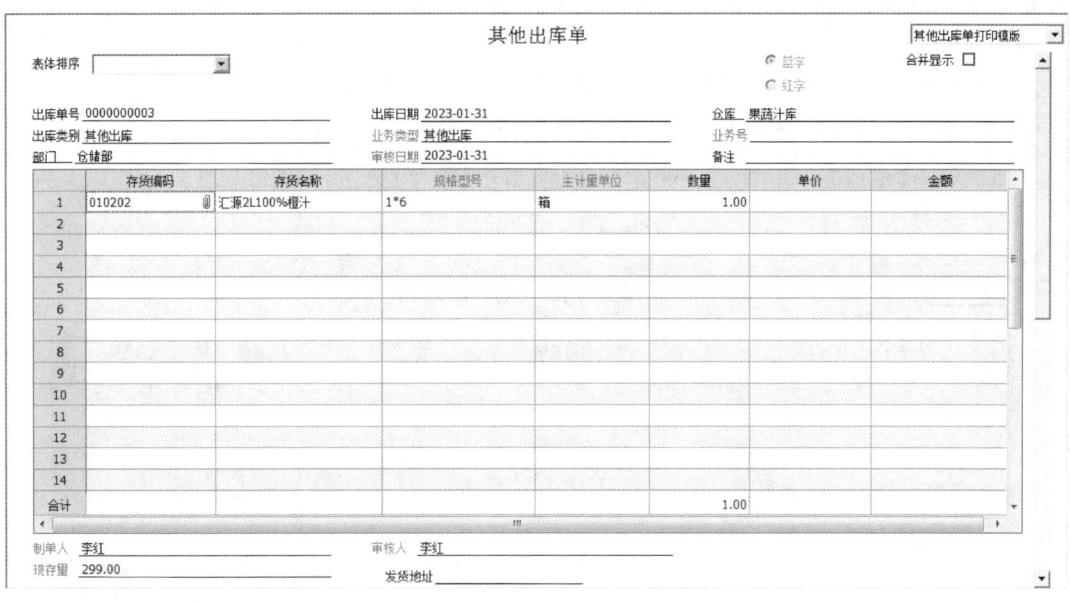

图 6-20 【其他出库单】窗口

2. 存货核算

(1) 2023年1月31日,财务部黄小明在企业应用平台中执行【业务工作】|【供应链】|【存货核算】|【业务核算】|【正常单据记账】命令,打开【查询条件选择】对话框。

(2) 单击【确定】按钮,打开【正常单据记账列表】窗口。

(3) 单击【全选】按钮,如图6-21所示。

图 6-21 【正常单据记账列表】窗口

(4) 单击【记账】按钮,将其他出库单记账,系统提示【记账成功!】。

(5) 执行【财务核算】|【生成凭证】命令,打开【查询条件】对话框。

(6) 单击【确定】按钮,打开【未生成凭证单据一览表】窗口。

(7) 单击【选择】栏,或单击【全选】按钮,选中待生成凭证的单据,单击【确定】按钮。

(8) 凭证类别选择【记账凭证】,如图6-22所示。

图 6-22 【生成凭证】窗口

> **重要提示**
>
> ● 补充其他出库单对方科目为"1901 待处理财产损溢"。

（9）单击【生成】按钮，生成一张记账凭证，单击【保存】按钮，如图 6-23 所示。

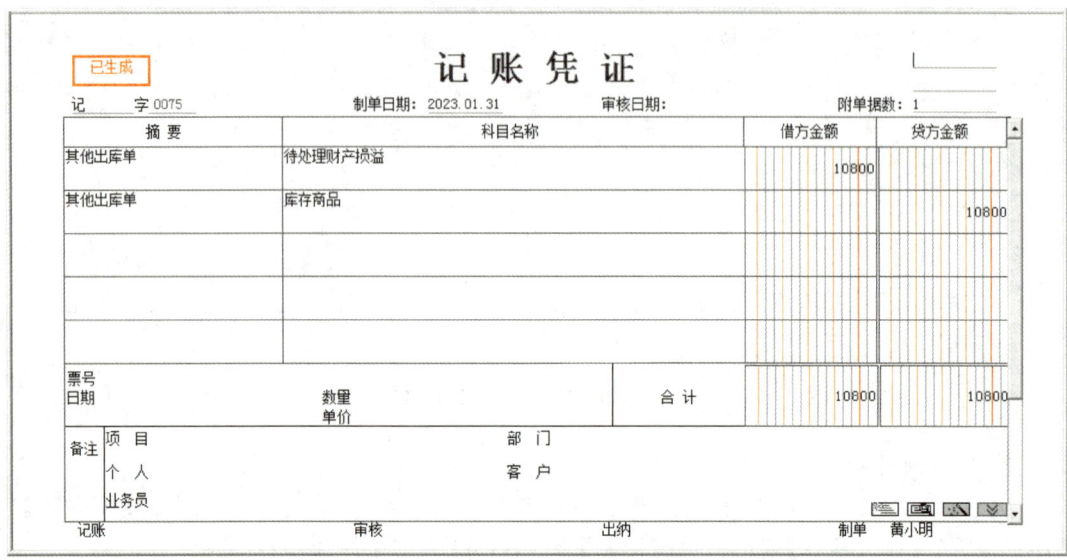

图 6-23 【记账凭证】窗口

3. 总账填制凭证

2023 年 1 月 31 日，财务部黄小明在企业应用平台中执行【业务工作】|【财务会计】|【总账】|【凭证处理】|【填制凭证】命令，打开【填制凭证】窗口，填制一张记账凭证，如图 6-24 所示，单击【保存】按钮。

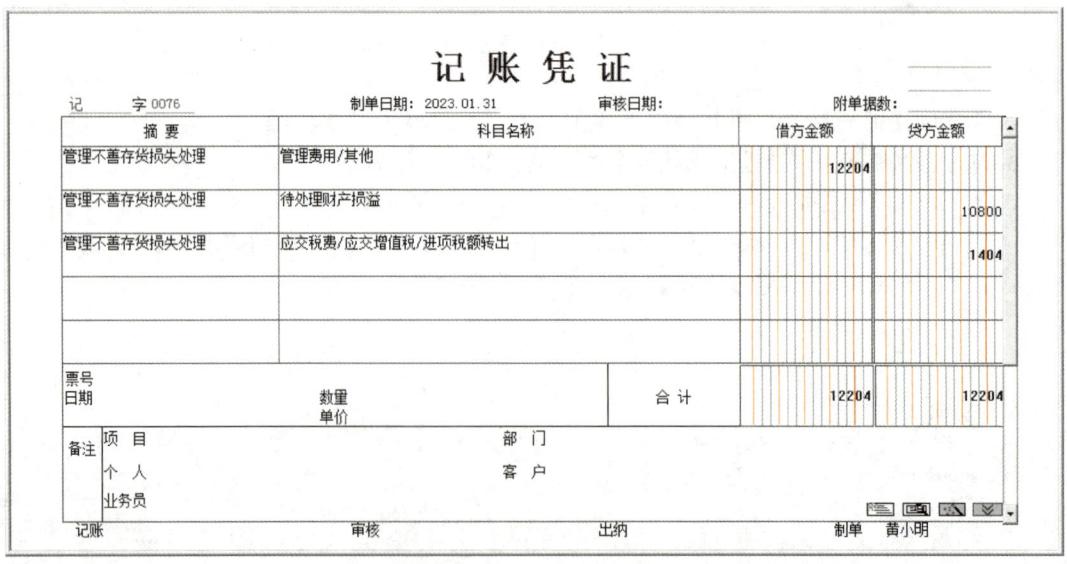

图 6-24 【记账凭证】窗口

项目七　存货核算系统业务处理

实训一　存货价格及结算成本处理

业　务　一

【业务描述】　2023年1月31日，检查是否有入库单存货尚无价格，并给这些单据录入价格。

【操作指导】

（1）2023年1月31日，财务部黄小明在企业应用平台中执行【业务工作】|【供应链】|【存货核算】|【业务核算】|【暂估成本录入】命令，打开【查询条件选择】对话框，如图7-1所示。

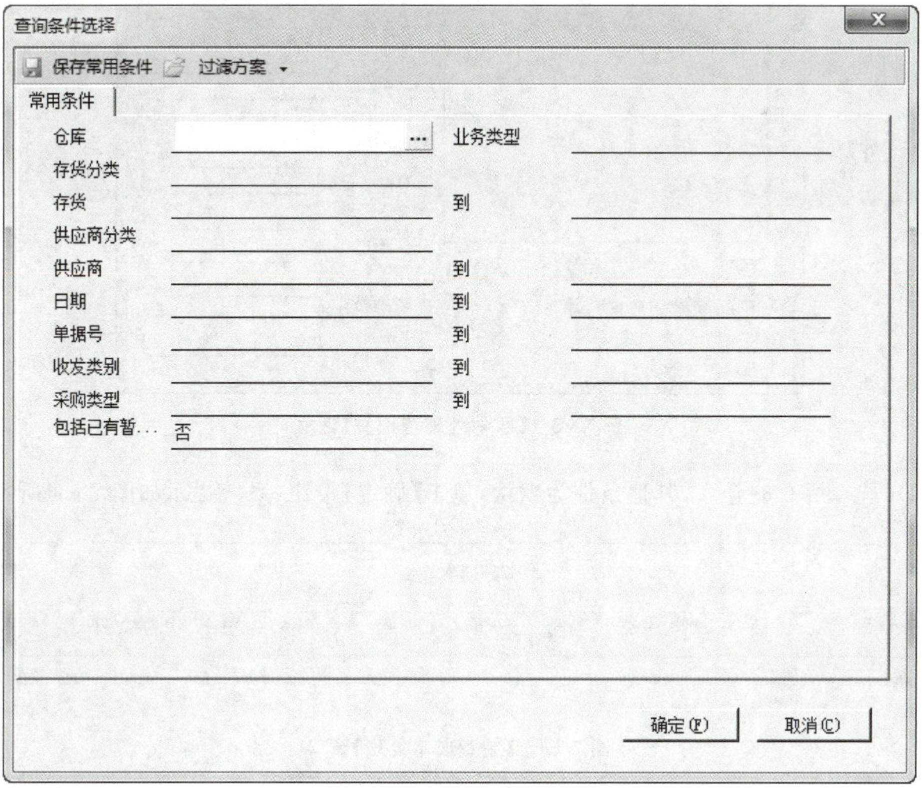

图7-1　【查询条件选择】对话框

(2)单击【确定】按钮,打开【暂估成本录入】窗口,如果有需要录入单价的存货,录入单价信息,单击【保存】按钮,如图7-2所示。

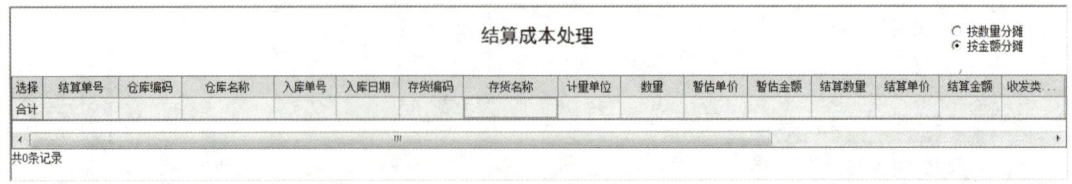

图7-2 【暂估成本录入】窗口

业 务 二

【业务描述】 2023年1月31日,检查本期进行采购结算,需要进行结算成本暂估处理的单据,并对其进行暂估处理。

【操作指导】

(1)2023年1月31日,财务部黄小明在企业应用平台中执行【业务工作】|【供应链】|【存货核算】|【业务核算】|【结算成本处理】命令,打开【暂估处理查询】对话框,如图7-3所示。

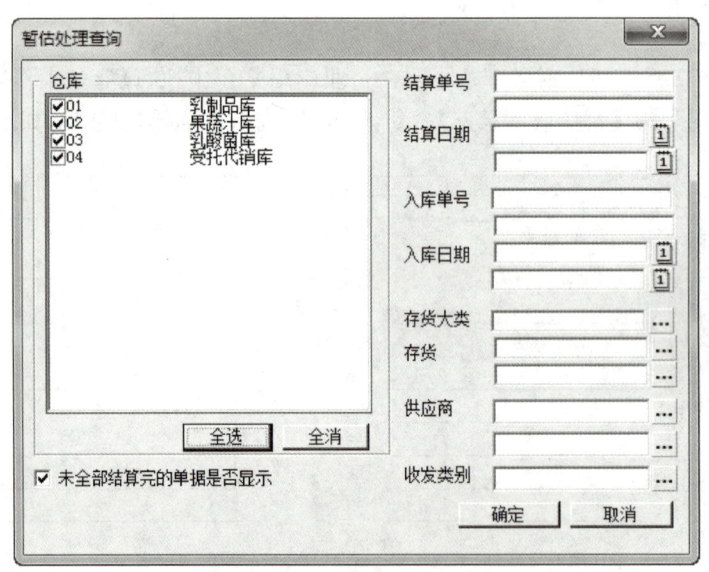

图7-3 【暂估处理查询】对话框

(2)选择所有的仓库,其他条件为默认,单击【确定】按钮,系统提示如图7-4所示。

图7-4 【结算成本处理】窗口

(3)单击单据体中需要进行暂估处理的单据,再单击【暂估】按钮。

> **重要提示**
>
> ● 暂估结算表中显示的单据是，前期或本期已经记账，且记账之后再进行采购结算的单据。
>
> ● 此处暂估结算是为了使系统按照存货期初设置的暂估处理方式进行暂估处理。

实训二 单据记账处理

业 务 一

【业务描述】 2023年1月31日，进行特殊单据记账，将所有特殊业务单据进行记账。

〖操作指导〗

(1) 2023年1月31日，财务部黄小明在企业应用平台中执行【业务工作】|【供应链】|【存货核算】|【业务核算】|【特殊单据记账】命令，打开【特殊单据记账条件】对话框，如图7-5所示。

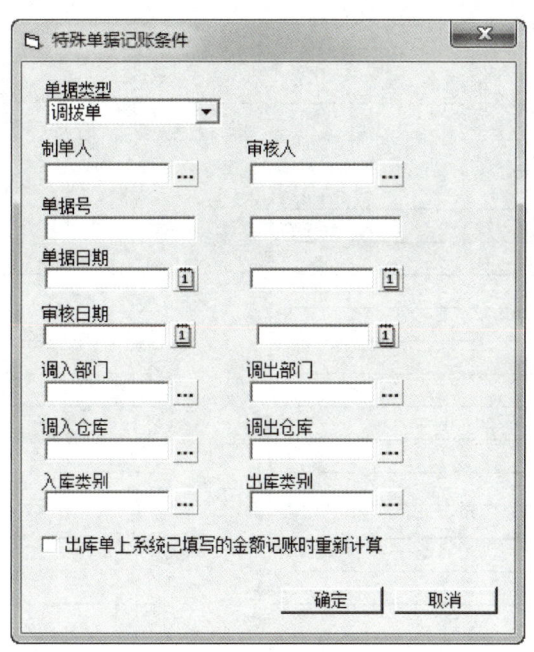

图7-5 【特殊单据记账条件】对话框

(2) 单据类型选择【调拨单】，单击【确定】按钮，打开进入【特殊单据记账】窗口，如图7-6所示。

(3) 对全部单据进行记账，单击【全选】按钮，或者单击表体中需要记账的单据，再单击【记账】按钮。

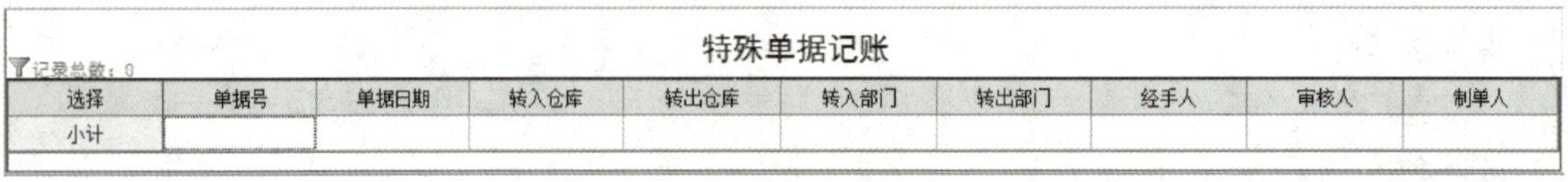

特殊单据记账
记录总数：0
选择 | 单据号 | 单据日期 | 转入仓库 | 转出仓库 | 转入部门 | 转出部门 | 经手人 | 审核人 | 制单人
小计

图7-6 【特殊单据记账】窗口

> **重要提示**
>
> 　　特殊单据记账是针对调拨单形态转换组装单据，它的特殊性在于这类单据都是出入库单据对应的，并且其入库的成本数据来源于该存货原仓库按照存货计价方法计算出的出库成本。

业 务 二

【业务描述】　2023年1月31日，将所有正常业务单据进行记账。

〖操作指导〗

（1）2023年1月31日，财务部黄小明在企业应用平台中执行【业务工作】|【供应链】|【存货核算】|【业务核算】|【正常单据记账】命令，打开【查询条件选择】对话框，如图7-7所示。

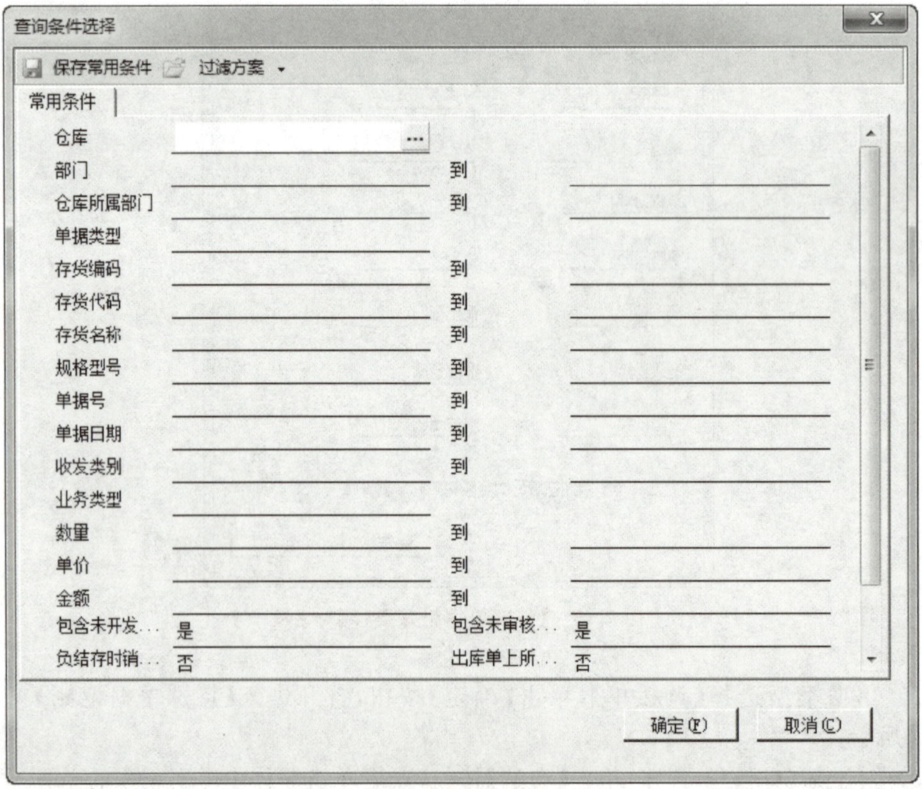

图7-7 【查询条件选择】对话框

（2）单击【确定】按钮，系统弹出如图 7-8 所示窗口。

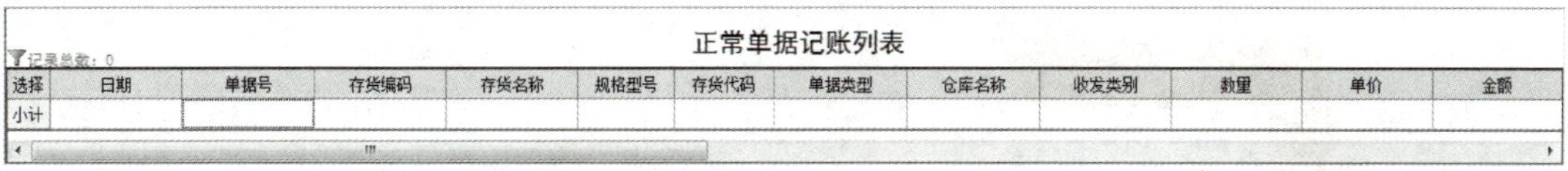
正常单据记账列表

记录总数：0

选择	日期	单据号	存货编码	存货名称	规格型号	存货代码	单据类型	仓库名称	收发类别	数量	单价	金额
小计												

图 7-8 【正常单据记账列表】窗口

（3）单击【全选】按钮，再单击【记账】按钮。

重要提示

单据记账是登记存货明细账差异明细账/差价明细账受托代销商品明细账和受托代销商品差价账。同时是对除全月平均法外的其他几种存货计价方法，对存货进行出库成本的计算。

项目八　期末业务处理

实训一　业务部门期末处理

一、采购管理系统月末结账

采购管理系统月末结账是在每个会计期间结束时,将每个月的采购相关单据及数据封存起来,并将当月的采购数据记入相关的账表中。

【操作指导】

(1) 2023年1月31日,采购部叶敏在企业应用平台中执行【业务工作】|【供应链】|【采购管理】|【月末结账】命令,打开【结账】对话框,如图8-1所示。

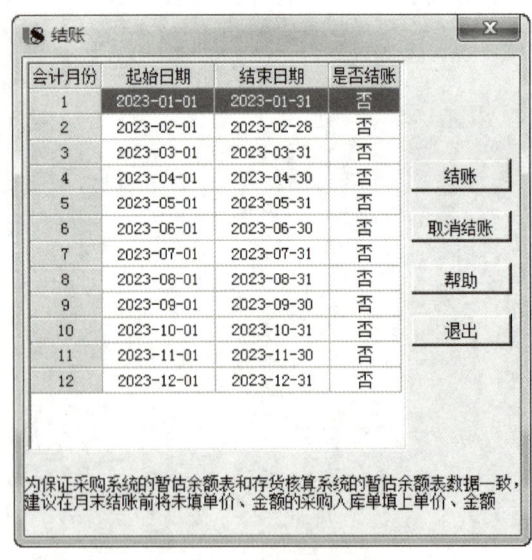

图8-1　【结账】对话框

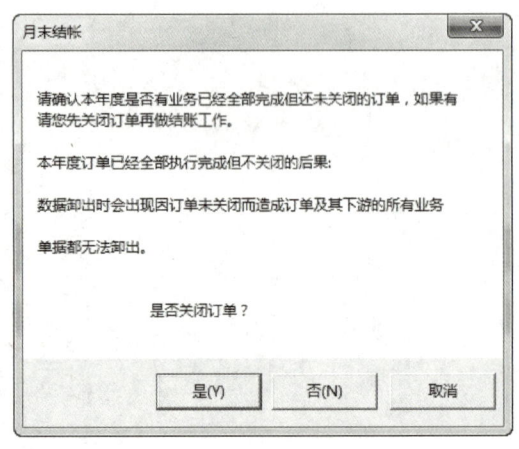

图8-2　【月末结账】提示框

(2) 单击【结账】按钮,系统弹出【月末结账】提示,如图8-2所示。

(3) 单击【否】,系统显示【月末结账完毕】,如图8-3所示。

二、销售管理月末结账

(1) 2023年1月31日,销售部张立在企业应用平台中执行【业务工作】|【供应链】|【销

图 8-3 【结账】窗口

售管理】|【月末结账】,弹出【结账】对话框,如图 8-4 所示。

图 8-4 【结账】对话框

(2) 单击【结账】按钮,系统弹出【销售管理】提示框,如图 8-5 所示。
(3) 单击【否】,系统显示【月末结账完毕】,如图 8-6 所示。

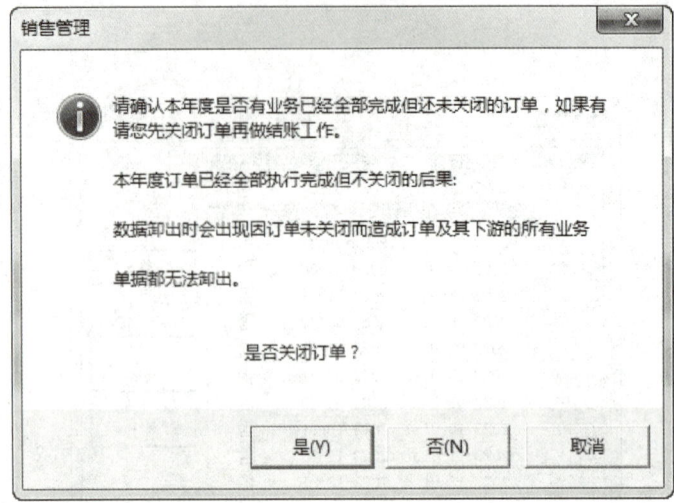

图 8-5 【销售管理】提示框

图 8-6 【结账】窗口

三、库存管理月末结账

（1）2023 年 1 月 31 日，仓储部李红在企业应用平台中执行【业务工作】|【供应链】|【库存管理】|【月末处理】，弹出【结账】对话框，如图 8-7 所示。

（2）单击【结账】按钮，系统弹出【库存管理】提示框，如图 8-8 所示。

（3）单击【是】，系统提示【月末结账完毕】，如图 8-9 所示。

四、存货核算月末结账

1. 期末处理

（1）2023 年 1 月 31 日，财务部黄小明在企业应用平台中执行【业务工作】|【供应链】|【业务核算】|【期末处理】，弹出【期末处理】窗口，如图 8-10 所示。

图8-7 【结账】对话框

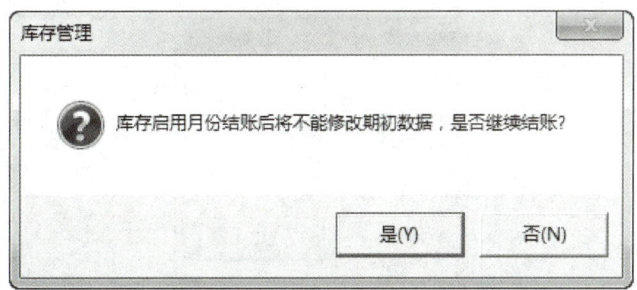

图8-8 【库存管理】提示框

图8-9 【结账】窗口

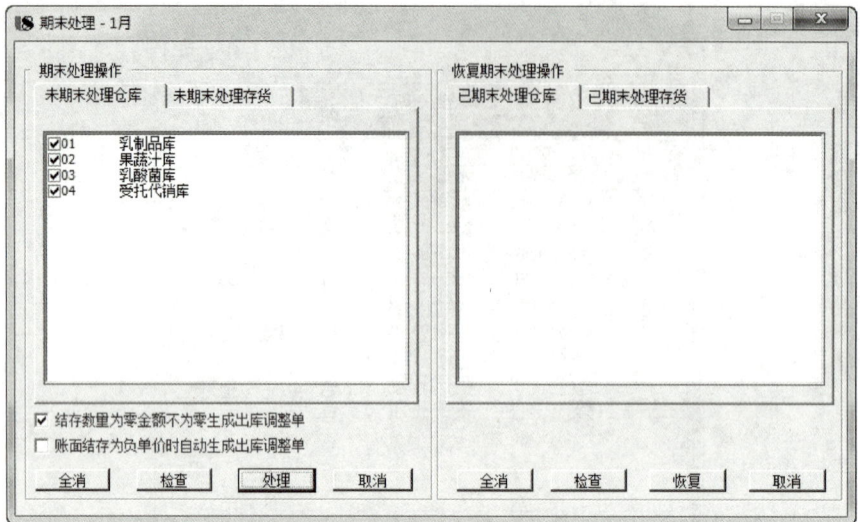

图 8-10 【期末处理】窗口

（2）单击【处理】按钮，系统弹出【期末处理完毕!】提示框，如图 8-11 所示。

图 8-11 【存货核算——期末处理完毕】提示框

（3）单击【确定】按钮，系统提示已期末处理仓库。如图 8-12 所示。

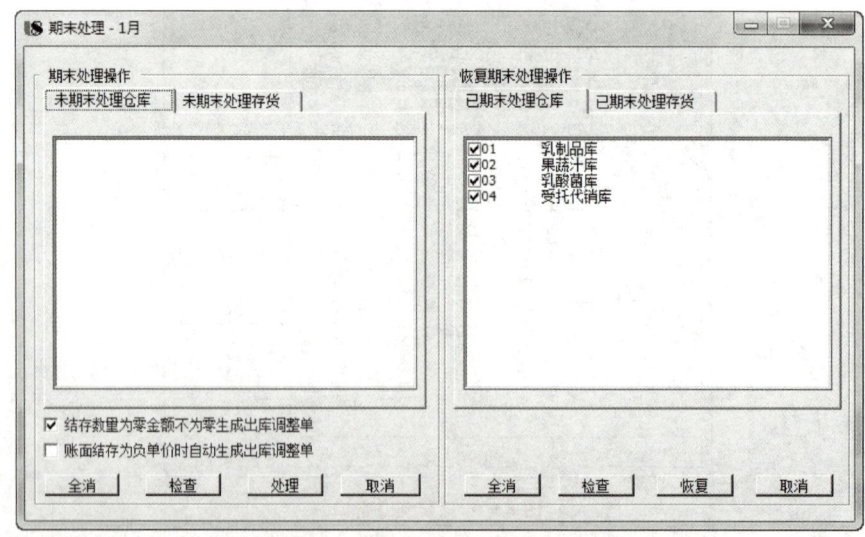

图 8-12 【期末处理】窗口

2. 月末结账

（1）2023年1月31日，财务部黄小明在企业应用平台中执行【业务工作】|【供应链】|【业务核算】|【月末结账】命令，打开【结账】对话框，如图8-13所示。

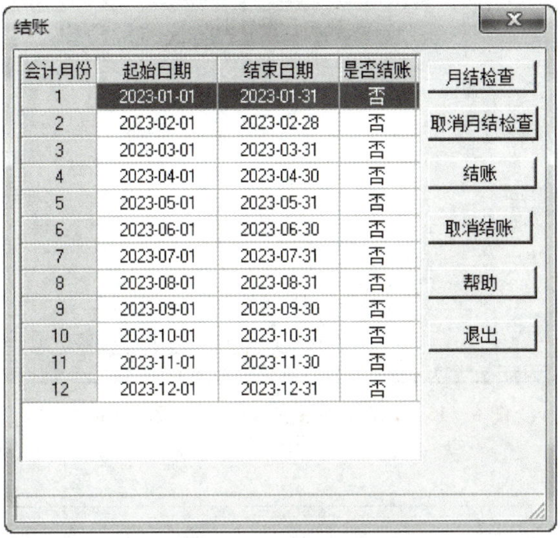

图8-13 【结账】对话框

（2）单击【结账】按钮，系统提示【月末结账完成！】，如图8-14所示。

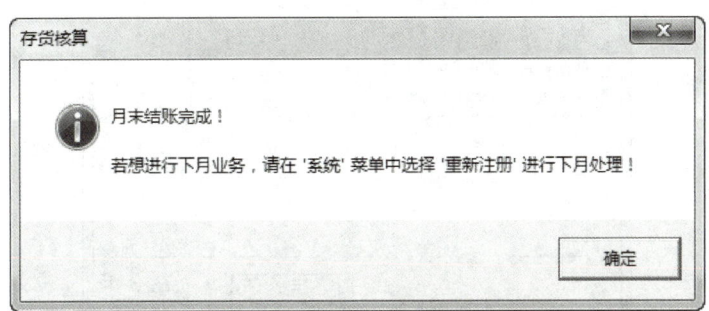

图8-14 【存货核算-月末结账完成】提示框

实训二 财务部门月末结账

一、应收款管理月末结账

（1）2023年1月31日，财务部黄小明在企业应用平台中执行【业务】|【财务会计】|【应收款管理】|【期末处理】|【月末结账】，打开【月末处理】对话框，如图8-15所示。

（2）选择结账的月份，在结账标记处双击后显示【Y】。

（3）执行【下一步】，系统弹出【月末处理】对话框，如图8-16所示。

（4）单击【完成】按钮，结账完成后，系统提示【1月份结账成功】，单击【确定】，如图8-17所示。

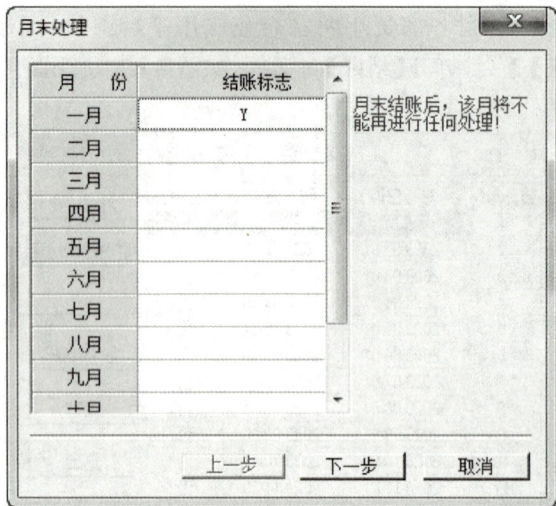

图 8-15 【应收款系统-月末处理】对话框(1)

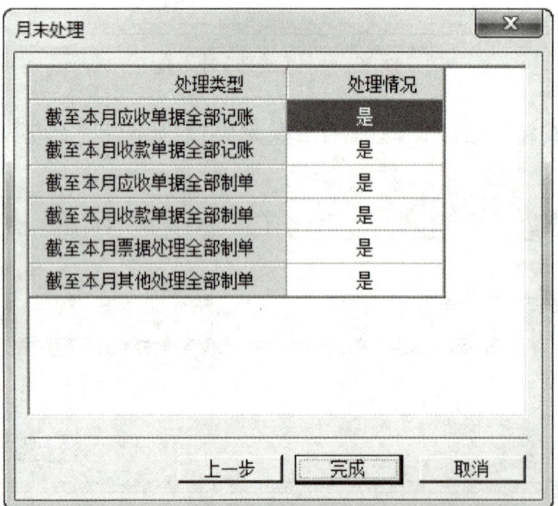

图 8-16 【应收款系统-月末处理】对话框(2)

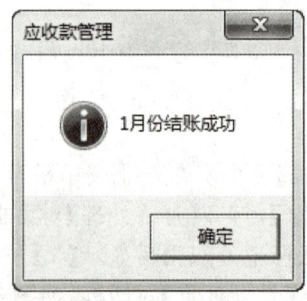

图 8-17 【应收款系统-1月份结账成功】提示框

二、应付款管理月末结账

(1) 2023 年 1 月 31 日,财务部黄小明在企业应用平台中执行【业务】|【财务会计】|【应付款管理】|【期末处理】|【月末结账】,打开【月末处理】对话框,如图 8-18 所示。

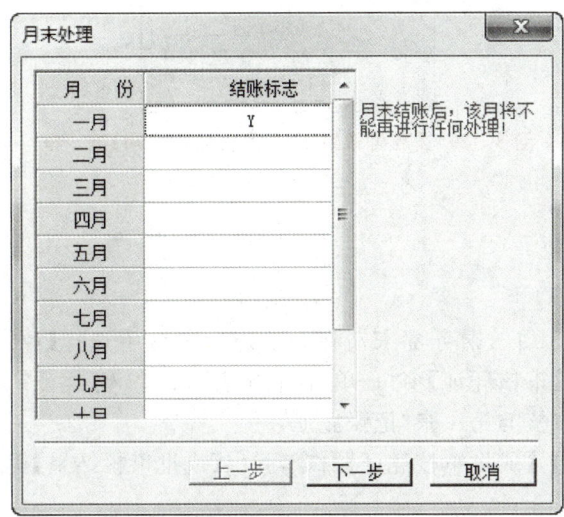

图 8-18 【应付款系统-月末处理】对话框(1)

(2) 选择结账的月份,在结账标记处双击后显示【Y】。
(3) 单击【下一步】按钮,系统弹出【月末处理】对话框,如图 8-19 所示。

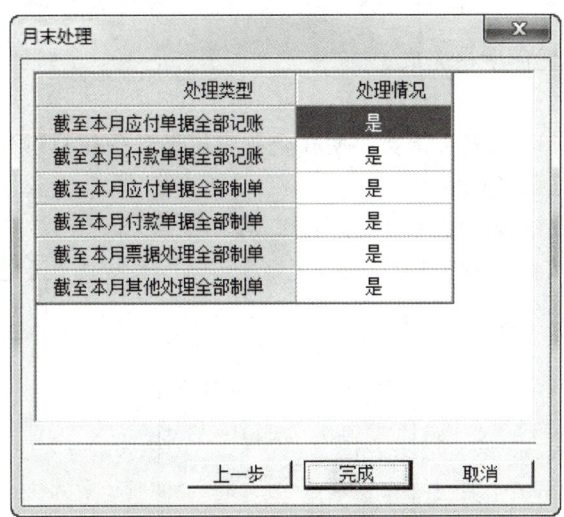

图 8-19 【应付款系统-月末处理】对话框(2)

(4) 单击【完成】按钮,结账完成后,系统提示【1 月份结账成功】,单击【确定】,如图 8-20 所示。

图 8－20 【应付款系统-1月份结账成功】提示框

三、总账月末结账

1. 审核凭证

(1) 2023 年 1 月 31 日,财务部宋清在企业应用平台中选择【财务会计】|【总账】|【凭证】|【审核凭证】,弹出【审核凭证】窗口,单击【确定】按钮,进入【凭证审核列表】窗口。

(2) 双击打开待审核的第一张"记账凭证"。

(3) 执行【批处理】|【成批审核凭证】命令,弹出【成批审核结果】提示,如图 8－21 所示。

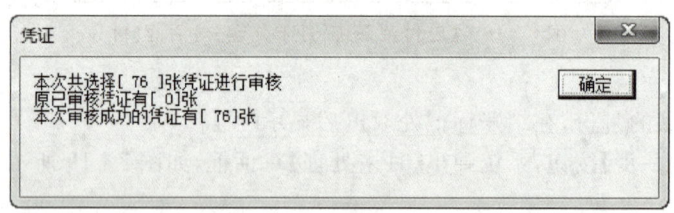

图 8－21 【审核凭证】提示框

(4) 执行【确定】,凭证审核完成。

2. 记账

(1) 2023 年 1 月 31 日,财务部黄小明在企业应用平台中执行【财务会计】|【总账】|【凭证】|【记账】命令,打开【记账】窗口。

(2) 单击【记账】按钮,打开【期初试算平衡表】。

(3) 单击【确定】按钮,系统进行记账,记账完毕后,系统弹出【记账完毕!】提示,如图 8－22 所示。

图 8－22 【记账完毕】提示框

3. 结账

(1) 2023 年 1 月 31 日，财务部宋清在企业应用平台中执行【财务会计】|【总账】|【期末】|【结账】命令，打开【结账】对话框，如图 8-23 所示。

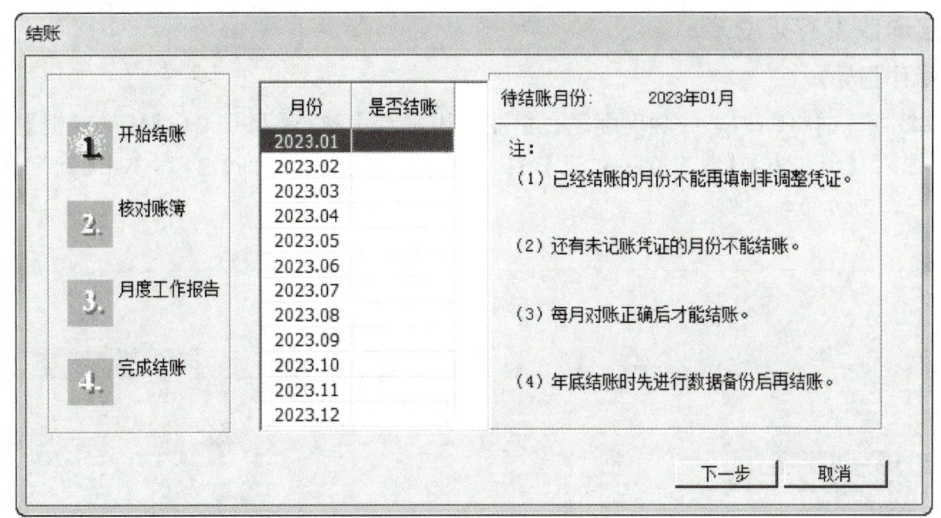

图 8-23 【结账】对话框

(2) 单击【下一步】按钮，单击【对账】按钮，再单击【下一步】按钮，系统提示【本月损益类未结转为零的一级科目】，如图 8-24 所示，总账结账中断。

图 8-24 【结账】对话框

> **重要提示**
> 　　🌐 需将损益类科目的余额结转到"本年利润"科目，生成损益类结转凭证，并将其审核、记账，总账系统结账才能通过工作检查，顺利结账。

实训三 账 表 查 询

一、查询收发存汇总表

〖操作指导〗

2023 年 1 月 31 日，总经理李金泽在企业应用平台中执行【业务工作】|【供应链】|【存货核算】|账表|【汇总表】|【收发存汇总表】，打开【收发存汇总表查询】窗口，单击【确定】按钮，如图 8－25 所示。

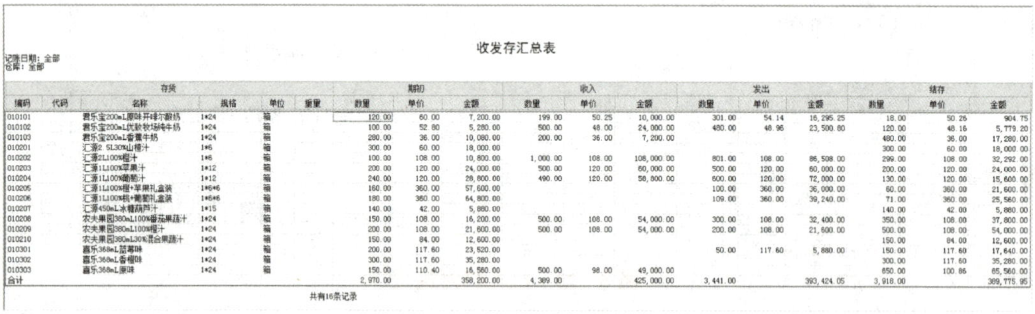

收发存汇总表

记账日期：全部
仓库：全部

存货						期初			收入			发出			结存		
编码	代码	名称	规格	单位	重量	数量	单价	金额	数量	单价	金额	数量	单价	金额	数量	单价	金额
010101		君乐宝200mL原味开菲尔酸奶	1*24	箱		120.00	60.00	7,200.00	199.00	50.25	10,000.00	301.00	54.14	16,295.25	18.00	50.26	904.75
010102		君乐宝200mL优致牧场纯牛奶	1*24	箱		100.00	52.80	5,280.00	500.00	48.00	24,000.00	480.00	48.96	23,500.80	120.00	48.16	5,779.20
010103		君乐宝200mL香蕉牛奶	1*24	箱		280.00	36.00	10,080.00	200.00	36.00	7,200.00				480.00	36.00	17,280.00
010201		汇源2.5L30%山楂汁	1*6	箱		300.00	60.00	18,000.00							300.00	60.00	18,000.00
010202		汇源2L100%橙汁	1*6	箱		100.00	108.00	10,800.00	1,000.00	108.00	108,000.00	801.00	108.00	86,508.00	299.00	108.00	32,292.00
010203		汇源1L100%苹果汁	1*12	箱		200.00	120.00	24,000.00	500.00	120.00	60,000.00	500.00	120.00	60,000.00	200.00	120.00	24,000.00
010204		汇源1L100%葡萄汁	1*12	箱		240.00	120.00	28,800.00	490.00	120.00	58,800.00	600.00	120.00	72,000.00	130.00	120.00	15,600.00
010205		汇源1L100%橙+苹果礼盒装	1*6*6	箱		160.00	360.00	57,600.00				100.00	360.00	36,000.00	60.00	360.00	21,600.00
010206		汇源1L100%桃+葡萄礼盒装	1*6*6	箱		180.00	360.00	64,800.00				109.00	360.00	39,240.00	71.00	360.00	25,560.00
010207		汇源450mL冰糖葫芦汁	1*15	箱		140.00	42.00	5,880.00							140.00	42.00	5,880.00
010208		农夫果园380mL100%番茄果蔬汁	1*24	箱		150.00	108.00	16,200.00	500.00	108.00	54,000.00	300.00	108.00	32,400.00	350.00	108.00	37,800.00
010209		农夫果园380mL100%橙汁	1*24	箱		200.00	108.00	21,600.00	500.00	108.00	54,000.00	200.00	108.00	21,600.00	500.00	108.00	54,000.00
010210		农夫果园380mL30%混合果蔬汁	1*24	箱		150.00	84.00	12,600.00							150.00	84.00	12,600.00
010301		喜乐368mL蓝莓味	1*24	箱		200.00	117.60	23,520.00				50.00	117.60	5,880.00	150.00	117.60	17,640.00
010302		喜乐368mL香橙味	1*24	箱		300.00	117.60	35,280.00							300.00	117.60	35,280.00
010303		喜乐368mL原味	1*24	箱		150.00	110.40	16,560.00	500.00	98.00	49,000.00				650.00	100.86	65,560.00
合计						2,970.00		358,200.00	4,389.00		425,000.00	3,441.00		393,424.05	3,918.00		389,775.95

共有16条记录

图 8－25 【收发存汇总表】窗口

二、查询本月的销售统计表

〖操作指导〗

2023 年 1 月 31 日，总经理李金泽在企业应用平台中执行【业务工作】|【供应链】|【销售管理】|【报表】|【统计表】|【销售统计表】，打开【查询条件选择-销售统计表】对话框，单击【确定】按钮，如图 8－26 所示。

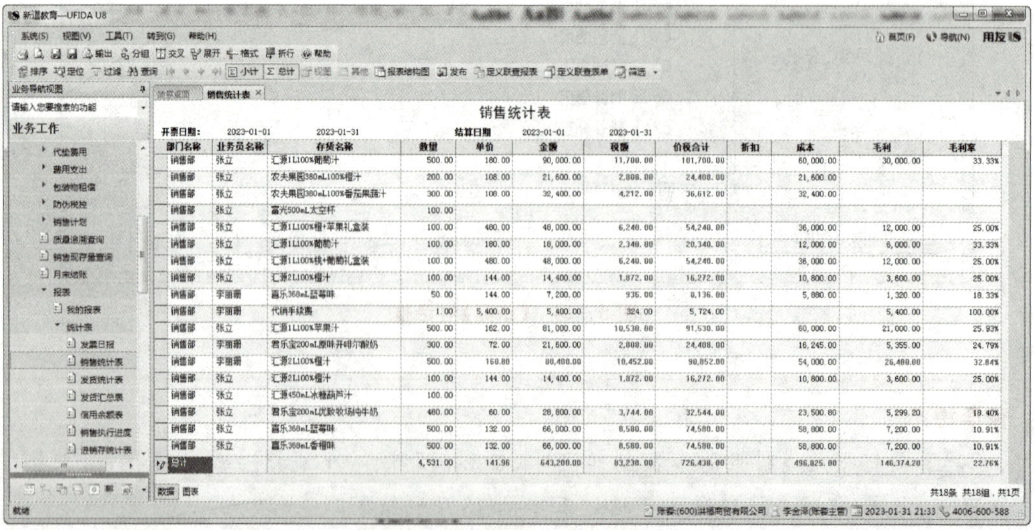

销售统计表

开票日期：2023-01-01 2023-01-31 结算日期 2023-01-01 2023-01-31

部门名称	业务员名称	存货名称	数量	单价	金额	税额	价税合计	折扣	成本	毛利	毛利率
销售部	张立	汇源1L100%葡萄汁	500.00	180.00	90,000.00	11,700.00	101,700.00		60,000.00	30,000.00	33.33%
销售部	张立	农夫果园380mL100%橙汁	200.00	108.00	21,600.00	2,808.00	24,408.00		21,600.00		
销售部	张立	农夫果园380mL100%番茄果蔬汁	300.00	108.00	32,400.00	4,212.00	36,612.00		32,400.00		
销售部	张立	富光500mL太空杯	100.00								
销售部	张立	汇源1L100%橙+苹果礼盒装	100.00	480.00	48,000.00	6,240.00	54,240.00		36,000.00	12,000.00	25.00%
销售部	张立	汇源1L100%葡萄汁	100.00	180.00	18,000.00	2,340.00	20,340.00		12,000.00	6,000.00	33.33%
销售部	张立	汇源1L100%桃+葡萄礼盒装	100.00	480.00	48,000.00	6,240.00	54,240.00		36,000.00	12,000.00	25.00%
销售部	张立	汇源2L100%橙汁	100.00	144.00	14,400.00	1,872.00	16,272.00		10,800.00	3,600.00	25.00%
销售部	李丽珊	喜乐368mL蓝莓味	50.00	144.00	7,200.00	936.00	8,136.00		5,880.00	1,320.00	18.33%
销售部	李丽珊	代销手续费	1.00	5,400.00	5,400.00	324.00	5,724.00			5,400.00	100.00%
销售部	张立	汇源1L100%苹果汁	500.00	162.00	81,000.00	10,530.00	91,530.00		60,000.00	21,000.00	25.93%
销售部	李丽珊	君乐宝200mL原味开菲尔酸奶	300.00	72.00	21,600.00	2,808.00	24,408.00		16,245.00	5,355.00	24.79%
销售部	李丽珊	汇源2L100%橙汁	500.00	160.80	80,400.00	10,452.00	90,852.00		54,000.00	26,400.00	32.84%
销售部	张立	汇源2L100%橙汁	100.00	144.00	14,400.00	1,872.00	16,272.00		10,800.00	3,600.00	25.00%
销售部	张立	汇源450mL冰糖葫芦汁	100.00								
销售部	张立	君乐宝200mL优致牧场纯牛奶	480.00	60.00	28,800.00	3,744.00	32,544.00		23,500.80	5,299.20	18.40%
销售部	张立	喜乐368mL蓝莓味	500.00	132.00	66,000.00	8,580.00	74,580.00		58,800.00	7,200.00	10.91%
销售部	张立	喜乐368mL香橙味	500.00	132.00	66,000.00	8,580.00	74,580.00		58,800.00	7,200.00	10.91%
总计			4,531.00	141.96	643,200.00	83,238.00	726,438.00		496,825.00	146,374.20	22.76%

共18条 共18组，共1页

账套:(600)洪福商贸有限公司 李金泽(账套主管) 2023-01-31 21:33 4006-600-588

图 8－26 【销售统计表】窗口

8

三、查询本月销售收入明细账

〖操作指导〗

2023年1月31日,总经理李金泽在企业应用平台中执行【业务工作】|【供应链】|【销售管理】|【报表】|【明细表】|【销售收入明细账】,打开【查询条件选择-销售收入明细账】对话框,单击【确定】按钮,如图8-27所示。

图8-27 【销售收入明细账】窗口

四、查询本月销售成本明细账

〖操作指导〗

2023年1月31日,总经理李金泽在企业应用平台中执行【业务工作】|【供应链】|【销售管理】|【报表】|【明细表】|【销售成本明细账】,打开【查询条件选择-销售成本明细账】对话框,单击【确定】按钮,如图8-28所示。

图8-28 【销售成本明细账】窗口

主要参考文献

[1] 王珠强,王海生.会计电算化——用友 ERP-U8V10.1 版[M].3 版.北京:人民邮电出版社,2021.

[2] 王新玲.用友 ERP 供应链管理系统实验教程(U8V10.1)[M].2 版.北京:清华大学出版社,2020.

[3] 陈明然.会计信息化教程(用友 ERP-U8V10.1)[M].2 版.北京:高等教育出版社,2018.

[4] 张琳,李静宜.ERP 供应链管理实务[M].北京:清华大学出版社,2018.

[5] 毛华扬,刘红梅,王婧婧.会计信息系统原理与应用——基于用友 ERP-U8V10.1 版[M].2 版.北京:中国人民大学出版社,2020.

[6] 周玉清,刘伯莹,周强.ERP 原理与应用教程[M].4 版.北京:清华大学出版社,2021.

郑重声明

高等教育出版社依法对本书享有专有出版权。任何未经许可的复制、销售行为均违反《中华人民共和国著作权法》，其行为人将承担相应的民事责任和行政责任；构成犯罪的，将被依法追究刑事责任。为了维护市场秩序，保护读者的合法权益，避免读者误用盗版书造成不良后果，我社将配合行政执法部门和司法机关对违法犯罪的单位和个人进行严厉打击。社会各界人士如发现上述侵权行为，希望及时举报，我社将奖励举报有功人员。

反盗版举报电话　（010）58581999　58582371
反盗版举报邮箱　dd@hep.com.cn
通信地址　北京市西城区德外大街4号　高等教育出版社法律事务部
邮政编码　100120

教学资源服务指南

感谢您使用本书。为方便教学，我社为教师提供资源下载、样书申请等服务，如贵校已选用本书，您只要关注微信公众号"高职财经教学研究"，或加入下列教师交流QQ群即可免费获得相关服务。

"高职财经教学研究"公众号

资源下载： 点击"**教学服务**"—"**资源下载**"，或直接在浏览器中输入网址（http://101.35.126.6/），注册登录后可搜索相应的资源并下载。（建议用电脑浏览器操作）
样书申请： 点击"**教学服务**"—"**样书申请**"，填写相关信息即可申请样书。
试卷下载： 点击"**教学服务**"—"**试卷下载**"，填写相关信息即可下载试卷。
样章下载： 点击"**教材样章**"，即可下载在供教材的前言、目录和样章。
师资培训： 点击"**师资培训**"，获取最新会议信息、直播回放和往期师资培训视频。

联系方式

会计QQ3群：473802328　　　会计QQ2群：370279388　　　会计QQ1群：554729666
（以上3个会计QQ群，加入任何一个即可获取教学服务，请勿重复加入）
联系电话：（021）56961310　　　电子邮箱：3076198581@qq.com

在线试题库及组卷系统

我们研发有10余门课程试题库："基础会计""财务会计""成本计算与管理""财务管理""管理会计""税务会计""税法""审计基础与实务"等，平均每个题库近3000题，知识点全覆盖，题型丰富，可自动组卷与批改。如贵校选用了高教社沪版相关课程教材，我们可免费提供给教师每个题库生成的各6套试卷及答案（Word格式难中易三档，索取方式见上述"试卷下载"），教师也可与我们联系咨询更多试题库详情。